U0819172

无锡保险年鉴

（2017）

无锡市保险学会
无锡市保险行业协会 编

方志出版社
Publishing House of Local Records

图书在版编目（CIP）数据

无锡保险年鉴.2017 / 无锡市保险学会，无锡市保险行业协会编. -- 北京 ：方志出版社，2017.12
ISBN 978-7-5144-2849-0

Ⅰ. ①无… Ⅱ. ①无… ②无… Ⅲ. ①保险业—无锡—2017—年鉴 Ⅳ. ①F842.753.3-54

中国版本图书馆CIP数据核字(2017)第321689号

无锡保险年鉴（2017）

编　　者：无锡市保险学会 无锡市保险行业协会
责任编辑：陈菁
出 版 人：冀祥德
出 版 者：方志出版社
地址　北京市朝阳区潘家园东里 9 号（国家方志馆4层）
邮编　100021
网址　http://www.fzph.org
发　　行：方志出版社图书经销中心
电话（010）67110500
经　　销：各地新华书店
印　　刷：无锡市江溪书刊印刷厂
开　　本：787×1092　1/16
印　　张：30.6
字　　数：645千字
版　　次：2017年12月第1版　2017年12月第1次印刷
印　　数：0001～800册
ISBN 978-7-5144-2849-0　定价：380.00元

·版权所有　翻印必究·

编辑说明

一、《无锡保险年鉴》是一部按年度编印的、全面反映无锡保险市场状况、记载无锡保险事业发展历程的地方行业年鉴。《无锡保险年鉴2017》（以下简称“本年鉴”）所记载的内容是2016年1月至12月间的无锡保险业情况，“2017”为年鉴编纂年份。

二、本年鉴是由无锡市金融工作办公室主办的专业性地方年鉴。无锡市保险学会、无锡市保险行业协会具体负责编辑。

三、本年鉴中各保险机构的排列顺序按照产、寿险在无锡设立机构的时间先后或行业惯性而定。

四、本年鉴是根据无锡市内各保险机构和编辑部收集相关资料的基础上编辑而成。其中有关保险业务统计数据是经各公司最后核定与调整后的数据，因此与文字叙述部分提及的某些数据可能会有所差异，请在采用时注意。

五、本年鉴旨在全面系统翔实地记载上年度无锡保险业的发展情况，为各级领导决策和管理提供可靠依据，为社会各界了解无锡保险业提供最新信息，也为编修无锡保险业史志积累资料。

六、本年鉴按照分类编辑法，设类目、分目、条目3个层次，条目为记述的基本形式。本年鉴共设特载、大事记、经济情势、行业组织、财产保险、人身保险、中介机构、统计资料、文件选编、论文选编10个类目。书后设附录，同一时间用“△”表示。

七、本年鉴的检索方法有目录和索引两种。目录在卷首，编排至条目；索引在卷末，采用主题分析法编制。

八、年鉴编辑工作得到各保险机构的热情支持，在此，深表感谢，疏漏之处恳请读者批评指正。

《无锡保险年鉴》编辑部

二〇一七年八月

《无锡保险年鉴》编委名单

顾　　问：王宝敏　王国中　于敬东

编委会名誉主任：杨福良

编委会主任：王　维

编委会副主任：尤力人　张建平

编委会成员：（按姓氏笔画为序）

尤玲娜　朱玲玲　许　威　汤成伟　华　晓　华永康　朱　瑶

任志新　张　康　陈兴土　陈　祺　陈建兴　沈晓明　狄秀英

罗蔚文　范　帆　周伟民　周振冬　吴园一　孟　军　房　恒

郑　采　殷　超　郭　虞　曹红菊　蔡哲惟　潘　联　薛　忠

穆　睿

主　　编：华　晓

副 主 编：尤玲娜

编　　审：吴园一　袁宗翰

编　　辑：王锡兴　梁小兴　马大伟　杨燕兰　朱玲玲　宋晨光　陶　磊

钱嘉骏　刘莺莺　孙桂余　华伟琴　陈　磊　陆　伟　黄　英

梅景萍　储永平　蓝天月　刘　高

执行编辑：吴微芳

采编人员：缪红慧　刘颖颖　于　群　陆洵瑜　沈清犬　胡　洁　张　燕
陈海岭　吴雨文　冀　倩　戴　晴　朱泓玉　肖瑞春　陈　璐
毛苗霞　张　澜　黄　薇　仇　杰　袁　婷　时佳丽　陆丹萍
崔寒冰　邹　川　高　峻　赵　坚　冯志强　王　杨　龚军峰
许亚萍　周建廷　王　妍　汪亚军　秦镱豪　杨红娟　边文斌
顾勰骅　严星一　张　清　朱　莉　朱佩漪　姚俐婷　黄芸萍
鲍长春　钱孟希　凌　芸　张自源　屠枫霞　董晶晶　华伟琴
许　佳　唐　渊　王娟文　诸严红　顾盛晖　吴洋阳　钱　莺
夷　怡　唐俞旻　陈美霞　张南苹　宗贤娟　刘桂清　王菊蓉
龚　辉　唐娇娇　黄晨阳　马　玥　祁　娴　祁银亚　杨国天
毛晓芬　丁　敏　张晓琳　高　琳　欧阳洁　张天六　蓝天月
李继东　纪　颖　周铭洁　张　伟　杨薇琳　周晶雪　徐元泉
朱凌玲　史晨栋　刘旭芸　王　威　蒋阳晨　尤　俊　管　萧
蒋飒飒　陈　茜　朱振杰　徐　璐　丁梦卿　储永平　杨文辰
杨　雪　王　利　童文君　郭惠君　季伟君　田　丽　冯炜栋
严　晗　庄　凡　王　玥　蒋　芳　吴章科　梁闻齐　王丽君
刘兰兰　沈碧莲　邵　伟　华　可　印致远　王正丹　陈海燕
陈佑风　潘海虹　成　果　周曹文　高双双　陈　竹　张　玉
潘冰琦　翟　羽　丁　阳　储诗瑶　钱婷婷　施　蓓　于　伟
朱玲媛　刘红霞　周小红　李荣燕　王卫霞

2017年3月29日，中国保监会副主席陈文辉一行，在无锡调研农业保险工作。江苏保监局、无锡市人民政府、江苏人保财险领导、无锡市保险行业协会、无锡人保财险及相关部门负责人陪同调研。

图为前排右一：中国保监会副主席陈文辉；第二排右一：人保财险江苏省分公司副总经理于敬东；第二排中：无锡市人民政府常务副市长黄钦

2017年5月5日，环保部环境工程评估中心总工程师李天威等一行就环责险“无锡模式”进行调研。江苏保监局副局长王宝敏、人保财险江苏省分公司副总经理于敬东以及省市环保部门、市保险行业协会负责人参加座谈。

图为左排左四：环保部环境工程评估中心总工程师李天威；左排左三：江苏保监局副局长王宝敏

2017年7月5日，无锡市领导陈德荣、于顺源一行调研无锡保险业。

图为左一：无锡市委常委、市委统战部长、市总工会主席陈德荣；左三：原无锡市人大常委会副主任于顺源

2017年8月17日，江苏保监局副局长王宝敏调研江阴保险业。

图为左一：江苏保监局副局长王宝敏；左二：江阴保险行业协会会长、人保财险无锡市分公司副总经理兼江阴支公司总经理朱勇

2017年9月16日，无锡市第十四届社会科学宣传周广场宣传活动，在崇安寺二泉广场举行。图为无锡市委常委、市委宣传部部长袁飞（右三）无锡市社科联副主席王铭涛（右一）看望无锡保险业展台工作人员，并与市保险学会秘书处负责人亲切交谈。

2017年9月21日，中共无锡市委农村工作办公室与无锡人保财险签订《保险扶贫合作实施协议》，全市98个市级经济薄弱村将受惠。

图为后排右三：人保财险江苏省分公司党委书记、总经理夏玉扬；后排左二：无锡市人民政府副市长刘霞；前排右一：人保财险无锡市分公司党委书记、总经理尤力人；前排左一：中共无锡市委农村工作办公室主任周士良。

无锡市保险学会

2017年6月10日，无锡市保险学会、保险行业协会联合召开两会会长办公会，就无锡保险行业开展“保险与民生杯”诗、词、联、赋大奖赛进行安排部署。

2017年7月19日，无锡市社科联召开全市社科优秀成果表彰大会暨社科联六届五次理事（扩大）会。保险学会《无锡保险年鉴（2014）》在无锡市第十三届哲学社会科学优秀成果评奖中荣获三等奖。学会副会长兼秘书长华晓（右二）上台领奖。

2017年9月19日，学会召开八届六次常务理事会，就学会换届工作进行安排和部署。学会会长、第一副会长、副会长、常务理事（代表）近三十人出席会议。

无锡市保险行业协会

2016年8月19日，厦门保监局副局长张俊斌一行在江苏保监局副局长王宝敏，财产险监管处处长王雷的陪同下到无锡调研财产保险有关工作并召开座谈会。

2016年11月11日，无锡市保险行业协会召开全市保险行业放心消费创建活动第二次推进工作会议。

2016年12月22日，无锡市保险行业协会召开反保险欺诈工作总结表彰大会，对作出贡献的先进集体和个人进行了表彰。

目 录

特 载

大事记

无锡市经济形势

行业组织

无锡市保险学会

无锡市保险行业协会

财产保险

中国人民财产保险股份有限公司无锡市分公司

中国太平洋财产保险股份有限公司无锡分公司

中国平安财产保险股份有限公司无锡分公司

天安保险股份有限公司无锡中心支公司

中华联合财产保险股份有限公司无锡中心支公司

永安财产保险股份有限公司无锡中心支公司

中国大地财产保险股份有限公司无锡中心支公司

华安财产保险股份有限公司无锡中心支公司

安邦财产保险股份有限公司无锡中心支公司

阳光财产保险股份有限公司无锡中心支公司

华泰财产保险有限公司无锡中心支公司

太平财产保险有限公司无锡中心支公司

都邦财产保险股份有限公司无锡中心支公司

中国人寿财产保险股份有限公司无锡市中心支公司

亚太财产保险有限公司无锡中心支公司

渤海财产保险股份有限公司无锡中心支公司

安盛天平财产保险股份有限公司无锡中心支公司

安诚财产保险股份有限公司无锡中心支公司

长安责任保险股份有限公司无锡市中心支公司

紫金财产保险股份有限公司无锡分公司

三井住友海上火灾保险（中国）有限公司江苏分公司

英大泰和财产保险股份有限公司无锡中心支公司

信达财产保险股份有限公司无锡中心支公司

浙商财产保险股份有限公司无锡中心支公司

永诚财产保险股份有限公司无锡中心支公司

泰山财产保险股份有限公司无锡中心支公司

人身保险

中国人寿保险股份有限公司无锡市分公司

中国太平洋人寿保险股份有限公司无锡分公司

中国平安人寿保险股份有限公司无锡中心支公司

新华人寿保险股份有限公司无锡中心支公司

泰康人寿保险股份有限公司无锡中心支公司

太平人寿保险有限公司无锡中心支公司

民生人寿保险股份有限公司江苏分公司无锡中心支公司

富德生命人寿保险股份有限公司无锡中心支公司

合众人寿保险有限公司无锡中心支公司

信诚人寿保险有限公司无锡中心支公司

中宏人寿保险有限公司江苏分公司无锡中心支公司

中意人寿保险有限公司江苏省分公司无锡中心支公司

陆家嘴国泰人寿保险有限责任公司江苏分公司无锡营销服务部

农银人寿保险股份有限公司无锡中心支公司

恒安标准人寿保险有限公司江苏分公司无锡营销服务部

友邦保险有限公司江苏分公司无锡中心支公司

瑞泰人寿保险有限公司江苏分公司无锡营销服务部

信泰人寿保险股份有限公司无锡中心支公司

中国人民健康保险股份有限公司无锡中心支公司

光大永明人寿保险有限公司无锡中心支公司

华泰人寿保险股份有限公司无锡中心支公司

华夏人寿保险股份有限公司无锡分公司

中美联泰大都会人寿保险有限公司江苏分公司无锡营销服务部

君康人寿保险股份有限公司无锡中心支公司

中国人民人寿保险股份有限公司无锡中心支公司

国华人寿保险股份有限公司无锡中心支公司

幸福人寿保险股份有限公司无锡中心支公司

中德安联人寿保险有限公司江苏分公司无锡营销服务部

利安人寿保险股份有限公司无锡分公司

招商信诺人寿保险有限公司江苏分公司无锡营销服务部

交银康联人寿保险有限公司无锡市中心支公司

东吴人寿保险股份有限公司无锡分公司

建信人寿保险股份有限公司无锡中心支公司

国联人寿保险股份有限公司无锡分公司

安邦人寿保险股份有限公司无锡中心支公司

前海人寿保险股份有限公司无锡分公司

百年人寿保险股份有限公司无锡中心支公司

中介机构

江苏首信保险代理有限公司

江苏华美保险代理有限公司

无锡诚安保险代理有限责任公司

无锡新天地保险代理有限公司

无锡市瑞达信保险代理有限公司

江苏东沅保险代理有限公司

江苏徽商公估有限公司无锡分公司

统计资料

文件选编

论文选编

附　录

江苏保险市场

南京市保险市场

常州市保险市场

苏州市保险市场

南通市保险市场

扬州市保险市场

镇江市保险市场

通 讯 录

特 载

保险业持续快速发展
服务大局能力显著提升

2016年，保险业全面贯彻党的十八大和十八届三中、四中、五中和六中全会会议精神，深入学习习近平总书记系列重要讲话精神，紧紧围绕党和国家中心工作，坚持稳中求进总基调，坚持“保险业姓保”，坚持改革发展，主动适应经济发展新常态，大力推进供给侧结构性改革，深入贯彻落实保险“新国十条”，着力防范化解风险，服务经济社会发展大局，行业规模和社会影响力继续扩大，实现“十三五”良好开局。

总体来看，保险市场保持强劲增长势头，结构调整成效显现，有效防范风险，助实体惠民生能力明显提升。统计数据显示，2016年，全行业共实现原保险保费收入3.10万亿元，同比增长27.50%。其中，财产险和人身险业务分别同比增长9.12%和36.51%。赔付支出过万亿元，同比增长21.20%。保险业资产总量15.12万亿元，较年初增长22.31%。具体来看，保险市场运行呈现以下特点：

1.业务规模快速增长，增速创2008年以来新高。2016年，保险市场业务规模快速增长。一是寿险业务一马当先，实现原保险保费收入17442.22亿元，同比增长31.72%。其中，普通寿险贡献突出，实现原保险保费收入10451.65亿元，同比增长55.34%，对行业保费收入增长的贡献率为55.77%。二是健康险业务高速增长，实现原保险保费收入4042.50亿元，同比增长67.71%。三是财产险业务增速保持稳定，实现原保险保费收入8724.50亿元，同比增长9.12%，其中车险业务实现原保险保费收入6834.55亿元，同比增长10.25%。

2.结构有所优化，市场集中度进一步下降。从业务结构看，与国计民生密切相关的农业保险、责任保险保持良好发展势头。2016年，农业保险、责任保险原保险保费收入分别为417.71亿元和362.35亿元，同比分别增长11.42%和20.04%，占产险业务的比例分别为4.79%和4.15%，分别同比上升0.10和0.37个百分点。人身险公司普通寿险业务原保险保费收入10451.65亿元，同比增长55.34%，占人身险公司全部业务的48.18%，同比上升5.76个百分点；健康险业务占人身险业务的18.18%，同比上升3.38个百分点。从行业结构看，2016年，已开业全国保险机构共203家，较年初增加9家。其中，保险集团公司12家，新增1家；财产险公司79家，新增6家；人身险公司77家，新增1家；保险资产管理公司22家，新增1家。人身险公司前10家公司原保险保费收入合计15683.75亿元，市场份额为72.3%，同比下降3.55个百分点。财产险公司前10家公司原保险保费收入合计7924.67亿元，市场份额为85.52%，同比下降0.72个百分点。

3.保障能力增强，“保险业姓保”发展理念得到彰显。从风险保障看，2016年保险业提供风险保障金额2372.78万亿元，同比增长38.09%，高于原保险保费收入增速10.59个百分点，保额增速明显快于业务增速。其中，财产险公司提供风险保障金额1282.88万亿元，同比增长36.22%；人身险公司提供风险保障金额1089.90万亿元，同比增长40.35%。从赔付支出看，2016年，保险业累计赔付支出10512.89亿元，同比增加1838.75亿元，增长21.20%，同比上升1个百分点。其中，财产险、意外险、健康险业务赔款支出5652.27亿元，同比增长14.85%；人身险业务死伤医疗给付461.23亿元，同比增长23.28%,满期给付3647.56亿元，同比增长31.26%；年金给付751.83亿元，同比增长25.41%。

4.服务大局作用显著，保险服务能力再上新台阶。2016年，保险业积极发挥保险功能作用，抓住服务供给侧结构性改革和脱贫攻坚战略两大主线，推动保险服务能力再上新台阶。①服务供给侧结构性改革。一是助力振兴实体经济。2016年，首台（套）保险和科技保险分别为我国装备制造企业和科研机构、科技型自主创新企业提供风险保障486.62亿元和1.03万亿元，同比大幅增长196.72%和631.25%。二是促进外向型经济发展。出口信用保险累计为8.22万家出口企业提供风险保障4167亿美元。三是支持国家重大战略项目。截至2016年底，累计发起设立债权、股权和项目支持计划659项；合计备案注册规模1.7万亿元，为“一带一路”、长江经济带、京津冀协同发展等国家战略项目提供资金支持。四是为稳就业作出积极贡献。截至2016年底，保险营销员达657.28万人，较年初增加185.99万人，占当年城镇新增就业总数的14.15%，保险业就业吸纳能力显著增强。②助推脱贫攻坚和民生改善。从农业保险看，2016年，参保农户2.04亿户次，提供风险保障2.16万亿元，为3822.71万户次农户支付赔款299.21亿元，同比增长26.22%。从大病保险看，截至2016年底，全国31个省（区、市）保险公司承办的大病保险业务覆盖人群达9.7亿人，累计支付赔款300.90亿元。大病保险患者实际报销比例在基本医保的基础上提升了13.85%，整体报销比例达到70%。

（摘自中国保险监督管理委员会网站，略有删改）

全国保险监管工作会议

2016年1月25日，全国保险监管工作会议在京召开。会议指出，2016年保险监管工作要全面贯彻党的十八大、十八届三中、四中、五中全会以及中央经济工作会议精神，深入学习习近平总书记系列重要讲话精神，坚持稳中求进总基调，牢固树立和贯彻落实“创新、协调、绿色、开放、共享”的发展理念，适应经济发展新常态，大力推进供给侧结构性改革，深入贯彻落实保险“新国十条”，坚持抓服务、严监管、防风险、促发展，着力深化保险改革创新，着力加强和改进监管，着力防范化解风险，着力保护保险消费者权益，努力实现“十三五”时期保险业发展的良好开局。中国保监会党委书记、主席项俊波出席会议并讲话，保监会会领导陈新权、陈文辉、黄洪、梁涛出席会议。

会议指出，2015年全系统紧紧围绕贯彻落实保险业“新国十条”，坚持抓服务、严监管、防风险、促发展，深入推进改革创新，着力增强行业发展动力;加强现场检查和非现场监管，着力防范化解风险;发挥保险功能作用，着力服务经济社会发展;建立健全制度机制，着力维护保险消费者权益;加强自身建设，着力夯实保险监管基础。会议指出，“十二五”期间我国保险业发展取得显著突破，行业发展变化最大、综合实力提升最快，改革创新全面突破、基础建设明显加强，服务能力显著增强、行业地位和影响力大幅提高，保险监管体系升级换代、科学依法有效监管扎实推进。

会议强调，今年是“十三五”规划和全面建成小康社会决胜阶段的开局之年，也是中国经济转型升级的关键之年。当前要深刻领会国内国际新形势对保险监管的新要求，不断增强使命意识、责任意识、机遇意识和忧患意识，应势而动，顺势而为。保险监管要主动适应经济发展新常态，推动行业发展，要更加注重提高发展质量和效益;深化保险改革，要更加注重使市场在资源配置中起决定性作用;加强改善监管，要更加注重防范化解保险风险;服务经济社会全局，要更加注重提升保险供给的针对性有效性。

要结合中央战略部署的重点领域和行业发展的关键环节，紧紧围绕供给侧结构性改革这条主线，抓好各项重点难点保险改革发展任务。要实现服务民生三大突破。提升大病保险服务水平，抓好巨灾保险制度落地，推动商业保险税优政策试点顺利实施。要推出深化改革三大举措。全面深化保险产品市场化改革、市场准入退出机制改革及资金运用市场化改革。要完成风险防控三大工程。妥善制定并实施好偿二代切换方案，构建更加科学的风险评估预警机制，加快推进保单登记管理信息平台建设。要切实做好日常监管工作。认真落实风险防范的政策措施，大力规范市场秩序，切实保护保险消费者权益，推动行业更好服务经济社会发展，不断夯实保险监管工作基础。

（下转第4页）

中国保险业发展综述

一、取得亮眼的成绩单

2016年是“十三五”开局之年，伴随经济社会的全面转型、新兴技术的快速发展、监管体系的持续健全，我国保险业延续了良好发展态势，并交出了一份亮眼的成绩单。

据中国保监会最新公布的信息显示，2016年全行业共实现原保险保费收入3.1万亿元，同比增长27.50%，增速创2008年以来新高。保险业资产总量15.12万亿元，较年初增长22.31%。保监会相关负责人表示，总体来看，保险市场保持强劲增长势头，结构调整成效显现，助实体、惠民生能力明显提升。

数据显示，2016年寿险原保险保费收入17442.22亿元，同比增长31.72%，其中保障属性较强的普通寿险、健康险表现抢眼，分别实现55.34%和67.71%的增幅。财产险实现原保险保费收入8724.5亿元，同比增长9.12%，增速较上年度放缓。此外，与国计民生密切相关的农业保险、责任保险保持良好发展势头，保费收入分别增长11.42%和20.04%。虽然“保费轮子”驱力很足，但受宏观环境和资本市场波动影响，行业“投资轮子”动力放缓，全年保险资金投资收益为5.66%，大幅低于2015年7.56%的水平，行业利润同比或下降三成，“赚钱速度”放缓。

2016年保险业积极提升保障服务能力。从风险保障看，全年提供风险保障金额2372.78万亿元，同比增长38.09%，高于保费收入增速10.59个百分点；累计赔付支出10512.89亿元，同比增长21.20%。

从服务实体经济看，全年保险业为我国装备制造企业和科研机构、科技型自主创新企业提供风险保障486.62亿元和1.03万亿元，同比大幅增长196.72%和631.25%；累计为8.22万家出口企业提供出口信用风险保障4167亿美元；合计备案注册规模1.7万亿元，为“一带一路”、长江经济带、京津冀协同发展等国家战略项目提供资金支持。

在助推脱贫攻坚和民生改善方面，农业保险全年为3822.71万户次农户支付赔款299.21亿元，同比增长26.22%。截至2016年底，行业承办的大病保险业务覆盖9.7亿人，累计支付赔款300.9亿元。大病保险患者实际报销比例在基本医保基础上提升13.85%，整体报销比例达到70%。

（上接第3页）

中央和国务院有关部门、部分高校专家学者代表，保监会机关各部门、各保监局负责人，中国保险行业协会、中国保险学会、中国精算师协会、中国保险资产管理协会、中国保险保障基金有限责任公司、中国保险信息技术管理有限责任公司、中国保险报业股份有限公司、中保投资有限责任公司负责人参加了会议。

（摘自中国保险监督管理委员会网站，略有删改）

70%。

此外，在过去的一年中，我国互联网保险也实现了快速发展，中保协发布的《2016中国互联网保险行业发展报告》显示，互联网保险保费收入在过去4年间增长了40倍。毫无疑问，未来互联网一定会重构保险行业的新生态。

总体而言，2016年，伴随着“四个全面”稳步实施，伴随着保险业综合实力的稳步增强，伴随着保险业在风险管理、财富管理、社会管理等领域功能作用的有效彰显，各级政府和广大群众对保险机制有了更加深刻的认识，“保险让生活更美好”已经成为广泛共识。与此同时，应该看到，我国保险业仍然处于发展初级阶段，产品供给尚不能很好满足人民群众日益提高的保险需求，市场竞争尚存在少数非理性的短视行为，发展模式尚存在少数偏离“保险姓保”主线的风险隐患，与党和人民的期望相比，保险业的转型发展仍然任重道远。

二、总体规划布局出台

2016年8月，中国保监会发布《中国保险业发展“十三五”规划纲要》（以下简称《纲要》），《纲要》明确了“十三五”时期我国保险业的指导思想、发展目标、重点任务和政策措施，是未来五年保险业科学发展的重要蓝图，对保险业深化改革和服务国家发展战略提出了很高的要求。

纲要提出，“十三五”时期我国保险业将实现中高速增长。到2020年，全国保险保费收入争取达到4.5万亿元左右，保险深度达到5%，保险密度达到3500元/人，保险业总资产争取达到25万亿元左右。

保险业之所以能与国家发展如此紧密相连，一是源于保险的功能，这构成保险业服务国家发展的内在基础；二是源于国家对保险业的重视，这为保险业服务国家发展提供了广阔空间；三是源于保险业自身实力的提升，这为保险业服务国家发展提供了强大支撑。有关负责人表示，“十三五”时期，为了更好地服务国家发展，保险业一要坚持“保险姓保”，二要确保“险企不险”，三要实现“消费者愿意消费”。

2017年是实施“十三五”规划承上启下的重要一年，也是实现保险强国建设目标的关键一年。针对保险行业和保险监管目前存在的一些突出问题，保监会在2017年监管会上定下的方略是：从服务脱贫攻坚、服务实体经济、服务社会治理体系建设三个方面入手，将保险从立足全局、融入全局、服务全局推向新的高度。

三、坚持“保险姓保”的定位

2016年，在险资举牌引发争议的背景下，保监会提出要全面落实“保险业姓保、保监会姓监”要求，正确把握保险业的定位和发展方向。

“保险业姓保”，强调的是保险与金融的不同。从理论上看，保险是金融，但又不是纯粹的金融。金融强调资源的“跨期配置”，强调“资金融通”；而保险强调资源的“跨状态配置”，强调“风险保障”。

“保监会姓监”，强调的是应当厘清“监管”与“发展”的关系，保险监管机构的角色应当是“裁判员”而不是“教练员”。其实，金融业的三大监管机构何尝不都是如此？同保监会姓监一样，银监会和证监会也姓监。

“保险业姓保、保监会姓监”就是要让保险业立足主业、回归本位。这其中至少包含三层含义，即充分发挥保险分担风险和补偿损失的保障功能，成为国家发展的稳定器；真正成为人民群众健康生活的重要支撑，是人民生活的保障器；在“脱虚向实”中成为实体经济的助推器。

实际上，上述发展内含也是保险业与生俱来的功能。保监会政策研究室副主任于跃指出：“从行业起源看，现代商业保险诞生于风险保障，是商品经济和市场经济的基础性制度安排；从国家定位看，国家将发展现代保险服务业列入改革发展的顶层设计之中，主要是希望更好地发挥现代保险的风险保障功能作用；从市场竞争看，数百年保险的立身之本就是风险保障，其核心竞争力就在于风险管理。”

四、监管力度持续加大

2016年，我国保险业主要从四个方面加强监管力度、夯实监管基础：一是正式实施“偿二代”，二是启动D-SII监管制度建设，三是发布中国保险业第三套生命表，四是进一步落实“保险姓保”政策。

1、正式实施“偿二代”

2016年是偿二代正式实施的第一个年份。从保监会目前披露的数据看，保险公司整体偿付能力充足率达253%，行业风险总体可控。

虽然偿二代正式实施才一年的时间，但其效果已开始显现。从国内看，由偿二代“风险导向”的核心要求所决定，风险高的公司需要更多资本相匹配，风险低的公司则可以降低资本要求，释放多余资本，国内不同业务结构、不同风险程度的公司开始出现分化，这无疑有助于提升监管的效率，促进保险业的健康发展。

从国际看，国际保险监督官协会在全球保险资本标准（ICS）中，根据偿二代数据为中国单独增加了分组和相应的风险因子，由此提高了中国参与国际保险市场规则制定的话语权。

2、启动D-SII监管制度建设

2016年4月，保监会召开国内系统重要性保险机构（D-SII）监管制度建设启动会；3月和8月，就《国内系统重要性保险机构监管暂行办法》进行了两轮公开意见征求；5月，面向人保集团、国寿集团等16家保险机构，开展了D-SII评定数据收集工作。

D-SII是指一旦发生重大风险事件导致难以持续经营，可能引发系统性风险的保险机构，通俗地讲，就是那些“大而不能倒”的保险机构。2008年金融危机之后，人们发现“大而不能倒”保险机构具有系统重要性影响，并且监管缺位，于是金融稳定理事会和国际保险监督官协会开始针对全球系统重要性保险机构（G-SII）提出更高的监管要求。在此背景下，中国启动D-SII监管制度建设。下一步，保监会将制定D-SII评估方法，认定D-SII名单，并提出更高的监管要求。

3、发布第三套生命表

2016年12月，保监会发布我国保险业第三套生命表——《中国人身保险业经验生命表（2010–2013）》。此前，1996年和2005年，我国分别发布了第一套和第二套《中国人寿保险业经验生命表》。

与前两套相比，第三套生命表有了明显的进步。一方面，拥有世界上最大的样本数据量，共收集了3.4亿张保单、185万条赔案数据，覆盖了1.8亿人口；另一方面，生命表编制更加精细，对于男性和女性分别有三张表，即非养老类业务一表、非养老类业务二表、养老类业务表。

众所周知，生命表是现代人身保险业科学经营的基础，对于产品定价、准备金评估、现金价值计算等都具有基石性的意义。因此，第三套生命表的发布，将有利于夯实行业发展和监管的基础。

4、进一步落实“保险姓保”政策

为规范保险业务发展，落实“保险姓保”的政策理念，2016年下半年以来，保监会连续发布《关于强化人身保险产品监管工作的通知》《关于进一步完善人身保险精算制度有关事项的通知》等多项规章，从服务经济大局和保护消费者利益出发，对险企风险控制、产品账户管理、保障水平、结算利率等多方面进行严格监管。

对外经济贸易大学保险学院教授王国军认为，保监会密集出台的监管政策，强化保险回归风险保障的本质，有助于规范险企健康发展。

就目前看，全行业已进入一个服务国家治理体系和治理能力现代化的新格局，个人税收优惠型健康保险、巨灾保险工作持续推进，大病保险全面铺开，农业保险覆盖面不断扩大，责任保险产品体系日益健全。保险业对经济“助推器”和社会“稳定器”作用日益显现。

在深化保险业改革方面，除了上面提到的监管措施外，2016年我国还推行了以下政策：商业车险费率改革在全国范围内铺开；财产险备案产品自主注册改革全面落地实施；完善保险专业中介业务许可工作，实施注册资本托管等新做法，强化股东出资真实性监管；放宽保险资金可投资基础设施的行业范围，增加PPP投资模式，开展沪港通试点业务；深化在医疗、养老、健康、科技等产业链的布局发展等等。

对于改革发展的成效，国际货币基金组织和世界银行评估团给出的评价是：“中国保险业的快速发展给有效监管带来了挑战，但是保险监管自2011年评估以来，始终在进行具有深远意义的改革和现代化建设。中国保险监管体系对保险核心原则的遵守情况总体上达到良好水平”。

五、资金运用管理趋严

2016年是保险资金风头正健的一年。据保监会最新数据，2016年1月至11月份，资金运用余额131189.16亿元，较年初增长17.35%，其中股票和证券投资基金18852.32亿元，占比14.37%；而2015年和2014年同期的这一数据分别是16.31%和16.4%，其中股票和证券投资基金占比的数据分别为14.07%和10.68%，持续增长的趋势明显。

数据还显示，保险资金不仅是资本市场上最重要的机构投资者，而且在支持实体经济方面，保险资金的体量也在增大。2016年1月至11月份，保险资金的其他投资项目为45769.17亿元，占比34.89%，2015年其他投资30186.25亿元，占比为27.81%。提升了7.08个百分点。

越来越大的保险资金运用量使保险资金能够进入多个市场的多种投资领域。这些投资领域和投资方式可能是保险资金此前没有涉足，或者没有大量涉足的，比如资本市场上通过举牌而持有上市公司股权。这在客观上也提升了对投资规范的要求。

据了解，仅从2016年11月到12月份的一个月时间内，保监会就密集出台了“加大保险机构投资能力监管力度提升保险资金运用内控管理水平”等多项通知和规定。在2017年保险监管工作会议上，资金运用更是被作为今年三个重点监管领域之一。

“把防控风险放到更加重要的位置，重点围绕公司治理、保险产品和资金运用三个关键领域，下决心处置潜在风险点。对于触碰风险红线的，要坚持露头就打，出手要快、下手要狠，确保把风险消灭在萌芽状态；对于形成风险隐患的，要增强同风险赛跑的意识，跑在风险前面，瞄准要害、果断处置，确保不发生系统性风险。”项俊波如是定调。

事实上，在2016年12月13日保监会召开的专题会议上，保监会就表明态度，保险资金运用必须把握审慎稳健、服务主业，要求投资标的应当以固定收益类产品为主、股权等非固定收益类产品为辅；股权投资应当以财务投资为主、战略投资为辅；少量的战略投资应当以参股为主。

与此同时，“将明确保险公司重大股票投资新增部分资金，应使用自有资金，不得使用保险资金。”保监会副主席陈文辉在接受媒体采访时说，保监会还计划将权益类资产占保险公司总资产比例从40%下调至30%，将单一股票投资占保险公司总资产比例从10%下调至5%。

六、助推民生改善

2016年，我国保险业主要从三个方面为改善民生提供了重要保障：一是保险助推脱贫攻坚，二是出台大病保险配套制度，三是城乡居民住宅地震保险正式销售。

1、助推脱贫攻坚

2016年5月，保监会和国务院扶贫办联合发布《关于做好保险业助推脱贫攻坚工作的意见》，要求精准创设完善保险扶贫政策，创新保险扶贫体制机制，为实现到2020年打赢脱贫攻坚战、全面建成小康社会提供有力的保险支撑。

在我国，贫困人口中因病因灾致贫返贫的占有相当部分，而保险因其风险保障功能与扶贫具有天然的联系。通过精准对接农业、健康、民生、产业脱贫、教育脱贫等服务需求，保险可以在助推脱贫攻坚方面大有作为。

2、出台大病保险配套制度

2016年10月，中国保监会发布《保险公司城乡居民大病保险投标管理暂行办法》等5项制度，对保险公司参与大病保险的投标管理、服务标准、财务核算、风险调节、市场退出等方面提出了明确的规范和要求。

2016年，保险业在全国31个省区市承办大病保险业务，覆盖城乡居民9.66亿人，累计超过800万人直接受益，患者实际报销比例在基本医保的基础上普遍提高了10个至15个百分点，整体报销比例达到70%，有效缓解了“因病致贫、因病返贫”问题。

3、居民住宅地震保险正式销售

2016年5月，保监会和财政部联合发布《建立城乡居民住宅地震巨灾保险制度实施方案》；7月1日，城乡居民住宅地震巨灾保险产品正式全面销售。这标志着汶川地震之后，呼吁多年的巨灾保险制度终于从理论向实践迈出了重要一步。

此次建立城乡居民住宅地震巨灾保险制度，坚持“政府推动、市场运作、保障民生”的实施原则，采取“整合承保能力、准备金逐年滚存、损失合理分层”的运行模式。城镇居民住宅基本保额每户5万元，农村居民住宅基本保额每户2万元，运行初期最高不超过100万元。据了解，下一步的重点工作是推动《地震巨灾保险条例》出台，为地震巨灾保险制度实施提供法律保障。

七、探索多维创新

2016年，我国保险业从多个方面推进改革创新，其中几项尤具积极意义。

一是区域创新。6月，国务院同意在浙江省宁波市设立国家保险创新综合试验区，保监会与浙江省政府正式印发《浙江省宁波市保险创新综合试验区总体方案》，以期为全国保险业服务经济社会发展提供可复制可推广的经验。

二是市场创新。6月，上海保险交易所正式开业，规划建设保险、再保险、保险资产以及保险衍生品等四大交易平台，逐步形成创新性、公开性的多层次市场体系。

三是主体创新。6月，保监会正式批准首批三家相互保险社（众惠财产、汇友建工和信美人寿）筹建，标志着相互保险组织形式在我国开启新一轮的实践探索。

四是机制创新。11月，最高人民法院与保监会联合发布《关于全面推进保险纠纷诉讼与调解对接机制建设的意见》，保险纠纷诉调对接机制推向全国。这些区域、市场、主体、机制等多个维度的创新探索，为保险业自身深化改革，以及保险业服务国家经济社会发展，都注入了新的活力。

（摘自中国保险监督管理委员会网站，略有删改）

大事记

1月

月初，中国太平洋人寿保险股份有限公司江阴支公司开始为江阴市居民提供大额住院费用补充医疗保险，约有40.2万人参保，保险金额达804亿元。

月初，人保财险无锡市分公司公司凭借个性化的承保条件和专业化的服务团队，一举中标无锡市公共工程建设中心2016—2019年隧道财产及公众责任保险项目，项目总保额5.7亿元，标志着公司连续十年成为全市15条主要隧道的独家承保单位。

8日，无锡市金融办副主任鲁振平、市行业协会秘书长尤玲娜、市企业金融服务中心主任谈旭梅等一行四人赴阳光财产保险股份有限公司调研座谈钢贸信用保证保险项目落地情况。

11—15日，无锡市政协、人大分别召开十三届五次会议、十五届五次会议，太平洋寿险无锡分公司为无锡市“两会”人员会议期间提供人身意外保险。

月底，江苏政府采购网发布中标公告，人保财险无锡市分公司独家中标无锡市卫计委部分计划生育特别扶助对象住院护工服务保险项目，签单保费50万元，招标定点时间为两年。

2月

4—5日，由市人社局、市社保中心、大病保险首席承保单位中国人寿无锡市分公司组成的无锡市城乡居民大病保险慰问小组对2015年度市区部分大病保险受惠人员进行了走访慰问。

21日，为全方位、广泛深入地推进防范打击非法集资宣传教育工作，国寿无锡市分公司积极组织参与市金融办统一组织的“打击和处置非法集资宣传教育进社区”活动。

25日，在无锡市年度金融工作大会上，人保财险无锡市分公司被表彰为无锡市2015年金融工作“年度贡献奖”，这是公司连续6年获得这一殊荣。

3月

10日，无锡市保险学会召开八届四次理事会。市社科联主席李祖坤、市史志办副主任郭明出席会议并讲话。市保险学会会长尤力人作了题为《某时苦干求实效　凝心聚力谱新篇》的学会工作报告，总结回顾了学会2015年的工作，部署安排了2016年的工作。

15日，为深入贯彻《中国保监会关于印发〈2016年“3·15”保险消费者保护系列活动方案〉的通知》精神和江苏保监局关于开展“学保险 用保险 落实以客户为中心服务年”活动要求，无锡市保险行业采取多种方式，积极开展和参与了消费者权益保护日系列活动。

19日，无锡市保险行业协会组织会员单位分别参加了中共无锡市委宣传部、市消费者委员会等部门举办的“点赞无锡，我的消费生活”走进太湖国际社区、茂业社区、宪丰社区广场咨询活动。

4月

11日，无锡市社科联发出通知，表彰了2014至2015年度的无锡市社科先进学会和优秀社科学会工作者。无锡市保险学会被评为无锡市社科先进学会，副会长兼秘书长华晓被评为优秀社科学会工作者。

19日，兴化市社保局一行至国寿宜兴支公司交流学习新农合。双方就新农合的实施经验、具体经办流程等内容做了交流互动。

27日，在无锡市保险行业协会的组织下，中国保险行业协会“最美保险人”原创话剧《生命密码》在锡上演，无锡各界2400多人观看了演出。

本月，民安财产保险有限公司无锡中心支公司正式更名为亚太财产保险有限公司无锡中心支公司。

5月

10日，江苏省保监局亓新政局长一行到人保财险无锡市分公司召开保险行业座谈会。无锡市保险行业协会、保险学会秘书长及20家保险公司主要负责人参加，无锡市保险行业协会会长、人保财险无锡市分公司总经理尤力人主持会议。

18日，人保财险无锡市分公司在宜兴乐祺纺织集团有限公司举行出口信用险理赔兑现会，现场支付出口信用险理赔款72万美元。此次兑现会旨在帮助广大企业进一步强化风险管理意识，推动出口信用保险业务快速发展。

19日，无锡市副市长黄钦听取了国寿江苏省分公司业务总监、中国人寿无锡市分公司总经理张建平一行关于大病保险工作的专题汇报。

26日，江苏省保监局王宝敏副局长一行到无锡召开商车改革督导会议，市保险行业协会及15家财险公司主要负责人在无锡人保财险参加了座谈会。

26日，江苏省保监局副局长王宝敏率省安监局、保监局相关部门负责人来锡召开安全生产责任险调研座谈会。王宝敏副局长对近年来无锡安责险取得的成绩和“二选一”做法给予了充分肯定。

31日，中国人寿无锡市分公司与中国老龄事业发展基金会在陕西省延安市延川县联合举办“孤老救助大行动”捐赠活动，为该县6000名孤老及贫困老人捐赠意外伤害公益保险，风险保额累计达1.8亿元，人民网、中国保险报、延安日报等媒体对活动进行了报道。

6月

6日，无锡市保险行业协会商车改革验收组对人保财险无锡市分公司商车改革进行现场验收，凭借前期扎实的准备工作，无锡人保财险成为全市首家顺利通过现场验收的单位。

16日，紫金保险无锡分公司经纪重客部受滨湖残联邀请，共同赴河埒街道开展在册残疾人保险保障调研活动。

22—24日，平安无锡分公司配合地铁运营分公司，邀请深圳地铁黎忠文专家，组织并参与了无锡地铁运营险雨季防汛风险查勘。

24日，辽宁省营口市人社局一行六人专赴无锡社保中心调研，重点学习智能审核系统运行情况及效果并现场观摩，城乡居民大病保险工作管理经验等。

7月

6日，人保财险无锡市分公司会同锡山区政府召开全区小麦赤霉病灾害理赔兑现大会，集中向农户支付小麦种植保险理赔款363万元，这标志着全市因5月份以来连续阴雨天气导致的小麦赤霉病灾害赔付工作全面启动。

8日，中共无锡市委宣传部、市放心消费创建活动办公室、市消费者委员会、无锡市保险行业协会、无锡电视台生活频道在茂业广场举办了“7·8保险公众宣传日”专题晚会。

30日上午，江苏省保监局王宝敏副局长一行四人深入天安财险无锡中支物联网支公司进行调研指导。

8月

17日，由江苏省保险中介行业协会举办的无锡、苏州、常州地区保险专业中介机构座谈会在锡召开。

18日，人保财险无锡市分公司会同宜兴市政府召开宜兴市“7.2”暴雨城乡户籍居民住房财产保险理赔兑现大会，集中向18个镇、社区支付城乡户籍居民住房财产保险救助慰问（理赔）金近3000万元，这标志着无锡市七区（市）对7月暴雨导致的城乡户籍居民住房财产保险赔付工作全面启动。

19日，厦门保监局副局长张俊斌一行8人在江苏保监局财产保险监管处处长王雷陪同下，在人保财险无锡市分公司就环污险和电梯安责险进行专题调研，无锡市保险行业协会会长、人保财险无锡市分公司总经理尤力人，行业协会秘书长尤玲娜以及无锡市公安交警支队相关负责人等陪同

9月

18日，无锡江阴支公司会同江阴市政府召开全市政策性农业保险理赔兑付大会，集中向江阴市近4.6万家受灾农户支付共计1870多万元保险理赔款，这标志着江阴市对今夏暴雨等灾害的政策性农业保险赔付工作全面启动。

24日，无锡市保险学会组织会员单位参加无锡市第十三届社科普及周系列活动，在梁溪区南禅寺广场为广大市民提供保险知识咨询服务活动，受到市民朋友的一致欢迎。

26日，由无锡市保险学会发起成立的“保险与民生苏南年会”第二届大会在南京召开。此次大会由江苏省保险学会、江苏省医疗保险研究会主办，苏州市、无锡市、常州市和镇江市保险学会协办，中国人寿江苏省分公司承办，主题为“保险⊠健康江苏”。来自省社科联，省金融办，江苏保监局、各市医保中心，在苏保险机构的领导、嘉宾、专家学者和专业人士共160余人参加了本届年会。年会组委会主任、无锡市保险学会会长尤力人和年会执行主任、无锡市保险学会副会长兼秘书长华晓参加了会议。

9月27日，杭州市淳安县政府相关部门领导一行赴国寿宜兴支公司调研新农合工作，赴医农保管理中心进行了实地考察。

10月

17日，由公安部交通管理科研所、江苏保监局、江苏省公安厅交警总队主持召开的互联网道路交通事故在线快速处理平台试点协调会在锡召开，开启快处快赔工

作新模式。无锡市保险行业协会及无锡人保财险、太平洋财险、平安财险等六家公司的代表参加了会议。

11月

3—4日，根据环保部环境污染责任保险制度研究项目安排，环保部政策法规司政策处处长陈默会同北京大学法学院汪劲、童光法教授一行就环境污染责任保险理赔定损的实际情况及其存在的主要问题，与江苏省、无锡市环保部门、人保财险无锡市分公司以及投保企业进行了调研交流。

24日，无锡市居家养老机构综合责任保险（试点）、市社会困境未成年人监护责任保险及医疗健康保险签约仪式在人保财险无锡市分公司举行，无锡市民生保险再添新险种。

12月

8日，无锡市交通事故人民调解工作座谈会在国寿财险无锡中支召开。无锡市保险行业协会、无锡市交警支队事故科、市区各交警大队事故中队保险理赔服务工作室、无锡中支和其他财险主体相关负责人出席了会议。

16日，无锡市委副书记、市长汪泉携市政府秘书长叶勤良一行赴中国人寿保险集团公司拜访杨明生董事长、缪建民总裁和中国人寿保险股份林岱仁总裁、缪平副总裁等相关领导，共商无锡市和中国人寿深入推进战略合作相关事宜。

17日下午，根据无锡市梁溪区残疾人联合会工作安排，紫金财险无锡分公司经纪重客部牵头组织开展了梁溪区在册精神残疾人监护人责任保险首次培训活动。

30日，无锡市人民政府金融工作办公室会同无锡市保险行业协会联合召开责任险工作座谈会，无锡人保财险、太平洋财险、平安财险等10家财险公司总经理（分管总经理）参加了会议。

28日，人保财险无锡市分公司隆重召开年度保费突破30亿元发展成果报告会，感谢社会各界及广大客户对公司建设发展的关心和支持，进一步彰显公司的品牌影响力和市场竞争力。市领导和省分公司总经理夏玉扬到会祝贺并作重要讲话。这也标志着无锡人保财险成为无锡首家年度保费突破30亿元的财产险公司。

2016年，中国人寿市分公司承办的无锡市“安康关爱行动”老人险，承保保费2220.32万元，承保老人49.81万人，承保覆盖率较上年度提高一个百分点。

无锡经济形势

政府工作报告

——2017年2月14日在无锡市第十六届人民代表大会第一次会议上

无锡市政府市长 汪 泉

各位代表：

现在，我代表无锡市人民政府，向市第十六届人民代表大会第一次会议报告工作，请予审议，并请市政协委员提出意见。

过去五年工作回顾

市第十五届人民代表大会以来的五年，面对错综复杂的宏观环境和艰巨繁重的改革发展稳定任务，在中共无锡市委的正确领导下，在市人大、市政协的监督和支持下，市政府全面落实党的十八大和十八届三中、四中、五中、六中全会精神，深入贯彻习近平总书记系列重要讲话特别是视察江苏重要讲话精神，主动适应经济发展新常态，自觉践行新发展理念，紧紧依靠全市广大人民，求真务实，开拓奋进，较好地完成了“十二五”规划各项任务，并实现了“十三五”发展良好开局。

本届政府履职五年来，全市经济社会平稳发展，地区生产总值由6679亿元增加到9210亿元，年均增长8.4%；一般公共预算收入由615亿元增加到875亿元，年均增长7.3%；固定资产投资由3169亿元增加到4795亿元，年均增长11.7%；社会消费品零售总额由1946亿元增加到3120亿元，年均增长9.9%；城镇和农村常住居民人均可支配收入年均增长9.3%和10.1%，分别达到48628元、26158元；居民消费价格涨幅控制在省定范围内，为高水平全面建成小康社会打下了坚实基础。

我们确立产业强市主导战略，保持了实体经济稳定增长。在无锡处于负重爬坡的关键阶段，市委十二届九次全会作出了重振产业雄风、加快打造现代产业发展新高地的战略部署，出台促进现代产业发展的系列政策，设立200亿元现代产业发展扶持资金，推动产业强市理念逐渐深入人心，实体经济发展实现增量提质。规模以上工业总产值和增加值多年徘徊不前的情况得以改变，2016年分别突破1.5万亿元、3000亿元，达1.51万亿元和3075亿元。企业实力不断壮大，我市入围中国企业五百强、中国制造业企业五百强的企业数均居全省第一；入围中国民营企业五百强、中国服务业企业五百强的企业数均居全省第二。质量强市示范市建设深入推进，共承担制修订国内外标准363项，2家企业获全球卓越绩效奖，3家企业获中国工业大奖，荣获国家级质量奖6个、驰名商标超过80件。全市服务业增加值占地区生产总值比重由44%提高到51.3%。无锡国家数字电影产业园成为国家级文化和科技融合示范基地。五年获批国家AAAAA级景区1家、AAAA级景区11家，全市旅游总收入年均增长12.2%。国家现代农业示范区建设成效明显，农业园区化比重由13.8%提高到48.9%。金融业发展取得新的进展，金融机构本外币贷款余额由7280亿元增加到10518亿元，直接融资当年发行额由181亿元增加到919亿元，新增境内外上市公司37家，新三板挂牌企业达到209家。

我们着力推进创新驱动发展，实现了新一轮转型升级。扎实推进苏南国家自主创新示范区建设，不断提高区域创新能力。全市拥有国家级以上工程技术研究中心6家，国家级国际合作基地10家，省级外资研发中心41家，省级国际技术转移中心8家，国家级质检中心和重点实验室21家。清华大学等高校院所在锡设立研究院21家。企业研发经费占主营业务收入比重达1.62%，全社会研发投入占地区生产总值比重由2.58%提高到2.82%，万人发明专利拥有量由7件增加到31.4件，科技进步贡献率由57.8%提高到63%，均居全省领先水平。“神威·太湖之光”超级计算机荣获世界超算冠军，项目应用在全国首获戈登贝尔奖。扎实推进国家传感网创新示范区建设，成功举办2016世界物联网博览会，启动物联网小镇规划建设，有效推广一批物联网示范应用工程，物联网产业营业收入年均增长30%以上。高新技术产业产值占规模以上工业总产值比重由36.7%提高到43.4%。制定实施“太湖人才计划”，深入推进“人才强企”工程，成立“欧美同学会无锡报国基地”，国家“千人计划”人才、省“双创计划”人才由36人、165人分别增加到84人和407人。

我们坚持扩大开放不停步，优化了开放型经济发展格局。全面对接上海等自贸区试验政策，复制推广48项改革创新事项。实施外贸稳增长系列政策意见，在国际经济环境复杂严峻的形势下，保持进出口总额稳定在700亿美元左右。服务外包业务执行金额由36.5亿美元增加到102.9亿美元。加大利用外资力度，累计到位注册外资171亿美元，其中制造业外资占比达60%，引进超亿美元项目131个，中芯长电半导体、三星SDI偏光板、药明康德生命科技园等一批重大外资产业项目成功落户。支持企业“走出去”，累计对外投资74.2亿美元。柬埔寨西港特区首期建设基本完成，进驻各类企业107家。加强口岸功能建设，无锡航空口岸扩大对外籍飞机开放，进境食用水生动物、进口肉类指定口岸获国家批准，苏南硕放国际机场二期工程建成投用，国内国际客货航线由29条增加到68条。推进开发区转型升级，宜兴经济技术开发区升级为国家级开发区，无锡高新区出口加工区、江阴保税物流中心升级为国家级综合保税区。加强国际交流合作，国际友好城市由38个增加到48个，荣获国际友城“特别贡献奖”和“交流合作奖”。成功举办第四届世界佛教论坛和两届全球锡商大会，组建全球锡商联盟。

我们落实全面深化改革各项任务，化解了许多发展中的难题。扎实推进供给侧结构性改革，粗钢、水泥产量较近年同期最高点分别下降21.9%、10.8%，市区商品住宅去化周期大幅下降，规上工业资产负债率下降至53.4%，水电气等企业生产要素成本有效降低，“营改增”试点五年累计减税138亿元。五年来共处置化解银行业金融机构不良贷款990亿元，2016年末银行业金融机构不良贷款率为1.56%，由一度全省最高基本下降到全省平均水平。协同推进“放管服”改革，不断深化商事制度改革，累计取消下放各类行政审批项目428项，新增内资企业数和注册资金额由17669家、770亿元分别增加到37786家、2379亿元。行政区划调整和政府机构改革取得突破，梁溪区、新吴区正式成立，工商管理、质量监督、食品药品监管体制调整到位，在省内率先建成“一办三中心”政务服务体系。理顺社会事业管办分离体制和运行机制，成立市文化旅游产业发展集团、文化发展集团、体育产业发展集团。深化医药卫生体制改革，实行药品零差价销售，医联体建设实现全覆盖。深入推进金融改革，中韩（无锡）科技金融服务合作区成立，江苏民营投资控股有限公司、开鑫贷融资服务江苏有限公司落户无锡，成立江苏资产管理公司、国联人寿保险有限公司、市金融投资公司、江苏互联网金融资产交易中心，新增银行业金融机构10家、保险公司机构11家、股权投资企业59家、融资租赁公司14家、基金管理企业40余家。深化农村改革，基本完成土地承包经营权确权颁证，深入开展集体资产股份制合作改革，43个镇级产权流转交易服务中心建成运行。天然气价格、水价及其阶梯价格改革稳妥推进。

我们强化城乡建设管理，促进了城乡区域协调发展。制定实施城市现代化和城乡发展一体化规划，常住人口城镇化率由72.2%提高到75.8%，建成区面积由289平方公里增加到332平方公里。着力推进太湖新城、锡东新城、惠山新城、马山国际旅游岛、古运河风光带等重点区域建设，一批重点项目建成投运。推进中心城区更新改造，实施棚户区（危旧房、城中村）改造127万平方米，整治提升旧住宅区1104万平方米。市区拆除违法违章建筑130万平方米，完成115条主要道路包装出新和478个背街小巷综合治理。城市给排水设施不断完善，全市污水管网由7904.79公里增加到8724.25公里，主城区生活污水集中处理率达95%以上，供水设施覆盖率达100%，城市再生水利用率由32%提高到33%。积极推进市域重大交通基础设施建设，京沪高铁、宁杭高铁无锡段、新锡澄路惠山段、望虞河大桥建成，完成锡澄运河江阴及惠山段航道整治，无锡（江阴）港跻身亿吨大港，苏锡常南部高速公路建设启动。完善公共交通体系，地铁1、2号线建成投运，1号线工程获国家优质工程“金奖”，3号线一期、1号线南延线工程开工建设，市区公交分担率达28.2%，镇村公交覆盖率保持在100%，成为全国首批“绿色交通城市”。城市防洪排涝能力不断提高，走马塘工程建成通水。深入推进美丽乡村建设，“三星级康居乡村”和“江苏最美乡村”数量居全省前列。丁蜀镇入选第一批“中国特色小镇”。智慧城市建设持续推进，成为全国首个高标准全光网城市，在全国智慧城市发展水平评选中连续四年名列前茅。

我们践行绿色发展理念，改善了生态文明和环境质量。制定实施主体功能区计划，全市28.7%国土面积划为生态红线保护区。构建“四位一体”耕地保护长效机制，深化节约用地“1236”战略布局，全市基本农田稳定在165.9万亩，单位建设用地GDP产出由每平方公里4.82亿元提高到6.12亿元。制定实施水、大气污染防治行动计划，出台“1+4”水环境治理实施意见，扎实开展以太湖水、大气污染和黑臭河道为重点的环境整治工程，太湖无锡水域连续九年实现安全度夏，14个国家考核断面水质达到或优于III类比例达50%，PM2.5年均浓度下降幅度完成国家考核任务。完成无锡钢铁厂、新苏机械厂原址等地块土壤污染修复工程。推进一批重点节能减排工程，实现万元GDP能耗、水耗分别下降26.1%、25.3%，化学需氧量、氨氮、二氧化硫、氮氧化物四项主要污染物排放量分别削减21.95%、20.93%、30.55%和43.59%。建立并积极落实生态补偿机制，继续实施排污权有偿使用和交易制度，推行环境污染责任保险。强化环境司法联动，查处违法案件4752起，否决劝退各类项目886个。推进106个生活垃圾分类收集、分类处置试点，推动锡东垃圾焚烧发电厂项目顺利复工。完成8820个自然村环境整治，建成25个省级村庄规划建设示范村和560个村庄环境长效管理示范村。扎实推进“绿色无锡”建设，全市林木覆盖率和自然湿地保护率分别由25%、16.6%提高到27%、50%。荣获“中国宜居城市”“国家森林城市”“国家生态市”“全国节水型社会示范区”“全国国土资源节约集约模范市”等称号，建成全国首个生态城市群。

我们不断增进民生福祉，增强了人民群众获得感。每年部署并完成一批为民办实事项目，推动民生和社会事业不断发展。坚持就业优先，五年实现城镇新增就业73.25万人，新引进大学生就业19.12万人，扶持自主创业5.74万人，城镇登记失业率控制在3%以内。建立城乡一体的居民基本养老保险制度，健全城乡低保标准定期调整机制，创新深度救助机制，市区城乡低保标准提高到每人每月760元，市区居民基础养老金、企业退休人员养老金、低保家庭中的重度残疾人救助标准分别提高到每月370元、2538元和912元，各项社保覆盖率达98%以上。新增保障性住房6.2万套，享受廉租房补贴家庭达9852户，市区住房保障体系健全率超过92%。制定农贸市场布局规划，全面启动新一轮农贸市场改造和综合整治。健全平价商店常态惠民机制。完善养老服务设施，新增养老床位1.5万张，每千名户籍老人拥有养老床位数达到41.2张。推进教育事业协调发展，成为全省首个所有市（县）区全部建成省学前教育改革发展示范区的地级市、全国首批通过“义务教育发展基本均衡”认定的大中城市，公办高中实现省三星级以上优质资源全覆盖。建立江南大学无锡医学院，与省教育厅合作支持太湖学院发展，引进南京信息工程大学滨江学院。优化职业教育布局，10所学校成为国家和省职业教育改革发展示范校。居民健康水平稳步提高，医疗卫生服务体系日趋完善，新建、改扩建二级以上公立医疗机构15家、社区卫生服务中心53家，全面实施家庭医生制度。积极落实全面两孩政策。成功创建第二批国家公共文化服务体系示范区，中国大运河（无锡段）成功列入世界文化遗产。成为全国全民健身示范城市和全省首批公共体育服务体系示范区。创新社会治理模式，全面推进“政社互动”，跻身全国首批社区治理和服务创新实验区，获评全国文明城市和全国未成年人思想道德建设先进城市。深化平安无锡建设，获评全国社会治安综合治理优秀市，公众安全感和群众对政法队伍满意率居全省首位。国防动员、人民防空和后备力量建设稳步推进，军转安置、拥军优抚和军民共建等工作成绩显著，荣膺全国双拥模范城“七连冠”。全面落实安全生产责任制，安全生产事故起数和死亡人数持续“双下降”。加强食品药品监管，食品检测合格率稳定在98%以上。史志、档案、侨务、外事、对台、气象、防震减灾等工作取得新成绩，妇女、儿童、老龄、红十字、残疾人等事业有了新发展。

我们注重加强政府自身建设，推动了行政职能和作风转变。扎实开展党的群众路线教育实践活动、“三严三实”专题教育、“两学一做”学习教育，宣传学习江苏“时代楷模”、江苏“最美人物”事迹和无锡“工匠精神”，政风建设取得积极成效。认真落实中央八项规定精神和省、市委十项规定要求，整改“四风”突出问题取得明显成效。全面推进法治政府建设，健全重大事项决策程序，完善听证制度，提请市人大常委会审议地方性法规21部，出台政府规章34部，各级政府及部门实现法律顾问全覆盖。自觉接受人大和政协监督，认真贯彻市人民代表大会及其常委会的各项决议，定期向市人大报告工作、向市政协通报情况，认真做好代表建议和委员提案办理工作。推进财政预决算及“三公经费”决算向社会公开，“三公经费”年均减少18.6%。完成党政机关公务用车改革。加强审计监督，对公共资金、国有资产、国有资源和领导干部经济责任履行情况基本实现审计全覆盖。强化政府性债务管理，建立偿债准备金制度，政府性债务控规模、降成本、防风险的措施得到较好落实。完成“六五”普法工作，成为全省首批法治城市创建工作先进市。全面落实党风廉政建设“一岗双责”，加大反腐倡廉力度，严肃查处一批违法违纪案件。

过去五年，全市经济发展经历了起伏变化过程。前几年，由于多种困难和矛盾交汇，主要经济指标增速逐年回落、在全省排名居后。近年来市委审时度势，适时作出发展战略调整，确立产业强市主导战略，大力推进产业强市建设，取得显著成效。特别是刚刚过去的2016年，我们积极应对各种困难和挑战，统筹做好稳增长、调结构、促改革、惠民生、优生态、防风险各项工作，基本完成了全年各项目标任务，经济社会发展呈现更多积极变化。一是综合实力稳步提升。经济运行稳中有进、稳中向好，主要经济指标增速整体摆脱了连续多年全省排位靠后的局面，多数指标增速高于上年同期。地区生产总值增长7.5%，同比提高0.4个百分点；社会消费品零售总额增长9.6%，同比提高0.4个百分点；规模以上工业总产值、增加值和实现利润分别增长3.8%、5.8%和9.6%，同比分别提高2.0、1.4和7.6个百分点；金融机构本外币贷款余额增长10.4%，同比提高4.9个百分点。一般公共预算收入增长5.4%，居全省前列；新增境内外上市公司17家，列全省第一。二是转型升级步伐加快。物联网、新能源、服务外包等新兴产业和高技术产业增速明显高于规上工业增速，旅游、文化、金融等服务业占比提高，单位土地GDP产出、科技进步贡献率全省领先。服务业增加值占地区生产总值比重突破50%，同比提高2.2个百分点。三是人民生活不断改善。城乡居民人均可支配收入分别增长7.8%和8.3%，基本建成城乡一体的社会保障体系，社会保障水平进一步提高。脱困转化经济薄弱村30个。全面完成10件80项为民办实事项目。有效抗击夏季特大洪水灾害，社会安定有序，未发生较大以上安全生产事故。四是环境质量持续优化。组织开展新一轮太湖治理和黑臭河道整治，太湖无锡水域水质和161条重点河道水质进一步改善。空气质量优良天数比例达66.9%，同比提高2.8个百分点，PM2.5平均浓度同比下降13.1%。万元GDP能耗下降3.4%，主要污染物排放削减量全面完成省下达的任务。五是改革开放迈向深入。供给侧结构性改革、“放管服”改革、国有企业改革等取得新进展，“营改增”范围顺利扩大，通过结构性减税和降息减费等为企业降低成本200多亿元。医药卫生体制改革取得成效，医保参保群众政策范围内个人负担率下降近5个百分点。对外开放水平不断提升，外贸进出口总额698亿美元、出口总额429亿美元，分别增长2%和1.6%，居全省前列；到位注册外资34亿美元，增长6.3%。柬埔寨西港特区成为“一带一路”合作样板园区。苏锡常南部高速公路、锡东垃圾焚烧发电厂等一批事关长远的重大基础设施项目启动实施，为今后一段时期无锡经济社会发展打下了良好基础。

各位代表，过去五年，我们在继承中发展、在发展中创新，取得了来之不易的成绩。这主要得益于我们坚持贯彻中央和省委省政府决策部署不动摇，着力推动各项事业发展迈上新台阶；得益于市委准确定位无锡负重爬坡的阶段性特征，坚定不移推进产业强市建设，以此凝聚全市上下加快发展共识，激发干部群众攻坚克难士气，并坚持问题导向，用改革办法解决了经济社会发展中面临的许多突出矛盾和问题；得益于无锡广大干部群众和企业家传承优秀历史文化和优良工商基因，不甘落后、勇于创新、善作善成，努力探索一条适合无锡特点的转型发展之路。

在此，我代表无锡市人民政府，向全市人民，向辛勤工作在乡镇街道、社区、企业等基层组织和单位的广大干部员工，向人大代表、政协委员，向各民主党派、工商联、各人民团体和各界人士，向中央及省在锡单位，向驻锡人民解放军、武警官兵和公安干警，向所有参与、支持和关心无锡建设与发展的海内外朋友，表示衷心的感谢并致以崇高的敬意!

同时，我们也清醒地认识到，我市经济社会发展仍然存在一些困难和问题，主要是：供给结构与需求结构不相适应，经济稳定运行的基础还不牢固，中小企业生产经营困难；新增重大产业项目不多，自主创新能力不强，人才引进培育与产业强市需求仍有差距，新旧动能转换尚需加快推进；资源环境问题形势严峻，环境污染治理、节能减排和土地节约集约利用力度尚需加大；基础设施建设和城市更新改造步伐放缓，城乡区域协同发展水平有待进一步提升；居民持续增收难度增加，低收入群体和经济薄弱村脱困致富任务艰巨；一些政府工作人员服务和担当意识不强，行政审批环节多、效率低、推诿扯皮问题依然存在等。对此，我们将进一步增强问题导向和忧患意识，正视矛盾，直面问题，努力在今后工作中采取有效措施加以解决。

今后五年奋斗目标和总体要求

今后五年是无锡高水平全面建成小康社会的决胜阶段，是打造现代产业发展新高地、加快建设“强富美高”新无锡的关键时期。当今世界政治、经济格局正在发生广泛而深刻的变化，不确定性因素增加，全球经济复苏过程仍然曲折复杂。我国经济发展新常态特征更加明显，区域和行业走势分化，经济下行压力仍然较大。无锡经济持续增长的资源环境约束加剧，发展中遇到的问题和矛盾比其他地区更为突出。但总的看，今后五年我国仍处于可以大有作为的重要战略机遇期，无锡发展趋势也符合中央作出的这个基本判断。去年召开的省、市第十三次党代会为无锡未来五年发展指明了方向。新一届市政府必须切实把思想和行动统一到落实中央和省、市委决策部署上来，一步一个脚印把市党代会勾画的美好蓝图变成生动现实，以优异成绩向全市人民交上一份满意的答卷。

今后五年政府工作要全面贯彻党的十八大和十八届三中、四中、五中、六中全会精神，深入贯彻习近平总书记系列重要讲话精神，认真落实省、市第十三次党代会精神，按照“五位一体”总体布局和“四个全面”战略布局，牢固树立和贯彻新发展理念，适应把握引领经济发展新常态，坚持稳中求进工作总基调，坚持以提高发展质量和效益为中心，牢牢把握深化供给侧结构性改革这一主线，牢牢把握打造现代产业发展新高地这一关键，牢牢把握保障改善民生这一宗旨，坚定实施六大发展战略，协调推进经济建设、政治建设、文化建设、社会建设、生态文明建设，聚力创新，聚焦富民，高水平全面建成小康社会，奋力谱写“强富美高”新无锡的精彩篇章。

今后五年的总体目标是：完成“十三五”发展各项目标任务，高水平全面建成小康社会，提前实现地区生产总值和城乡居民人均收入比2010年翻一番。到2021年，高新技术产业产值占规模以上工业总产值比重达46%，服务业增加值占地区生产总值比重达55%，全社会研发投入占地区生产总值比重达3.1%。万元GDP能耗累计下降幅度、主要污染物排放量削减幅度达到国家和省考核要求。

实现上述目标任务，在今后五年政府工作中，要注重把握和落实好以下总体要求：

一是牢牢把握稳中求进工作总基调。稳中求进工作总基调是治国理政的重要原则，也是做好经济工作的方法论，必须贯彻落实到经济社会发展各方面和全过程。要全力稳定经济运行、稳住社会大局，坚决守住不发生系统性金融风险、生态环境风险、社会风险和重特大安全事故的底线。要积极进取、奋发有为，切实做到各项工作在稳的前提下取得新的进展。

二是认真落实“两聚一高”新要求。围绕省第十三次党代会提出的目标任务，把发展取向、工作导向、奋斗指向更加鲜明地放到“聚力创新、聚焦富民”上。大力推动以科技创新为核心的全面创新，使创新成为无锡最鲜明的时代特征；更加自觉地践行以人民为中心的发展思想，让百姓得到更多实惠、有更强的获得感，在高水平全面建成小康社会上迈出坚实步伐。

三是大力实施六大发展战略。按照市第十三次党代会部署要求，坚定实施创新驱动核心战略、产业强市主导战略、全面开放战略、新型城镇化和城乡发展一体化战略、可持续发展战略、民生共建共享战略，加大推进力度，狠抓工作落实，确保落地见效，促进经济平稳健康发展和社会和谐稳定。

四是深入推进供给侧结构性改革和重点领域改革。继续推动“三去一降一补”五大任务落到实处，有效化解经济运行中的结构失衡、风险积累等问题。全面贯彻中央和省各项改革部署，加快推进重点领域和关键性改革，积极实施我市承担的先行先试改革任务，不断增强经济社会发展的动力和活力。

2017年主要工作

今年是党的十九大召开之年、供给侧结构性改革的深化之年，也是全面落实省、市党代会部署的开局之年，做好今年政府工作意义重大。按照市委十三届二次全会部署要求，今年全市经济社会发展主要预期目标是：地区生产总值增长7%~7.5%；一般公共预算收入同口径增长5%左右；固定资产投资增长5%左右；社会消费品零售总额增长10%左右；外贸进出口实现正增长；城乡居民收入增长与经济增长同步，城镇登记失业率、居民消费价格指数控制在省定范围内；节能减排和大气、水环境质量确保完成省下达的目标任务。确定上述主要预期目标，既是落实中央和省、市委决策部署以及“十三五”规划的要求，也充分考虑了宏观经济形势变化、供给侧结构性改革要求和无锡发展的阶段性特征，体现了产业强市的工作导向和发展趋向。围绕实现以上目标，今年重点做好八个方面工作：

（一）毫不松懈抓好产业强市建设

加快构建现代产业体系。围绕打造国内一流、具有国际影响的现代产业新高地，以发展具有比较优势的战略性新兴产业为优先选项，实现新兴产业产值增长10%以上；以发展具有领先优势的智能制造为主攻方向，积极开展“中国制造2025”苏南城市群试点示范，制定实施智能制造三年行动计划，实现全市规模以上工业总产值增长3.5%、工业增加值增长6%左右；以发展具有特色优势的现代服务业为重要取向，推进省服务业综合改革试点，实现服务业增加值占比提高1个百分点。弘扬无锡“工匠精神”，推进标准、质量、品牌、信誉“四位一体”建设，新认定省级以上品牌80个，主导和参与制修订国内外标准50项以上。实施全域旅游和“旅游+”发展战略，加快万达文旅城、阳山田园文旅小镇、江阴海澜国际马术旅游区、宜兴阳羡生态度假区等重大旅游项目建设，加强文化旅游资源整合，扩大旅游产品有效供给，实现旅游总收入增长10%。因地制宜规划建设一批特色小镇和旅游风情小镇，加快特色主导产业发展，使之成为具有明确产业定位、文化内涵、旅游功能、社区特征的空间载体。

重视发展现代农业。加强永久基本农田保护，加快推进农业供给侧结构性改革，积极推进国家现代农业示范区和国家农业科技园区建设，稳定水稻、蔬菜种植面积，新增高标准农田1万亩、高效设施农业（渔业）1.5万亩。组织实施粮食收储供应安全保障工程。积极发展优质、高效、绿色农业，减少化肥、农药使用，加强农产品质量安全和品牌建设。加快发展“互联网+”农业，促进农业与二三产业融合发展。

保持有效投资稳定增长。强力推进重大产业项目招引，加强精准招商、大项目招商和全产业链招商，争取引进超10亿美元或50亿元重大产业项目5个以上。积极开展“稳心留根”和“亲商暖企”行动，加大产业政策兑现落实力度，提高政策扶持的针对性和精准度。放宽民间投资准入，鼓励企业扩大技改投入，实现工业投入增长10%左右。有效发挥政府投资项目和重大项目的引导带动作用，实施100个市级重点项目，当年完成投资超680亿元。

加大金融服务实体经济力度。着力疏通贷款流向实体经济渠道，实现社会融资规模1600亿元，其中新增本外币贷款900亿元以上，制造业贷款实现正增长。开展中小企业融资授信活动，发挥好各级政府应急转贷资金、风险补偿资金作用，努力缓解中小企业融资难、融资贵问题。积极发展股权投资基金和产业基金，发挥好太湖浦发母基金、国联产业母基金作用，引导和扶持新设产业基金规模200亿元以上。大力推进企业上市，支持上市公司开展并购重组，新增境内外上市公司10家、新三板挂牌公司50家以上。

（二）突出聚力创新的工作导向

以苏南国家自主创新示范区建设为引领增强科技创新驱动力。围绕建设具有全球影响力的产业科技创新中心，优化“一区三核多特”空间布局，把无锡高新区、江阴高新区和宜兴环科园作为示范区建设的主阵地，全面落实推广中关村先行先试政策，增强核心区科技创新能力和辐射带动能力。提升各类科技产业园区发展水平，充分发挥国家级特色产业基地、科技企业孵化器、大学生（留学生）创业园等主体功能，加快推进无锡国家数字电影产业园发展。强化企业科技创新主体地位，支持企业建设高水平研发机构，加大高新技术企业培育扶持力度，实施科技企业“小升高”培育计划，全市高新技术企业达到1800家以上。深入实施“太湖人才计划”和“人才强企”工程，着力引进和培养高层次人才、高技能人才和创新创业团队，深化人才发展体制机制改革，提升招才引智工作水平，优化人才发展环境，高层次人才总量达到11.7万人，引进科技创业领军人才企业50家以上。完善政产学研协同创新机制，发挥科技成果转化服务平台作用，推动一批高校和科研院所创新成果加快在锡转化，加快推进深海装备无锡研发基地建设。提升公共技术服务平台功能，着力打造国家级质检中心和检测重点实验室集群。构建军民融合科技创新体系，创建国家军民融合创新示范区，办好军民融合发展战略高端论坛。着力激发大众创业、万众创新活力，积极打造区域创客中心，新增一批省级以上创客空间。落实好科技创新优惠政策，加大知识产权保护力度，实现全社会研发投入占地区生产总值比重达2.86%，万人有效发明专利拥有量达到32件。

以国家传感网创新示范区建设为引领加快发展新一代信息技术产业。制定实施新一轮推进物联网技术创新和产业发展行动计划，高水平办好第二届世界物联网博览会，高水平推进鸿山物联网特色小镇建设，积极实施十大领域应用示范推广计划，完善公共服务平台，加强物联网关键技术和行业标准攻关，启动实施设基金、建基地、兴基业的物联网“三基工程”，实现物联网产业营业收入增长15%以上。大力推进云计算、大数据、软件服务、移动互联网、“互联网+”等数字经济、创新经济、分享经济和平台经济加快发展，启动建设国家超算中心产业园、太湖新城大数据产业园。加快推进工业化和信息化深度融合，积极引导传统产业运用先进信息技术改造升级。加快建设国家电子商务示范城市，促进商贸企业线上线下融合发展。

以全面创新为引领充分释放全社会创新创造潜能和激情。着力推进发展理念、体制机制、企业管理、商业模式等全方位、多层次、宽领域的大创新，让创新贯穿一切工作。着力打造更具影响力的新载体新平台，全力办好物联网、新能源、影视文化、工业设计、大学生创业大赛等重点博览会、交易会、展会、论坛，创特色创品牌。全面创新的本质是进一步推动思想解放，打破陈旧思维束缚，摆脱习惯路径依赖，充分尊重企业家和基层首创精神，营造良好创新生态环境，培育宽容失败、包容个性的创新文化，让全社会创造活力竞相迸发、创新源泉充分涌流。

（三）突出聚焦富民的发展取向

实现居民收入增长与经济增长同步。完善工资收入分配制度，建立职工工资正常增长机制。落实更加积极的就业政策，优化就业结构，城镇新增就业11万人，帮助重点就业困难人员实现就业8000人。着力优化创业环境，推进工商注册便利化，新注册登记企业2.8万家以上；建立市场化创业担保贷款机制，鼓励大学生等重点群体自主创业，扶持自主创业1万人，其中大学生自主创业1600人，实现带动就业5万人。拓展居民增收渠道，推进安置房上市，增加居民财产性收入来源。积极培育家庭农场、专业合作社等新型农业经营主体，提高农业生产经营效益、促进农民增收。实施全民参保计划，实现企业职工养老、医疗和失业保险分别扩面5万、5万和3万人以上。全面落实低收入群体、特殊困难群体社会救助政策，健全社会救助保障标准与物价上涨挂钩联动机制，持续推进深度救助，不断提高困难群体基本生活水平。加大对经济薄弱村精准帮扶力度。

改善老百姓生活环境。加快实施棚户区改造和旧住宅区整治，积极推进农村住房翻建。加强城市环境综合整治，开展建成区违法建设治理，加大背街小巷综合改造力度。改善居民住宅小区物业管理，进一步推进老小区电梯改造。加强城市绿化美化，建设一批城市小游园，新增绿化面积5000亩。加快建设15分钟社区服务圈、体育健身圈、便民生活圈。创新发展商业服务网点，加大农贸市场建设和改造力度。

完善公共服务体系。统筹城乡义务教育资源均衡配置，鼓励普通高中优质多样特色化发展，新建、改扩建一批幼儿园和义务教育学校。完善现代职业教育体系，推进高水平中外合作办大学取得突破，深化与江南大学、太湖学院合作共建，加快建设南京信息工程大学滨江学院。加快健康城市建设，完善药品零差价销售医疗服务机制，加强产科、儿科、精神卫生等专科建设，完善分级诊疗新格局。深入开展国家养老服务业综合改革试点，发挥居家养老基础作用，推动医养融合、智慧养老，鼓励各类社会资本进入养老领域。加强公共文化设施建设，推广公共数字文化，继续办好读书月、艺术节、文博会等活动，完善现代公共文化服务体系。深入开展全民健身运动，积极创建智慧体育城市，精心办好亚洲乒乓球锦标赛、环太湖国际公路自行车赛等国际重大赛事。

创新和加强社会治理。深入推进平安无锡、法治无锡建设，创新升级立体化、信息化社会治安防控体系，深化公共安全视频监控联网应用，努力创建平安中国示范区。扎实开展“七五”普法教育，加强社会信用体系建设，提高全社会法治素养、诚信意识和信用水平。创新基层治理模式，完善社区减负长效机制，打造“社区+”平台，推进“三社联动”。落实重大决策社会稳定风险评估制度，健全社会矛盾纠纷有效预防和多元化解机制，全力化解信访积案。深入推进食品安全城市创建，依法严厉打击食品药品违法行为。严格落实安全生产责任制，强化灾害监测预警和风险防范，加强公共安全监管，提升应急处置能力，切实保障人民群众生命财产安全。

（四）持续用力推动全面深化改革

切实坚持以供给侧结构性改革为主线。深入推进“去产能”，严厉打击地条钢等落后产能、非法产能，全面完成去产能任务。突出重点“去库存”，积极推进江阴、宜兴房地产去库存工作，加大市区商业办公用房去库存力度，鼓励在建和库存非住宅商品房向众创空间、养老地产、旅游地产转型。多措并举“去杠杆”，加强中小企业互保圈风险化解处置，妥善处置大中型企业债务风险，继续实现银行业金融机构不良贷款余额和不良贷款率“双下降”；规范各级政府举债行为，加大存量债务置换力度，加强地方融资平台风险管控。实实在在“降成本”，继续全面落实好国家和省降成本各项政策措施、实施好市及地区性降成本政策措施，保持政策连续性，扩大政策宣传面和受惠面，确保为企业降低成本200亿元以上。加大力度“补短板”，加快推进基础设施、民生保障、环境治理、公共服务等领域补短板工作，完善补短板项目储备和推进机制，增强经济社会发展的整体性和协调性。

切实坚持在重点领域改革上狠下功夫。深化“放管服”改革，积极开展相对集中行政许可权改革试点，组建行政审批局，探索实行“一枚公章管审批”；简化商事审批，推进证照整合；完善事中事后监管体系，全面推行“双随机、一公开”工作机制，继续推进综合行政执法体制改革；加快“互联网+政务服务”平台建设，整合规范公共资源交易平台。深化财税体制改革，研究完善促进区域统筹发展的财政体制，合理构建重大基础设施共建共担共享机制，落实国税地税征管体制改革。深化投融资体制改革，不断完善PPP项目扶持机制。深化国有企业改革，优化调整国有资本布局结构，加快发展混合所有制经济，积极推进国有资产证券化，完善国资国企监管机制。深化金融改革，加快发展地方金融机构，推进设立民营“锡商银行”、无锡金融租赁公司、无锡消费金融公司，推进物联网金融创新发展。稳步推进农村集体产权制度改革，总体完成农村土地承包经营权确权登记颁证，完善农村产权交易市场体系，深入推进集体经营性资产股份合作制改革。深化医药卫生、养老、教育、文化等领域改革，提高公共服务供给能力。抓好国家和省级改革试点任务落实，真正试出经验、试出成效。

（五）加快推进开放型经济发展

主动融入国家重大开放战略。积极参与“一带一路”建设，加强与“一带一路”沿线国家的投资合作、产能合作和服务外包合作，鼓励支持柬埔寨西港特区等无锡企业在境外投资的产业园区建设，促进对外投资健康发展。积极参与长江经济带、长三角城市群建设，加强与长江沿线和长三角城市的合作交流，更好地对接和服务上海，推动锡常泰联动发展。积极复制推广自贸区改革试点经验，扩大自贸区改革试点政策受益面。积极推进无锡国际邮件互换中心、药品进口口岸申报设立，提升口岸综合服务能力和开放水平。做好外事、侨务工作，促进国际经贸合作与人文交流。办好第三届全球锡商大会。

集中力量做好外贸外资工作。着力优化外贸结构，积极发展外贸新业态、拓展外贸新空间，创建国家服务贸易创新发展示范区，推动外贸向优质优价、优进优出转变。落实新形势下吸引外资的政策意见，提升利用外资质量和效益，全面实施外商投资准入前国民待遇和负面清单管理模式，提高外商投资便利化和规范化水平。建设强有力招商队伍、拓展外资招商渠道，着力引进一批带动力强的行业龙头型、整机型、终端型项目，积极引进跨国公司地区总部和功能性机构，争取到位注册外资35亿美元，引进超3000万美元重大项目45个。

增强开发区（园区）功能作用。推进开发区体制机制创新，优化开发区空间布局和资源配置，推动开发区结合自身资源禀赋和产业基础，做强做大特色主导产业。提升开发区创新功能和承载能力，发挥无锡高新区综合保税区、江阴综合保税区载体优势，支持惠山经济开发区、江阴临港经济开发区升级为国家级开发区。优化乡镇级工业园区布局和功能。支持各级园区探索建立中外合作产业园区，推进中韩（无锡）科技金融服务合作区建设。加强开发区对标找差和考核评价工作，推动开发区综合发展水平在全省排位稳步提升。

（六）着力提升城乡建设管理水平

积极推进锡澄锡宜一体化发展。加快市域重大基础设施互联互通、共建共享步伐，开工建设苏锡常南部高速公路、南沿江高速铁路，加快推进锡澄运河市区段和锡溧漕河二期整治工程建设，积极开展盐泰锡常宜城际铁路、市域快轨S1线和宜马快速通道等前期工作，统筹搞好各地通用机场规划建设。优化市域“一体两翼”空间布局，加强产业对接和园区合作，推进锡澄锡宜文化和旅游统一规划、资源共享。支持江阴打造沿江发展带的重要节点城市，鼓励宜兴建设苏浙皖交界区域的功能性中心城市，提升澄南、宜东地区与无锡市区的融合发展水平。

加快基础设施建设步伐。加快实施江阴市“1310”工程。加快推进常宜、宜长高速公路建设。加密苏南硕放国际机场航线，启动货站和停机坪扩建工程，实现客货吞吐量分别突破600万人次和10万吨。争取组建地方航空公司。完善城市路网体系，加快推进蠡湖大道、江海西路快速化改造和西环线北延、新锡路北延、钱皋路工程，打通运河西路、吴桥西路、兴昌路北延等“断头路”，疏通广澄路、锡南路、鼎新路等城市道路“毛细血管”。续建地铁3号线一期和1号线南延线工程，开工建设地铁4号线一期工程，启动编制地铁第三轮建设规划。优化调整常规公交线网，推动市区公共自行车系统建设运营一体化，积极创建省公交优先示范城市。推进“海绵城市”建设，先行开展惠山工业转型集聚区等3个试点区域建设。搞好重点水利工程建设，加快建设新孟河工程和望虞河西控工程，基本完成新沟河工程，加强城市给排水和防洪排涝工程建设。发挥太湖新城、锡东新城地下综合管廊建设示范效应，加强地下空间开发利用。完善信息基础设施，推进城市大数据中心二期建设，提升智慧城市发展水平。

加强城市规划和历史文化保护。加快推进新一轮城市总体规划编制，促进经济社会发展规划、城乡规划、土地利用规划、生态建设规划“多规合一”。加大中心城区更新改造力度，放大行政区划调整效应，增强中心城区的商贸中心地位和历史文化保护核心区作用。加快推进太湖新城、锡东新城、惠山新城建设，做强特色产业，完善配套设施，促进产城融合。加快马山国际旅游岛、古运河风光带、鸿山省级旅游度假区建设，支持宜兴重点景区创建国家5A级景区和国家级旅游度假区。大力传承中华优秀传统文化，加强历史文化遗产保护利用，加快推进紫砂、精微绣、泥人、二胡、茶叶等历史经典产业发展，扎实推进惠山古镇祠堂群和荡口古镇申遗，提升文化传承和产业影响力。

提升城乡发展一体化水平。完善新型城镇化和城乡发展一体化推进机制，积极开展国家新型城镇化综合试点，加快城乡发展一体化示范特色镇建设，推动基础设施和公共服务设施向农村倾斜，促进城乡要素平等交换、合理配置和基本公共服务均等化。深入推进美丽乡村建设，开展美丽乡村休闲旅游示范村房屋改造建设试点，加强传统村落民居和历史文化名村保护，促进乡村旅游发展。全面实施居住证制度，加快土地、户籍、住房、就业、社会保障等方面制度创新，有序推进农业转移人口市民化。

巩固全国文明城市创建成果。健全文明城市创建长效管理机制，深入开展群众性精神文明创建活动，推动江阴、宜兴积极争创全国文明城市。大力弘扬社会主义核心价值观，发挥好道德模范、“身边好人”的示范引领作用，广泛开展争当“美德少年”等活动，加强和改进未成年人思想道德建设，打造志愿服务工作品牌，不断提高市民文明素质和城市文明程度。

（七）扎实开展“两减六治三提升”专项行动

落实“减煤减化”措施。减少煤炭消费总量，压减燃煤发电和热电机组数量，严格控制新建燃煤发电项目。分类整治燃煤锅炉，禁止新建燃煤供热锅炉，完成煤炭消费总量削减目标任务。大力发展清洁能源，扩大天然气利用，全面推进绿色建筑发展，推动太阳能多元化利用。减少落后化工产能，加大低端落后化工企业淘汰力度，“一企一策”实施淘汰关闭、搬迁入园、整治提升。清理并规范化工园区，推动化工企业入园进区，完成省下达的低端落后化工企业淘汰任务。

强化突出环境问题整治。治理太湖水环境，完善“河长制”管理，加强控源截污，狠抓农业、工业和生活污水的氮磷减排，加强清淤捞藻、应急处理和无害化处置，实现太湖无锡水域水质持续改善，确保国省考核断面水质达标。治理生活垃圾，积极推进分类收集处置体系建设，完善餐厨垃圾处理设施，推动锡东垃圾焚烧发电厂投产运营，确保生活垃圾无害化处理设施全覆盖。治理黑臭水体，完善城镇雨污分流管网设施，加强污水处理设施建设和提标改造，加大河道清淤疏浚力度，完成10条黑臭河道整治。治理畜禽养殖污染，全面整顿规范各类畜禽养殖场，实现规模化养殖场治理率达60%。治理挥发性有机物污染，突出重点园区和企业废气排放源整治，全面开展油气回收、高污染车辆淘汰和餐饮油烟污染控制工作，实现全市重点工业行业挥发性有机物排放总量较2015年削减10%以上。治理环境隐患，加强土壤污染治理与修复，加快危险废物焚烧和安全填埋设施建设，清理长江沿岸危化品码头和储罐，提升危废固废处置能力。

健全生态文明长效机制。提升生态保护水平，加强环太湖生态保护圈的生态修复与治理，逐步降低长江江阴段干线开发利用率，加强宜兴生态保护引领区建设，提高国家生态保护与建设示范区建设水平。提升环境经济政策调控水平，实施与污染物排放总量挂钩的财政政策，全面推行排污权有偿使用和交易，完善生态补偿机制，推进水环境区域补偿，加快实施差别化的环境价格政策；健全生态文明建设责任制，落实党政同责、“一岗双责”，实施领导干部自然资源资产离任审计，推行环境污染责任终身追究制度。提升环境执法监管水平，严格落实新修订的《环境保护法》，完善环境执法与刑事司法衔接机制，加大环境违法行为曝光力度，从快从严打击环境犯罪行为。

更大力度推进节约集约用地。落实主体功能区实施计划，严守城市边界、耕地保护和生态保护红线，严控城乡建设用地总量。不断优化土地利用结构和布局，加强产业与用地的空间协同，强化产业发展规划与土地利用规划的衔接，引导产业集聚、用地集约。着力盘活存量建设用地，加大存量土地挖潜力度，加强工业用地分类管理，推进低效用地再开发，进一步提高土地利用效率。

（八）努力建设人民满意的服务型政府

深入推进依法行政。强化法治思维，切实做到依照法定权限和法定程序行权履职。健全政府决策机制，完善重大行政决策法定程序。认真听取人大代表、政协委员意见建议，提高人大代表议案建议和政协提案的办理质量。完善审计监督机制，加强对重大政策措施落实、公共资金管理使用、经济责任履行情况的审计，依法接受市人大及其常委会的监督，主动接受市政协的民主监督，重视司法、舆论、社会监督。推进政府信息公开，动态调整并及时公布行政权力清单和责任清单，促进行政权力在阳光下运行。

增强担当服务意识。巩固“两学一做”学习教育成果，增强党员干部政治意识、大局意识、核心意识、看齐意识。强化责任担当，主动攻坚克难，对工作中既定的目标和作出的承诺，加强任务分解落实，确保“定了干、马上办、办到底”。改善政务服务，主动当好服务群众和企业的“店小二”，完善政府服务机制。优化“一办三中心”办事流程，切实提升服务质量和效益。深化目标任务绩效考核，建立更加有力的部门协同机制和重点工作督查机制。严肃治理“庸懒散”现象，健全容错和激励机制，营造干事创业的良好氛围。

切实加强廉政建设。严格执行党内政治生活若干准则、党内监督条例和问责条例，认真落实党风廉政建设“一岗双责”，深入贯彻中央八项规定和省、市委十项规定精神，驰而不息纠正“四风”，厉行勤俭节约，从严管理“三公经费”支出。更加注重源头反腐，突出公共权力运行、公共资源配置、公共资金分配等重点领域，完善内控机制，建立健全廉政建设与业务工作融合机制，加大惩治腐败力度，严肃查处发生在群众身边的腐败问题，切实解决损害群众利益的各种不正之风。

每年向社会承诺并组织实施一批为民办实事项目，是我们长期坚持的做法。根据今年工作安排，确定10件为民办实事项目如下：一是经济薄弱村脱困致富项目。实现全市经济薄弱村脱困转化30个以上（村级稳定性收入达到200万元）。二是黑臭水体整治项目。重点实施钱家桥河、河埒浜、许溪河、诸家桥浜、潘步桥河、铁树桥浜、唐周巷浜、民丰河、梅西河、对桥巷河等10条黑臭河道综合整治。三是城市重点道桥建设项目。开工建设新锡澄路（市区段）、兴昌路北延、通沙路北延、具区路、缘溪道、吴桥东路、中山路（青石路段）、平湖路等8条城市重点道路。四是旧住宅区综合整治改造项目。完成旧住宅区综合整治改造217万平方米。推进棚户区（危旧房、城中村）改造50万平方米。五是城市公共交通建设项目。开工建设地铁4号线一期工程。启动锡澄城际轨道S1线前期工作。加快建设城市公共自行车一期工程，投放1万辆公共自行车，建成400个配套站点。新辟和优化调整公交线路10条以上，新增、更新新能源公交车和低碳环保公交车150辆。六是农贸市场改造提升项目。新建和畅农贸市场，同步改造5个农贸市场。开展市区120家农贸市场环境整治提升工作。实现全市农贸市场食品安全快速检测网络监控全覆盖。七是健康养老服务体系建设项目。市第五人民医院建成投用。加快推进新四院建设。完成34个基层卫生医疗机构中医诊疗区（中医馆）项目的建设任务。建成投用12家街道（镇）级老年人日间照料中心。新增养老床位2000张。八是市政配套设施改造项目。完成老旧自来水管网改造60公里。完成自来水水表出户改造4000户。新增天然气用户5万户。九是文化惠民建设项目。新少年宫建成投用。建设“吴韵书香”城市阅读联盟，年内建设50个城市阅读点。完成150个多功能基层综合性文化活动室（服务中心）建设。十是教育事业基础设施建设项目。新建、改扩建幼儿园项目35个（其中新建30个，改扩建5个）、义务教育学校项目46个（其中新建24个，改扩建22个）。

各位代表，“两聚一高”使命光荣，产业强市责任重大。让我们紧密团结在以习近平同志为核心的党中央周围，在中共无锡市委坚强领导下，紧紧依靠和团结带领全市人民，不忘初心、务实苦干，开拓创新、继续前进，努力建设经济强、百姓富、环境美、社会文明程度高的新无锡，以优异成绩迎接党的十九大胜利召开!

无锡市经济和社会发展

【概况】2016年，在市委、市政府的正确领导下，全市上下积极贯彻五大发展理念，把握引领发展新常态，全力推进供给侧结构性改革，统筹做好稳增长、促改革、调结构、惠民生、优生态、防风险等各项工作，全市经济运行总体保持平稳，产业强市建设成效初显，实现了“十三五”的良好开局。

【经济综合】经济运行总体平稳　全市实现地区生产总值9210.02亿元，按可比价格计算，比上年增长7.5%。按常住人口计算，人均生产总值达到14.13万元。

产业结构加快调整　全市实现第一产业增加值135.19亿元，比上年下降2.4%；第二产业增加值4346.78亿元，比上年增长6.8%；第三产业增加值4728.05亿元，比上年增长8.6%；三次产业比例调整为1.5∶47.2∶51.3。

就业和再就业持续推进　全年城镇新增就业14.9万人，其中：各类城镇下岗失业人员实现就业再就业6.28万人，援助就业困难人员再就业1.94万人。全市城镇登记失业率为1.85%。

大众创业活力迸发　年末，全市工商部门登记的各类企业达24.15万户，其中，国有及集体控股公司1.93万户，外商投资企业0.63万户，私营企业21.59万户，当年新登记各类企业3.82万户。年末个体户30.94万户，当年新增5.28万户。

消费品价格稳中有涨　全年市区居民消费价格指数（CPI）为102.3，比上年扩大0.5个百分点。其中，服务项目价格指数为103.6，消费品价格指数为101.4，商品零售价格指数为100.9。

表1　居民消费价格指数情况

指　标	市　区
居民消费价格总指数	102.3
食品烟酒	103.4
衣着	99.5
居住	102.2
生活用品及服务	103.4
交通和通信	97.8
教育文化和娱乐	99.1
医疗保健	115.3
其他用品和服务	103.3

【农业】农业生产小幅下降　全年粮食总产量59.16万吨，比上年下降18.1%。油料总产量8073吨，比上年下降6.5%，其中油菜籽6484吨，比上年下降5.6%；茶叶总产量6507吨，比上年下降3.0%；水果总产量17.62万吨，比上年略降0.4%。全年水产品产量12.67万吨，比上年略增1.2%。

种植业结构调整　全年粮食种植面积为94.06千公顷，比上年减少7.94千公顷；油料种植面积为3.65千公顷，比上年减少0.15千公顷；蔬菜种植面积45.90千公顷，比上年减少3.2千公顷；水果种植面积16.35千公顷，比上年增加0.41千公顷。

表2　　主要农产品产量及其增长速度

单位：吨

产品名称	产量	比上年增长（%）
粮 食	591626	–18.1
油 料	8073	–6.5
#油菜籽	6484	–5.6
茶 叶	6507	–3.0
水 果	176222	–0.4
水产品	126715	1.2

【工业】工业生产保持稳定　全市规模以上工业企业实现增加值3075.49亿元，比上年增长5.8%。分经济类型看，国有企业总产值增长19.2%，集体企业总产值增长3.3%，股份制企业总产值增长3.2%，外商及港澳台商投资企业总产值增长4.6%，其他经济类型企业总产值下降10.5%。全市统计的284只主要工业产品中，产品产量比上年增长的有164只，占全市统计产品数的57.7%。在全市跟踪统计的22种重点产品中，有15种产品的产量实现增长。

工业效益稳步改善　全市规模以上工业实现主营业务收入14643.13亿元，比上年增长4.6%；工业产销率98.1%，比上年提高0.8个百分点；实现利润977.92亿元，比上年增长9.6%。

表3　　主要工业产品产量及其增长速度

产品名称	单 位	产 量	比上年增长（%）
家用洗衣机	万台	1023.55	46.8
发动机	万千瓦	5078.64	47.3
电动自行车	万辆	371.00	2.1
家用电热水器	万台	101.34	–6.6

续表3

产品名称	单 位	产 量	比上年增长（%）
电力电缆	万千米	381.50	0.5
塑料制品	万吨	135.03	8.3
纱	万吨	55.65	–0.9
布	万米	78329.54	59.7
呢绒	万米	11316.92	–2.2
服装	万件	55889.80	3.6
合成纤维	万吨	393.08	3.6
锂离子电池	万只	41426.35	–12.4
半导体分立器件	亿只	1121.37	13.6
集成电路	亿块	292.54	25.3
数码照相机	万台	248.91	–33.2
硬盘存储器	万台	6787.13	24.0
微型计算机设备	万台	101.84	0.0
电子元件	亿只	133.24	12.7
印制电路板	万平方米	1540.15	–0.8
粗钢	万吨	1261.51	12.3
钢材	万吨	2259.22	15.8
发电量	亿千瓦时	432.78	19.0

【建筑业】全年建筑业完成增加值369.68亿元，比上年增长4.3%；实现建筑业总产值633.52亿元，比上年增长5.3%。施工房屋建筑面积3313.48万平方米。2个建设工程项目获得鲁班奖，8个建设工程项目获江苏省优质工程奖“扬子杯”（房屋建筑工程），114个建设工程项目获无锡市“太湖杯”优质工程奖。

【固定资产投资】固定资产投资小幅增长　全年固定资产投资完成4795.25亿元，比上年增长2.0%。分产业投向：第一产业投资9.05亿元，比上年下降11.4%；第二产业投资2048.65亿元，比上年增长7.0%；第三产业投资2737.55亿元，比上年下降1.4%。

商品房销售快速增长　全年房地产业实现增加值527.49亿元，比上年增长8.4%。完成房地产开发投资1033.62亿元，比上年增长4.2%；商品房施工面积为5986.76万平方米，比上年下降9.1%；竣工面积1325.22万平方米，比上年增长12.3%。全年商品房销售面积1276.41万平方米，比上年增长29.3%；商品房销售额1108.03亿元，比上年增长42.7%。

【国内贸易】消费品市场平稳运行　全年实现社会消费品零售总额3119.56亿元，比上年增长9.6%。其中，批发和零售业零售额2880.94亿元，比上年增长9.4%；住宿和餐饮业零售额238.62亿元，比上年增长

11.2%。按经营地统计，城镇社会消费品零售总额2671.95亿元，比上年增长10.0%；乡村社会消费品零售总额447.61亿元，比上年增长7.1%。在限额以上批发和零售业零售额中，汽车类增长6.3%，粮油、食品类增长3.6%，石油及制品类增长1.1%，中西药品类增长11.6%，家具类增长6.6%，文化办公用品类增长2.2%。

【对外及对港澳台贸易】按美元计，全年实现对外贸易进出口总额698.05亿美元，比上年增长2.0%。其中，进口总额268.95亿美元，比上年增长2.5%；出口总额429.10亿美元，比上年增长1.6%。一般贸易实现出口额232.67亿美元，总量占比达54.2%。按人民币计，全年实现对外贸易进出口总额4610亿元，比上年增长8.5%。其中，进口总额1777.73亿元，比上年增长9.1%；出口总额2832.26亿元，比上年增长8.1%。

表4　2016年对主要国家和地区进口、出口总额及其增长速度

单位：万美元

出口国家和地区	2016年	增长（%）	进口国家和地区	2016年	增长（%）
美国	656535	–0.7	日本	498391	–2.8
香港	583308	–2.0	韩国	495361	13.2
日本	397408	1.5	台湾	221927	5.4
韩国	335814	11.8	澳大利亚	156124	12.3
印度	131406	3.3	美国	146617	–8.9

【利用外资及港澳台资金】全年批准外资及港澳台资金项目354个，协议注册外资44.83亿美元，下降19.0%。到位注册外资及港澳台资金34.13亿美元，增长6.3%。制造业利用外资及港澳台资金占到位注册外资比重达到66.3%，全年完成协议注册外资及港澳台资金超3000万美元的重大项目45个。至2016年底全球财富500强企业中有96家在无锡投资兴办了182家外资及港澳台资金企业。

【服务外包产业】全市服务外包产业接包合同总额122.4亿美元，比上年增长23.4%；执行金额102.9亿美元，比上年增长24.6%。离岸合同总额80.9亿美元，比上年增长23.2%；离岸执行金额65.1亿美元，比上年增长22.8%。

【对外及对港澳台经济合作】全年备案投资项目142个，中方协议投资额达到20.97亿美元，比上年增长20%，其中1000万美元以上项目42个。

【交通运输】交通运输能力提升　年末，全社会拥有车辆176.9万辆，比上年增长6.4%。其中汽车158.5万辆，比上年增长11.5%。私人汽车拥有量年末达到133.8万辆，比上年增长13.8%。

客货运输基本稳定　全年完成客运量9025.56万人次，比上年增长1.4%；完成货运量15408.68万吨，比上年增长0.4%。全市港口吞吐量18815.07万吨，比上年下

降5.3%。全年空港旅客吞吐量556.29万人次，比上年增长20.7%。

【邮政通信】全年邮电业务总量201.4亿元，发送函件3697万件。全年规模以上快递服务企业业务量完成3.48亿件，比上年增长30.3%。率先建成国内高标准全光网城市，覆盖用户超过648.6万户，城域网出口带宽4.34T。建设4G基站累计达到22372个。年末移动电话用户864.62万户，其中4G手机用户达到547.76万户。固定互联网宽带接入用户275.47万户，移动互联网宽带接入用户699.74万户。

旅游业较快增长　全年共接待国内游客8586.03万人次，比上年增长6.7%；接待旅游、参观、访问及从事各项活动的入境过夜旅游者43.92万人次，比上年增长12.2%。旅游总收入达1555.62亿元，比上年增长12.0%。全市拥有年接待游客10万人以上的景区50个，国家AAAAA级景区3家，国家AAAA级景区27家，AAA级景区14家，AA级景区16家。省星级乡村旅游区（点）86个。年末，全市星级宾馆已达42家，其中五星级宾馆13家、四星级宾馆11家。全市拥有旅行社189家，其中出境游组团社20家。

【财政税收】财税实力明显增强　全市一般公共预算收入875亿元，比上年增长5.4%。财政支出结构继续调整，预计一般公共预算支出867.66亿元，比上年增长5.6%。

表5　全年财政分项情况

单位：亿元

指　标	2016年	比上年增长（%）
一般公共预算收入	875.00	5.4
#税收收入	706.04	5.7
#增值税	262.52	72.7
营业税	121.33	–42.4
企业所得税（40%）	103.65	4.9
个人所得税（40%）	49.51	21.0
城市维护建设税	54.18	2.8
房产税	33.06	6.3
印花税	10.42	–1.2
契　税	24.10	–2.1
上划中央四税收入	595.13	0.4

【金融信贷】年末，金融机构各项本外币存款余额达14612亿元，比上年增长10.9%；各项本外币贷款余额10517.75亿元，比上年增长10.4%。存款中，非金融企业存款余额6429.48亿元，比上年增长7.8%；住户存款余额4957.02亿元，比上年增长5.6%。贷款中，非金融企业及机关团体贷款8470.3亿元，比上年增长6.5%；住户贷款2043.62亿元，比上年增长30.9%。全年现金净投放313.85亿元。

【保险业】2016年，市共实现保费收入316.68亿元，比上年增长17.3%，总量居全省第三，同比增长44.65%，增幅居全省第二。其中，人寿险保费收入230.67亿元，同比增长67.9%，总量和增幅均居全省第三；财产险保费收入86.01亿元，总量居全省第三，增幅居全省第十三。全市财产保险业共承担5.9万亿元的风险保障。全市赔款和各类给付91.12亿元。其中，人身险赔款和给付41.06亿元，财产险赔款支出50.06亿元。按无锡市2016年GDP9210.02亿元计算，无锡保险深度3.43%，同比增长33.98%。按照无锡市户籍人口486.2万人计算，无锡保险密度6490元，同比增加1954元。无锡保险业全年上缴营业税（增值税）4.7亿元，个调税3亿元，代扣代缴车船税5.14亿元。截至2016年12月末，全市共有保险主体75家，其中，产险公司29家（含出口信用保险），寿险公司46家；总公司1家（国联人寿）；外资公司17家。保险专业中介机构17家，其中经纪公司2家、代理公司12家、公估公司3家。全行业从业人员4.84万人。

【证券交易】全年证券市场完成交易额5.46万亿元，比上年增长2.1%。当年新增上市公司17家，累计111家；全市证券交易开户总数141.02万户，托管市值2933.2亿元，增长16.9%。年末，全市共有证券公司2家、证券营业部132家。全年新三板企业挂牌105家，累计挂牌209家。

【科学技术】科技人才不断强化　全市共有国家级工程技术研究中心6家，国家、省级高技术研究重点实验室10家，国家级国际合作基地10家，省级外资研发中心41家，省级国际技术转移中心8家。当年入选国家“千人计划”5人，累计培育国家“千人计划”专家84人，年末，全市共有“千人计划”人才241人。

科技产出水平上升　全市高新技术产业产值占规模以上工业总产值比重达到43.4%，比上年提高1.1个百分点。截至年底有效期内高新技术企业1638家。省级高新技术产品1072个。

科技创新成效明显　全市发明专利申请量达32610件，比上年增长34.8%；发明专利授权量达5583件，比上年增长1.9%。全市获国家、省科技计划到位经费6.45亿元，比上年增长32.1%，其中获国家科技经费1.06亿元。

质量检验能力增强　全市共有国家级产品质量监督检查中心12个，国家级型式评价实验室1个，国家级检测重点实验室7个，国家级产业计算测试中心1个，全年省级监督抽查我市产品719批次，强制性产品认证获证企业6729家，法定计量技术机构3家，强制检定计量器具70万台（件），全年新增主导和参与制修订国际、国家、行业标准98项。

【教育事业】全市共有普通高校12所。普通高等教育本专科招生3.23万人，在校生10.7

万人，毕业生3.22万人；研究生教育招生0.22万人，在校生0.67万人，毕业生0.18万人。全市中等职业教育在校生达6.61万人。九年义务教育巩固率100%，高中阶段教育毛入学率100%，普及高中阶段教育。特殊教育招生248人，在校生1118人。全市共有幼儿园383所，比上年增加13所；在园幼儿18.2万人，比上年增加1.2万人。

表6　各类教育招生和在校生情况

单位：个、万人

指标	学校个数	招生数	在校生数	毕业生数
普通高等学校	12	3.45	11.37	3.40
普通中等专业学校	20	1.55	4.43	1.24
普通中学	183	7.62	21.54	6.90
职业高中	2	0.12	0.39	0.32
小学	197	6.50	36.13	5.36

【文化事业和文化产业】年末共有艺术表演团体57个、文化馆8个、公共图书馆8个、文化站80个、博物（纪念）馆61个。全市人民广播电台节目8套，电视台节目10套，无锡有线电视总用户已达152.49万户。电视人口总覆盖率和广播人口覆盖率均达100%。全市档案馆10个，已向社会开放档案15.77万卷（件、册）。

【卫生事业】全市拥有卫生医疗机构2309个、其中综合医院82家、社区卫生服务中心（卫生院）89家、社区卫生服务站（村卫生室）710家、护理院15家、疗养院7家。年末全市共有卫生技术人员4.75万人，其中，执业（助理）医师1.81万人；拥有医疗床位3.98万张，其中医院、社区卫生服务中心（卫生院）3.85万张。全市实际参加新型农村合作医疗农民54.16万人，人口覆盖率100%。全市各级医疗机构全年完成诊疗5145.58万人次，比上年增长2.9%。

【体育事业】全市新增公共体育设施面积22.86万平方米，新增各级社会体育指导员1300人。国民体质总体达标率达96.34%。成功举办无锡国际马拉松赛、环太湖国际公路自行车赛、亚洲击剑锦标赛等一批大型国际赛事。全年无锡籍运动员在全国以上各级各类比赛中共取得46个冠军，其中2人获4项世界冠军。全市体育彩票销售达到26.09亿元，增长14.6%。

【宗教】年末有宗教活动场所271处，教职人员785名（不含散居道士）。

【人口】年末全市户籍人口486.20万人，比上年增长1.1%。全年出生人口44836人，出生率9.2‰；死亡人口31253人，死亡率6.4‰，人口自然增长率为2.79‰。户籍人口城镇化率74.88%。年末全市常住人口652.90万人，比上年增长0.28%，其中城镇常住人口494.9万人，比上年增长0.8 %，常住人口城镇化率75.8%。

【居民收入】全体居民人均可支配收入42757元，比上年增长8.4%。其中，城镇常住居民人均可支配收入48628元，比上年增长7.8%；农村常住居民人均可支配收入26158元，比上年增长8.3%。全体居民人均消费支出27932元，比上年增长7.6%。其中，城镇常住居民人均消费支出31438元，比上年增长6.7%；农村常住居民人均生活消费支出18463元，比上年增长12.1%。

【社会保障】全市企业职工基本养老保险人数达到239.96万人，扩面5.95万人。全市参加城镇职工基本医疗保险人数达到314.53万人，扩面5.17万人。全市参加失业保险职工人数为204.25万人，扩面3.29万人。全市参加工伤保险人数198.54万人，扩面3.3万人。全市参加生育保险人数199万人，扩面3.3万人。市区月低保标准提高至760元。年末在领失业保险金人数为3.98万人。

【社会福利事业】城乡居民最低生活保障对象29027人；全年共发放低保金1.65亿元。实施城乡医疗救助21.8万人次，支付救助金6045.04万元；实施临时救助44902人次，发放救助金4573.79万元。全市重点优抚对象6103人。保障性安居工程建设有序推进，全市新开工保障性住房12784套，基本建成9508套。

【资源】用地分配更趋务实　全年全市国有建设用地供应总量2085.95公顷，比上年增长11.6%，其中，工矿仓储用地599.36公顷，房地产用地372.08公顷，基础设施等其他用地1114.51公顷。

水资源得到充分利用　年末，全市水资源总量62.9亿立方米，比上年增长43.9%，全年总用水量26.59亿立方米，比上年下降0.2%。其中，生活用水增长0.1%，工业用水（不含火电用水）下降0.5%，农业用水下降6.8%，生态补水下降0.4%。

【环境保护】全市PM2.5年均浓度较上年下降13.1%。环境空气质量优良天数比例为66.9%，集中式饮用水源地水质达标率100%，全市功能区昼间和夜间噪声达标率分别为87%和80%。

【城市绿化】年内，市区新增绿地面积200公顷，人均公园绿地面积14.91平方米，建成区绿化覆盖率达到42.98%。

【安全生产】全年发生各类事故833起，死亡394人。亿元GDP生产安全事故死亡率0.043人/亿元。

注：中地区生产总值和各产业增加值绝对值按现行价格计算，增长速度按可比价格计算；部分数据因四舍五入的原因，存在着与分项合计不等的情况。

（记该栏目内容摘自《2016年无锡市国民经济和社会发展统计公报》）

行业组织

无锡市保险学会

【概况】2016年，无锡市保险学会在江苏保监局的关心指导下，根据无锡市社科联的工作部署，坚持以正确理论和习近平治国理政新理念为指导，深入学习贯彻党的十八届三中、四中、五中、六中全会精神，积极践行保险行业核心价值观和服务会员、服务行业、服务社会的学会宗旨，凝心聚智、锐意进取、主动作为，学会工作取得了新业绩，学会建设呈现新局面。

（吴微芳）

【理论研究方面】2016年，无锡市保险学会的理论研究氛围浓厚。全年共收到学术论文42篇，有20余篇在各类刊物和会议上发表或交流，且已编纂结集。其中，《新常态下无锡市商业健康保险发展路径研究》和《互联网金融的发展趋势、影响和应对》两篇论文，在1月14至15日，由江苏省保险学会和南通市保险行业协会联合主办的“贯彻落实《实施意见》实现“十三五”良好开局”专题研讨会上作交流；《商业保险推进无锡市“医养结合”养老机制研究》一文，在6月22日，由宁波市保险学会承办的以“供给侧改革与保险创新”为主题的华东地区保险理论研讨会上作交流；9月25日，《商业健康保险与基本医疗保险的衔接补充》《健康保险的发展研究-以江苏省为例》等7篇学术文章在以“健康与保险”为主题的第二届“民生与保险”苏南年会上交流，学会荣获省保险学会优秀组织奖。12月21日，《供给侧改革背景下民生保险发展研究》课题，在以“推进高水平全面建成小康社会，建设强富美高新无锡”为主题的无锡市第七届社科学术大会上演讲交流。

（吴微芳）

【保险业务活动】2016年，学会坚持“协同协力、有序有效”的原则，积极开展各类宣传调研和业务交流活动，增强学会活力，展示行业形象，扩大了社会影响。

1、保险学会八届四次理事会。3月10

日，市社科联主席李祖坤、市史志办副主任郭明出席会议并讲话。市保险学会会长尤力人作了题为《谋事苦干求实效　凝心聚力谱新篇》的学会工作报告，总结回顾了学会2015年的工作，部署安排了2016年的任务。学会会长、副会长、常务理事、理事和获奖单位代表、先进个人70人参加会议。会议还表彰奖励了《无锡保险年鉴》组稿工作先进单位、保险理论研究先进单位、先进个人和《保险与民生》通联工作先进单位、先进个人。

2、组织开展理论研究。5月初，学会根据年会的主题，专门下发通知，要求各会员单位在完成年度理论研究任务的基础上，为第二届苏南年会提供高质量的理论研究成果。经多方协力，截至8月底，共收到论文13篇，是全省提供论文最多的学会。

3、组织开展调研活动。6月，学会组织专家教援赴会员单位走访调研，掌握第一手资料，帮助解难释疑，受到欢迎和好评。

4、筹备和召开“民生与保险”苏南年会。9月5日，学会组织召开第二届民生与保险苏南年会组委会工作会议，听取江苏省保险学会秘书长张正宝关于第二届年会筹备情况的介绍，并重点探讨年会成果转化和江苏保险智库的建设等事项，初步取得共识。

（吴微芳）

【鉴刊编纂】1、继续加强《无锡保险年鉴》的编纂工作。3月，学会在召开八届四次理事会之际，举办年鉴编纂人员和会刊通联人员会议，以会带训，驻锡各保险机构年鉴采编员、会刊通讯员70余人参加了培训。会上通报了各单位2015版年鉴资料的整理和报送情况和2015年度《保险与民生》稿件的投稿和录用情况，表彰了一批优秀采编和通讯人员。有效增强了大家的编写信心和热情。此外，学会秘书处三名工作人员，面对繁重的工作量，抱持对行业负责、对历史负责的使命感，倾力投入，严把收集、整理、排版、送审、付印、发行各个环节，为年鉴的独立编纂和成功出版付出了艰辛的劳动。

2、全力办好《保险与民生》会刊。2016年，学会秘书处尽心碣力，攻坚克难；博采众长，持续改进，逐步实现由外行向内行的转变，从低层次向高水准的提升。主要体现在一是准确定位。确立刊物的宗旨为“保险服务民生，民生助推保险”。会刊坚持贴近基层一线、贴近社会实践，力求满足业内的期盼、百姓的期待、政府的期望。二是形成特色。会刊坚持时代性、地域性、创新性，力求融汇时代发展潮流、融入无锡地缘文化、融合保险创新需求。三是体现风格。会刊坚持“土洋”结合，“土”而不俗、“洋”而不媚，力求做到朴实、务实、真实。

（吴微芳）

【换届筹备】为认真做好换届的筹备工作，研究换届中的重要事项，10月20日，学会召开会长办公会议，主要研究安排学会八届理事会换届工作和机构入会工作。会议讨论了准备提交九届会员代表大会审议的《学会第八届理事会工作报告》、《无锡市保险学会章程（修改草案）》。讨论了学会负责人和常务理事推荐名单，以及理事分配各额。会后又深入会员单位征询意见、交谈沟通。目前，换届筹备工作正在按计划推进。

（吴微芳）

【会员单位发展】2016年，无锡市保险学会积极做好学会宣传发展工作。学会编印宣传手册，有重点的、图文并茂的反映无锡市保险学会的性质、宗旨、地位和作用，让更多驻无锡保险机构、从业人员和社会各界了解、关心、支持学会工作，并在保险行业会议上专门推介，发放手册，收到良好反响。12月1日，学会专门召开部分保险公司、中介机构负责人座谈会，17家未加入学会的保险公司、中介公司、公估公司的负责人、办公室主任（综合部经理）出席会议。学会副会长兼秘书长华晓介绍学会的成长历史、主要功能、服务项目等有关情况。会长尤力人围绕保险业形势、保险企业如何融入当地社会、如何处理学会关系等三方面提出了意见和建议：要清醒正视“十三五”期间社会的保险需求对保险业带来的机遇与挑战；要充分认识保险学会在保险业创新发展中的重要地位和作用；要正确处理好加入学会的“三个关系”。座谈会还接受了与会人员的咨询，细心解答相关问题。与会人员表示要认真考虑、请示上级，争取早日入会。其中，有3家单位当即办理了入会手续。

（吴微芳）

【公益活动】3月5日，无锡市保险学会配合无锡市保护消费者权益宣传日活动，组织会员单位抽调人员，筹集资料向市民广泛宣传保险和保护权益知识。9月，无锡市举办第十三届社科知识普及周广场宣传活动，在人员选配，资料准备等工作细致充分，吸引了众多市民的兴趣，展位前人群熙熙攘攘，咨询者络绎不断。无锡市委常委、宣传部长王国中，市社科联主席李祖坤等领导对保险学会的工作给予充分肯定。

（吴微芳）

【荣誉先进】1、无锡市保险学会上报的论文《供给侧改革背景下民生保险发展研究》在江苏省哲学社会科学界第十届学术大会获优秀论文二等奖。

2、无锡市保险学会报送《“互联网+”背景下江苏特色“三农”保险创新研究》论文，荣获江苏省保险学会优秀论文奖。

3、2014–2015年度，无锡市保险学会及副会长兼秘书长华晓，被评为先进学会工作者；学会会刊《保险与民生》被市文广新局评为优秀连续性内印出版物。

（吴微芳）

【无锡市保险学会负责人】

会长：尤力人

第一副会长：张建平

副会长：华　晓　陈爱国　鲁　强　许　威　侯　勇　徐　芳

秘书长：华　晓

常务理事：

弓艺兵	尤力人	邓永东	许　威
华　晓	华永康	朱　瑶	朱玲玲
汤成伟	张建平	陈爱国	陈　祺
杨　伟	沈晓明	狄秀英	宋秀龙
宋晨光	吴园一	孟　军	周振冬
郑　采	房　恒	罗蔚文	侯　勇
赵　勇	徐　芳	袁宗翰	徐　锋
曹红菊	鲁　强	谢　丹	蔡哲惟
穆　睿			

秘书处成员：

秘书长：华　晓

副秘书长：王锡兴

秘书：吴微芳

会员单位：

1.中国人民财产保险股份有限公司无锡市分公司

2.中国人寿保险股份有限公司无锡市分公司

3.中国太平洋财产保险股份有限公司无锡分公司

4.中国太平洋人寿保险股份有限公司无锡分公司

5.中国平安财产保险股份有限公司无锡分公司

6.中国平安人寿保险股份有限公司无锡中心支公司

7.中华联合联合保险股份有限公司无锡中心支公司

8.阳光财产保险股份有限公司无锡中心支公司

9.天安保险股份有限公司无锡中心支公司

10.永安财产保险股份有限公司无锡中心支公司

11.新华人寿保险股份有限公司无锡中心支公司

12.泰康人寿保险股份有限公司无锡中心支公司

13.太平财产股份有限公司无锡中心支公司

14.安邦财产保险股份有限公司无锡中心支公司

15.都邦保险股份有限公司无锡中心支公司

16.中银保险股份有限公司无锡中心支公司

17.中国人民健康保险股份有限公司无锡中心支公司

18.中国人民人寿保险股份有限公司无锡中心支公司

19.中国人寿财产保险股份有限公司无锡市中心支公司

20.华泰人寿保险股份有限公司无锡中心支公司

21.安盛天平财产保险股份有限公司无锡直属中支

22.君康人寿保险股份有限公司无锡中心支公司

23.紫金财产保险股份有限公司无锡分公司

24.英大泰和财产保险股份有限公司无锡中心支公司

25.友邦保险有限公司江苏分公司无锡中心支公司

（吴微芳）

无锡市保险行业协会

【民生系列保险】①“慈福”民生系列保险。2016年，“慈福”民生系列保险中自然灾害公众责任保险、城乡居民住房财产险进一步扩面，受益对象从户籍居民扩大到常住居民。10月中旬开始，在全市范围内全面开展“慈福”民生系列保险知识宣传培训。在宜兴市洪涝灾害赔付中，向宜兴市18个镇（街道）支付城乡户籍居民住房财产险救助慰问金2895.9万元。②无锡市区退休职工住院医疗互助保险。由无锡国寿承保的市区退休职工住院医疗互助保险项目覆盖市区42.9万退休职工，截至2016年12月末，参保人数达42.95万人，累计有26.91万人次、10.24万人实时享受互助保险普惠补助，受益比例高达23.83%，受益金额达5444.38万元。互助保险达到特惠补助的共有1363人，累计支付金额为630.63万元，最高支付个人金额为9.6万元。③江阴“新农合”高效管理体系。无锡太平洋寿险服务的江阴“新农合”管理水平持续优化，公司致力于构建“新农合”高效管理体系，发展商业补充保险，完善多层次医保体系，扩大服务范围。截至2016年12月末，共计服务54.16万人。其中住院结报9.86万人次，结报金额3.74亿元；门诊结报249.95万人次，结报金额5894.45万元。合计259.81万人次，结报金额4.33亿元。大病救助1.1万人次，结报金额4705.7万元。④“保险保障+风险管理”的残疾人保险服务模式。无锡紫金保险创新“保险保障+风险管理”的残疾人保险服务模式，运用商业保险的杠杆作用，提高残疾人风险补偿的保障性。年内，无锡每位残疾人士年缴费70～100元，获得意外身故最高赔付10万元的保障以及意外伤残、意外住院医疗和意外住院补贴。政府部门投入保障金100万元，为全市残疾人提供14亿元的大保障服务，该模式被中国残疾人联合会全国推广。⑤诉讼保全责任险。2015年起，无锡平安财险开始推广平安诉讼财产保全责任保险。该险种承保因诉讼财产保全申请错误致使被申请人遭受损失的责任。目的是让当事人买得起“保险锁”，为其提供诉讼便利，并降低其诉讼成本。该公司成功与省高级法院、无锡中级法院对接，获得法院认可。截至2016年12月末，已累计为当事人提供30亿元的财产保全保障。

【财险公司积极应对自然灾害为民减损失】从2016年5月起，受到厄尔尼诺现象波及，无锡市相继受到阴雨天气的影响。5月底爆发的小麦赤霉病和7月初出现的暴雨灾害，使得无锡市民财产损失严重。据统计，受“7·02”暴雨灾害影响，全市水稻受灾面积20万亩，大棚受灾面积1万亩，果树受灾面积0.88万亩，各类家禽受损近2800只，共赔付2710万元；全市住房财产保险受损严重，江阴3580户，宜兴3.27万户，市区3100户，累计3.94万户，另外和谐家园综合险受损客户2694户，赔款6111万元。无锡各财险公司第一时间了解客户受灾情况，及时启动理赔应急机制，简化理赔申请手续，努力将群众的损失降到最低。

【道路交通事故社会救助基金实现新突破】无锡紫金保险负责管理的市道路交通事故社会救助基金，截至2016年12月末，运营5年，救助基金共垫付救助1487件，垫付救助金额共计5262.03万元。成功累计追偿672件，累计追偿金额2267.5万元。2016年，无锡道路救助已经彻底实现无锡、江阴、宜兴全覆盖。道路救助基金平均用时不到2天就发放至经济困难受害群众手中，远远领先于全国其他相关救助基金管理机构。

【无锡天安财险物联网保险获省级表彰】无锡天安财险凭借重点服务科技创新创业企业客户、较强的科技保险服务能力，公司的物联网保险被江苏省金融办等部门联合认定为推进省科技金融创新发展项目。

【"餐饮业守护神"综合保险服务餐饮企业经营】无锡国寿财险推出的"餐饮业守护神"综合保险对店铺、利润、库存负责，满足不同层次客户的需求。截至2016年12月末，已成功签约22单，共为餐饮企业提供1228.75万元的保险保障。

【商业车险改革】按照江苏保监局的统一部署，无锡市保险行业协会成立工作领导小组，制订《无锡保险业重大突发事件应急预案》，对26家经营车险业务的财险公司进行验收。协会还就该次商业车险改革有关情况向无锡各主流媒体进行新闻发布。各公司制订相关的管理制度，按时完成新产品准备工作，及时宣传引导商业车险改革政策，化解客户疑虑。改革实施后，协会、各公司对消费者咨询投诉热线、社会舆情予以高度关注，确保商业车险改革的顺利实施。

【反保险欺诈工作】2016年，反保险欺诈工作站积极探索"双线移送、属地侦办"的片区办案新模式，即对于有关公司上报的可疑线索，工作站在移送公安经侦支队的同时，将线索直接交各区经侦大队或属地派出所侦办，经侦支队负责跟踪、督办，既缩短办案链条，又调动基层办案单位的积极性和主动性。办案过程中，协会同步建立工作站、有关公司、办案单位联系人微信群，及时传递、沟通有关办案信息。截至2016年12月末，全行业共向公安部门移送线索52条，涉案金额740.98万元；公安立案18件，破案15件，破案金额334.37万元，抓获犯罪嫌疑人32人。市公安局政治处新闻中心通过无锡电视台《无锡警方》栏目播出警保联手破获重大车险团伙诈骗案，涉案金额达300多万元。2016年12月，协会召开全市反保险欺诈工作总结表彰大会，表彰有功集体和个人。

【推进交通事故人民调解工作】2016年，协会、市交警支队事故科4次联手召开有民警、人民调解员、保险公司参加的座谈会，商讨人伤损害赔偿全市范围内统一标准的制定和调解流程的优化，进行个案分析，分享调解经验。2016年，共成功调解5583件，调解金额6088.3万元。

【推动防范化解满期给付与退保风险工作】市保险业防范化解满期给付与退保风险工作会议于2016年2月召开。要求各公司能准确把握保险业发展的大好机遇，建立和完善客户投诉处理应急机制，健全投诉渠道，始终秉持客户为上的服务理念。

【解决群众诉求】2016年全年，协会共接待有效投诉398件、其中财险161件、寿险

237件。成功调解投诉381件，成功率达96%。在398件有效投诉中，其中91件为无锡“12345”政府公共服务热线转办的投诉，调解成功率97%。

【保险行业总结宣传】根据江苏保监局的要求，协会紧紧围绕2016年“学用活动”主题，及时做好总结宣传。2016年，协会定期与无锡电视台《今日财经》节目组商讨宣传方案，通过电视更形象地展示行业面貌；及时将秘书处及会员单位为民服务、保险动态通过相关微信公众号向社会广泛宣传，2016年8月开始，协会向无锡市人民政府金融工作办公室报送行业动态新闻，在无锡政府微信公众号平台上登载，截至2016年12月末，共报送53篇新闻稿，能够让政府有关部门及时知晓行业的动态信息；协会于2014年5月开始与《消费指引》杂志合作，截至2016年12月末，共刊载维权案例24篇和公益广告14篇。维权案例旨在倡导消费者科学理性地进行保险消费，提高消费者公众风险意识和维护自身权益的能力。

（刘　高）

【保险行业活动】3月14日，无锡市保险行业协会印发《无锡市“学保险 用保险 落实以客户为中心服务年”活动实施方案》。

3月15日，无锡市保险行业协会向全体会员单位发出《2016年消费者权益保护工作倡议书》，号召诚信立业、合规经营。

3月19日、9月19日、10月21日，无锡市保险行业协会组织会员单位分别参加中共无锡市委宣传部、市消费者委员会等部门举办的“点赞无锡，我的消费生活---2016无锡消费生活网络活动行”走进太湖国际社区、茂业社区、宪丰社区广场咨询活动。

4月27日，在无锡市保险行业协会的组织下，中国保险行业协会“最美保险人”原创话剧《生命密码》在无锡上演，无锡各界2400余人观看演出。

4月28日，无锡市保险行业协会召开六届三次理事会全体会议暨2016年保险工作会议。

5月10日，江苏保监局局长亓新政一行到无锡调研保险市场运行情况并召开行业座谈会。

5月24日，无锡市保险行业协会、市放心消费创建活动办公室组织第二次市保险业放心消费创建先进、示范单位评比，有16家单位被评为先进单位，15家被评为示范单位。

7月8日，无锡市保险行业协会、中共无锡市委宣传部、市放心消费创建活动办公室、市消费者委员会、无锡电视台生活频道在茂业广场举办了“7·8保险公众宣传日”专题晚会。

8月17日，由江苏省保险中介行业协会举办的无锡、苏州、常州地区保险专业中介机构座谈会在无锡召开。

9月23日、11月8日，无锡市保险行业协会分别组织全市财产保险公司开展机动车理赔服务现场模拟测评。

10月17日，由公安部交通管理科研所、江苏保监局、江苏省公安厅交警总队主持召开的互联网道路交通事故在线快速处理平台试点协调会在无锡召开，开启快处快赔工作新模式。无锡市保险行业协会及无锡人保财险、太平洋财险、平安财险等6家公司的代表参加会议。

11月11日，无锡市保险行业协会召开

市保险业放心消费创建活动第二次推进工作会议，市工商局副局长张贤出席会议并讲话。

12月30日，无锡市保险行业协会与市人民政府金融工作办公室联合召开责任险工作座谈会，无锡人保财险、太平洋财险、平安财险等10家财险公司总经理（分管副总经理）参加会议。

（刘　高）

【开展公益活动】2016年，无锡市保险行业协会各会员单位主动参与社会公益和慈善事业。6月23日，盐城市阜宁、射阳等地遭遇严重灾情。为帮助灾区人民早日战胜自然灾害、重建家园贡献力量，无锡人保财险、中国人寿、太平财险、紫金保险等公司纷纷慷慨解囊，向灾区人民献出爱心；4月26日，无锡中华财险开展以“一件衣服、一册书、每人10元钱”为内容的爱心捐赠公益活动，共收到适合儿童和青少年阅读和使用的各类书籍232册、各式衣服260件（套），连续12年累计捐款捐物40余万元；5月15日，无锡国寿财险“爱心公益捐赠仪式”在市残疾人托养中心举行，金融志愿者服务分队的成员为托养中心捐赠篮球架等体育器材；无锡太平洋寿险自2003年起，连续14年参加市“送温暖、献爱心”活动，到2016年累计捐款达34万元，连续8年参加市“红十字人道万人捐”活动，累计捐款18.86万元；国联人寿于7月开展以“国联爱心行--点亮微心愿”为主题的首届客户嘉年华活动，为贫困儿童提供帮助；10月，无锡平安人寿开展“将爱传递、为爱启程”爱心助学活动，帮助陕西省略阳县的贫困儿童，为他们送去生活必须品及学习用品；自2013年起，无锡利安人寿开始募捐“一元公益金”，累计捐助善款1.24万元；11月4日，中英人寿举办“星星点灯”江苏站公益活动，邀请奥运冠军担任爱心大使，向无锡夹城里小学捐赠爱心物资。

（刘　高）

【教育培训】9月13日，无锡市保险行业协会、中国人民银行无锡市中心支行联合对全市保险机构进行反洗钱培训。反洗钱犯罪危害国家安全，影响社会、经济稳定，保险业作为金融业的重要组成部分，责无旁贷。

10月22~23日，无锡市保险行业协会举办面向全市所有财险公司、中介机构及保险从业人员的人体伤残鉴定专业培训班，200余名相关人员参加。

（刘　高）

【荣誉先进】2016年，无锡市保险行业协会荣获无锡市平安金融创建活动领导小组授予的“2016年度全市平安金融创建活动先进集体”荣誉。

（刘　高）

【无锡市保险行业协会组织机构及负责人】

会长（理事长）：陈爱国（1—4月止）
尤力人（4月起）

副会长（副理事长）：尤力人（1—4月止）
陈爱国（4月起）
张建平　鲁　强
许　威

秘书长：尤玲娜

常务理事：尤力人　尤玲娜　陈爱国
张建平　鲁　强　许　威
徐　芳　徐　锋　沈晓明
侯　勇　谢　丹　狄秀英
王廷宏

（刘　高）

【无锡市保险行业协会秘书处机构设置及负责人】

综合管理部	梁小兴
产险联络部	殷丽华
寿险联络部	万林敏
中介联络部	梁小兴（兼）
消费者权益保护部	殷丽华（兼）

（刘　高）

【无锡市保险行业协会会员单位】

一、财产保险（28）

1.中国人民财产保险股份有限公司无锡市分公司

2.中国太平洋财产保险股份有限公司无锡分公司

3.中国平安财产保险股份有限公司无锡分公司

4.天安财产保险股份有限公司无锡中心支公司

5.中华联合财产保险股份有限公司无锡中心支公司

6.永安财产保险股份有限公司无锡中心支公司

7.中国大地财产保险股份有限公司无锡中心支公司

8.华安财产保险股份有限公司无锡中心支公司

9.安邦财产保险股份有限公司无锡中心支公司

10.阳光财产保险股份有限公司无锡中心支公司

11.华泰财产保险有限公司无锡中心支公司

12.太平财产保险有限公司无锡中心支公司

13.都邦财产保险股份有限公司无锡中心支公司

14.中国人寿财产保险股份有限公司无锡市中心支公司

15.亚太财产保险有限公司无锡中心支公司

16.渤海财产保险股份有限公司无锡中心支公司

17.中银保险有限公司无锡中心支公司

18.安盛天平财产保险股份有限公司无锡中心支公司

19.安诚财产保险股份有限公司无锡中心支公司

20.长安责任保险股份有限公司无锡市中心支公司

21.紫金财产保险股份有限公司无锡分公司

22.三井住友海上火灾保险（中国）有限公司江苏分公司

23.英大泰和财产保险股份有限公司无锡中心支公司

24.信达财产保险股份有限公司无锡中心支公司

25.浙商财产保险股份有限公司无锡中心支公司

26.永诚财产保险股份有限公司无锡中心支公司

27.安信农业保险股份有限公司无锡中心支公司

28.泰山财产保险股份有限公司无锡中心支公司

二、人寿保险（46）

1.中国人寿保险股份有限公司无锡市分公司

2.中国太平洋人寿保险股份有限公司无锡分公司

3.中国平安人寿保险股份有限公司无锡中心支公司

4.新华人寿保险股份有限公司无锡中心支公司

5.泰康人寿保险股份有限公司无锡中心支公司

6.太平人寿保险有限公司无锡中心支公司

7.民生人寿保险股份有限公司无锡中心支公司

8.富德生命人寿保险股份有限公司无锡中心支公司

9.同方全球人寿保险有限公司江苏分公司无锡中心支公司

10.合众人寿保险股份有限公司无锡中心支公司

11.信诚人寿保险有限公司无锡中心支公司

12.中宏人寿保险有限公司江苏分公司无锡中心支公司

13.北大方正人寿保险有限公司江苏分公司无锡中心支公司

14.中意人寿保险有限公司江苏省分公司无锡中心支公司

15.陆家嘴国泰人寿保险有限责任公司江苏分公司无锡营销服务部

16.农银人寿保险股份有限公司无锡中心支公司

17.恒安标准人寿保险有限公司江苏分公司无锡营销服务部

18.友邦保险有限公司江苏分公司无锡中心支公司

19.瑞泰人寿保险有限公司江苏分公司无锡营销服务部

20.中国人民健康保险股份有限公司无锡中心支公司

21.光大永明人寿保险有限公司无锡中心支公司

22.平安养老保险股份有限公司无锡中心支公司

23.华泰人寿保险股份有限公司无锡中心支公司

24.和谐健康保险股份有限公司无锡中心支公司

25.长城人寿保险股份有限公司无锡中心支公司

26.英大泰和人寿保险股份有限公司无锡中心支公司

27.华夏人寿保险股份有限公司无锡分公司

28.工银安盛人寿保险有限公司江苏分公司无锡营销服务部

29.中美联泰大都会人寿保险有限公司江苏分公司无锡营销服务部

30.阳光人寿保险股份有限公司无锡中心支公司

31.君康人寿保险股份有限公司无锡中心支公司

32.中国人民人寿保险股份有限公司无锡中心支公司

33.信泰人寿保险股份有限公司无锡中心支公司

34.国华人寿保险股份有限公司无锡中心支公司

35.中英人寿保险有限公司江苏分公司无锡营销服务部

36.幸福人寿保险股份有限公司无锡中心支公司

37.中德安联人寿保险有限公司江苏分公司无锡营销服务部

38.利安人寿保险股份有限公司无锡分公司

39.招商信诺人寿保险有限公司江苏分公司无锡营销服务部

40.交银康联人寿保险有限公司无锡市中心支公司

41.东吴人寿保险股份有限公司无锡分公司

42.建信人寿保险有限公司无锡中心支公司

43.国联人寿保险股份有限公司无锡分公司

44.太平养老保险股份有限公司无锡中心支公司

45.安邦人寿保险股份有限公司无锡中心支公司

46.前海人寿保险股份有限公司无锡分公司

三、保险中介机构（16）

1.江苏统一保险代理有限公司

2.江苏首信保险代理有限公司

3.江苏华美保险代理有限公司

4.无锡诚安保险代理有限责任公司

5.无锡新天地保险代理有限公司

6.无锡市瑞达信保险代理有限公司

7.恒泰保险经纪有限公司无锡分公司

8.大童保险销售服务有限公司江苏无锡营业部

9.江苏华邦保险代理有限公司无锡市惠山分公司

10.上海恒量保险公估有限公司无锡分公司

11.平安保险代理有限公司无锡分公司

12.紫金保险销售有限公司江苏无锡分公司

13.江苏万舜保险代理股份有限公司

14.江苏宁价保险公估有限公司无锡市分公司

15.江苏徽商保险公估有限公司无锡分公司

16.江苏东沅保险代理有限公司

（刘　高）

财产保险

中国人民财产保险股份有限公司无锡市分公司

【概况】2016年，人保财险无锡市分公司深入贯彻总、省公司战略部署，坚持改革创新，抢抓发展机遇；抓好"强管理、增份额、优布局、控风险"4项工作，夯实"中心城区"，做强"两大县域"，激活"四大板块"，致力提升车险份额，聚焦非车有效益发展，推进农网转型升级，不断提升公司竞争力、发展力和影响力。

2016年全险种保费收入保费30.76亿元（不含税29.62亿元），同比增长9.05%，成为无锡首家年度保费突破30亿元的财险公司。公司持续推进农业保险、住房保险等民生类、政策类保险，做好首台套、出口信用保险等新兴业务，服务地方经济社会发展。做好各项大灾查勘、理赔工作，服务能力有了明显提升。

2016年累计承担市场风险超过3.08万亿元，处理各类报案27.39万件，支付赔款17.6亿元。连续七年被市委市政府授予金融工作"年度贡献奖"。

其中，机动车辆保险实现保费收入23.25亿元，同比增长10.04%；企业财产保险实现保费收入23605万元，同比增长11.76%；家庭财产保险实现保费收入1876万元，同比增长17.26%；工程保险实现保费收入702.16万元，同比增长31.11%；船舶险与货物运输保险实现保费收入1949万元，同比增长11.36%；货物运输保险实现保费收入2664万元，同比下降3.31%；责任险保费收入13584万元，同比增长18.12%；信用保证保险保费收入4193万元，同比增长251.8%。农业保险实现保费2456万元，比上年增长15.74%。

（缪红慧）

【经营业绩】2016年全险种保费收入保费30.76亿元（不含税29.62亿元），同比增长

9.05%，其中，车险保费23.25亿元，增长10.04%。非车非农险保费6.13亿元，同比增长5.22%。农业保险保费2456万元，比上年增长15.74%。全险种市场份额34.35%，同比提升1.66个百分点。累计承担市场风险超过3.08万亿元，处理各类报案27.39万件，支付赔款17.6亿元，上缴各类税费3.62亿元。

（缪红慧）

【渠道建设】推进“和谐家园”、住房财险保险等民生类保险，抓好首台套、出口信用保险等新兴业务，服务地方经济社会发展。抓好乡镇服务网点建设，通过服务升级、模式创新等，开拓农村市场。

（刘颖颖）

【内部管控】组织开展“从严要求落实年”活动，做好《基层内控体系建设框架》的推广和实施，扎实开展新形势下防范非法集资专题宣传教育和风险排查工作，并从跨市场、跨区域、跨行业传递的风险、群体性事件风险和声誉风险、“五虚”问题及整改情况、重点领域业务经营的合规性、内控有效性风险等方面，严格按规定程序落实“两个加强、两个遏制”回头看工作，提升公司整体合规经营能力。

（于　群）

【党建工作】认真贯彻落实全面从严治党责任，积极开展“两学一做”专项学习教育活动，严格落实“三会一课”、党委民主生活会、组织生活会、谈心谈话、民主评议党员等组织生活制度，全面加强基层党组织和党员队伍建设。落实上级公司下发2016年党建协调委员会工作要点，调整充实机构人员、明确分工，建立机制，全面推进市党建协调委员会建设。

（陆洵瑜）

【文化建设】2016年，无锡市分公司紧紧围绕“员工成长、员工幸福、员工健康、基层服务”的工作主题，以“敬业、乐业和专业”为主线，激发员工争先创优的工作热情，丰富职工精神文化生活，持续推进幸福企业建设。制订并落实“2016年员工承诺践诺项目”，先后组织了健康知识讲座、举办“为一线员工送清凉”活动，通过在春节、中秋、重阳等传统节日走访慰问和召开座谈会等形式，协助公司做好对离退休老员工、老干部和困难职工的走访慰问工作，进一步融洽内部关系。

（沈青犬）

【保险业务活动】1月初，人保财险无锡市分公司公司凭借个性化的承保条件和专业化的服务团队，一举中标无锡市公共工程建设中心2016—2019年隧道财产及公众责任保险项目，项目总保额5.7亿元，标志着公司连续10年成为全市15条主要隧道的独家承保单位。

1月10日，无锡市分公司独家冠名的“PICC中国人保财险杯2016无锡汽协越野赛赛车年会”如期举行。作为无锡汽车运动的年度盛会，越野年会吸引了当地以及周边省市的120多名车手参加。

1月底，江苏政府采购网发布中标公告，无锡市分公司独家中标无锡市卫计委部分计划生育特别扶助对象住院护工服务保险项目，签单保费50万元，招标定点时间为两年。

2月5日晚，“和你在一起”无锡广电2016年迎春特别节目在无锡广电传媒中心上演。无锡市分公司作为节目唯一的保险合作伙伴，全程参与了晚会的录播过程，取得极佳效果。

2月25日，在无锡市年度金融工作大会上，市分公司被表彰为无锡市2015年金融工作“年度贡献奖”，这是该公司连续6年获得这一殊荣。

3月19日，人保财险无锡市分公司与无锡广电集团携手打造的全媒体交通信息服务平台《在路上》正式上线。《在路上》运用电视、电台直播和手机推送，把权威交管新闻资讯和人保车险服务举措以更加灵活多样的方式提供给百姓，服务于民生。

3月29日—30日，省分公司副总经理许波率财产保险部、银行保险部主要负责人到无锡市分公司就非车非农险传统业务发展进行督导、调研，重点就业务发展和管理中遇到的困难和问题进行指导。

4月11日，人保财险无锡市分公司党委牵头召开2016年党建工作协调委员会工作会议，人保财险无锡市分公司、人保寿险无锡中心支公司、人保健康无锡中心支公司主要负责人，人保无锡市党建工作协调委员会委员、党建工作协调委员会办公室领导以及3个工作推进小组全体成员参加了会议。

5月10日，江苏省保监局局长亓新政一行到人保财险无锡市分公司召开保险行业座谈会。市保险行业协会、保险学会及20家保险公司主要负责人参加，市保险行业协会会长、市分公司总经理尤力人主持会议。

5月18日，人保财险无锡市分公司在宜兴乐祺纺织集团有限公司举行出口信用险理赔兑现会，现场支付出口信用险理赔款72万美元。此次兑现会旨在帮助广大企业进一步强化风险管理意识，推动出口信用保险业务快速发展。

5月21日，梁静茹“你的名字是爱情”演唱会在无锡新体育中心盛大举行。锡山支公司为梁静茹提供了500万元的风险保障，并组织青年员工提供志愿者服务，为演唱会顺利进行保驾护航。

5月下旬，由总公司信息技术部组织开展的“2015年度地市IT50强”评选活动结果揭晓。无锡市分公司在全国300多家地市级分公司中脱颖而出，荣获第一名。

5月26日，江苏省保监局副局长王宝敏一行到无锡召开商车改革督导会议，市保险行业协会及15家财险公司主要负责人参加座谈会。

5月26日，江苏省保监局副局长王宝敏率省安监局、保监局相关部门负责人到无锡召开安全生产责任险调研座谈会。王宝敏对近年间无锡安责险取得的成绩和“二选一”做法给予充分肯定。

5月份后，江阴地区连续阴雨天气，造成江阴市小麦大面积霉变出险。6月4日，无锡市分公司总经理尤力人、副总经理罗蔚文、江阴支公司班子成员等第一时间赶赴江阴地区南闸街道实地查看灾情。

6月6日，无锡市保险行业协会商车改革验收组对人保财险无锡市分公司商业车险改革进行现场验收，凭借前期扎实的准备工作，无锡市分公司成为全市首家顺利通过现场验收的单位。

6月17—19日，第11届中国徐霞客国际旅游节暨首届江阴朝阳花谷自驾露营节在江阴举办。无锡市分公司为该活动独家提供了价值2000万元的公众责任险，将“人保客户节”活动融合其中，宣传吸引众多江阴、无锡等地的新生代车主对人保车险的关注。

经过3个月的筹备工作，2016年6月24日晚9点，人保财险无锡市分公司商业车险新系统正式上线。随着公司第一张车险商业险保费的成功打单，标志着商业车险改革在无锡市成功落地。

7月6日，无锡市分公司联合锡山区政府召开全区小麦赤霉病灾害理赔兑现大会，集中向农户支付小麦种植保险理赔款363万元，标志着全市因5月份后连续阴雨天气导致的小麦赤霉病灾害赔付工作全面启动。

7月8日，省分公司总经理夏玉扬率理赔事业部总经理饶群、办公室主任秦建武一行赴无锡宜兴指导暴雨灾害防汛减灾工作，对无锡市分公司面对暴雨灾害快速响应表示肯定。

无锡市分公司积极应对暴雨灾害，受到社会和客户的一致赞誉。7月下旬，无锡市政府副市长刘霞在人保财险无锡市分公司《2016年暴雨灾害理赔服务报告》上作出批示，对无锡分公司的快速理赔工作表示肯定。

7月28日上午，无锡市分公司总经理尤力人在地铁集团建设分公司总经理罗跟东和市总工会领导侯惠芬陪同下，冒着烈日走访慰问无锡地铁集团的一线员工。

7月28日至8月2日，无锡市分公司组织了以“练就过硬本领，打造精英团队”为主题的第一期软装备暨综合能力培训。全市系统各个岗位优秀青年员工、团队长100人参加培训。

7月29日，无锡市分公司党委书记、总经理尤力人，副总经理彭军一行，前往无锡市公安局崇安分局、崇安消防大队，看望慰问在高温下坚守岗位的公安干警及消防官兵，传递了市分公司对公安干警及消防官兵的关心。

8月1日，无锡市分公司党委书记、总经理尤力人与城区30名离退休、在职军转干部齐聚一堂，共同庆祝中国人民解放军建军节，并向与会人员通报市分公司上半年的业绩。

8月18日，无锡市分公司联合宜兴市政府召开宜兴市“7.2”暴雨城乡户籍居民住房财产保险理赔兑现大会，集中向18个镇、社区支付城乡户籍居民住房财产保险救助慰问（理赔）金近3000万元，这标志着无锡市全辖对7月暴雨导致的城乡户籍居民住房财产保险赔付工作全面启动。

8月19日，厦门保监局副局长张俊斌一行8人，在江苏保监局财产保险监管处处长王雷陪同下，到无锡市分公司就环污险和电梯安责险进行专题调研，无锡市保险行业协会会长、人保财险无锡市分公司总经理尤力人，行业协会秘书长尤玲娜以及无锡市公安交警支队相关人员陪同调研。

8月30日，无锡市分公司总经理尤力人向执行G20峰会安保任务的无锡公安人员送去慰问品，向一线公安干警坚守岗位、拼搏奉献的精神表达敬意。

9月7—9日，省分公司副总经理黄伟彤一行到无锡就“两个加强、两个遏制”回头看工作进行现场督导检查，并深入江阴、宜兴公司进行现场调研。无锡市分公司总经理尤力人、总经理室成员以及江阴、宜兴支公司负责人陪同调研。

9月18日，无锡江阴支公司联合江阴市

政府召开全市政策性农业保险理赔兑付大会，集中向江阴市近4.6万家受灾农户支付保险理赔款共计1870多万元，标志着江阴市对年内夏天暴雨等灾害的政策性农业保险赔付工作全面启动。

9月中旬，无锡市分公司在市属医院医疗责任保险项目招标中取得独家承保资格。

10月下旬，无锡市分公司在2015年度无锡市保险业放心消费创建活动中顺利通过市放心消费创建活动办公室、市保险行业协会的共同审核评定，成为无锡市“2015年度全市保险行业放心消费创建示范单位”。

11月3—4日，根据环保部环境污染责任保险制度研究项目安排，环保部政策法规司政策处处长陈默会同北京大学法学院汪劲、童光法教授一行就环境污染责任保险理赔定损的实际情况及其存在的主要问题，与江苏省、无锡市环保部门、人保财险无锡市分公司以及投保企业进行调研交流。

11月10—11日，省分公司副总经理于敬东率一行到无锡调研。调研组就2016年收口工作、2017年工作思路及当前经营管理中若干具体问题，分别听取市分公司总经理室及各部门主要负责人、城区经营单位主要负责人、县支公司主要负责人的汇报，并进行座谈。

11月24日，无锡市居家养老机构综合责任保险（试点）、市社会困境未成年人监护责任保险及医疗健康保险签约仪式在无锡市分公司举行，无锡市民生保险再添新险种。

12月18日，无锡市分公司召开七届五次职工代表大会，全市各经营单位，各部门（中心）的110多名职工代表和20多名列席代表参加会议，与会人员向大会提交了涉及业务发展、管理创新、队伍建设、文化建设以及幸福企业建设等方面共计36份提案。

12月28日，无锡市分公司召开年度保费突破30亿元发展成果报告会，感谢社会各界及广大客户对公司建设发展的关心和支持，彰显公司的品牌影响力和市场竞争力。市领导和省分公司总经理夏玉扬到会祝贺并作重要讲话。

（沈青犬）

【险种创新】2016年，人保财险无锡市分公司坚持创新发展，向社会各界提供多种创新型险种，满足不同层次的保险需求。

1、社会困境未成年人监护责任保险11月25日推出，凡无锡市行政区域内（含江阴、宜兴）具有本市户籍、年龄在18周岁以下（含）社会困境未成年人（集中供养困境未成年人除外）的监护人享受市社会困境未成年人监护责任保险保障。

2、居家养老机构综合责任保险（试点）11月25日推出。凡在试点的无锡市惠山区辖区内各居家养老服务中心（站）接受服务的60周岁及以上户籍居民，以及养老机构服务人员，不用个人付费，也可享受到政府为他们投保的居家养老机构综合责任保险保障。

3、“向日葵计划之农耕乐”保险针对现代农业及种植户的实际情况，对年龄限制放宽，通过承包的耕地面积的大小收取保费，较传统意义上的雇主责任险，保障范围涵盖死亡、伤残、误工及第三者责任险等，具有保障全面、承保便利、费用低廉的特点，能很好地分散新形势下农村雇佣务农的相关风险，契合政府、雇主、员工三方保障需求。

4、“农业保险贷”是一款由江苏省政府、银行、保险公司三方合作的农业金融新型产品，该险种发挥财政、银行、保险等各自政策功能、业务优势和网点便利，有效缓解农村融资难融资贵矛盾、促进农村经济持续健康发展。

（沈青犬）

【重大承保】

财产险部分：

1、SK海力士半导体（中国）有限公司财产一切及机损保额580亿，人保财险无锡市分公司份额33%；

2、无锡华润上华科技有限公司财产一切险45亿元，人保财险无锡市分公司份额100%；

3、健鼎（无锡）电子有限公司财产一切险76亿元，人保财险无锡市分公司份额60%；

4、江阴兴澄特种钢铁有限公司财产一切险390亿元，人保财险无锡市分公司份额50%。

工程险部分：

1、东亚电力（无锡）有限公司电厂项目总保额22亿元，人保财险无锡市分公司28%份额；

2、无锡地铁集团有限公司地铁3号线一期工程，总保额117.8亿元人保财险无锡市分公司5%份额；

3、湖北荣成再生科技有限公司新厂建造，总保额25亿元，人保财险无锡市分公司60%份额。

（刘颖颖）

【重大赔付】1月，无锡市受极寒天气影响，1月26日最低气温达到零下9度左右，低温造成大量居民家中水管爆裂，仅无锡市区报案量达到1.5万户。无锡市民政局为市户籍居民投保了住房保险，根据民政部门制定的补偿标准，共计6201户居民得到补偿，补偿款共计399万。

4月30日，无锡市惠山区石塘湾镇通安助剂厂发生爆炸，造成周边大量居民家中房屋及门窗受损，无锡市民政局为每一户无锡市户籍居民投保了住房保险，根据民政部门制定的补偿标准共计470户居民得到补偿，补偿款33.8万。

“7·2暴雨”期间，无锡市区受灾居民达2320户，根据民政部门的补偿标准补偿319万元。宜兴市受灾比较严重，受灾居民达4.16万户，根据民政部门制定的补偿标准补偿3292万元。

（刘颖颖）

【公益活动】1月16日，在灵山慈善基金会感恩年会暨慈行天下专项基金成立仪式上，无锡人保财险因关心关注社会公益事业，广泛开展支持和参加结对帮扶、对口助学等公益活动，获评“为爱行走突出贡献奖”和“灵山慈善2015年度十佳合作伙伴”。

1月28日，无锡人保财险负责人与无锡地铁集团负责人来到西漳车辆段，慰问在摄氏零下8度极寒天气下坚守工作岗位的地铁员工，并向一线员工送上新春的祝福。

3月，无锡人保财险积极参与“点赞无锡，我的消费生活”消费文化系列活动（无锡市政府为民办实事项目之一），走进社区宣传保险知识，引导保险消费。

5月25日，无锡人保财险举行“拒绝销

售误导，诚信从我做起”宣誓活动，公司100名员工代表参加宣誓。

5月27日，无锡人保财险举办全辖志愿者宣誓仪式暨无锡春蕾农民工子弟学校慰问活动。来自全辖8个团支部的60多名青年志愿者代表参与了集中宣誓。并走访农民工子弟学校，向孩子们赠送学习用品。

6月5日下午，无锡市分公司会同无锡市民政局及无锡癌症协会举行“让生命怒放，为盛世添彩”公益活动，志愿者及癌症患者等230余人参加。

7月7日晚，无锡人保财险参加了“7.8全国保险公众宣传日”广场宣传活动，通过发放宣传资料、推广二维码，现场咨询并发放宣传品等方式推广保险文化，为市民普及保险知识，展示企业形象。

8月18日，无锡人保财险领导赴太湖锦园蓝藻打捞点、马山街道月亮湾蓝藻打捞点，慰问在高温下作业的一线打捞工人。

9月24日，作为无锡市保险学会唯一保险单位代表，无锡人保财险组织人员参与无锡市第十三届社科普及周系列活动，在梁溪区南禅寺广场为广大市民提供保险知识咨询服务活动，受到市民朋友的欢迎。

10月20日是人民保险67周年庆，为彰显“以人为本、和谐奋进”的企业文化，弘扬扶危济困、人保一家亲理念。无锡人保财险组织青年员工举行爱心捐款，用实际行动践行集团公司设立的“PICC员工爱心日”。全辖筹集捐款近2万元。

11月，无锡人保财险以文化志愿者的身份参加了“美好家园▨水韵江南”第三届江苏文化艺术节无锡市广场文艺演出，该司编排的大合唱《共圆中国梦》作为压轴曲目最后登场，受到在场观众一致欢迎。

（陆洵瑜）

【教育培训】根据上级公司的要求，切合公司的发展目标和员工需求，细分培训的项目，加大培训的力度和频次。2016年全年共完成培训项目193个，培训1.22万人次，分别较去年增长40.9%和15.6%，初步建立起公司员工队伍人才培训体系。

1月9日，市分公司出单中心举行车险基础知识培训，出单中心全体出单员及营业部员工代表参加培训。

3月25日，市分公司销售管理部举办2016年第一期营销管理系统培训，全体参训人员认真操作、积极交流，对营销管理系统高度关注，现场培训收到预期效果。

4月16—17日，市分公司举行保险服务评价达标工作宣导暨投诉处理技巧提升专题培训。省分公司相关部门负责人就当前保险市场的大环境作了简要介绍，并肯定该次培训。

5月6日，市分公司监察部组织召开了预防职务犯罪为专题廉政培训，邀请了无锡市预防职务犯罪检察长宣讲团成员、无锡市滨湖区检察院副检察长江鸽进行授课。市分公司班子成员及城区全体党员均参加培训。

5月6日，宜兴支公司开展商业车险改革培训，达到掌握政策、适应形势的目的。

6月28日，江阴支公司开展“两学一做”教育活动，市分公司党委委员兼江阴支公司党总支书记朱勇以《贯彻从严治党要求，狠抓“两学一做”落实》为题，为江阴支公司全体党员讲授一堂“两学一做”专题教育党课。

7月6日，崇安支公司携手理赔中心对东方汽车城的各品牌4S店的相关人员就车险改革进行培训，就车险改革实施后相关要点进行解读。

7月28日至8月2日，人保财险无锡市分公司组织了以“练就过硬本领，打造精英团队”为主题的综合能力培训暨销售人员软装备系统课程推广培训。全市系统近100名团队长及优秀青年员工参加培训。

8月4日，理赔中心召开半年度理赔工作培训，主要对上半年理赔中心工作完成情况行总结、对理赔工作中薄弱环节进行深入分析、并就下半年工作进行布置。

8月11日，公司牵头组织无锡市联合党建三家公司的入党积极分子参加由中共梁溪区委组织部、梁溪区委党校举办的“2016年度入党积极分子培训班”。

9月8日，无锡市分公司举行员工身心关怀计划EAP启动会暨员工幸福能力讲座，标志着无锡市分公司员工身心关怀计划正式拉开帷幕。该项目是无锡公司2016年员工幸福承诺践诺的重要项目之一。

10月12日起，公司协同市民政局在全市范围内广泛开展“慈福”民生系列保险知识宣传培训。

12月15日，锡山支公司农险事业部联合锡北镇农业服务中心组织农业保险协保员培训，锡山支公司农险分管经理、农险部负责人、市分公司农险部理赔人员、锡北镇农服中心主任及各村农险协保员一起参加培训。

2016年市分公司教育培训部共举办13期“新员工学习课堂”，该系列培训针对入职公司两年以内的员工，目的是塑造新员工的职业素质，培养新进员工的专业能力，加速人才梯队培养。

同时，年内市公司共举办“销售人员个人软装备系统”课程15期，100%覆盖全辖所有销售人员，该系列课程主要加强展业人员的销售技巧和销售能力培养，提升销售工作水平。

（陆洵瑜）

【工会】2016年，无锡市分公司工会根据总、省公司系统工会的工作部署，在省分公司工会的指导和市分公司党委的领导下，紧紧围绕“员工成长、员工幸福、员工健康、基层服务”的工作主题，以“敬业、乐业和专业”为主线，激发员工争先创优的工作热情，丰富职工精神文化生活，维护职工合法权益，营造和谐奋进的发展局面，有效推进公司持续跨越发展。

一是开展劳动竞赛。印发《无锡市分公司2016年劳动竞赛方案》，在夺取开门红、双过半、冲刺年度目标等关键节点，开展形式多样竞赛活动，推进全体员工立足岗位、奋勇争先，促进公司业务又好又快地发展。

二是保障职工权益。完善职工代表大会制度，及时召开职工代表大会，职工代表全面参与到公司的管理当中。组织职工进行健康体检工作、举办职业健康知识讲座，并为一线员工送去防暑降温物品，指导员工安全平稳度夏。坚持做好“五必访”工作，在春节、中秋、重阳等节日通过开展走访慰问和召开座谈会等形式，做好对离退休老员工、老干部和重疾员工或困难职工的走访慰问工作。

三是强化工会基础管理工作。2016年，以“两加强、两遏制”回头看工作为契机，对工会相关规章制度进行全面梳理，进一步完善工会基础管理工作。公司组织申报的2016年无锡市全民健身活动评选，被无锡市体育总会评选为A类企业。

四是开展多层次文体活动。2016年工会相继举办“激情飞歌颂人保”歌咏比赛、“女员工心灵手巧创意比赛”、“五四青年演讲比赛”、“深情写照赞人保”摄影比赛、职工读书沙龙活动、登山活动、趣味运动会等，并积极参加第三届江苏艺术节文艺助演、“送温暖、献爱心”慈善募捐等活动，陶冶了员工的情操，加深了员工之间的交流和融合，也为员工提供展现才艺和技能的平台，进一步丰富公司企业文化的内涵，扩大了公司影响力。

五是构建幸福企业。2016年，包括“员工休假制度及员工医疗保险方案”、“试点员工心理关怀项目，增进员工软性福利”、“丰富员工业余文体活动，增加员工幸福感”等三项员工幸福承诺践诺项目已得到全面落实。

（沈青犬）

【领导班子成员】

尤力人 总经理

彭　军 副总经理

罗蔚文 副总经理

吴晓羚 副总经理

朱　勇 副总经理兼江阴支公司经理

（陆洵瑜）

【机构（部门）主要负责人】

陈　荣 高级主管兼车辆保险部经理

黄建新 高级主管兼宜兴支公司经理

马大伟 办公室主任

陆洵瑜 人力资源部/监察部经理助理兼教育培训部经理助理（牵头负责部门工作）

赵向东 财产保险部副经理（主持工作）

吕　挺 农业保险事业部/三农保险部经理

王　琮 客户服务部经理

夏　宏 销售管理部经理

葛翠英 信息技术部/流程管理部经理

于　群 法律部/合规部经理

徐　诞 重要客户部经理

何尧军 财务会计部副经理（牵头负责部门工作）

杨正君 出单中心主任

陈少军 理赔中心副主任（主持工作）兼车险分部经理

虞　晅 营业部经理

盛　雷 国际保险部经理

张　晓 代理业务部经理

张　磊 营销业务部经理

翟海军 电子商务业务部经理

方　哲 个人贷款保证保险业务部副经理（主持工作）

唐志明 崇安支公司经理

朱　鸣 新区支公司经理

陶　忠 太湖国家旅游度假区支公司经理

殷　武 南长支公司兼政府项目业务部经理

周勇彪 滨湖支公司经理

张宏峰 锡山支公司副经理（主持工作）

张　军 惠山支公司经理

（陆洵瑜）

【先进集体】人保财险无锡市分公司被无锡市人民政府授予2016年度全市金融工作年度贡献奖。

人保财险无锡市分公司被江苏省精神文明建设指导委员会评为2013-2016年度江苏省文明单位。

人保财险无锡市分公司被无锡市放心消费创建活动领导小组评为2015年度无锡市保险行业放心消费创建示范单位。

人保财险无锡市分公司被无锡市道路交通安全协会评为2016年度“安全行车先进单位”称号。

人保财险无锡市分公司被无锡市消费者委员会授予“2016年度3·15诚信承诺单位”。

人保财险无锡市分公司被无锡市保险行业协会评为“‘安宁2015’反保险欺诈专项行动先进集体”

人保财险无锡市分公司被无锡市慈善总会授予“乐善好施”奖牌。

人保财险无锡市分公司被无锡市保险学会表彰为《无锡保险年鉴》组编工作、《保险与民生》通联工作先进单位。

人保财险江阴支公司被江阴市政府授予“2015年度服务地方先进单位”。

人保财险江阴支公司被总公司授予2015年度责任险“百强县”荣誉称号。

人保财险宜兴支公司被中国人民保险江苏省党建协调委员会授予“先进基层党组织”称号。

人保财险无锡市分公司出单中心被中国金融工会江苏工作委员会授予“江苏金融系统女职工文明示范岗”称号。

人保财险无锡市分公司在“激扬青春 智创未来”创新创效大赛暨全省系统青年创新研究会首期成果汇报展示活动中勇夺第一名。

人保财险无锡市分公司获总公司信息技术部组织开展的“2015年度地市IT50强”第一名。

人保财险无锡市分公司在全省大项目拓展优秀案例大赛中一举拿下了特等奖、一等奖、组织奖。

（沈青犬）

【先进人物】无锡市分公司宜兴支公司管玉芬被中国金融工会江苏工作委员会评为“江苏金融系统职工道德建设标兵个人”。

无锡市分公司江阴支公司刘强被中国金融工会江苏工作委员会评为“江苏金融优秀工会积极分子”。

宜兴支公司三农保险部沈婷在中国人民保险集团2015年保险业务先进个人评选中，荣获“农村保险先进个人”称号。

锡山支公司华文渊同志获得锡山区区级机关2015-2016年度优秀共产党员荣誉称号。

（沈青犬）

中国太平洋财产保险股份有限公司
无锡分公司

【概况】该公司实施“以客户需求为导向”的转型发展战略，以总公司战略思想为引领，“紧盯目标、紧盯市场、紧盯对标”，持续围绕“聚焦价值增长，强化专业能力，推进转型发展”工作方针，科学理性推动业务发展。

（胡　洁）

【经营业绩】2016年，太平洋产险无锡分公司全年实现入账保费157959万元，同比增长3.23%；全年赔款支出90875万元，公司经营管理和服务能力得到提升，收获了转型发展的阶段性成果。

（胡　洁）

【渠道建设】太平洋产险无锡分公司强抓核心渠道建设，完善专业化销售管理规划，加快发展新兴渠道，改造升级传统渠道，实施渠道上下一体化、动作标准化，积极拓展车险、非车险业务，促进发展方式转型，强化市场竞争能力。①车险方面。核心渠道发展加快，重点渠道建设加强，并相继完成商业车险改革、个人直销队伍转型等重点工作，取得业务增长优、综合成本优的“双优”成绩，有力地推动和实现车险可持续价值增长。②非车险方面。加强专业化建设，不断提升新领域发展能力和多渠道销售能力。通过前置风险查勘、提升服务品质，不断加强传统领域业务发展。③在创新领域。积极尝试新险种推广、新技术运用，通过“码上保”二维码新型互联网销售模式助推个人分散型业务，通过“财富U保”移动APP创新工具，助力中小微客户业务发展。

（胡　洁）

【内部管控】根据公司“控品质、强基础、增后劲”的指导思想和“聚焦、执行、导向”的发展要求，加强全员合规经营、防范风险永远在路上的大局观念和忧患意识，开展各项风险排查，通过系统管理、流程固化、问责落实，提升基础管控水平，守住不发生大规模群体性事件、不发生区域性系统性风险这两条金融底线，保护保险消费者合法权益。依托总公司“天眼”合规风险远程监测平台，将打假转化为常态化的管控机制，提升发现各类外部欺诈和内部舞弊案件的效力；全面开展风险与内控自查工作，查缺补漏，重点治理屡查屡犯问题；通过“两个加强、两个遏制”回头看专项自查工作，守住风险底线、防范四个“重大”；深入开展非法集资宣传活动和职业道德教育，建立常规排查与专项排查相结合的风险排查机制，将打击非法集资工作常态化、日常化；坚持风险为本的原则，开展《反洗钱法》颁布10周年宣传活动，加强反洗钱制度的执行力，履行反洗钱义务；围绕行政许可要从严、人员管理要从严、内部管控要从严、风险防范要从严四个方面开展“从严要求落实年”活动。

（张燕）

【党建工作】2016年，无锡分公司党委紧扣“围绕经营抓党建，抓好党建促发展”的工作思路，深入学习贯彻党的十八届五中、六中全会和习近平总书记系列重要讲话精神，开展“两学一做”专题教育和基层党组织活动，以党章为遵循、以纪律为戒尺、以转型为动力，聚焦经营任务，监督执纪问责，突出干部队伍建设，加强党员教育管理，全面落实从严治党要求。

（陈海岭）

【文化建设】分公司努力营造公正、公平的公司氛围，激发、重塑员工“追求卓越”的使命与激情，推进、开创与全新发展阶段所匹配的新视野、新面貌。发挥党、工会、共青团在“战斗堡垒和桥梁组带”方面的重要作用，助力公司发展大局，将全司员工的思想、智慧和能量不断引导到“把无锡分公司建设成为一家诚信、稳健、专业、和谐的精品公司”的发展定位上来；确立“人人培训、时时培训、处处培训”的立体化培训制度和保障机制，通过开展各类合理化建议、读书演讲、知识讲座、拓展训练等活动，激发员工创造性、主人翁精神和团队意识，为员工“岗位建功，岗位成才”创造有利的内部环境；借公司成立庆祝日，组建羽毛球、自行车、游泳、小乐队、篮球、足球等多个文体兴趣小组，丰富了职工的业余文化生活，给员工搭建了8小时以外的交流平台，组织开展登山、读书、演讲、书画、知识技能大赛等系列活动，激发全员干劲和激情；通过开展帮扶困难员工家庭及单身员工鹊桥联谊会等，进一步体现公司“专注保险，关注社会，关爱员工”的思想，通过趣味运动会、绿色徒步活动等，倡导“健康生活、快乐工作”理念。

（陈海岭）

【科技创新】①车险方面。倡导“安全出行，驾车无忧”的用车理念，应用车联网UBI设备，实施“无锡好车主”关怀计划，给予客户24小时无间断安全提醒，培育客户良好的驾驶习惯，促进交通安全隐患的降低。②非车险方面。以移动端为载体，以“一个太保”为平台，利用码上保、CRM、车e保等技术，为客户提供便捷的投保、支付、查询渠道，简化客户投保流程，打造“随时随地，想投即投”的服务新模式。

（吴雨文、冀倩）

【保险业务活动】3月15日，分公司在崇宁路服务门店大厅内开展总经理接待日活动，分公司领导零距离倾听客户声音，主动询问客户需求，友情提醒消费者维护自身权益。

4月27日，分公司组织员工300人在无锡人民大会堂观看话剧《生命密码》，感受最美保险人的职业素养和道德境界。

7月26日，分公司总经理鲁强、副总经理范帆一行慰问奋战在一线的查勘人员，为不畏炎热坚守在工作岗位上的查勘人员“送清凉”。

8月5日，分公司特邀无锡安居防火教育培训中心的教官进行年度消防安全培训分公司总部员工、全辖义务消防队成员及城区机构骨干员工参加培训130人。

9月24日，分公司在青山公园组织开展2016年登山活动。员工在繁忙而紧张的工作之余，锻炼身体，放松心情，享受自然。

12月25日，分公司在无锡市人民大会堂举办一台以“同心筑梦，共创辉煌”为主题的司庆员工文艺汇演。

（戴　晴）

【重大承保】分公司首席承保无锡地铁3号线一期工程保险项目；分公司首席承保无锡地铁2号线运营保险项目；分公司首席承保某集团板块企财险项目；分公司独家承保某物流集团物流责任险项目；分公司主承保某交通股份有限公司和客运有限公司保险项目；分公司独家承保彩虹鱼“挑战深渊极限”保险项目。

（朱泓玉）

【重大赔付】分公司赔付江阴某有限公司暴雨案149万元；分公司赔付某印染有限公司火灾案441万元；分公司赔付某进出口有

限责任公司短期出口信用险案42万美元；分公司赔付某纺织有限公司火灾案438万元；分公司赔付某特种纤维有限公司火灾案264.6万元；分公司赔付某阳光能源有限公司火灾案138万元；分公司赔付某水务股份有限公司暴雪冰冻案291万元。

（肖瑞春）

【对外交流】2月1日，分公司副总经理田群与无锡地铁运营公司、物业公司负责人一行，走访并慰问地铁1号线多个站点，向广大地铁工作人员致以最诚挚的关怀和最衷心的节日问候。

3月8日，分公司在江阴、宜兴、崇宁路、锡山4家门店开展“约‘惠’太保·关爱女性”主题活动，回馈女性优质客户。

5月，无锡市金融行业志愿者分队成立，分公司领导应邀参加成立仪式。

6月4日，为感谢广大车险优质客户多年来给予的关心和支持，分公司在金匮公园举办“太保车险客户 优享公园寻宝”活动。

6月27日，分公司与无锡地铁集团联合举办主题为“强化安全发展观念，提升全民安全素质”的演讲比赛。

7月7日，分公司副总经理范帆带领保险宣讲团一行，走进无锡茂业广场，参加由无锡市委宣传部、无锡市文明办、无锡市保险行业协会等单位联合主办的“7·8全国保险公众日宣传”广场活动。

7月28日，分公司总经理鲁强一行陪同无锡地铁集团负责人，赴地铁施工一线开展高温慰问活动。

8月15日，分公司应邀加入无锡地铁城际党建联盟，并在工作启动会上代表无锡地铁共保体作了现场交流发言。

8月19日，分公司参加无锡市三季度道路交通事故人民调解工作座谈会，会上就“商改”等新形势下的调解工作进行深入交流与讨论。

9月6日，分公司参加共青团无锡市金融工作委员会成立大会，分公司团委正式加入无锡金融团工委。

9月22日，分公司参加无锡市委宣传部和中国人民银行无锡市中心支行联合主办的“弘扬长征精神 坚定理想信念”纪念红军长征胜利80周年主题演讲比赛。

10月22–23日，分公司北塘支公司受邀参加中国邮政无锡分公司客户日活动，现场宣传保险产品和服务。

10月，分公司江阴中支一行5人做客江阴市纠风办、市广播电台联合主办的“空中热线”电台栏目，在直播间现场解答老百姓生活中的保险问题。

12月，分公司开展国家宪法日暨全国法制宣传日主题活动，并参加12月4日在南京进行的“万人学法”书面测试竞赛。

12月，分公司积极参与由江苏省质量协会、江苏省新闻工作者协会、中国江苏网、省行业协会等机构共同组成的“江苏质量诚信环省行”活动。

（戴 晴）

【公益活动】1月，2016年江阴市全民健身活动启动仪式暨“江阴农商银行杯”第二届新年公益徒步大会在江阴市体育中心举行。分公司江阴中支组织了一支50人的队伍参加并每人捐款50元，为公益事业奉献爱心。

1月，分公司江阴中支响应政府号召，员工们自发参与无偿献血，为社会公益事业献出自己的一份力量。

3月，50名员工在分公司党委书记、总经理鲁强和副总经理范帆的带领下，到太湖盂湾开展公益植树活动，以实际行动建设绿色家园。

6月，分公司领导前往无锡市儿童福利院看望孤残儿童，向福利院的小朋友们送上了诚挚的祝福和问候。

7月，江阴中支开展“奉献爱心·放飞梦想”捐资助学活动，中支公司联合江阴市慈善总会，出资购买学习用品捐赠给江阴市贫困儿童学生。

9月，分公司青年志愿者服务队与鸿山街道团工委志愿者、后宅幼儿园小志愿者们一同走进鸿山敬老院，开展夕阳慰问活动,传承尊老、敬老、爱老、助老的传统美德。

10月，重阳节，分公司江阴中支副总经理、工会主席张小英等一行6人，购买慰问品前往江阴市福澄颐养院看望“五保”老人。

10月，2016江阴第二届半程马拉松赛在风景秀丽的敔山湾拉开帷幕。江阴中支积极履行社会责任，为该次活动赞助了公众责任险。

12月，分公司积极响应市委宣传部、市总工会、市文明办和市慈善总会等九单位的号召，在全公司开展2016年“送温暖、献爱心”慈善捐赠活动。

（戴　晴）

【教育培训】 1月30日，分公司发展企划部组织开展企业文化与品牌建设培训。

2月27日，分公司法律合规部组织开展合规内控管理培训。

3月26日，分公司企业客户部组织开展玩转国内贸易信用险培训。

4月16日和23日，分公司车险业务管理部组织开展“商改”专项培训。

5月21日，分公司人力资源部组织开展寿险险种培训。

6月18日，分公司人力资源部组织开展新险种推广培训。

6月23日至6月25日，分公司人力资源部组织开展中层干部培训。

7月16日，分公司人力资源部组织开展互联网时代对无锡经济、社会的影响及对策培训。

8月13日，分公司理赔部组织开展用好新工具，打造“太好赔”培训。

9月10日，分公司人力资源部组织开展非车险创新型保险产品介绍培训。10月15日，分公司客户服务部组织开展文档集约化营运项目实施培训。

11月23日至11月25日，分公司人力资源部组织开展“太学·特训营”二次传承培训。

12月16日，分公司信息技术部组织开展数字太保宣导及信息技术培训。

（陈　璐）

【领导班子成员】

鲁　强　总经理
范　帆　副总经理
田　群　副总经理
胡柯丹　副总经理
何欣育　财务总监(3月止)

（毛苗霞）

【先进集体】 2月，分公司被总公司评为“信用险销售争先榜眼奖”“出口信用险银羊奖”。

3月，分公司被无锡市保险学会评为“2015年度保险理论研究先进单位”。

4月，分公司被集团公司评为“2015年度集团政务信息工作先进集体”。

6月，江阴中心支公司党委、分公司直属党委理赔第一党支部被集团公司评为“四强”党组织荣誉称号。

7月，江阴中心支公司被总公司评为2015年度“先进职工之家” 称号。

9月，分公司被江苏省精神文明建设指导委员会评为2013-2015年度江苏省文明单位。

10月，分公司理赔部获总公司指尖查勘（查勘APP）操作覆盖率全国排行榜团体第一名。

10月，分公司被无锡市放心消费创建活动办公室、无锡市保险行业协会评为“2015年度无锡市保险行业放心消费创建示范企业”。

11月，分公司获总公司2016年二三季度保险小额理赔竞速赛奋勇先进奖。

12月，分公司获“太好赔”主题征文活动优秀组织一等奖。

12月，分公司获集团2016年度品牌建设单项奖（广告传播）。

12月，分公司获集团车险保费增量贡献奖。

12月，分公司获集团车险客户共享加保率排名奖。

12月，分公司获集团2016年度“金盾行动”组织优秀奖；锡山支公司获贡献卓越奖；宜兴支公司获贡献先进奖；理赔部获贡献优秀奖。

12月，分公司办公室获无锡市保险行业协会2016年度信息工作“优秀组织奖”。

（张 澜）

【先进人物】3月，王燮敏和吴荣分别被无锡市保险行业协会评为“安宁2015”反保险欺诈专项行动先进个人。

3月，范帆被无锡市平安金融创建活动领导小组评为“2015年度全市平安金融创建活动先进个人”称号。

4月，张璐被集团公司评为“2015年度集团政务信息工作先进个人”。

6月，吴海军、陈乡、周洁被集团公司评为“四优“共产党员称号。

6月，黄伟勇被总公司评为手机自助查勘银点子奖。

7月，范帆获集团二届四次职代会优秀提案奖。

8月，安卓莉获无锡市文明办“无锡好人·善行义举榜”。

12月，刘伟强获“太好赔”主题征文活动“金奖”。

12月，承小梦、周萍、华芳，曹晓莉，刘剑峰荣获“太好赔”主题征文活动“铜奖”。

12月，丁燕获集团营销人员车险业务优胜奖。

12月，吴荣获无锡市保险行业协会2016年反保险欺诈工作先进个人。

12月，蒙振强获无锡市保险行业协会2016年“优秀统计员”奖。

12月，周澜获无锡市保险行业协会2016年度信息工作“优秀信息员奖”。

12月，安卓莉被无锡市红十字会评为2010-2015年度“五星级红十字志愿者”。

（张 澜）

中国平安财产保险股份有限公司无锡分公司

【概况】2016年末，公司有营业网点27个，其中1个市级分公司、2个中心支公司、3个支公司、5个营业部以及16个营销服务部，从业人员554人。2016年度无锡市保险行业放心消费创建先进单位奖。2015~2016年度诚信单位。

（黄　薇）

【经营业绩】全年保费收入1770.56百万元，增速10.7%。其中，车险保费收入1637.44百万元，占比92.5%，比上年同期增加0.5%；非车险保费收入133.11百万元，占比7.5%，比上年同期减少0.5%；承保利润比上年减少24.67百万元，处理赔给付案19.3万件，支付赔给付款912.27百万元。

（仇　杰）

【渠道建设】2016年，公司强化团体渠道建设，建立长效稳定的团体业务经营模式。结合团体客户的特点，集合团队的资源和力量，以团队作业模式攻关团体客户，实现快速高效的有组织销售；按照目标产品和行业细分，销售团队锁定目标产品和行业，完善专业化团队的建设和支持；强化销售队伍的综合能力提升，围绕产品知识、销售技能、综合素质进行专项培训提升，打造技能过硬、敢打硬仗的销售队伍。

（袁　婷）

【内部管控】2016年，平安产险无锡分公司始终以“风险为本　价值导向”为原则，加强风险监测，化解风险隐患；加强前后线全员的合规意识，提升公司管理水平。

合规工作主要由分公司层面统一组织、安排，各条线具体负责落实工作，从完善内控组织体系、建立长效内控机制、开展合规文化建设、风险排查及监管沟通等层面开展。根据总公司的要求，分公司制定年度合规内控管理工作方案，明确各部门各岗位合规工作，并每季度进行跟踪通报。开展各项合规宣导，每月通过邮件群发、网页张挂合规月刊、廉政教育期刊，宣传引导内控合规和高效廉政理念；采取制作宣传页、张贴海报、专题培训、知识竞赛、合规考试等形式，打造专业、廉洁的管理和工作队伍。开展反洗钱工作，配合人民银行及保监局，按时准确上报反洗钱报表及其他信息及数据。加强日常经营管理工作的风险排查，每季度检视重要风险事项（包括日常发现的、自查、稽核、监管发现的问题），进行风险事项分析并书面预警提示，对风险问题进行问责追踪，及时落实整改，确保分公司合规工作健康有序开展。

（时佳丽）

【党建工作】公司坚持围绕中心，狠抓党建，内强素质，外树形象，与时俱进，开拓进取；坚持以创建学习型党组织和建设和服务型党组织为契机，切实开展各项党建工作。2016年，无锡平安产险在册党员人数69人，设4个支部。党员们在公司发展、尤其是业务开展活动中发挥了模范带头作用，以点带面，党员引导销售队伍，促进公司业务、员工个人的全面发展，实现了基层党建与公司生产经营，与单位品牌建设，与队伍素质提升的有效结合与促进推动。

（陆丹萍）

【文化建设】履行企业社会责任，弘扬“至善、和谐、关爱”的社会风尚，无锡平安产险启动“停车关爱”公益服务活动，全体员工利用自身所长，帮助道路失助车主人群。全年实施375起停车关爱服务，包括车辆故障施救、交通指引、救援帮扶、行人关爱、人伤救助、非平安事故处理及理赔指引等。深化“无我利他”，坚持 “日行一善”，实质性打造行业最优的“口碑式”车险理赔品牌。

2016年，平安产险无锡分公司在组织旅游、联谊、比赛等活动，重视关爱体系建设，着力对困难员工进行帮扶、开展劳动权益培训等工会工作，各项举措立足基层、有效落地。分公司在尽量满足个人兴趣、需求的基础上，建立了篮球、羽毛球、健身、徒步等工会俱乐部，各俱乐部自主选举领队、制定章程，活动开展有声有色，增强了公司的凝聚力、生产力。

（黄　薇）

【保险业务活动】6月22~24日，平安无锡分公司配合地铁运营分公司，邀请深圳地铁专家黎忠文，组织并参与无锡地铁运营险雨季防汛风险查勘。该次风险查勘走访了无锡地铁1号线的三阳广场站、三东区间物业层、刘潭站、无锡火车站、塘铁桥站、金匮公园站和2号线的映月湖公园站、云林站、梁溪大桥站、大梁区间、西漳车辆段等站场（段），查阅了车站、集团安全质量部的相关防汛管理资料和记录；并与无锡地铁集团安质部、运营分公司的安全管理人员、车站值班站长、机电设备设施维保人员、OCC人员等进行了意见交流。后续撰写《运营期保险重点站场汛期风险查勘报告》，为汛期防灾防损提供实际建议。

6月23日，平安无锡分公司邀请深圳地铁公司具有多年一线工作经验的专家林建强到无锡为开展客伤事故（件）应急处置讲座，与运营一线站务人员交流探讨客伤处置问题，包括客伤发生后，站务对于客伤分级处置的流程，处理过程中所需的注意的谈判技巧，无责客伤的应对方式以及责任不明确时的处置技巧等问题。双方互相探讨，为站务人员处理客伤事故提供新的思路，提升一线站务人员的客伤应急处置能力。

（袁　婷）

【重大承保】2014—2016年，平安无锡分公司参与无锡市安全生产责任险统保项目，交通运输行业中标20%，危化行业中标14%，建筑工程行业公众责任险中标25%，2016年承保保险金额10亿元。

2014—2017年，平安无锡分公司参与无锡市城乡户籍居民住房财产保险统保项目，份额10%，2016年承保无锡全市范围内（包含江阴、宜兴）268万户居民住房。

2014—2017年，平安无锡分公司主承无锡地铁一号线运营项目，份额45%，2016年保额74亿元。

2014—2017年，平安无锡分公司参与无锡地铁二号线运营项目，份额30%，2016年保额24亿元。

2013—2018年，平安无锡分公司参与江阴市医疗责任险统保项目，份额8%，2016年保额366万。

（袁　婷）

【重大赔付】2016年3月31日，江阴中心支公司赔付江阴市泽丰纺织有限公司210万元。江阴市泽丰纺织有限公司曾于2015年8月30日投保财产综合险，2016年1月15日被保险人公司内东侧一车间一台细纱车尾部着火，因火势无法控制，导致设备严重过火，屋顶坍塌。通过现场勘查定损，历经79天，快速结案赔付210万理赔款。

2016年9月23日，无锡分公司合计赔付无锡中德置业有限公司126万元。无锡中德置业有限公司公司曾于2015年12月4日投保财产一切险险，2017年1月27日因无锡地区寒潮冰冷造成3台大连斯频德冷却塔严重受损，为解决被保险人流动资金不足问题，分别于4月12日和7月4日预付45.6万和76.4万维修款，9月23日设备运行完全正常后结案支付余款4万元。

（袁　婷）

【公益活动】春运护航：2月1日–15日，无锡平安产险连续第4年开启“春节护航”行动，送返乡车主“平安回家”。该次护航活动较往年有创新亮点，包括“三地大联动”、“服务一体化”及“在线全搞定”。随着平安进入3.0时代，无锡平安产险在总公司互联网+的指引下，进一步为车主提供贴心车服务。

暖心平安　助力高考。6月7~8日，无锡平安产险开展“橙色平安，助力考生一路畅行”公益活动，通过在门店设置赠饮区，为路过考生及家长免费提供矿泉水；LED电子屏循环滚动播放助力高考标语；针对高考期间出险车辆提供双免双快理赔服务，给予免证明、免现场特权；鼓励全体员工从自身做起，高考期间绿色出行，不给道路添堵等举措助力高考，提升平安品牌形象；

全国保险公众宣传日。7月7日，无锡平安产险以保险公众宣传日为契机，开展广场公益活动，树立保险业良好形象，以实际行动践行“爱”与“责任”。活动现场工作人员为市民介绍平安服务，解答客户疑问，倾听客户心声。借此活动搭建平安优质服务平台，提供保险咨询服务，展示平安诚信服务的良好形象。

国庆护航。9月30日至10月7日，无锡平安产险启动“随心出游 · 平安在途”护航行动，延续平安长假期间保障客户平安出行的公益传统，为广大车主全面提供便捷、温暖的服务和帮助。本次活动在沪宁高速无锡东出口和锡澄高速江阴南出口设立了护航服务点，为广大车主提供理赔咨询、简易救援，并邀请客户体验线上快捷理赔，事故快处快赔，让车主享受无忧旅程。饮用水、干粮和小药箱更让车主觉得贴心备至，获过往车主及群众交口称赞。

（黄　薇）

【教育培训】2016年，平安产险无锡分公司积极组织员工参加形式多样的培训活动，提升分公司持续、健康、合规经营能力和客户服务水平。①运用移动化学习平台全员培训。契合分公司全年各个重点项目和规范性要求，组织开展课程学习和学习效果检验。员工培训学习覆盖率100%，全年人均学习课程数30门以上，人均参加考试15次以上。②商业车险费率改革培训。通过培养授权讲师、组织分批培训、部门内组织学习、员工自主学习和移动学习平台推送课程及考试等方式，为分公司全员普及商车费改知识，掌握商车费改变化点，提高车险服务专业素养，并以99.5的平均分通过无锡保险行业协会验收。③车险理赔查勘一线人员培训。通过组织查勘人员专项新人培训和赛思比专业定损培训等，落实人员阶段培训项目，提高分公司理赔服务专业水平，有效助力分公司客户满意度和客户美誉度的持续提升。④柜面服务内部培训。年内从柜面礼仪、柜面业务技能及费改知识等方面对全辖客服人员进行专项培训。特邀天津礼仪培训讲师对整体门店服务进行重点讲解，提升门店服务细节，并且针对柜面业务技能进行专项提升，强化全员作业及接待技能，通过培训确保费改工作在柜面条线成功落地。⑤投诉、NPS内部培训。2016年针对全流程各环节服务痛点，对触点服务人员进行系统性培训，包括基础服务解析、案例分享、头脑风暴等，从根本上挖掘客户痛点，站在客户的角度，制订满足客户需求、给客户带来惊喜的服务举措。

（崔寒冰）

【推广平安好车主】5月，无锡产险创建互联网室，负责个车客户线上化迁徙工作，推广平安好车主。8月起正式考核迁移率，至12月底，个车签单客户数16.4万，其中已迁移客户数11万，迁移率67%。全年个车签单客户数34.7万，累计APP用户数19.7万，月活跃人数8.7万，月活跃率44%。

平安好车主不断创新变革，为广大车主提供车辆保险、车辆理赔、查违章、便民代办、维修保养和车主社区等在线服务，稳居当地汽车后市场服务第一。

无锡产险紧跟总公司步伐，开展形式丰富的线上活动，多渠道多角度宣传推广，不断提升平安好车主影响力，营造业界优质口碑。推动免费代办年审、划痕补漆等项目机构落地，筹备违章缴费、生日礼遇等服务上线，全力打造本地顶尖的一站式汽车后市场服务平台。

（邹　川）

【领导班子成员】

许　威　分公司副总经理（主持工作）

钱　烽　分公司副总经理

黄　亮　分公司副总经理

乔志佳　分公司副总经理

（张二磊）

【机构（部门）主要负责人】

王海峰　江阴中心支公司总经理【2016年8月起】

张双喜　宜兴中心支公司总经理【2016年9月起】

陈德海　个人中心车险部负责人

秦　华　团体中心团体业务管理部副经理（主持工作）

虞佳民　车意理赔部副经理（主持工作）【2016年6月起】

秦聪慧　客服运营管理部经理

许志新　财产险理赔部负责人

陈　彬　企划部经理兼财务部副经理（主持工作）

刘广平　人力资源部副经理（主持工作）

赵　奕　办公室副经理（主持工作）

（张二磊）

天安财产保险股份有限公司无锡中心支公司

【概况】天安财产保险股份有限公司是中国中国首家由企业出资组建的股份制商业保险公司和中国第四家财产保险公司，成立于1995年1月。总部设在上海浦东，注册资本177.6亿元人民币。主要经营责任保险、信用保险、水险、意外伤害保险、健康保险、金融服务保险、经营中国保险监督管理委员会核准的人民币、外币的各种财产保险、责任保险、信用保险、水险、意外伤害保险、健康保险、金融服务保险等业务，办理各种再保险、法定保险和资金运用保险等业务。天安财产保险股份有限公司无锡中心支公司（以下简称天安财险无锡中支）作为下辖的第一家三级机构。2016年该公司认真贯彻落实总公司、省公司精神，坚持“效益、管理、改革、创新”的经营方针，坚持“两聚一跨越”的目标，坚持“双轮驱动”的战略不动摇，以“四项关键性工作”为措施，真抓实干，整体推进、要点突破、精细经营、科学管控，实现保费收入加快发展、经营效益较好提升的工作目标。2016年获“无锡市保险行业放心消费创建单位”称号，员工刘钰在“江苏省保险业杰出人物”评选中获十佳“服务之星称号。

（高　峻）

【经营业绩】2016年，天安财险无锡中支共实现保费收入13220万元，同比增长12.35%，其中，车险9265万元，同比增长10.96%；非车险3956万元，同比增长15.77%。2016年综合赔付5640万元，同期5492万元，增长2.69%。2016年财务报表利润1362万元，同期990万元，增长37.58%。

（赵　坚）

【渠道建设】天安财险无锡中支坚持渠道创新改革。2016年加强网电销建设，积极做好创盈平台、第三方平台业务的推动及落地工作。适应信息化时代，网销客户为潜在客户群适应，公司积极指导业务员工做大做好创盈平台，同时认真做好第三方平台业务的落地配送工作，以服务赢得客户。

（赵　坚）

【内部管控】2016年，天安财险无锡中支顺利通过行业协会、上级公司多次各类专项检查和内部专项审计，并获得监管部门、同业公司和上级领导的充分肯定，公司连续多年均通过保险监管部门的稽核，未发生违规现象。在费用管控方面结合公司经营管理改革要求，以变动费用和销售费用为管控重点，合理配置资源，向销售、向大项目、向能出产能的团队和渠道倾斜。在人事管理方面，严格执行考核制度，完善福利制度。在财务管理方面，做好费用预算，严控各项非生产性费用支出。

（高　峻）

【党建工作】2016年，天安财险无锡中支党总支认真组织开展“两学一做”学习活动，将“两学一做”精神与公司各项经营管理工作紧密结合起来，统一党员意识，并影响和带动全体员工，帮助牢固确立合格党员意识。

（高　峻）

【文化建设】①开展销售竞赛。天安财险无锡中支积极组织有效销售活动，制订全年及阶段性竞赛活动方案，贯穿全年销售工作，在公司内营造“比、学、赶、超”的竞赛氛围。通过开展季度性竞赛活动，激励达成指标的机构，同时增加员工的季度奖励，提升一线员工的销售热情。②提升员工能力。在业务条线，公司对客服人员进行持续培训，提高她们的工作技能、知识层次和工作效率，进而全面提高公司形象；对于出单内勤人员，公司进行各险种知识培训、柜面礼仪培训、标电落地服务工作培训等；对理赔人员，总分公司多次组织技能培训并举办技能大比武，在竞赛中营造良好的学习氛围。在管理条线，2016年，组织员工参与分公司举办的知识讲解、实务操作、政策宣导等方面的培训会议，安排新引进的四级机构负责人参加10月份全省四级机构负责人培训会；邀请国内著名实战派营销培训大师曹恒山对全辖四级机构和中支部门的负责人进行培训，如半年度会议上的“教练式领导”领导力培训、开门红会议上的“总裁风暴”培训等。③搞好新入职员培训。销推部、综合部等部门联合整理出新入职人员培训流程及内容汇编，加大新入职人员的培训力度，提高基层队伍展业技能、合规建设水平。

（高　峻）

【险种创新】2016年，天安财险推出全新锦绣系列产品，首批上线9款产品包括：锦绣商旅系列（3款）、锦绣健康系列（2款）、锦绣家庭系列（3款）和锦绣未来系列（1款）。

根据中国保监会关于《建立城乡居民住宅地震巨灾保险制度实施方案》的要求，天安作为行业城乡居民住宅地震共同体成员之一，于2016年7月1日正式推出“城乡居民住宅地震巨灾保险”。

（赵　坚）

【保险业务活动】5月8日，天安财险分公司商车改革知识巡讲小组到达无锡中支进行培训宣导。

6月4日清晨，为庆祝天安财险无锡中支成立十九周年，在员工中宣扬“支持环境保护，品味低碳生活”的健康生活理念，天安财险无锡中支在渤公岛举办徒步活动。

6月6日，天安财险无锡中支顺利通过无锡市保险行业协会商车改革验收小组对无锡中支商车改革的验收。

7月30日，江苏省保监局副局长王宝敏一行4人到天安财险无锡中支物联网支公司进行调研指导。

7月7日晚，天安财险无锡中支参加了由无锡保险行业协会组织的“保险，让生活更美好”全国保险公众宣传日活动。

（高　峻）

【重大承保】无锡中支以投标总分第二名的优异表现成功中标“无锡地铁3号线”建筑工程一切险，2016年正式签单，工程总保额107亿，承保份额20%，保费800万元。

（赵　坚）

【公益活动】7月28日上午，天安财险无锡中支总经理徐芳和无锡地铁集团领导卢总一行，带着降暑物资来到无锡地铁三号线黄山路路段的施工现场进行高温慰问。

8月5日上午，天安财险无锡中支总经理徐芳一行5人，在无锡交警支队严政委等领导的陪同下，前往无锡交警支队，向在高温酷暑下依旧坚守岗位的干警同志表示慰问，并送上了遮阳伞、矿泉水、花露水等清凉物品。

（高　峻）

【教育培训】3月4日，天安财险无锡中支对四级机构负责人及业务骨干就诉讼财产保全责任险及食品安全责险进行产品宣导及培训

4月23日，天安财险无锡中支公司组织辖内全体员工进行有关营改增、商车改革和银保中介产品——重大疾病保险的学习培训

5月16日，天安财险无锡中支邀请常隆丰田、德隆汽车等数家兼业代理机构人员参加商车费改培训。

12月23日，天安财险无锡中支组织召开2017年销售培训大会。中支总经理室成员、各机构班子成员、中支各管理部门中层干部、中支全体销售员工80人参加培训。邀请国内著名实战派营销培训大师曹恒山为参会人员做销售培训，培训的内容包括团队建设、目标管理与激励等内容。

（高　峻）

【领导班子成员】

殷　超 总经理

吴高翔 副总经理

朱孔超 副总经理

徐　芳 党总支书记

（高　峻）

【机构（部门）主要负责人】

赵　坚　销售推动部经理

康晓亮　理赔服务部副经理（主持工作）

谢春裕　营业总部经理

白洪鑫　宜兴支公司经理

朱孔超（兼）江阴支公司经理

梁庆华　锡山支公司经理

卫　民　滨湖支公司经理

王从庆　开发区支公司临时负责人

吴高翔（兼）物联网支公司经理

李　楠　惠山支公司经理

周晓文　银保部临时负责人

（高　峻）

中华联合财产保险股份有限公司无锡中心支公司

【概况】简称中华财险无锡中支公司。2016年，该公司认真贯彻落实总省公司年度会议精神与专题工作要求，公司围绕年初确立制订的“向一线要规模”、“向管理要效益”的经营思路及全年工作计划，面对前所未有的困难、矛盾，始终做到精

神不跨，斗志不懈，并以良好的大局意识、责任意识，以更强烈的工作主性和创新意识，迎难而上，奋力拼搏，全年取得一定成绩。李敏入选第二届“中国百强保险营销员提名人物”，并获得总公司2016年度车商渠道“优秀专属团队长”荣誉称号。公司被评为无锡保险行业放心消费创建示范企业，获2016年度信息报道“优秀组织奖”。员工王强入选江苏保险中介“每周一星”，冯志强被评为江苏保险学会六届期间工作先进个人，同时被评为2016年度江苏保险学会优秀通讯员。

（冯志强）

【经营业绩】2016年，中华财险无锡中支累计实现保费收入2.77万元，其中机动车辆保险2.29万元、财产保险1546万元、意外保险与健康保险1932万元、工程保险210万元、船舶货物运输保险498万元、责任与信用保险600万元、农险12万元。全年保费占无锡市场份额3.22%。全年累计接报案4.16万件，已决赔案3.25万件（不含0结案），已决赔款1.93亿元。全年综合成本率98.28%。

（冯志强）

【渠道建设】中华财险无锡中支深入开拓车商渠道，与东方车城加大合作力度，落实目标考核；开拓多家高端品牌4S店，扩大渠道来源；发展“二网”车业务，弥补主渠道业务不足；发展政府保险业务，中标无锡地铁3号线标段、无锡市公务用车保险项目；对银保、经纪业务加大投入，全年银保、经纪业务实现较快增长。

（冯志强）

【内部管控】中华财险无锡中支以绩效考核为导向加强业务成本管理，从节约一张纸、一滴水、一度电入手，在全体员工中倡导厉行节约；加强理赔案件质量管理，与交警、法院加强协调，借助第三方机构加快赔案追偿；持续开展未决赔案清理和对赔案的反验，严厉打击假骗赔案，全年打击假骗赔案33件；制订实施理赔岗位考核制度，提高理赔工作质效；针对商业车险费改后车辆出险和赔案减少的新情况，及时研究制订工作方案，平稳分流员工，提高人均产能。

（冯志强）

【合规工作】中华财险无锡中支坚持“内控产生价值，合规保障生存”的理念，按照保监局与上级公司的要求强抓合规工作，使公司的合规管理再上一个新台阶。以公司意健险、费用跟单、营改增等新系统上线为契机，全面规范业务操作和管理；以江苏保监局“两开展一推动”活动为抓手，全年开展“学保险用保险”和“从严要求落实年”活动，结合业务和内控管理组织自我排查，严格日常经营，落实好监管要求，特别是以业务管理为重点开展“两两回头看”自查和督查；组织开展“偿二代”等风险管控方面知识的学习和宣传。通过上级公司组织的反洗钱和大病保险项目实施工作审计。

（冯志强）

【党建工作】中华财险无锡中支按照从严治党新要求，以不断增强党支部的凝聚力和战斗力、发挥党员先锋模范作用为目标，着力做好组织建设、党员教育与基础管理工作。根据系统党委要求开展标准化党支部建设，全年有5个支部通过验收，达标率62.5%；开展“两学一做”专题学习教育，学习形式有党委大课学习、党委书记上党课、各支部分组学习、开展四期学习讨论、党员撰写学习心得、组织参观江阴要塞等，进一步提升全体党员的党性修养和规矩意识；严格执行中央“八项”规定、“四风整治”回头看要求，开展党风廉政建设，并加强纪检队伍建设，完善廉洁风险排查制度，在全体党员中签订廉洁责任书，加强从源头预防，为公司健康稳定发展提供了有力的保障。

（冯志强）

【文化建设】中华财险无锡中支注重企业文化建设，为服务公司发展营造良好氛围。全年以公司成立30周年为契机开展多项员工文化活动，以及慰问伤病员工，援助困难员工是公司总经理多次以参与理赔会议的形式与理赔员等交流思想，对新老员工进行职业观教育等，弘扬中华保险的“家”文化。坚持办好一张板报、一份内刊，围绕中心工作坚持开展对内对外报道，宣传公司先进典型和正能量，树立公司良好品牌形象，全年在《中国保险报》《江苏保险》《无锡日报》发表稿件14篇，刊出板报15期，公司内部电子期刊出刊《无锡中华》9期。

（冯志强）

【保险业务活动】5月18日，中华财险无锡中支开展“接龙中华梦”司旗传递签名活动，共同祝贺中华财险成立30周年。

5月，中华财险无锡中支做好商业车险费改各项准备工作，6月5日，顺利通过商业车险费改验收检查。

7月7日，中华财险无锡中支在无锡茂业百货参加了由无锡市保险行业协会统一组织的“7·8”保险公众宣传日活动。

9月6日，中华财险无锡中支团委成为无锡金融团工委会员单位，金燕当选为无锡金融团工委委员。

9月29日，无锡市放心消费创建活动办公室副主任冯军一行在无锡保险行业协会有关领导的陪同下到中华财险无锡中支检查放心消费创建工作情况。

10月29日，根据总公司司庆30周年活动安排，中华财险无锡中支开展“感恩回馈，健康中华行”活动。

（冯志强）

【重大承保】1月，中华财险无锡中支以共保的形式成功续保江阴利港发电股份有限公司170.5万元的财产险业务。

2月，中华财险无锡中支与中国电信翼支付签订业务合作协议并实现签单。

2月，中华财险无锡中支以共保的形式续签无锡市城乡居民团体医疗保险项目合同。

6月，中华财险无锡中支申报开发的商业性苗木种植保险项目首笔业务成功签单，这也是中华财险无锡中支首个自主商业性农险项目。

（冯志强）

【重大赔付】无锡市顺建运输有限公司在中华财险无锡中支投保车辆交强险、商业险。2016年7月20日，该公司一辆货车在广东省韶关市翁源县106国道碰撞三轮摩托车，二者当场死亡。中华财险无锡中支及时赔付86.74万元。

无锡市新湖饮用水厂在中华财险投保车辆交强险、商业险，2016年6月10日该单位车辆在无锡市南泉镇碰撞骑电瓶车行人，三者一人死亡。中华财险无锡中支及时赔付90万元。

（冯志强）

【对外交流】5月2日，中华财险无锡中支赞助并参加由大东方百货、无锡地铁、无锡商报主办的“白领运动挑战赛”。7月2日，中华财险无锡中支参加由无锡物流业主办的无锡营运车辆信息技术服务对接大会并作主题发言。10月22日，中华财险无锡中支作为邮政的重要业务合作伙伴，参加无锡邮政举办的“‘华夏保险杯’光明书香节暨无锡邮政开办115周年客户日”活动。

（冯志强）

【公益活动】4月，中华财险无锡中支响应总省公司“关爱贫困儿童　中华与你同行”活动主题，开展以“一件衣服、一册书、每人10元钱”为内容的爱心捐赠公益活动，收到适合儿童和青少年阅读和使用的字典、文学读物、百科知识类书籍227册、各式衣服262件（套），捐款3600元。按照相关部署，捐赠钱物分别寄至有关单位。5月，中华财险无锡中支积极响应省分公司倡议，动员员工向系统内兄弟单位淮安中心支公司病危员工蒋永举奉献爱心，募得捐款17580元，体现了“一方有难，八方支援”的中华美德。

（冯志强）

【教育培训】2月20日，中华财险无锡中支对中支各经营单位的出单员开展“车险录单要点、车船税知识以及意健险录单实务”培训。

2月25日，中华财险无锡中支对客服人员开展“人伤小额快赔和认识骨骼”培训。

4月20日，中华财险无锡中支对全体财务人员开展“营改增”业务培训。

5月22日，中华财险无锡中支对业务出单人员开展“新意健险系统实务”培训。

9月19日，中华财险无锡中支对各职能部门、经营单位负责人员及客服人员开展“案件风险防控”培训。

10月13日，中华财险无锡中支对全体客服人员开展“人伤案件查勘规范性”培训。

（冯志强）

【领导班子成员】

徐　锋　党委书记/总经理
郭　虞　党委委员/副总经理
魏　力　党委委员/副总经理
王伟忠　党委委员/总经理助理

（冯志强）

【机构（部门）主要负责人】

陈　磊　综合管理部经理
桑希寅　财务会计部经理
华军良　理赔客服部副经理
陶　悦　业务管理部经理
朱　吉　电子商务部经理

（冯志强）

永安财产保险股份有限公司无锡中心支公司

【概况】简称永安产险无锡支公司。2016年，按照总公司“加快发展，在加快发展中进一步调整转型。”的经营思路，做好“业务发展+理赔服务”两手抓工作中，坚持发展传统优质业务绝不动摇，保持分公司的核心竞争力；创新发展练好“保险一指禅”，用好家用车险业务发展利器；严格理赔管控出效益，用心理赔服务树口碑；审时度势启动“强人”计划，适应和满足公司人员结构优化和精细化管理的要求。

（王　杨）

【经营业绩】2016年，实现保费收入5189.72万元、其中车险4590.56万元、财产险487.83万元、人身险111.33万元。综合赔付率52.17%，同比下降4.71个百分点；综合费用率34.04%，同比下降12.87个百分点；综合成本率86.21%，同比下降8.11个百分点。

（王　杨）

【渠道建设】截至12月31日，永安产险无锡中支合作代理点有8家，其中专业代理7家、经纪公司1家、个人代理营销员39人。

永安产险无锡中支确立以开拓渠道业务为主攻方向，扩大专业代理机构的代理业务，拓展宜兴营销部汽车城货车保险业务。年末，渠道业务已成为永安产险无锡中支的重要组成。

（王　杨）

【内部管控】①加大调整转型力度。全面推行自助理赔和“保险一指禅”，精简优化员工队伍，实行万元增量保费绩效工资含量的绩效考核办法，加大绩效考核力度，减少理赔层级，实行垂直扁平化理赔管理等。②加强合规管理和责任追究。各管理部门、四级机构、内设团队负责人签订由分公司统一制定的“经营责任状”，开展经营管理问责制，使合规管理、责任追究，明确业务再上台阶，确保制度有效落实。③提高业务质量。严格执行2016年承保政策，每季举行承保质量分析会，反映业务质量情况，及时调整结构，引导业务部门展业方向，降低经营风险。④提高服务品质。公司互联网保险创新步伐加快，年初开通“一指禅”，“天地通保”为客户提供强大的业务服务和用户管理能力，提升公司服务质量和品牌形象。承保管理工作实现统一化、规范化、标准化发展。按总分公司承保实务的要求，对承保管理工作作出细化，特别是对承保资料的管理，严格按规定执行，保持承保渠道的畅通。对非车险的终保保单实现每单跟踪、专人负责，实时提醒客户按时投保。通过市场数据分析，提高后续工作质量，方便各机构、团队及时了解、分析业务情况。规范理赔流程和监督检查，加强对各个环节的监督检查，以主动、迅速、合理、简捷、周到为服务要旨。⑤量化管理提高理赔质量。理赔服务中心就移动查勘远程定损，通过3G、4G技术实现事故现场查勘、事故损失核定或事故维修回勘等工作的前端操作与后台作业的实时连接和数据传输。提高公司理赔服务水平，寓管理于服务之中，减少理赔偏差，防范道德风险，提高定损效率。公司启动移动查勘远程定损项目，提升理赔服务效率。

（王　杨）

【党建工作】2016年，新发展党员1名，积极份子2名。年内，根据中央及公司党委要求，在党内切实开展“两学一做”活动，做到①党支部有方案、有计划；②党员个人有计划、有承诺、有学习笔记；③学习讨论是按四个专题进行，每个专题有书面心得体会；④支部书记带头讲党课；⑤党支部学习讨论有会议记录；⑥党员要亮身份戴党徽；⑦创建党员示范岗和示范团队，一名党员被授予“共产党员示范岗”。

（王　杨）

【重大赔付】5月14日16时08分，马某驾驶小型普通客车，沿宜兴市张渚善卷南环路由东向西行驶至万事达公司路口时，与由北向南通过路口谈某驾驶的轻便二轮摩托车发生相撞，造成谈某受伤，经医院抢救无效于当日死亡的交通事故。经交警认定当事人马某负事故的同等责任，共赔付490392.70元。

（王　杨）

【保险业务活动】7月8日，公司举行““@保险，一切更简单””为主题的保险进社区宣传活动。永安保险无锡中支宣传人员，身着统一T恤衫，利用“保险好”熊猫卡通形象推广保险文化，宣传普及保险知识，就市民普遍关心的投保和理赔程序作现场咨询解答。业管部员工通过介绍扫二维码，微信投保保险产品，微信理赔等新型时髦的方式，引起现场市民的浓厚兴趣。

（王　杨）

【教育培训】

3月28日，车险诉讼中保险人的主要风险和应对》专项视频培训。

6月18日，商业车险费率改革视频培训。

8月1日，劳动用工管理的常见漏洞专项培训。

（王　杨）

【领导班子成员】

陈　祺　总经理

（王　杨）

【机构（部门）主要负责人】

李　轩　综合部经理
胡晴佳　业管部经理
周振康　客服部经理
陈　强　宜兴营销服务部经理
胡晴佳　北塘营销服务部经理（兼）
李　轩　惠山支公司经理
仲　宵　新区支公司负责人

（王　杨）

中国大地财产保险股份有限公司无锡中心支公司

【概况】简称大地保险无锡支公司。2016年，该公司坚持“效率第一，科学发展”的理念，坚持以人为本，加强干部员工队伍建设，努力调动各级员工的积极性、主动性、创造性；推动体制机制改革创新，以创新驱动公司效益提高。公司全年实现保费达到10180万元，业务经营范围涵盖非寿险业务的各个领域，包括企业财产保险类、机动车辆保险类、工程险类、责任险类、费用险类、信用保险类、保证保险类、家庭财产保险类、货物运输保险类、船舶险类、农业保险类以及短期健康保险和意外伤害保险类等。公司秉承“诚信为先，稳健经营，价值至上，服务社会”的经营理念，始终坚持“立足大地，共享未来”的企业精神，贯彻“以客户为中心”的服务理念，以良好的信誉向社会和广大客户提供高品质的保险服务。公司被评为无锡市保险业放心消费先进单位。员工陈斌、杨芮被评为无锡市保险行业服务明星和展业明星。

（龚军峰）

【经营业绩】2016年，中国大地财产保险股份有限公司无锡中心支公司全年承保金额628.38亿元，保费收入1.02亿元，其中，车险保费规模8302万元，非车险保费规模1335万元，人身保费规模543万元。全年支出赔款4570万元。

（许亚萍）

【渠道建设】2016年，公司按照规划不断努力，在业务发展、渠道深化、服务创新方面取得好成绩。销售和非销售团队建设取得明显进步，通过加强理念和思想引导，加强技能培训，提高基础较好的新入职人员及管理人员的业务素质。公司加强互动渠道业务建设，与新华保险进行合作，做大互动渠道，相互促进，实现共赢发展。在车险渠道建设上，公司与无锡市场主流汽车经销商建立长期稳定的合作关系，增强在车险市场上的影响力。稳定发展非车险重客渠道、经纪代理渠道，公司加强与政府渠道合作，在政府重点工程项目上取得较好成绩，提升市场和品牌影响力。

（龚军峰）

【内部管控】加强合规管理工作，提高公司合规管理能力，有效应对合规风险。加强内部合规文化建设，强化合规管理培训，在全体员工中树立合规观念，正确认识合规管理的重要性，将合规理念渗透到工作的每个环节中，促使所有员工在开展经营管理工作时能够遵循法律、规则和标准，营造合规文化氛围，确保公司相关制度规定的有效执行。建立健全合规管理协作机制，优化合规管理流程，加强合规管理工作监督，落实责任追究制度，保障合规管理体系的有效运行，切实防范系统性合规风险。完善合规管理组织架构，建设高素质专业化的合规经营管理队伍，提升公司合规管理水平。推进“两个加强、两个遏制”回头看专项自查工作，不断开展合规培训和检查工作，提高合规经营意识和能力。

（龚军峰）

【党建工作】贯彻落实十八届三中、四中、五中全会精神，深入学习习近平总书记系列重要讲话精神，扎实推进巡视整改，全面落实从严治党总要求，提高党员干部思想政治意识和引领科学发展能力，为公司创新发展提供坚强的思想保证、政治保证和组织保证。6月12日，公司党委组织召开“两学一做”专题宣讲（视频）会，通过学和做，着力查找和解决当前存在的与新常态不相适应的问题，加强思想、组织、作风、纪律建设，充分发挥党员先锋模范作用，敢于担当、敢于作为，努力打造一支“素质高、能力强、作风实、群众认”的党员队伍。8月19日，公司参加江苏分公司举办的“两学一做”专题演讲比赛，推进“两学一做”活动深入开展，提高全体党员的党性意识，增强党性修养，保持党员的先进性、纯洁性。公司党员干部积极参与学习教育活动，以学习促工作，在公司形成创先争优、积极进取的良好氛围。

（龚军峰）

【文化建设】加强公司文化建设，着力培育以“专业、诚信、价值”为核心的企业文化。公司组织各项文体娱乐活动，丰富员工的业余生活，通过体育比赛、素质拓展等活动提高员工团结协作的意识和能力，增强员工的凝聚力与向心力，营造积极进取、开拓创新的工作氛围。公司通过系统完善的培训体系，提高员工的文化素质及业务能力，员工在学习交流中提高对企业文化的认同感，激发员工对公司的热爱之情。公司积极组织参加社会公益活动，履行社会责任，传承和发扬“一方有难、八方支援”的中华传统美德。公司不断完善管理制度，推进合规文化建设和诚信文化建设。

（龚军峰）

【保险业务活动】中国大地保险秉承“诚信为先，稳健经营，价值至上，服务社会”的经营理念，贯彻“以客户为中心”的服务理念，以良好的信誉向社会和广大客户提供高品质的保险服务。为进一步提升客户服务质量，保护保险消费者利益，中国大地保险向社会和广大客户郑重做出如下承诺：

一、严格遵守国家有关法律法规，执行经监管部门批准或备案的保险条款和费率，恪守最大诚信原则，依法合规经营，严禁销售误导、价格欺诈和惜赔、拖赔、无理拒赔等不诚信行为，让客户明白投保，放心理赔。

二、通过多渠道的投保服务，客户既可以通过业务员、营业厅、电话（4009－666－666）、网络（www.95590.cn）投保，也可以通过与公司合作的保险中介机构或保险代理人投保。

三、严格履行承保说明义务，在销售保险产品时，准确、详尽地向客户介绍条款内容，明确告知责任范围、责任免除、被保险人权利和义务以及理赔注意事项等；客户确认投保意向后，指导客户正确填写保险单证，并对客户提出的条款问题做出准确说明和解释。

四、充分尊重客户投保自主权和选择权，不强行推销保险产品，不强制或变相搭售客户主观意愿投保之外的保险产品。

五、对投保资料齐全、不需现场查验保险标的的业务，在核保完成、保费入账后20分钟内出具保险单。通过公司电话、网络销售渠道投保的，提供上门送单服务，在销售完成后48小时或与客户约定时间内配送。

六、严守客户信息保密制度，采取严密的安全措施保护客户信息，未经客户许可不向无关的第三方提供客户信息。

七、在网站、营业厅等公示投保指引、索赔指南和投诉渠道，方便客户了解服务流程；在保单、保险凭证上明示服务专线等联系方式，方便客户联系并获取保险服务。

八、“95590”服务专线提供365天×24小时报案、咨询、投诉、承保理赔信息查询和客户回访等服务，及时响应客户服务需求。

九、提供承保理赔信息客户自主查询服务，客户可以通过网络（www.95590.cn）、电话（95590）、营业厅等多种渠道，实时查询承保理赔信息，维护自身的合法权益。

十、实现全国范围内分支机构联网通赔，方便客户在异地出险时，就近接受理赔服务，不收取异地理赔费用。

十一、实行365天×24小时查勘服务，接到报案后10分钟内与客户联系，约定查勘时间，并在约定时间内进行查勘。需要现场查勘的车险案件，市区30分钟、郊区60分钟内到达现场。如因特殊情况延误，将提前联系客户说明情况。查勘完成后，向客户发放索赔告知书，对所需材料进行书面告知。

十二、实行365天×8小时定损服务，定损时本着客观、公正、合理的原则与客户充分协商。不强制指定修理厂或零配件供应商。如客户需要，可以推荐二级及以上、资质良好的修理厂。

十三、提供人伤关怀服务，对于人伤赔案，从出险到结案，全程参与，在应急处理、责任认定、住院探视、伤残鉴定等方面为客户提供专业建议和咨询服务，协助客户处理损害赔偿事宜。

十四、实行车险小额赔案快速处理，对保险责任明确的3000元（含）以下车险小额非人伤赔案，现场出具定损单，现场收集索赔材料，及时结案赔付。上门递交索赔材料的，30分钟内结案赔付。

十五、提供车险免上门交单服务，对于符合条件的10000元（含）以下车险非人伤赔案，在查勘定损时现场收集索赔材料；客户现场不能提供的，可以通过网络、邮寄等方式提交索赔材料，公司还可以为客户安排上门收单服务。

十六、实行限时赔付服务，对保险责任明确、索赔材料齐全的赔案，与客户达成赔偿协议后，及时结案赔付，如因特殊情况延误，将提前联系客户说明情况。

表一

案件类型	结案赔付时效
10000元（含）以下车险案件 3000元（含）以下人身险案件	1个工作日内结案并通知付款
10000元~100000元（含）车险案件 30000元（含）以下人身险案件	3个工作日内结案并通知付款
100000元以上车险案件 30000元以上 人身险案件	5个工作日内结案并通知付款
非车险案件	10个工作日内结案并通知付款

十七、提供防灾防损服务，根据客户需要，公司为客户安排防灾防损查勘服务，发布风险提示信息，开展安全管理培训，协助采取安全预防措施，有效降低风险。

十八、向大地之友客户俱乐部会员提供365天×24小时非事故道路救援服务，救援内容包括接电、紧急送油、紧急加水、更换轮胎、现场抢修、拖车牵引和吊装。

十九、开展客户回访服务，在保单起保后，赔案报案后和结案后，按照一定比例对客户进行回访（电话投保的在保单起保后100%回访），监督服务质量，保证服务水平。

二十、通过电话、网络、电子邮件、信函、营业厅等多种渠道受理咨询投诉。对于业务咨询，由受理人员现场当即处理，确实无法处理的转相关部门经办人员处理，实施“一站式”服务。对于投诉，接到投诉后30分钟内与客户取得联系，一般投诉3个工作日内、重大投诉5个工作日内处理完毕并予答复，如因特殊情况延误，将提前联系客户说明情况。

服务监督电话：95590

服务监督网站：www.95590.cn

服务监督邮箱：kefu@ccic-net.com.cn

（龚军峰）

【社会责任】5月，公司开展“5·20客户服务节”，以“感恩有你，与爱同行”为主题，开展“锦囊妙计”客户评选、“为爱加油”客户回馈、“爱心大使”明星评选、“爱进社区”宣传服务、“爱的护航”产品促销、5.20发布会暨“爱心大使”表彰会等主题活动通过一系列的评比、促销、公益服务等活动促进公司与客户的互动，以实际行动回馈客户。10月，公司组织开展反洗钱宣传活动，并对员工进行反洗钱工作相关培训。11月，大地保险无锡中心支公司响应无锡市慈善总会号召，开展“慈善捐款献爱心”活动，合计捐款金额5000元。

（龚军峰）

【教育培训】为提高员工综合素质以及工作能力，适应不断变化的行业市场环境，公司组织开展多项业务培训，包括财务培训、车险及财意险条线培训、互动、邮政渠道培训、大综管条线培训、查勘定损培训、电商渠道服务培训、综合柜员培训、非车险业务培训、续保业务培训等，提高员工的工作能力和工作效率。8月，公司组织开展新入职员工培训，旨在使新入司员工能够充分了解公司文化、产品和服务，快速融入和适应新的工作环境，培训内容包括公司企业文化、公司内控制度、保险业务基础知识、公文处理以及《中华人民共和国保险法》等法律法规，还安排学员进行拓展训练、团队活动等，增强了培训的趣味性，提高了团队凝聚力。年内，公司通过集团公司系统网络学院，以自学为主、考核为辅，对员工进行系统化培训。全年员工必修课程及选修课程完成良好，受到省分公司表扬和奖励。

（龚军峰）

【领导班子成员】

林　峻　副总经理（主持工作）
李　军　副总经理
郑　义　总经理助理

（龚军峰）

【机构（部门）主要负责人】

赵爱莲　党支部书记
柳景花　综合管理部经理
孙雨吉　企划财务部经理
许亚萍　车险部经理
管　勇　理赔部经理
汤晓晴　财意险部经理
杨海军　江阴支公司经理
芮伟鸣　宜兴支公司经理
蒋亚杰　新区营销服务部经理
柳建峰　北塘支公司经理
冯士俊　车商渠道部总监
杨　芮　重客部经理
刘冬梅　电商部经理
汤月萍　营业二部经理
吴国平　营业三部经理

（龚军峰）

华安财产保险股份有限公司
无锡中心支公司

【概况】简称华安保险无锡中支。华安保险无锡中支2004年成立后，贯彻精细化管理，创业求生存的工作方针，以可持续发展的管理体系不断深化管理。2016年，无锡中支实现全年保费收入7380万元，上缴税收885.5万元。

（周建廷）

【经营业绩】2016年度，华安财险无锡中支实现保费收入7380万元，满期赔付率56.09%，历年制赔付率55.08%，综合成本率95.61%，实现利润320万元。

（王　妍）

【渠道建设】2016年新成立北塘营销服务部，新增业务人员2名。

（汗亚军）

【内部管控】华安保险无锡中支强化内部管控，从财务、出单、销售人员管理、员工考勤休假管理、反洗钱、合规条例等方面，以反洗钱内控制度，经过不断地改善优化，截至年底，对各部门人员尤其是新入职人员进行培训，要求严格遵守。其中，仅对反洗钱内控制度，至年底已制定、修订内部管控规定16条，年内未发生任何外部违规违纪事件。公司的财务管理、理赔管理、承保管理三条线齐头并进，基础内控不断得到完善，得到同业及上级公司认可。

华安财险无锡中支认真执行各项政策法规和业务流程，公司在抓市场发展、业务开拓的同时，也积极做好员工队伍建设、管理、培训工作，从政治思想素质及业务技能多方面入手，努力提高每个员工专业化水平，公司在发展中不断充实、提高员工队伍的整体素质、业务水平和风险管控意识，为公司可持续健康发展打下坚实的基础。

（周建廷）

【文化建设】始于责任、成于专业、勇于奋进。面对保险业大发展的机遇和挑战，华安保险以为国家、为社会提供保险保障为已任，以科学发展观为统领，以战略目标规划为指针，坚持发展为第一要务，坚持结构调整下的协调发展，坚持风险可控下的业务规模扩张，在管理平台、网络布局、业务结构、产品创新、资产管理、盈利水平和保费规模上争取更显著进展，始终将国家利益、社会利益置于首位，实现客户利益、员工利益和企业利益的全面丰收，立志成为一家“受人尊敬的保险企业”，为民族保险业的振兴而努力！

8月24日，营销系列人员“空中直播间”第一期顺利开播，“空中直播间”是公司在推出华安企业号“微学习”和“企大”APP移动学习平台后又一有效培训平台，加强了一线业务人员在线交流与沟通，增强产品、业务及与营销相关信息传递的及时性、有效性和准确性。2016年11月，《华安保险》连续第十九年荣获“深圳市十佳企业刊”的称号。

2016年度无锡中支全体员工薪酬水平平均上调15%，部分优秀员工调薪幅度更高，通过公开选拔，优秀员工得到提拔。在“华安保险与您共成长”文化的指引下，中支公司开展各项丰富多彩的活动，为员工庆生、组织员工激励活动，员工关系融洽，全体员工真实感受到华安财险独有的特色文化。

（周建廷）

【领导班子成员】

史　辉　总经理

（周建廷）

【机构（部门）主要负责人】

王　妍　计划财务部经理

汪亚军　业务管理部经理

吴同福　客户服务部经理

周建廷　综合管理部经理

计　宏　江阴支公司总经理

张　元　宜兴支公司总经理

（周建廷）

安邦财产保险股份有限公司无锡中心支公司

【概况】简称安邦财险无锡中支。2016年，该公司秉承客户增值、员工增值、股东增值，以德行定取舍、以能力定职位、以贡献定薪酬，阳光做事、快乐做人，凭借雄厚的实力、贴心的服务、高素质的人才为无锡市民提供完善的保障和服务。年内，员工赵勇被无锡市保险行业协会表彰为2016年度先进人物。

（秦镱豪）

【经营业绩】 2016年，安邦财险无锡中支加强风险管理，加大业务结构调整和产品品质经营的力度，注重效益、规模的均衡发展，稳步提升服务水平。2016年度全年保费收入1564万元，赔款支出1358万元，赔付率86%。

（秦镱豪）

【内部管控】 2016年，安邦财险无锡中支合规工作从明确合规职责、制度管理提升、优化完善反洗钱体系、深入开展合规文化建设、制度检视及合规经营自查等层面开展。在集团及总公司引导下，积极宣导内控合规和高效廉政理念，打造专业、廉洁的管理和工作队伍；同时在反洗钱工作方面，积极配合人民银行及保监局，按时准确的上报反洗钱报表及其他各项信息及数据。将反洗钱及合规内控项目性工作融入到公司日常的工作之中，将内控管理变成公司日常工作。通过自查自检等方式，发现问题，解决问题，确保合规工作健康有序开展。

（秦镱豪）

【文化建设】 2016年，安邦财险无锡中支积极响应总公司号召，在无锡地区围绕"一个客户、综合服务"的经营理念，提供微信自助查勘、简单快赔、人伤案件安心理赔、上门代收索赔资料、非事故道路救援等特色服务，通过多种渠道、采取多种方式，为无锡市民送服务。

（秦镱豪）

【保险业务活动】 1月，进一步规范销售乘客意外险的风险。2月，关爱农村留守儿童与保险创新。5月，支持钢铁煤炭行业化解过剩产能实现脱困发展的意见。6月，提交无锡市商业车险改革验收工作方案。7月，无锡市交通事故快处快赔工作研讨会议。8月，无锡机构经营审计。11月，成立无锡市保险业助推脱贫致富奔小康工作领导小组。

（秦镱豪）

【领导班子成员】

赵　勇　公司副总经理（主持工作）
李　澄　公司总经理助理

（秦镱豪）

【机构（部门）主要负责人】

张　钰　江阴支公司机构负责人
丁克江　宜兴支公司机构负责人
徐长君　无锡锡山营销服务部机构负责人
张　健　无锡滨湖营销服务部机构负责人
吴尤斌　无锡新区营销服务部机构负责人
熊洪朝　宜兴宜城营销服务部机构负责人

（秦镱豪）

阳光财产保险股份有限公司无锡中心支公司

【概况】简称阳光产险无锡支公司。江阴、宜兴、太湖支公司、锡山营销服务部等机构4家。2016年，公司以“责任和进步”的阳光文化和“一身四翼”发展战略为指引，坚持依法合规和稳健经营的目标不动摇，全力强化成本管控，全面转变发展观念，努力提升利润贡献能力，加快价值发展进程。以“落模式、推升级”为主线，不断提高个客发展能力，以“基础平台，项目拓展”双拳出击团客市场，不断提升非车项目管理能力，实现商车费改、营改增平稳过渡，公司整体发展趋势良好，经营成本可控。阳光产险无锡支公司被评为“2015~2016年度诚信单位；客户服务中心获阳光保险集团第二届“出彩阳光人”服务技能大赛“阳光保险服务示范窗口”；理赔服务部分别于一季度和三季度获得阳光产险总公司颁发的“最强理赔团队”荣誉称号。员工戈志才获保险行业“展业明星”荣誉称号，韩炯被无锡市保险学会评为“宜兴市保险业十佳服务明星”，被阳光保险集团评为第二届“出彩阳光人”服务技能大赛“服务标兵”、“阳光保险客户服务之星”。

（杨红娟）

【经营业绩】2016年，阳光产险无锡中支全辖实现保费收入13169.9万元，其中车险8476.77万、财产险2694.9万元、意健险572.83万元。非车险占比27.82%，整体险种结构合理，非车险为无锡保险市场排名为第六位。全年综合赔付率为51.64%，经营成本率93.32%，经营状况良好，公司连续8年实现盈利。

（杨红娟）

【机构建设】2016年，阳光产险无锡中支下辖四级机构保费5867.84万元，增速7.76%，保费占中支整体的49.96%，占比较同期增长8.62%。四级机构中，太湖支公司、锡山营销服务部年同比增速均超15%，宜兴支公司非网电渠道保费正增长3.84%，江阴支公司非网电保费1480.63万元，占比67%。

（杨红娟）

【渠道建设】2016年，阳光产险无锡中支以渠道建设为抓手，以“基础平台，项目拓展”双拳出击团客市场来实现公司的健康持续发展。①基础平台。综拓渠道通过完善培训制度，强抓活动量管理，实现保费收入854.67万元，计划达成率106.83%，增速127.40%。车商渠道实行“稳老拓新”策略，重点推动四级机构车商渠道建设，引人和拓店“齐步走”，管理上重点落实“用送修换保费”。网电渠道采取积极应对措施，消除商车费改所带来的的不利影响，全力扭转负增长的发展颓势。②项目拓展。无锡中支借助非车立项系统，实行非车项目管理，从管理、推动、落实方面设立责任人，通过触点管理，猎取非车信息，实时跟踪，促成项目成功。成立招投标项目小组，明确分工，各司其职，密切关注各项招投标信息，因地制宜制定各项应对策略，提高中标率。2016年全年共立项非车项目32个，成功新保18个，成功率为58%；全辖共计参与投标12个，中标7个项目，合计360万保费。

（杨红娟）

【内部管控】2016年，无锡中支在风险管控方面取得了一定的成效，严格按照保监会、行业协会以及总分公司的各项要求落实相关工作，有效管控经营风险未发生一起群体性事件，全年亿元监管投诉率为0。3月—12月，阳光产险无锡中支在全辖范围内开展“从严要求落实年”活动，防范化解风险，保护消费者合法权益，提高公司的经营能力。

4月22日，组织全辖理赔查勘人员走进无锡市第一看守所，树立职业敬畏感，营造理赔等关键岗位的廉洁自律的工作氛围。同时加强对理赔人员的日常管理，对理赔人员进行跟踪考核，一旦发现有信用问题，立即进行“取消年度考核评优资格”“停止下岗”等处罚。5月18日至6月8日，阳光产险无锡中支在市区及所辖四级机构开展防范和打击非法集资宣传月活动，并对宣传活动进行及时总结形成报告上报分公司。8月—9月，阳光产险无锡中支在全辖范围内开展“两个加强、两个遏制”回头看工作，成立了领导与执行小组，结合无锡中支实际情况，印发“两两”回头看工作实施方案和督导工作方案，做好任务分解、责任落实。督导小组深入江阴、宜兴、太湖、锡山等四家四级机构进行督导检查。

（杨红娟）

【党建工作】2016年，阳光产险江苏分公司党委对无锡党支部书记与委员进行了换届任命。在新任党支部书记沈晓明的领导下，阳光产险无锡阳光十分重视党建工作：①加强组织建设。年内，阳光产险无锡中支党支部进行换届选举，沈晓明任支部书记。公司全面建立健全党建工作组织机构，明确党建工作责任，形成上下联动、行动一致的良好的党建工作机制，有效地促进了党建工作规范化建设，为开展好党建工作奠定了组织基础。②坚持民主集中制原则。班子成员间既分工明确又团结协作，重大事情集体讨论决定，小事及时沟通，工作中做到了互相理解、互相支持、互相尊重、互相补台，充分发挥整体作用，党委和支部两级班子的凝聚力和向心力进一步增强，真正起到了领导核心作用，推动公司业务的开展。③加强中心组理论学习。坚持每月至少一次理论学习制度，着重以科学发展观、党风党纪和时事为主要学习内容，坚持用正确的理论武装头脑，指导经营工作有效开展。④注重对党员的培养使用。实际工作中，加强了对党员的跟踪培养、培训和考察，对优秀的党员在任职、交流等调整中率先考虑。⑤积极培养党外员工向党组织靠拢。在日常经营工作中，加强对普通的党外员工的培养力度，定期组织学习交流活动，向其传递党组织精神，鼓励他们积极递交入党申请书，主动向党组织靠拢。

（杨红娟）

【文体活动】2月，阳光产险无锡中支组织

28名志愿者参加无锡市太湖新城建设指挥部办公室和太湖新城发展集团有限公司主办的“起步新城、奔向未来”的“瑞景杯”新春长跑活动，无锡中支员工刘亚菊取得女子组二等奖的佳绩。4月，阳光产险无锡中支组织员工前往无锡大剧院观看原创话剧《生命密码》，其感受保险人的真善美，传递人间大爱、大爱无疆的社会正能量。5月，阳光产险无锡中支组织员工参加产险总公司举办的“亲子瞬间”摄影比赛，员工胡慧入围奖项并获得奖励。9月，阳光产险无锡中支组织员工参加集团举办的乒乓球暨网球交流赛，江阴支公司经理黄列获得了男子单打第三名的佳绩。

（杨红娟）

【保险业务活动】1月6日至7日，阳光产险无锡中支召开2016年度工作会议。江苏分公司副总经理徐竹逸、总经理助理任新平与参会人员举行座谈。

4月11日，阳光产险无锡中支召开产寿险联席会议，省公司综拓负责人、产寿险总经理室成员、四级机构负责人、寿险本部经理、组训与产险综拓专员参加该次会议。

4月12日，阳光产险无锡中支组织召开一季度经营分析会。总经理室、各职能部门、销售团队负责人及四级机构主要负责人参加会议。

5月1日，阳光产险无锡中支开具江苏阳光系统内第一张增值税发票。

5月11日，阳光产险无锡中支组织召开4月份经营分析会。

5月26日，分公司商车费改验收小组赴无锡中支对商业车险改革准备工作进行验收。分公司相关领导充分肯定了无锡中支商车费改所作出的各项努力。

6月7日下午，无锡行业协会商车费收验收小组莅临阳光产险无锡中支指导工作，并组织必测与抽测人员进行现场网络考试，随后对客服与理赔等条线相关人员进行系统操作检验。无锡中支最终顺利通过费改验收。

7月19日，阳光产险无锡中支召开2016年度年中工作会议。

7月28日，阳光产险无锡中心支公司全体员工齐聚一堂，举行特别晨会，以简洁而热烈的形式纪念阳光保险成立十一周年。

9月5日，阳光产险江苏分公司“两个加强、两个遏制”回头看督导小组一行五人赴无锡中支督导检查工作，并组织召开座谈会议。

（杨红娟）

【公益活动】7月7日晚，阳光产险无锡中支组织客服、理赔、人事行政部相关工作人员前往湖滨商业街第七届啤酒节现场开展“@保险，一切更简单”为主题的保险知识宣传活动。

10月，无锡中支邀请中医学院医生到公司开展免费义诊活动，增强公司员工对健康的关注。

（杨红娟）

【重大承保】2月，阳光产险无锡中支先后续保江阴医责险与上海通用汽车财产险两个项目，总规模保费310万元。其中上海通用保险项目承保100万元，保费较上年同期增长近70%。

3月，阳光产险无锡中支成功中标2016年度无锡市国联发展（集团）有限公司及其下属企业一揽子财险项目Ⅳ纺织板块标段。

3月，阳光产险无锡中支成功开拓中国邮政速递物流股份有限公司无锡市分公司车险团单项目，首批承保60余辆汽车。

4月，阳光产险无锡中支成功中标2016年度无锡商业大厦大东方股份有限公司及其子公司保险服务集中采购项目财产险板块标段。

5月，阳光产险宜兴支公司成功中标江苏国信协联燃气热电有限公司财产保险项目。

7月，阳光产险无锡中支成功中标中设国联光伏电站固定资产保险项目。

9月，阳光产险无锡中支成功中标无锡西区燃机热电联产项目。

11月，阳光产险无锡中支以总分第一的成绩成功中标无锡市公务用车定点保险项目。

12月，阳光产险无锡中支成功中标危化安全生产责任保险项目。

（杨红娟）

【对外交流】1月8日，无锡市金融办副主任鲁振平、市行业协会秘书长尤玲娜、市企业金融服务中心主任谈旭梅等一行4人赴阳光财产保险股份有限公司调研座谈钢贸信用保证保险项目落地情况。无锡中支总经理沈晓明、江阴支公司负责人黄列出席会议。

1月21日，无锡市崇安区人大代表一行20人赴阳光产险无锡中心支公司调研并进行座谈。

（杨红娟）

【教育培训】3月4日下午，阳光产险无锡中支2016年首期综拓培训班在公司大会议室举办，中支全辖综拓专员参会。

4月7日，阳光产险无锡中支举办了商业车险费改的相关知识的系列再培训，全辖全体人员参加了此次培训。

5月12日，阳光产险无锡中支举办新人培训班，培训课程涵盖阳光文化、阳光礼仪、阳光优势、车险基础知识、非车险基础知识课程。

6月3日下午，阳光产险无锡中支举办了“老板安心”系列产品培训，全辖销售人员参训。

（杨红娟）

【特色服务】9月，阳光产险无锡中支特邀精神卫生中心主任医师、心理学博士王国平前往客户单位英飞凌讲授心理咨询课。

（杨红娟）

【领导班子成员】

沈晓明　党支部书记
刘莺莺　党支部委员
张献忠　总经理助理

（杨红娟）

【机构（部门）主要负责人】

黄云华　企划财务部经理
周桃华　客户服务中心经理
贾文杰　人事行政部负责人
杨　扬　理赔服务部负责人
晏　欢　团体客户部负责人
张　稳　个人客户部负责人
黄　列　党委委员/江阴支公司经理
刘　征　宜兴支公司经理
戈志才　太湖支公司经理
吴维成　锡山营销服务部经理

（杨红娟）

华泰财产保险有限公司无锡中心支公司

【概况】简称华泰产险无锡支公司。2016年，该公司坚持走依法合规经营和稳健发展的道路，坚持走质量效益型道路，基础管理和竞争实力得到全面提升，全年实现保费收入4139.01元。公司及时、准确、合理的赔偿，受到了客户好评，为无锡地区的经济发展起到了保驾护航的作用，真正体现了华泰的品牌："专业品质、恒久保障"。

（边文斌）

【经营业绩】2016年是华泰财险无锡中心支公司"调整结构，增效益，奋力开拓，加速发展"的一年，公司实现保费收入4139.01万元，其中车险2501.23万元、非车险1637.78万元。公司全体员工在总经理室的正确领导下，团结一致，众致成诚，奋力拼搏，业务规模和经营管理均实现良性发展。

（边文斌）

【渠道建设】①深入发展EA渠道。至2016年底华泰产险无锡中支共开设EA门店22家，完成签单保费2501.23万元，满期赔付率50.95%，月店均保费9.47万元。组织EA门店进行社区活动，提高门店与机构的融合度，吸引更多的门店参与到社区活动中，将个险及赠险通过此类活动的形式推向社区，让"华泰保险"的品牌真正走进社区，成为社区居民的好邻居、好帮手。②拓展传统渠道。至2016年12月31日，与华泰财险无锡中支合作的有专业代理4家，兼业代理2家，代理业务总保费1443.79万元。③制定渠道管理办法。2016年公司制定《2016版EA渠道管理办法》《EA序列人员活动量管理办法》《EA序列人员管理实施细则》，推动渠道的专业化经营，搭建以渠道为导向的新型营销组织管理体系架构。

（边文斌）

【内部管控】2016年，华泰财险无锡中支坚持合规经营，认真履行各项监管政策，不断完善内控制度，顺利通过了行业协会、上级公司多次各类专项检查和内部审计，并获得了监管部门、上级领导充分肯定。同时连续多年未受到保险监管部门等相关机构的处罚。

（边文斌）

【险种创新】华泰产险无锡中支以创新促发展，通过管理创新和产品创新推动保险业务健康发展。年内，配合公司大力发展专属代理人（EA）的经营模式，公司产品策划部门针对EA渠道的特性开发了安享吃、安享购、安享住、怡家"宝贝"少儿意外健康保险，并实现了门店推广，得到市场的认可。同时公司与再保险公司建立长期稳定的合作，具备一流的承保能力，在责任险的领域得到产品创新，成功承保部分行业的职业责任保险及出口产品责任保险，在风险保障的多层次、险种配置的多组合方面，全力为客户提供完整的风险管理解决方案。

（边文斌）

【**重大赔付**】标的车苏BV741五菱厢式货车，于2016年4月17日在锡澄路与一摩托车碰撞，摩托车驾驶员经抢救无效死亡，驾驶员为主责，公司在交强险与商业险内承担约52万。

标的车苏BQ029F宝来轿车，于2016年5月20日在342省道与一摩托车相撞，驾驶员为同责，公司在商业险内赔付16.2万元。

（边文斌）

【**领导班子成员**】

边文斌　总经理

（边文斌）

【**机构部门主要负责人**】

杨志军　商险业务部经理
毛嬿娇　行政人事部主管
刘　丹　EA管理部主管
修　丽　宜兴支公司负责人

（边文斌）

太平财产保险有限公司无锡中心支公司

【**概况**】简称太平产险无锡支公司。2016年，该公司精准施策、主动作为，积极应对市场变化，深入践行精品战略，有力推动特色经营，实现“十三五”良好开局。10月，太平产险无锡支公司被评为“2015年度保险业市级放心消费创建先进单位”称号。11月，太平产险无锡支公司承保部员工朱硕参加江苏金融工会举办2016年江苏金融系统银行证券保险综合业务技能竞赛，获车险个人成绩第二名。太平财险宜兴支公司周萍被宜兴市平安金融创建活动领导小组评为2016年度创建“平安金融”活动先进个人。

（顾勰骅）

【**经营业绩**】2016年集团和总公司全面推进精品战略和深化改革，面对转型带来的阵痛，无锡中支全体上下砥砺前行、同舟共济、顽强拼搏、奋勇开拓，各项经营工作取得一定成绩。2016年，无锡中支完成保费1.83亿元，同比增长12.67%，行业排名第六，跑赢大市6个百分点。

（顾勰骅）

【**渠道建设**】①综合金融成果显著。与太平人寿联合开展“产销寿”工作，开辟销售寿险产品通道，借力太寿专业培训体系和推动体系，进行销售资源整合和客户资源共享，实现对客户全方位的保险产品供应。推进产寿系统融合，实现代理人车险、意外险移动投保。产品化运作体系显成效，财险专属创新成品成为太寿代理人开拓的重要工具，其中少儿“淘气保”、航意险“爱飞翔”助力寿险获客。②互联网创新取得进步。寻求第三方平台发展，突破技术瓶颈，在团体意外险、雇主责任险业务上取得快速发展；与蚂蚁金服合作推出父母防电信诈骗险、银行卡账户险等。服务创新，官微服务号上线车险理赔自助查勘、积分商城和汽车道路救援等项目。③渠道深化卓有成效。团队渠道实现清分转型，并不断增员引队。车商渠道专业化发展，落实车商渠道垂直管理；资源配置精准到店，加强续保管理。加大考核力度，确保送修工作落实到位；强力推进车商渠道下沉，完善机构车商体系建设。县域机构向各乡镇延伸，完善营业区的建设。④综合开拓、中石化成为业务增长点。围绕太平人寿代理人队伍，提升老人活动率、新人开单率，持续增加代理人产能。大力发展中石化加油站项目，完善中石化项目组职能，增配管理人力。优化加油站平台服务流程，加强驻点人员产品培训。

（顾飔骅）

【内部管控】8月，开展“加强内部管控、加强外部监管、遏制违规经营、遏制违法犯罪”专项检查“回头看”活动，确保全面整改落实专项检查中发现的问题，巩固深化整改成果，提升依法合规经营意识，切实防范和化解经营风险。

无锡中支每年接受集团稽核中心的常规稽核，主要防范公司运营过程中所存在的风险，针对稽核中出现的问题，及时进行整改，确保无锡中支业务发展的合规性。2016年无锡中支被稽核中心评为B+级机构。

（顾飔骅）

【党建工作】5月，推动“两学一做”工作开展，起到扎实有效，真正落到实处。无锡中支党支部召开“两学一做”学习教育工作座谈会，主要对无锡中支党支部前一段时间“两学一做”工作进行小结，并对下阶段工作进行安排部署。

8月，为将“两学一做”活动推向深入，无锡中支党支部开展“两学一做”学习活动，全体党员参加了该学习活动。

12月，根据总分公司统一部署，无锡中支召开“两学一做”民主生活会，通过深刻学习，要求班子成员、党员干部要走在行动的前面，将“两学一做”活动落在实处。

（顾飔骅）

【文化建设】4月，为贯彻落实 “学保险、用保险，落实以客户为中心服务年”活动方案，提高无锡中支员工整体服务意识，无锡中支组织部分员工在无锡人民大会堂观看原创话剧《生命密码》。

5月，为贯彻落实江苏保监局组织关于“学保险、用保险　落实以客户为中心服务年”活动的要求，提升销售人员的诚信意识，规范销售行为，无锡中支组织了一次以“拒绝销售误导　诚信从我做起”为主题的宣誓活动。

7月，在无锡保险行业协会的统一安排下，无锡中支参加2016年“@保险，一切更简单　7.8全国保险公众宣传日”活动，为消费者提供现场咨询服务以及答疑解难，积极传播正能量，提升广大消费者对太平财险的认知度。

（顾飔骅）

【险种创新】1月，无锡中支成功签出江苏地区首单诉讼财产保全责任保险。根据协议，原告申请人提请冻结的被告方资产，如在冻结过程中，因财产保全不当造成被告方损失的，将由保险公司负责赔偿。

为了满足广大客户尽孝心的市场需求，太平财险与蚂蚁金服联手推出“父母防电信诈骗险”，为遭遇电信诈骗造成账户资金损失的中老年人提供赔付保障。

（顾勰骅）

【公益活动】6月，无锡中支本部全体员工为阜宁灾区开展募捐活动。活动现场，总经理室带头慷慨解囊，全体员工积极参与，踊跃捐款，共募捐近2000元，并通过省红十字会把该款项转交至阜宁灾区重建相关部门。

（顾勰骅）

【教育培训】5月，为积极迎接商业车险市场化改革，确保车险新条款费率的顺利推行，做好商车费改的验收工作，无锡中支举行商业费改现场培训会议，本次培训内容主要以为商车费改新老条款的比较、车险承保实务及录单培训。

（顾勰骅）

【其他】1月，江苏省金融工会委托无锡银监局党委委员、纪委书记刘占科、人事处处长钱天峰一行赴无锡中支慰问困难职工。无锡中支两名困难职工接受了慰问。

6月，无锡中支商业车险费率改革工作成功通过无锡保险行业协会现场验收。

（顾勰骅）

【领导班子成员】

周振冬　总经理
丁　玲　副总经理
林　涛　渠道总监

（顾勰骅）

【机构（部门）主要负责人】

顾勰骅　办公室
刘凤琴　人事部
孙月琴　财务部
朱　硕　车险承保部
王　斌　非车承保部
李　超　理赔部
朱　硕　（兼）销售管理部
沈朝阳　锡山支公司
丁　玲　（兼）北塘支公司
朱　硕　（兼）惠山支公司
蒋文华　宜兴支公司
蒋文华　（兼）宜兴经济开发区营销服务部
周新运　江阴中心支公司
杜　康　江阴临港新城支公司

（顾勰骅）

都邦财产保险股份有限公司
无锡中心支公司

【概况】简称都邦产险无锡支公司。2016年，该公司加强规范管理，加强机构队伍建设，企业文化基本形成特色，公司形象显著提升。认真学习总公司“公司利益高于一切”的经营理念，重质量效益、创都邦特色；切实贯彻分公司提出的“明确目标，科学运作，精益求精”的总体要求，在业务发展和品质管控等方面都取得了长足的进步和较快的发展。

（严星一）

【**经营业绩**】2016年，中支累计实现保费收入4876万元，综合赔付率79.57%。其中，车险3935万元，财产险850万元，意健险91万元，同比下降15%。综合成本率124.71%。

（严星一）

【**渠道建设**】2016年，都邦产险无锡支公司在巩固与接送车公司、运管、车辆经销商等合作关系的基础上，与华安、紫金、信达组成共保体承保万舜保险代理的雇主责任险、团意险，2016年保费472万元，公司占25%份额，保费收入118万元。在开拓新险种，开出全国第一单的诉讼保全责任保险，年内承保16笔，保费10.77万元，还承保了餐厅经营者责任险等新险种业务。在维护原有渠道业务的基础上，中支继续扩大营业货车中效益性板块业务，特别是危险品运输车辆业务。年内中支危险品运输车辆承保规模占据较大比例，为无锡安全生产责任保险作出贡献。

（严星一）

【**内部管控**】都邦产险无锡中支充分利用例会、晨会、团队会议、专项会议等各种形式，组织全体员工学习领会分公司在成本管控会议上的讲话精神，员工学习面达到100%；广泛开展学习讨论活动，群策群力，集思广益，认真查找机构当前成本存在的“跑冒滴漏”之处，清醒的认识到成本管控的重要性，使机构上下的思想和行动统一到公司发展理念和战略目标上来。①明确费用运作思路。中支根据分公司费用的运作原则，科学规划好全年费用运作思路，要按照险种、板块的业务分布，按照各季度业务发展进度，合理安排好各险种、板块、渠道、团单的费用投入，确保赔付和费用不突破指标，保证达成综合成本率目标，确保销售成本合理投入（销核联动），后线费用预算管控到位，理赔质量“严防死守”。②明确重点管控举措。中支严格对照分公司提出的六大成本管控重点工作，结合机构、条线自身实际，逐一比对，逐一分析，逐一研究，明确本机构、条线工作的重点，要拿出切实可行的办法，下大力气予以解决。③强化过程效果管控。中支具体研究制定当地成本管控落实的具体细则（包括费用运作思路和重点管控举措），严格按照分公司要求及自己制定的管控细则，建立健全规章制度、推行寄出管理达标、强化执行力，突出应收、资金、单证、印章等重点环节、重点岗位的管控，使中支基本实现依流程办事、靠制度管理。强化过程管控，以月度、季度、半年度为单位，及时总结分析，认真开展工作“回头望”，全面检视预期与实际效果之间的差距，及时调整工作思路，改进工作方法，确保管控效果。

在业务发展中，制订、宣导和执行符合无锡市场的核保政策；抓好业务培训，强化销售人员第一核保人技能；推行车险经营精细化；加大非车险风险查勘力度；强化落实理赔品质管控措施；坚决落实清亏业务、加大零出险业务考核激励、提高折扣系数、严控单保交强险、组织推动附加险、拓展目标客户、调整车险内部结构。

（严星一）

【企业文化】2016年，都邦产险无锡支公司秉承崭新的文化价值观是：重品德、讲修养；重责任、讲诚信；重执行、讲效率；重人才、讲贡献；重品牌、讲服务；重发展、讲价值。中支积极响应和落实分公司在企业文化方面的要求，继续抓好企业文化“四个一”（即一碟、一刊、一报、一册）工程，同时积极推进企业文化纵深发展。通过参与分公司员工技能知识竞赛活动、组织员工爬山、羽毛球健身活动等多种文体活动，进一步提升了公司的凝聚力与向心力，营造了快乐和谐的工作氛围。

（严星一）

【领导班子成员】

邓永东　总经理
匡海笑　副总经理

（严星一）

【机构（部门）主要负责人】

严星一　人事行政部负责人
朱正斐　财务部负责人
黄　莹　业务管理部负责人
朱宇彪　理赔服务中心负责人
俞江红　市场部负责人

（严星一）

中国人寿财产保险股份有限公司无锡市中心支公司

【概况】简称国寿财险无锡支公司。2016年，该公司围绕“调结构、强管理、促转型、快发展”的经营脉络，积极应对市场增速放缓、行业改革推进、外部监管趋紧等多重压力叠加带来的挑战，管理基础不断夯实，转型步伐持续加快，各项指标得到有效改善，各项业务得到快速发展。无锡中支凤宾路客服中心成功被总公司授予五星级服务网点。无锡中支被评为2015年度无锡市保险业放心消费创建先进示范单位荣誉称号。宜兴市支公司荣获由宜兴市委、市政府授予的2016年度保险业“十佳服务窗口”荣誉称号。

（张　清）

【经营业绩】2016年，国寿财险无锡支公司聚焦发展，坚定信心，紧盯市场，积极推动，放大优势、弥补短板，各项经营指标继续保持积极向上的势头。全年实现保费收入5.32亿元，同比增长3.47%；综合赔付率为73.93%，在全省系统中处于中游水平；在商车费改保费继续向人太平行业前三聚集的背景下，市场份额为6.19%，继续牢牢占据行业第四的地位；主要销售渠道车行渠道提前近一个月全面完成年度保费任务。

（张　清）

【机构建设】2016年，江阴支公司在资源精准投放上下功夫，在传统优势渠道上挖潜力，全年实现保费收入1.68亿元，同比增长5.59%，增速在区域四大市场主体中位列第三，保费规模继续保持全省系统同类机构领先地位；与此同时，合作汽修厂和二手车市场保费收入同比增长分别为20%和130%，新的经济增长点初见雏形。宜兴支公司沿着“加快发展速度，提升发展质量，推动规模效益协调并进”的经营思路，推动经营业绩再上新台阶，保费规模延续年新增1000万元的强劲发展势头，保费增速突破11.6%。市场份额达到6.46%，占据区域行业第四的地位。锡山支公司以业务结构调整为全年工作主线，在全力压缩营运性货车业务占比的同时，积极开拓二手车市场和中介代理业务，全年累计实现保费收入3920万元，率先提前完成全年经营目标，实现承保利润274万元。新区支公司将目光瞄准车行渠道新车业务，通过资源精准投放到点位，该渠道提前1个月完成全年指标；同时向新兴业务渠道要产能，互动渠道顺利实现保费零突破，银保渠道发展增速近二成。惠山支公司咬定优势互动渠道不放松，以提升续保率为重要抓手，全年互动渠道完成保费收入1327万元，同比增长23%。城区支公司自年中筹建以来，聚焦细分市场的优势渠道火力全开，迅速驶上高速发展快车道，全年完成保费收入4916万元，提前20天完成四季度竞赛目标。

（张　清）

【渠道建设】2016年，国寿财险无锡中支通过经营机构重组、业务渠道重塑和费用资源重配等，构筑起“渠道+机构”的全新发展组合，使车行和互动两大渠道发展全面提速。①车行渠道。以优化资源配置为发力点，以假日经营为突破口，以团队建设为支撑点。全年实现保费收入1.38亿元，同比增长58.68%，年度达成率为118.65%，超额完成了省分公司下达目标，保费规模在全省排名稳居第三位，日均平台也由年初的32万提升至38万。②互动渠道。以精准的互动激励方案为利器，以完善的交流沟通平台为载体，全年完成保费收入1.38亿元，同比增长29.73%，其中寿代产业务同比增长79.36%，超全省系统54个百分点，非车险保费占比超全省系统7.8个百分点。③电销渠道。针对商车费改后费用市场化、透明化的新格局，借助上海呼叫中心的资源，积极获取补充增量保费。全年完成保费收入1.15亿元，完成了全年目标任务。④银保渠道。一方面住总总战略合作衍伸的政策优势，加大与广发银行等金融单位的合作深度和广度，消化年内工行合作取消形成的业务总量缺口。借助上级公司定期存款的资金支持，全年完成保费收入3675万元，同比增长16.2%，实现逆势上扬。⑤重客渠道。抓住区域竞争对手业务调整的契机，以政府项目竞争性招标为切入点，以点拓面，先后成功中标无锡、江阴政府公务用车定点采购保险和江苏扬子江船业集团一揽子保险及宜兴市建设局劳务用工人员保险等项目。⑥农险渠道。抓住农险突发暴雨灾害理赔的时机，做好产品推广宣介；踏准水稻、小麦夏播秋种的节拍，及时跟进介入，实现年内补偿农业保险产品的良好开局，也为今后进入政策性农险打下基础。⑦非车渠道。推动诉讼财产保全责任保险项目成功落地，食品安全责任险也在互动渠道实现破冰；中小企业综合保险、汽车修理厂综合保险也成为全省系统首单。⑧在业务合作。通过与太平洋、平安等同业公司的沟通，扩大了合作层面与高度。巩固已有优势，雇主责任险全年完成保费收入2206万元，同比增长35%。

（张　清）

【队伍建设】2016年，国寿财险无锡中支首次在中支本部职能部门实行负责人岗位竞聘工作，打造干部能上能下的用人环境和公平、高效的人才成长环境。公司全年调整中层干部15名，其中免职2名，调整比例达50%。

（张　清）

【内部管控】①抓好培训、精准研判，应对政策调整。针对“营改增”和商业车险改革等重大政策调整，全辖范围开展专业知识培训52场，参训人数达到1000人次以上，顺利通过省分公司和无锡保险行业协会的验收。做好商车费改前期的市场信息收集和分析研判工作，为业务政策调整、风险管控提供准确的决策参考依据。根据市场变化情况及时动态调整费用，服务支持经营一线展业，确保费改过渡期间公司经营业绩的平稳。②用好工具、专项推动，推动业务提升。加大国寿天财的推广应用力度，确保出单总数和出单占比均列全省系统前茅。借助国寿天财新上线的续保追踪系统等工具，推动续保率稳步提升。结合不同阶段的有效特点，通过组织开展季度竞赛、互动归巢、续保率提升、决战冲刺等专项推动活动，激发全员活力，改善经营指标。③细致梳理、严格管控，优化业务结构。加大对车险业务异地高风险业务的管控力度，通过业务梳理，根据综合成本率和赔付率两大关键指标，科学划分基准线，严把入口关，改善业务结构。针对非车续保、转保、新保业务的不同特点，从历年出险赔付数据分析、承保前风险查勘和承保质量动态监控三个维度着手，提高非车险业务质量。④提升服务、提高效率，改善理赔指标。公司以“双降”目标为工作主线，通过开展小额案件理赔大提速专题竞赛、客服关键指标竞赛等活动，激发了条线比学赶超的氛围。通过推行一案负责制和对简易赔案的全程稽核力度，加快案件处理节奏，提高了理赔效率。

（张　清）

【党建工作】贯彻上级公司党委的一系列决策部署，认真落实全面从严治党责任，着力推动党的领导、党的建设与公司发展深度融合，为公司转型发展提供了坚强保证。将“两学一做”专题教育与公司转型发展中心工作紧密结合，用实际工作成果、业务发展数据作为衡量和检验学习教育效果的标尺。①通过学习教育的开展，促进全年目标任务的完成。开展“践行两学一做，再攀发展高峰”党员登山活动，进一步提振决战冲刺阶段无锡中支奋发有为、勇于担当的精气神。②通过学习教育的开展，促进公司转型升级目标的实现。公司邀请市委宣传部负责人为全辖党员干部作专题辅导讲座，使党员干部开阔眼界、放大格局，深刻领会“规模效益协调并进发展”的本质要求，为公司发展贡献力量。③促进干部队伍和基层党组织建设。公司在“七一”表彰了先进基层党组织和优秀共产党员，通过树先进、立典型，发挥党员的先锋模范作用，在全辖营造比学赶超的氛围。④梳理基层党员组织关系，通过组织全辖党员观看红色影片和上特殊党课的形式，让全体党员时刻铭记自己的党员身份和抓好党风廉政建设的必要性、重要性，从而促进公司建立健全党建工作制度，不断提升党建工作水平。

（张　清）

【文化建设】2016年，国寿财险无锡支公司围绕“荣耀无锡”的建设主题，开展多种形式的主题活动。公司团委联合工会，组织团员青年开展慰问残障人士、赠送文体用品、关爱自闭症儿童、广场服务咨询、读书演讲比赛等活动，营造健康向上的职场氛围。中支工会加大员工关爱力度，年内组织全体员工健康体检，走访慰问困难重病员工，让员工真切感受到组织的关怀与公司的温暖。公司工会还通过开展职工棋牌比赛、登山比赛等形式，丰富职工的业余文化生活。年内公司在理赔、承保等业务条线开展丰富多彩的劳动竞赛，提高广大职工学业务、学技能的积极性和主动性。

（张　清）

【保险业务活动】1月21日，国寿财险无锡支公司召开年度工作会议，会议分析年度经营情况、业务与销售能力，对全市系统先进单位和先进个人进行表彰。

3月11日，国寿财险无锡支公司凤宾路客户服务中心举行“五星级服务网点”揭牌仪式，中国人寿财险总公司客户服务部总经理助理李忠琴与无锡中支公司总经理杨伟共同为该中心揭牌。

3月12日，国寿财险无锡支公司在江阴召开中心乡镇服务网点建设现场会。

3月18日，国寿财险无锡支公司邀请了6名行风社会监督员上门座谈，听取他们对公司在客户服务、消费者权益保护方面的意见和建议。

4月13日，无锡中支召开党委中心组（扩大）学习暨2016年一季度经营形势分析会。会议还围绕农险业务推动进行了专题培训。

5月1日上午，无锡中支成功开具第一张保险增值税发票，标志着公司顺利实现“营改增”切换。

5月21日，无锡中支积极响应上级保监局和行业协会的号召，在中支公司职场举行主题为“我诚信、我宣誓”的宣誓仪式，中支公司总经理室、全体中层干部及销售骨干参加宣誓大会。

5月25日晚，无锡中支召开全市系统防范非法集资风险专题培训会。

6月3日，无锡中支召开“决战30天、冲刺半年度”动员会议。

6月17日，国寿财险全省重点机构业务促进会在无锡召开。省分公司总经理刘文鹏出席会议并做重要讲话，会议由省分公司副总经理于葳主持。

6月28日，宜兴市支公司顺利开出水稻种植保险第一单，为该市某镇200亩水稻提供保额为10万元的种植保险补充保险服务，这标志着该公司农险业务成功实现了零的突破。

7月4日，无锡中支党委书记、总经理杨伟率农险部、理赔中心、宜兴市支公司等相关职能部门负责人赶赴宜兴，深入受灾严重的万石镇等乡镇开展查灾核损工作，并就防汛抗灾工作进行现场指导。

7月16日，无锡中支召开2016年上半年经营形势分析会，会议传达省公司半年度工作会议精神及总经理刘文鹏的重要讲话，对下一步工作作部署。

8月4日，由国寿财险宜兴市支公司组

织的“宜兴市暴雨灾害农业保险理赔兑现仪式”在该市徐舍镇政府举行。2名受灾农民领到了水稻种植保额补充保险农业保险理赔现金计5.8万元。

8月13日，锡山支公司召开中心乡镇网点发展研讨会，无锡中支党委书记、总经理杨伟到会并就农网建设提出具体工作要求，中支公司负责人邵晓刚和办公室、理赔客服中心、销售管理部、锡山公司主要负责人及该司各乡镇网点等相关人员参加该次会议。

10月9日，无锡中支召开确保年度经营目标冲刺动员会。会议全面分析总结今年以来全市综合经营情况，宣导了四季度业务冲刺方案。

10月25日，无锡中支党委书记、总经理杨伟，总经理助理黄雪琦等参加无锡国联产业投资中心（有限合伙）在国联金融大厦综合金融运营中心揭牌暨国联100亿产业母基金签约仪式。

10月28日，无锡中支党委书记、总经理杨伟率中支公司农险部及江阴、宜兴支公司主要负责人等一行，赴苏州公司就政策性农业保险进行专题学习考察。

11月5日上午，国寿财险无锡中支市区70余名员工在党委书记、总经理杨伟的带领下，举行秋季登山比赛暨决战冲刺誓师大会。

11月23日，无锡中支成功中标无锡市政府公务用车定点采购保险项目。

12月1日，省分公司党委委员、副总经理李亚平同志到无锡中支开展干部考察工作。

12月8日，无锡市交通事故人民调解工作座谈会在无锡中支召开。无锡市保险行业协会、无锡市交警支队事故科、市区各交警大队事故中队保险理赔服务工作室、无锡中支和其他财险主体相关负责人出席了会议。

（张　清）

【公益活动】5月6日，江阴市支公司党支部向全体党员干部发出了“‘两学一做’做表率、无偿献血献爱心”的活动倡议，得到了公司上下的积极响应。公司党支部委员带头报名，共计有26人参加此次献血活动。

5月15日，无锡中支公司“爱心公益捐赠仪式”在无锡市残疾人托养中心举行。捐赠仪式上，公司金融志愿者服务分队的成员为托养中心送上了可用于户外运动的移动式篮球架等体育器材。

5月24日，江阴市支公司青年志愿者们参加了由江阴市政府宣传部志愿者服务中心牵头组织的“文明交通劝导”活动，为江阴市创建全国文明城市做出自身应有的贡献。

8月26日，由江阴市精神文明建设指导委员会主办，江阴市文明办、江阴广电集团承办的第三届“十佳江阴好人”颁奖典礼在江阴市举行。江阴支公司受邀设计了“十佳好人家财险保险保障方案”，为11名好人每人赠送了20万元的家庭财产保险产品。

9月27日，无锡中支工会及部分员工代表来到星特赛尔特殊儿童教育中心，探访关爱自闭症儿童，并送上了专为“星星的孩子”准备的各类书籍。

（张　清）

【党群活动】1月12日，无锡中支召开党委班子2016年“两学一做”专题民主生活会，省分公司党委委员、副总经理李亚平同志到无锡中支全程参会指导。

5月27日，无锡中支举办“两学一做”专题辅导讲座，无锡市委宣传部副部长商波涛应邀作辅导报告。公司总经理室、中层管理团队及全体党员干部、入党积极分子80多人参加该次专题辅导讲座。

7月1日下午，无锡中支组织全辖党员观看红色影片《党的女儿尹灵芝》，为全体党员干部上了一堂特殊的堂课。观影前，公司党委召开了简朴隆重的“七一”表彰会，对2015-2016年度先进基层党组织和优秀共产党员进行表彰。

8月2日，宜兴支公司党支部开展“两学一做”学习教育第二专题学习研讨会，深入学习《中国共产党廉洁自律准则》、《中国共产党纪律处分条例》等条例规定，围绕“学党规、守纪律”进行专题讨论。江苏省分公司党委书记、总经理刘文鹏和省分公司党委组织部、财务部等相关部门负责人，中支公司党委书记、总经理杨伟均以普通党员身份参加了支部活动。

（张　清）

【领导班子成员】

杨　伟　总经理

丁永磊　副总经理

朱敏刚　副总经理

黄雪琦　总经理助理

（张　清）

【机构及部门负责人】

邵晓刚　资深业务主管

无锡市中心支公司（本部）：

孙桂余　办公室 主任

都立新　财务会计部/监察部 经理

彭芳芳　人力资源部 副经理

丁志康　财产保险部 经理

杨　斐　销售管理部 副经理

王永红　区域理赔/客服分中心 副经理

杨　叶　区域理赔/客服分中心 经理助理

席　娓　业务处理中心 主任

吴　岚　责任意外保险部 经理

倪　咏　重客业务部 经理

张雪鹏　车行业务部 经理

周　瑾　银保业务部 经理

何　烨　互动业务部/电子业务部 副经理

分支机构：

俞　强　江阴支公司 经理

许　青　江阴支公司 副经理

吴　英　江阴支公司 副经理

李玉琴　江阴支公司 副经理

谢采亚　宜兴支公司 经理

王　欣　宜兴支公司 副经理

薛亚明　锡山支公司 经理

何庆华　锡山支公司 经理助理

韩建珍　惠山支公司 经理

陆倍刚　滨湖支公司 副经理

毛一媛　滨湖支公司 经理助理

李伟年　城区支公司 经理

李　铮　新区支公司 经理

滕晓燕　新区支公司 经理助理

（张　清）

亚太财产保险有限公司
无锡中心支公司

【概况】简称亚太产险无锡支公司。2016年，该公司贯彻落实年初工作会议以及业务推动会议、电视电话会议精神，团结一心、锐意进取、顽强拼搏，在市场竞争日益激烈、工作难度不断加大的情况下，经受住各种严峻考验。上半年经营业绩和各项工作走在江苏分公司系统前列，下半年响应总公司要求，调整公司整体业务形态，进入业务转型期。

（朱　莉）

【经营业绩】亚太保险无锡中支2016年上半年完成保费收入2459万元，同比增长51.8%。全年实现保费收入2646.19万元，同比下降9.68%；车险与非车险占比为97%和3%，应收率为零；全险种综合赔付率为74.52　%。下半年业务战略调整，收紧车险政策，同时力推卡单业务、非车业务等。

（朱　莉）

【渠道建设】亚太保险无锡中支落实总公司的发展战略和经营管理模式，上半年直销、中介、电网销渠道协调发展，建立了运营、渠道、机构三维协调机制，保证销售管理基本法的执行，通过积极有效的拓展市场，促进内部资源的有效整合和品质经营。下半年为响应总公司战略调整，改变公司业务整体形态，严控车险政策及费用，关闭中介、电网销渠道,着力于在业务形态上有新突破。

（朱　莉）

【内部管理】①推进公司内部各项管理制度的创新。公司年内在业务发展战略、业务经营规划、业务经营区域、目标客户群体、销售代理渠道等。对公司组织架构和业务经营活动进行计划、监督、评估和管理，进行改革创新，防范和化解经营风险。②监控和指导公司内控管理制度建设。亚太保险无锡中支注重检讨和审视公司内部控制管理制度执行的现状，增强对公司内部机构、业务、财务等方面的风险管理，完善和弥补内部控制管理制度方面的缺陷和不足。公司及时吸取上级公司指导意见，对经营范围和经营规模及时调整，逐步建立科学完善的内部控制管理体系，提高工作效率，确保现有规章制度的执行。③提高公司经营管理整体素质和水平。注重构建合理的组织管理结构，保证公司经营活动的连续和稳定。明确员工的责任和权利，避免相互推诿，克服官僚主义，提高工作效率，克服办事拖拉的弊端。确保公司领导制度的实现，公司领导依靠完善的组织管理制度有效地行使自己的权力。④提升产品创新、服务创新的科技含量。加快电子化和网络化建设的步伐，采用电子计算机和现代通讯技术设备，促进办公自动化、电子商务和网络保险以及由此延伸的服务手段和领域，提高保险公司的业务处理能力和运作效率，以高效、快捷、优质的服务，积极参与保险行业竞争。

（朱　莉）

【党建工作】贯彻落实十八大精神，引导公司党员和全体员工深刻领会其精神实质和科学内涵，力求学深学透、真懂真信。开展一系列学习活动，组织员工学习交流，深刻领悟，为实现中华民族伟大复兴增强自信心。组织开展党员和入党积极分子培训，学习党的基本知识、基本理论、基本路线、基本方针，把握走中国特色社会主义道路必须始终坚持的基本要求，从而在工作实践中充分发挥先锋模范作用。组织在职员工学习法律法规和公司的规章制度，确保员工诚实守信、依法履职。结合“学保险，用保险，落实以客户为中心服务年”、“3·15消费者权益日”和7月8日全国保险公众宣传日，组织开展“保险一切更简单”为主题的保险知识宣传。

（朱　莉）

【企业文化】亚太保险无锡中支高度重视企业的文化建设，着力打造公司的软实力。①加强企业文化理念的学习教育。让公司的“诚信、业绩、创新”和“感恩社会、报效祖国”的文化理念在员工思想上形成共勉。②建立具有公司特色的晨会制度。加强企业文化的学习交流，在交流中激发员工对公司、对工作的热爱之情，打好企业文化建设的根基。③培养集体主义精神以活动为载体，在活动中培养员工的集体主义精神和关爱他人、奉献社会的责任感。立足本职开展创先争优，为公司品牌建设增添光彩。

（朱　莉）

【保险业务活动】1月31日，公司召开2015年总结暨2016年计划工作会议，对全年工作进行全面的动员部署。

2月6日，开展2017年元旦及春节期间防范非法集资集中宣传教育活动。

3月15日，开展“诚信保险自助消费”为主题的教育宣传活动并且全员竞赛微信答题。

3月，开展“从严要求落实年”活动。

4月，民安财产保险有限公司无锡中心支公司正式更名为亚太财产保险有限公司无锡中心支公司。

4月25日，公司召开基本法会议，叶新伟总经理主持会议。

5月，金融业营改增。

6月，商车改革，防范非法集资专题宣传月活动。

7月8日，公司组织开展主题为“保险一切更简单”保险宣传月活动，向社会公众普及保险知识。

8月，两个加强，两个遏制回头看工作，全员测试。

9月14日，两两回头看自查整改。

11月28日，经亚太保险总公司同意免去叶新伟亚太保险无锡中支总经理职务。

12月15日，公司组织开展机构、员工年度业绩全面考核。

（朱　莉）

【领导班子成员】

叶新伟　总经理

（朱　莉）

【机构（部门）主要负责人】

薛水明　运营支持室　经理

沈　贤　宜兴支公司　经理

高书法　江阴支公司　经理

（朱　莉）

渤海财产保险股份有限公司无锡中心支公司

【概况】简称渤海财险无锡支公司。2016年，该公司在上级公司的正确领导下，全面落实总公司的经营方针和工作部署，夯实基础工作，深化内部管理，推动业务发展，防范经营风险，着力解决内、外部环境变化带来的影响，坚持以发展为中心，完成各项工作目标。

（朱佩漪）

【经营业绩】2016年，渤海产险无锡支公司实现保费收入1282.35万元。其中，车险1162.15万元，占比90.63%；意健险86.16万元，占比6.72%；财产险34.04万元，占比2.66%。

（姚俐婷）

【渠道建设】2016年，渤海财险无锡支公司以业务结构优化调整、提升业务平台为工作重点，合作的代理公司有3家，其中保险经纪公司1家、专业代理2家。

（黄芸萍）

【内部管控】2016年，渤海财险无锡支公司践行“积极稳健发展，长期稳健盈利”的经营理念，围绕“新长态、新思维、新跨越”的指导思想，确保公司健康稳健的发展。①业务经营。全辖凝心聚力抓业务推动，固本清源，强化基础管理；多维并举，强化销售推动，全面释放发展潜力。②强化内部管理。严格奖惩，强化队伍建设；加强人才管理，强化内控建设，全面完善内控体系。③注重合规管控。积极应对监管要求，紧抓行业变革机遇，坚持依法合规经营。

（朱佩漪）

【企业文化】渤海财险无锡支公司秉承“海纳百川、风雨同舟”的核心价值观，以致力于打造中国保险业的精品公司为企业愿景，崇尚和谐、责任、盈利、合规的企业文化，秉持“积极稳健发展、长期稳健盈利”的经营理念，以精英团队治理公司，以企业精神凝聚力量，以精明管理降低成本，以精湛技术服务客户，以精致创新开拓前行，为员工提供发展机会，为客户分担经营风险，为股东创造财富，为社会奉献价值。

（朱佩漪）

【保险业务活动】年内，将商业车险改革工作作为无锡公司工作的首要任务，加强对商业车险改革的政策解读，深刻把握商业车险改革的重要意义以及改革可能对公司日常经营管理带来的影响，从氛围营造、制度建设、系统改造及测试、单证管理、高风险客户排查等方面入手，扎实有效推进，全面布署，全员参与，全辖覆盖，全力启动，顺利完成商业车险改革工作。6月8日，渤海财险无锡支公司一次性通过无锡市保险行业协会的商业车险改革验收工作。

8月22日，贯彻中国保监会、江苏保监局以及总、分公司“两个加强、两个遏制”回头看工作要求，部署、督导全辖“两个加强、两个遏制”回头看工作，渤海保险江苏分公司分组对全辖各机构展开“两个加强、两个遏制”回头看现场督导工作；10月11日，渤海保险江苏分公司再次分条线对全辖各机构开展“两个加强、两个遏制”回头看现场复查工作。

（朱佩漪）

【重大承保】7月3日，渤海保险无锡中支承保无锡滨湖都市建设投资有限公司财产综合险，保险金额2.76亿，保费18万元。

（黄芸萍）

【重大赔付】被保险人葛某，驾驶员葛葛某。2015年5月27日投保公司交强险、商业第三者责任险20万（无不计免赔），保险期限从2015年12月22日起2016年12月21日止。于2016年1月1日19日点14分葛一舟驾驶的皖0951740在浙江省湖州市南浔区南浔镇转弯，由于操作不当导致1人受伤，经当地交警队认定后，标的车辆承担全部责任。后经法院调解公司于2016年7月26日合计赔付26.5万元整。

（鲍长春）

【教育培训】3月，渤海财险无锡中心支公司召开了2016年销管培训会议。对销售管理相关工作的质量及效率，无锡中支及四级机构及销售人员销管相关专业技能等方面进行业务培训。

5月，为做好江苏保险业商业车险改革的准备工作，无锡中支对无锡本部、四级机构员工开展多次培训工作。其中，无锡中支业务管理部对本部及四级机构出单人员开展新条款费率及承保实务培训，无锡中支客户服务部对本部及四级机构客服人员开展了代位求偿实务操作培训等。

（朱佩漪）

【领导班子成员】

冯拥军　总经理

（朱佩漪）

【部门（机构）负责人】

赵云芝　宜兴营销服务部负责人

（朱佩漪）

安盛天平财产保险股份有限公司无锡中心支公司

【概况】简称安盛天平财险无锡支公司。2016年，该公司贯彻以效益为核心，以客户为导向，坚持专业化经营、集约化管理、品质化发展的经营思想，以精细化管理和差异化竞争，持续探索、丰富、完善安盛天平“专业化、低成本经营模式”为手段，创新发展，全面实现公司业务稳健增长。具体工作中，坚持以服务客户为重点的工作思路，不断推进内控管理精细化，提升客户服务水平，提升企业社会形象，完善深化承保、理赔管理，借助江阴支公司成立的契机，不断优化企业结构、壮大人才储备，以“一个中心、多点推动”为发展目标，在无锡市场不断拓展优质业务、不断提升市场占有率。

（钱孟希）

【经营业绩】2016年，拓宽客户服务形式，完善客户服务体系，规范客户服务行为，提高客户服务质量，使公司服务内涵不断扩展、方式日趋多样，实现规模、速度和效益同步协调发展。公司2016年全年保费规模1.71亿元，同比增长32.47%，财险市场份额2%，车险市场份额2.4%，行业排名第7位，车险市场排名第6位，；全年服务客户数4.63万户，同比增长25.72%，创造出无锡公司成立以来最好的业绩。公司在全市29家保险主体车险业务中排名上升一位。

（钱孟希）

【渠道建设】2016年，公司进一步加强渠道业务拓展，强化管理。深化专业、兼业代理渠道的合作，引进多名业内资深业务人员，积极开拓专业代理公司、中介机构等合作渠道，为渠道业务的快速发展和结构改善提供支持。立足高端客户，截至2016年底，渠道网点总数36个，实现保费1800多万元。

（钱孟希）

【内部管控】2016年，公司以“两个加强、两个遏制”为抓手，对公司内部风险进行严格管控，检查不留死角，不走过场、不留盲区，主动查找问题，解决问题，总结经验。全年开展多场反洗钱、防范非法集资宣传教育活动。根据江苏保监局、总分公司的统一部署，成立专项工作小组，制订活动方案，明确工作要求，围绕工作重点，通过开设教育专栏、张贴宣传海报，公益广告轮播等多种形式，严控非法集资和洗钱风险。

（钱孟希）

【文化建设】我们的愿景：以中国经验与全球技能服务于中国车主,使之畅享安心、轻松、智慧的车险服务，从而打造领先、卓越的数字化直销保险公司。

（钱孟希）

【保险业务活动】3月份，公司开展内勤人员进理赔一线活动，通过内勤人员视角促进理赔服务质量的提升。

5月份，公司开展的全司拓展活动，通过团队活动，增进团队凝聚力，提高了员工集体荣誉感。

7月8日，参加“一键保险、呵护无限”为主题的公众宣传日，向公众普及保险知识、传播保险理念、提升服务品质。让公众了解保险承保、理赔等各环节，体验公司的服务理念和人性化服务举措。

7月9日，公司为安徽赈灾团提供短期意外险服务。

10月，公司开展防灾减灾专项检查工作，对公司查勘车做全面的检查，防止意外灾害的发生。

（钱孟希）

【重大赔付】2016年04月05日20时25分，驾驶员陈兴桃驾驶标的车在江苏省盐城市大丰市行驶，由于对面行驶货车远光灯干扰，不慎与骑行电瓶车同向行驶的姚桂连发生碰撞，事故致使标的前部严重受损，三者姚桂连和陈日银重伤，交警认定标的全责，公司赔付62万余元。

2016年12月17日09时11分，被保险人赵龙祥驾驶标的车在江苏省无锡市宜兴市和桥镇行驶在十字路口不慎与骑行电动车行驶的蒋春仙发生碰撞，事故致使标的前部严重受损，三者蒋春仙死亡，交警认定标的负主要责任，公司赔付72万余元。

（钱孟希）

【教育培训】公司参加总公司理赔学院还将在2017年陆续研发一系列运营精英化专业课程，扩大优秀讲师队伍。为好司机2.0的运营精益化提供更多的知识给养和技术支持，也希望更多的优秀人才加入到讲师队伍中来。

（钱孟希）

【领导班子成员】

曹红菊 总经理
刘 磊 销售总监

（钱孟希）

【机构（部门）主要负责人】

陈 云 江阴支公司副经理
梅锦萍 财务部经理
李生华 运营管理部副经理
周 婕 直销业务部经理
张珣琰 核保管理岗
钱孟希 综合管理部副经理

（钱孟希）

【特殊荣誉】安盛天平荣获2016年Gartner金融创新服务奖亚太区最佳数字化创新商业模式奖。

（钱孟希）

安诚财产保险股份有限公司无锡中心支公司

【概况】简称安诚财险无锡支公司。成立于2008年6月。以为客户提供精致的保险服务为宗旨，下设江阴、宜兴2家支公司，公司拥有专业的理赔队伍，标准的查勘车辆，完善的理赔服务配置和网络。

2016年，在总、分公司在正确领导和支持下，无锡支公司认真践行“统筹兼顾，突出重点，构建特色，加强保障”的方针，坚持“智慧经营、勇于超越”的经营策略，把有质量的发展作为第一要务，围绕转型发展、创新发展的主题，各项工作取得新突破。

（凌 芸）

【经营业绩】2016年无锡中支保费收入4865.35万元，车险4484.89万元，非车险380.46万元，占无锡市场0.63%。

（凌 芸）

【文化建设】以“耐心、关心、责任心”为服务宗旨，强化员工培训，提升员工服务客户的技能，让客户感受到公司“急客户之所急、想客户之所想”的服务理念。过硬的理赔技能、事前完备的风险防范服务，确保公司业务的健康持续发展。

安诚保险以“安全放心、诚信忠心、仁爱关心、和谐用心”为核心价值观，以“构筑风险预警体系，提供专业安全保障”为使命，以“专业经营，差异服务，集约管理，稳健发展”为经营理念，致力于在中国财产保险领域塑造风险管理顾问与专业服务形象，打造技术领先、服务便捷的保险品牌，为客户提供最适合的保险产品和最优质的服务。

（凌　芸）

【重大理赔】2月5日19:00左右，卢某驾驶车在无锡惠山区枫杨路由西向东行驶到锡西大道路口准备左转弯时，与沿锡西大道由南向北逆行左转上枫杨路的摩托相撞，造成两车严重受损，摩托司机死亡。经无锡交警大队认定，标的驾驶员，卢某承担事故的次要责任。该标的车在公司投保了交强险及商业险，其中商业险三者责任险50万元，保有不计免赔。经调解，由公司在交强险及商业三者范围内赔付死者继承人交强险医疗费部分3500元、伤残部分11万元；商业险扣除交强险后，商业三者险按照事故责任承担30%，赔偿10.86万元。共计22.21万元。事故双方均对调解结果表示满意。

（凌　芸）

【无锡中支组织架构】

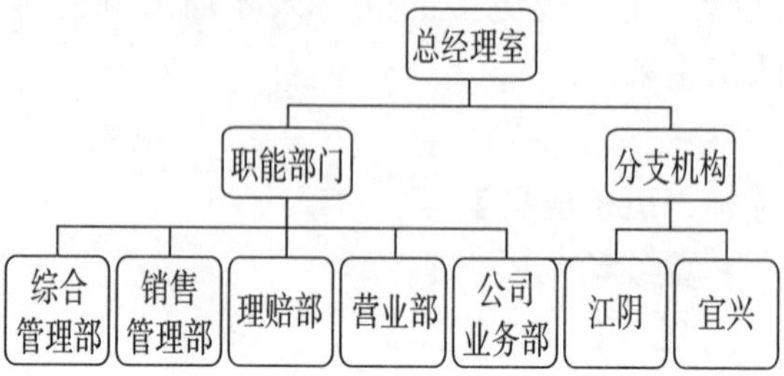

（凌　芸）

长安责任保险股份有限公司无锡市中心支公司

【概况】简称长安保险无锡支公司。2016年，该公司以规范经营、规模发展、效益为指导思想，贯彻落实上级公司的各项政策，积极拓展销售渠道，充分发挥全体员工的工作积极性，全力发展业务，狠抓内部基础管理及合规管理，较好地完成了各项目标任务。

（张自源）

【经营业绩】2016年，长安保险无锡支公司拓展业务渠道，努力调整业务结构，注重效益、规模的均衡发展，稳步提升服务水平。全年保费收入7428.48万元，同比增加11.17%，占无锡市保险市场份额的0.86%。其中车险保费规模5815.34万元，占比78.28%；财产险保费规模124.44万元，占比1.68%；责任险保费规模901.27万元，占比12.13%；人意险保费规模587.43万元，占比7.91%。综合赔付率53.51%，综合费用率44.99%，综合成本率98.5%，完成承保利润103.33万元。

（张自源）

【渠道建设】年内，加强销售渠道建设，积极参加政府组织的各项招标活动，成功参与无锡市2016年度公务用车定点保险（共保）、无锡市公安消防支队官兵意外保险及车辆保险（独家承保）、无锡市环境污染责任保险项目（共保）、无锡市交通运输行业安全生产责任保险项目（共保）、无锡市危险化学品等行业安全生产责任保险项目（共保）、江苏省电梯（安全）公众责任险（共保）等保险项目，勇于承担社会责任，为无锡市社会经济的发展及社会稳定发挥了积极作用。

（张自源）

【内部管控】2016年，该公司重视合规管理工作，明确各部门合规职责，建立健全合规管理制度，优化完善反洗钱体系，深入开展合规文化建设。公司从建章立制入手，围绕风险管控的关键环节，制定和完善相关的管理制度。其中，在反洗钱工作中，配合人民银行及保监局，按时准确上报反洗钱报表及其他各项信息及数据，将反洗钱及合规内控工作融入到公司日常的工作之中，提高内部管控水平，年内未发生任何违规违纪事件。

（张自源）

【党建工作】2016年，该公司按照总公司党委关于“党的工作与业务发展同步，抓党建、促发展”的方针和要求，加强基层党组织和党员队伍建设，定期召开党建工作会议，组织入党积极分子参加入党培训班，对入党积极分子进行系统培训。党建工作的开展对公司各项工作起到了积极的推动作用。

（张自源）

【文化建设】2016年，该公司注重加强企业文化建设，各项活动丰富多彩。组织开展“我为责任长安献良言”的建言献策活动，活动围绕对“责任重于泰山，保障始于长安”和“积聚百年动力，打造责任长安”的理解，探讨企业文化建设对促进公司长期健康发展的积极作用。公司建立了系统的培训、培养体系，使得广大员工的文化质素和岗位技能不断提升。公司环境整洁、优美，员工群众生活福利设施完善。

（张自源）

【保险业务活动】1月16日至17日，江苏省分公司年度工作会议在宜兴竹海会议中心举行；

1月25日，江苏省分公司副总经理赵富洋带队到无锡中支对中支总经理室成员进行年度考评工作；

8月12日，总公司总裁室成员高明总、总公司信息技术部胡玉欣总经理一行到无锡中支公司调研车险发展情况，指导无锡中支的车险业务发展；

9月1日，江苏省分公司人事行政部总经理李海龙带队到无锡中支公司，现场检查无锡中支“两个加强、两个遏制”回头看工作的开展情况；

10月27日至28日，江苏省分公司车险部总经理沈金祥带领分公司检查组到无锡中支公司检查基础管理达标工作；

11月24日至25日，总公司副总裁吴建卫、总公司信息技术部总经理胡玉欣一行到无锡中支公司调研、指导APP业务的开展。

（张自源）

【重大承保】承保宜兴客运公司项目；

承保江阴客运公司项目；

参与无锡市公务用车定点保险共保；

再次成功中标并独家承保无锡市公安消防支队官兵意外保险及车辆保险；

参与无锡市环境污染责任险共保项目；

参与无锡市交通行业安全生产责任险共保项目；

参与无锡市危化行业安全生产责任险共保项目；

参与江苏省电梯（安全）公众责任险共保项目。

（张自源）

【领导班子成员】

陈锁君　总经理

唐建华　总经理助理

（张自源）

【机构（部门）主要负责人】

唐建华　计划财务部经理（兼）

张自源　行政事业部经理

张　磊　非车险部经理

薛　强　宜兴支公司经理

张自源　江阴支公司经理（兼）

（张自源）

紫金财产保险股份有限公司无锡分公司

【概况】简称紫金财险无锡分公司。2016年，该公司贯彻落实总公司发展战略和经营方针，坚持客户导向，实施渠道营销，优化成本结构，狠抓基础管理，坚持“销售第一”，做大做强，快速发展，实现保费收入12855万元，同比增长5.7%，实现无锡分公司的保费规模历史新高，推动无锡分公司按照总公司“第二个五年规划”目标有序发展。紫金财险无锡分公司被无锡市保险行业协会评为“无锡市保险行业协会放心消费创建先进单位”；12月，获无锡市政府“2016年度金融工作奖”。

（屠枫霞）

【经营业绩】2016年，无锡分公司实现保费收入12855万元，同比增长5.7%。其中，车险9416万元、财产险2297万元、意健险1142万元；车险占比73.2%、非车险占比26.8%。

（屠枫霞）

【渠道建设】①理清无锡团车发展的思路。无锡分公司召开无锡团车发展头脑风暴会，会议围绕“无锡团车市场现状及公司团车发展思路”“如何提升有效团车业务的续保率”“团车业务的目标客户选择及政策需求”“团车重大招标项目的政策需求”4个方面开展。苏区团渠部经理赵春乾就团车发展强调要匹配结构，紧盯绿灯业务，确保无锡分公司年度预算指标的达成提出指导意见。②召开新产品培训宣导推动会。无锡分公司渠道管理部组织“新产品培训宣导推动会”，邀请江分王晴详细讲解诉讼财产保全责任保险、非机动车责任保险、微信上线非车险险种、食品安全责任险等新产品承保标的甄选和承保注意事项。交流如何开拓新产品业务探讨工作，分享经验。③加大重点项目开拓。建立重点项目工作组及招投标工作小组，公司主要负责人牵头负责，落实责任部门，前后线协同配合，全力推进，提升项目攻关能力，为公司业务的稳步发展奠定基础。

（屠枫霞）

【内部管控】①规范工作流程。该公司在日常工作中严格做好内部管控工作，建立健全规章制度，强化执行力，突出应收、资金、单证、印章等重点环节和重点岗位的管控，依流程办事、靠制度管理。始终将业务品质管控放在第一位，缩短业务品质分析周期，对业务品质进行预见性的动态监测分析，适时调整承保政策，不断优化业务品质，努力改善业务结构。严控赔付成本，严把进口关，进行保前风险查勘、保后防灾防损，降低出现概率，从源头上控制赔付成本；大力拓展效益险种，剥离赔付较差的业务，或提高承保条件来加以控制；在理赔上坚持规范严谨，加强理赔队伍建设，加大理赔管控。

②坚持合规经营。通过合规经营的宣导，提高全员的合规意识。提倡将合规工作日常化，即将监管机关的各项检查内容作为日常实物工作的准则和种地，提高员工的责任意识。根据公司发展的实际情况，定期、合理地对公司内部各条线的管理办法进行修订和补充。通过立章建制，完善内控合规工作的依据，切实增强全员合规经营、诚信经营的意识和责任。

（屠枫霞）

【党建工作】8月5日，无锡分公司组织了专题党建参观学习，结合“两学一做”学习教育主题，全体人员实地参观了中组部唯一命名的全国非公党建典型单位——红豆集团的“党建史馆、生产车间、“一带一路”境外经贸合作展厅”等，并举行集体宣誓，重温入党誓词，不忘入党初心。全体人员近距离感受红豆集团党建工作、发展成果和企业文化理念，特别是认真听取了红豆集团党委副书记关于红豆集团开展“两学一做”学习教育经验做法，并进行交流互动。

（屠枫霞）

【文化建设】加强文化宣导，增强员工凝聚力，营造良好文化氛围。通过多种形式强化紫金文化的宣导、理念的渗透，秉承“始于责任，成于精细”的核心价值理念，以“追求价值保障，致力社会和谐”为使命，以“追求价值保障，致力社会和谐”为使命，以“成为最具责任感的保险企业公民”为愿景。坚持服务民生，打造“紫金”价值。增强员工的向心力和凝聚力，真诚帮助员工共同成长，共享发展。

公司始终将“关注民生、紧贴民生、服务民生”作为不懈的追求，努力提高“对社会的保障能力、对经济的支持能力、对管理的参与能力”，千方百计地探索保险服务的新领域，为经济社会发展做出积极贡献。

（屠枫霞）

【保险业务活动】1月5日，无锡分公司召开2016年度工作暨“开门红”启动会。按照总公司下达的目标任务，进行“计划下达、绩效考核、销售激励、团队签订责任状”的全面部署，吹响奋战2016的战斗号角。总经理房恒作《深化渠道 专业营销 提升品质 创新发展》的工作报告。报告回顾了“攻坚克难、创造奇迹”的2015年，部署了“提升品质、创新发展”的2016年奋战方案。会上，分公司分别与个、团中心、各支公司、各业务部签订2016年责任状。并对2015年度的后线优秀员工、销售精英和获得全年任务达成奖、四季度达成奖、业务增长奖、成长潜力奖的先进集体进行表彰。

4月19日，无锡分公司商车改革启动大会召开。公司领导高度重视，提前启动，周密部署。无锡分公司通过两个月的制度拟定、风险排查、系统测试、员工培训、微信试题自测等工作，2016年6月6日无锡分公司一次性顺利通过无锡市商车改革验收工作小组的验收。

6月16日，无锡分公司经纪重客部受滨湖残联邀请，共同赴河埒街道开展在册残疾人保险保障调研活动。调研会上，紫金保险作为滨湖区残疾人意外保险项目唯一承接人，向与会的残疾人专职干部、监护人及家庭代表介绍了紫金保险的情况及当前商业保险的和基本情况。并借此机会向与会人员介绍了一些公司在残疾人保障上的新思路和新想法。

7月7日，公司应邀参加由江苏省保险行业协会统一部署，无锡市保险行业协会牵头无锡各保险公司举办的“7.8全国保险公众宣传日”活动。无锡分公司高度重视此次宣传活动，精心组织、积极参与。客服部、个团渠营销部、路救办、人事行政部派员到现场进行活动宣传。无锡分公司在指定区域委派专人负责宣传，通过问题解答、现场互动等方式集中进行公益类险种和公司形象宣传，并在现场向广大市民发放保险宣传折页，提供产品咨询、倾听公众心声，共发放宣传材料100余份，保险咨询50余人次。为扩大道路救助基金政策的覆盖面及知晓度，现场散发道路救助基金宣传折页，现场指导群众扫描二维码关注“道路救助基金”公众微信号，同时向群众宣传“紫金保险、走进理赔e时代”、道路救援等特色理赔服务，进行紫金特色公益险种的宣传和推广，让无锡市民对紫金保险有了更为全面的认识，增进了公众的理解和信任，进一步提升了“7·8全国保险公众宣传日”的关注度、参与度和保险行业形象。

7月28日上午，该公司总经理房恒在无锡地铁集团董事局副主席陈旭东的陪同下，到无锡一号线堰桥站、锡北运河站、西漳站站点，慰问坚守工作岗位的员工，向他们送去风油精、毛巾、洗衣液等抗高温用品。

8月22日，无锡市地铁集团召开了2016年第一次无锡地铁保险共保体半年度工作会议。无锡分公司总经理房恒就公司当前无锡地铁2号线工程险、无锡地铁1、2号线运营保险项目所开展的工作及下一步工作设想向地铁集团领导及首席承保人作了精简的汇报和介绍，总经理房恒提出的“风险控制为主、保险理赔为辅”的工作思路和“江苏省道路救助基金”培训设想得到了地铁集团张军副总裁的高度肯定和江泰经纪公司的浓厚兴趣。

8月26日，无锡分公司总经理房恒陪同无锡市长汪泉到访总公司，公司董事长、党委书记李明耀、公司总裁许坚会见了市长汪泉一行，总公司部分领导班子和相关部门负责人参加了座谈交流。

9月30日，无锡分公司应无锡市交警支队邀请，向各区支队负责人进行了费改后的相关车险知识的培训。在培训过程中，无锡分公司首先就此次费改后车险条款的变化进行了阐述，然后针对交警支队车险项目与公司特色道路救助进行重点介绍，与大家进行交流互动。

12月17日下午，无锡分公司经纪重客部牵头组织开展梁溪区在册精神残疾人监护人责任保险首次培训活动。这是无锡市梁溪区残联三区合并以来后首次全辖残疾人专干保险专题培训。无锡分公司业务人员介绍了紫金保险的成才历程和优势服务特色，对无锡市梁溪区在册精神残疾人监护人责任保险的承保险种、责任限额、保险条款及理赔流程进行了详细讲解。

（屠枫霞）

【重大承保】3月3日，无锡分公司成功中标“2016年度无锡市国联发展（集团）有限公司及其下属企业财险”项目。经过业主代表和专家评委的综合评分，紫金保险无锡分公司在国联综合项目第一标段中，以总分第一名的优异成绩成功独家中标，该项目招标有效期为两年。

5月24日，无锡分公司再一次成功承保“梁溪区残疾人人身意外伤害保险项目”。是无锡市梁溪区政府为保障残疾人的日常生活、学习、工作秩序，减轻因意外造成人身伤害而产生的负担，创建保障模式，建立商业保险服务机制，选择紫金保险无锡分公司为7000余持证残疾人提供团体人身意外伤害保险业务。该次承保进一步提升紫金保险的社会影响力，对提高和完善无锡市梁溪区残疾人保障，同时保障残疾人的基本生活，维护社会的稳定，构建和谐社会，具有十分重要的意义。

6月1日，无锡分公司成功中标“江苏省电影院公众责任保险”项目。该项目是由江苏广电总局在全国独创的民生保险，社会影响广，市场竞争异常激烈。紫金保险以总得分第二名的成绩成功入围。该项目年保费超过200万，中标期为三年。

6月23日，无锡分公司成功中标“2016—2017年度灵山集团公司财产险（部分含机损险）及公众责任险”项目，中标金额21.5万元。

10月28日，无锡分公司成功中标“2016—2017年度无锡市公安消防支队团体人身意外伤害保险”项目，年保费预计30万余元。该次项目的成功介入，为公司与无锡市公安消防支队深入合作提供契机，也为后续开拓无锡市消防支队业务提供合作平台，同时也提升了公司在政府保险项目上的承保经验和市场品牌影响力。

12月13日，无锡分公司暨2012年成功入围后，再次成功中标“自然灾害公众责任保险”项目，保险服务期三年，并与人保、平安保险公司组成联合共保体，彰显紫金保险的品牌和实力。自然灾害公众责任保险是无锡市2012年推出的“慈福”民生系列保险中的一个重要组成部分，走出了“政府主导、市场运作、风险共担、普惠于民”的民生保险新路子。

12月16日，江阴支公司再次成功中标“江阴市公务用车定点保险”项目，预计年保费60万元。

（屠枫霞）

【保险给付】2016年，公司在“灵山梵宫巨大火灾、宜兴暴雨无锡冰冻、残疾人保险保障”等方面，发挥保险职能，认真履行社会责任，用实际行动诠释了紫金保险“保民生、促和谐”的核心理念，受到市委、市政府领导的高度评价，被无锡市政府评为“2016年度金融工作奖”。

无锡路救办完成垫付案件1421件，垫付金额供给5143.02万元。2016年共计追回

616件路救案件，金额2188.65万元。紫金保险无锡路救办将进一步积极推进相关工作，在“基金垫付、追偿管理、内控规范、队伍建设、品牌宣传”方面努力提升路救工作的服务水平，树立无锡紫金的社会形象，传播无锡紫金关注民生、服务社会的“好声音”！

（屠枫霞）

【公益活动】1月25日–27日，当无锡遭受“极寒”考验之时，无锡分公司经纪重客部受无锡总经理室委派，对新区残联认定的特困家庭代表开展新春节日慰问，并带去无锡分公司精心准备的新年礼物。

3月15日，在得知盐城中支员工张成敏一家的不幸遭遇后，江阴支公司发出募捐倡议，员工纷纷慷慨解囊，共计捐款3300元，并将捐款打至盐城中支捐款联络人账户。

（屠枫霞）

【教育培训】1月26日，无锡分公司召开续保提升专题培训会，会议宣导了“续保提升行动方案”。与会人员共同围绕“完善续保管理体系、强化续保过程管控、如何提升续保率”等方面展开讨论，共同出谋划策。通过此次续保提升专题培训，进一步健全了续保管理架构，明确了续保管理专员，推广了续保标准化动作，培训了续保流程，明确了各自的工作职责，为续保提升工作提供了良好的开端，有利于共同推进强化续保过程管控！

3月7—9日，无锡分公司渠道管理部深入分支机构开展销售推动，与机构销售人员展开座谈，听取建议和需求。根据“四增三能”要求，围绕“队伍建设、渠道开拓、业务创新、有效增员”等方面，各分支机构的团队经理和销售人员反馈了当地市场的情况，并结合自身实际工作中碰到的车商、电销业务费用等问题提出建议和需求。

4月6日，无锡安居消防大队走进宜兴支公司，为员工开展消防安全培训。培训中，授课人员详细讲解了日常防火检查、灭火与应急疏散预案的制定、如何正确报警、如何使用灭火器等内容，并要求在日常工作中要做好日常防火巡查、检查工作，抓好消防设施维护与管理，确保本单位消防设施的完整好用。

5月5日，根据苏区商业车险改革统一安排，苏区个渠营销部毛路老师到无锡分公司进行商车改革培训，无锡分公司销售人员32人参加此次培训。培训会分别从条款、费率变化、临界值以及商车改革核保指引等方面介绍了该次商车改革情况以及带来的变化，通过互动，加深销售人员对于商车改革的认识。

9月2日，公司组织全体人员参加了“两个加强，两个遏制”回头看培训活动。会上，全体人员集体学习了苏区下发的有关“两个加强，两个遏制”回头看的知识点，并在培训后参加了相关知识的小测试。

9月8日至9月9日，根据苏区统一部署和要求，无锡分公司组织开展新员工培训。无锡分公司2015年7月（含）以后入司的员工、人事行政部经理、行政专员及分公司各部门综合岗人员合计25人参加培训。公司分别从公司发展历程与企业文化、员工管理基本制度、商务礼仪、监督检查重点知识、车险非车险产品知识及公文写作、办公系统操作等方面进行了全面培训。通过培训，新员工尽快熟悉了解公司，认同紫金文化，提高自身价值、工作能力和业务水平。

（屠枫霞）

【领导班子成员】

房　恒　总经理　党委书记

王志军　副总经理　党委委员

赵梓涵　总经理助理

（屠枫霞）

【机构（部门）主要负责人】

王荣昌　锡山支公司　党委委员、负责人

崔国卫　江阴支公司　经理

王立亚　宜兴支公司　经理

王永良　北塘营销服务部　经理

李　俊　客户服务部　经理

李　俊　个渠营销部　经理（兼）

王永良　团渠营销部　副经理

赵晓萍　个渠发展部　副经理

赵晓萍　团渠发展部　副经理（兼）

周　勇　财务企划部　经理

周　勇　人事行政部　经理（兼）

（屠枫霞）

三井住友海上火灾保险（中国）有限公司江苏分公司

【概况】简称三井住友江苏分公司。该公司是三井住友海上火灾保险（中国）有限公司（注册地：上海市）在中国大陆设立的第三家分公司，地址设立在无锡，成为无锡市唯一的外资产险公司和省级分公司。三井住友海上（中国）江苏分公司与此前设立的广东分公司和北京分公司形成了辐射华东、华南、华北三大区域的外资财产保险公司网络格局。三井住友海上（中国）江苏分公司自2011年1月正式开业后，业务保持良好发展态势。该公司经营理念为：在财产保险事业中，合规、诚信、为客户提供最佳的风险解决方案和保险服务；稳定经营，持续发展，回报股东；履行企业的社会责任，积极贡献社会。2016年2月，该公司员工李东革被无锡市人民政府金融工作办公室、无锡市保险行业协会评为“无锡市保险行业服务明星”。公司在2015年投诉量化考核中成绩优秀，受到江苏保监局表彰。

（董晶晶）

【经营业绩】2016年，全年保费收入74.72百万元，上年比增长4.04%。其中：车险保费收入0.33百万元，占比0.44%，比上年同期增长20.04%；非车险保费收入74.39百万元，占比99.56%，比上年同期增长3.98%。承保利润比上年增加0.68百万元。处理赔案512件，支付赔款25.92百万元，比上年增长153.54%。

（董晶晶）

【渠道建设】该公司主要采取直接销售的展业方式。为解决销售渠道单一的问题，公司积极通过发展兼业代理网点来弥补直接业务的不足，以便发挥兼业代理机构贴近客户、营业成本低廉、灵活多样、拾遗补漏的特长。

（董晶晶）

【内部管控】该公司完善相关的岗位配置，强化组织运营体系，并通过培训、会议、日常业务指导等各种形式，在全体员工中渗透公司的企业品质，贯彻客户满意至上以及合规经营的价值观。公司持续通过一系列业务自查、月度点检、内部审计以及信息安全管理等内部管控工作，确保各种业务的开展符合各项规章制度的要求。

（董晶晶）

【保险业务活动】5月21日，三井住友海上（中国）江苏分公司营业员工举行“拒绝销售误导 诚信从我做起”宣誓活动。

8月28日，三井住友海上（中国）江苏分公司举办第一届“江苏挑战杯”员工羽毛球比赛。

10月27日，三井住友海上（中国）在江苏分公司实施2016年度业务持续行动（BCP）演习。

10月29日，三井住友海上（中国）江苏分公司全体员工参加公司工会组织的“阳澄湖团队建设活动”。

（董晶晶）

【重大承保】4月，三井住友海上（中国）江苏分公司为某电子企业承保财产险，保费133.78万元。

4月，三井住友海上（中国）江苏分公司为某纺织企业承保财产险，保费94.60万元。

4月，三井住友海上（中国）江苏分公司为某新能源企业承保财产险，保费87.23万元。

6月，三井住友海上（中国）江苏分公司为某化工企业承保产品责任险，保费171万元。

7月，三井住友海上（中国）江苏分公司为某制纸企业承保财产险，保费487.06万元。

（董晶晶）

【重大赔付】4月，三井住友海上（中国）江苏分公司赔付江苏某公司280万元。该公司曾于2015年7月投保财产一切险，2015年12月因火灾事故申请索赔。

4月，三井住友海上（中国）江苏分公司赔付江苏某公司237万元，该公司曾于2015年8月投保财产一切险，2015年11月因工厂4期NS工厂内涂胶粘合生产线（LAM线）涂胶房起火，造成房屋、设备及存货受损。

12月，三井住友海上（中国）江苏分公司赔付江苏某公司1025万元。该公司曾于2015年7月投保财产一切险，2016年1月因冻灾导致锅炉的仪表盘及一些管道设备被冻坏。

（董晶晶）

【教育培训】3月起，三井住友海上（中国）江苏分公司定期为客户公司举办交通安全讲座。

4月29日，三井住友海上（中国）江苏分公司为客户举办“三井住友海上大学堂”主题培训。

5月12日、11月7日，三井住友海上（中国）江苏分公司高管人员参加总公司董事、监事、高管培训。

6月21日至6月23日、11月22日至11月24日，三井住友海上（中国）江苏分公司全体员工参加半年度合规培训，培训内容包括合规管理、监管政策、信息安全、反洗钱、反欺诈等内容。

（董晶晶）

【领导班子成员】

篠原康人　总经理（2016年3月调离）

海司昌弘　临时负责人（2016年4月就任）

海司昌弘　总经理（2016年8月就任）

李东革　副总经理（分管财务部、行政管理部、业务支援部工作，兼任苏州营销服务部负责人）

（董晶晶）

【机构（部门）主要负责人】

贾　晔　财务部负责人　2012年10月就任

张　敏　行政管理部负责人　2013年10月就任

李　扬　业务支援部负责人　2015年1月就任

柳泽忠彦　营业部负责人　2012年4月就任

李东革　（兼）苏州营销服务部负责人　2012年4月就任

（董晶晶）

英大泰和财产保险股份有限公司
无锡中心支公司

【概况】简称英大财险无锡支公司。2016年，该公司坚持“稳中有进、效益优先、兼顾规模、强化内控“的宗旨，应对“商车费改、偿二代、营改增”三大改革，确保各项业务稳步增长，确保各项管理指标优良可控，确保客户服务水平不断提升，确保机构队伍健康稳定。经营业绩稳步提升。英大财险无锡支公司获无锡市放心消费创建活动办公室、无锡市保险行业协会“无锡市保险行业放心消费创建示范企业”荣誉。英大财险宜兴支公司获英大财险无锡支公司“2016年度先进集体”荣誉。英大财险无锡中支客户服务部姜海鹏、综合管理部唐渊获江苏分公司“2016年度先进个人”荣誉称号。英大财险无锡支公司业务管理部施静娜获无锡市保险行业“2016年度先进个人”荣誉称号。英大财险宜兴支公司周卫民获英大财险总公司“2016年营销高峰会个人贡献奖”荣誉称号。

（华伟琴）

【经营业绩】英大财险无锡支公司2016年实现纯市场业务保费收入5287.66万元，达成率为88.13%。其中车险为4413.80万元，非车险为873.86万元，业务结构为83.47∶16.86。截至12月31日，英大财险无锡中支累计应收保费为5.28万元，完成分公司应收保费考核指标；全险种历年制满期赔付率50.53%，市场业务车险历年制满期赔付率52.25%。

（许佳　唐渊）

【渠道建设】拓展集团“同心圆”业务，逐渐成为业务发展增长点。2016年全年，集团电网职工车签单保费达612.57万元，同比增长105万元，增长率为20%。继续加强银行渠道合作，确保业务稳定发展。

（华伟琴）

【机构建设】2016年筹建英大财险锡山支公司，并于2016年1月26日获批开业。

（华伟琴）

【内部管控】①加强内部审计工作。根据公司经营要求，2016年1月22日，由专业的会计事务所对公司总经理郑采进行任中审计，审计期间自2011年8月至2015年11月任职期间，审计范围为无锡中心支公司各项经营管理方面，涵盖综合、财务、业务、理赔等方面。②落实“两两”专项检查工作。根据保监会要求，英大财险无锡中支开展了为期10个月“两个加强、两个遏制”专项检查工作。围绕公司治理及内控、产险业务经营检查情况、资金运用、财务管理及偿付能力管理、消费者权益保护、信息系统安全方面、案件风险管控方面、其他问题等八大类问题，层层推进、有效落实自查整改工作。通过该次专项检查，提高了对当前监管形势的严峻性和复杂性的认识，加强机构风险防范和内控建设能促进公司各项管理水平的提高。

（华伟琴）

【党建工作】7月1日，江苏分公司党总支开展纪念中国共产党建党95周年纪念活动。

7月1日，开展“四讲四有”活动，全体党员签署“四讲四有”合格党员承诺书。

11月28日，根据总公司《公司直属党委关于加快推进公司党费收缴专项检查工作的通知》的要求，全面开启全体党员党费补缴工作，并完成党费补缴自查报告。

6月至12月，根据英大财险党总支的要求，在“两学一做”学习教育中开展“三亮三比”主题活动。全体党员学习贯彻习近平总书记系列重要讲话精神，以“亮身份、亮职责、亮承诺，比作风、比技能、比业绩”为主题，为全面建成“一强三优”现代保险公司、发挥保险职能、做出积极贡献。

12月2日，无锡党支部委员会召开党员大会进行换届选举、按照规范程序选举产生了新一届支部委员会，并健全党小组制度。

（王娟文）

【文化建设】企业文化建设丰富多彩，先后组织2016年度员工健康体检举办健康知识一对一解答、慰问困难职工家庭、慰问生育员工、夏日送清凉、全员送温暖、全员观影等活动。结合春节、三八节、端午节、中秋节等节日，提高员工福利,进一步融洽了员工内部关系。

（王娟文）

【保险业务活动】1月22日，根据公司经营要求，由专业的会计事务所对公司总经理郑采进行任中审计，审计期间自2011年8月至2015年11月任职期间，审计范围为无锡中心支公司各项经营管理方面，涵盖综合、财务、业务、理赔等方面。

1月26日，苏保监许可[2016]60号文，批复同意英大财险无锡市锡山支公司开业。

4月至6月，针对商车费改，英大财险分公司、英大财险无锡中支先后组织了6场近200人次的专题培训、1000多次的测试，顺利完成分公司、行业验收，确保业务顺利开展。

4月20日，英大财险江阴支公司职场变更，报江苏保监局审批同意后，变更营业执照并正式在新址办公。

5月20日，根据英大财险江苏分公司工会的要求，全面启动职工之家建设，为全体员工营造和谐、向上的企业文化氛围和良好的工作生活环境。

6月27日，英大财险无锡中支组织“祈福阜宁、踊跃为灾区人民捐款”公益活动。

8月10日，英大财险无锡中支团支部成立。经过民主选举，曹意欣当选无锡团支部书记，马志斌当选宣传委员，张池当选组织委员。

2月至12月，英大财险无锡中支开展了为期10个月“两个加强、两个遏制”专项检查活动。公司认真落实自查方案的制定，对机构进行了100%督导、对自查结果进行整改处理，并按要求上报自查报告。通过此次专项检查工作的开展，一方面提高对当前监管形势的严峻性和复杂性的认识，同时进一步加强了机构风险防范和内控建设能力，促进公司各项管理水平的提高。

11月17日，英大财险无锡中支工会组织开展“困难员工帮扶”活动。

（华伟琴）

【重大承保】承保无锡供电公司及多经、三产公务用车保险项目。

承保江阴华宏集团财产综合险、机器损坏险项目。

（许　佳）

【领导班子成员】

郑　采　总经理

陈　刚　副总经理兼江阴支公司经理

贾志平　反聘专家

（华伟琴）

【机构（部门）主要负责人】

华伟琴　综合管理部 经理

施静娜　业务管理部 经理

虞昌明　客户服务部 经理

殷盘军　宜兴支公司 经理

严　刚　锡山支公司 经理

（华伟琴）

信达财产保险股份有限公司
无锡中心支公司

【概况】简称信达财险无锡支公司。

（诸严红）

【经营业绩】2016年，完成保费3673.12万元，其中车险3550.63万元、企财险8.38万元、工程险1.48万元、运输险5.68万元、责任险71.12万元、家财险2.81万元、意外险33.02万元。

（诸严红）

【内部管控】公司的管理组织体系建设和内控制度的建设，是防范公司经营和管理风险，确保公司稳定经营和可持续发展。该公司特别重视组织机构和内控建设工作，建立了由支公司总经理室领导下的、由各部门负责人和各机构负责人组成的管理核心，相关职能部门密切配合，覆盖所有业务和管理环节的风险管理组织体系，以确保各项工作的正常开展及风险控制。

（诸严红）

【党政建设】信达财险江苏分公司于2011年8月份成立了党委，夏传谦任党委副书记。在党委的统一领导下，设立了纪律检查委员会和工会工作委员会、反保险欺诈工作领导小组，从反腐败、防范案件等方面对公司员工执行内部控制的有效性进行监督检查，并按规定对违规违纪员工进行处罚。

（诸严红）

【教育培训】2016年中，该公司积极开展“平安金融”创建工作，在公司发展、法人治理、安全保卫建设等方面取得显著成效，综合竞争力显著提升，法人治理结构明显加强，安全防范措施显著增强。通过

“两个加强、两个遏制”回头看活动，加强对“防范和打击非法集资”“反保险欺诈”“反洗钱”的排查和教育，结合实际，制订信达财险无锡支公司风险排查方案，落实排查责任，明确排查任务和要求，认真抓好组织实施，摸清有无公司人员涉嫌非法集资、利用保险进行欺诈及洗钱等非法活动，并形成自查报告。

（诸严红）

【领导班子成员】

许　俊　总经理室

（诸严红）

【机构（部门）主要负责人】

诸严红　综合管理部

范嘉铮　业务管理部

包　振　客户服务部

包　振　江阴支公司

匡　兵　宜兴支公司

（诸严红）

浙商财产保险股份有限公司无锡中心支公司

【概况】简称浙商财险无锡支公司。该公司成立于2012年12月。公司主要经营机动车辆保险、企业财产保险、家庭财产保险、团体意外险等。为客户提供风险管理、保险咨询、保险方案、投保，查勘理赔、保单保全服务。公司专业化的保险业务团队可以按照客户需要将险种的优势吉行嗫佳组合，使客户得到真正的保障。公司成立4年以来，一步一个脚印，为无锡人民的财产安全尽一份责任，为无锡的发展添砖加瓦。

（顾盛晖）

【经营业绩】2016年签单保费2072.7万元，其中车险签单保费1800.52万元、非车险签单保费192.18万元。

（顾盛晖）

【渠道建设】2016年，浙商财产保险股份有限公司无锡中心支公司拟在江阴地区筹建江阴支公司。

（顾盛晖）

【内部管控】2016年度，公司全体员工紧紧围绕相关监管单位的文件精神，深入学习。并把不适应市场发展的内部管控制度进行了修改。

（顾盛晖）

【企业文化】公司以“稳健经营，效益为先，依法合规，逐步发展”为发展战略。秉承“诚信、创新、专业、奋进”的个业精神，将员工和合作伙伴作为根本，以诚信立足行业，以服务求发展，以专来提升竞争力，专心致力于财产保险行业，稳步发展。

（顾盛晖）

【领导班子成员】

丁瑞峰　总经理

（顾盛晖）

永诚财产保险股份有限公司无锡中心支公司

【概况】简称永诚产险无锡支公司。2012年7月开始筹建，2013年2月对外营业。2016年，该公司秉承“为客户提供优质、快捷、高效”的服务宗旨，为当地政府创造税收的服务平台，创造效益，服务民生。

（吴洋阳）

【经营业绩】2016年度，永诚保险无锡中支保费收入规模达成371万元。

（吴洋阳）

【领导班子成员】

孙长山　总经理

（吴洋阳）

【部门主要负责人】

吴洋阳　综合管理部

徐沈翊　客服支持部

（吴洋阳）

泰山财产保险股份有限公司无锡中心支公司

【概况】简称泰山财险无锡支公司。2016年，该公司结合总公司的战略转型，坚持“质量效益、创新发展、结构调整、转型升级”4个不动摇的发展思路，结合分公司“精准营销”方案，整顿自己的业务，维护已有的优质渠道为前提，向外开拓新的优质车险渠道，结合团队的力量开拓非车险业务、开拓银行渠道业务，把公司的任务落到了实处。

（钱　莺）

【渠道建设】2016年，根据总、分公司的部署和要求，泰山保险无锡支公司遵循“以销售为先保增长，以结构调整控品质，以管理提升促效益”的经营方针，紧紧围绕董事长“四个坚持不动摇”的指导思想，锐意进取，创新发展。推进多元化渠道拓展战略，在巩固原有优质渠道的基础上，对车商、直销、银保、兼业代理和专业代理等渠道进行优化。

（钱　莺）

【内部管控】2016年是泰山保险无锡中支继续加强精细化管理，建立健全内控制度、加强两核管控、重视合规教育，保证公司内控管理到位，业务稳健发展，实现合规经营。①控制经营风险。无锡中支依照分公司建立的完善的科学的内部控制制度评审机制进行严格考核，中支各部门在分公司各管理条线内开展各项业务活动时通过非现场监控、现场检查、风险评估等手段能够对风险进行实时监测和定期排查，及时识别分析可能面临的风险因素，并制定风险应对策略和控制重点，努力将风险控制在预定目标或可承受的范围内。②控制合规风险。无锡中支遵守法律法规、监管规定、行业规范、公司内部管理制度和诚信准则，防范合规风险，2016年，多次组织全员合规培训，接受总、分公司的内部检查，并针对检查中发现的问题进行认真整改。③控制操作风险。无锡中支各部门工作中严格执行相关管理制度规范及操作流程，强化操作流程控制，同时在承保、理赔、财务等环节实现了全流程控制。④控制财务风险。营改增全面推行，无锡中支建立了较为完善的财务制度体系，并对公司财务预算、核算、费用管控、资金管理、单证管理、统计信息等环节进行了进一步规范，对重要风险点进行了较为有效的管控。

（钱　莺）

【企业文化】泰山保险无锡中支自开业以来，秉承总、分公司文化理念的基础上开展经营工作。围绕“关爱、指导、帮助”的企业文化理念，2016年公司组织开展多种有意义的活动，以此增强企业凝聚力和向心力，增加公司文化软实力，扩大公司的影响力。7月上旬，无锡中支开展羽毛球比赛；11月上旬，为加强员工身体素质锻炼，强身健体，中支综合管理部组织开展“爬惠山　健身行”泰山无锡员工秋冬季健身行活动，提高职工健身意识，提升公司形象和影响力。

（钱　莺）

【领导班子成员】

汪　建　总经理

（钱　莺）

人身保险

中国人寿保险股份有限公司无锡市分公司

【概况】简称中国人寿无锡分公司。2016年，该公司深入贯彻上级公司工作会议精神，按照“强实力、稳增长、重客户、优管理、防风险”的工作方针，高举创新创业大旗，上下同心，攻坚克难，抢抓机遇，奋勇拼搏，取得较好的经营业绩。市分公司荣获集团公司“2016年度个险业务发展奖”和总公司“2016年度城市分公司个险双领先奖”，被无锡市政府授予“2016年度金融工作年度贡献奖”。

（夷　怡）

【经营业绩】2016年，全市系统实现总保费51.16亿元（不含大病保险业务），总量排名全省第一，同比增长23.43%。实现长险首年保费17.17亿元，同比增长15.89%；长险首年标准保费4.90亿元，同比增长24.45%；首年期交保费11.37亿元，同比增长52.86%；十年期及以上期交保费5.85亿元，同比增长54.30%；大短险保费3.50亿元，同比增长27.50%；续期保费29.60亿元，同比增长23.91%，总量排名全省第一。

（夷　怡）

【渠道建设】三大渠道齐头并进，均超额达成各项业务指标，个险首年期交、十年期及以上期交、长险首年标准保费达成率均在113%以上，贡献度均在11%以上；首年期交保费总量位居全国地市分公司第五名。银保首年期交、十年期、标保、短险同比增幅均在40%以上，期交规模位列全省第二，全国地市公司第七；团短险保费达成率113%，贡献度达15.07%。收展条线表现突出，首年期交、十年期及以上期交保费分别达成129%和128%，总量在全省的排名分别为第4位和第5位，较上年分别上升2位和1位。

（夷　怡）

【内部管控】围绕从严治党、规范治司两条主线，在全市系统全面开展了非法集资专项治理、从严要求落实年活动和“两两回头看”工作，全力推行“三自四查一问责”全员风险防控工作模式；加强对各层级人员的风险防控教育宣导，组织中层以上管理人员到无锡监狱进行警示教育；成立多部门联合检查小组，对全辖经营单位进行现场督导检查，针对发现的问题逐一要求整改。年内，公司没有大的违规违纪案件发生。积极应对满付业务再创新高的严峻形势，没有发生群体性事件。

（夷　怡）

【党建工作】深入开展“两学一做”学习教育，加强作风建设，党员干部的素质得到明显提升；加强党风廉政建设和反腐败工作，严格落实党委主体责任和纪委监督责任，八项规定执行情况良好；开展党支部书记换届选举和党费补交工作；开展了党员干部争先创优活动，1人被总公司评为优秀党员，1个支部被省分公司评为优秀党支部，1人被省分公司评为优秀党务工作者。

（夷　怡）

【文化建设】加强工青妇等群团组织和精神文明建设工作，公司荣获“江苏省五一金融劳动奖状”，被评为“江苏省文明单位”、“无锡市放心消费创建先进单位”；客户服务中心荣获“无锡市巾帼文明岗”荣誉称号；惠山支公司许庆荣获首届“江苏保险业十大销售之星”称号，被省分公司评为2016年度“十大人物”。信息宣传工作成效明显，继续保持全省系统领先，荣获2016年度无锡市保险行业协会“信息组织工作”二等奖；市区城乡居民大病保险“无锡模式”在《中国保险报》头版专题报道；市区退休职工住院医疗互助保险项目被集团公司评为践行社会主义核心价值观优秀案例；有3篇征文（论文）在系统内外获奖。

（夷　怡）

【保险业务活动】2月4-5日，由市人社局、市社保中心、大病保险首席承保单位中国人寿无锡市分公司组成的无锡市城乡居民大病保险慰问小组对2015年度市区内部分大病保险受惠人员进行了走访慰问。

2月21日，市分公司积极组织参与市金融办统一组织的“打击和处置非法集资宣传教育进社区”活动，全方位、广泛深入地推进防范打击非法集资宣传教育工作。

“3·15”期间，市分公司开展以“诚信保险，自主消费”为主题的活动，普及保险知识，帮助消费者树立维权观念，营造安全放心的消费环境。

5月15日，江阴支公司在江阴大剧院举行分业经营二十周年庆典活动。庆典活动回顾了江阴公司的发展历程，表彰了20年来为公司改革发展默默奉献的优秀员工和销售人员。

5月19日，省公司业务总监、市分公司总经理张建平一行向市政府副市长黄钦专题汇报大病保险工作。

5月25日，市分公司开展党员领导干部预防职务犯罪警示教育活动，组织全辖协理以上领导干部参观江苏省无锡监狱，听取了监狱情况介绍和两位服刑人员的现身说法，省公司业务总监、市分公司党委书记张建平作了题为《以人为镜，以案为鉴，增强拒腐防变能力》的讲话。

5月31日，市分公司与中国老龄事业发展基金会在陕西省延安市延川县联合举办“孤老救助大行动”捐赠活动，为该县6000

名孤老及贫困老人捐赠意外伤害公益保险，风险保额累计达1.8亿元，人民网、中国保险报、延安日报等媒体对活动进行了报道。

6月14日，无锡市分公司召开“学保险、用保险，落实以客户为中心服务年”活动工作会议，对活动实施方案进行宣导、动员，进一步明确了目标任务。

7月7日，市分公司参加无锡市保险行业协会与无锡市放心办、无锡市消委会联合举办的“@保险，一切更简单”为主题的2016年全国保险公众宣传日活动，采用群众喜闻乐见的形式宣讲保险知识、提供咨询服务，让群众在轻松愉快的氛围中掌握保险知识、培养保险意识。

9月1日，无锡市退休职工互助保障会与市分公司负责人一行赴无锡市人民医院对2016年上半年部分退休职工住院医疗互助保险受惠人员进行走访慰问，受访者向市分公司赠送锦旗，对互助保险这项惠民政策称赞不已。

11月14日,惠山支公司双成团队职场经理许庆举办“敬业二十年　感恩盛典”个人客户答谢会，邀请全国近300位客户参加活动。省分公司副总经理张晓刚出席活动，并为许庆赠送象征着二十年成绩与贡献的“国寿先锋 行业典范”人物铜像。

11月18日，新区支公司参加2016第二届中国（无锡）养老产业大会暨老年产品博览会，并赞助活动保险。

11月1日，市分公司与平安人寿无锡中心支公司召开首次后援同业交流会。

12 月16 日，无锡市委副书记、市长汪泉，市政府秘书长叶勤良一行赴集团公司、股份公司拜访董事长杨明生、总裁缪建民和股份总裁林岱仁、副总裁缪平等相关领导，共商无锡市和中国人寿深入推进战略合作相关事宜。省分公司总经理俞德本、省分公司业务总监、市分公司张建平总经理陪同拜会。

12月23日，市分公司召开第五届第三次职工代表大会，要求全市系统坚持“争AAA、双领先”发展目标及“四个无锡国寿”建设不动摇。

（夷　怡）

【重大承保】2013年，市分公司以首席承保人中标无锡市2014–2016年度合同期内的城乡居民大病保险项目，代表共保体负责大病保险项目的日常运行工作，优化管理举措，创新服务模式，协助完善社会保障制度，有效提高了参保人员的医疗补助待遇。

2015年12月，市分公司中标无锡市退休人员住院医疗互助保险。2016年凭借专业的管理、优质的服务，确保了项目的正常健康运行，受到政府部门的充分肯定和参保人员的好评。

2010年起，市分公司承办无锡市民政局实施的“无锡市区70岁（含）以上老人持免费卡乘坐公交车团体人身意外险”项目，至年末连续承保，每年保费80万元。

2016年，市分公司承办的无锡市“安康关爱行动”老人险，承保保费2220.32万元，承保老人49.81万人，承保覆盖率较上年度提高一个百分点。

（夷　怡）

【重大赔付】被保险人吴某，投保公司康宁定期保险，1月因心脏病身故，受益人向公司提出申请后，公司赔付20万元。

被保险人张某，投保公司康宁定期保险、康宁终身保险。3月2日，张某因肝癌医治无效身故，受益人向公司申请理赔后，公司赔付身故保险金28万元。

被保险人周某，其单位向公司投保国寿高危人员团体意外伤害保险。4月17日在单位意外身故，7月11日受益人向公司提出申请后，公司赔付45万元。

被保险人姚某，投保公司防癌疾病保险。5月确诊为胰腺癌，6月向公司提出申请后，公司赔付25万元。

被保险人李某，投保公司鸿盈两全保险。7月因病身故，受益人向公司提出申请后，公司赔付20万元。

被保险人倪某，投保公司国寿康宁终身重大疾病保险（2012版）、国寿防癌疾病保险。7月20日，确诊为右乳乳腺癌，向公司申请理赔后，公司赔付重大疾病保险金40万元。

被保险人王某，投保公司88型终身保险，7月22日客户因猝死身故，8月26日公司赔付20万元。

被保险人岳某，投保公司国寿福禄鑫尊两全保险（分红型）、国寿瑞盈两全保险（万能型）、国寿美满一生保险（分红型）、国寿福禄满堂养老年金保险（分红型），7月24日因肺癌伴肝转移医治无效死亡。在受益人向公司提出申请后，经审核，公司共计支付赔款1457.80万元。

2016年度，市区共有2.98万人次、8725人实时享受大病保险补助待遇，受益金额为6080.65万元（含儿童统筹人次及金额），个人补偿达10万元以上的受益人员有34人，最高补偿金额达48.48万元。

2016年度，退休人员住院医疗互助保险累计共有26.9万人次、10.23万人实时享受互助保险普惠补助，受益比例高达23.83%，受益金额达5444.38万元。2016年，互助保险达到特惠补助的共有1340人，已支付金额618.08万元，最高支付个人为95957.30元。

（夷　怡）

【对外交流】4月19日，兴化市人社局赴宜兴支公司交流学习新农合。双方就新农合的实施经验、具体经办流程等进行交流互动。

4月21日，连云港赣榆区合管办赴宜兴支公司学习新农合经验，就新农合的开办情况、操作流程及具体措施进行交流互动。

6月24日，辽宁营口市人社局赴无锡社保中心调研学习，重点学习智能审核系统运行情况及效果并现场观摩，城乡居民大病保险工作管理经验等。

8月25日—27日，市分公司赴广东省惠州市分公司，学习考察“银龄安康行动”项目运作情况，为推进无锡“安康关爱行动”的持续发展积累经验。

9月20日，高邮市人社局工作人员赴市分公司调研退休职工住院医疗互助保险项目。

9月27日，杭州市淳安县政府相关部门领导赴宜兴支公司调研新农合工作，并对医农保管理中心进行了实地考察。

10月15日，盐城市金融办、卫计委、合管一行数人赴宜兴支公司调研新农合及大病保险工作。

（夷　怡）

【公益活动】3月12日，为倡导“人人参与植树，共建绿色家园”的新风尚，切实提高公司员工“爱绿、互绿”的意识，市分公司“阳光在路上”公益俱乐部参加了由无锡市市政和园林局、无锡交通广播开展的“美丽桃乡播新绿”的植树活动。

4月26日，作为全国保险公众宣传日主要活动之一，国内首部保险行业原创话剧《生命密码》在无锡进行巡回演出。无锡市分公司组织专场，邀请政府领导、客户、公司员工及销售人员1000人观看了演出。

4月30日，宜兴支公司开展公益健走活动，深受广大客户好评。

5月14日，由中国人寿江苏省分公司、江苏省体育总会、江苏发展体育基金会及洋河股份联合举办的“快乐迎奥运、冠军伴我行，‘牵手国寿、寻找天之蓝’万人公益健走活动”在无锡尚贤河湿地公园火热举行，来自全市的3000名健走爱好者与江苏籍奥运冠军仲满一道挥洒运动激情，同享健走快乐。

6月28日，市分公司全体员工和销售伙伴积极踊跃为盐城灾区受龙卷风袭击的父老乡亲慷慨解囊，奉献爱心,短短一天时间就募集善款57920.99元。

7月17日，江阴支公司爱心义工社在云亭镇政府门口的广场举办“便民服务进社区”的主题活动，为云亭的居民提供理发、磨刀、量血压、测血糖、牙科、义诊等服务。

7月17日，市分公司举办“国寿小画家”7月亲子观影主题活动，共有300余位小朋友及家长参加。

7月份，宜兴遭遇百年不遇的暴雨侵袭，导致市区和多个乡镇遭受洪灾。宜兴支公司心系受灾群众，7月11日，支公司将一批赈灾物资送往受灾严重的官林镇政府、杨巷镇西溪村，受到干部群众的一致好评。

9月14日，市分公司组织27名员工前往无锡市中心血站开展无偿献血活动，成功献血8100毫升。

10月19日，新区支公司开展“敬老月”便民服务活动，走进社区，为社区居民发放生活用品以及安康关爱行动宣传折页，慰问社区孤寡老人。

（夷　怡）

【教育培训】 1月21日，开办第二十二期职工夜校，邀请市委党校宋田桂教授讲授十三五”无锡规划蓝图。

2月25日，开办第二十三期职工夜校，邀请中共无锡市委讲师团教研副主任、副教授吴建有讲授《把握大国关系调整，理解中国特色大国博弈战略》。

3月24日，开办第二十四期职工夜校，省分公司业务总监、无锡市分公司总经理张建平进行防范和处置非法集资宣导授课。

4月21日，开办第二十五期职工夜校，邀请无锡市人民政府金融办处长刘勤讲授防范和处置非法集资专题讲座——理性投资 安全理财。

5月26日，开办第二十六期职工夜校，邀请中共无锡市委讲师团教研副主任、副教授吴建有讲授“两学一做 ”专题课程。

6月23日，开办第二十七期职工夜校，邀请中共无锡市委党校教授宋田桂讲授习总书记系列讲话——做合格党员。

7月21日，开办第二十八期职工夜校，邀请无锡市委讲师团副团长孟菲讲授当前宏观经济形势与政策重点分析。

8月25日，开办第二十九期职工夜校，市分公司监察部开展反商业贿赂专题宣导及“两个加强、两个遏制”回头看相关文件学习和视频学习。

9月22日，开办第三十期职工夜校，邀请无锡市委讲师团副团长孟菲讲授全球经济治理与G20。

10月27日，开办第三十一期职工夜校，市公司培训部开展国寿E学系统操作实务培训。

11月24日，开办第三十二期职工夜校，邀请无锡市体育局高级教练董振勇讲授《科学健身 快乐同行》——健身跑的训练与竞赛。

（夷　怡）

【领导班子成员】

张建平　省分公司业务总监、
　　　　无锡市分公司总经理
季芯宇　副总经理
张　嵘　副总经理
周　明　副总经理
陈　波　总经理助理兼团体业务部经理
顾立新　总经理助理兼江阴支公司经理

（夷　怡）

【机构（部门）主要负责人】

黄奕辉　宜兴支公司
徐国华　锡山支公司
周书明　惠山支公司
钱　曦　滨湖支公司
周　勃　城区营销一支公司
舒　捷　崇安支公司
金陆平　新区支公司
赵子昂　城区收展支公司
周　勃　个险销售部
窦海波　银行保险部
楼　辉　健康保险部
汤晓白　收展发展部
薛　燕　客户服务中心
李　娟　财务会计部
盛炯晓　监察部
周晓伟　人力资源部
杨燕兰　综合管理部
黄　海　培训部

（夷　怡）

【先进集体】1月14日，省分公司与省老龄办联合召开全省系统2015年度“安康关爱行动”总结表彰会,无锡市老龄办和中国人寿无锡市分公司共同荣获“卓越组织奖”、江阴支公司与北塘支公司及其对口的民政局分别荣获“先进单位奖”。

1月18日，2016年中国人寿工作会议在京召开，江阴支公司荣获全国系统一线销售单位业务发展奖。

2月25日，市分公司荣获无锡市人民政府2015年度金融工作奖中最高奖项“年度贡献奖”。

3月15日，公司积极参与无锡市“3·15”诚信承诺公益大行动，被授予“3·15”诚信承诺单位。

4月27日，江苏金融工会“五一”表彰大会隆重召开，市分公司荣获江苏金融“五一”劳动奖状。

5月，无锡市退休职工住院医疗互助保险项目荣获总公司“2015年大中城市分公司团险渠道优秀创新成果奖”。

9月28日，2016年无锡市“敬老月”活动启动仪式暨第二届无锡市“敬老文明号”表彰大会在市体育公园隆重举行，新区支公司荣获“敬老文明号”称号。

11月11日，由无锡市放心消费创建活动办公室、无锡市保险行业协会举办的无锡保险行业放心消费创建活动第二次推进会议召开，市分公司荣获“2015年无锡市保险行业放心消费创建示范企业”。

11月29日，无锡市召开城乡妇女“岗位建功”活动工作会议，市分公司客户服务中心被授予“无锡市巾帼文明岗”荣誉称号。

（夷　怡）

【先进人物】在江苏省保险行业协会举办的首届“江苏保险业杰出人物”评选活动中，市分公司销售人员许庆荣获“江苏保险业杰出人物销售之星”称号，是全省系统内唯一荣获此奖项的人员。

（夷　怡）

中国太平洋人寿保险股份有限公司无锡分公司

【概况】简称太平洋人寿无锡分公司。2016年，全司上下紧密围绕集团、总公司“重价值、推转型、优服务、防风险”的工作要求，坚持以客户需求为导向的战略转型，深化“两个聚焦”，创新“双轮驱动”，强化“三看”、“三是”的执行力度和“目标、责任、大局、执行”意识，强抓“思想观念、经营模式、销售方式、产品策略、服务理念、培训教育、考核机制”七大转型，始终突出抓好“业务发展、经营管理、合规与风险管控、服务品质品牌、民生工程”五件大事，不断提升“内涵发展和外延拓展”能力，提速打造个人客户经营模式升级版，市场综合竞争能力、公司价值可持续增长续航能力得到了提升。实现了个人业务的持续强劲快速发展、法人业务的平稳发展、共享平台的服务保障支持到位，巩固并提升了分公司在系统内、行业中、市场上应有的地位。

年内，实现规模保费2654亿元，与上年增长34.1%；总新保11.18亿元，比上年增长42.9%；总新保期缴7.93亿元，比上年增长50.5%。极短期意外险赔付率4.01%，一年期意外险赔付率67.15%，个人短期健康险赔付率143.56%，团体短期健康险赔付率77.03%，学平险赔付率41.06%，综合赔付率58.77%，比上年增长14.04个百分点。

年内，分公司被评为“2015年度江苏省放心消费示范单位”、“无锡市保险行业放心消费创建示范单位”，被人民银行评为“2015年度反洗钱考核A级机构”，获“2016年度集团价值贡献奖”、“2015年反洗钱管理优秀分公司”荣誉称号；

分公司党委书记、总经理陈爱国获评“全国A类（省级分公司）杰出保险经理人”“无锡市2015年度金融工作奖先进个人”、“无锡市优秀政协委员”荣誉称号。

（唐俞旻）

【经营业绩】2016年，实现规模保费26.54亿元，与上年增长34.1%；总新保11.18亿元，比上年增长42.9%；总新保期缴7.93亿元，比上年增长50.5%。①个险业务。营销新保8.53亿元，比上年增长59.2%；营销新保期缴7.37亿元，比上年增长57.1%。②法人渠道业务。法渠新保2.64亿元，比上年增长9%；短期健康险5877万元，比上年增长11.9%；非康险1.04亿元，比上年增长20.1%。

（张南芊）

【渠道建设】①个人业务。贯彻落实经营指导思想，立足价值导向，遵循寿险规律、夯实团队基础、厚植发展优势，坚持“两个聚焦”、“两个围绕”，创新“双轮驱动”，狠抓基础管理“新五项修炼”的落地执行，强化“内涵发展和外延拓展”，强力推进个人客户经营模式升级版，以“宽·高·远”的发展理念，保持定力，放大格局，精准施策、挑战高目标，实现再次超越。②法人渠道业务（包含团险和银邮）。落实“沉下心，铆足劲，补短板，求突破”的总体要求，理清发展思路，优化组织架构，完善经营模式，条线经营状态良好，业务发展及利润创造基本平稳，创新项目取得一定进展，较好地巩固了系统内、市场上、行业中应有的地位和排位，实现了平稳较快发展。

（张南苹）

【内部管控】围绕“重价值、推转型、优服务、防风险”的工作方针，持续强化合规经营意识，守住风险底线，推动合规全员覆盖，做好事先防范、事中监测和事后问责工作，正确处理业务发展与合规管控的关系，监管与自律的关系，“合规创造价值”成效逐年突显。加强风险监测、预警、提示工作，合规内控状况平稳可控，合规主体责任进一步强化，三道防线协作日趋紧密，风险排查长效机制逐步健全，守住了不发生系统性风险的底线。通过开展培训教育、评价追踪、检查监督、追责问责，实现公司合规内控工作新突破。2016年，共组织培训49场次，实施各类审计、专项检查、非现场检查、自查29次，接受江苏保监、无锡人行现场检查3次，接受集团审计1次。坚持认真开展“四反一防范”、“天网行动”、“两加强、两遏制”及回头看等专项工作、部署“慧眼·守信·明责”暨打击非法集资宣传教育“六个一”活动，通过组织开展多种形式的专项培训宣传、宣导部署和警示教育，有效防范各类风险案件的发生，保障了公司业务发展、经营管理等各项工作的规范性开展。

（陈美霞）

【党建工作】2016年，分公司共有党员96名。

分公司党委书记：陈爱国

党委委员：陈爱国、王瑛、夏晓东、承文艺

分公司纪委书记：王瑛

纪委委员：王瑛、倪静依、谭鑫、陈国恩

党委工作机构：党委办公室（与行政办公室合署办公），办公室主任宋晨光；党委组织部（与人力资源部合署办公），副部长谭鑫；监察室（与合规与风险管理部合署办公），主任姚立刚。

基层党组织：分公司本部直属党总支，书记王瑛；江阴党总支，书记承文艺；宜兴党总支，书记徐汉良。

（宗贤娟）

【文化建设】分公司加强企业文化建设，积极营造科学发展、和谐发展和锐意进取、大胆探索、敢于创新的氛围，强化干部员工追求卓越的价值取向。组织全辖人员坚持在周二大晨会上唱响《国歌》、诵读公司晨词，激励广大干部员工热爱祖国，忠诚公司，爱业敬岗。组织干部、员工持续学习贯彻《太平洋保险企业文化核心要素系统》。党委总经理室把2016年定义为“培训教育年”，由分公司统一制定、实施科学合理的培训计划。培训内容涵盖职业素养、转型创新、客户服务、专业知识、销售技能、经验分享、政治素养、道德品行等多个方面。班子人员带头授课，围绕发展主旋律，打造学习型公司。个人业务条线利用已有的“百人讲师团”，开展现场督导、送训下机构等活动，有力促进个险队伍的健康成长。公司开办有职工阅览室，在公共场所设置报刊架，为员工订阅各类书报刊。倡导“首问制”、“一站式”、“无缝隙式”的诚信优质服务，开展“柜面服务礼仪优化活动”，开展放心消费活动，开展客户信息收集确认回访、老年客户和住院客户特别关爱活动。加强销售误导治理，成立由媒体人员和社会知名人士组成的合规监督员队伍。

（唐俞旻）

【险种创新】2016年在办险种212个（其中附加险76个），新开办25个（其中附加险9个），停办险种4个。

（刘桂清）

【保险业务活动】1月11日至15日，无锡市政协、人大分别召开十三届五次会议、十五届五次会议，太平洋寿险无锡分公司为无锡市“两会”人员会议期间提供人身意外保险。为每位参会代表承保了保额为2万元意外伤害和2000元意外医疗的人身意外伤害保险。本次“两会”代表全体人员计1200人次，公司为参会代表们累计承保保额高达2640万元，为当地“两会”的顺利召开提供可靠的风险保障。

2月17日，太平洋寿险总公司党委书记、董事长、总经理徐敬惠到无锡分公司调研指导工作，与中层以上干部人员进行了座谈交流，送上来自总公司党委、经委会的新春问候与祝福，并听取无锡市保险业概况和分公司2015年发展经营情况及2016年1月“开门红”情况的工作汇报，对分公司如何更好地做好2016年的各项工作作重要指示。

3月，分公司开展“3·15”系列活动。强化柜面标准化服务，制作“柜面服务礼仪培训视频”学习教材；成立“3·15”期间服务小组，利用晨、夕会，在机构、条线进行客户维权、理赔案例等服务意识宣导；3·15当天开展“总经理接待日”活动，由分公司总经理亲自在营业大厅接待并回复客户咨询；参加市保险协会举办的“诚信保险 自主消费”为主题的3·15消费者权益保护活动，现场为广大市民解难答疑。

4月24日，为庆祝中国太平洋保险成立25周年，分公司在无锡市尚贤湖湿地公园举办“感恩陪伴·健康快乐公益跑”活动，全辖干部、员工及客户近600人参加了活动。开展此次公益跑活动，旨在倡导绿色环保、健康快乐的工作生活方式，让一线员工及客户能参与到日常的体育锻炼中，养成热爱运动的良好习惯，以实际行动践行“负责任的保险公司”的使命，进一步树立“在你身边”的品牌形象。

7月1日，无锡分公司党委组织开展“迎七一·促转型·两学一做”党课活动暨“七一”表彰大会。大会举行了入党宣誓仪式，表彰“四强”党组织和“四优”共产党员，进行“两学一做”专题党课教育，号召全体党员要认真履行党员义务，自觉践行“两学一做”要求，把学党章党规与学系列讲话统一起来，努力提升自身党性修养，为实现公司价值可持续增长而努力奋斗，以实际行动献礼建党95华诞。

2016年“7·8全国保险公众宣传日”期间，分公司开展客户送温暖活动和保险进社区活动，参加大型广场活动，为市民现场提供各项保险咨询服务并发放宣传册及形象品。

7月27日，无锡市国家税务局第三税务分局局长徐鸿到分公司调研、参观，赠送题为“支持协税护税，共建和谐税收”锦旗，对公司前期支持、协助国家税务机关开展“营改增”切换工作表示感谢，就共建社会延伸实践基地举行揭牌仪式。分公司领导及相关部门负责人出席仪式，双方就深化税企合作开展交流座谈。

11月28日，无锡市政协副主席蔡捷敏赴寿险无锡分公司调研，听取分公司发展历程、前三季度经营现状、“神行太保”新技术及江阴“新农合”等情况的汇报，肯定公司为当地社会经济和谐发展做出的贡献，鼓励分公司继续坚持高起点、高标准、高要求，积极创新经营模式，全面构建差异化的经营特色和核心竞争力。

（张南苹）

【重大承保】1月起，中国太平洋人寿保险股份有限公司江阴支公司为江阴市居民提供大额住院费用补充医疗保险。40.2万人参保，保险金额达804亿元；2016年9月和10月，陆续为江阴市28万名在校学生提供学生幼儿短期意外伤害保险和疾病住院医疗费用保险，总保额790.8亿元。

1月，中国太平洋人寿保险股份有限公司江阴支公司与中船澄西船舶修造有限公司签订员工综合福利保障计划，为4200名员工提供意外身故/残疾、意外住院补贴和突发急性病身故等保障责任，总保险金额达13.3亿元。

12月25日，中国太平洋人寿保险股份有限公司江阴支公司为卞某某承保利赢年年年金保险（分红型），年缴保费1000万元，5年期缴。

12月26日，中国太平洋人寿保险股份有限公司无锡市锡山支公司为黄某某承保利赢年年年金保险（分红型），年缴保费300万元，5年期缴。

2016年，中国太平洋人寿保险股份有限公司无锡分公司陆续为惠山区和锡山区的74.8万名居民提供意外保障，总保险金额为167亿元。惠山区、锡山区和梁溪区的残疾人联合会还为1.6万名残疾人提供综合保障计划，总保险金额近9亿元。

（王莉蓉）

【重大理赔】3月11日，分公司向客户郑某某的受益人赔付500万元。被保险人郑某某先后于2014年10月4日、2014年11月15日、2015年2月2日投保公司安行宝两全保险（共5份），意外身故保额累计500万元。被保险人于2015年12月30日在福建漳州驾车发生车祸身故。经调查核实，被保险人驾车发生交通身故属实。

4月22日，分公司向客户程某的受益人赔付257万元。被保险人程某于2015年6月30日续保公司综合意外伤害保障计划保障368，意外身故保额25万元；2016年3月18日投保公司安行宝两全保险（2份），意外身故保额200万元；同日投保祥和幸福保意外伤害保障计划D款，意外身故保额32万元。2016年3月21日程某乘坐他人驾驶的车辆落水身故属实。经调查核实，被保险人发生交通事故死亡属实。

4月26日，分公司向客户冯某某的受益人赔付212万元。被保险人冯某某于2016年3月17日投保安行宝两全保险（2份），意外身故保额200万元；祥和幸福保意外伤害保障计划C款，意外身故保额12万元。2016年3月21日冯某某驾驶车辆落水身故属实。经调查核实，被保险人发生交通事故死亡属实。

9月1日，分公司向客户李某的受益人赔付200万元。被保险人李某于2015年5月8日投保安贷宝意外伤害保险(A款)，意外身故保额200万元。2016年3月21日冯某某行走时发生交通事故死亡。经调查核实，被保险人发生交通事故死亡属实。

（龚　辉）

【社会责任】6月，分公司向市儿童福利院捐款2.5万元。

8月，分公司个人业务条线远赴沂蒙山革命老区开展第四期“情系珍珠·大爱无疆”捐资助学活动，设立了“爱心大使”营销员自愿出资的20万元爱心助学基金，用来资助贫困儿童、留守儿童的生活和学习，帮助他们顺利完成学业。2013至—2016年四次累计捐资助学80万元。

10月，分公司团委组织开展“敬老无亲疏，天下高龄皆父母”公益活动，带领志愿者们走进滨湖区南湖怡养院，为养老院的老人们送上暖心物品和祝福。

11月，分公司组织员工参加无偿献血活动，经过严格体检筛查，有18名员工符合条件并成功献血，累计献血5400毫升。

5月、12月，公司号召员工先后参与市“红十字人道万人捐”和“送温暖·献爱心”慈善捐款活动，累计爱心捐款计4.11万元。

（张南苹）

【教育培训】2016年，为全面打造“学习型”公司，分公司统一制定、实施培训计划。培训内容涵盖职业素养、转型创新、合规防范、诚信服务、专业知识、销售技能、经验分享、政治素养、道德品行等多个方面，引领全体员工唱响“培训教育年”主旋律。个人业务条线持续推进“百人讲师团”，开展现场督导、送训下乡等活动，促进营销队伍的健康成长。2016年，分公司累计举办现场培训312次，网络培训200余，参与培训人次达2.15万人次。通过培训，员工的专业技能、服务水平及个人素养均有较大的提高，公司的凝聚力、创新力、市场竞争力得到有效提升。

2016年，分公司合规条线紧密围绕集团公司“重价值、推转型、优服务、防风险”的工作方针，以着力重点风险防控、持续加强合规管控、深化内控缺陷整改三方面工作为着力点，有序推进各项工作。合规内控状况总体平稳可控，合规主体责任进一步强化，三道防线协作日趋紧密，风险排查长效机制逐步健全，守住不发生系统性风险的底线。2016年，共组织培训48场次，实施各类审计、专项检查、非现场检查、自查27次，接受江苏保监现场检查2次、无锡人行走访1次、集团审计1次。

7月1日，分公司开展庆祝七一党员活动，分公司党委组织部特邀请无锡党校专家为员工讲授题为《两学一做·学习习近平总书记系列重要讲话》的党课教育。同时，党委书记带头讲党课，通过回顾党的光辉历程，进行了内容详实、感悟深刻的党课教育，增强了广大党员干部充分认识从严从实治党的重要性、必要性和紧迫性，使广大党员进一步牢记党的宗旨，坚定党的信念，增强自身创先争优意识。

2016年全年，分公司党委班子共开展“两学一做”专题研讨会、党委中心组集中学习12次，并于党委会、中层干部会议和全司大晨会等会议上先后30余次组织学习、宣讲、宣导“两学一做”相关讲话精神和文件要求，观看了反映“两优一先”典型事迹的专题节目《榜样》等视频。要求党员干部要充分学习并贯彻习总书记系列重要讲话精神，充分发挥党委的政治核心作用、党支部的战斗堡垒作用以及党员的先锋模范作用，严格按照“两学一做”要求，并落实到实际工作中。

11月7日，分公司党委班子召开分公司党委中心组学习会，要求各党支部结合新修订的《关于新形势下党内政治生活的若干准则》《中国共产党党内监督条例》，强调要深入学习领会十八届六中全会精神，全面落实从严治党的各项要求。开展好专题组织生活会，让支部中的党员充分就该准则和条例进行探讨，并开展民主评议党员活动，充分地剖析好党员党性，真正发挥党员先锋模范作用，全面落实从严治党理念。

（张南苹）

【领导班子成员】

陈爱国　总经理
王　瑛　资深副总经理
夏晓东　高级财务总监
承文艺　副总经理

（宗贤娟）

【机构（部门）主要负责人】

许士强　法人渠道业务中心总监
宋晨光　办公室主任
谭　鑫　人力资源部副总经理
沈小兵　财务会计部总经理
陈荣芳　合规与风险管理部总经理
周　明　营运部副总经理
高　超　个险营销部总经理助理
郁　华　个人业务培训部副总经理
邹志强　个人业务企划部总经理助理
田　杰　个人业务销售部总经理
周　英　服务营销部总经理
朱晓萍　顾问营销部总经理
陈　涤　机构合作雇员福利部副总经理
徐　敏　金融合作部副总经理
范文涛　法人渠道大城区业务部总经理
黄云洲　法人渠道综合管理部总经理
陈　娟　江阴支公司总经理
许敏强　宜兴支公司总经理
范旭东　锡山支公司总经理
陈　红　滨湖支公司副总经理

（宗贤娟）

【荣誉先进】

2016年公司光荣榜（先进集体）

获奖单位	授奖单位	奖项名称
分公司	江苏省放心消费创建活动办公室	2015年度江苏省放心消费示范单位
分公司	无锡市保险学会	2015年度《保险与民生》期刊通联工作先进单位
分公司	无锡市放心消费创建活动办公室、无锡市保险行业协会	无锡市保险行业放心消费创建示范单位
分公司	无锡市保险学会	《无锡保险年鉴》组编先进单位
分公司	无锡市保险行业协会	2016年度“7·8”保险公众宣传日活动“最佳组织奖”
分公司办公室	无锡市保险行业协会	2016年度信息工作“优秀组织奖”三等奖
江阴支公司	江阴市委、市政府	2013-2015年度江阴市群众性精神文明创建先进单位

2016年公司光荣榜（先进个人）

获奖个人	授奖单位	奖项名称
陈爱国	和讯网保险经理人评选组委会	2015 年度杰出保险经理人奖
陈爱国	无锡市人民政府办公室	2015年年度金融工作奖先进个人
陈爱国	无锡市政协	无锡市优秀政协委员
柳惠芳	无锡市人民政府金融工作室、无锡市保险行业协会	2015 年度无锡市保险行业“展业明星”
潘雄伟	无锡市人民政府金融工作室、无锡市保险行业协会	2015 年度无锡市保险行业“展业明星”
韦钧	无锡市人民政府金融工作室、无锡市保险行业协会	2015 年度无锡市保险行业“展业明星”
钱敏丽	无锡市人民政府金融工作室、无锡市保险行业协会	2015 年度无锡市保险行业“服务明星”
陈美霞	无锡市保险行业协会	2016年度“优秀信息员”三等奖

（张南苹）

中国平安人寿保险股份有限公司无锡中心支公司

【概况】简称无锡平安人寿。2016年，该公司在集团的领导下，快速适应“5+5”架构变阵下的扁平化管理，响应总公司平台化经营的号召，以“科技”和“产品”为主轴，借助“互联网+”、“综合金融+”的力量，打破传统产品的边界，不断升级客户经营，提升客户对公司的黏度。同时依托三线、两平台（三线：产品推动线、人力发展线、产能提升线，两平台：销售支持平台、基础管理平台），四大节点拉爆，加快业务及人力成长速度。2016年，个险考核FYP首次突破7亿大关，人力踏上万人平台，逐步实现系统化、平台化的经营模式。

（唐娇娇）

【经营业绩】2016年，无锡平安人寿实现总保费收入20.7亿元，同比增长37.6%；年末个险销售人力1.09万人，同比增长74.1%,个险总保费市场占比21.5%，市场排名第二。全辖业务员人均收入5533元，全年理赔、生存满期给付2.88亿元，实交地方各种税收6609.96万元（个人所得税5460.18万元，营业税509.35万元，增值税524.47万元，城建税72.36万元，教育费附加22.84万元，地方教育费附加15.23万元，其他税金5.53万元）。

（唐娇娇）

【内部管控】2016年，无锡平安人寿着力完善合规架构，充实合规力量，加强沟通协作①完善合规架构。在原有法律合规岗的基础上成立合规督查室，设法律岗1人、合规岗1人、反洗钱岗1人、制度督查岗1人，进一步明确职责分工，提高了工作效率。②充实合规力量。在原有合规委员会及合规联络人架构下，新增合规联络人7人，截至12月31日，合规联络人队伍共计25人，涵盖所有职能部门及营业区。③加强沟通协作。全年召开合规联络人现场培训4次，内容涵盖合规政策宣导、制度执行、自查排查方案解析及工作部署等，通过高频次的宣导，进一步提高合规队伍的履职能力，保证历次自查的质量。④为完善制度管理。加强公司制度建设，建立制度定期维护机制，开展制度文化宣导工作。截至全年共发布制度52个。⑤加强宣传引导。年内，开展制度文化全员宣导5次，管理层宣导14人次，入司新人宣导45人次。

2016年，无锡平安人寿通过制作微信易企秀专题、发送宣导邮件、推送知鸟学习课程、推送微信公众号平台宣传、组织网络考试、召开合规早会等方式，利用新人转正培训班、内勤新人培训会、营业部晨会的机会，集中对保险销售从业人员、管理人员等重点人群进行精确宣导。全年累计开展防范和打击非法集资、反洗钱知识宣导、销售误导等各类法律合规反洗钱培训85次，全员宣导55次，覆盖内外勤员工5.31万人次。同时，无锡平安人寿通过张贴海报、放置展架、悬挂横幅、发放宣传折页、LED屏滚动播放标语、发送警示短信等形式，向社会公众开展防范金融风险知识公益宣导。全年累计发放打击非法集资等防范金融风险宣传彩页1万份，各营业网点制作宣传海报、横幅、易拉宝等宣传标语100余，发送警示短信29.70万条。⑥查处违规行为。2016年，根据外部监管及总公司要求，机构开展各类自查11次（“两个加强、两个遏制”回头看排查、常规风险排查、“从严要求落实年”活动、外勤违规行为专项排查、非法集资监测预警、外发邮件排查、稽核前自查自纠、“打击非法集资、打击违规代销”专项排查、员工兼职行为排查、内控测试、制度管理），内容涵盖非法集资、销售活动、人事岗位、保险资金等公司管理和经营的各个方面，排查对象覆盖机构12个职能部门的所有内勤员工以及下辖2家县支公司、28个营销服务部、1个营业部，共计121个职场的所有外勤员工。各项排查累计发现违规网络宣传招聘、违规代销、虚增保费、虚列费用等11类问题，涉及业务员118名，涉及金额78.85万元。针对发现的问题和违规业务员，无锡平安人寿依据业务员品质管理办法等规定进行问责整改，及时消除风险苗头，避免了风险进一步扩大。

（黄晨阳）

【党建工作】通过加强党员思想道德教育、培养了一支高素质、讲文明、勇于奉献的党员队伍。致力履行社会责任，用实际行动向公众展现保险业积极向上、勇担社会责任的精神风貌。

2016年，无锡平安人寿党总支共有内勤人力316人，其中正式党员59人、预备党员3人。①“两学一做”学习教育活动开展扎实有效。党总支组织全体党员认真学习《习近平总书记系列讲话读本》、《党章》

等学习材料，深刻把握精神实质。“七一”期间，党总支向全体员工发出倡议：要深刻学习党章党史，缅怀先辈的辉业绩，发扬党的优良传统及作风，牢记我们所肩负的历史重任，开展“如何做一名合格的党员干部”讨论会、“知党爱党兴党——‘两学一做’学习教育暨党史知识竞赛”、“学党史，跟党走”七一党庆活动、“两学一做暨狂奔行动”主题征文演讲、在党员干部中征集“我的家风故事”等系列学习活动，进一步坚定了全体党员的信仰信念，提高了对党的认识。开创新的辉煌。②党工结合，提高企业凝聚力和战斗力。无锡平安人寿以“爱与责任”慈善文化作为公司文化的核心，倡导员工快乐工作、健康生活。为加强公司关爱体系建设，更好地服务基层员工。党总支建立了图书馆，每月为员工购买最畅销书籍，年末，图书馆已存图书700册。党总支还开展读好书、微书评等系列活动，要求每位党员就读过的一本书动笔写一篇书评，把书中值得一读的东西与其他人分享。通过写微书评，鼓励大家多读书，多思考，多实践，不断提升写作能力和思维水平。③党风廉政建设深入推进,促进党员干部廉洁自律。公司成立了以党总支书记为组长的风险控制委员会，与合规委员会、反洗钱小组、反商业贿赂小组互为补充，完善合规经营组织架构进一步得到。年初下发“合规文化年”推广方案，规划2016年全年合规文化推广工作。方案涵盖公司制度宣导、反洗钱宣导、高风险事项宣导、关联交易宣导及员工利益冲突宣导等内容。同时针对非法集资高风险领域，公司还专门制订了打击非法集资宣传年活动方案。无锡平安人寿建立多层级的稽核、审计体系，制订并落实《“红、黄、蓝”牌处罚制度》，严肃法纪，全员通过学习和深入研讨，认真总结，严格推行法规，以促进行业发展为己任，保障公司快速、持续、稳定、健康发展。

（马　玥）

【文化建设】平安集团实施“狂奔计划”，2016年开展狂奔主题演讲。无锡平安人寿成立“狂奔”活动推广小组，制订年度推广方案，旨在通过自我加压，主动出击，有效提高员工自身工作效率及产能。无锡平安人寿在管理职场及营销职场内利用横幅等进行布置，营造学习氛围，帮助员工熟悉了解公司最新的企业文化。各职能部门及各区办利用部门科室例会、营业部早会，向内外勤员工进行宣导。同时，面向全体员工开展“狂奔”主题征文活动，号召全员将自身感悟化为文字记录下来。全年累计收到征文20篇，并从中评选出“十佳”进行挂网公示。

（高　琳）

【险种创新】①2016年4月1日少儿平安福健康保障计划上市。该险种有62种重疾保障，即10种少儿特定重疾+8种轻度重疾+45种重大疾病保障，种类多且保障全。（其中少儿特定重疾中的白血病有重合）。重大疾病三重给付，等待期后重疾最多可达3次赔付，累计赔付最高达重疾基本保额的2.2倍　。首创少儿陪护金；补偿家长看护期间的误工等收入损失，每月2000元起，最长可达6个月。意外保障；涵盖人体8大部位，281项伤残责任，乘坐私家车或公共交通工具发生意外事故享双倍赔付。且因意外造成的住院及门诊费用，均可享受一定额度的补偿。②（18岁前身故仅返还保费）。保费豁免，等待期后父母或孩子发生合同约定的保险事故，不用再缴纳保费，保障继续有效。②

2016年10月10日平安赢越人生年金保险（分红型）上市。

该险种在保证资金安全性和流通性的前提下，将理财的长期稳定利益和短期快享利益完美融合，帮助投保人实现自己的理财目标。快享高额给付，财富自由支配：合同生效后首个保单周年日，即可领取两笔生存给付金，合计值高于首期保费的30%，资金尽早且多的回归掌控，任投保人自由支配；锁定长期利益，享受额外惊喜：每个保单年度，均可以获得一笔金额确定的生存金，直至终身。源源不断的现金流既能满足当下的品质生活，更能为颐养天年积累财富；平安人寿每个会计年度还将至少拿出当年分红险可分配盈余的70%与保单持有人分享，依托平安人寿专业投资团队，获得额外利益；搭配聚财宝，财富二次增长：搭配聚财宝账户是赢越人生的一大特色，特别生存金、生存金及保单红利进入聚财宝账户后，享有万能险投资收益，助力财富二次增长；财富可贷可领，资金灵活周转：主险和附险聚财宝账户都有贷款功能，贷款金额最高可达主附险现金价值的80%。通过一笔资金多种用途，让财富的效用最大化。聚财宝账户还可以部分领取保单账户价值，财富随心支配，资金灵活周转；高额身价保障，财富世代传承：无论之前已给付多少保单利益，若被保险人不幸身故，都将给付不低于所交保费的主险身故金，并返还聚财宝账户价值，传富后代。

（祁　娴）

【保险业务活动】1、2月17—18日，无锡平安人寿召开“万人启航”人力启动大会。该次会议的召开预示着无锡平安人寿在这一天正式踏上“万人军团”的征程。

2、4月19—20日，召开二季度营业区高手团巡讲暨红五月启动宣导会。总经理侯勇作题为《做最好的自己》的报告，从对如何成为高手–重道、重德方面出发做了完美诠释，鼓励各位参会高手要向优秀的同仁学习，做到守土有责，为自己、为荣誉、为公司而战。

3、参加南通足球赛。积极参加“新生活运动”，加强“大江苏”地区寿险专业公司之间交流与沟通，足球联谊赛于4月22日在南通举办。第三届平安人寿“新生活运动杯”江苏、南通、苏州、无锡4家机构共同参赛，无锡代表队全情投入，勇于拼搏，展现了无锡平安人寿的风貌。

（拍摄：马玥）

4、上半年绩优峰会。5月18日召开上半年绩优峰会暨晋升表彰荣誉盛典，500位受表彰人员齐聚无锡君来洲际酒店，无锡平安人寿总经理侯勇出席会议并致辞鼓励平安将士勇于颠覆，勇敢狂奔，做一个时刻怀抱光荣与梦想的无锡平安人！

5、上半年精英荣誉表彰会。7月26日举办上半年精英荣誉表彰会暨MDRT巡讲会议。会议对一、二季度精英荣誉会获奖人员、开门红保费挑战纪录达成人员、2016年MDRT达标人员及无锡最美天使活动人员进行了表彰。

6、举办狂奔主题演讲比赛。8月11日举办。

来自营业区及各职能部门的12位选手参加角逐。经过评比，最终来自财务部的冯雪姣摘得桂冠，销售企划部徐荣荣、培训部陈蕾宇荣获亚军，行政部马玥、宜兴第一营业区宗羿、市区第五营业区王少尉荣获季军。

7、无锡平安人寿人力破万。8月26日，无锡平安人寿个险人力正式突破1万人！自2012年起，无锡平安人寿从2378人提升至1万人，人力成长几近5倍，保费平台从月均1900万提升至近7000万，月均保费增长超3.5倍。

8、客服中心升级为新智享门店。无锡平安人寿客服中心9月份搬迁新地址，升级为新智享门店。

该门店将互联网科技融入各个服务细节中，致力打造四大服务区域：智能炫酷的E服务体验区、科技爆棚的健康服务体验区、专属尊贵的综合金融理财区、私密安全的业务办理区，为用户提供专属“智享”服务。同时门店推出三大服务举措，无声叫号、三免服务、预约服务，给客户提供省时、省心、省力的极致服务。通过改善服务环境、提升服务质量、增加创新举措，客户体验不断提升，2016年柜面客户服务满意度年累计达成98.4%。

9、“平安RUN·乐跑马山”活动。10月23日，3000名跑步爱好者齐聚太湖之畔、灵山脚下，由无锡平安人寿总冠名的“平安RUN·乐跑马山”活动在风景绮丽的七里风光堤拉开帷幕。该次活动全程10公里，沿七里风光堤前行至龙头渚公园折返，可一路饱览太湖美景，切实体会人在画中跑的惬意。

10、无锡平安人寿举办平安一家亲运动会。11月5日来自寿险、产险、银行、普惠、信用卡等5家机构的300余名平安伙伴们齐聚在太湖新城周末广场，参加“平安一家亲”趣味运动会。该次活动由寿险主办，以“乐跑平安，健行天下”为主题，践行“新生活运动”理念，吸引更多的人参与到徒步这一全民健身当中。

（摄影：马玥）

11、参加2016精英荣誉表彰盛典。11月15日下午，无锡平安人寿在瑞廷西郊酒店隆重举行2016年精英荣誉表彰盛典暨2017年开门红加油站。全辖300名绩优高手欢聚一堂、共襄盛会。

大会对2016年中国平安个人客户经理俱乐部、东区高手会、东区钻石年会、无锡年度精英荣誉会等18个奖项的199人次进行隆重表彰，并对在2017年开门红丰赢1号战役中表现卓越的营业单位和个人授予锦旗和证书。

总经理侯总作题为《心灵的赞歌——献给我们的精英会英雄》的动员讲话，对所有取得卓越业绩和无尚荣耀的精英们表示衷心祝贺，号召全体无锡平安人秉承“善良、正直、勤奋、奋进”的信仰，不忘初心，做一名有情怀、懂感恩的人。

12、“激情万丈，荣耀启航”年终联欢晚会。于12月20日在无锡太湖饭店举行，300名内勤员工欢聚一堂。无锡市保险行业协会秘书长、无锡平安银行、产、养、普惠、信托、证券、信用卡等兄弟机构的负责人列席该次盛宴，见证和分享了无锡平安人寿年会的精彩瞬间。

（马　玥）

【重大承保】1、客户张某，投保“平安福”1.62亿元+“平安福重疾”1.62亿元+“长期意外”1.38亿元+豁免C16，人身险保额920万元，期交保费10.3万元。

2、客户陈某，投保“平安福”150万元+“平安福重疾”1.5亿元+“长期意外”1.38亿元+豁免C加强版+健享人生B15份+住院日额0750份+意外医疗B5万元，人身险保额900万元，期交保费11.9万元。

3、客户龚某，投保“平安福”700万元+“平安福重疾”1.52亿元+“长期意外”1.31亿元+豁免C加强版+健享人生B2份+住院日额0720份+意外医疗B10万元，人身险保额800万元，期交保费15.2万元。

4、客户李某，投保“平安福”260万元+“平安福重疾”1.51亿元+“长期意外”1.35亿元+豁免C加强版+意外医疗A8万元，人身险保额760万元，期交保费11.3万元。

5、客户张某，投保“平安福”500万元+“平安福重疾”1.53亿元+“长期意外”1350万元+豁免C加强版，人身险保额550万元，期交保费13.9万元。

6、客户罗某，投保“平安福”200万元+“平安福重疾”1.52亿元+“长期意外”1.33亿元+豁免C加强版+健享人生A5份+住院日额0730份+意外医疗A5万元，人身险保额500万元，期交保费12.2万元。

7、客户胡某，投保“平安福”200万元+“平安福重疾”1.52亿元+“长期意外”1.33亿元+豁免C加强版+意外医疗A5万元，人身险保额500万元，期交保费9.3万元。

8、客户王某，投保“平安福”1.63亿元+“平安福重疾”1.61亿元+“长期意外”1.31亿元+豁免C16+附加定期100万元+健享人生B4份+住院日额0720份+意外医疗B10万元，人身险保额500万元，期交保费5万元。

9、客户杨某，投保“平安福”1.61亿元+“平安福重疾”1655万元+“长期意外”1.32亿元+豁免C16+附加定期250万元，人身险保额500万元，期交保费3.9万元。

10、客户陈某，投保“幸福定期”A04300万元+附加定期200万元，人身险保额500万元，期交保费1.3万元。

（祁银亚）

【重大赔付】2016年，无锡平安人寿理赔案件量1.57万件，较2015年增长34.78%，平均每天赔付42件；赔付金额9728万元，较2015年增长38.58%，平均每天赔付27万元，件均赔付0.62万元。

2016年，无锡平安人寿继续践行理赔承诺，在不断提升理赔服务满意度的同时持续缩短理赔服务时效。推出安e赔，第一位通过安e赔申请的客户，仅用25分钟就完成了理赔。

1.意外高坠身故，获赔保险金145万余元

投保概况：客户Z先生，34岁。2011年12月投保智胜人生15万元、智胜重疾10万元、无忧医疗B1万元、无忧意外10万元、2013年4月投保护身福40万元，护身福重疾40万元、意外医疗B5万元、护身福意外80万元。

保险事故：2016月04月被保险人在工作中不慎从3米高的围墙上坠落，于当日身故。

理赔情况：客户家属提交理赔材料后，公司快速理赔，共给付身故金145万余

元。

2.食道癌身故，获赔保险金105.22万余元

投保概况：客户W先生，55岁。2013年8月投保富裕一生49.3万元。

保险事故：2016年5月26日被保人因食道癌身故。

理赔情况：客户家属提交理赔材料后，公司快速理赔，共给付身故金105.22万余元。

3.宫颈癌身故，获赔保险金105.06万余元

投保概况：客户Z女士，20岁。1999年3月投保平安康泰5万元、意外伤害2万元、住院医疗B1档、住院安心2档。2001年5月投保世纪理财50.6万元，2001年7月投保世纪理财49万元。

保险事故：2016年02月被保险人因宫颈癌身故。

理赔情况：客户家属提交理赔材料后，公司快速理赔，共给付身故金105.06万余元。

4.交通意外身故，获赔保险金94万元

投保概况：客户Z先生，36岁。2016年1月投保智悦人生11万元、智悦重疾10万元、无忧医疗B2.5万元、无忧意外12万元、无忧豁免C0.5万元。2016年1月投保平安福21万元、平安福重疾20万元、长期意外25万元、健享人生B3份、住院日额10份。

保险事故：2016年5月被保险人因交通意外身故。

理赔情况：客户提交理赔材料后，公司快速理赔，共给付保险金合计94万元。

5.意外身故，获赔保险金92万余元

投保概况：客户S先生，32岁。2009年8月Z女士为其投保智盈人生12万元、智盈重疾8万元、无忧意外10万元、无忧意外B2万元；2011年1月Z女士为其投保吉星盈瑞1万元；2014年3月为自己投保如意两全0.0266万元、如意意外10万元、住院日额10份。2015年6月S先生为自己投保平安福25万元、平安福重疾20万元、长期意外30万元、健享人生B4份、住院日额10份。

保险事故：2016年10月被保人因意外身故。

理赔情况：客户提交理赔材料后，公司快速理赔，共给付重疾保险金92万余元。

6.前列腺癌身故，获赔保险金70万余元

投保概况：客户X先生，64岁。2007年3月投保钟爱一生20万元。

保险事故：2016年3月被保人因前列腺癌身故。

理赔情况：客户家属提交理赔材料后，公司快速理赔，共给付身故金70万余元。

7.鼻咽癌身故，获赔保险金67万余元

投保概况：客户S女士，44岁。2009年2月智盈人生45万元，2010年2月投保富贵人生7.5万元，2014年2月投保护身福38万元，护身福重疾35万元。

保险事故：2016年05月被保险人于因鼻咽癌身故。

理赔情况：客户家属提交理赔材料后，公司快速理赔，共给付身故金67万余元。

8.罹患重疾，获赔保险金63万余元

投保概况：客户H女士，32岁。2001年1月投保平安康泰3万元、住院安心2档，2014年8月投保爱无忧60万元。

保险事故：2016年5月被保人术后病理

诊断明确乳腺癌

理赔情况：客户家属提交理赔材料后，公司快速理赔，共给付身故金63万余元，豁免后期保费1.7万余元。

9.罹患重疾，获赔保险金54万余元

投保概况：客户H女士，43岁。2002年12月投保康乃馨5万，2004年投保智富人生A1.7万元，2016年1月投保平安福80万元、平安福重疾50万元、长期意外30万元、豁免C加强版0.87万元、健享人生B2份、住院日额20份、意外医疗B3万元。

保险事故：2016年05月被保险人术后病理明确甲状腺癌。

理赔情况：客户家属提交理赔材料后，公司快速理赔，共给付重大疾病保险金54万余元，豁免后期保费42.86万余元。

10.罹患重疾，获赔保险金48万余元

投保概况：客户S先生，40岁。2015年5月投保平安福50万元、平安福重疾48万元、长期意外25万元、豁免C加强版0.1288万元。

保险事故：2016年1月被保险人术后病理明确结肠癌。

理赔情况：客户家属提交理赔材料后，公司快速理赔，共给付重大疾病保险金48万余元、豁免后期保费30.74万余元。

（杨国夭）

【公益活动】

1.开展无偿献血活动

“无偿献血，平安有情”，1月15日上午，无锡平安人寿江阴支公司组织内外勤员工参加无偿献血活动。该次活动共有近40名内外勤员工参与，累计献血量11150ml。

（拍摄：毛晓芬）

2.开展向盐城灾区献爱心捐款慈善活动

6月23日，盐城市阜宁县、射阳县部分地区突发龙卷风冰雹严重灾害，多个乡镇受灾，造成大量民房、厂房、学校教室倒塌，部分道路交通受阻，人员伤亡和财产损失严重。这一灾情牵动着无锡平安人寿全体领导和员工的心。6月30日，无锡平安人寿工会向所有员工发出向盐城灾区献爱心捐款的倡议书，号召全体员工发扬中华民族“一方有难，八方支援”的传统美德，弘扬“慈善安天下”的企业文化理念。倡议书一经发出，引起强烈反响。短短几天时间，无锡平安人寿249名内勤为灾区捐款共计11435元。

3.开展迷你马拉松活动

在平安28周岁生日之际，无锡平安人寿于2016年5月27在金融街一区的街心公园开展了“无锡寿险迷你马拉松活动”。百名平安人用奔跑的方式，共同庆祝平安生日。

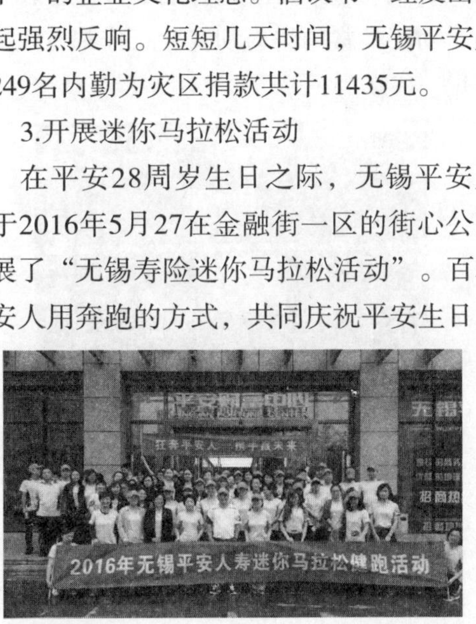

（拍摄：马玥）

4.持续开展中秋送温暖活动

9月12日，总经理侯勇带领公司员工及VIP客户来到了无锡市滨湖区福利中心，看望这里的老人们，并送上了洗衣机、微波炉、月饼、牛奶等慰问品，祝愿老人们度过一个温馨愉快的中秋佳节。

（拍摄：丁敏）

（马　玥）

【教育培训】

1.3月8日—3月11日，来自前线、后援和共同资源的27名员工参加了在无锡市山水锦辉大酒店举办的为期三天三夜的内勤PTT培训，有效提升公司内勤员工沟通表达能力，对于日常的沟通和宣导工作都有很大的帮助。

（拍摄：张晓琳）

2.4月13日—4月15日，来自无锡、江苏、苏州、上海的36名员工参加了在无锡市金色豪门大酒店举办的平安大学《追求卓越（HPIC）》培训，提升了公司内勤员工问题解决能力，高效管理时间和自我，提高工作效率。

（拍摄：张晓琳）

3.7月5日—7月6日，来自分公司前线、后援、共同资源共38位员工参加了在无锡市山水锦辉大酒店举办的《责任胜于能力》培训，有效提升了公司员工承担责任的能力以及在团队中的价值。

（拍摄：张晓琳）

4.7月26日—7月29日，来自前线、后援和共同资源共24名员工参加了在无锡市舜天碧波酒店举办的的菁英计划专业技能提升培训班，对公司前后线关键人才进行了专项培训，夯实专业知识，锻炼吃苦耐劳的毅力。

5.9月12日–13日，分公司高中基层干部共计31人参加了《PMO七步成诗培训班》，提高各层级干部的项目管理能力。

6.9月19日—9月23日，来自无锡、江苏、上海、烟台的42名员工参加了在无锡市金色豪门酒店举办的为期四天四夜的启航平安（NEO）培训，帮助新人了解企业文化，提升工作技能，快速融入公司。

7.11月1日—11月2日，来自分公司前线、后援、共同资源共28位员工参加了在无锡市木棉花酒店举办的《微课件设计与开发》培训，提升公司员工的微课程设计与开发技能，推动学习型组织建设。

（张晓琳）

【其它】 9月8日无锡平安人寿客服中心、营销职场由平安大厦搬迁至清扬路世金大厦10楼、12–15楼。

（高　琳）

【领导班子成员】

侯　勇　总经理

荣申宏　副总经理（分管后援）

余忠海　副总经理（分管营销）

汤定宇　销售经理（分管本部销售）

（欧阳洁）

【机构（部门）主要负责人】

孙　默　市区第二营业区

殷正道　市区第三营业区

张　熙　市区第四营业区

张单锋　市区第五营业区

马　力　江阴第一营业区

孙刘志　江阴第二营业区

刘宜会　江阴第三营业区

罗　敏　宜兴第一营业区

毛　鹏　宜兴第二营业区

张敏芳　区拓管理部

叶苏清　培训部

钱　威　销售企划部

方　军　营销管理部

李　敏　综合开拓部

弓艺兵　行政部

孙　漪　人力资源部

谢　盛　财务部

郁艳萍　企划部

仇丽华　客户服务部

胡　凉　运营督导部

许菱芳　业务管理部

（欧阳洁）

【荣誉先进】

外部获奖：

1、3月7日无锡平安人寿荣获2015年度全市平安金融创建活动先进集体称号。

2、3月11日，无锡平安人寿党总支荣获2015年机关党建课题研究成果优秀奖；

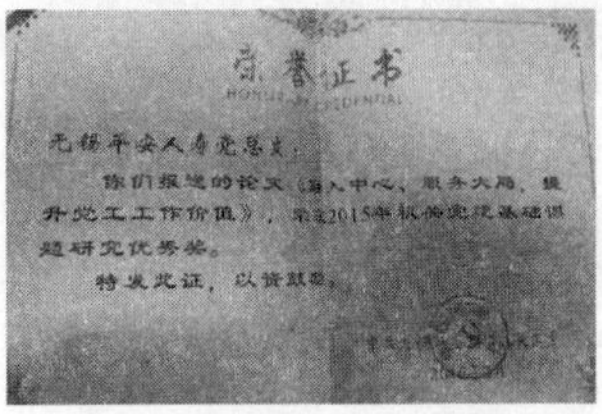

荣誉证书

无锡平安人寿党总支：

你们报送的论文《融入中心、服务大局，提升党工工作价值》，荣获2015年机关党建课题研究优秀奖。

特发此证，以资鼓励。

3.3月10日，无锡平安人寿在《无锡保险年鉴》组编工作中成绩显著，被无锡市保险学会评为先进单位。

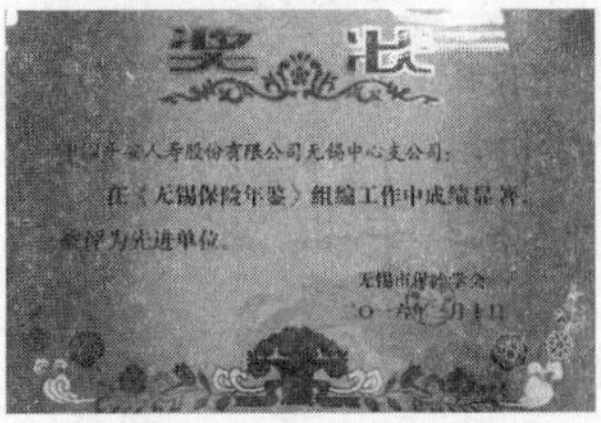

奖状

中国平安人寿股份有限公司无锡中心支公司：

在《无锡保险年鉴》组编工作中成绩显著，被评为先进单位。

无锡市保险学会

4.3月23日，无锡平安人寿工会委员会荣获江苏省模范职工之家的称号。

5.3月15日，无锡平安人寿荣获“3.15诚信承诺单位”称号。

6.10月无锡平安人寿喜获“15年无锡市保险行业放心消费建示范企业”。

7.12月7日无锡平安人寿荣获“爱心助学”单位。

8.7月无锡平安人寿荣获“7.8”保险公众宣传日活动“最佳组织奖”。

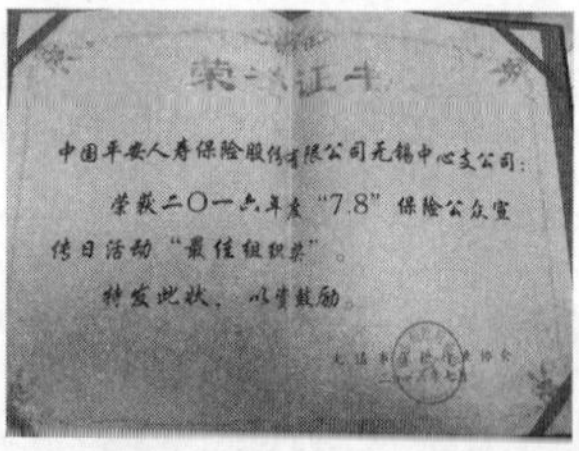

内部获奖：

6月，无锡寿险行政部荣获2015年EOA竞赛优胜奖。

12月，无锡寿险行政部荣获2016年资产知识竞赛一等奖。

先进个人：

1.行政部李军2015年荣获2015年道路交通安全先进工作者。

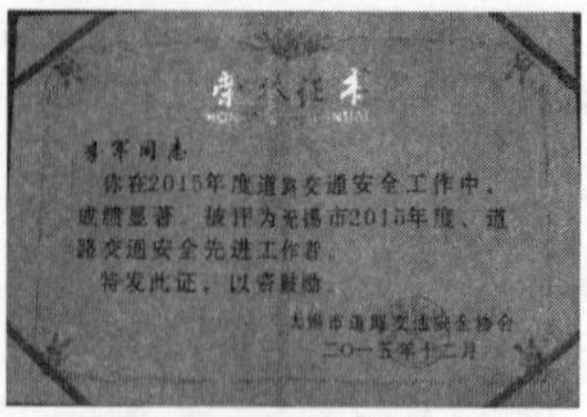

2.12月弓艺兵同志荣获市级机关工会颁发的“优秀工会工作者“称号。

3.12月行政部王乐天荣获2016年度“优秀信息员三等奖”。

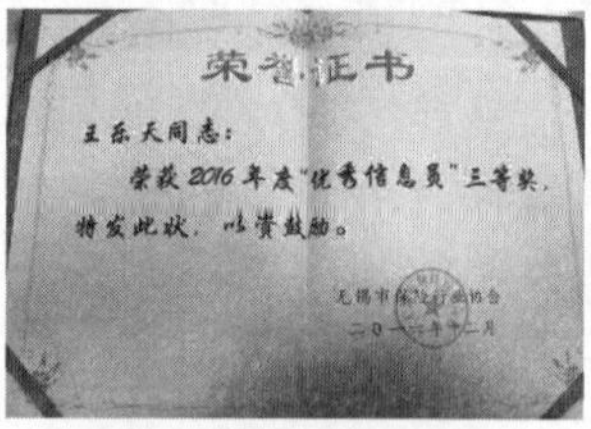

4.12月营销管理部胡婕、运营督导部陆颖琼、宜兴一区周琛珀荣获市级机关“工会积极分子”称号。

5.12月行政部弓艺兵获集团品牌部颁发的“年度优秀品牌总监”称号。

（马　玥）

新华人寿保险股份有限公司无锡中心支公司

【概况】简称新华人寿无锡支公司。2016年，该公司总分公司的战略引领下，坚守“合规经营”的红色底线，深入开展“两个加强、两个遏制”回头看及落实“学保险、用保险、落实以客户为中心服务年”活动，高度关注公司费控及创费结余，避免财务风险。加快机构发展步伐，全年新开业滨湖、惠洲2家支公司。

（张天六）

【经营业绩】2016年，无锡新华全年实现规模保费3.89亿元，同比增长22.3%。当地市场占有率1.78%，其中期交保费8968万元，年度达成率为92.5%，十期以上期交保费4504万元，年度达成率为84.3%，市场排名第六。

个险期交保费6066.75万元，同比增长28%，十年期交4613.61万元,同比增长10%，全省系统排名第五，保费平台连续四年实现正增长，从2015年月均395万增长至2016年506万；规模人力连续四年稳步增长，截止2016年12月在册人力942人。

银代（含财富）业务规模8558.89万元，同比增长419.6%，达成率80.7%，其中期缴571万元，同比增长253%，达成率35.68%。

续期新单规模1912万元，同比增长89.38%，达成率112.5%；新单期交1860万元，达成率116.2%；10年期交814万，达成率85.7%。个续继续率88%银续继续率86%。

法人规模674.09万元，同比增长242%，达成率103.7%；短险517万元，其中AB险449万元，同比增长134%，达成率89.8%。

（张天六）

【渠道建设】①个险营销业务。落实总分公司“两高”团队建设目标，保费、人力和绩优人力稳步发展贯彻。大绩优及持续绩优人力得到沉淀。②银行代理业务。管理架构得到初步完善，江阴营业部已搭建1+3团队，宜兴营业部已扩充至1+10团队。③法人业务。2016年成功入围无锡、江阴两地医保卡项目，新增客户175个，其中万元客户95个，5万元客户16个。短险大幅正增长。④续期业务。人力发展，年初人力112人，年末人力168人，年净增长56人。⑤运营保障。干部梯队建设趋向良好，员工队伍稳定，有效实施新型客户体验。下半年荣获“无锡市保险行业放心消费创建示范单位”。

（张天六）

【内部管控】狠抓风险管控、后援保障、财务、运营及各业务渠道的基础管理深入开展“两两回头看”等专项检查工作，以支撑业务发展；全年无重大投诉风险案件发生，监管零处罚。

（张天六）

【党建工作】 6月27日，无锡新华党支部全体党员参加了新华保险江苏分公司党委举办的“两学一做”视频专题学习教育会，听取了分公司党委书记彭军关于“新形势下如何增强党的意识与宗旨，做合格党员”的党课，用实际行动推荐“两学一做”学习教育常态化。

（张天六）

【文化建设】 新华保险企业文化理念体系：

愿景：中国最优秀的以全方位寿险业务为核心的金融服务集团。

使命：为客户提供幸福生活的保障，为股东贡献稳定持续的回报，为员工创造成就自我的机会，为社会增添和谐安宁的力量。

价值观：诚信责任公平创新进取

全新客户关系：

创造极致的客户体验，和客户之间建立相识、相知、相信、相依的全新客户关系；

打造责任清晰、持续连贯、全方位的、覆盖客户全生命周期的服务是我们走向全新客户关系的必径之路。

（张天六）

【保险业务活动】 4月24日，无锡新华客服组织“生命在脚下——2016新华保险无锡中支健步走”徒步赛活动，公司客服、财务、银代等内外勤员工与客户共100余人员共同参与，体验徒步快乐，宣传健康理念，增强保险意识，传播公司品牌。

6月5日，无锡新华客服部和保费部联合举办第七届“新华保险杯”畅想未来——全国少儿书画大赛海选活动，来自无锡地区的40余位小选手参加了书画大赛海选。

7月7日，无锡新华内外勤代表参加无锡市委宣传部、文明办、市金融办、市放心办、市消委会、市保险行业协会及市保险企业在茂业天地购物中心广场举办的2016年全国保险公众宣传日活动，现场设摊宣传，为客户提供产品、售后咨询，纷发宣传册。同时就无锡市民关注的人身保险热点问题现场接受了无锡电视台生活频道《今日财经》栏目记者的采访。

（张天六）

【理赔案例】 2008年6月5日，客户张某投保红双喜新A款两全保险，该客户2013年1月7日在美国突发心脏病身故，子女于2016年3月至公司办理理赔申请，公司赔付：590042.47元。

客户王某2009年1月6日投保至尊双利终身寿险，年交保费1万元，交五年。同时在2010年2月28日投保红双喜新C款两全保险，年交保费：1万元，交五年。客户于2016年5月15日因肺癌在家身故,受益人于2016年6月6日申请理赔，公司共计赔付20.25万元。

客户朱某2010年1月26日投保红双喜新C款两全保险后，于2016年5月20日患脱髓鞘病抢救无效身故，其妻于2016年9月2日申请理赔，公司赔付：28.66万元。

客户许某2012年10月17日投保康爱无忧附加康爱防癌疾病保险，年交保费：5780元，交费期间20交，已交4年，客户于2016年8月26在无锡市人民医院确诊为甲状腺癌（恶性），客户本人于2016年9月21日到公司办理申请理赔，公司赔付：20万元。

客户黄某所在单位于2016年5月10日投

保新华保险的团体意外保险，其被保险人黄某于2016年8月8日骑电动车与面包车相撞经抢救无效身故。受益人于2016年10月8日申请理赔，公司赔付：17.02万元。

（张天六）

【其他】3月22日，无锡新华滨湖支公司获得江苏保监局开业批复，（苏保监许可〔2016〕294号“江苏保监局关于同意新华人寿保险股有限公司无锡中心支公司滨湖支公司开业的批复”），5月3日，无锡新华滨湖支公司正式开业。

5月3日，新华人寿保险股份有限公司惠北支公司企业名称变更为新华人寿保险股份有限公司无锡中心支公司梁溪支公司；经营场所变更为无锡市永乐路29号新天地休闲广场1号楼9层906室。

6月7日，根据《关于职工医保个人账户结余购买商业保险的操作办法》(锡人社发[2016]98号）精神，经无锡市人力资源和社会保障局审核确认，新华保险无锡中心支公司成为第一批列入无锡市职工医疗保险个人账户结余用于购买商业健康保险产品的商业保险公司，本次入选了公司的畅行天下A款等3款专属保险产品。

7月20日，无锡新华滨湖支公司获得江苏保监局开业批复,（苏保监许可〔2016〕768号“江苏保监局关于同意新华人寿保险股有限公司无锡中心支公司惠洲支公司开业的批复”），10月19日，无锡新华惠洲支公司正式开业。

（张天六）

【领导班子成员】

谢　丹　总经理

张天六　党支部书记

张学春　市场总监

张　明　银代负责人

（张天六）

【机构（部门）主要负责人】

黄　斌　江阴支公司负责人

谭新明　宜兴营销服务部负责人

张学春　惠山营销服务部负责人

尤景亮　滨湖支公司负责人

王　欢　梁溪支公司负责人

陈　龙　惠洲支公司负责人

（张天六）

【荣誉先进】1月15日，无锡新华宜兴营销服务部经考核验收，被宜兴市平安金融创建活动小组命名为宜兴市“平安金融单位（网点）”，并予以授牌。

1月19日，无锡新华被无锡市保险行业协会评为“2015年度统计工作先进单位”。

3·15期间，无锡新华荣获由无锡市消费者委员会、无锡广电发展有限公司联合颁发的2016年度无锡“诚信承诺”单位称号。

11月中旬，经市放心消费办、市保协推荐、申报、考核、公示及综合评定，无锡新华被授予“2015年度无锡市保险行业放心消费创建示范单位”，并荣获“无锡市放心消费创建示范企业”证书。

（张天六）

泰康人寿保险有限责任公司江苏无锡中心支公司

【概况】简称泰康人寿无锡支公司。2016年，该公司依据总公司“四位一体”和“互联网”两厢战略，有效地运用各种有利条件，上下齐心协力，在规范经营的同时，积极提升业绩水平，业务稳健发展，累计承保各类保费6.1亿元，全年完成理赔赔付744万元，充分实现商业保险“保障风险，弥补损失”的社会保障功能。

到年末，泰康人寿无锡中支以宜兴支公司、江阴支公司、无锡本部为三大主力，一个乡镇网点，服务区域覆盖整个无锡范围，全力为无锡市民提供全方位、高品质的保险服务。

（蓝天月）

【经营业绩】2016年，泰康人寿无锡中支全年总保费超过6.1亿元，其中公司利润重要来源的个险营销业务，累计承保保费5.4亿元，银行保险业务全年累计承保规模保费5413万元。

2016年，续收保费业务强劲增长，全年续收收入保费3.7亿元，13月继续率达95.17%。25月达成率86.47%，全年四次累计达成率97.48%。良好的续期业务品质确保了公司客户数量和现金流量的稳定，为核心业务快速发展奠定了坚实基础。

2016年，衡量公司业务品质的重要指标:无锡泰康的人均价值保费与件均保费在江苏省系统内名列第一，尤其是宜兴人均标准保费远高于全省水平，这也标志着宜兴业务团队已经进入成熟期。

（蓝天月）

【渠道建设】泰康人寿无锡中支保险业务品质指标持续提升，各项业务指标均达到良好水平以上。公司依托互联网科技发展，将业务做好的同时，更将理赔服务质量提升。2016年泰康人寿无锡中支利用微信理赔方式高效的完成理赔服务，赢得了客户较好的口碑。

（蓝天月）

【领导班子成员】

狄秀英　总经理
徐　强　银保业务负责人
张　健　个险副总经理

（蓝天月）

【机构（部门）主要负责人】

朱　尧　营销部经理
吴　江　续期收展部经理
黄　吉　组织发展部经理
母晓春　运营部经理
蓝天月　公共资源部经理
俞　锋　计划财务部经理

（蓝天月）

太平人寿保险有限公司
无锡中心支公司

【概况】简称太平人寿无锡支公司。2016年，该公司践行“精品战略”，年度工作计划中的指导思想，工作稳定。10月，被无锡市放心消费创建活动办公室、无锡市保险行业协会评为“无锡市保险行业放心消费创建示范企业”。员工周伟、陆和娣和张荣华同志被无锡市人民政府金融工作办公室、无锡市保险行业协会分别评为无锡市保险行业先进个人“服务明星”、“展业明星”。

（李继东）

【经营业绩】截至2016年12月31日，太平人寿无锡中心支公司个险承保期交1.44亿元，江苏排名第二，全系统排名第8；NBV6308万元，江苏排名第二，全系统排名第十；银险期缴承保标保2678万元，江苏排名第三，全系统排名第六名，趸交规模保费2.59亿元，江苏排名第二，全系统排名第七名。同时，无锡中支续期工作再创佳绩，年度累计继续率：个险13个月达到95.2%，25个月达到97.1%；银险13个月达到91.34%，25个月达到98.52%，提前达成四项精算假设，并达到四九平台。

（李继东）

【渠道建设】截至2016年12月31日，与太平人寿无锡中心支公司合作的银行邮政代理共有8家。太平人寿一直秉承“用心经营诚信服务”的经营理念，以“精钻营销项目”和“千万营销项目”等为突破点，通过各种形式不断开拓合作渠道，积极维护渠道关系。2016年通过渠道创新项目形式，不断提升太平人寿的客户层次，同时扩大了太平人寿的品牌影响力。通过与银行的紧密合作，以维护客户权益为根本，真正实现了公司、渠道和客户的三赢。

（李继东）

【内部管控】合规管理是保险公司全面风险管理的一项核心内容，也是实施有效内部控制的一项基础性工作，提高经营管理水平，加强合规经营能力，不仅是太平人寿的立司之本，更是太平人寿无锡中心支公司的强司之路：通过加强合规经营，可以提高公司的凝聚力、向心力，降低经营风险，实现公司效益的最大化。

（李继东）

【党建工作】①集中学习。2016年6月党支部党员大会组织学习中共党史，由支部书记王廷宏主讲。11月组织中支党员干部观影学习党风廉政建设教育片《永远在路上》。②个人自学。2016年3月中支总经理室进行“三严三实”和“四风”回头看的自查；8月组织全体党员“两学一做”自主学习，并撰写学习心得体会。③推进廉洁文化宣传。无锡中支党支部通过微信和邮件等方式，发送廉政建设和廉洁文化的电子刊物。促使广大党员干部对自身言行不放松，把廉洁文化理念融入公司经营管理的各个环节，形成尊崇制度、遵守制度、捍卫制度的良好风尚。

（李继东）

【险种创新】2016年初，太平人寿推出新款医疗险——康悦医疗。该产品提供20万和50万两档住院医疗额度，根据客户的需求选择定制医疗保障。

康悦医疗计划可同时涵盖门诊责任和住院津贴，甚至无需体检且能独立投保、延长续保至80周岁。报销范围突破社保，涵盖自费药，医院范围覆盖公立医院特需部、国际部。

（李继东）

【保险业务活动】6月5日，太平人寿2016客服节开幕式暨神秘的魔法世界江苏巡演无锡站在无锡市演艺剧院隆重上演，公司全体人员共同推动，用心为高端客户提供贴心服务体验。

7月30日，“牛到里约 跑动中国”活动无锡站在无锡市贡湖湾湿地公园隆重开跑。太平人寿无锡中心支公司50人组成跑团参与了该项活动。

9月22日，江苏分公司副总经理庞亚军总莅临无锡中心支公司督导“两两回头看”专项工作。

11月27日，太平人寿无锡中支启动了筹备已久的团队拓展活动。全体员工都得到了短暂的放松，同时团队间互帮互助的联系更加紧密。

（李继东）

【重大承保】1月1日，江阴吴亚静伙伴以一张122万的畅享世家保单敲响太平人寿无锡中心支公司开门红，也成为2016年最大保单的代理人。

（李继东）

【重大赔付】客户曹女士，29岁，自2006年多次在公司投保多款健康险附加重疾险，保额40万。2016年11月6日客户觉得颈部不适，用手触摸感觉有肿物，遂前往医院就诊，后被确诊为甲状腺原位癌，随后做了手术切除。

2016年12月6日曹女士申请理赔，经公司审核，12月16日理赔结案，曹女士收到了公司的理赔款共计41.14万元。

（李继东）

【公益活动】太平人寿无锡中心支公司积极参与社会公益活动，始终牢记自身的社会责任与义务。6月24日，借助“太平手拉手”爱心公益平台，太平人寿无锡中心支公司员工们带着食物与日需品，走进无锡市儿童福利院探望该院儿童与工作人员。无锡中支持续关注福利院儿童，在了解到他们微小的心愿后，号召社会各界人士认领他们的心愿，最后在11月18日无锡中支将收集来的社会各界捐赠的100份心愿礼物送至孩子们手中。6月27日，无锡中支召开全辖特别视频早会，为“6·23”阜宁、射阳特大灾害群众送去11842元的物资用于救援。7月7日，无锡中支参加无锡电视台和无锡市保险行业协会共同举办的“保险，一切更简单”保险公众宣传日活动。

（李继东）

【领导班子成员】

王廷宏　党委书记/总经理
孙伟君　副总经理

（李继东）

【机构（部门）主要负责人】

李继东　人事行政部经理
李凌虹　财务部经理
陈　红　运营服务部经理
储志云　保费部经理

徐　衢　银行保险部经理
陈景超　中支个险本部经理
许伯春　宜兴支公司经理
陈淑琼　江阴支公司经理
吕　品　江阴第一营销服务部
张国良　城郊营销服务部经理

（李继东）

民生人寿保险股份有限公司江苏分公司无锡中心支公司

【概况】 简称民生人寿无锡支公司。2016年，承保：传统险497.72万元；分红险29.79万元，分红险占比3.37%；人身意外险:0.19万元；医疗保险:4.88万元。实现个险首期保费532.6万元，续期收费6794.5万元。公司设立综合室内控审计合规部，加大内部规范管理力度，减少公司管理风险。民生保险荣获2016中国金融机构金牌榜·金龙奖“年度最具竞争力保险公司”。“中国金融机构金牌榜—金龙奖”，是由中国金融领域最具权威的主流媒体《金融时报》，联合国家级权威学术研究机构、中国社会科学院金融研究所推出的全国性重要的金融行业年度评选活动。评选活动结合各金融机构全面财务报告和相关数据，对各金融机构的经营发展情况进行全面、科学、深入的分析，最终确定获奖机构名单。由于奖项具有较高的含金量，金龙奖也因此日益受到金融业界和社会各方面的高度重视和广泛关注。2016年，民生保险坚持“保险姓保”的发展理念，在稳健经营的过程中，持续加强产品创新，提高保险服务水平，热心公益事业，先后被保监会评定为2016年2季度风险综合评级（分类监管）A类单位、中国保险行业协会评定为2015年度保险法人机构经营评价A级单位。

（纪　颖）

【重大赔付】 2016年，民生人寿无锡中支累计赔付件数516件，赔付金额37.71万元。

（纪　颖）

【领导班子成员】

陆　晶　总经理
黄国强　总经理助理

（纪　颖）

【机构（部门）主要负责人】

凌　琦　营销部负责人
辛洁琦　培训部负责人
韩乃波　收展室负责人

（纪　颖）

富德生命人寿保险股份有限公司无锡中心支公司

【概况】简称富德生命人寿无锡支公司。2016年，该公司保费收入3.82亿元，同比增长326.91%；意外险保费收入5.4万元，同比增长36.36%；健康险保费收入49.72万元，同比增长27.78%。

（周铭洁）

【经营业绩】2016年，该公司银保业务部，2016年期交业绩2.05亿元，同比增长5000%；泵交业绩3.03亿元，同比增长17%。营销业务部，2016年完成综合标保1420万元，同比增长36%。

（周铭洁）

【渠道建设】年末，该公司银保业务部物理网点从98个增加到189个，中农工建邮浦发全面开放。

（张　伟）

【内部管控】该公司业务部开展品质管理会议40场，针对反洗钱以及反非法集资等专项会议10场，内勤管理干部会议高达47场。全面自检自查及总分公司的风险排查5次。

（周铭洁）

【文化建设】富德生命人寿遵从“内诚于心，外信于行”的经营理念，秉承“富及民众，德行天下”的核心价值观，紧跟市场脉搏，不断求新、求变、求发展。

（周铭洁）

【险种创新】10月中支经营范围变更，在原来的经营范围里增加了：代理富德财险江苏分公司企业财产保险、商业机动车辆保险等相关险种。

（周铭洁）

【保险业务活动】5月，指尖上的理赔——富德生命零等待支付让理赔变得轻松便捷。移动理赔，开创服务新体验。

（周铭洁）

【重大承保】8月份，银保业务部业务部单件承保期交1000万元的大单。

（周铭洁）

【重大赔付】3月，“大难无情，生命有爱”无锡中支开通理赔绿色通道，为客户送上意外赔付款200116.38元。

（周铭洁）

【对外交流】9月，上下联动拉网排查，无锡中支全力推动“二个加强、二个遏制”回头看。

（周铭洁）

【公益活动】8月，成功举办无锡第十届客服节《一路陪伴　关爱始终》夜间徒步暨福利院牛奶、水果捐助活动。

（周铭洁）

【其他】1月，完成了中支及营服VI标识的更新。原LOGO及标识不再使用。

3月，“E路前行,富德生命人寿以科技优化服务”服务创新再上台阶。

（周铭洁）

【领导班子成员】

赵鹏涛　无锡中支负责人

（周铭洁）

【先进集体】无锡市保险行业放心消费创建

先进企业

（周铭洁）

【先进人物】刘杰，2016年度无锡市保险行业“展业明星”。

刘森媛，2016年度无锡市保险行业“展业明星”。

（周铭洁）

合众人寿保险股份有限公司无锡中心支公司

【概况】简称合众人寿无锡支公司。2016年，该公司秉承总公司“和合各方利益，实现多赢共好”的核心价值理念，坚持依法合规经营，稳步拓展业务，回馈服务社会，超额完成全年任务。

（杨薇琳）

【经营业绩】2016年，该公司实现保费收入4968.32万元，个险、团险、续期三大系列均取得较好成绩。个险年累计保费完成2283.23万元，达成率293%；团险完成21.19万元，达成率193%。续期全年完成保费2663.9万元，计划任务完成率103.8%；个险13个月保费继续率92.51%；25个月保费继续率99.4%，排名全省第一；全面超额完成全年计划任务。

（杨薇琳）

【渠道建设】该公司重视渠道建设与员工发展，培训内容涉及企业文化、员工守则、法律法规、监管文件、财务制度、沟通技巧、养生保健、为人处世、团队管理等各方面。同时，合众人寿无锡中支各业务渠道针对各自的特点，建立相应的教育机制并展开工作。

个险在组织发展及业务推动上取得持续发展，无锡中支全年上岗人力153人，年末人力177人，人力比前一年有较大幅度增长。

（杨薇琳）

【内部管控】合众人寿法律及合规相关部门由法律合规部、内控与风险管理部、运营中心组成，负责公司的合规及内控工作。江苏分公司及下辖中心支公司、营销服务部的合规管理工作主要通过分公司的运营部及法律合规部门来推动落实，总公司法律及合规部直接管理和指导分公司法律合规相关部门的工作。

在总公司法律合规相关部门的指导下，分公司贯彻落实总公司合规、内控、反洗钱等方面的各项政策和制度；分公司法律合规相关部门根据总公司的年度合规计划和监管部门的要求，定期组织合规培训和工作会议，使新入职员工至管理层均能接受到与其职责相适应的培训，使合规政策、重点监管文件得到宣传贯彻，从而有效的对合规风险进行预防、识别、评估和应对。与此同时，为贯彻落实合规政策的推动和执行，分公司不定期地进行合规现场检查，开展内部控制自我评估专项工作，对公司内部管控情况随时监督和检查；并颁布了《印章管理制度》、《合同管理制度》、《职场管理制度》等，以确保管理机制的有效运作，提升管控成效。

运营管理持续有效：合众人寿无锡中支月度KPI指标考核表现优异；个险端对端出单时效、个银险犹豫期内电话回访成功率、投诉10日结案率、电话回访沟通解释件处理成功率等指标处于全省前列；全年累计受理有效投保申请1758件，保单15日送达率92.26%；完成保全2660件，月均保全量221件，保全完成时效1.08天；全年共理赔67件，赔付金额1031870.24元,理赔各项指标如下：小额案件5日结案率100%，得赔率100%，平均支付索赔时效0.78天。满期给付335件，给付金额1238.68万元。

（杨薇琳）

【企业文化】合众人寿以中国传统思想的精髓“和合”文化为企业理念的基石，以“和合各方利益，实现多赢共好”为核心价值理念，倡导一种简单和谐、共同分享的企业文化。“和合”文化用人与自然和谐相处的理念化解人世间的风险，用今天的积善求和应对明天的变化，通过合众人寿数万员工的共同努力，最终达到和睦共生、和谐共事、和美共荣、“司和万事兴”的完美境界。

企业愿景：通过公司全体员工的努力拼搏，相信在不久的将来，随着中国金融保险业的快速发展，合众人寿也必将达成自己的愿景——成为一流的综合金融企业集团。

（杨薇琳）

【保险业务活动】1月，合众人寿2016年短缴、快返、高收益的理财型保险“恒盈一生”上市发布会在无锡古罗马大酒店举行。

1月22日，合众人寿无锡中支在蒙古营举行年终总结暨年夜饭联欢活动，各部门长对上一年工作进行总结，对2016年的工作进行展望和规划。

3月，无锡本部百万恒盈诞生，“微爱宝贝”上线。

4月，个险新基本法上线，无锡本部迎来超A基本法，新一轮人力发展开始。

5月1日起，开展为期两个月的合众人寿5·15客服节活动，活动内容包括：“E体验随心变”微信保全、自助理赔推广活动；“您体惠我买单”的惠民服务；“智慧父母引领童样未来”名家讲堂全国巡讲；“合您有约”访谈活动。

5月10日，全体内勤参加消防知识培训。

6月，恒盈一生5年期交品鉴会在锦江大酒店举行。

7月，学广东合众跨越发展，无锡本部人力翻番，突破百万标保平台。

7月27日，合众人寿获第三批个人税收优惠型健康保险业务经营资质。

7月及全年，积极开展2016年保险公众宣传日活动，在职场醒目处张贴主题海报、开展总经理接待日等活动。

8月，无锡本部完成全年个险规模保费、标准保费任务。

9月，无锡本部连续三个月开设百人大创会，新版重疾险“珍爱幸福”上线。

10月21日，全体员工前往锡惠公园举行工会活动。

12月，无锡本部经过2016年全年晋升A2营服。

2016年，为了打造学习型团队，公司不定期组织内勤员工学习，由公司各部门骨干员工主讲，内容涵盖监管文件、合规知识、专业讲座、消防安全、总分公司精神、反洗钱、为人处世、保健养生等。

（陈　兵）

【重大赔付】客户周女士43岁，曾购买公司喜洋洋年金保险产品，考虑到健康方面的保障，于2011年4月又投保公司幸福人生保险产品，保额15万元。2016年10月周女士因腹痛去医院检查，确诊为胃癌，接到客户报案后公司理赔人员快速反应，主动协助客户搜集理赔资料，12月7日公司将15.09万元理赔款转入客户账户。

2007年1月，投保人周某为配偶许某投保公司幸福人生保险和永福100年金保险，并指定女儿为身故受益人。2016年8月18日被保险人许某因颅内肿瘤及其并发症身故，2016年8月22日受益人通过微信提交理赔资料，经公司审核结案，共赔付保单受益人12.27万元。

客户吴女士为丈夫辛某投保公司睿智人生保险产品，保额6万元，并指定未成年的儿子为身故受益人。2016年5月4日傍晚，被保险人突感呼吸急促，经120和无锡市中医院抢救后仍不治身故，死亡原因为心源性猝死。2016年5月12日，吴女士来提交理赔资料，由于公司已将理赔工作前置，客户提交理赔资料后仅用1日就审核结案，并在当天下午15点前将11.66万元理赔金转入客户账户。

4、客户顾女士投保公司睿智人生保险产品，附加睿智提前给付重大基本保险，保额10万，年缴保费6000，共缴纳7期保费，由于资金周转需要，周女士到公司办理了万能账户领取，并留存6500余元用于抵扣风险费用。2015年，客户因大便次数增多并伴有便血前往医院治疗，最终确诊为直肠癌，2016年6月1日客户提交理赔资料，经公司审核结案赔付客户保险金额10万元，并返还账户价值6547.78元，合计赔付10.65万元。

5、被保险人钱某年仅13岁，2007年母亲为其投保公司幸福人生保险产品，重疾保额10万元，年缴保费1700元。被保险人钱某因心脏瓣膜疾病接受了瓣膜置换手术，2016年4月13日，无锡中支完成一起重疾理赔，因理赔人员已经将理赔工作前置，在客户提交理赔资料当日即完成审核工作，经公司审核符合条款约定，赔付保险金10.06万元。

（陈　兵）

【领导班子成员】

李天明　总经理

（杨薇琳）

【部门主要负责人】

钱艳君　本部营销服务部经理

李国军　后援服务部经理

杨薇琳　人事行政负责人

（杨薇琳）

【荣誉表彰】2016年，合众人寿无锡中支获“江苏分公司2016年个险开门红业务达成先锋奖”“东区管理部2016年一季度卓越贡献奖”“江苏分公司2016年年度标准保费计划达成奖”“江苏分公司2016年度规模保费计划达成奖”“江苏分公司2016年年度保费计划双达成奖”“无锡市保险业放心消费创建先进单位”称号。

2016年，合众人寿无锡中支本部营销服务部获“江苏分公司2016年个险开门红业务达成先锋奖”“江苏分公司2016年年度标准保费计划达成奖”“江苏分公司2016年度规模保费计划达成奖”“江苏分公司2016年年度保费计划双达成奖”称号。

2016年，合众人寿无锡中支员工李天

明、钱艳君被评为“江苏分公司优秀经理”，李国军、蔡正亮被评为“江苏分公司年度优秀员工”，李天明获“总公司2016年度教师节培训贡献表彰中支管理干部灯塔银奖”，钱艳君获“总公司2016年度教师节培训贡献表彰营服管理干部灯塔银奖”，陈兵获“总公司2016年度柜面明星客服专员”，罗梦虎获“总公司2016年第九届续期服务明星专员”“无锡市保险行业协会服务明星奖”。

（杨薇琳）

信诚人寿保险有限公司无锡中心支公司

【概况】简称信诚人寿无锡支公司。于2006年4月开业，是一家中英合资人寿保险公司，公司产品涉及保障、储蓄、投资、养老及医疗等诸多领域，为无锡客户提供丰富、快捷、优质的保险和理财服务。2016年，公司在业务拓展、渠道建设、内控合规等方面，以良好的业绩表现、专业的市场运作、成熟的管理机制，活跃在无锡寿险市场。

（周晶雪）

【经营业绩】2016年，信诚人寿保险有限公司无锡中心支公司全年实现总保费3037.481万元，同比下降9%；按渠道分类，营销渠道实现总保费1521.271万元、同比提升99%，银行保险渠道实现总保费1136.21万元，同比下降34%；直销渠道实现总保费380万元、同比提升3%。

（周晶雪）

【渠道建设】2016年，无锡中心支公司继续秉持“变革与创新”的经营理念，紧紧围绕“公平、增长、贡献、奖惩”的核心价值理念，直面困难、认识不足，强化系统经营、变革思想观念、坚定发展信心，向市场要业绩、向管理要效益，加快管理转型深化、提速渠道发展建设。营销渠道认真贯彻总公司经营思路和发展策略，通过加强系统建设、推动专业经营、严格考核标准、打造健康部组、提升运作水平、搭建业务平台等一系列管理动作，夯实经营基础、优化发展模式、实现队伍建设稳步提升、荣誉体系搭建不断完备、业务品质改善收效明显等良好发展局面。银保渠道在基础管理方面加强标准化运作，在团队建设方面逐步建立层级制培训体系，在渠道建设方面稳固核心渠道培养明星网点，在品质管理上严格过程追踪；以合规经营为前提，通过销售模式转型积极应对市场变化，在内部管理、渠道开拓、项目推进、绩优打造、品质管理等均取得一定进步。团险渠道在原有的股东客户无锡中信银行推广内部员工家眷医疗保险，得到中信银行对公司的高度认可；总公司精英俱乐部在江苏成功落地，无锡首批1名精英营销员成功获批资格，队伍建设顺利推进。

（周晶雪）

【内部管控】2016年，信诚人寿无锡中心支公司以提高风险意识、加强合规管理、完善问责机制为纲，以强化合规培训、严格风险检查、狠抓反洗钱工作为本，内控合规不断改善，全年无重大违法违规事件发生。①扎实开展高频率、深层次的业务自查，推进各项监管规定落实。2016年无锡中心支公司通过“两个加强、两个遏制”回头看、防范和打击非法集资排查工作、从严要求落实年工作全面风险排查等各类内外部自查工作，主动发现内部经营风险隐患，积极落实问题整改实效，不断强化责任追究机制，筑牢风险防范体系。②完善制度建设，顺应监管考核要求。2016年保监会全面推行“偿二代”监管评级体系，并开展SAMARA评估，对保险公司风险管控能力提出新要求。根据2016年各项自查以及常规审计发现的问题，完善相关文件、制度，按照《规章制度管理办法》推进各部门、各岗位制度建设，针对存在的基础工作问题，分公司在制度建设、流程管控等方面下大力气，从事前、事中、事后多层面进行管控，强化一道防线在合规风险防范中的首要地位，不断提升分公司的合规管控能力及水平。③持续合规培训，强化合规监督。公司在合规基础知识、销售行为合规、法律专业知识及监管要求等方面，多频次的开展各类合规培训，持续提高员工合规工作水平及其专业素质。

（周晶雪）

【文化建设】

我们的企业精神：聆听所致，信诚所在。

我们的愿景：成为中国最值得推荐的保险及理财方案的提供者（最专业的、客户最满意的、人才最向往的、最创新进取的）。

我们的核心价值观：卓越成长，尊重差异，信任授权，全心关怀，快乐工作。

我们的使命：让每个家庭安心，让每个客户称心，让每个营销员舒心，让每个员工开心，让每个股东放心，让未来充满信心。

（周晶雪）

【重大承保】1月，陆女士在无锡信诚购买了“汇金资本”保险，保费50万。

1月，王女士在无锡信诚购买“瑞享金生”保险，保费30万。

1月，沈先生在无锡信诚购买“瑞享金生”保险，保费30万。

2月，袁女士在无锡信诚购买“金雪球”保险，保费20万。

10月，中信银行股份有限公司无锡分行购买意外险和医疗基金，保费626.45万。

（周晶雪）

【重大理赔】4月20日，信诚人寿保险有限公司无锡中心支公司给付被保险人韩先生7万元。被保险人韩先生投保公司创未来丰盈及提前给付重大疾病险，保险单号码：22005279。2016年2月22日客户在上海市肺科医院确诊为肺恶性肿瘤，经调查情况属实，给付提前给付重大疾病保险金。

2016年9月20日，信诚人寿保险有限公司无锡中心支公司给付被保险人马某50000元。被保险人马某由单位投保公司意外险，保险单号码：000005430358088。2015年8月马某因3米高坠落，鉴定为十级伤残，经调查情况属实，给付伤残保险金。

7月15日，信诚人寿保险有限公司无锡中心支公司给付被保险人刘某43768.1元。被保险人刘某由单位投保公司意外险，保险单号码：000005935382088。2015年9月刘某因工作时被钢带划伤手，鉴定为九级伤残，经调查情况属实，给付伤残保险金、意外医疗保险金和意外住院津贴医疗保险金。

（周晶雪）

【教育培训】5月，开展反洗钱宣传月活动。7月，开展2015年全面风险排查工作。8月，开展合规宣传月活动。9月，无锡信诚与外国语学校国际部举办金融实习课程，通过对保险行业的现状与未来的介绍，让同学们今后开展金融实践奠定了良好的理论基础。

（周晶雪）

【领导班子成员】

徐　芳　副总经理

（周晶雪）

【机构（部门）负责人】

夏　庆　营销渠道培训主管

徐佳明　团险渠道主管

杜　鹰　客服部主管

（周晶雪）

【荣誉先进】个险营销员张旻雯在2016年获得无锡保险行业协会个人先进。

（周晶雪）

中宏人寿保险有限公司江苏分公司无锡中心支公司

【概况】简称中宏人寿无锡支公司。2016年，该公司从4个方面加强业务建设。①认清形势，更新观念。加快“四个提升”推进工作步伐。解放思想，实事求是，与时俱进，确保新时期发展战略顺利进行；深化改革，时刻保持高度的责任感和使命感，扎实有效的做好公司各项改革工作，确保公司改革工作平稳推进；确保各项计划指标全面完成。全司上下开拓创新，迎难而上，努力实现速度和结构质量的统一。②抓住机遇，适应市场，加快发展速度。认真做好寿险改革的市场应对工作，实现寿险改革的稳步进行；适时调整展业策略，确保业务稳定增长；从深度和广度上寻求寿险业务的规模和效益，争取在稳健经营的基础上力争有所突破；抓住市场准入契机，开拓业务增长新领域。③加强管理，提高效益。强化业务管理，提高业务质量水平；强化财务管理，坚持精细化管理原则；严格依法合规经营，强化统一法人意识；控制经营风险，确保公司经营效益得以提升；完善“三个中心”建设，促进管理工作规范化。④抓好优质服务，加强企业文化建设。以服务打造品牌形象，形成具有中宏特色的竞争优势；加强企业文化建设，增强公司凝聚力，树立完好的企业形象。

（徐元泉）

【经营业绩】2016年，该公司共实现保费收入2.52亿元。工作中继续专注于个人营销渠道，该渠道实现保费收入2.49亿元，比上年上升34.18%，其中新单期缴保费收入7683.60万元，比上年上升73.41%。年内续期保费收入1.75亿元，上年续期保费1.43亿元；比增长22.19%,该渠道所有保费收入中个险保费收入2.41亿元，团险保费收入744.21万元。

按产品类别划分，保费收入主要集中在新型产品上，当年新型产品保费收入1.41亿元，比上年同期上升14.86%，占总保费收入56.24%，主要来自于分红产品保费收入。相对于新型产品，健康险产品保费收入8200.43万元，意外险产品保费收入416.76万元，定期等其他产品保费收入2087.22万元。

2016年公司赔款及死伤医疗给付共计1013.26万元，发生年金及满期给付625.41万元，上年同期赔款给付支出1162.40万元。总体上看，与保费收入相比，公司的退保率维持在相当低的水平上，2016年的退保率仅为1.5%，远低于5%的监管风险指标。

（徐元泉）

【渠道建设】至年底为止公司共有正式员工27人，其中本科及以上学历的员工占35%，大专学历占65%。公司员工的平均年龄为35岁。男女比例为2：3。各部门对于本部门的人才不定期地组织专业培训，以此来配合公司的文化建设并不断提高员工的专业素质，公司更好地展现其专业的形象。

至2016年年末，公司营销人员为747人，持证上岗率一直保持在100%。在保险营销员队伍建设管理上，该公司更注重于从公司内部物色有潜力的人才来发展及培养，提供大量的职业生涯发展机会给公司内部的营销管理人才，并在其职业发展的各个方面给予最强有力的支持。

（徐元泉）

【文化建设】该公司以文化聚团队，以诚信专业建品牌。

（徐元泉）

【领导班子成员】

吴公荣　总经理

（徐元泉）

【机构（部门）负责人】

范超伦　营销总监

张云峰　营销总监

徐建威　营销总监

（徐元泉）

中意人寿保险有限公司江苏省分公司无锡中心支公司

【概况】简称中意人寿保险无锡支公司。到2016年末，无锡中支拥有员工42人，客户经理27人，营销员1115人。11月16日，中意人寿保险有限公司无锡中支从大东方广场B座8楼搬迁至五爱路60–2号、60–3号。

（朱凌玲）

【经营业绩】2016年，中意人寿无锡中支的总保费3.72亿元，其中营销业务2.09亿元，银代业务1.59亿元，直销业务443.17万元。各项保单运营和客户服务指标均达成公司设定目标。保单5日承保率93.19%、保单15日送达率83.19%，保全5日处理完成率93.66%，理赔3日结案率89.05%，客户15日投诉结案率88.89%,平均理赔时效2.97天，理赔获赔率97.9%。

（史晨栋、刘旭芸）

【渠道建设】5月，经中国保监局获批筹建江阴周庄营销服务部。8月，经中国保监局获批筹建锡山营销服务部。

（朱凌玲）

【文化建设】8月12日至 13日，中意人寿保险有限公司江苏省分公司人力资源部在南京举办了新员工入职培训，全省共24位新员工参训。

9月1日至10月15日，中意人寿保险有限公司江苏省分公司为庆祝江苏省分公司成立十周年举办了主题为《携手中意　相约十年》的读书节征文活动。

（朱凌玲）

【险种创新】3月，中意人寿推出首款终身增额终身寿险产品——中意永续我爱终身寿险B款。10月20日，中意人寿推出专属老年防癌险产品——孝心保。12月，中意人寿推出福悦年年两全保险（分红型）计划。该产品是分红险费率改革后，中意人寿推出的首款费改型分红型保险计划。

（朱凌玲）

【重大赔付】2月，中意人寿无锡中支客户徐女士因甲状腺恶性肿瘤获理赔款65万元。

5月，中意人寿无锡中支客户王女士因甲状腺恶性肿瘤获理赔款50万元。

8月，中意人寿无锡中支客户陈女士因甲状腺恶性肿瘤获理赔款49万元。

10月，中意人寿无锡中支客户丁女士意外身故获赔51万元。

（刘旭芸）

【保险业务活动】2月27日，中意人寿保险有限公司无锡中支在惠山华美达大酒店举办了主题为“因爱相聚　为梦而生”的中意秀活动。

5月12日，中意人寿保险有限公司无锡中支在无锡明都大酒店举办辣妈节活动，向社会积极渲染女性创业文化。

6月22日至23日，中意人寿保险有限公司董事长吴永烈到江苏省分公司检查调研工作，常务副总经理肖文建陪同调研。调研期间吴永烈一行到无锡中心支公司考察。

10月21日，中意人寿保险有限公司无锡中支在无锡明都大酒店举办了开业十周年庆典的活动。

（朱凌玲）

【公益活动】11月1日，中意人寿保险有限公司江苏省分公司工会副主席冯瑛携部分工会代表探访南京市化纤小学，为该校家庭经济拮据的38位民工家庭学子送去学习、生活用品，并与该校三年级一班的学生共同开展保险互动课堂。

（朱凌玲）

【教育培训】5月，中意人寿无锡中支组织公司学员参加了国家理财规划师ChFP的培训班。

5月和8月，中意人寿无锡中支组织公司学员参加了两期中意理财规划师GCFP的培训班。

6月6日至7日，中意人寿保险有限公司江苏省分公司个人营销渠道在无锡举办以“创业英雄汇”为主题的2016年未来企业家发展论坛。

6月，中意人寿保险有限公司无锡中支在无锡西苑山庄举办了智慧经理人培训。

8月27日至28日，为提升全省运作岗位人员的业务技能、加强沟通交流，中意人寿保险有限公司江苏省分公司运作部在南京举办2016年运作年中培训，全省各机构运作条线40多位伙伴参会。

2016年，中意人寿保险有限公司无锡中支开展制式培训共计17班次，累计783人结训。

（朱凌玲）

【其它】

11月4日，中意人寿保险有限公司工会联合关联业务部在总公司世纪财富中心办公区举办了“中e健康”APP及员工健康角首日体验活动。“中e健康”APP综合健康管理平台首期实现12个功能，主要包括健康检测、疾病和药品信息查询、在线咨询医生、预约挂号、用药提醒、健康档案等。

12月，中意人寿保险有限公司启动NPS（客户推荐度调查）活动，此活动通过微信、邮件、短信等形式向公司客户发送客户推荐度调查表，搜集客户的宝贵意见。

（朱凌玲）

【领导班子成员】

张莉萍　总经理

周徐霞　副总经理

韩春媛　副总经理

（朱凌玲）

【机构（部门）主要负责人】

韩春媛　个人营销业务中心主管

卢　健　江阴营销服务部负责人

王　超　宜兴营销服务部负责人

冯　莹　江阴周庄营销服务部（筹）负责人

王召帅　锡山营销部（筹）负责人

刘旭芸　运作中心主管

朱凌玲　后援中心主管

（朱凌玲）

【先进集体】在中意人寿2016年度全国评优活动中，无锡中心支公司荣获全国优秀三级机构奖；江阴营销服务部和利港营销服务部荣获全国优秀四级机构奖。

（朱凌玲）

【先进人物】3月起，中国保险行业协会通过层层推荐、资格审核、社会公示等程序，授予无锡中支的华博文为“2015年度个险营销渠道保额销售前十名销售员”称号。

在2016年度的江苏省保险行业协会联合江苏省保险学会举办的首届“江苏保险业杰出人物”评选活动中，江阴营销服务部的朱小花被选举为十大“销售之星”称号。

在2016年度的无锡市保险行业协会先进个人的评优活动中，江阴营销服务部的刘萍、孙维懿荣获展业明星奖。

2016年，中意人寿无锡中支被授予MDRT超级会员的有：华庆祥、华博文、刘萍3人。

2016年，中意人寿无锡中支被授予MDRT普通会员的有：朱小花、黄晓英、陈浩荣、钱铮、杨青萍、徐英、王婷、钱海刚、华秀、孙维懿、黄晓琴、李英等12人。

（朱凌玲）

陆家嘴国泰人寿保险有限责任公司江苏分公司无锡营销服务部

【概况】简称陆家嘴国泰人寿无锡营销服务部。该公司在总分公司的指导下，围绕年度经营目标，全体内外勤员工秉承总公司“传播幸福散播爱”的使命，坚持“诚信为本、以客为尊”的价值观，团结奋进，各项业务指标再创新高，业务总量始终走在总分公司系统前列，公司品牌形象和企业声誉获得客户、员工和全社会的高度认同。

（王　威）

【经营业绩】2016年，陆家嘴国泰人寿无锡营销服务部保持稳健发展，全年实现保费收入1647万元。其中，个险渠道完成保费1349万，团险渠道完成保费145万元，银保渠道完成续期保费153万元，个、团、银均都取得较好成绩。各渠道齐头并进，各后勤部门悉心服务，为2016年成绩的取得做出积极贡献。

（王　威）

【渠道建设】陆家嘴国泰人寿无锡营销服务部个险部以组织发展为主线，狠抓基础管理，不断提升营销经营管理水平，稳健推进个人业务发展。银行保险在不断开拓渠道的同时，一直注重培训与管理并克服了销售渠道较少等问题，在销售环境日益紧张的情况下，通过全体同仁的共同努力，连续五年跨上千万保费平台。

（王　威）

【内部管控】客户服务方面，陆家嘴国泰人寿始终秉承“诚信为本、以客为尊”的价值观，以诚信、热忱、主动、进取的特质服务客户。在客户服务上坚持严格要求，服务措施上也不断推陈出新，同时也陆续推出系列活动，为大众提供诚信专业的服务。

（王　威）

【文化建设】陆家嘴国泰价值观：诚信为本、以客为尊

陆家嘴国泰使命：传播幸福、散播爱

陆家嘴国泰愿景：民族保险新旗舰

陆家嘴国泰精神：

内在：员工特质——诚信、热忱、主动、进取

外显：员工行为——专业、服务、创新、执行力

（王　威）

【领导班子成员】

张海波　营销服务部负责人

王　威　综合管理处经理

（王　威）

农银人寿保险股份有限公司无锡中心支公司

【概况】简称农银人寿无锡支公司。于2007年5月12日开业。该公司注重引进人才，加强对各层级员工的培训，塑造团队凝聚力，强调“务实、拼搏、责任、奉献”的企业文化精神，科学调整业务结构，合理安排业务节奏；以稳健成长为经营基本原则，加强基础管理和风险控制，让公司的发展走上更高的台阶。

（蒋阳晨）

【经营业绩】2016年，无锡中支累计实现规模保费收入1.18亿元，其中个险新契约规模44.2保费万元，团险业务455.26万元，银保新契约规模保费1.13亿元。

（蒋阳晨）

【内部管控】农银人寿无锡中心支公司一直以来谨遵“风险控制与合规经营”的经营管理原则，以高标准、严要求做好内部管控，严格遵守国家各项法律规范，全面执行总、分公司各项规章制度，在大力拓展业务的同时，谨防任何违规、违纪事件的发生，力促公司持续、健康、快速的发展。

（蒋阳晨）

【领导班子成员】

曹春泉　临时负责人

（蒋阳晨）

恒安标准人寿保险有限公司江苏分公司无锡营销服务部

【概况】简称恒安标准人寿无锡营销部。于2007年6月在无锡开业，年末下设宜兴营销服务部。

（尤　俊）

【经营业绩】2016年是恒安标准人寿江苏分公司个险渠道三年“亿元梦想”腾飞计划的开启首年。在无锡营服全体员工的共同努力下，无锡业绩实现大幅增长，保费位列分公司系统第三，达成率位列分公司系统第二。同时，公司通过大力开展基础能力建设，紧抓企业文化建设等手段，逐步培育公司核心竞争力，并为公司长期战略的实现积蓄了力量。

2016年，无锡总保费收入2400.24万元，同比增加37.2 %。其中，新单业务保费收入851.58万元，续期业务保费收入1548.66万元。各渠道保费收入情况：个人代理渠道保费收入2047.92万元，占比85.32%；直销渠道保费收入71.32万元，占比2.97%；银邮代理渠道保费收入281万元，占比11.71%。

（尤　俊）

【渠道建设】恒安标准无锡营服自2007年成立以来，始终致力于提升行业形象和专业水准，希望成为消费者尊重和信赖的合资寿险品牌。公司构建了个险、银保、团险三大营销渠道，力求全方位为客户提供服务。2016年公司在“以个险为主，团、银为辅”的经营战略调整下，业务结构大幅优化、业务品质持续提高、经营效益逐步好转。

（尤　俊）

【内部管控】恒安标准无锡营服严格执行各项制度，定期对制度的落实情况进行检查、评估和总结。公司严格贯彻落实责任追究制度，明确风险事件上报的时限和要求，严防机构出现与监管及总分公司要求不一致的行为。恒安标准无锡营服根据监管机构及总分公司要求，持续开展一系列风险排查工作，坚决杜绝系统性和区域性风险的发生，致力于与同业公司共同创造市场平等的竞争环境，互为补充，为客户提供多样化的保障和服务，为江苏现代保险业加快转变发展方式贡献应尽的力量。

（尤　俊）

【企业文化】恒安标准人寿深知，企业能否获得旺盛的生命力离不开企业文化。一个企业的价值观是企业文化形成的基础，是企业持续发展的保障。公司非常重视企业文化的建设，确立了“诚信、稳健、创新”的价值观，要求对客户、员工、股东诚信不欺，始终将稳健经营作为第一准则，并在各个业务环节致力于创新。公司提出“生活比生存更广阔”的品牌口号，为消费者带来一种感悟和理解生活丰富含义的生活方式，为员工提供一份高尚的和追求专业价值的职业，坚持做一个负有社会责任感的企业，旨在启发公众对寿险功能和意义更深层次的思索——寿险可以为客户在不同人生阶段提供安全保障，帮助其实现财富积累，提高生活品质。公司以使公司成为富于创新和值得信赖的寿险与财务规划专家为愿景，以为客户提供诚信的服务、为股东创造价值、为员工提供全面发展的成长平台为使命。

（尤　俊）

【保险业务活动】3月15日，恒安标准无锡营服开展特别早会，向全体内、外勤员工发出诚信倡议书，组织员工进行诚信宣誓。

5月7日，恒安标准无锡营服在职场开展“健悦行”活动，为广大客户提供癌症筛查的服务。

7月8日，恒安标准无锡营服在马上圣巴巴拉小区开展保险宣传，为周边市民带来保险咨询等活动。

8月16日，恒安标准无锡营服在无锡职场召开“两个加强、两个遏制”回头看专项检查工作部署会议，成立领导小组，指定牵头部门，全面启动检查工作。

10月1日，恒安标准无锡营服在无锡市向88路，126路分别投放公交车广告，公司品牌形象得到进一步宣传。

12月7日，无锡综合管理部获得2016年度恒安标准人寿江苏分公司“诚信服务窗口”称号。

12月31日，全年度恒安标准无锡营服共开展2场“人文论坛”活动，为广大客户提供知识讲座、亲子互动、品味生活、感受自然等活动，获得客户一致好评，也为业务发展增添了动力。

（尤　俊）

【重大承保】1月4日，恒安标准无锡营服为范某某承保恒爱年年终身年金保险，保费15万元。

1月26日，恒安标准无锡营服为唐某某承保恒爱年年终身年金保险，保费15万元

2月24日，恒安标准无锡营服为胡某某承保尊享年年年金保险（A）款，保费20万元。

5月1日，恒安标准无锡营服为沈某某承保稳赢智选累积式分红保险，保费100万元。

6月16日，恒安标准无锡营服为邵某某承保稳赢智选累积式分红保险，保费20万元。

9月2日，恒安标准无锡营服为吴某某承保稳赢智选累积式分红保险，保费50万元。

（尤　俊）

【公益活动】全年度恒安标准无锡营服通过公司公众号“恒安标准在线”为客户提供“职工交通意外赠险”、健康卡赠险”等免费险种，在宣传公司知名度的同时，为客户送去保险保障。

（尤　俊）

【重大赔付】1月12日，恒安标准无锡营服赔付客户邵某某理赔款20万元。邵某某曾于2007年6月为本人投保保额20万元的恒安标准人寿终身重大疾病保险。2015年8月因确诊慢性粒细胞白血病，获得重大疾病保险金20万元。

1月22日，恒安标准无锡营服赔付客户徐某某理赔款10万元。徐某某曾于2008年7月为本人投保保额10万元的恒安标准附加提前给付重大疾病保险(I款)。2015年12月因确诊结肠恶性肿瘤，获得重大疾病保险金10万元。

（尤　俊）

【教育培训】5月20日–12月31日，恒安标准无锡营服在机构开展防范和处置非法集资风险专题培训，培训人员包括内勤员工和销售人员，大大提高了公司内外勤员工的敏感度和警惕性。

2016年，恒安标准无锡营服持续开展高管人员任职反洗钱专项培训、新员工反洗钱培训、销售人员反洗钱培训及年度反洗钱培训，通过视频会议、合规培训系统、早夕会平台等方式开展培训考试，简述了反洗钱工作的形势，介绍了反洗钱法律制度，阐述了洗钱的危害及处罚，并通过案例分析，增强了员工的反洗钱意识。

（尤　俊）

【领导班子成员】

施　开　无锡营销服务部总经理

（尤　俊）

【机构（部门）主要负责人】

邵加云　无锡营销服务部业发经理

郝红君　宜兴营销服务部经理

陈建华　无锡营销服务部综合管理部经理

（尤　俊）

友邦保险有限公司江苏分公司无锡中心支公司

【概况】简称友邦无锡支公司。成立于2007年8月，2012年8月正式由原营销服务部改建为中心支公司。2013年4月，友邦江苏无锡中心支公司由原来的“美国友邦保险有限公司江苏分公司无锡中心支公司”正式更名为“友邦保险有限公司江苏分公司无锡中心支公司”。2016年，友邦江苏无锡中心支公司推进“以服务为驱动”的企业文化变革，着力优化内部流程，持续改善客户体验，力争成为客户、员工和营销员的首选。公司坚持以优质人力为基础的渠道建设，在各项战略举措中不断突破，稳步前行。截至2016年年底，友邦江苏无锡中心支公司设有江阴、江阴长泾、江阴华士、宜兴、宜兴丁蜀及无锡安镇6家营销服务部，业务范围遍及无锡全辖。公司拥有内勤员工51人；营销员374人，持证率100%。3月7日，友邦江苏无锡中心支公司获评“2015年平安金创先进单位”。3月10日，友邦江苏无锡中心支公司获评“无锡保险年鉴组编先进单位”。

（管萧 蒋飒飒）

【经营业绩】2016年，友邦江苏无锡中心支公司各渠道稳步发展，全年保费收入19329.88万元，比上年增长77.39%。其中个人代理销售渠道仍旧是公司保费收入的主要销售渠道，2016年个人代理保费（包括个险和团险产品）收入13873.15万元，比上年增长68.79%；银行保险渠道保费收入5377.66万元，比上年增长104.55%；其它渠道保费收入79.07万元，比上年增长61.63%。

2016年，友邦江苏无锡中心支公司首年保费收入10434.76万元，其中，首年期交7092.47万元，10年期及以上期交保费5948.17万元；首年趸交保费3342.29万元；短期险保费1768.92万元，其中意外伤害险保费654.39万元，支付赔给付款1148.36万元。总保费收入中，保障性保险（包括意外、健康和传统寿险）的保费收入1.04亿元，比上年增长65.7%。

（陈茜 蒋飒飒）

【渠道建设】2016年，友邦江苏无锡中心支公司秉承“卓越营销员”策略，同时优化渠道建设和整合，进一步提升渠道协同性，为客户提供更优质、便捷、高效的服务。①营销员渠道。营销员渠道仍然为友邦江苏无锡中心支公司的主要营销渠道。2016年，公司以优质增员为抓手，注重培养营销员的合规意识和专业技能，致力于打造高素质的精英销售团队。此外，公司不断完善产品险种，围绕“保险回归保障”的本质，实现对儿童、成年人到中老年各阶段的保障全覆盖。同时开拓高净值人群寿险市场，帮助高净值客户实现家庭保障与财富传承相融合的保险需求。②多元渠道。2016年，友邦江苏无锡中心支公司合并原银行保险部与直效营销部，成立多元渠道部，将银行保险与直效营销进行资源整合与共享，以进一步优化资源配置与利用。银保业务持续深化与银行的战略合作伙伴关系，通过聚焦“高净值客户”财富管理、资产保全保障等需求，建立差异化优势的银行合作模式，推动业务稳步发展。直效营销业务坚持专业化、标准化、合规化的电话销售原则，进一步深化与苏宁保险销售有限公司的合作关系。③团体保险渠道。2016年，友邦江苏无锡中心支公司团险业务全新开启家庭单投保模式，通过升级完善业务支持平台，改善客户投保、理赔体验，实现新业务价值稳步增长。

（管 箫）

【内部管控】内部管控稳步推进。友邦江苏无锡中心支公司始终坚持合规文化要求，借助“偿二代”、“‘两个加强、两个遏制’回头看”等重大监管检查与自查机会，不断强化自身的风险管控体系。①加大合规教育。综合运用线上线下课程、宣传资料、设立风险合规宣传日等多种手段加强教育效果，通过合规测试与营销员展业资格直接挂钩的强制要求，解决了在职营销员后续培训难的问题。②完善内控机制。在每个渠道及部门设立了一名风险合规代表，将其合规及风险管理方面的工作职责与绩效相挂钩，以充分落实公司的合规要求。③建设制度流程。针对营销员品质管理、行为指引、营销员招募及个人网站网页管理等均做了明确规定，并明文禁止信用卡支付、禁止销售地下保单及非保险理财产品等行为，进一步健全管理制度框架；④强化风险监控。建立风险预警系统，提前识别并持续监控销售从业人员的不合规行为；⑤落实内控缺陷整改及责任追究。对检查中发现的问题进行追责，并制定整改方案，加以落实、跟进，以实现公司经营合规、风险可控，确保客户利益得到充分的保障。在各项举措并行下，公司2016年内部管控工作得以稳步推进。

风险控制取得成效。2016年，在风险管理方面，公司借鉴先进的数据分析方法，建立了风险预警系统，实现对销售人员不合规行为的提前识别和持续监控。友邦江苏无锡中心支公司及下辖各机构未发生任何一起监管处罚案件，也未发生任何一起重大风险事故。

（管箫 蒋飒飒）

【企业文化】2016年，友邦江苏无锡中心支公司从服务领导力的六大核心能力——突破力、韧变力、敏学力、人际力、践行力、跨界力出发，在服务文化转型的道路上坚定前行。秉持“做对事，行对路，用对人，成功自会到来”的核心运营理念，公司倡导以客户为中心，展现“化繁为简，行动承责，真诚利他，协作共赢”的行为，实现卓越服务，成为行业翘楚。

（管 箫）

【险种创新】3月1日，该公司推出首款针对家庭的团体医疗保障计划——友邦康惠一家/康逸一家团体医疗保险计划。该计划包含住院费用补偿金和指定门急诊补偿金，一站式解决家庭医疗保障问题。

4月1日，该公司推出全新的保障计划——《全佑至珍重疾保险计划（倍享版）》及《全佑至珍重疾保险计划（惠享版）》。在延续全部经典保障利益的基础上，该保险计划不仅大幅扩充了疾病种类，将16种轻症、50种重疾纳入保障范围。其中《全佑至珍重疾保险计划（倍享版）》还首次针对成人推出三重赔付保险责任，让保障陪伴左右，为被保人提供全面细致的守护。

12月，该公司推出“全佑一家健康保障计划”，“全佑”系列作为友邦保险的明星产品，首次达成对儿童、成年人到中老年各阶段的保障全覆盖，帮助客户实现“全佑一家”的保障理念。

（管箫 蒋飒飒）

【保险业务活动】2016年友邦江苏无锡中心支公司迎新年会。1月20日，友邦江苏无锡中心支公司内勤员工以及部分绩优业务主管，一起参加在无锡君来世尊酒店举办的“2016年友邦江苏无锡中心支公司迎新年会”，表演、游戏、抽奖，大家欢聚一堂。

友邦保险上线“金装理赔”项目。3月，友邦保险正式上线“金装理赔”项目，优化了理赔电子查询平台，力争简易、快捷地实现客户的理赔需求。并推出“重疾关爱”服务，为重疾客户主动提供一站式理赔及关爱服务。

友邦保险上线高净值品牌“致精英”。4月，友邦保险上线高净值品牌“致精英”，立志成为中国高净值客户的首选。友邦保险联合《凤凰网》、《第一财经日报》等多家媒体深度解读高净值人群的理财需求，旨在通过稳健的保险计划和服务，实现财富传承、家庭保障。

保险公众宣传日设摊宣传。7月7日晚，友邦江苏无锡中心支公司参加了由无锡市保险行业协会和放心办、消委会联合举办的2016年全国保险公众宣传日活动茂业百货现场设摊宣传活动。

公司九周年庆。8月26日，友邦江苏无锡中心支公司在太湖皇冠大酒店举办了“送九迎十”无锡九周年庆活动。

（蒋飒飒）

【重大承保】1月16日，友邦江苏无锡中心支公司客户费某投保《传世经典尊享版终身寿险（分红型）》，保额401万元，期缴保费9.98万元，总保费209.68万元。

1月25日，友邦江苏无锡中心支公司客户林某投保《传世经典悦享版终身寿险（分红型）》，保额500万元，期缴保费48.60万元，总保费291.60万元。

2月24日，友邦江苏无锡中心支公司客户谢某投保《传世经典乐享版终身寿险（分红型）》，保额800万元，期缴保费50.08万元，总保费550.88万元。

3月15日，友邦江苏无锡中心支公司客户马某投保《传世经典乐享版终身寿险（分红型）》，保额500万元，期缴保费13.70万元，总保费287.70万元。

6月28日，友邦江苏无锡中心支公司客户钱某投保《传世经典乐享版终身寿险（分红型）》，保额800万元，期缴保费14.16万元，总保费594.62万元。

8月18日，友邦江苏无锡中心支公司客户唐某投保《传世经典尊享版终身寿险（分红型）》，保额500万元，期缴保费10.15万元，总保费213.15万元。

9月18日，友邦江苏无锡中心支公司客户程某投保《传世经典悦享版终身寿险（分红型）》，保额450万元，期缴保费13.50万元，总保费283.50万元。

10月3日，友邦江苏无锡中心支公司客户喻某投保《传世经典悦享版终身寿险（分红型）》，保额1000万元，期缴保费32.30万元，总保费678.30万元。

11月23日，友邦江苏无锡中心支公司客户陈某投保《传世经典乐享版终身寿险（分红型）》，保额800万元，期缴保费26.40万元，总保费554.40万元。

11月24日，友邦江苏无锡中心支公司客户陈某投保《传世经典悦享版终身寿险（分红型）》，保额1000万元，期缴保费33.90万元，总保费711.90万元。

（朱振杰）

【重大赔付】2月22日，友邦江苏无锡中心支公司赔付被保险人任某《全佑一生“五合一”疾病保险》保险金10万元。投保人任某，2010年7月7日为自己投保了《全佑一生“五合一”疾病保险》年缴保费3077元。2015年11月26日，被保人因恶性支气管肿瘤（肺肿瘤）在上海复旦大学附属肿瘤医院住院治疗。

3月3日，友邦江苏无锡中心支公司赔付被保险人黄某《全佑一生“五合一”疾病保险》保险金50万元。投保人黄某，2013年5月13日为自己投保了《全佑一生“五合一”疾病保险》年缴保费1.54万元。2015年12月29日，被保人因宫颈癌在上海复旦大学附属妇产科医院住院治疗。

3月3日，友邦江苏无锡中心支公司赔付被保险人马某《全佑惠选重大疾病保险》保险金30万元。投保人卢某，2015年4月14日为家人投保了《全佑惠选重大疾病保险》年缴保费7351元。2015年11月6日，被保人因恶性甲状腺肿瘤在南京中国人名解放军南京军区南京总医院住院治疗。

6月6日，友邦江苏无锡中心支公司赔付被保险人李某《黄金未来A款两全保险（分红型）》保险金7.23万元。投保人须某，2012年5月23日为家人投保了《黄金未来A款两全保险（分红型）》年缴保费1.79万元。2015年12月29日，被保人因白血病治疗无效，最终死亡。

7月12日，友邦江苏无锡中心支公司赔付被保险人李某《全佑一生“七合一”加强版疾病保险》保险金30万元。投保人孙某，2014年6月30为家人投保了《全佑一生“七合一”加强版疾病保险》年缴保费9648元。2016年5月9日，被保人因系统性红斑狼疮在无锡中医医院住院治疗。

8月17日，友邦江苏无锡中心支公司赔付被保险人蒋某《尊享全佑一生“六合一”疾病保险》保险金11万元。投保人蒋某，2013年8月9日为家人投保了《尊享全佑一生“六合一”疾病保险》年缴保费4910元。2016年7月20日，被保人因主动脉动脉壁夹层形成在上海交大附属瑞金医院住院治疗，最终死亡。

9月14日，友邦江苏无锡中心支公司赔付被保险人蔡某《全佑惠选重大疾病保险》保险金20万元。投保人杨某，2014年12月17日为家人投保了《全佑惠选重大疾病保险》年缴保费8399元。2016年8月3日，被保人因直肠癌在无锡第四人名医院住院治疗。

10月13日，友邦江苏无锡中心支公司赔付被保险人于某《全佑一生“五合一”疾病保险》保险金10万元。投保人于某，2010年12月23日为自己投保了《全佑一生“五合一”疾病保险》年缴保费5530元。2016年9月27日，被保人在家中心源性猝死。

10月31日，友邦江苏无锡中心支公司赔付被保险人蒋某《全佑一生“六合一”加强版疾病保险》保险金13万元。投保人蒋某，2013年6月30日为自己投保了《全佑一生“六合一”加强版疾病保险》年缴保费5377元。2016年9月19日，被保人因主动脉瓣狭窄伴关闭不全上海交大附属仁济医院住院治疗。

10月31日，友邦江苏无锡中心支公司赔付被保险人冯某《全佑一生（倍健康）重大疾病保险》保险金6万元。投保人孔某，2015年9月19日为家人投保了《全佑一生（倍健康）重大疾病保险》年缴保费3942元。2016年10月7日，被保人因重症手足口病、病毒性脑炎在无锡市儿童医院住院治疗。

（朱振杰）

【领导班子成员】

蔡哲惟　总经理

（蒋飒飒）

【机构（部门）主要负责人】

严建宏　寿险部经理

王　娟　银保部经理

曹　钧　营运部经理

（蒋飒飒）

瑞泰人寿保险有限公司江苏分公司无锡营销服务部

【概况】简称瑞泰人寿无锡营销部。2007年9月获准开业。2016年，该公司坚持科学发展、合规经营、严格内控、诚信服务的原则，积极承担社会责任，为促进保险业持续健康发展、树立良好的行业风气做出了积极的贡献。员工游文艳在无锡市保险行业2016年度先进个人表彰活动中，获得“展业明星”称号。

（徐　璐）

【经营业绩】2016年，该公司全年保费收入50.65万元，其中，首年保费收入42.40万元，占比83.71%。在首年保费收入中，首年期交保费40.84万元；首年趸交保费1.56万元；短期险保费1.56万元，其中意外伤害险保费200元。

在售产品包括瑞泰瑞利一号终身寿险（万能型）、瑞泰智盛人生两全保险（万能型）、瑞泰稳康宝两全保险附加癌症疾病保险、瑞泰稳驾行两全保险、瑞泰稳贷宝意外伤害保险、瑞泰成长卫士少儿重大疾病保险、瑞泰瑞享金生终身寿险、瑞泰康泰金生重大疾病保险，为各个类型的客户提供了更多的选择。

（徐　璐）

【渠道建设】2016年，无锡瑞泰在总、分公司的带领下，积极开拓无锡市场及销售渠道，借助渠道发展多元化的发展趋势，拓宽经营思路，在与传统渠道开展更深入合作的同时，更是将重点投放在区域性银行，利用网络延展性广泛的优势，在江苏银行手机银行、网上银行等销售渠道取得显著成效。

（徐　璐）

【内部管控】2016年，该公司落实“学保险、用保险，落实以客户为中心服务年”“从严要求落实年”“拒绝销售误导、诚信从我做起”“国家宪法日暨全国法制宣传日”等活动，从内控管理、案件处置、资金管控、业务操作、机构人员审核等方面入手开展“两个加强、两个遏制”回头看工作、防范和处置非法集资风险排查工作、互联网保险非法经营风险排查工作、满期给付与退保风险防控工作、中介渠道反洗钱风险自查工作。通过严格落实监管规定和总公司制度要求，全面加强风险预警宣传工作。在日常工作中，对业务经营情况进一步加强管控，规避监管风险，真正做到财务、业务、运营等各项工作的依法合规经营。

（徐　璐）

【保险业务活动】4月，江苏分公司在南京洲际酒店举办了全省2016年开门红总结暨荣誉表彰大会，无锡瑞泰有7名人员入选为江苏分公司明星俱乐部会员。

5月，江苏分公司明星俱乐部会员赴柬埔寨开展分公司首次明星俱乐部之旅。

9月，无锡瑞泰的“两个加强，两个遏制”自查小组成立，配合江苏分公司检查小组完成检查工作。

12月，无锡瑞泰全体员工参加了“同在蓝天下——慈善一日捐”的爱心捐赠活动。

（徐　璐）

【领导班子成员】

陈　磊　负责人

（徐　璐）

信泰人寿保险股份有限公司无锡中心支公司

【概况】简称信泰保险无锡支公司。2009年4月16日成立。经营各类人身保险、健康保险、意外伤害等各类人身保险业务。被评为无锡市保险行业放心消费创建先进企业。成员缪卫红被无锡市人民政府金融工作办公室及无锡市保险行业协会评为2016年度无锡市保险行业“服务明星”。

（丁梦卿）

【经营业绩】2016年度，信泰保险无锡中支保费收入情况：个险全年完成保费52.3万元，达成率13%。银保全年完成期交保费370.6万元，完成率181.7%，趸交保费4.95亿元。续期全年完成保费3242万元，达成率104.6%，新单保费57.9万元，达成率228.8%。

（丁梦卿）

【渠道建设】银行保险业务是公司保费规模贡献的主要力量，公司把人员培养和队伍建设作为工作的重点。灵活的用人机制和薪酬体制，以吸引更好的优秀人员加盟公司。公司目前合作渠道有建行，中行，农行，邮储，农商行，民生银行。重点加强渠道培训工作，切实防范经营风险。

（丁梦卿）

【企业文化】信泰保险无锡中支以“健康、规范、富有活力”为愿景，秉承“诚信、勤奋、创新、责任”的价值观，以“持续为客户、员工、社会创造价值”为使命，奉行“一朝结缘，一生守信”的品牌主张，致力于为广大客户提供便捷的综合金融服务。

（丁梦卿）

【保险业务活动】3月，公司组织开展保险消费者权益保护活动。

4月，公司组织开展员工诚信教育活

动。

7月，公司组织开展“7·8”全国保险公众宣传日活动。

8月，公司组织开展防范非法集资宣传月活动。

9月，公司组织开展反洗钱十周年活动。

（丁梦卿）

【重大赔付】2016年3月，信泰保险无锡中支处理了开业以来最大的的赔付案件200万元。接到报案后，信泰保险无锡中支高度重视，迅速成立了理赔工作协调小组，走访、慰问出险人家属，并指导客户家属收集理赔资料。10天后，该赔案正式结案，理赔款也全部赔偿到位。快速理赔、高效的服务得到了出险人家属的充分肯定。

（丁梦卿）

【领导班子成员】

孙　宾　总经理（10月起）

缪卫红　副总经理（主持工作至9月）

（丁梦卿）

中国人民健康保险股份有限公司无锡中心支公司

【概况】简称人保健康无锡支公司。2016年，该公司围绕“加大改革创新力度、继续保持稳健增长、更加注重价值创造”主基调，全面落实总分公司战略部署，以“创新发展、加快转型”为指引，以“规模、效益、特色”建设为抓手，坚持有效益的推动业务发展，上下团结一心，勇于拼搏，敢于创新，坚持把发展作为公司的第一要务，实现公司持续、稳健、高速发展。工作中，着力转变发展方式，凭借“健康保险”+“健康管理”的特色经营，提升人保健康在当地保险市场的影响力。注重专业特色，积极开拓市场，团险树品牌，加大社保补充业务及意外险业务的力度，扩大公司影响力；银保创规模，加大公司市场及社会的占有率，增强产品优越性；个险打基础，加大综合素质及服务质量的历练，促使业务专业化。在全体员工的共同努力下，超额完成分公司下达的年度任务计划。召开年度工作会议，布置了公司全年工作。参加了江苏省保险学会和医疗保险研究会举办的“保险，健康江苏-江苏省保险学会学术年会暨第二届民生与保险苏南年会”。参加了中国人保无锡党建协调委员组织的参观无锡市革命陈列馆活动。荣获江苏分公司省级先进集体。参与了江苏省保险学会和医疗保险研究会举办的“保险，健康江苏-江苏省保险学会学术年会暨第二届民生与保险苏南年会”，投稿的论文获奖。

（储永平）

【经营业绩】2016年，该公司以全年目标任务为动力，坚持不懈推动业务全面发展。全年实现保费收入10.78亿元，保费规模创历史新高，完成年度计划的375%,同比增长33.36%。其中，团险实现保费6.33亿元，同比增长22%；个险完成保费3249.47万元，完成年度计划的238.93%；银保完成保费1.98亿元，完成年度计划的144.49%；交叉销售产代健实现保费6991.83万元，完成年度计划的127.12%；健康管理实现保费收入17.86万元。

（储永平）

【渠道建设】2016年，该公司创规模、调结构、控风险、抓理赔、提品质。①团险通过特色业务项目，努力提升竞争力，得到了客户的高度认同；②银保以重点渠道为核心，将新增渠道作为新高地，充分发挥各渠道特色，深挖网点潜能，整合资源，抢占市场；③个险通过扎实基础发展，抓新单期缴业务，努力提升续期业务发展。

（杨文辰）

【内部管控】①理顺内部管理机制。人保健康无锡中心支公司对业务发展战略、业务经营规划、业务经营区域、目标客户群体、销售代理渠道等方面做了重点布置，对公司组织架构和业务经营活动进行计划、监督、评估和管理，同时还进行许多有益的创新，在防范和化解经营风险和加强公司内部控制管理制度方面取得一定成绩。②提高经营管理水平。人保健康无锡中心支公司通过各司其责、有序结合、分工明确和有效运作，将分散的、单个的力量聚集成为集中的、强大的集体力量。公司每位员工的工作职权在组织管理结构中以一定形式固定下来，保证公司经营活动的连续性和稳定性。这些举措有利于明确每个员工的责任和权利，避免相互推诿，提高工作效率，克服办事拖拉的弊端。③优化服务管理质量。贯彻落实《中华人民共和国保险法》，人保健康无锡中心支公司在日益激烈的市场竞争中，跳出传统的业务框架，认真分析市场需求，建立推进产品销售的管理制度，加速创新的步伐，努力开拓各种市场空间，培养适应产品拓展的人才队伍。

（储永平）

【党建工作】年末，该公司有党员7名、入党积极分子3名、入党申请人6名。2016年，按照上级重要的部署，切实改进和加强对党员的教育、管理和监督，注重发挥党员的先锋模范作用，努力建设成坚强的战斗堡垒，为党的基本路线方针政策在基层的贯彻，提供强有力的素质保证。①开展“两学一做”教育活动。按既定计划学习党章和习总书记系列重要讲话，在学习的基础上，于9月27日开展“合格共产党员标准”大讨论座谈会，交流大家的学习心得。讨论会上，大家结合自身工作实际，各自发表认识体会，既谈到问题不足，也谈到整改措施。通过讨论，针对涉及到的“理想信念模糊”“党员意识淡化”“党员精神不振”等突出问题，党员干部深刻剖析问题存在的根源，提出了整改和努力的方向。10月12日，无锡中心支公司机关党支部参加了人保财险无锡市分公司牵头组织召开“两学一做”专题党课。通过把开展“两学一做”学习教育作为重要抓手，通过强党性、明责任、鼓干劲、重合规、树形象，广大员工坚决完成年度各项任务指标，实现“十三五”圆满开局。②开展读书学习活动。坚持每天自学，每周集体学、每月专题讨论，营造良好的学习氛围。学习内容包含了的理论、政策等或其他激励性书籍，并及时的推荐给全体员工，达到相互学习、相互沟通，拓宽知识面的活动目标。通过做好党建工作，增强基层党组织的凝聚力、战斗力和影响力，为公司稳健有序的发展提供保障。

（储永平）

【企业文化】文化内涵：中国人保健康企业文化内涵：坚持以人为本，践行和谐奋进的企业文化。大力弘扬中国人保尊重和依靠广大的优良传统，把关心员工、理解员工、最终员工、爱护员工作为中国人保健康企业文化建设的基本出发点。

企业使命：中国人保健康使命：人民保险，造福于民。①对客户，驾驭诚信理念，提供优质服务；②对员工，共创发展空间，实现人生价值；③对股东，尊重股东权益，提供稳定回报；④对合作伙伴，坚持平等互信，谋求合作共赢；⑤对社会，勇担社会责任，做优秀企业公民。

企业价值观：中国人保健康核心价值观：诚信立业、稳健经营、创造卓越、回报社会。

企业作风：中国人保健康作风：求真务实、规范严谨、令行禁止、艰苦奋斗、开拓创新。

企业经营理念：中国人保健康的经营理念是“以市场为导向，以客户为中心”。以市场为导向，就是市场是我们事业的舞台，市场决定一切，市场检验一切，市场证实一切。以客户为中心，就是客户是我们的衣食父母，客户的满足、客户的认同、客户的忠诚是我们工作的出发点和归宿。贯彻这一经营理念，我们始终坚持科学发展观、最大效益观、有序竞争观、诚信服务观、精细治理观、有效执行观、先进人才观和全员学习观。

（杨文辰）

【领导班子成员】

穆　睿	总经理
郭云杰	副总经理
储永平	副总经理
缪文英	业务管理部负责人
周　立	团险销售部负责人
丁秀平	个险销售部负责人
於晨曦	银行保险部负责人
杨秀兰	宜兴支公司负责人

（杨文辰）

光大永明人寿保险有限公司无锡中心支公司

【概况】简称光大永明无锡支公司。成立于2007年11月28日。至今已成立将近10年。公司开拓进取，发展壮大。2016年，该公司依托总分公司支持，无锡中心支公司在规范经营、业务发展、渠道开拓、客户服务等方面都呈现出良好的局面，受到社会公众的认可。光大永明人寿无锡中心支公司获江苏保监局批准，同意将公司经营地址由“无锡市复兴路121号益鹏大厦6楼”变更为“无锡市湖滨区金融一街10号无锡金融中心17层01单元”。

（杨　雪）

【经营业绩】该公司贯彻精细化管理，创业求生存的工作方针，以可持续发展的管理体系不断深化落实在公司的内部管理，同时抓住市场开拓和精细化管理二个要点，取得了较好的经营业绩。全年实现保费收入1878.29万元，上缴税收4.76万元。

（杨　雪）

【渠道建设】该公司自2014年开拓银行代理、个险、团险。2015年实施企业多元化发展战备。2016年，健全完善已有的发展方式，畅通的渠道、高素质的人员，为社会提供满意的服务。①银保渠道。2011年无锡中支从银保渠道完成筹备与股东光大银行开始银行保险合作的模式，到年末已与民生银行、华夏银行开展保险业务合作，业务发展势头良好，从初级逐渐发展到高级、渐进式走入一体化的过程。②个险渠道。现处团队建设发展阶段，2016年年末代理人数已发展至51人。③团险渠道。团队组建，业务扩展。

（杨　雪）

【内部管控】该公司加强政治、业务学习，认真执行党和国家及保险行业法律、法规，不断提高自身素质。设立内控建设和管理，通过建立完善的规章制度和管理流程，利用培训、沟通、调查、监督、管控等手段，定期对制度进行回顾，发现制度盲点及时协调相关职能部门完善制度；以定期会议、工作讨论、现场或非现场检查、员工自查等形式，对公司内部的合规工作进行管理，以保证公司运营的合法合规性。加强违规的处罚力度，惩戒违规行为及责任人，确保公司内控的严肃性。落实反洗钱法律法规和监管要求，同时防范和打击非法集资，通过多种形式、渠道了解和掌握监管信息和行业动态。参加或组织开展内外部反洗钱培训和防范打击非法集资的宣传教育工作，切实履行保障社会与国家金融秩序安全的企业责任。

（杨　雪）

【领导班子成员】

周幼幼　总经理

（杨　雪）

华泰人寿保险股份有限公司
无锡中心支公司

【概况】简称华泰人寿无锡支公司。成立于2008年4月18日，所在地位于无锡市滨湖区湖滨路625-6号苏豪国际大厦裙楼二楼。2016年，华泰人寿无锡中支落实总、分公司指定的“转型升级年”方针政策，坚持以业务规模发展为第一要务，着力改进提高和创新发展，着力抓队伍专业化建设，着力提升队伍产能，着力防范经营风险，牢牢把握工作主动权，完成总、分公司下达的全年工作任务，华泰人寿无锡中支在奔向成熟型公司的道路上阔步前进，继续在无锡市场中稳步发展。到年末，下设滨湖、锡山、惠山、宜兴、江阴、东港、胡埭7个分支机构，业务范围遍及无锡全辖。公司拥有内勤员工内部员工40人；营销员385人，持证率100%。2月，该公司被江苏分公司授予“2016年度最佳成长”“2016年度先进集体”“2016年度先进单位”称号。

（郭惠君）

【经营业绩】①个险渠道。截至2016年12月底，无锡中支个险条线实现标准保费：2685万，同比增长58%；新增人力195人，同比增长144.2%；月均有效人力102人，同比增长了45%；准金蜜蜂人力791人，同比增长了67%；MDRT：2016年度达成13人。②团险渠道。无锡中支团险部在公司领导大力支持及全体伙伴的努力拼搏下，2016年度达成业务总量267.44万。其中交叉销售团单213万，件数256件，卡单47.01万，较上一年度有36.4%增幅！③交叉销售。交叉销售2016年承保标保213万，件数256件，均列全国排名第一。④续期工作。续期保费2016年1-12月实收数额为9467.5万元，2016年目标：9006.5万；完成率：105.1%；2016年1-12月个银继续率K2值为96.83%，K2全省第一名。

（王　利）

【教育培训】

2016年培训工作汇总			
项目	举办期数	参训人数	备注
新人岗前培训	14	225	
新人衔接培训	42	152	
金蜂培训	1	40	
产品培训	5	115	
创说会	12	257	
增员启动会	1	92	
内勤培训	40	9	
总计	115	890	

（童文君）

【后援队伍】行政方面①围绕战略落地，提升工作效率和员工专业化水平。根据总公司要求进行工作流程的梳理和优化，尤其是OA及单证系统的流程优化，有效提高了工作效率；合理配置资源，有力推进职场优化工作，盘活公司资产；明确岗位分工，注重员工技能的提升，加强对机构的督导和帮扶，通过直面培训和视频培训等多种培训方式，提升全辖行政条线的工作水平。②加强机构规范性管理。通过会议宣导、制度建设增强规范意识，杜绝取得监管许可之前触碰红线的情况发生，同时积极做好行政许可的申报，保证公司地址变更及时，有序推进新设机构的顺利开设与投入经营。③在全辖强化开展安全生产检查工作，防微杜渐，确保安全生产无事故。

运营方面①启动三优项目。实现管理、品质、效率、人员技能的全面提升。2016年，华泰人寿无锡中支运营部KPI指标持续保持优秀。②防范满期给付及退保风险。通过各级机构的共同努力，全年协议退保的数量大幅度的下降，全年未发生集中退保事件，经营秩序稳健。③全面提升客户服务品质。2016年7月至8月全公司举办“牵手华泰，守护健康”客户服务节活动，以公司所有有效保单客户为主要活动对象，提升公司品牌形象，增加公司美誉度，创新服务举措，进一步回馈和提升客户感受。

（郭惠君）

【内部管控】①开展“从严要求落实年”专项活动。3月17日，为深入贯彻落实《江苏保监局关于开展“从严要求落实年”活动的通知》精神，坚守风险底线，营造令行禁止的氛围，以严肃认真的态度抓好从严要求落实年”专项活动，华泰人寿无锡中支总经理室高度重视，成立“从严要求落实年”活动领导小组。3月31日，为全面贯彻落实2016

年全国保险监管工作会议精神，按照江苏保监局《“从严要求落实年”活动实施方案》的统一部署，华泰人寿无锡中支决定从3月至12月，在全辖范围内开展“从严要求落实年”活动。4月8日，华泰人寿无锡中支组织内勤员工在会议室召开《贯彻落实“从严要求落实年”及“学用活动”》动员会，并将相关文件精神下发机构学习。②做好反洗钱工作和检查。6月，为贯彻落实人民银行2016年反洗钱工作会议部署，有效履行反洗钱和反恐怖融资义务，贯彻落实《中国人民银行南京分行办公室关于做好2016年江苏省金融机构和支付机构反洗钱工作的通知》组织开展2016年反洗钱工作。8月，华泰人寿无锡中支开展反洗钱宣传活动。8月17日至10月31日，组织2016年第三期保险业反洗钱培训工作。③做好合规宣传培训等各项工作。3月29日，华泰人寿无锡中支组织内勤员工法律合规培训课程学习。④做好治理非法集资、商业贿赂、保险欺诈工作。4月1日至7月30日，全辖开展治理非法集资、商业贿赂、保险欺诈工作。做好“两个加强、两个遏制”回头看工作。8月9日，华泰人寿无锡支公司成立“两个加强、两个遏制”回头看工作领导小组和工作小组。制定工作方案，做好宣传发动，对专项检查发现问题进行深入整改，并定于2016年8月初至2016年9月中旬开展“两个加强、两个遏制”回头看工作。

9月6日，江苏保监局召开视频会议，对全省回头看工作进行再部署、再动员、在推动。无锡中支由总经理孟军带队，人事行政部负责人、财务部负责人、运营部负责人一同前往人保财险无锡市分公司参加会议，宜兴支公司由机构负责人在当地人保财险公司参加会议，江阴支公司由综合内勤在当地人保财险公司参加会议。9月13日，江苏保监局在无锡木棉花酒店二楼江山厅召开“回头看"督导情况通报会。无锡中支总经理孟军参会。9月19日，华泰人寿无锡中支组织全体员工召开2016年无锡中支“两个加强、两个遏制”回头看工作动员会，会上学习保监会文件精神，并组织员工参与考试。

（郭惠君）

【控制经营成本和风险】

基本完成对费用审批、资金支付、行政采购、合同审批、印章管理、公文管理、人事审批等各条线的集中管理，有效控制公司经营成本和风险。

（郭惠君）

【保险业务活动】2月26日，华泰人寿无锡支公司为欢庆2016年新春佳节，丰富华泰文化生活，增强员工之间的相互交流和团队凝聚力，展现员工团结向上的精神风貌。一起参加在美丽都大酒店举办的“2016年华泰人寿无锡中支春节团拜会”，表演、游戏、抽奖，大家欢聚一堂。

3月19日，华泰保险股份有限公司总公司总经理李存强、分公司总经理谢飞及总经理陈书德到无锡中支本部参观新职场，并指导工作。

4月8日，华泰人寿无锡中支组织中支内勤员工在会议室召开《贯彻落实“从严要求落实年”及“学用活动”》动员会，并将相关文件精神下发机构学习。

7月8日，保险公众宣传日当天华泰人寿无锡中支安排人员在公司门口设点开展保险宣传和咨询服务。下属机构利用分公司已印好的宣传海报及宣传礼品在社区设点开展保险宣传和咨询服务。

7月25日，总公司发起的华泰人寿“小小铅笔”爱心公益计划。小小铅笔绘画大赛无锡中支赛区共选取5个作品递交分公司参加评比。

8月26日，无锡中支胡埭营销服务部举办开业典礼。分公司总经理谢飞到胡埭职场，鼓励胡埭业务人员再接再厉，充分肯定胡埭营销服务部取得的成绩。

9月6日，为贯彻落实中国保监会副主席黄洪在江苏督导调研“两个加强、两个遏制”回头看工作时的讲话精神。华泰人寿无锡支公司由总经理孟军带队，人事行政部负责人、财务部负责人、运营部负责人一同前往人保财险无锡市分公司参加江苏保监局召开的视频会议。

10月13日，华泰人寿无锡中支举办第四届华泰好声音无锡选拔赛，各家机构踊跃报名，气氛热烈，增进业务员和客户对华泰的文化认识。

10月28—29日，华泰人寿无锡中支在东台召开2016年度客服节活动，无锡中支内外勤参与到活动中，参加活动的客户在为期2天的活动中，客户切身体会到了我们所有伙伴提供的热情服务，对此次客服节活动表示非常满意。

10月29—30日，华泰人寿无锡中支携三组选手前往南京参加第四届华泰好声音半决赛，通过彩排和正赛，得到充分的锻炼，促进了对华泰的认知，感染了华泰的良好氛围。

11月24日，华泰人寿无锡中支为迎接开门红，在无锡美丽都大酒店举办开门红启动大会。

（郭惠君）

【重大承保】 2月1日，无锡中支承保王某某华泰人寿百万赢家年金保险（分红型，至尊版），保险金额27.31万元，年交保费50万元。

3月29日，无锡中支承保徐某某华泰人寿百万赢家年金保险（分红型，至尊版），保险金额13.81万元，年交保费50万元。

12月12日，无锡中支承保吴某某华泰人寿百万赢家年金保险（分红型，至尊版），保险金额93.14万元，年交保费100万元。

（季伟君）

【重大赔付】 钱某某，男，2009年9月11日，投保公司福佑双鑫两全保险(分红型)+附加福佑双鑫重大疾病保险，保额10万元，期缴保费7536元，2016年3月31日，因大便有血至无锡市锡山区东港医院进行肠镜、CT检查，并经无锡市三院病理诊断为(直肠)腺癌，2016年4月12日行全身麻醉下腹腔镜手辅助直肠癌根治术，2016年5月18日出院。华泰人寿给付保险金额10万元。

朱某某，男，2015年4月27日，投保公司团体意外伤害保险A款+附加团体意外伤害医疗保险+附加团体意外伤害住院津贴医疗保险。2016年3月22日下午，客户卫某某在上班期间钢架件掉落砸在左脚上，急送无锡医院住院治疗，诊断：左足第1、2、3、4趾毁损伤，行左足第1、2、3、4趾清创缝合+残端修整术，华泰人寿给付保险金额40443.31元。

林某某，女，2015年7月和2015年8月，投保公司福佑双鑫重大疾病保险和百万康泰终身重大疾病保险，保额均为30万元，两单保额合计60万元。2016年7月15日入院，出院诊断：甲状腺左叶乳头状Ca、左颈部淋巴结转移Ca，7月18日做甲状腺左叶切除、峡部切除、左侧中央区淋巴结清扫及左侧喉返神经探查术。华泰人寿给付保险金额60万元。

（季伟君）

【领导班子成员】

孟　军　总经理
刘　军　副总经理
赵　曦　总经理助理

（郭惠君）

【机构（部门）主要负责人】

陈廷娟　人事行政部经理
邵　静　财务部经理
朱　玮　运营部经理
周蓓蓓　个人业务部经理
丁卫超　滨湖营销服务部经理
王　芳　锡山营销服务部经理
吴　健　惠山支公司经理
杭凤敏　宜兴支公司经理

（郭惠君）

英大泰和人寿保险股份有限公司无锡中心支公司

【概况】简称英大人寿无锡支公司。于2008年8月开业，年末下辖四级机构3家，从业人员89人。

（田　丽）

【经营业绩】2016年末，公司累计实现规模保费收入820.72万元。其中，个险新契约规模保费398.26万元，个险续期业务421.67万元，银保续期业务0.79万元，支付赔给付款12.28万元。

（冯炜栋）

【内部管控】2016年，英大人寿无锡中心支公司紧跟监管节奏，通过会议、培训、考试、宣传、自查自纠和督导检查等形式，不断强化各级管理干部和内外勤员工的合规意识，使“合规是一切经营工作基础”的理念深入人心；深入开展“从严要求落实年”及“两个加强、两个遏制”回头看活动，充分暴露问题，积极整改，落实问责，不断提升公司风险防范和内控管理能力。

（田　丽）

【文化建设】公司强化企业文化建设，秉承国家电网公司“诚信、责任、创新、奉献”的核心价值观，践行“努力超越、追求卓越”的企业精神，员工坚持“立心尽则　止于至善”的工作信念；公司在实现持续、健康、快速发展的同时，积极致力于成为国内一流、国际知名的现代寿险公司。

（田　丽）

【保险业务活动】2015年12月至2016年3月21日，英大人寿无锡中心支公司参加了分公司举办的“五彩童年·点亮人生”客户主题活动，开展了少儿纸伞彩绘大赛和少儿书籍捐赠等活动，活动受到广泛关注，为股东单位和社会客户送去更加专业的保险服务。

3月起，无锡中心支公司组织开展“从严要求落实年”活动，各机构开展自查自纠活动后，无锡中心支公司派出2个督导组，对四级机构开展督导检查，对发现的问题进行整改，对责任人进行追责。

5月13—30日，无锡中心支公司及下辖2个四级机构开展宣誓活动，活动借助早会等形式掀起一轮“拒绝销售误导，诚信从我做起”的宣誓热潮，加强保险销售人员的诚信建设，规范销售人员的展业行为，防范和化解销售人员的销售误导及非法集资风险。

8月起，无锡中心支公司成立“两个加强、两个遏制”回头看专项检查小组，围绕保监“两个加强、两个遏制”回头看专项内容和总、分公司的部署，进行“回头看”自查整改工作的督导、整改及配合工作，对四级机构全覆盖督导检查，对发现的问题及时进行整改，优化相关机制流程，推进公司持续健康发展。

9月6日、9月8日英大人寿无锡中心支公司分别对江阴、宜兴、本部进行“两个加强、两个遏制”回头看督导检查，同时分析公司面临的内外部形势，要求高度重视，加强管控和监管提升至第一要务，做到合规经营。

9月21日、9月27日，英大人寿江苏分公司个险部和运营管理部对无锡中支、宜兴、江阴以“四不两直”方式进行了现场督导检查，继续做好自查和整改工作，建立健全内控管理制度，优化相关机制流程。

（田　丽、冯炜栋）

【重大赔付】2016年1月26日,无锡中心支公司赔付徐某13.8万元。徐某2012年11月21日为其本人在本公司投保了金生金世终身寿险（万能型）保额12万元，2015年12月18日，徐某因“肝硬化”在家中病故。2016年1月7日，受托人钱某电话报案。

（田　丽）

【领导班子成员】

张　瑄　副总经理（主持工作）

（田　丽）

【机构（部门）主要负责人】

冯炜栋　运营管理部　经理

张旭东　江阴营销服务部　经理

田　丽　宜兴支公司　经理

（田　丽）

华夏人寿保险股份有限公司无锡分公司

【概况】简称华夏人寿无锡分公司。于2006年12月经中国保险监督管理委员会批准设立。

（严　晗）

【经营业绩】2016年，华夏保险无锡分公司实现总保费收入32.75亿元，比2015年增长3.64%，其中营销业务总保费1.23亿元，银代业务总保费30.59亿元。

（严　晗）

【渠道建设】华夏保险与中国工商银行、中国农业银行、中国银行、中国建设银行、中国邮政储蓄银行、民生银行、慕尼黑再保险等国内外知名金融机构建立良好的合作伙伴关系，在企业管理、业务销售和理赔服务等多领域开展了广泛、深入的合作。

（严　晗）

【内部管控】2016年，华夏保险无锡分公司开展风险排查工作15次，包括常规性自查排查活动3次、年度风险排查工作1次、监管要求的排查工作11次。

2016年8月，开展“两个加强、两个遏制”专项自查整改工作，无锡分公司建立了以总经理汤淏为组长的自查小组，先后进行了自查自纠、深入推进、专项整改和评估等阶段性工作，把此项工作为分公司年度合规重点工作之一。

同时，分公司高度重视合规培训宣导工作，全年开展合规培训宣导活动共计22次，覆盖分公司全体内外勤约1.17万人次；培训宣导方法有通过微信公众号推送、普发宣传单页和学习手册、利用早夕会做专题宣导和通关、现场测试和问卷星测试等，无锡分公司在传统培训宣导方式基础上，不断探索创新，形成了全覆盖、多层次的“常规宣导+合规微讲堂宣导”机制。

（严　晗）

【保险业务活动】4月13日，华夏人寿保险股份有限公司无锡分公司在无锡太湖花园酒店召开一季度销售工作会议，分公司班子成员、各部门和机构负责人参会。

6月17日，由无锡市委宣传部主办，华夏人寿保险股份有限公司无锡分公司全程赞助的“最美人物走基层——笑语欢歌进社区”全市巡演拉开帷幕，活动为无锡市城区市民送上丰富多彩的文艺节目。

7月5日，经江苏保监局批复同意，设立华夏人寿保险股份有限公司无锡分公司锡山支公司。

7月7日，经江苏保监局批复同意，华夏人寿保险股份有限公司无锡分公司营业地址由原无锡市滨湖区金融一街10号无锡金融中心705室变更为无锡市清扬路118号世金中心27楼，并完成职场搬迁。

10月11日，经研究决定，调整班子成员分工，汤淏同志主持全面工作的同时，分管办公室、人力资源、财务和银保渠道，不再分管团险渠道和运营条线；王素华同志分管团险渠道和运营条线，不再分管银保渠道。

11月3日，经江苏保监局批复同意，设立华夏人寿保险股份有限公司无锡分公司梁溪支公司。

12月17日，华夏人寿保险股份有限公司无锡分公司与江南大学商学院在公司会议室举行校企合作签约及授牌仪式，校企双方领导出席仪式。

（严　晗）

【领导班子成员】

汤　淏　总经理
刘　亮　总经理助理
王素华　总经理助理
凌志波　总经理助理

（严　晗）

【机构（部门）主要负责人】

张茂林　办公室主任
　　　　江阴支公司经理
吴　凤　财务管理部经理
陈婷婷　运营管理部经理
张　磊　团险业务部经理
　　　　崇安支公司经理
陆　婷　本级营销服务部经理
　　　　梁溪支公司经理
徐小波　锡山支公司经理
王　伟　宜兴支公司经理

（严　晗）

中美联泰大都会人寿保险有限公司江苏分公司无锡营销服务部

【概况】 简称大都会人寿无锡营销部。

（庄　凡）

【经营业绩】 2016年，该营销部顾问行销渠道有保险营销员297人，全年实现保费收入2927万元，比上年增长82%。2016年无锡顾问行销渠道照顾无锡市城区1200个家庭，为2736人提供保障，累计主险保额逾7亿元。2016年，共举办寿险规划师培课程培训班13期，培育保险精英377人。

（庄　凡）

【内部管控】 无锡营销服务部严格把关保险的每个环节，实施严密的内部控制。①合规销售、严格把控。2016年，无锡营销服务部将防范销售误导作为重中之重的工作，严禁一切销售误导的言辞和行为出现。不论在培训中还是夕会中，都会强调合规的重要性。制定规章制度出台合规销售的相关文件，文件中对合规的行为进行细化和量化，真正做到有法可依，执法必严。②客户服务、严谨细致。2016年，无锡营销服务部切实将投保提示和客户回访制度落到实处，投保提示除销售时口头提示之外，必须要求客户在了解提示中所有内容的情况下认可并签署。制定严格的客户回访制度，每天以邮件或短信的方式将回访情况及时通知到每一位销售人员。有问题及时处理，有疑问及时解答，不断提高监管工作的有效性。③退保需求、以人为本。无锡营销服务部在2016年配合总公司完成了全面的内部合规审查，销毁并停用了一批过期的展业资料，对全体内外勤进行合规专题培训，提升了代理人对公司合规及风险管控的意识。

（王　玥）

【文化建设】 大都会人寿江苏分公司无锡营销服务部的核心价值观提倡：正直与诚信，建立个人责任感。公司销售人员入职培训中，服务品质观念的建立为重点培训内容之一。所有销售过程的诚信体现均通过专业培训得以贯彻落实。

（王　玥）

【保险业务活动】 一季度，在江苏分公司顾问行销渠道的“开门红”战役中，顾问行销的伙伴达成了743万新单保费的骄人业绩。

3月，顾问行销渠道举办高端客户沙龙活动，共同探讨资产传承等话题，用专业的角度去解读未来的风险，帮助客户规划财富的传承与延续。

6月，组织第一场“小背篓”亲子户外拓展活动，很多家庭积极参与活动，反馈良好。

9月，组织第二场“小背篓”亲子户外拓展活动，很多家庭积极参与活动，反馈良好。

10月，组织“田园东方”户外拓展活动，很多家庭积极参与活动。

11月，顾问行销渠道举办第四届秋季

运动会，举办了形式多样的团队活动，通过活动增强了团队意识和荣誉感，提升了团队的战斗力和活力。

11月，顾问行销渠道举行2场大型事业说明会，邀请到近250位求职候选人参加，反响热烈。

12月，邀请中国重疾之父丁云生，在五星级酒店进行重疾专题讲座，客户反响良好。

12月，举办客服嘉年华一系列活动（如电影节、冰雪节、乒乓羽），邀请新老客户参加，客户反响很好。

2016年，顾问行销渠道有八位精英成功入围“寿险最高荣誉殿堂”MDRT（百万圆桌）。

2016年，顾问行销渠道有五位精英成功入围“寿险最高荣誉殿堂”MDRT（百万圆桌）。

2016年，顾问行销渠道有五位精英成功入围“CEO CUP总裁杯”，达成希腊荣耀之旅。

（庄　凡）

【领导班子成员】

何　斌　机构负责人

（王　玥）

君康人寿保险股份有限公司
无锡中心支公司

【概况】简称君康人寿无锡支公司。2016年，该公司秉承“简洁、责任、创新、合规”的核心经营理念，始终贯彻“守信用，担风险，重服务，合规范”的保险核心价值理念，努力做到“抓服务，严监管，防风险，促发展”，努力开拓渠道，巩固和发展业务，团结各级员工，坚持“二线为一线服务”的理念，持续“以服务和培训”为业务发展导向的经营思路，坚定不移的执行落实。

（蒋　芳）

【经营业绩】2016年，该公司产品结构：龙福宝两全保险（万能型）及龙福宝两全保险（万能型）B款：一次性交费。保险期间：10年。特色：资金安全，运作透明；投资稳定，收益共享；奖励持续，利上加利；保障高额，心系你我。

龙利2号两全保险（万能型）：一次性交付，保险期间：10年。资金安全，运作透交付，保险期间：10年。资金安全，运作透明；投资稳健；收益共享；账户灵活，随时领取。

苏利1号两全：一次性交付，保险期间：10年。全额入账费用低，收益稳健增值快，灵活支取随心领，形态简单更透明。

民利1号两全：一次性交付，1000元起售，保险期间：10年。全额入账费用低，收益稳健增值快，灵活支取随心领，形态简单更透明。

通利1号两全：一次性交付，保险期间：10年。全额入账费用低，收益稳健增值快，灵活支取随心领，形态简单更透明。

龙源二号两全（终身寿险）：一次性交付，保险期间：终身。资金安全，运作透明；投资稳健，收益共享；账户灵活，随时领取。

农利1号两全：一次性交费，保险期间:10年。保底收益，有保证；全额入账，增值快；月月结算，更透明；专家理财，收益增。

源利2号两全：一次性交费，保险期间:10年。全额入账，增值快；资金安全，更透明；收益稳定，有保底。

源利3号两全：一次性交费，保险期间:10年。全额入账，增值快；资金安全，更透明；收益稳定，有保底。

君康龙旺两全保险：一次性支付方式。保险期间：5年。一次投入，坐享收益；双重保障。安全无忧；满期给付，投资灵活。

君康六福两全：1/5/10/15/20年交。保险期间：终身。80种重疾保障终身；20种轻症三次赔付不减保；特定恶性肿瘤额外给付；身故金；祝寿金；生存金。

颐养一生养老年金：趸交、3年、5年、10年、20年交，保险期限：终身。高额返还，终身领取；万能账户，二次增值；保单贷款，方便急需；养老无忧，颐养晚年。

君康龙盈年金保险：一次性交费。保险期间：10年。一次投入，长期受益；年金领取，年年有余；稳健投资，固定受益，保单贷款，方便快捷。

其中银邮续收2016年实际达成55万元，达成率100%。个险续收2016年实际达成18.62万元，达成率100%。

开门红（1月1日到3月31日）取得了13.40亿的销售佳绩，比上年增长140%。在公司的战略转型中，踏踏实实的进行渠道业务拓展，在有效开拓渠道期交业务的同时开展期交直销，并取得了一定的成绩。

（蒋　芳）

【渠道建设】该公司持续推进业务结构调整和发展方向转变。以银保产品作为主要业务销售，同时实施多元化的交叉销售模式，并借助互动交流活动、客户服务节等多种方式，在服务客户的同时做好多角度业务开拓。

全面巩固邮政储蓄银行渠道无锡，江阴，宜兴各市区的成熟网点。做好各项服务培训工作，制定方案推动业务发展，开拓进取，努力实现保费有更大的增长。巩固江苏银行渠道，加强满期给付和退保服务工作，稳定合作关系。同时做好中国银行、建设银行、农业银行等新渠道的业务合作沟通工作。

（蒋　芳）

【内部管控】无锡中支不断完善部门岗位制度，并要求各级员工依据岗位职责和职业操守做好本职工作，并有能力的协助他人完成工作事务。加强各部门间的有效沟通，严格防范风险，积极配合监管部门的工作任务，努力保证每个环节都能够正常运作。在反洗钱管控方面，进一步加强工作环节，确保无可疑案件、大额案件疏漏。在反保险欺诈工作方面积极与监管部门保持联系沟通，确保在第一时间将发生案情向上通报。在反商业贿赂工作方面，中支积极开展自查自纠工作，严防贿赂行径出现。在防范和打击非法集资活动中，公司积极响应监管部门和上级要求，加大宣传力度，让每一位员工和客户都能远离陷阱。在客户信息真实性审核工作中，中支加强与渠道网点的培训和沟通，积极与渠道领导保持良好的信息互通，同时向其宣导客户信息真实性工作的重要性，以此达到双方共赢的目的。

积极参加“两个加强、两个遏制”的专项检查工作。工作中坚持“全面自查、鼓励自纠、强化责任”的总体原则，建立管理机构，分时段分部门进行全面排查，并根据自查过程中的不足，结合实际情况进行整改。加强风险管控，防微杜渐，有效协调处理可能发生的各类矛盾风险，使之大事化小，小事化无。

（蒋　芳）

【保险业务活动】1月19日，无锡中支财务部经理倪勇参加由无锡市保险行业协会召开的2015年统计会议。

1月21日，黑分本部总经理孙增突发脑溢血，为减轻其家人负担和出于同事的关爱，无锡中支班子成员积极响应江苏分公司倡议，募捐3000元。

2月3日，无锡中支副总经理杨晓凯参加保险行业协会召开的防范化解满期给付与退保风险工作会议

3月10日，无锡中支副总经理杨晓凯及人事行政部蒋芳参加保险学会召开的八届四次理事会议。

4月28日，无锡中支总经理汤成伟参加由无锡市保险行业协会召开的“无锡市保险行业协会六届三次全体会议暨2016年保险工作会议”。

4月29日，人事行政部倪勇参加由无锡市平安金融创建活动领导小组办公室召开的“无锡市新一轮平安金融创建工作推进会”。

5月5日，无锡中支员工钱星波被评为无锡市保险行业2015年度展业明星。

7月7日，市委宣传部、市文明办、市金融办、市消费者委员会、市放心办、协会在茂业天地购物中心一楼中厅举办2016年全国保险公众宣传日活动，无锡中支华琪、蒋芳、钟婉等6人设摊参加。

10月22日，无锡市委宣传部、团市委、市教育局主办“重走长征路、共筑中国梦”——纪念“纪念工农红军长征胜利八十周年”系列活动在崇安寺一期召开启动仪式，君康人寿保险股份有限无锡中心支公司总经理汤成伟参加活动。

11月11日，汤成伟总经理参加“无锡市保险行业放心消费创建活动第二次推进工作会议”

（蒋　芳）

【重大承保】2月17日，无锡赵某投保君康苏利1号两全保险（万能型）1000万元。

2月5日，无锡郭某投保君康苏利1号两全保险（万能型）500万元。

2月24日，无锡张某投保君康苏利1号两全保险（万能型）310万元。

2月19日，无锡夏某投保君康苏利1号两全保险（万能型）300万元。

2月3日，无锡龚某君康苏利1号两全保险（万能型）投保300万元。

2月25日，无锡顾某投保君康苏利1号两全保险（万能型）300万元。

2月10日，无锡李某投保君康龙利二号两全保险（万能型）238万元。

4月20日，无锡汪某投保君康民利1号两全保险（万能型）700万元。

（蒋　芳）

【重大赔付】1月29日，被保险人陈某疾病死亡，赔付金额12.42万元。

3月28日，被保险人宋某疾病死亡，赔付金额50万元。

5月26日，被保险人邵某疾病死亡，赔付金额4.93万元。

6月12日，被保险人杨某疾病死亡，赔付金额12.09万元。

7月26日，被保险人周某意外死亡，赔付金额18.63万元。

8月24日，被保险人何某疾病死亡，赔付金额5.39万元。

8月24日，被保险人王某意外死亡，赔付金额10.69万元。

9月1日，被保险人薛某疾病死亡，赔付金额50万元。

11月3日，被保险人张某疾病死亡，赔付金额4.97万元。

12月22日，被保险人蒋某疾病死亡，赔付金额8.74万元。

（蒋　芳）

【领导班子成员】

汤成伟　临时负责人（任职期间2015年11月9日–2016年3月9日）

总经理（2016年3月9日起任职）

宋秀龙　运营总监

杨晓凯　副总经理（主持工作）（任职期间2015年6月26日–2016年3月15日）

副总经理（2015年3月15日起任职）

（蒋　芳）

【机构（部门）负责人】

汤成伟　兼人事行政部经理

王春艳　银邮业务部经理

倪　勇　财务部经理（任职期间2014年2月24日–2016年3月21日）

王平秀　财务部经理（2016年3月22日起任职）

华　琪　业务管理部经理

（蒋　芳）

中国人民人寿保险股份有限公司无锡中心支公司

【概况】简称人保寿险无锡支公司。2016年，该公司紧紧围绕总公司提出的“稳增长、重价值、强基础”的战略方针，按照“紧跟节奏、突出重点、打实基础、做大期交、抓好党建”的工作思路，狠抓基础管理，推进转型发展，营销业绩取得新突破，全面建设迈上新台阶。

（吴章科）

【经营业绩】2016年，人保寿险无锡支公司共实现规模保费5.74亿元，其中趸缴保费5.05亿元，期缴首年保费2933.60万元，期缴续期保费3524.99万元，短险保费424.04万元。

（梁闻齐）

【渠道建设】①银行代理业务继续保持稳健增长，江阴支公司、中支本部保持和扩大领先优势，与工商银行、农业银行、江阴农商行、无锡农商行、中国邮政等渠道持续开展稳定合作经营。②个险渠道推广“心智启航、育树成林”，在宜兴支公司进行先行试点，大力发展有效人力，全面引进经营团队，使个险各项营销指标实现较大幅度增长。③团队渠道。继续保持创费优势，以发展高价值产品为主打，进一步优化产品结构，全面实现既定目标。④互动业务。持续加强与人保财险公司的合作，寿代产业务开展持续深化。

（吴章科）

【内部管控】2016年，人保寿险无锡中支大力加强风险管控，以落实“从严要求落实年”活动和“两个加强、两个遏制”回头看工作为抓手，全面加强内部监管、深入抓好风险防控、持续推进合规经营，将从严管理的各项要求落实到经营的各个方面和环节，全体员工的合规意识、担当意识、责任意识、制度意识、品牌意识进一步强化。为切实堵塞漏洞和化解隐患，推进合法经营，人保寿险无锡中支着力加强制度的执行和监督检查，着力加强制度健全和流程优化，切实保护消费者合法权益，业务品质、品牌形象和服务水平明显增强。

（吴章科）

【党建工作】2016年，该公司党组织组织党员及员工深入学习贯彻习近平总书记在关于国企党建工作会议的重要讲话，认真组织“两学一做”教育活动，围绕党建重点开展工作，抓好基本队伍的排查，抓好基本组织的建立，抓好基本制度的落实，抓好基本程序的普及，有效规范基层党建工作水平，党组织的战斗保垒作用和党员队伍的先锋模范作用得到有效发挥。为全面落实党要管党、从严治党的各项要求，班子成员严格履行“一岗双责”，不断强化政治意识、大局意识、核心意识、看齐意识，认真贯彻执行民主集中制，规范落实党委议事和决策程序，持续推进联合党建工作，党委班子的核心领导作用得到进一步加强。

（吴章科）

【文化建设】该公司重视加强文化建设，通过开展丰富多彩的文化活动，有效融洽了团队的和谐氛围，以文化建设活动提升士气、凝聚人心、焕发激情、进位争先，收到了较好的效果。2016年5月4日，组织“绽放青春，‘羽’你共享”羽毛球比赛，展示了青年员工的青春活力。2016年“六一”儿童节期间，组织“六一”儿童节亲子活动，给员工提供了带着孩子到户外开展游戏、加强互动、增进交流的机会。公司以文化建设为载体，进一步强化全体员工“讲责任、比贡献、燃激情、争先进”的内部氛围。

（吴章科）

【重大赔付】1月1日被保险人蔡某因意外伤残及住院治疗，赔付金额4.12万元。

1月22日被保险人蒯某因肺癌疾病，赔付金额10万元。

2月25日被保险人钱某因因急性下壁心肌梗塞身故，赔付金额10.87万元。

3月1日被保险人许某因意外溺水身亡，赔付金额60000元。

4月2日被保险人单某因意外伤残及住院治疗，赔付金额3.67万元。

5月14日被保险人朱某因意外伤残及住院治疗，赔付金额5.32万元。

5月22日被保险人吴某因意外伤残及住院治疗，赔付金额3.72万元。

5月31日被保险人刘某因意外伤残及住院治疗，赔付金额3.87万元。

6月4日被保险人卞某因脑梗死等疾病，在医院救治无效身故，赔付元6.37万元。

6月22日被保险人庄某因乳腺癌身故，赔付金额46.87万元。

7月2日被保险人郭某因意外伤残及住院治疗，赔付金额3.62万元。

7月29日被保险人倪因肝内胆管癌身故，赔付金额12万元。

8月15日被保险人付某因甲状腺乳头状癌，赔付金额10万元。

8月22被保险人刘某因交通事故身故，赔付金额14万元。

10月10日被保险人吕某因肝腹水身故，赔付金额为：25.49万元。

10月22日被保险人陈某因意外死亡，赔付金额118.86万元。

10月28日被保险人李某因急性早幼粒细胞白血病身故，赔付金额15.07万元。

11月9日被保险人黄某因交通事故死亡，赔付金额5万元。

11月25日被保险人蔡某因意外伤残及住院治疗，赔付金额3.72万元。

11月28日被保险人陈某因癌症身故，赔付金额8.4万元。

（王丽君）

【领导班子成员】

朱　瑶　副总经理（主持工作）
万国仙　总监、纪委副书记
谢　稚　党委委员

（吴章科）

【机构（部门）主要负责人】

王晓江　江阴支公司经理
钱志远　宜兴支公司经理
华康琳　锡山支公司负责人
王建良　惠山支公司负责人
曹昌华　滨湖支公司临时负责人
李　娴　银保部经理
程奕凯　团险部副经理
王晓江　互动部副经理
梁闻齐　计财部经理助理
严晓娟　业管部经理

（吴章科）

国华人寿保险股份有限公司无锡中心支公司

【概况】简称国华人寿无锡支公司。2016年，该公司坚持科学发展观，科学把握寿险经营规律，寻求差异化发展路径，坚持财富管理与风险保障并举，在保险行业率先探索互联网保险发展，先后创造保险网销“三天过亿”、“10分钟过亿”的销售业绩。2014年联手阿里数娱推出“娱乐宝”项目。国华人寿无锡支公司秉承总公司的信任、责任、精益、价值4个核心价值观，以让每个家庭拥有保障和幸福为使命，致力于成为最能为客户、员工、股东、社会创造价值的保险公司。5月，国华人寿无锡支公司第二次携手无锡邮政举办第二届亲子嘉年华活动。

（刘兰兰）

【经营业绩】该公司银行保险部自2010年成立以来，合规经营，稳定发展，探索符合自身特色的健康发展之路。到2012年，无锡中支实现保费收入5700万元；2013年，无锡中支抓住市场开拓和稳健经营，取得了突破性的发展，实现全年保费收入1.6亿元；在2014年第一季度就突破2013年全年业绩，2014年底无锡银保实现全年保费近3.8亿的骄人业绩；2015年全年保费更上一层楼，高达7.9亿。2016年全年保费达4个亿，在高价值业务上有了一个新的突破，保费上千万平台。无锡中支业绩在稳健增长并在向高价值业务转型。

（刘兰兰）

【重大赔付】2016年全年理赔案件为39件，其中城区16件、江阴11件、宜兴12件，累计实际赔付金额为184.08万元。该公司认真高效的对待每个理赔案件，及时结案，力求让客户满意，渠道满意。

（刘兰兰）

【领导班子成员】

袁亚芹　总经理

单　艳　总经理助理兼银保部经理

（刘兰兰）

【部门主要成员】

吴娴婷　银保部

曹　斌　银保部

谢圣玥　运营部

刘兰兰　财务综合部兼办公室

（刘兰兰）

幸福人寿保险股份有限公司无锡中心支公司

【概况】简称幸福人寿无锡支公司。成立于2010年8月18日。2016年，该公司秉持着“诚信经营、稳健发展”的公司理念，积极开拓市场，实行多渠道经营，2016年业务部门主要为个险营销部和银行保险部。业务范围覆盖人寿、养老、投资、教育、医疗、意外等各个领域，全方位地满足客户的需求。陈忠荣获2016年度无锡保险行业“服务明星”称号。

（沈碧莲）

【经营业绩】2016年，该公司实现总保费收入3.30亿元，全面超额完成年初下发任务指标。其中个人保费新契约业务91.49万元，团险5.24万元，代理业务保费收入3.27亿元，续期222.03万元，保费平台呈持续上升趋势。

（沈碧莲）

【渠道建设】幸福人寿无锡中支银行保险部借助总公司、江苏分公司渠道合作基础，在无锡当地开拓了建设银行、中国银行、招商银行、南洋商业银行四个主业务渠道。

（沈碧莲）

【文化建设】企业价值观：以人为本、诚信规范、共创价值、服务社会

企业使命：胸怀全局、关注民生、服务大众、促进发展

企业司训：胸怀理想、铸造品牌、诚信经营、稳健发展

（沈碧莲）

【险种创新】3月1日，幸福人寿明星产品—“幸福人生终身重大疾病保险”上市，其涵盖高达65种重大疾病和15种早期治疗金，保障全面，价格优惠，有利于患者早诊断，早治疗，提高治愈几率。并且还可豁免今后的各期保费，在享有其它保障的同时，免除了客户的交费压力，让客户安心治疗。幸福人生价格更加实惠，力求人人买得起，终身有保障。

5月3—5日，在第五届中国国际养老服务业博览会上，国内“以房养老”保险先行者--幸福人寿参加了此次盛会，其创新的“幸福房来宝”产品备受瞩目。幸福人寿将以“以房养老”保险产品为起点探索养老产业供给侧改革，研发相关配套的健康养老保险产品，打通金融支付和养老服务的价值链，构建“居家、社区、机构”三位一体养老模式，为老人提供一站式养老服务。

（沈碧莲）

【公益活动】7月12日，开展“学保险 用保险 落实以客户为中心服务年”活动充分体现公司的社会责任形象，传递正能量，幸福人寿无锡中支在附近企业开展 “五进人”相关活动普及保险知识、倾听公众心声、提高服务品质、塑造公司的品牌形象；并以此活动为契机，着力推动开展保险行业的宣传活动，充分展现行业和幸福人寿无锡中支发展成就，营造“学保险、用保险”的浓厚氛围，弘扬保险“以客户为中心”的价值理念。

（沈碧莲）

【领导班子成员】

陈小松 副总经理（主持工作）

（沈碧莲）

【部门负责人】

丁 晶 银保负责人

（沈碧莲）

中德安联人寿保险有限公司江苏分公司无锡营销服务部

【概况】简称中德安联无锡营销部。成立于2010年10月。2016年该营销部践行“自主经营 专业创新 结果导向 高效执行 合作共赢”的“企业家精神”，打造了一支专业的营销和服务团队，立志为无锡地区的客户提供更优质、更全面的服务。

（邵 伟）

【经营业绩】该营销部2016年全年保费收入463.85万元，比上年增长48.59%。其中：普通寿险保费收入163.99万元，比上年增长73.63%；分红险保费收入287.67万元，比上年增长36.66%；意外险保费收入8.44万元，比上年增长67.34%；健康险保费收入2.97万元，比上年增长113.18%。

保费收入中，全年首年保费收入182.86万元，其中，首年期交保费151.37万元，首年趸交保费31.49万元；支付赔给付款13.88万元，其中理赔款10.76万元。

（邵 伟）

【渠道建设】通过专业的营销员队伍，中德安联无锡营销服务部为当地客户提供最专业和优质的保险金融产品及服务，业务范围覆盖人寿、养老、投资、教育、医疗、意外等各个领域，全方位地满足客户的需求。

（邵 伟）

【内部管控】2016年，该营销部主要从控制环境、风险识别与评估、控制活动、信息与沟通、内部监督监督等方面加强内部管控，严格执行总部和分公司下发和制定的各类内部管控相关政策，在分公司的指导下，通过组织结构、业务流程、信息安全、内部监督、系统培训等各方面来进一步加强内部管控，使各项业务持续稳定发展。

（邵 伟）

【企业文化】2016年，中德安联人寿保险有限公司江苏分公司无锡营销服务部积极响应总部号召，带领每一个安联人一起践行中德安联的“企业家精神”——自主经营 专业创新 结果导向 高效执行 合作共赢，为此进行了一系列企业文化活动推广活动，通过“安联之星”评选、“企业家精神”团建活动、“员工健康关怀”活动、“中德安联学习日”活动、“员工敬业度调查”等推广活动。

（邵 伟）

【保险业务活动】10月26日，2016年度“安联之星”评选经过部门推荐，线上票选及评委会评选正式公布结果。“安联之星”是企业文化的践行者，是在创新、企业家精神、转型和数字化方面做出突出表现的我们身边的榜样。无锡营销服务部有1名员工获得个人奖项“创新先锋”。

（邵 伟）

【重大承保】2016年9月2日，客户朱某在中德安联江苏分公司无锡营销服务部购买了安联逸生优享年金保险（分红型），4份合计年缴保费为11.5万元；

2016年5月13日，客户吴某在中德安联江苏分公司无锡营销服务部购买了安联超级随心两全保险（分红型），趸缴保费为3万元。

2016年12月5日，客户许某在中德安联江苏分公司无锡营销服务部购买了安联安康福瑞两全保险，期交保费2万。

（邵 伟）

【重大理赔】2016年10月22日，被保人唐某因骑电动车摔伤致右侧颞部脑挫裂伤伴硬膜下出血、右侧颞叶脑内小血肿、颞骨骨折、颅中窝骨折、锁骨骨折住院治疗，赔付意外伤害医疗和住院费用共计33000元。

2016年4月27日被保险人董某因跟腱断裂住院治疗，赔付意外伤害医疗费用13728.6元。

（邵 伟）

【领导班子成员】

丁一斐 无锡营销服务部负责人

刘 岩 无锡营销员渠道负责人

（邵 伟）

利安人寿保险股份有限公司无锡分公司

【概况】简称利安人寿无锡分公司。成立于2011年9月29日，到年末，辖机构有江阴支公司、宜兴支公司、锡山营销服务部、城中营销服务部以及无锡本部。2016年，该公司以“利国安民”为使命，秉承“客户至上、稳健经营、创新发展、价值导向”的经营理念，坚持“诚信做人、勤勉做事、持续创新、追求卓越”的核心价值观，着力构建专业、透明、便捷的保险服务平台，积极为社会大众提供全面周到的保险保障和财富管理服务。同时，努力为员工的职业生涯发展提供良好平台，努力为健全社会保障体系、保障民众生活安定做出积极的贡献，致力于打造“广受尊重的保险金融集团”。

（华　可）

【经营业绩】2016年，该公司进一步解放思想，更新观念，突破自我，提升管理层次，业绩取得较快发展，全年实现新单保费7.56亿元。个险方面，全年完成标保1932万元，较2015年同期增长81%；银保方面，全年趸交完成7.1亿元，期交完成标保1341.39万元，较2015年同期增长41.11%和298.81%；团险方面完成短险保费660万元，长险712万元。

（华　可）

【渠道建设】2016年，无锡银保在邮政渠道持续良好的合作关系，市区、江阴、宜兴三片区全面开展业务；积极对接农业银行、中国银行各支行，锁定重点网点，稳定并提升农业银行、中国银行渠道的趸交份额；拓展工商银行、建设行渠道。趸交产能与2015年相比提升41%。期交方面以渠道经营为主，主要目标渠道为农业银行，通过从转变支行行长的期交理念入手，自上而下推动银保期交，以精准营销、小型沙龙，银企联动等各种活动在渠道积极开展期交，进行项目推动，期缴产能与2015年相比翻两番。

（印致远）

【内部管控】合规经营方面。内控合规全面加强，有效防范经营风险。①认真落实“两个加强，两个遏制”各项工作，排查经营中可能存在的各类风险隐患，完善相关的内控制度，对存在的问题进行整顿修改。②为防范化解非法集资风险隐患。保护保险消费者合法权益，提升公司风险排查及处置能力，开展非法集资问题专项整治活动，通过大规模、深层次的非法集资专项整治工作，加强无锡全辖内外勤员工甄选识别潜在性风险的能力和意识。③发动群防群治。及早发现和暴露苗头性风险，还倡导并鼓励全体内外勤积极监督和举报各类违规、违法经济犯罪活动，有效防范、化解公司积累的案件风险隐患，以达到“排险控案”的目的。

客户服务方面。2015年移动展业平台正式上线，经过一年的使用，客户对此项便捷的投保方式满意度较高，在线投保、交费不但提升了客户的投保速度，而且较一般纸质投保方式相对安全，现场收阅电子保单并签署回执，使投保过程更便捷、进程更透明。同时，保单送达的方式也由单纯纸质的转化为电子的，资料的保存也更方便、安全。在2016年第五届客服节暨公益节期间，客服部全面升级八项服务举措，同时上线微信投保、微信满期兑付、小额微信理赔等非常便捷的客户服务，免息复效的活动提升了停效保单客户的满意度，免除利息即可继续享有保单权益；这些服务举措的升级，是利安人寿切实维护保险消费者合法权益、持续为客户提供“专业、透明、便捷”保险服务的具体行动。

（华 可）

【党建工作】2016年，无锡分公司在册中共党员8名、共青团员12名，党、团和工会工作也得到加强，认真组织学习中共十八届五中全会精神，加强党组织建设。共青团和工会组织开展了形式多样的活动，丰富了员工的业余生活，增强了员工的归属感和凝聚力。

（华 可）

【保险业务活动】1月1日，无锡个险首爆日标保914万，开启无锡个险发展新台阶序幕；

4月12日，无锡个险在宜兴龙池山景区举办“大增员，大积累，大发展”为主题的客户联谊活动，用行动践行着快乐营销的真谛；

4月28—29日，无锡分公司个险在宜兴兴望生态园举办五月组织发展全员启动大会；

7月17日，2016年度风险排查暨操作风险自我评估工作顺利完成；

8月23日，无锡分公司启动“健康生活，利安相伴”为主题的第五届公益客服节活动；

8月25日，在全辖范围内组织开展非法集资问题专项整治活动；

8月27日，无锡分公司举办一元公益金捐款活动，共募集善款2795元，全部善款汇至江苏省青少年发展基金会利安人寿一元公益基金的专项账户；

9月11号，无锡分公司在木棉花酒店举办第五届客户节酒会；

9月24日，在无锡运河饭店举行无锡分公司个险全辖增员培训暨“梦想·成就”创业说明会；

11月9日，无锡分公司全辖开展“119”消防宣传日活动；

11月20日，利安人寿无锡分公司第五届客服节活动顺利完成；

（华 可）

【领导班子成员】

刘 毅 总经理

（华 可）

【机构（部门）主要负责人】

曹晓玲 个险负责人
赵 玲 银保负责人
於晨曦 团险负责人
黄 婕 行政综合部经理
任旻燕 客服部经理

（华 可）

招商信诺人寿保险有限公司江苏分公司无锡营销服务部

【概况】简称招商信诺无锡营销部。于2012年6月1日正式成立。该营销部与招商银行深度合作，为无锡广大顾客提供优质的保险服务，为客户及其家庭提供意外或疾病情况下的财务保障。在银行保险渠道，招商信诺通过继续专注于同招商银行合作，为客户提供兼顾保障与理财，覆盖意外、健康、重疾、教育金及养老等多层次，多方位的产品。

（王正丹）

【经营业绩】2016年，无锡营销服务部全年保费收入1.44亿元，同比上年增长73.60%。其中：银行保险保费收入1.14亿元；直销业务保费收入438.22万元；经纪代理保费收入3.08万元；其他兼业代理保费收入2578.40万元。

2016年，首年保费收入1.11亿元，其中，首年期交保费3478.36万元，首年趸交保费7652.70万元；短期险保费251.62万元，其中意外伤害险保费5.89万元。

（王正丹）

【渠道建设】银保渠道。2016年，公司银保渠道与招商银行持续深度合作，合作业务范围已覆盖了人寿、年金、重疾、教育金、医疗等多方面。银保渠道秉承以客户为中心，继续加强期缴保障型产品的开发。根据银行对客户类型的划分，有针对性的进行各类产品的开发、创新和业务推动工作。

网电销渠道。2016年，该公司电销渠道新开拓1个银行合作项目，合作方为华夏银行股份有限公司信用卡中心，截至目前，我公司已经建立多个合作电销项目，自建中心4个。电销中心所在地分布在北京、上海、武汉、昆山、广州、深圳、成都七个城市。合作银行分别为：招商银行、中信银行、光大银行、民生银行、广发银行、兴业银行、中国银行广东省分行等。自建中心分别位于：深圳、武汉、北京和上海。目前销售区域为：北京、上海、湖北、四川、浙江、江苏、山东、广东、辽宁、湖南、陕西、重庆、河南。

（王正丹）

【内部管控】为严格控制风险，谨慎经营，总公司在管理模式上，实现高度集中统一的模式。无锡营销服务部主要业务职能如产品、客户服务、财务、人力资源、承保、理赔、保单管理、法律、合规等实务均由总公司统一集中管理，电话销售中心由总部直接管理，无锡营销服务部仅负责日常行政事务、当地银行保险业务的销售及简单客户服务事务。此类管理模式有利于总公司对分支机构的统一管理和控制，营销服务部无相关业务权限，有利于内控管理。

（王正丹）

【党建工作】2016年，该公司紧紧围绕支部中心工作，并结合公司的实际，不断加强支部自身建设，增强党支部的战斗力，发挥党员的先锋模范作用，以积极慎重的态度切实抓好党员的培养、教育和发展工作，确保党和国家的方针、政策及公司的各项规定在公司内得以贯彻执行，从而为公司的稳定和发展提供了坚强的组织保证。①加强思想建设。全面认真学习、深刻领会习近平总书记重要讲话和精神，贯彻落实“三课一会”制度、民主生活会制度、组织生活会等制度。同时积极开展“二学一做”学习教育和实践活动，有效地提高了党员责任意识、政治素质和理论水平。②开展系列教育活动。全面开展纪念建党95周年系列活动，组织全体党员“阅读红色书籍，发掘红色基因，传播红色火种”，坚定理想信念，以纪念建党95周年为主题，提升党组织的号召力、凝聚力和战斗力，激发广大党员争做“四讲四有”合格党员。③强化组织建设。严格把好党员入口关的前提下，争取优秀员工向党组织靠拢，做好入党培养对象教育引导工作，不断发展和壮大党员队伍。④严格党费管理。在党费收缴工作中，按照党章要求，按时收缴，做好记录，定期向党员公布一次党费收缴情况。

（王正丹）

【文化建设】1.经营理念

效益意识：盈利是最基本的要求和底线，亏损的规模不值得炫耀，人人都要有投入产出的概念。

销售意识：无论多好的产品，最终都要经过市场的检验，无论利润多高的产品，没有销售出去都是零。

风险意识：保险就是管理风险的生意，投资的本质更是收益越高风险越大，收益与风险匹配。

团队意识：我们不是一个人在战斗，专业的人做专业的事，各司其职、共同协作、互相补位。

2.企业文化

正直：用公正的态度对待股东、客户、同事、坚持正道；将心比心，问心无愧；已所不欲，勿施于人。

进取：积极上进，勇于挑战；实事求是，敢作敢当；树立较高标准，力求不断进步。

合作：开放心态，善于学习；就事论事，相互理解，相互支持。

高效：沟通直接，决策迅速，讲求实效；了解规章制度的用意和目的，实质重于形式。

（王正丹）

【重大承保】1月6日，无锡营销服务部为陈某某承保招商信诺招盈二号年金保险（分红型），累计应缴保费573.87万元；

1月8日，无锡营销服务部为纪某某承保招商信诺招盈二号年金保险（分红型），累计应缴保费600.32万元；

3月21日，无锡营销服务部为奚某某承保招商信诺稳盈利两全保险B款（分红型），累计应缴保费500万元；

4月25日，无锡营销服务部为郭某某承保招商信诺稳盈利两全保险B款（分红型），累计应缴保费500万元；

5月5日，无锡营销服务部为陈某某承保招商信诺稳盈利两全保险B款（分红型），累计应缴保费3000万元；

8月12日，无锡营销服务部为陈某某承

保招商信诺传家典范（财富版）终身寿险，累计应缴保费521.48元。

（王正丹）

【重大赔付】A女士于2013年10月通过银保渠道投保尊贵版珍爱一生两全保险（分红型），附加尊贵版珍爱一生重大疾病保险。A女士于2016年2月确诊患有甲状腺癌，公司赔付保险金共计15万元。

（王正丹）

【公益活动】3月25日，招商信诺人寿保险有限公司携手中国儿童少年基金会捐建的"安全体验教室"，在江苏省无锡市锡山高级中学实验学校举行落成仪式。这是无锡市建成的首个安全体验教室，通过开展实用有趣的"情景式+体验式"安全课堂，向广大中小学生普及预防地震、洪水灾害、消防安全、交通安全、公共卫生、社会治安等应对各种突发事件的防范自救意识，提升学生在危险来临时的避险自救能力，帮助他们远离伤害，健康成长。

（王正丹）

【教育培训】7月，无锡营销服务部10名员工参加总部组织的在线培训《2016年度信息安全培训》，通过全员信息安全培训，强化员工保护敏感信息的意识；

9月，无锡营销服务部11名员工参加总部组织的在线培训《2016年两个加强，两个遏制回头专项看检查培训》，通过培训，了解最新的政策及要求；

10月20日，无锡营销服务部银保销售经理张丽，在深圳参加管理人员《法律合规培训》，通过培训加强管理层面的法律合规风险理念；

12月，无锡营销服务部12名员工参加总部组织的在线培训《年度全员法律合规培训》，通过在线学习，加强法律合规意识，更好地服务客户。

（王正丹）

【领导班子成员】

张　丽　无锡营销服务部负责人

（王正丹）

交银康联人寿保险有限公司无锡市中心支公司

【概况】简称交银康联无锡支公司。2012年8月开业。从事人寿保险、健康保险和意外伤害保险等数十种保险产品业务。目前以交通银行无锡分行为主渠道，开展银行代理及法人业务，并努力开拓直销渠道经营。该公司贯彻总行"两化一行"发展战略，以"融入母行财富保障体系建设和打造公司卓越资产管理能力"为主线加快转型发展，以"深化转型、加快发展"为主题，坚持创新转型，实现了保险业务、资产管理、服务能力的全面开花。

（陈海燕）

【经营业绩】2016年，该公司累计实现规模保费收入9359.83万元。其中，银行代理渠道完成保费8954.39万元，营销渠道完成405.44万元。

（陈海燕）

【内部管控】该公司严格执行总公司制定的“反洗钱管理办法及实施细则”、“反保险欺诈内控办法”及各项业务合规销售行为细则。针对风险隐患，公司每年开展自查自纠工作，总公司每年定期组织审计与风险排查活动。公司设有合规管理专岗，每部门设有兼职合规管理专员，定期组织全员的合规内容培训，确保公司各项工作有序健康发展。

（陈海燕）

【党建工作】①推进学习型党组建设。以开展“两学一做”学习教育为契机，不断增强政治意识、大局意识、核心意识和看齐意识。组织开展特色党日活动，参观无锡市博物馆革命教育基地、参加无锡分行在宜兴举办的“党员攻坚 以学促进”社区行活动，加强党员干部爱国主义、廉政意识，以学促做。开展“四亮四比”活动，充分发挥党员的先锋模范作用。②强力推进党风廉政建设。主要负责人履行党风廉政建设第一责任人的职责、亲自抓、负总责，各成员分工协作。把落实构建惩防腐败体系和相关工作的责任，作为贯彻执行党风廉政建设责任制的重要内容进行分解落实。加强制度建设，形成党风廉政建设有效机制；强化廉政教育，构筑牢固的思想防线；加强作风建设，通过检查强化反腐倡廉工作措施。

（陈海燕）

【保险业务活动】7月7日，为普及保险知识、倾听公众心声、提升服务品质、塑造行业形象，无锡中支参加了无锡市保险行业协会组织的保险公众宣传日活动。

8月6日，交通银行宜兴支行党总支以“深化服务、党员攻坚、以学促行、争做先锋”为主题，开展“金邻有爱”广汇社区行活动。为践行“两学一做”学习教育成果，进一步发挥党员先锋模范作用和基层党组织战斗堡垒作用。

8月7日，交银康联无锡中支在这暑秋交替之际，举行“悦动悦快乐”健步走活动，提升团队的凝聚力。

8月22日，由交银康联无锡中支、交行无锡分行、华夏银行无锡分行、无锡农商行联合举办的首届“悦动人生杯”五人制足球联赛开幕式在无锡市CD球馆隆重举行。通过举办五人制足球赛，激发员工们的体育热情，促进行业之间的交流和合作，丰富员工文体生活。

（陈海燕）

【领导班子成员】

龚健伟 总经理
刘宝泉 副总经理

（陈海燕）

【机构（部门）主要负责人】

陈海燕 综合管理部 高级经理
陈 显 营运管理部 副高级经理
包雄杰 银行保险部 副高级经理
袁赛萍 法人业务部 副高级经理

（陈海燕）

东吴人寿保险股份有限公司无锡分公司

【概况】简称东吴人寿无锡分公司。成立于2013年3月。该公司秉承总公司“社会保障服务商和财富管理供应商”的战略定位，努力遵循总公司民生保障与公司发展的新蓝海。坚持聚焦社会保障创新，围绕服务民生进行社会保障领域的纵向延伸和横向拓展，不断拓宽参与经济社会发展和民生保障体系建设范围。致力于以私人财富管理为中心，为广大居民提供丰富的财富管理工具，成为财务管理供应商。

（陈佑风）

【经营业绩】全年共承保74528.42万元。其中，个险承保357.42万元、银保承保74171万元。作为一家无锡市场上较新的保险公司，该公司秉持“一份承诺，一生呵护”理念。个险、银保共理赔26件，总赔付额127.4万元，无拒赔0事件。

（陈佑风）

【内部管控】无锡分公司认真贯彻上级公司及外部监管机关的精神，制定各项合规、发洗钱管理办法。组织各部门、各四级机构深入学习相关法律法规，并结合自身业务发展特点，定期对业务进行梳理排查，确保公司的合规经营。

（陈佑风）

【领导班子成员】

吕旭南　总经理

（陈佑风）

建信人寿保险股份有限公司无锡中心支公司

【概况】简称建信人寿无锡支公司。2016年，该公司秉承总公司“一朝牵手，关爱永久”的服务理念，坚持依法合规经营，稳步进行业务拓展，积极回馈服务社会，并获得客户良好的口碑。

（潘海虹）

【经营业绩】2016年度，建信人寿无锡中心支公司全年总保费突破了2.74亿元，其中银行保险渠道实现总保费2.65亿元、团险渠道实现总保费848.33万元。

（潘海虹）

【渠道建设】建信人寿无锡中心支公司非常重视渠道建设与员工发展，培训内容涉及企业文化、员工守则、法律法规、监管文件、财务制度、沟通技巧、团队管理等各方面。

2016年，建信人寿无锡支公司银保渠道加强对建设银行无锡分行的深度合作与拓展，严格执行监管部门及建信人寿江苏分公司的要求，进一步规范银保渠道客户经理销售行为，在实现保费收入稳定增长的同时严控业务风险防范。团险渠道已与建行建立较为深厚的关系，特别是分行主要牵头部门，做到了层层对接。

（潘海虹）

【内部管控】2016年，该公司进一步提高预防和控制各类突发事件、重大灾害及防范重大上访及防范群体性事件、突发大规模退保、非正常给付和退保事件，最大限度地降低和减少突发事件造成的负面影响及公司财产损失，保证公司正常运营，保障公司健康、稳定、有序发展，维护社会安定，防止由于处理不当导致事件升级或演变成行业系统性风险，修订完善各项应急预案，主要有《无锡中支公司应对重大上访及群体性事件的应急预案》《无锡中心支公司应对一般新闻突发事件的应急预案》《无锡中心支公司应对重大灾害自防自救应急预案》《无锡中心支公司重大退保、非正常给付和退保事件应急预案》《无锡中心支公司对自然灾害、灾难事故、公共卫生事件保险业务的应急预案》《无锡中心支公司应对信息系统突发事件的应急预案》等，积极开展内审工作，与江苏分公司风险管控的三道防线互相配合，共同对中支风险进行严密而有效的管理。无锡中支结合2016年反洗钱宣传月的活动，对《反洗钱法》中的相关政策法规进行再次的宣导，明确。

（潘海虹）

【文化建设】该公司牢固树立客户导向理念，秉承“销售高诚信、服务高质量、理赔高效率”的经营方针，努力回归保险保障本质，“保障额度高、保障范围广”的产品特性深受广大客户青睐；公司一贯坚持“诚信、专业、稳健、创新”的核心价值理念，勤奋实干、乐于奉献、持续创新、勇担责任，以打造成为一流银行系保险公司为己任，全心全意为消费者提供优质的保险产品和金融理财服务。

（潘海虹）

【险种创新】①建信“龙耀一世”终身寿险。一月，该公司推出“龙耀一世”终身寿险，为消费者的家庭财务长期规划提供了一款稳固财富，有序传承的新选择。该保险产品具备保障期间领取灵活、账户资产安全保证、财富增值有序传承、应对人生不同需求的特点，保障时间覆盖终身、保险额度也设计得十分合理。②“龙跃成双”年金保险（万能型）（建行私享连连B款）。联合建行为客户境外投资开通新渠道，并为客户提升身价，为财富保驾护航。该保险产品具有年金给付、满期贺岁金、身故保障的功能。

（成　果）

【重大承保】1月9日，建信人寿无锡中心支公司为某客户承保了103万“龙耀一世”终身寿险（5年缴期交）。

3月20日，建信人寿无锡中心支公司为某客户承保了103万“龙耀一世”终身寿险（5年缴期交）

3月20日，建信人寿无锡中心支公司为某客户承保了102万“龙耀一世”终身寿险（5年缴期交）。

（成　果）

【重大赔付】2016年5月20日，建信人寿无锡中心支公司为罗某赔付12万元理赔金。罗某2015年3月27日通过其单位向无锡团险渠道购买公司团体意外保险，保险金额40.5万元，客户于2015年7月16日，驾驶电动自行车在清晏路与轿车发生碰撞，造成脑挫伤伴硬膜下血肿，伤残级数为8级。

2016年12月26日，建信人寿无锡中心支公司为王某家属赔付11.49万元身故理赔金。王某本人在2015年11月10日在公司投保龙生福瑞2号两全保险（分红型）10万元，2016年11月11日王某因心力衰竭身故。

（周曹文）

【领导班子成员】

邱文莲　副总经理　（主持工作）
朱　进　副总经理

（潘海虹）

【机构（部门）负责人】

邱文莲　副总经理
朱　进　副总经理
成　果　银行保险部经理
周曹文　客户服务部经理

（潘海虹）

国联人寿保险股份有限公司无锡分公司

【概况】简称国联人寿无锡分公司。于2015年5月15日开业。在市委市政府、集团公司和总公司各级领导的关心下，秉承总公司“立足无锡、深耕江苏、辐射长三角度”的发展宗旨，完成队伍组建、企业文化的塑造，业务得到了快速的发展。年末有内勤员工72人、外勤队伍1107人。成为无锡保险业内管理实力雄厚、管理人才齐整、管理工作有序的较为成熟的寿险公司。为发挥机构区域优势，在原有城区本部营销服务部和江阴、宜兴两家机构的基础上，于2016年内先后成立惠山、锡山、江阴周庄三个营销服务部。

根据无锡分公司“2015年打基础、2016年求品质、2017年谋跨越”的三年发展规划，年内，已经顺利地实现基础年、品质年的发展目标。无锡分公司在总经理室下设个险部、银保部、团险部、运营管理部、综合管理部、财务部6个部门，江阴支公司在总经理室下设个险部、银保部、团险部3个部门，宜兴支公司在总经理室下设个险部、银保部、团险部3个部门。截止到年末，个险渠道实现首年标准保费累计3122.89万元；银保渠道全年实现规模保费8.1亿元；团险渠道全年实现短险保费1813.66万元、长险保费2327.74万元。团险业务部荣获无锡分公司年度特殊贡献奖；江阴团险业务部、个险城区营业部、银保业务部荣获市分公司先进单位；郭振博、黄晓峰荣获市分公司年度先进经理称号；张敏亚、李沁、杨娟、张玉、周漪荣获市分公司年度先进员工称号；奚云峰荣获市分公司年度新锐员工称号。

（高双双）

【渠道建设】①个险渠道。个险外勤队伍引进以“人文家园，成长高地，价值沃土”为工作核心，建立在行业内有竞争力的代理人管理机制，加大对营销主管的培养，由上到下引进外勤团队，年末有外勤人力1037人。②团险渠道。注重队伍、业务品质，年末有外勤人员34人，能够较好地满足团体业务项目的推进。③银保渠道。充分吸收具有丰富从业经验和服务能力的客户经理，年末有外勤人员36人，人力规模与网点数量基本匹配。

（高双双）

【内部管控】2016年，公司有效应对满期给付与退保可能带来的风险，提高公司整体应急措施处置能力。成立风险防范处置工作领导小组，强化制度建设，严格执行品质管理，主要从重点产品、重点渠道、重点网点、重点服务人员4个方面着手进行风险防范工作。对犹豫期电话回访成功率、新契约回访完成率等明确具体标准和处罚办法。国联人寿无锡分公司在业绩增长、各业务渠道的队伍不断扩充的同时，确保风险管控、应急工作落实到位。2016年全年，公司实现消费者零投诉的优异成绩。

（高双双）

【产品介绍】

康无忧C　产品特色：①重疾保障，健康基金。50种重大疾病保障，保险期间内被保险人因意外伤害或者在等待期内因意外伤害以外的原因初次发生并经专科医生确诊患50种重大疾病中的一种或多种，一经确诊立即给付重大疾病保险金，与社保不冲突，有效减轻自付医疗费用的负担。②轻症赔付，多重关怀。被保险人因遭受意外伤害或在等待期后因意外伤害以外的原因被确诊初次患合同约定的五种特定疾病之一，按基本保险金额的10%给付特定疾病额外保险金，一次为限，合同继续有效。③有病防病，无病养老。保险期内未发生赔付，满期领取基本保险金额，享受保障的同时积累了一笔可观的养老金。④红利增值，通胀无忧。专家投资，红利增值，抵御通胀。⑤补充养老，自由灵活。与社保养老互为补充，相得益彰。按需领取，自由灵活。

福满门　产品特色：①投保年龄宽。出生满28天到65岁均可投保。②保底收益高。定价利率高达4.025%。保单生效过犹豫期后次日零时，返还首年保费的12%；每个保单生效周年日，按基本保额的15%给付生存金。80岁时，按基本保额100%领取满期金。③祝寿还本多。可选择约定于55岁、60岁、65岁、70岁和75岁其中之一，按所交保费的105%给付祝寿金。④随时领取活。以上各项返还的生存金自动进入万能账户，享受更多投资收益。日计息，月复利，下有保底（保证最低年化收益3%）、上不封顶。随心领取，费用全免。⑤财富传承稳。既能掌握资产的所有权，又能按照意愿实现传承，通过指定收益人，可将财富传承给子女和第三代。

（陈　竹）

惠泰瑞年年金保险（趸交）　产品特色①锁定收益见效快。2年末客户收益8.2%。②年金给付回报稳。第三个保单周年日后，每年按照所交保险费的1%给付年金，回报稳定。③长期短期都兼顾。保证长期收益的同时，兼顾短期利益，保证资金灵活运用。

惠泰丰年年金保险（期缴） 产品特色①锁定收益见效快。每个保单年度末仍生存，返已交保费的3.9%，规避中长期利率波动，及时锁定收益。②多重规划灵活选。多重规划，满足不同保险期间的多重需求，规避中长期利率波动。

（张 玉）

【文化建设】无锡分公司注重塑造积极向上的文化，加强团队凝聚力。新公司的干部员工来自四面八方，有的是在行业内摸爬滚打了多年的老兵，也有未曾从事过保险的行业白板，带着不同的阅历和文化聚首在国联。为了统一思想、统一文化、统一行动，公司从成立之初每月召开三次员工例会，到后来运转成熟后改为每月一次员工例会，有效地营造了拼搏、奋进、团结、友爱的工作氛围。让每个员工都有统一的价值观，清晰地知道公司倡导什么、反对什么、鼓励什么、严禁什么。无锡公司全体始终是一个声音喊到底，保持正能量。广大干部员工心往一处想、劲往一处使，在内外勤引进、说明会运作、后援服务等各个方面，跨越部门、协同合作，展示出了极强的向心力和凝聚力，逐渐形成了家庭、学校、军队三者合一的企业文化。个险渠道还形成了“铁钉一枚、铁杵一根、铁板一块”的三铁文化。公司连续两年开展的营销体验活动，均实现了全员达成。公司成立至今，员工留存率远高于同业公司水平。公司所努力塑造得“近者悦，远者来”的环境正在逐渐形成。

（高双双）

【保险业务活动】3月2日上午，无锡分公司携手汤巷社区居委会共同组织了“小巷大爱”慰问社区老人的活动。

4月14日至16日，无锡分公司全体内勤人员参加户外拓展训练；

8月28日，无锡分公司开展内、外勤管理人员素质提升培训，就下阶段进一步提高公司管理品质、促进公司更快更好发展、树立公司在行业和集团内的良好形象等问题进行学习。

11月8日，无锡分公司携手汤巷社区共同举办了“保险让生活更美好，家庭安全日活动”。近百名社区老人来到无锡分公司，参与了家庭安全日活动。

11月22日，惠山营销服务部正式开业；

12月21日，无锡分公司开门红启动会；

12月28日，锡山营销服务部、江阴周庄营销服务部正式开业；

（高双双、潘冰琦）

【重大承保】10月10日，国联人寿无锡分公司承保了以某银行股份有限公司无锡分行为投保人，为公司899名员工投保的“健康保障委托管理产品”的基金医疗，保费共计约443万元。

3月1日，国联人寿无锡分公司承保了以某商业银行股份有限公司为投保人，为公司1174名员工投保的“团体意外伤害保险”“附加门急诊团体医疗保险”“住院费用补偿团体医疗保险”“团体重大疾病保险”“团体定期寿险”，保费共计约112万元。

（翟　羽）

【重大赔付】被保险人朱某，2016年1月12日投保国联人寿团体定期寿险，投保单位江阴市公安局三房巷派出所，2016年5月30日早上在家中被发现死亡，公司赔付30万元。

（丁　阳）

【领导班子成员】

周伟民　总经理
孙利军　副总经理
赵黎珺　副总经理

（潘冰琦）

【机构（部门）主要负责人】

周宇炯　江阴支公司
周玉平　宜兴支公司
郭振博　个险业务部
陈晓华　团险业务部
黄晓峰　银保业务部
刘若冲　综合管理部
陶小静　财务部
陈　艳　运营管理部
张敏亚　惠山区营服
王娇峰　锡山区营服

（潘冰琦）

安邦人寿保险股份有限公司无锡中心支公司

【概况】简称安邦人寿无锡支公司。于2013年8月28日成立。2016年，该公司以创造“和谐社会，健康生活”为己任，为客户和员工创造最好的生活服务，“视客户为亲人”为宗旨，提供全方位、专业化、个性化的贴心服务，用优质的服务和及时便捷的售后服务不断向专业化销售道路迈进。张金水同志被评为2016年度无锡市保险行业“服务明星”。

（储诗瑶）

【经营业绩】2016年，公司累计实现主营业务收入124231.9万元。

（储诗瑶）

【渠道建设】2016年，该公司高度重视渠道建设，渠道的建设能力不断增强，在发展银保、个险、团险等传统营销渠道基础上，深入研究客户多元化需求、强调满足快节奏的现代生活人群的最新消费体验，并且积极开拓直销、代理渠道，将优质产品推向市场。

（储诗瑶）

【内部管控】安邦人寿保险股份有限公司

无锡中心支公司明确分工职责，认真履行保险监管部门的各项监管政策，不断完善内控制度。根据业务流程和内部控制的需要，建立合理的组织架构，明确职责分工，规定清晰的报告路线；确保关键岗位的人员具有专业胜任能力并定期接受相关培训，公司关键岗位的考核、薪酬、奖惩、晋升与内部控制成效相挂钩；建立安全实用的信息系统，尽可能使各项业务活动信息化、流程化、自动化，减少或消除人为干预和操作失误；从销售、运营、基础管理等方面，明确内部控制的程序及要求，确保公司合规经营；形成领导高度重视、内控人人有责和违规必受追究的内控文化，使内控制度得到自觉遵守。通过公司的内部管控，以期提高风险防范能力和经营管理水平，保护公司和被保险人等其他利益相关者合法权益。

（储诗瑶）

【领导班子成员】

何冬益　机构负责人

张金水　移动互联事业部经理

（储诗瑶）

【机构（部门）主要负责人】

袁国强　银保

张金水　团险

陈翰斌　个险/直销

（储诗瑶）

前海人寿保险股份有限公司无锡分公司

【概况】简称前海人寿无锡分公司。于2015年12月16日正式开业。2016年度“开门红”以拓展银行保险业务为主，全年累计新单规模保费250481万元。12月15日，前海人寿保险股份有限公司无锡分公司宜兴营销服务部正式开业。年内，薛忠获2016年度“优秀经理”奖；苏羽、缪敏乾获得“前海新星”光荣称号；银行保险部渠道经理徐萍获得无锡市保险行业颁发的2016年度“展业明星”奖。

（钱婷婷）

【渠道建设】①银保渠道。建立了与工、农、中、建、邮储等大型商业银行以及无锡农村商业银行等地方性银行良好的合作关系。②个险渠道。个险渠道实行精英团队管理模式，加强人员管理和培训，提供全方位的销售支持，年中在职人力106人。③团险渠道。团险渠道通过代理公司及交叉销售推出家庭保单业务，开拓中介渠道，实现资源共享。

（钱婷婷）

【内部管控】2016年，前海人寿无锡分公司秉承“合规先行”的理念，严格贯彻落实监管要求和总公司各项内控制度，积极加强分公司内控体系建设，切实规范各项业务流程，确保分公司合规高效运营。

（钱婷婷）

【文化建设】核心价值观：前海人寿始终

把“为客户创造价值、为股东创造价值、为员工创造价值、为社会创造价值”作为一切经营活动的终极追求。

（钱婷婷）

【公益活动】6月26日，前海人寿无锡分公司开展支援盐城阜宁灾区爱心募捐活动，共募集善款2万余元，连同前海人寿总公司划拨的20万物资一起捐赠至盐城市慈善总会。

（钱婷婷）

【教育培训】9月，无锡分公司组织全体内外勤员工开展“两个加强、两个遏制”宣传培训工作，并进行专题测试。让全员了解合规工作的重要性，梳理公司业务流程风险点，进一步加强内控管理。

（钱婷婷）

【保险业务活动】11月5日，无锡分公司全体员工参加以“铸精英团队，造前海未来”为主题的员工拓展活动，通过集体破冰、定向越野等项目的开展，增进部门交流，提升团队凝聚力。

（钱婷婷）

【重大承保】9月14日，前海人寿无锡分公司银保渠道承保保费1200万元，刷新了前海人寿江苏省大额单新纪录。

（钱婷婷）

【公司领导班子成员】

薛　忠　机构负责人

（钱婷婷）

百年人寿保险股份有限公司
无锡中心支公司

【概况】简称百年人寿无锡支公司。于2016年12月正式成立。2016年，该公司遵循百年品质与专业素养并重的原则，选择具有创业特质，具备专业知识与技能的复合型人才作为公司管理骨干，同时创造成就事业的环境，吸引符合公司战略需求的人才。年末，核心骨干人员配备齐整，全部为本科以上学历且100%的员工具有保险从业经验。无锡综合管理室主任王凯同志荣获“2016年第三季度分公司优秀员工”称号；无锡个险负责人王玉阳同志荣获“2016年度公司优秀员工”称号；无锡个险培训部经理郁梦蝶同志荣获“2016年度公司优秀员工”称号；无锡个险本部区经理林强同志荣获“2017年第一季度分公司优秀员工”称号。

（施　蓓）

【客户服务】2016年，该公司通过覆盖全国的多个服务网点、95542客服热线24小时的全天候服务，百年人寿与客户之间搭建起一座零距离、个性化的沟通桥梁。把客户满意作为企业经营的试金石，将一切为了客户的理念贯穿于整个企业运作之中。

百年人寿“以客户为中心”战略阶段性成果逐步显现，有效改善客户体验，提升客户价值。“微信自助理赔”颠覆传统流程，客户只需三步便可自助完成理赔申请；“百年通”以“电子签名”和“影像收集”创新功能实现新单投保全程无纸化；“直付速赔”用互联网思维改造传统理赔作业模式实现“出院即赔”；“重大疾病绿色通道”帮助客户得到国内权威医院、专家的诊疗；“健康大讲堂”特色活动引导客户养成科学健康的生活习惯，守护客户身心健康。

（施　蓓）

【企业文化】企业愿景：打造百年老店，做中国最好的保险公司

企业使命：悦客户以服务、亲员工以眷顾、馈股东以价值、报社会以和睦

核心价值：诚信、创新、稳健、进取、关爱、和谐

经营理念：以人为本、大局为重、上下同心、科学决策、贯彻执行

企业精神：创业精神、进取精神、合作精神、敬业精神、奉献精神

品牌主张：创新百年 关爱永恒

（施　蓓）

【领导班子成员】

过伟梁　中支负责人

王玉阳　个险负责人

顾小燕　银保负责人

吴平君　团险负责人

王　凯　综合管理室主任

（施　蓓）

中介机构

江苏首信保险代理有限公司

【概况】江苏首信保险代理有限公司成立于2003年，属于无锡市较早的几个保险代理公司。公司秉承对客户负责，服务至上，诚信保障。开拓进取，锐意创新，积极为客户提供风险保障服务。

（于 伟）

【经营业绩】2016年度，公司共代理保费784.66万元；实现代理手续费117.7万元。

（于 伟）

【渠道建设】2016年，该公司围绕业务拓展，加强基础管理工作，适应市场竞争，强化重大客户业务续保和新项目拓展的全过程管理。积极与保险公司合作，实施强强联合战略合作。年末，公司认真分析市场价格，在公司整体运作规定范围内结合公司实际依托不同保险公司条款配合客户资源条件制定出自身适应市场的保险价格和费用，以达到最佳的平衡点。以优质服务赢得客户。以优质服务为着眼点，切实将优质服务看成公司发展的生命线，公司做好了签约前和签约后的优质服务，设立专人负责对签约单位服务，明确专人管理。搞好信息收集，随时掌握保险市场的发展趋势和动向，并针对具体情况，制定出符合市场运作实际的经营策略，从而，为快速、稳健发展业务奠定良好的基础，加强管理。

（于 伟）

【内部管控】2016年保监会监管力度持续加强，江苏保监局对代理机构的管理、检查列为重点工作，严格手续费结算、严格渠道的系统管理等手段，加强对自身的管理，严禁虚假挂靠，保证业务数据的真实性。代理业务存在着点多、从业人员杂、业务来源广和只求效益，忽视管理等因素，为此，公司着重从以下几个方面进行规范：规范代理协议的签订；规范单证管理；规范保费结算流程；规范与保险公司的沟通制度。及时研究具体措施，强化内部管理、提高盈利能力和提高优质业务占比、注重实现优化业务结构为重点，努力提升公司创造最大价值的能力。2016年公司开展非法集资风险专项排查活动，开展重点风险排查。从业务管理、财务管理、内控管理、人员管理等方面进行了重点排查，公司也将以此次排查工作为契机，进一步加强风险防范。

（于　伟）

【领导班子成员】

袁珉芝　总经理

李惠勇　副总经理

马　坚　业务经理

（于　伟）

江苏华美保险代理有限公司

【概况】简称江苏华美无锡分公司。江苏华美（原无锡华美）保险代理有限公司是2003年10月22日经中国保监会批准筹建，于2004年4月7日正式开业的省级专业保险代理公司,总公司设立于无锡。下设：无锡分公司、宜兴分公司是集财产保险和人寿保险为一体的综合性专业保险代理公司。多年来，公司始终坚持“诚信为本，服务至上”的经营理念，业务发展稳中求进，赢得了同业、客户的认可。2016年年内，江苏华美保险代理有限公司被选为江苏省保险中介行业协会理事单位，总经理党慧碧被选为理事。员工朱玲媛被无锡市金融办公室、无锡市保险行业协会评为“服务明星”。

（朱玲媛）

【经营业绩】2016年江苏华美保险代理有限公司实现保费收入3961多万元。主营业务含：企业财产险、货运险、船舶险、雇主责任保险、团体意外险及健康医疗保险、教育金保险、养老保险等。

（朱玲媛）

【内部管控】组织全体员工认真学习了《两个加强，两个遏制》，和有关法律法规，加强内部管控，加强外部监管。要求执业人员规范经营，诚信服务。加强专业培训。公司通过内部或第三方对业务、财务、业管、理赔、客服等岗位进行对口培训和专业的学习，着力提高各层面人员的综合素养；并不定期组织营销人员学习有关法律法规，提高服务意识。

（朱玲媛）

【保险业务活动】1月，华美通过微信平台开设华美保险代理人之家，深得同业人员的好评，吸纳了更多的保险代理人。8月，华美与小马云保科技公司签约成为战略合作伙伴，开设华美商城。多家合作保险公司的汽车能够通过商城自主报价，为广大车主提供了方便、快捷办理保险的服务。10月，华美与中交北斗技术有限责任公司正式签约成为战略合作协议。同时，江苏华美保险代理有限公司无锡分公司挂牌于园区—建立了电子商务部，形成了保险产品在线上宣传，线下投保的互联网+保险的新模式。

（朱玲媛）

【领导班子成员】

崔　飒　董事长

党慧碧　总经理

（朱玲媛）

【机构（部门）负责人】

崔　飒　兼无锡分公司负责人

党激蓉　产险部经理兼宜兴分公司负责人

吴文红　寿险事业部经理

朱玲媛　综合管理部经理

（朱玲媛）

无锡诚安保险代理有限责任公司

【概况】无锡诚安保险代理有限责任公司由无锡客运有限公司、无锡市公共交通股份有限公司、无锡锡惠公共交通有限公司3家共同收购，经中国保险监督管理委员会批准，于2013年6月设立的一家省级专业保险代理公司，也是江苏省唯一一家国有企业控股的保险代理公司。

（刘红霞）

【经营业绩】2016年，公司主营业务收入530.57万元，实现利润总额302.59万元。

（刘红霞）

【内部管控】建立健全公司章程、公司管理制度、印章使用管理规定、合同管理办法、费用开支和款项支付管理办法、预算费用开支实施办法、岗位职责、业务考核等规章制度，规范公司经营运作。

（刘红霞）

【党建工作】6月17日，成立中共无锡客运有限公司大运诚安联合党支部，公司总经理赵云峰任党支部书记。

9月18日，公司党支部在全体党员、干部中开展“两学一做”上党课活动，促进党员干部深入学习“两学一做”的深刻内涵，提高认识，找到差距，明确努力方向。

（刘红霞）

【文化建设】公司秉承“诚信、服务、专业、创新、选择更多、服务更多”的经营理念，将员工和合作伙伴作为根本，以诚信立足行业，以服务求得发展，以专业和创新提升竞争力，专心致力于保险代理行业，稳步发展公司人员和业务规模，建立公司的信誉和服务品牌。

（刘红霞）

【保险业务活动】1月12日，因公司业务发展需要，公司住所正式搬迁，由无锡市南湖大道580号搬迁至无锡市惠山区钱桥街道盛岸西路605号。

1月20日，公司召开《一届四次董事会》、《第五次股东会》，审议通过公司2015年度董事会工作报告、总经理工作报告、监事会工作报告、财务预决算、利润分配及副总经理聘任议案，并形成决议。

1月23日，公司召开2016年职工大会。会议要求公司上下要团结一心、扎实工作、求真务实，努力抓好业务开展工作，充分调动职工的积极性和创造性，培养专业的职工队伍和骨干人才；会议号召全体员工要坚定信心，与企业和衷共济，携手并肩，以更加昂扬的斗志、更加饱满的热情、更加扎实的工作，全力以赴实现年度各项目标任务。

1月28日，公司召开第一届董事会第三次会议以及临时股东会会议，审议通过公司住所变更及章程变更并形成书面决议。

4月22日，公司召开《临时股东会》，审议批准公司章程修订议案，并形成决议。

5月12日，公司召开职工董事、职工监事换届选举会议，经全体员工举手表决一致通过职工董事和职工监事人选。

5月13日，公司召开《二届一次董事会》、《第六次股东会》会议，审议通过公司董事、监事、董事长、总经理换届选举议案，并形成决议。

6月1日，公司高管（副总经理）任职资格申报通过江苏保监局审核，并下发任职资格批复。

6月23日，公司经营住所变更通过江苏监管局审核，由中国保监会重新下发公司《经营保险代理业务许可证》。

（刘红霞）

【教育培训】①“商车改”培训。5月27日，公司总经理室与业务部成员参加由江苏省保险中介行业协会举办的“江苏保险业商业车险改革政策与实务培训班”。通过培训，对商业车险改革在保险保障、风险定价、索赔处理、车险条款选择等方面有。全面的了解，商车改的培训与实施进一步推动了公司改革工作的稳步落实。②法律法规学习自测。6月12日，公司组织员工开展防范非法集资法律法规学习自测，牢固树立自觉抵制的法律意识，提升防范和处置非法集资责任感，为公司健康、合规发展保驾护航。③“两两”回头看自测。9月20日，公司组织员工以微信学习教育自测平台的形式参加“两个加强、两个遏制”回头看应知应会专题测试，提高公司整体综合素质，提升全员防范意识，共同抵制违法违规现象的发生。④消防安全知识培训。11月16日，邀请市公交分局消防大队参谋进行授课，讲解省内外典型火灾和爆炸事故，以及初期火灾扑救、如何引导人员疏散逃生等知识和分析，观看“2015年典型火灾案例及省内重大火灾隐患实录”，并对喷淋及温度感应器进行动画演示。培训使员工了解并掌握了逃生处置知识，提高了全员消防安全意识，增强了在防火安全方面的社会责任感。

（刘红霞）

【领导班子成员】

赵云峰　　总经理

张子瑶　　副总经理

纪　良　　总经理助理

（刘红霞）

无锡新天地保险代理有限公司

【概况】无锡新天地保险代理有限公司成立于2005年10月13日。自成立以来，能严格遵守金融法规，自觉执行各项监管政策，自律合规经营。特别是加入市保险行业协会组织以来，严格按照行业自律规则，依法合规开展代理业务。公司自觉接受各级监管部门的检查和督导，成立至今未发生任何违规违纪现象。公司严格按照批准的经营范围开展代理业务。在经营活动中坚持合规、守法、自律、诚信的指导思想和理念；在社会和客户中赢得了良好的信誉。2016年，无锡新天地保险代理有限公司认真贯彻落实监管规定和行业自律文件，坚持诚信服务、合规合法经营。

（周小红）

【经营业绩】2016年共实现代理保费3300万元，业务主要包含：车险、财产保险、货运险、团险意外险等。

（周小红）

【渠道建设】2016年度公司发挥业务渠道宽的特点，发挥了信息方面的优势，立足自身，积极与各家保险公司进行合作。①建立强大的网络营销体系。公司自建的网络营销平台，依托多年的网络营销优势，立足打造线上全方位的产品信息流，配合线下的服务流和支付流，形成一个完整的业务链。②建立与保险公司之间的点对点合作。针对每家不同的协议保险公司指定专员进行维护协调，确保第一时间的客服工作到位。③自建产品搜索引擎库。客户可在第一时间了解和对比不同公司不同产品。④建立客户关系管理。积极为客户介绍新业务新险种，为客户需求 提供全面的解决方案。

（周小红）

【内部管控】2016年，该公司在业务代理和市场拓展中，严格执行各项规定，做到有序竞争，规范代理，无违规违纪现象的发生。立于自查自纠，完善公司内部管控制度。确保规章落到实处，防范违规事件的发生，公司建立以责任制为立足点的防范体系，以及各项内控制度，切实做到制度完善、责任分明、管控有度、考核严谨，做到遵章自觉，整改有力。

（周小红）

【教育培训】①注重培训。公司根据要求，针对中介代理点多面广，人员结构变化快，素质高低欠平衡等特点，着力从提高公司内部，特别是业务人员素养的提高抓起，坚持做到，周培训、月总结、季考评。对个别不守规，不守纪的人员及时进行调整并能解除与公司的代理合作关系。②诚信经营。为拓展市场，扩大公司业务代理规模，本公司在与相关保险公司合作过程中，立足长远、顾全大局，不计一时利益得失，把维护市场规范放在首位，尤其是在代理业务过程中，以政策中介人的身份，主动积极地协调好各保险人之间的合作关系，努力做到，规范有序、政策一致、合作共赢、互促共进。

（周小红）

【领导班子成员】

曹　斌　总经理

（周小红）

无锡市瑞达信保险代理有限公司

【概况】公司成立于2007年3月。公司宗旨：诚实守信，创新发展。创新是根本，信誉是生命，务实是宗旨，效益是目标。

（李荣燕）

【经营业绩】2016年，公司完成代理保费731.01万元，其中车险205.14万元，非车险525.87万元，手续费收入120.99万元。与去年相比，手续费同比增加27.44%。

（李荣燕）

【领导班子成员】

韩志军　总经理

（李荣燕）

江苏东沅保险代理有限公司

【概况】江苏东沅保险代理有限公司，隶属于无锡商业大厦集团东方汽车有限公司。无锡商业大厦集团东方汽车有限公司2016年营收规模突破144.28亿，年汽车销售总量突破10万辆，是无锡地区规模最大的专业汽车销售和服务公司，2016年排名中国大型汽车经销商集团百强第29位，江苏省第三位。

江苏东沅保险代理有限公司是由无锡商业大厦集团东方汽车有限公司投资5000万，成立于2013年3月的全国性保险代理公司。成立三年来，和中国人民保险，太平洋保险，平安保险得等十多家保险公司合作，代理包括车险、寿险等众多产品。

（朱　敏）

【经营业绩】2016年公司营业收入346.1万元，公司经营效益稳步提高。

（朱　敏）

【领导班子成员】

李　苏　总经理

（朱　敏）

江苏徽商保险公估有限公司无锡分公司

【概况】江苏徽商保险公估有限公司（简称“徽商公估”），依托江苏安徽商会发起，2012年8月经中国保监会批准成立，是一家全国性的专业保险公估机构，公司注册资金人民币伍佰万元，公司总部设在江苏省连云港市　江苏徽商保险公估有限公司无锡分公司于2016年3月14日成立，2016年11月7日列入江苏省人民法院委托鉴定机构电子信息平台。

（王卫霞）

【领导班子成员】

王卫霞　总经理

任志新　无锡区域负责人

朱红健　办公室主任

（王卫霞）

【机构（部门）负责人】

周海军　无锡分公司江阴区域负责人

朱红健　办公室主任

（王卫霞）

【荣誉先进】江苏徽商保险公估有限公司无锡分公司，被评为2016年度先进集体。

2016年总公司授予无锡分公司负责任志新先进个人。

（王卫霞）

统计资料

表1　各财产保险公司

公司名称	承保数量		承保金额		保费收入	
	当 期	累 计	当 期	累 计	当 期	累 计
人保公司	134335	1221656	12945423	308299317	28579	296166
太保公司	152844	2497054	5940058	95839149	14572	157959
平保公司	117373	1020644	3176187	44767707	21093	177056
天安公司	6529	71059	673130	7596405	1510	13220
中华联合	11146	129504	2344437	17667976	2198	27661
大地公司	5246	52483	452642	6283843	821	10180
永安公司	795	16765	54825	1570423	131	5190
华安公司	0	23738	0	1403830	0	6930
安邦公司	0	6949	0	421148	0	1564
阳光公司	6842	62772	482683	10303423	1667	14405
华泰公司	2174	12294	32577	998353	518	4139
太平保险	7353	70236	875588	7323888	1850	18293
都邦保险	915	15464	72569	1434442	216	5026
渤海保险	2346	7128	86256	224783	532	1429
亚太保险	76	5970	4883	713698	20	2694
人寿财险	22149	197258	1520289	19134184	5454	53278
天平汽车	15892	99831	940763	5335941	2865	17114
中银保险	887	7610	460873	2699111	494	3512
安诚保险	2069	15079	210869	1401856	486	4865
长安责任	3753	46935	1739245	22745940	745	7421
紫金保险	5303	48543	720780	16266213	1191	12501
三井住友	451	4634	1023389	11789092	1139	7472
英大财险	1803	17691	132924	2193720	556	5490
信达财险	889	9712	49191	594025	315	3673

业务简明统计资料

单位:万元、%

赔付金额		赔付率	市场份额	上年同期保费	同比增长率
当期赔款	累计赔款				
21067	175090	59.12	34.44	271699	9.01
7888	90875	57.53	18.37	153015	3.23
8116	91227	51.52	20.59	159913	10.72
691	6244	47.23	1.54	11760	12.42
1990	19238	69.55	3.22	33848	−18.28
753	4570	44.89	1.18	7437	36.89
234	3458	66.64	0.60	5310	−2.27
0	3426	49.44	0.81	6283	10.29
0	1358	86.86	0.18	2183	−28.37
388	5615	38.98	1.67	16015	−10.05
161	1718	41.50	0.48	2773	49.28
757	8783	48.01	2.13	16236	12.67
247	3569	71.01	0.58	5720	−12.13
187	1375	96.24	0.17	1209	18.24
200	2048	76.00	0.31	2931	−8.07
3309	33135	62.19	6.19	51489	3.47
866	8883	51.90	1.99	12920	32.47
95	1457	41.47	0.41	3443	2.02
350	3335	–	0.57	5130	−5.17
202	2927	–	0.86	6682	11.06
742	7173	57.38	1.45	12162	2.79
846	2592	34.69	0.87	7182	4.04
621	3185	52.97	0.64	7845	−30.03
237	1824	49.67	0.43	1492	146.24

续表1

公司名称	承保数量		承保金额		保费收入	
	当期	累计	当期	累计	当期	累计
永诚财险	294	2922	77079	2597794	53	489
浙商财险	500	4330	26364	307958	235	2073
安信农险	0	38	0	7423	0	33
泰山财产	26	432	1600	94717	12	235
合计	501989	5668706	34044512	590016677	87251.27	860068.17

表2 各人寿保险公司

公司名称	保费收入本月				保费收入累计			
	首年	其中：期缴	续期	小计	首年	其中：期缴	续期	小计
国寿公司	8122.8	3625.1	17651.8	25774.6	206704.6	113711.92	295972.28	502676.84
太保寿险	2151.2	1635.71	7255.69	9406.91	97454.38	74314.14	145631.38	243085.76
平保寿险	6297.4	5555.53	9926.02	16223.43	85841.47	74345.86	121472.23	207313.70
新华人寿	406.7	357.91	1503.80	1910.52	18187.79	8630.85	22658.40	40846.19
泰康人寿	230.5	55.53	2752.05	2982.52	21834.41	15186.74	39409.94	61244.35
太平人寿	735.84	394.67	4229.44	4965.28	44057.18	16859.24	40100.31	84157.49
民生人寿	55.02	49.22	366.42	421.44	1442.89	1168.58	7089.04	8531.93
生命人寿	374.26	360.26	444.90	819.16	33512.67	22202.57	4817.08	38329.75
同方全球	127.49	123.67	327.21	454.70	3192.59	3175.60	5211.90	8404.49
信诚人寿	21.55	(9.46)	95.16	116.71	580.89	518.11	2288.50	2869.39
中宏人寿	552.11	481.90	1669.66	2221.76	7683.60	7408.67	17470.99	25154.59
合众人寿	166.48	166.48	147.05	313.53	2283.23	2283.23	2846.18	5129.41
中意人寿	1096.15	1095.93	791.56	1887.71	27593.76	13612.78	9621.89	37215.65
国泰人寿	173.38	173.31	66.80	240.18	640.43	636.45	1006.15	1646.58
农银人寿	67.19	51.19	95.00	201.29	2205.29	539.56	2091.86	4297.15
北大方正	12.06	12.06	171.27	183.33	1064.92	898.15	2130.27	3195.19
恒安标准	50.18	47.26	97.98	148.16	851.58	1034.17	1548.66	2400.24
友邦人寿	1500.85	1291.03	1100.83	2601.68	10437.62	7090.23	8892.27	19329.89
人保健康	373.37	12.83	67.84	441.21	29230.80	777.37	1220.07	30450.87
华泰人寿	128.47	118.97	551.35	679.82	4322.96	4076.02	9111.36	13434.32
光大永明	1251.26	0.03	24.96	1276.22	1282.79	31.55	527.11	1809.89
和谐健康	433.50	0.37	1.02	434.52	235026.89	8.86	6.19	235033.08
工银安盛	567.58	27.58	303.89	871.47	21261.05	4715.05	3096.57	24357.62
英大人寿	21.45	16.26	17.91	39.36	398.26	288.20	422.46	820.72
联泰大都会	308.54	215.97	600.56	909.11	3548.51	3211.30	5600.18	9148.68

赔付金额		赔付率	市场份额	上年同期保费	同比增长率
当期赔款	累计赔款				
154	2252	460.22	0.06	4511	-89.15
139	563	27.17	0.24	684	203.04
56	445	1349.06	0.00	897	-96.33
0	63	26.88	0.03	324	-27.46
50299.92	486428.48	56.56	100.00	811092	6.04

（无锡市保险行业协会

业务简明统计资料

单位：万元、%

理赔给付			其他各类给付		退 保		市场份额	上年同期保费	同比增长率
当 期	累 计	短险赔付率	当 期	累 计	当 期	累 计			
3273.1	32720.30	53.95	4567.24	96217.29	4967.48	67812.04	21.79	414481.1	21.28
1846.59	13052.85	46.75	2478.66	29926.12	1240.78	18578.46	10.54	183955.0	32.14
1167.17	9622.50	13.22	1925.04	19189.21	1110.11	11858.18	8.99	150616.1	37.64
131.50	1139.20	7.38	1206.96	24776.14	797.93	13913.00	1.77	32676.79	25.00
56.96	744.37	1.22	4.26	76.85	49.40	734.33	2.66	42717.17	43.37
152.67	815.52	12.32	376.85	9299.65	319.72	23865.48	3.65	66967.16	25.67
23.51	238.61	81.58	76.14	1119.21	47.15	844.27	0.37	7544.03	13.10
0.81	19.25	34.93	131.91	3229.81	872.36	8726.06	1.66	35673.20	7.45
90.91	337.95	4.02	58.88	611.20	17.13	393.35	0.36	6017.43	39.67
8.48	255.72	0.00	75.72	857.72	4.29	347.91	0.12	3319.31	-13.55
138.88	1013.26	10.76	66.59	625.41	58.21	381.77	1.09	18746.94	34.18
18.69	90.13	14.97	67.90	1747.85	103.22	900.56	0.22	8625.06	-40.53
34.59	282.24	1689.82	67.76	1277.33	160.33	3067.56	1.61	36937.10	0.75
20.15	192.68	81.41	19.63	197.59	0.99	37.24	0.07	1410.76	16.72
3.90	11.29	0.26	11.40	121.89	59.14	6861.42	0.19	6762.44	-36.46
2.64	136.08	4.26	0.93	41.66	9.86	192.63	0.14	2871.24	11.28
2.05	131.15	99.00	6.45	422.08	1.64	50.75	0.10	1747.97	37.32
103.17	643.12	3.33	10.13	505.25	16.30	246.98	0.84	10896.90	77.39
16.38	193.62	0.00	154.55	743.17	228.38	15074.99	1.32	19659.40	54.89
34.45	291.56	19.14	257.61	5930.27	71.90	667.34	0.58	10441.16	28.67
0.00	3.96	0.00	4.66	126.73	(4.02)	34.85	0.08	587.09	208.28
79.23	183.90	0.08	0.00	3.76	3930.60	36900.59	10.19	31796.99	639.17
15.02	182.90	0.00	154.67	1361.48	204.35	4916.25	1.06	17961.34	35.61
0.00	12.28	1.45	1.46	51.60	2.61	57.69	0.04	386.03	112.60
12.52	186.28	2.68	20.36	154.21	65.25	599.97	0.40	7115.80	28.57

续表2

公司名称	保费收入本月				保费收入累计			
	首 年	其中：期缴	续 期	小 计	首 年	其中：期缴	续 期	小 计
瑞泰人寿	2.58	2.49	1.03	3.61	42.41	40.91	8.25	50.66
长城人寿	8.90	8.14	111.87	120.77	34316.38	570.74	2590.83	36907.21
华夏人寿	1996.66	1831.66	570.20	2566.86	63081.74	23538.58	4256.01	67337.75
人保寿险	931.7	122.36	191.94	1123.64	47851.01	2920.71	3446.33	51297.38
信泰人寿	42.05	42.05	204.23	246.28	50475.18	519.68	3031.06	53506.24
君康人寿	30.37	13.37	0.00	30.37	2911.40	78.96	24.12	2935.52
阳光人寿	6859.48	206.92	1256.68	8116.16	54240.61	6620.81	9635.08	63875.69
国华人寿	375.00	0.00	1.20	376.20	0.04	0.00	37.85	1621.69
中英人寿	49.43	46.11	46.14	95.57	765.88	648.59	454.47	1220.35
幸福人寿	0.03	0.00	3.34	3.38	32810.24	99.42	222.03	33032.27
中德安联	11.27	11.21	24.85	36.12	182.86	151.37	281.00	463.85
利安人寿	6225.81	34.24	223.36	6465.17	75718.02	3262.28	3688.95	79406.97
招商信诺	300.29	299.91	281.83	582.12	11131.06	3478.36	3276.44	14407.50
交银康联	25.30	8.18	334.93	360.24	5749.36	3025.44	3610.47	9359.83
东吴人寿	5369.71	18.18	26.24	5395.95	30915.98	305.70	716.84	31632.81
建信人寿	(26.42)	(26.42)	(12.15)	(38.57)	27050.16	2890.00	316.09	27366.25
国联人寿	3079.21	315.32	263.21	3342.42	91453.09	5504.27	1202.45	92655.54
安邦人寿	7208.50	0.00	0.00	5992.90	124231.90	0.00	0.00	124231.90
太平养老	203.04	37.62	17.98	221.02	4452.90	295.05	37.62	4490.52
合计	57918.30	18830.61	53807.03	110564.84	1518020.73	430676.06	787079.13	2306683.70

注：以上数据均来源于各会员公司，仅供参考。所有保费与赔款以及其他数据以江苏保监局外网公布数据为准。

表3　各产险公司

业务类别			承保数量		承保金额	
			当 期	累 计	当 期	累 计
车险（不含摩托车、拖拉机）	按业务渠道分	车 商	67692	463512	3087797.77	20029583.80
		电 销	98310	869326	2901750.78	29514245.79
		网 销	11105	466675	686639.50	17855843.49
		其 他	175048	1255664	8258233.48	56922382.83
		合 计	352155	3055176	14934421.53	124322055.90
政府推动业务		农 险	659	3752	47863.43	113608.30
		安全生产责任	896	9354	59454.96	1058239.38
		环境责任	453	2495	20581.52	78702.35
		校园方责任	1	106	73.89	20437869.62
		医疗责任	11	151	522.65	12425.64
		火灾公众责任	2	23	150.00	10620.00
		合 计	2022	15881	128646.45	21711465.29
银保业务		财 险	2266	20058	2111287.21	20766378.39

说明：相关寿险公司的建工意外险也应填报，列入安全生产责任险项下银保业务财险包括车险及非车险

理赔给付			其他各类给付		退 保		市场份额	上年同期保费	同比增长率
当 期	累 计	短险赔付率	当 期	累 计	当 期	累 计			
0.00	0.00	0.00	0.00	0.00	0.00	0.00	0.00	4865.09	−98.96
8.87	32.89	13.14	100.10	3606.30	51.66	768.82	1.60	4042.24	813.04
11.71	845.97	1.26	290.65	5789.81	1290.45	1561.18	2.92	4729.50	1323.78
89.02	994.78	57.60	2255.69	29930.78	2465.37	18080.13	2.22	30914.80	65.93
0.90	4.72	0.00	231.43	4133.08	129.98	840.66	2.32	3615.99	1379.71
0.00	0.00	0.00	0.00	751.30	6.16	3283.80	0.13	3845.94	−23.67
25.88	401.54	0.00	155.96	1028.99	82.37	25865.27	2.77	44611.97	43.18
20.55	200.72	0.00	122.36	522.27	296.26	6077.49	0.07	58.58	2668.33
0.63	22.58	0.00	0.96	223.38	1.15	19.90	0.05	580.39	110.26
0.66	0.66	0.12	5.89	213.22	848.69	7796.97	1.43	17558.33	88.13
0.37	10.76	0.03	0.23	3.13	0.31	13.47	0.02	312.18	48.59
4.01	42.96	0.00	47.15	104.54	119.42	58193.86	3.44	54108.28	46.76
14.34	143.27	0.00	2.62	90.89	8.13	723.68	0.62	8299.04	73.60
4.03	339.65	0.04	0.00	14.05	221.04	9294.88	0.41	13047.91	−28.27
0.95	74.50	0.30	1.72	36.58	2.88	313.75	1.37	1115.33	2736.17
11.58	75.59	0.00	7.39	2221.24	107.02	18495.14	1.19	21247.84	28.80
112.99	451.98	0.00	46.83	2157.39	28.26	1147.45	4.02	44241.60	109.43
0.00	0.00	0.00	8.12	51.34	221.07	648.30	5.39	28397.40	337.48
268.72	945.22	0.21	0.00	0.00	0.60	16.50	0.19	521.30	761.41
7808.54	67088.54	34.16	15022.87	249491.78	20215.92	370204.89	100	1332866.84	64.06

（无锡市保险行业协会）

保费分类统计资料

单位:万元

保费收入		赔款支出			简 单赔付率（%）	综 合赔付率（%）
当 期	累 计	当期赔款	累计案件	累计赔款		
19273.42	138866.48	6048.58	111135	65239.61	46.98	0.00
17092.59	158354.13	8650.33	234950	98903.96	62.46	0.00
1991.89	90418.19	7328.38	179421	81685.59	90.34	0.00
41072.60	321731.86	16847.23	303745	164167.49	51.03	0.00
79430.49	709370.66	38874.52	829251	409996.66	57.80	0.00
501.03	2487.39	899.60	8274	3321.01	133.51	0.00
63.14	1143.24	33.99	870	375.39	32.84	0.00
275.44	1056.16	28.80	50	101.68	9.63	0.00
0.24	115.41	6.11	86	47.10	40.81	0.00
50.47	1862.07	65.14	472	1182.97	63.53	0.00
1.88	18.06	0.00	0	0.00	0.00	0.00
892.20	6682.33	1033.63	9752	5028.15	75.25	0.00
1608.56	14724.42	661.75	1888	4864.98	33.04	0.00

（无锡市保险行业协会）

表4 保险行业协会

公司名称	业务类别	承保数量		承保金额		保费收入	
		当期	累计	当期	累计	当期	累计
人保财险	企业财产险	766	10217	2052300	55392186	1047	24318
	家庭财产险	1770	26521	181165	9644263	79	2844
	工程险	16	148	52485	989570	36	650
	总车辆	113148	1006200	5795615	50428927	26096	232457
	商业车辆险	53039	459225	5062285	43756358	21420	189518
	电销渠道（商业险）	10576	201790	971855	18789980	3213	63885
	交强险（汽车）	56791	495507	692850	6045185	4623	41711
	交强险（摩托车）	3185	42208	38857	514938	49	657
	交强险（拖拉机）	133	9260	1623	112446	4	572
	运输险	6405	49619	1125887	9100713	306	2659
	船舶险	38	586	48289	3198711	150	1677
	责任险	3578	27614	2852750	168064113	767	14695
	保证险	115	1300	162702	1527595	232	5208
	人意险	7838	94897	577818	8811004	193	3612
	健康险	–36	430	13414	–60813	–862	4565
	信用险	38	389	35135	765140	35	791
	农险	659	3732	47863	94005	501	2456
	其他险	0	3	0	343902	0	234
	合计	134335	1221656	12945423	308299317	28579	296166
太保财险	企业财产险	169	2712	1055555	20435025	562	10054
	家庭财产险	478	13295	55196	3578129	16	417
	工程险	20	136	42746	923535	16	2158
	总车辆	61377	593359	3136872	29817242	13508	131838
	商业车辆险	30140	289800	2756562	26125680	10983	106992
	电销渠道（商业险）	6423	115882	559579	10210693	1728	33166
	交强险（汽车）	30851	295457	375894	3593315	2519	24721
	交强险（摩托车）	386	8102	4416	98247	6	126
	交强险（拖拉机）	0	0	0	0	0	0
	运输险	6837	64415	465065	7197970	116	1906
	船舶险	82	959	13461	626713	25	1654
	责任险	494	5692	312957	4301163	213	5088
	保证险	3	12	–227	–1078	10	13
	人意险	30147	847220	773985	25623460	127	3098
	健康险	53234	969231	81419	3266058	49	1052
	信用险	3	19	3028	37817	–72	651
	农险	0	0	0	0	0	0
	其他险	0	4	0	33116	0	29
	合计	152844	2497054	5940058	95839149	14572	157959

财产险公司业务数据资料

单位：万元、%

赔付金额		赔付率	市场份额	上年同期保费	同比增长率	上年同期赔付	同比增长率
当期	累计						
3063	12621	51.90	45	23730.22	2.48	199061.92	-93.66
401	5486	192.92	58	1856.82	53.16	2191.65	150.33
6	101	15.54	13	783.22	-16.95	123.47	-18.13
14009	134098	57.69	33	211244.62	10.04	124871.79	7.39
10253	101587	53.60	33	171532.76	10.49	93536.36	8.61
4115	47259	73.97	33	73564.65	-13.16	40349.05	17.12
3589	31257	74.94	30	38676.08	7.85	30247.51	3.34
119	798	121.53	68	556.21	18.13	753.34	5.99
48	455	79.60	65	479.57	19.18	334.58	35.99
36	808	30.39	31	2678.84	-0.76	875.20	-7.69
5	154	9.21	43	1952.31	-14.11	799.08	-80.67
1714	8983	61.13	39	13567.99	8.31	7560.52	18.82
316	1702	32.68	87	3499.17	48.83	967.23	75.95
242	2375	65.76	26	5638.41	-35.95	2785.44	-14.73
383	3648	79.92	48	3795.54	20.27	2272.04	60.57
0	1896	239.56	34	703.56	12.49	0.00	–
892	3217	131.01	99	2121.87	15.74	1099.42	192.65
0		0.00	77	126.42	85.25	43.37	-100.00
21067	175090	59.12	34	271698.99	9.01	342651.13	-48.90
957	4721	46.95	18	11610.60	-13.41	21264.77	-77.80
2	124	29.76	9	478.98	-12.98	43.23	186.92
12	58	2.70	44	1016.61	112.26	190.86	-69.51
6473	78807	59.78	19	124890.40	5.56	77492.96	1.70
4329	55880	52.23	19	100859.87	6.08	57453.21	-2.74
1560	24354	73.43	17	42971.57	-22.82	24779.26	-1.71
2143	22831	92.36	18	23866.20	3.58	19972.95	14.31
1	95	75.76	13	164.33	-23.42	66.80	42.72
0	0	–	0	0.00	–	0.00	–
5	878	46.05	22	2480.72	-23.17	1006.70	-12.83
23	299	18.06	42	1948.90	-15.11	519.75	-42.52
374	3408	66.98	14	5390.96	-5.62	4349.89	-21.66
-217	-237	-1760.43	0	41.67	-67.75	0.00	–
118	1336	43.13	22	2753.99	12.51	1485.37	-10.02
90	1028	97.68	11	1215.19	-13.40	1049.97	-2.10
50	360	55.34	28	661.25	-1.52	0.00	–
0	85	–	0	453.85	-100.00	331.54	-74.36
0	7	25.38	9	72.31	-60.52	0.00	–
7888	90875	57.53	18	153015.43	3.23	107735.04	-15.65

续表4

公司名称	业务类别	承保数量		承保金额		保费收入	
		当 期	累 计	当 期	累 计	当 期	累 计
平安财险	企业财产险	361	3928	701140	11074431	319	5086
	家庭财产险	245	3777	27128	371162	10	489
	工 程 险	38	241	28859	237677	29	383
	总 车 辆	99754	801568	431599	3388484	20210	163744
	商业车辆险	48388	384570	431599	3388484	16150	130304
	电销渠道（商业险）	22731	227808	135830	1330176	6043	62158
	交强险（汽车）	51015	405179	0	0	4053	33187
	交强险（摩托车）	322	10666	0	0	5	171
	交强险（拖拉机）	29	1153	0	0	2	83
	运 输 险	2074	21890	281690	3069058	92	963
	船 舶 险	0	23	0	24101	2	75
	责 任 险	373	4396	493110	6462493	190	2983
	保 证 险						
	人 意 险	12378	146110	1011691	15236055	222	2386
	健 康 险	2148	38693	200769	4851621	19	861
	信 用 险	0	14	0	52458	0	90
	农 险						
	其 他 险	2	4	200	167	2	-3
	合 计	117373	1020644	3176187	44767707	21093	177056
天安财险	企业财产险	61	676	143786	2259786	70	1299
	家庭财产险	58	16119	21698	300838	12	377
	工 程 险	2	20	17357	332570	11	916
	总 车 辆	5079	34476	248452	1634340	1313	9265
	商业车辆险	2454	16964	216488	1423072	1016	7173
	电销渠道（商业险）	0	2433	-226	203763	0	694
	交强险（汽车）	2604	17183	31708	207254	295	2060
	交强险（摩托车）	0	1	0	12	0	0
	交强险（拖拉机）	21	328	256	4002	2	32
	运 输 险	537	5476	63431	655498	21	245
	船 舶 险	11	141	546	4948	7	58
	责 任 险	92	1074	117362	1619254	27	588
	保 证 险	1	30	0	3548	0	1
	人 意 险	647	12428	50329	737297	25	310
	健 康 险	41	619	10168	48328	24	163
	信 用 险						
	农 险						
	其 他 险						
	合 计	6529	71059	673130	7596405	1510	13220

赔付金额		赔付率	市场份额	上年同期保费	同比增长率	上年同期赔付	同比增长率
当期	累计						
240	1691	33.26	9	4986.65	1.98	1778.50	-4.91
4	519	106.15	10	361.78	35.12	306.24	69.44
0	90	23.56	8	483.80	-20.93	0.47	19154.01
7656	86556	52.86	23	147112.40	11.31	78932.00	9.66
5279	61916	47.52	23	116441.65	11.90	56166.19	10.24
2975	35872	57.71	32	65704.61	-5.40	32292.90	11.08
2377	24545	73.96	24	30417.27	9.10	22718.20	8.04
0	87	50.75	18	161.42	5.98	41.54	109.00
0	8	9.33	9	92.06	-10.37	5.83	32.14
38	248	25.79	11	883.31	9.02	186.77	32.99
0	30	40.21	2	46.41	62.06	51.86	-41.69
51	1265	42.41	8	2438.33	22.33	1258.33	0.53
			0		-		-
77	343	14.40	17	2226.15	7.17	315.26	8.95
47	477	55.47	9	833.53	3.25	458.16	4.20
0	3	3.33	4	120.85	-25.47	0.00	-
			0		-		-
2	3	-104.32	-1	420.00	-100.70	0.00	-
8116	91227	51.52	21	159913.21	10.72	83287.58	9.53
36	243	18.72	2	1780.98	-27.08	782.10	-68.92
3	29	7.62	8	268.64	40.16	1.34	2038.23
0	144	15.76	19	127.16	620.41	9.55	1411.13
549	5163	55.72	1	8350.27	10.95	5645.00	-8.55
368	3462	48.26	1	6449.33	11.22	3726.52	-7.10
45	664	95.78	0	1104.28	-37.20	326.52	103.43
179	1650	80.12	1	1864.89	10.44	1891.24	-12.75
0	0	0.00	0	0.00	-	6.93	-100.00
2	50	158.01	4	36.05	-11.54	20.00	151.96
33	110	44.97	3	196.93	24.27	65.16	68.90
2	5	8.81	1	91.53	-37.10	17.02	-70.20
59	399	67.90	2	542.35	8.37	339.53	17.54
0	0	0.00	0	1.54	-20.38	0.00	-
1	100	32.32	2	259.71	19.27	21.31	369.76
9	51	31.48	2	140.81	15.87	34.77	47.70
		-	0		-		-
		-	0		-		-
		-	0		-		-
691	6244	47.23	2	11759.92	12.42	6915.79	-9.71

续表4

公司名称	业务类别	承保数量		承保金额		保费收入	
		当期	累计	当期	累计	当期	累计
中华联合	企业财产险	72	790	139431	3606187	86	1536
	家庭财产险	39	936	1033	36883	0	9
	工程险	3	12	122457	542585	3	210
	总车辆	9364	107806	1840365	9857657	1990	22862
	商业车辆险	4505	51681	1781256	9123741	1594	18112
	电销渠道（商业险）	32	19397	-2279	900119	-5	5310
	交强险（汽车）	4855	55981	59060	731841	396	4748
	交强险（摩托车）	4	144	49	2074	0	3
	交强险（拖拉机）	0	0	0	0	0	0
	运输险	649	4461	93808	1223490	39	391
	船舶险	3	36	11100	41806	20	107
	责任险	42	879	52285	956528	32	591
	保证险	1	4	100	1200	1	5
	人意险	489	8163	39912	660633	21	432
	健康险	484	6412	43945	737503	5	1501
	信用险	0	2	0	1600	0	6
	农险	0	3	0	1905	0	11
	其他险	0	0	0	0	0	0
	合计	11146	129504	2344437	17667976	2198	27661
大地保险	企业财产险	13	115	5271	1088910	3	846
	家庭财产险	26	1501	495	35465	0	17
	工程险	0	4	0	219833	0	180
	总车辆	4457	42680	218914	2049738	790	8302
	商业车辆险	2237	21712	192415	1797576	616	6481
	电销渠道（商业险）	1477	15849	128889	1308523	306	3318
	交强险（汽车）	2220	20961	26498	252089	174	1820
	交强险（摩托车）	0	7	0	73	0	0
	交强险（拖拉机）	0	0	0	0	0	0
	运输险	133	853	686	229364	1	40
	船舶险	2	33	1323	11538	4	34
	责任险	24	410	27594	441246	7	188
	保证险	0	1	0	45	0	0
	人意险	591	6875	198373	2205876	17	541
	健康险	0	10	-14	439	0	2
	信用险	0	2	0	1400	0	30
	农险	0	0	0	0	0	0
	其他险	0	0	0	0	0	0
	合计	5246	52483	452642	6283843	821	10180

赔付金额		赔付率	市场份额	上年同期保费	同比增长率	上年同期赔付	同比增长率
当期	累计						
160	634	41.27	3	1833.15	−16.19	1060.33	−40.19
0	6	62.75	0	19.08	−50.47	4.72	25.67
0	0	0.00	4	43.35	384.04	0.00	–
1773	17384	76.04	3	28869.88	−20.81	20683.00	−15.95
1083	11812	65.22	3	22903.92	−20.92	14485.91	−18.46
428	5723	107.78	3	11166.10	−52.45	7273.43	−21.32
690	5572	117.35	3	5928.55	−19.91	6173.39	−9.74
0	0	12.25	0	4.12	−36.57	10.27	−96.89
0	0	–	0	33.30	−100.00	13.90	−100.00
−1	55	14.11	4	338.87	15.36	(4.46)	−1336.97
0	0	0.13	3	115.16	−6.81	5.14	−97.25
34	272	46.08	2	682.92	−13.51	375.74	−27.56
0	0	0.00	0	7.48	−37.28	0.00	–
14	162	37.41	3	523.03	−17.44	233.78	−30.91
11	721	48.04	16	1409.95	6.43	865.93	−16.75
0	0	0.00	0	0.00	–	0.00	–
0	0	0.00	0	0.25	4430.23	8.36	−100.00
0	4	–	0	5.09	−100.00	4.99	−24.29
1990	19238	69.55	3	33848.20	−18.28	23237.52	−17.21
5	163	19.22	2	1038.12	−18.53	14.00	1061.43
0	0	1.17	0	4.15	311.11	0.00	–
0	48	26.97	4	84.12	113.41	120.26	−59.74
683	4163	50.15	1	5763.34	44.04	4716.51	−11.74
312	2635	40.66	1	4454.11	45.51	2996.99	−12.06
146	1183	35.65	2	1987.18	66.99	1260.08	−6.11
372	1527	83.92	1	1309.24	39.03	1719.52	−11.17
0	0	–	0	0.00	–	0.00	–
0	0	–	0	0.00	–	0.00	–
0	−16	−38.49	0	30.90	30.92	11.43	−236.24
0	0	0.00	1	22.62	52.05	23.86	−100.00
7	25	13.24	1	156.24	20.52	64.07	−61.08
0	0	0.00	0	0.05	0.00	0.00	–
58	186	34.37	4	248.45	117.78	172.96	7.51
0	0	13.64	0	3.10	−28.99	12.00	−97.50
0	0	0.00	1	84.05	−64.31	0.00	–
0	0	–	0	0.00	–	0.00	–
0	0	0.00	0	2.05	−100.00	1.00	−100.00
753	4570	44.89	1	7437.20	36.89	5136.08	−11.02

续表4

公司名称	业务类别	承保数量		承保金额		保费收入	
		当期	累计	当期	累计	当期	累计
永安财险	企业财产险	1	28	469	368253	1	123
	家庭财产险	5	48	33	12817	0	–3
	工程险		3		3463		3
	总车辆	723	15633	37315	784610	142	4591
	商业车辆险	364	7857	32935	689743	111	3382
	电销渠道（商业险）	192	2216	17798	213687	45	629
	交强险（汽车）	359	7776	4380	94867	32	1209
	交强险（摩托车）						
	交强险（拖拉机）						
	运输险	8	62	607	8418	0	3
	船舶险						
	责任险	11	162	13554	304337	–15	361.3
	保证险						
	人意险	47	829	2848	88525	3	111.3
	健康险						
	信用险						
	农险						
	其他险						
	合计	795	16765	54825	1570423	131	5190
华安财险	企业财产险		9		169255		44
	家庭财产险		404		29088		2
	工程险		2		12035		–3
	总车辆		21342		1082476		6697
	商业车辆险		10300		947764		5022
	电销渠道（商业险）		2054		186888		567
	交强险（汽车）		11042		134712		1675
	交强险（摩托车）		0		0		0
	交强险（拖拉机）		0		0		0
	运输险		1		1200		0
	船舶险		0		0		0
	责任险		185		86182		125
	保证险		1		5		0
	人意险		1794		23589		64
	健康险						
	信用险						
	农险						
	其他险						
	合计		23738		1403830		6930

赔付金额		赔付率	市场份额	上年同期保费	同比增长率	上年同期赔付	同比增长率
当期	累计						
15	122	99.08	0	117.86	4.50	53.77	126.95
0	4	–149.26	0	1.19	–326.89	0.49	722.45
		0.00	0	0.00	–	0.00	–
211	3079	67.07	1	4935.43	–6.99	2619.96	17.52
117	1950	57.66	1	3666.23	–7.75	1701.13	14.63
18	307	48.78	0	430.43	46.24	42.29	626.10
94	1129	93.41	1	1269.20	–4.78	918.83	22.86
		–	0	0.00	–	0.00	–
		–	0	0.00	–	0.00	–
	97	3482.01	0	9.11	–69.48	106.12	–8.78
		–	0	0.00	–	0.00	–
3	97	26.76	1	163.31	121.25	136.79	–29.31
		–	0	0.00	–	0.00	–
5	60	53.90	1	83.15	33.90	283.19	–78.81
		–	0		–		–
		–	0		–		–
		–	0		–		–
		–	0		–		–
234	3458	66.64	1	5310.05	–2.27	3200.32	8.07
	11	24.06	0	16.40	169.94	27.59	–61.40
	1	34.62	0	(0.76)	–407.89	0.00	–
	0	0.00	0	13.49	–123.50	0.00	–
	3310	49.43	1	5987.67	11.84	3066.46	7.95
	2245	44.71	1	4415.75	13.72	1896.50	18.39
	385	67.88	0	670.93	–15.52	292.14	31.70
	1065	63.59	1	1571.92	6.56	1169.96	–8.96
	0	–	0	0.00	–	0.00	–
	0	–	0	0.00	–	0.00	–
	0	0.00	0	0.07	585.71	0.00	–
	0	–	0	0.00	–	0.00	–
	98	77.85	0	222.49	–43.62	7.50	1202.00
	0	0.00	0	0.00	–	0.00	–
	7	11.03	0	43.83	45.36	7.13	–1.40
		–	0		–		–
		–	0		–		–
		–	0		–		–
		–	0		–		–
	3426	49.44	1	6283.19	10.29	3108.68	10.22

续表4

公司名称	业务类别	承保数量		承保金额		保费收入	
		当期	累计	当期	累计	当期	累计
安邦财险	企业财产险		6		24938		22
	家庭财产险		5		200		0
	工程险						
	总车辆		6871		319321		1476
	商业车辆险		3087		273156		1145
	电销渠道（商业险）		422		35424		153
	交强险（汽车）		3735		45567		330
	交强险（摩托车）		49		598		1
	交强险（拖拉机）						
	运输险						
	船舶险						
	责任险		29		6741		15
	保证险		3		37		0
	人意险		29		6910		9
	健康险						
	信用险						
	农险						
	其他险		6		63000		41
	合计		6949		421148		1564
阳光财险	企业财产险	32	427	82966	4238929	30	1323
	家庭财产险	24	270	1258	46581	1	12
	工程险	1	5	2905	47775	3	89
	总车辆	4915	39571	237585	1915844	1075	8477
	商业车辆险	2363	19383	206561	1671038	836	6728
	电销渠道（商业险）	1271	11548	112627	998447	362	3258
	交强险（汽车）	2550	20170	31000	244586	239	1748
	交强险（摩托车）	2	16	24	195	0	0
	交强险（拖拉机）	0	2	0	24	0	0
	运输险	373	4468	31425	370520	7	114
	船舶险	0	5	0	650	0	10
	责任险	331	2772	72812	2011891	528	3133
	保证险	0	241	0	3820	0	675
	人意险	1166	15013	53731	1667414	24	573
	健康险	0	0	0	0	0	0
	信用险	0		0	0	0	0
	农险	0		0	0	0	0
	其他险	0	0		0	0	0
	合计	6842	62772	482683	10303423	1667	14405

赔付金额		赔付率	市场份额	上年同期保费	同比增长率	上年同期赔付	同比增长率
当期	累计						
	20	91.68	0	7.16	208.80	0.15	13413.33
	0	0.00	0		–		–
		–	0	0.11	–100.00		–
	1335	90.41	0	2136.25	–30.90	1638.11	–18.52
	811	70.78	0	1637.76	–30.06	1101.89	–26.42
	243	158.86	0	332.81	–54.03	380.74	–36.16
	530	160.52	0	498.49	–33.81	536.22	–1.24
	–6	–610.87	0		–		–
		–	0		–		–
		–	0		–		–
		–	0		–		–
	1	10.11	0	5.09	189.59	1.06	40.57
	0	0.00	0	3.86	–91.97		–
	1	13.90	0	7.74	16.15	0.65	92.31
		–	0		–		–
		–	0		–		–
		–	0		–		–
	0	1.02	14	22.68	81.31		–
	1358	86.86	0	2182.89	–28.37	1639.97	–17.19
7	252	19.05	2	1216.80	8.77	157.69	59.91
0	2	17.11	0	13.12	–9.56	2.53	–19.90
0	1	0.58	2	48.67	82.20	0.81	–37.41
345	4393	51.82	1	8939.65	–5.18	4737.29	–7.27
226	2888	42.92	1	7020.03	–4.16	3245.93	–11.04
119	1789	54.90	2	3953.46	–17.60	2038.40	–12.26
119	1505	86.09	1	1919.62	–8.92	1491.36	0.93
0	0	0.00	0	0.15	68.59	0.00	–
0	0	0.00	0	0.09	100.00	0.00	–
–12	36	31.52	1	150.74	–24.28	127.28	–71.73
0	0	0.00	0	7.48	30.08	54.66	–100.00
41	695	22.19	8	4636.96	–32.43	462.15	50.46
0	0	0.00	11	360.68	87.08	0.00	–
7	236	41.21	4	640.75	–10.60	220.21	7.20
0	0	–	0	0.00	–	0.00	–
0	0	–	0	0.00	–	0.00	–
0	0	–	0	0.00	–	0.00	–
0	0	–	0	0.00	–	0.00	–
388	5615	38.98	2	16014.85	–10.05	5762.63	–2.56

续表4

公司名称	业务类别	承保数量		承保金额		保费收入	
		当期	累计	当期	累计	当期	累计
华泰财险	企业财产险	2	22	3159	301435	0	83
	家庭财产险		25		1351		1
	工程险		0		0		-4
	总车辆	2110	11125	10985	133525	471	2575
	商业车辆险	1061	5374	10758	66217	388	2095
	电销渠道（商业险）		1		0		0
	交强险（汽车）	1049	5749	227	67284	83	479
	交强险（摩托车）		2		24		0
	交强险（拖拉机）		0		0		0
	运输险	17	99	1083	4887	1	4
	船舶险		0		0		0
	责任险	37	746	16980	444555	45	1397
	保证险		0		0		0
	人意险	8	277	370	112600	0	85
	健康险		0		0		0
	信用险		0		0		0
	农险		0		0		0
	其他险		0		0		0
	合计	2174	12294	32577	998353	518	4139
太平财险	企业财产险	33	312	70294	851433	23	588
	家庭财产险	24	174	2895	46459	1	17
	工程险	0	4	0	7381	0	7
	总车辆	5607	48911	309848	2648832	1660	15738
	商业车辆险	2781	24342	275444	2352079	1304	12313
	电销渠道（商业险）	254	1458	24557	128262	69	382
	交强险（汽车）	2822	24522	34355	296179	356	3424
	交强险（摩托车）	4	47	49	573	0	1
	交强险（拖拉机）	0	0	0	0	0	0
	运输险	964	10127	57827	540937	126	505
	船舶险	0	4	0	2650	0	20
	责任险	597	9407	26201	291178	38	490
	保证险	0	13	-1000	1217	-21	20
	人意险	127	1264	405154	2927721	19	904
	健康险	1	20	4370	6081	3	5
	信用险	0	0	0	0	0	0
	农险	0	0	0	0	0	0
	其他险	0	0	0	0	0	0
	合计	7353	70236	875588	7323888	1850	18293

赔付金额		赔付率	市场份额	上年同期保费	同比增长率	上年同期赔付	同比增长率
当 期	累计						
1	13	15.99	0	137.49	–39.86	206.50	–93.60
	0	0.00	0	0.61	–1.64	28.06	–100.00
	12	–296.63	0		–	0.54	2185.19
89	1312	50.95	0	1959.19	31.41	1953.00	–32.83
59	826	39.42	0	1624.79	28.96	1187.67	–30.45
	0	528.57	0	14.76	–99.53	6.33	–94.15
30	486	101.33	0	333.66	43.65	740.54	–34.41
	0	2000.00	0	0.74	–98.65	24.53	–99.18
	0	–	0		–		–
	0	0.00	0	4.57	–23.41	7.00	–100.00
	0	–	0		–		–
72	357	25.55	4	575.82	142.54	60.14	493.25
	0	–	0		–		–
	23	27.44	1	94.91	–10.33	15.59	49.78
	0	–	0		–		–
	0	–	0		–		–
	0	–	0		–		–
	0	–	0	0.10	–100.00		–
161	1718	41.50	0	2772.69	49.28	2270.83	–24.36
6	109	18.58	1	786.20	–25.27	78.92	38.29
0	0	2.16	0	13.13	31.70	0.00	–
0	0	0.00	0	15.73	–56.10	0.00	–
667	8000	50.84	2	14026.51	12.20	6981.11	14.60
444	5427	44.07	2	10910.96	12.85	4723.96	14.87
10	576	150.78	0	1448.65	–73.64	782.64	–26.43
223	2574	75.17	2	3114.52	9.94	2257.07	14.03
0	0	0.00	0	1.03	–28.56	0.08	–100.00
0	0	–	0	0.00	–	0.00	–
11	307	60.70	6	646.93	–21.88	625.95	–51.00
11	27	130.76	1	24.32	–16.07	80.21	–66.72
39	214	43.64	1	453.79	7.88	242.47	–11.88
0	0	0.00	0	18.36	9.95	0.00	–
24	126	13.98	7	244.86	269.13	77.11	63.84
0	0	3.82	0	5.95	–22.38	0.12	52.20
0	0	–	0	0.00	–	0.00	–
0	0	–	0	0.00	–	0.00	–
0	0	–	0	0.00	–	0.00	–
757	8783	48.01	2	16235.78	12.67	8085.90	8.63

续表4

公司名称	业务类别	承保数量		承保金额		保费收入	
		当期	累计	当期	累计	当期	累计
都邦财险	企业财产险	6	244	23036	409531	8	398
	家庭财产险	0	90	0	7422	0	2
	工程险	0	1	0	20	0	0
	总车辆	638	10819	30034	552035	192	4056
	商业车辆险	304	5347	25959	485277	140	3061
	电销渠道（商业险）	–2	501	–152	46128	0	145
	交强险（汽车）	334	5466	4075	66685	53	995
	交强险（摩托车）	0	6	0	73	0	0
	交强险（拖拉机）	0	0	0	0	0	0
	运输险	158	1810	5721	58759	3	36
	船舶险	0	0	0	0	0	0
	责任险	43	852	10010	315368	8	439
	保证险	0	1	0	20	0	0
	人意险	70	1647	3768	91286	5	94
	健康险	0	0	0	0	0	0
	信用险	0	0	0	0	0	0
	农险	0	0	0	0	0	0
	其他险	0	0	0	0	0	0
	合计	915	15464	72569	1434442	216	5026
渤海财险	企业财产险	0	0	0	0	0	0
	家庭财产险	0	23	0	1258	0	0
	工程险	0	0	0	0	0	0
	总车辆	2036	5743	85517	211072	507	1313
	商业车辆险	989	2677	72744	173667	352	884
	电销渠道（商业险）	13	122	1377	11442	5	37
	交强险（汽车）	793	1742	9675	21252	119	242
	交强险（摩托车）	0	0	0	0	0	0
	交强险（拖拉机）	254	1324	3099	16153	36	187
	运输险	0	1	0	5000	0	5
	船舶险	0	0	0	0	0	0
	责任险	1	28	35	5256	0	12
	保证险	0	0	0	0	0	0
	人意险	309	1332	698	2156	25	99
	健康险	0	0	0	0	0	0
	信用险	0	0	0	0	0	0
	农险	0	0	0	0	0	0
	其他险	0	0	0	0	0	0
	合计	2346	7128	86256	224783	532	1429

赔付金额		赔付率	市场份额	上年同期保费	同比增长率	上年同期赔付	同比增长率
当期	累计						
13	101	25.25	1	491.96	−19.08	475.00	−78.84
0	1	34.66	0	7.71	−77.17	1.36	−55.15
0	0	0.00	0	0.67	−76.12	0.00	–
208	3304	81.45	1	4666.49	−13.07	2038.49	62.09
158	2207	72.09	1	3492.10	−12.34	1217.21	81.30
3	85	58.82	0	149.45	−3.02	32.22	164.59
50	1097	110.27	1	1174.38	−15.27	821.28	33.61
0	0	0.00	0	0.01	800.00	0.00	–
0	0	0.00	0	0.00	–	0.00	–
0	9	24.54	0	55.34	−34.17	6.81	31.28
0	0	0.00	0	0.00	–	0.00	–
19	114	25.98	1	336.54	30.48	26.67	327.71
0	0	0.00	0	0.00	–	0.00	–
7	41	43.65	1	161.08	−41.74	55.78	−26.57
0	0	0.00	0	0.00	–	0.00	–
0	0	0.00	0	0.00	–	0.00	–
0	0	0.00	0	0.00	–	0.00	–
0	0	0.00	0	0.00	–	0.00	–
247	3569	71.01	1	5719.79	−12.13	2604.11	37.06
0	0	–	0	33.94	−100.00	0.00	–
0	0	0.00	0		–		–
0	0	–	0		–		–
187	1371	104.46	0	1056.98	24.22	1494.42	−8.23
84	659	74.47	0	687.85	28.55	690.58	−4.64
9	45	120.83	0	61.34	−39.11	43.70	3.27
21	98	40.36	0	120.03	101.44	54.81	78.05
0	0	–	0		–		–
82	615	329.23	21	249.10	−24.97	749.03	−17.85
0	0	6.00	0	0.00	–	2.22	−86.49
0	0	–	0		–		–
0	3	21.98	0	6.80	79.84	10.11	−73.41
0	0	–	0		–		–
0	1	1.01	1	110.87	−10.85	1.00	0.00
0	0	–	0		–		–
0	0	–	0		–		–
0	0	–	0		–		–
0	0	–	0		–		–
187	1375	96.24	0	1208.59	18.24	1507.75	−8.78

续表4

公司名称	业务类别	承保数量		承保金额		保费收入	
		当 期	累 计	当 期	累 计	当 期	累 计
亚太财险	企业财产险	0	10	0	6301	0	6
	家庭财产险					0	0
	工 程 险						
	总 车 辆	74	5780	3388	304642	17	2616
	商业车辆险	34	3160	2986	273825	13	1988
	电销渠道（商业险）	0		0		0	
	交强险（汽车）	40	2618	403	30793	5	628
	交强险（摩托车）	0	2	0	24	0	0
	交强险（拖拉机）	0		0		0	
	运 输 险	0	2	0	28690	0	5
	船 舶 险	0		0		0	
	责 任 险	1	166	92	354909	0	42
	保 证 险	0		0		0	
	人 意 险	1	12	1403	19156	2	25
	健 康 险						
	信 用 险						
	农　　险						
	其 他 险						
	合　　计	76	5970	4883	713698	20	2694
国寿财险	企业财产险	95	1487	176696	5061757	96	2564
	家庭财产险	413	5946	40717	406364	23	241
	工 程 险	2	23	1777	111002	1	234
	总 车 辆	20989	182002	1095307	9481398	5223	46950
	商业车辆险	10207	89248	963767	8349799	4241	37843
	电销渠道（商业险）	-62	28678	-5492	2646665	-7	8817
	交强险（汽车）	10777	92300	131479	1126060	981	9100
	交强险（摩托车）	5	454	61	5539	0	7
	交强险（拖拉机）	0	0	0	0	0	0
	运 输 险	458	4089	22171	301872	10	142
	船 舶 险	1	48	1600	93198	15	179
	责 任 险	129	2405	151778	3287498	77	2621
	保 证 险	0	0	0	0	0	0
	人 意 险	61	1234	30105	372042	7	324
	健 康 险	0	0	0	0	0	0
	信 用 险	0	0	0	0	0	0
	农　　险	0	17	0	17698	0	20
	其 他 险	1	7	138	1354	0	3
	合　　计	22149	197258	1520289	19134184	5454	53278

赔付金额		赔付率	市场份额	上年同期保费	同比增长率	上年同期赔付	同比增长率
当期	累计						
0	0	0.00	0	6.15	5.20	0.00	–
		0.00	0		–		–
		–	0		–		–
200	2041	78.05	0	2864.16	–8.68	2098.72	–2.73
138	1525	76.72	0	2278.49	–12.76	1292.87	17.95
0		–	0	1.23	–100.00	7.35	–100.00
61	516	82.25	0	585.61	7.21	805.05	–35.86
0	0	133.33	0	0.06	–50.00	0.80	–95.00
0		–	0		–		–
0	0	0.00	0		–		–
0		–	0		–		–
0	0	0.80	0	39.58	7.30	0.50	–32.00
0		–	0		–		–
0	6	23.37	0	20.62	19.11	18.92	–69.66
		–	0		–		–
		–	0		–		–
		–	0		–		–
		–	0		–		–
200	2048	76.00	0	2930.51	–8.07	2118.14	–3.34
52	1182	46.12	5	2983.36	–14.07	1002.37	17.96
1	29	11.97	5	292.31	–17.40	20.29	42.46
0	0	0.00	5	127.43	83.58	50.12	–100.00
3142	30371	64.69	7	45465.28	3.27	22485.04	35.07
2237	22773	60.18	7	36505.66	3.66	16514.87	37.89
755	8445	95.78	4	13976.00	–36.92	6557.78	28.78
905	7598	83.49	7	8955.02	1.62	5957.22	27.54
0	0	2.92	1	4.60	48.86	12.95	–98.46
0	0		0		–		–
1	102	71.66	2	160.43	–11.52	38.46	164.44
9	44	24.33	5	241.48	–25.87	33.42	30.36
97	1283	48.96	7	1947.75	34.56	1363.28	–5.87
0	0		0	0.00	–	0.00	–
1	113	34.80	2	271.32	19.42	157.43	–28.37
0	0		0		–		–
0	0		0		–		–
8	11	52.65	1		–		–
0	0	0.00	1	0.00	–	0.00	–
3309	33135	62.19	6	51489.35	3.47	25150.40	31.75

续表4

公司名称	业务类别	承保数量		承保金额		保费收入	
		当期	累计	当期	累计	当期	累计
安盛天平	企业财产险						
	家庭财产险						
	工程险						
	总车辆	14312	92445	885972	5088577	2841	17007
	商业车辆险	7147	46289	798681	4526096	2278	13373
	电销渠道（商业险）	6342	42138	723067	4157046	1893	11643
	交强险（汽车）	7165	46156	87291	562481	562	3634
	交强险（摩托车）						
	交强险（拖拉机）						
	运输险						
	船舶险						
	责任险						
	保证险						
	人意险	1580	7386	54791	247363	24	107
	健康险						
	信用险						
	农险						
	其他险						
	合计	15892	99831	940763	5335941	2865	17114
中银保险	企业财产险	21	253	64881	1295804	32	728
	家庭财产险	5	38	98264	108003	1	92
	工程险		1		1075		0
	总车辆	735	5761	32512	261584	156	1249
	商业车辆险	366	2822	28266	225759	127	1007
	电销渠道（商业险）		62		4425		0
	交强险（汽车）	369	2939	4246	35825	30	242
	交强险（摩托车）		0		0		0
	交强险（拖拉机）		0		0		0
	运输险	78	935	2608	28708	3	26
	船舶险	1	42	2706	35999	3	37
	责任险	24	355	29910	642437	5	774
	保证险	16	159	706	13768	3	60
	人意险	4	60	212058	252648	0	61
	健康险	3	4	17228	17283	291	358
	信用险		2		41800		124
	农险		0		0		0
	其他险		0		0		0
	合计	887	7610	460873	2699111	494	3512

赔付金额		赔付率	市场份额	上年同期保费	同比增长率	上年同期赔付	同比增长率
当期	累计						
		–	0		–		–
		–	0		–		–
		–	0		–		–
866	8872	52.17	2	12874.85	32.09	5956.55	48.95
489	5780	43.22	2	9925.07	34.74	4241.52	36.28
441	5392	46.31	6	9194.37	26.63	3709.64	45.35
377	3092	85.08	3	2949.78	23.19	1715.03	80.28
		–	0		–		–
		–	0		–		–
		–	0		–		–
		–	0		–		–
		–	0		–		–
		–	0		–		–
0	10	9.64	1	44.68	139.59	0.00	–
		–	0		–		–
		–	0		–		–
		–	0		–		–
		–	0		–		–
866	8883	51.90	2	12919.53	32.47	5956.55	49.12
5	233	32.03	1	779.08	−6.50	183.16	27.38
1	19	20.41	2	12.21	653.12	4.62	306.28
		0.00	0	30.48	−98.69	0.00	–
67	643	51.48	0	1175.38	6.30	820.52	−21.61
53	431	42.83	0	938.25	7.35	524.07	−17.68
		–	0	0.00	–	0.00	–
14	212	87.44	0	237.13	2.16	296.45	−28.54
		–	0	0.00	–	0.00	–
		–	0	0.00	–	0.00	–
	4	13.75	0	26.33	−0.29	0.00	–
4	22	58.79	1	111.78	−66.51	23.22	−5.21
8	143	18.44	2	800.10	−3.21	65.41	118.33
	274	452.71	1	252.27	−76.05	0.07	390714.29
		0.00	0	88.38	−31.01	5.03	−100.00
0	35	9.65	4	67.03	434.16	13.26	160.65
		0.00	5	100.00	24.47	0.00	–
		–	0	0.00	–	0.00	–
10	85	70733.33	0	0.00	–	89.28	−4.93
95	1457	41.47	0	3443.04	2.02	1204.57	20.94

续表4

公司名称	业务类别	承保数量		承保金额		保费收入	
		当期	累计	当期	累计	当期	累计
安诚财险	企业财产险	0	17	0	38770	0	47
	家庭财产险	0	5	0	55	0	0
	工程险	0	0	0	0	0	0
	总车辆	1503	12572	85995	732403	453	4485
	商业车辆险	766	6404	77004	657153	362	3548
	电销渠道（商业险）	0	64	0	7042	0	19
	交强险（汽车）	737	6160	8991	75152	91	937
	交强险（摩托车）	0	4	0	49	0	0
	交强险（拖拉机）	0	4	0	49	0	0
	运输险	0	1	0	1000	0	0
	船舶险						
	责任险	300	1742	115185	398868	30	262
	保证险						
	人意险	266	742	9689	230760	4	72
	健康险						
	信用险						
	农险						
	其他险						
	合计	2069	15079	210869	1401856	486	4865
长安责任	企业财产险	0	17	0	204258	0	76
	家庭财产险	0	2	0	1511	0	1
	工程险	0	1	0	42842	0	47
	总车辆	1561	16419	79742	820526	679	5815
	商业车辆险	763	7952	70007	717228	505	4283
	电销渠道（商业险）	0	2364	0	125083	0	406
	交强险（汽车）	798	8467	9736	103297	173	1532
	交强险（摩托车）	0	0	0	0	0	0
	交强险（拖拉机）	0	0	0	0	0	0
	运输险	0	0	0	0	0	0
	船舶险	0	0	0	0	0	0
	责任险	181	3459	1555267	20023711	59	901
	保证险	0	1	0	25	0	0
	人意险	2011	26713	104236	1651918	7	168
	健康险	0	323	0	1149	0	412
	信用险	0	0	0	0	0	0
	农险	0	0	0	0	0	0
	其他险	0	0	0	0	0	0
	合计	3753	46935	1739245	22745940	745	7421

赔付金额		赔付率	市场份额	上年同期保费	同比增长率	上年同期赔付	同比增长率
当期	累计						
0	2	3.00	0	43.69	7.46	0.00	–
0	0	0.00	0	0.02	300.00	0.20	–100.00
0	0	–	0	2.00	–100.00	0.00	–
346	3184	71.00	1	4903.94	–8.55	1936.77	64.42
240	2273	0.00	1	3689.69	–3.85	1333.90	70.42
1	10	49.00	0	27.18	–28.67	0.91	959.67
106	911	97.00	1	1214.09	–22.85	602.87	51.11
0	0	250.00	0	0.16	–37.97	0.00	–
0	0	0.00	0	0.00	–	0.00	–
0	0	0.00	0	3.19	–93.73	0.00	–
		–	0	0.00	–	0.00	–
1	20	8.00	1	78.60	232.73	9.26	113.35
		–	0	0.00	–	0.00	–
2	129	180.00	1	98.98	–27.54	34.00	279.32
		–	0	0.00	–	0.00	–
		–	0	0.00	–	0.00	–
		–	0	0.00	–	0.00	–
		–	0	0.00	–	0.00	–
350	3335	–	1	5130.41	–5.17	1980.23	68.40
0	1	0.67	0	77.01	–0.88	93.08	–99.45
0	0	0.00	0	1.07	–10.28	0.00	–
0	0	0.00	1	0.00	–	0.00	–
171	2665	45.83	1	5011.90	16.03	2214.13	20.37
119	1740	40.62	1	3621.70	18.26	1446.46	20.29
21	497	122.31	0	619.87	–34.43	360.99	37.70
52	925	60.38	1	1390.20	10.22	767.67	20.52
0	0	–	0	0.00	–	0.00	–
0	0	–	0	0.00	–	0.00	–
0	0	–	0	0.00	–	0.00	–
0	0	–	0	0.00	–	0.00	–
29	150	16.66	2	1085.67	–16.99	212.80	–29.45
0	0	0.00	0	0.00	–	0.00	–
2	111	66.12	1	187.29	–10.30	383.65	–71.05
0	0	0.06	4	319.01	29.10	0.00	–
0	0	–	0	0.00	–	0.00	–
0	0	–	0	0.00	–	0.00	–
0	0	–	0	0.00	–	0.00	–
202	2927	–	1	6681.95	11.06	2903.66	0.81

续表4

公司名称	业务类别	承保数量		承保金额		保费收入	
		当期	累计	当期	累计	当期	累计
紫金财险	企业财产险	50	555	76602	5996557	42	627
	家庭财产险	0	51	0	1339061	0	346
	工程险	1	1	580	580	0	0
	总车辆	4765	36123	235742	1846967	1089	9103
	商业车辆险	2351	18900	206291	1636845	860	7311
	电销渠道（商业险）	–6	2709	–539	241935	–1	715
	交强险（汽车）	2411	17062	29414	208156	229	1790
	交强险（摩托车）	3	161	37	1966	0	3
	交强险（拖拉机）	0	0	0	0	0	0
	运输险	124	1620	221469	2552525	14	144
	船舶险	1	23	2400	17153	6	67
	责任险	71	1325	42397	1889605	–1	1068
	保证险	0	21	0	4955	0	3
	人意险	245	8053	125862	1236560	35	521
	健康险	46	771	15728	1382249	6	622
	信用险	0	0	0	0	0	0
	农险	0	0	0	0	0	0
	其他险	0	0	0	0	0	0
	合计	5303	48543	720780	16266213	1191	12501
三井住友	企业财产险	56	683	586153	7274316	419	4192
	家庭财产险		4		354	0	0
	工程险	1	16	550	39803	1	42
	总车辆	23	152	1556	9447	5	33
	商业车辆险	11	80	1422	8654	4	27
	电销渠道（商业险）						
	交强险（汽车）	12	72	134	793	1	6
	交强险（摩托车）						
	交强险（拖拉机）						
	运输险	214	2254	390887	3922527	107	1429
	船舶险						
	责任险	52	735	3753	247682	70	1033
	保证险	1	12	–100	1400	–1	15
	人意险	103	757	24619	270764	6	88
	健康险						
	信用险	1	21	15972	22800	532	640
	农险						
	其他险						
	合计	451	4634	1023389	11789092	1139	7472

赔付金额		赔付率	市场份额	上 年同期保费	同 比增长率	上年同期赔付	同比增长率
当 期	累 计						
11	148	23.62	1	632.82	-0.97	810.33	-81.74
5	449	129.77	7	111.16	211.27	180.30	149.03
0	3	1068.97	0	0.48	-39.58	0.00	–
619	5572	61.21	1	9347.46	-2.61	5192.87	7.30
419	3879	53.05	1	7211.47	1.38	3393.53	14.29
68	791	110.63	0	1144.11	-37.51	595.51	32.83
188	1420	79.35	1	1986.98	-9.92	1626.07	-12.66
12	273	10436.64	0	149.01	-98.24	173.27	57.81
0	0	–	0	0.00	–	0.00	–
0	20	13.76	2	121.38	18.64	115.33	-82.81
0	4	6.30	2	66.46	0.81	11.48	-63.24
31	279	26.12	3	696.65	53.31	117.02	138.42
0	0	0.00	0	4.08	-36.27	0.00	–
37	390	74.79	4	1126.54	-53.75	495.92	-21.42
39	299	48.15	6	0.00	–	0.00	–
0	0	–	0	0.00	–	0.00	–
0	8	–	0	54.52	-100.00	201.61	-95.94
0	0	–	0	0.00	–	0.00	–
742	7173	57.38	1	12161.55	2.79	7124.86	0.67
669	1888	45.04	8	4189.78	0.06	487.64	287.24
		0.00	0	0.32	15.63		–
0	97	228.65	1	80.89	-47.71	219.19	-55.87
3	14	43.50	0	27.28	20.05	1.35	952.13
0	11	39.15	0	23.14	16.85	1.35	681.78
		–	0		–		–
3	4	64.11	0	4.14	37.92		–
		–	0		–		–
		–	0		–		–
138	327	22.89	16	1224.46	16.68	220.40	48.36
		–	0		–		–
36	263	25.46	3	927.84	11.31	92.91	182.96
		0.00	0	7.33	106.82		–
0	3	3.33	1	57.68	53.40	0.88	236.37
		–	0		–	0.00	–
		0.00	27	666.54	-4.05	0.00	–
		–	0		–	0.00	–
		–	0		–	0.00	–
846	2592	34.69	1	7182.12	4.04	1022.39	153.54

续表4

公司名称	业务类别	承保数量		承保金额		保费收入	
		当期	累计	当期	累计	当期	累计
英大财险	企业财产险	9	329	3698	577740	4	381
	家庭财产险	0	30	0	5238	0	5
	工程险	0	1	0	5000	0	4
	总车辆	1722	16046	96940	906078	513	4583
	商业车辆险	859	8594	86411	807550	418	3705
	电销渠道（商业险）	–6	2176	–519	190120	–1	752
	交强险（汽车）	863	7452	10529	98528	95	878
	交强险（摩托车）	0	0	0	0	0	0
	交强险（拖拉机）	0	0	0	0	0	0
	运输险	30	619	6292	93063	3	58
	船舶险	0	0	0	0	0	0
	责任险	22	391	19984	474941	25	272
	保证险	0	1	0	20	0	0
	人意险	20	258	6010	125060	9	156
	健康险	0	16	0	6580	2	29
	信用险	0	0	0	0	0	0
	农险	0	0	0	0	0	0
	其他险	0	0	0	0	0	0
	合计	1803	17691	132924	2193720	556	5490
信达财险	企业财产险	0	5	0	8469	0	8
	家庭财产险	3	38	495	2724	0	3
	工程险	0	1	0	4944	0	1
	总车辆	860	9358	43615	486402	312	3551
	商业车辆险	415	4665	38211	429623	219	2586
	电销渠道（商业险）	0	0	0	0	0	0
	交强险（汽车）	445	4693	5405	56779	93	964
	交强险（摩托车）	0	0	0	0	0	0
	交强险（拖拉机）	0	0	0	0	0	0
	运输险	25	169	4306	20778	1	6
	船舶险	0	0	0	0	0	0
	责任险	1	116	396	42798	1	71
	保证险	0	0	0	0	0	0
	人意险	0	25	378	27912	1	33
	健康险	0	0	0	0	0	0
	信用险	0	0	0	0	0	0
	农险	0	0	0	0	0	0
	其他险	0	0	0	0	0	0
	合计	889	9712	49191	594025	315	3673

赔付金额		赔付率	市场份额	上年同期保费	同比增长率	上年同期赔付	同比增长率
当期	累计						
6	34	8.70	1	2614.97	–85.43	273.96	–87.59
4	8	76.89	0	5.47	–3.47	3.70	116.22
0	0	0.00	0	(1.09)	–466.97	0.00	–
476	2535	50.74	1	4353.32	5.29	2159.32	17.42
334	1691	41.63	1	3503.27	5.76	1545.30	9.43
85	623	65.69	0	1157.88	–35.05	596.81	4.39
142	844	89.20	1	850.05	3.29	614.02	37.45
0	0		0	0.00	–	0.00	–
0	0		0	0.00	–	0.00	–
8	85	151.40	1	118.63	–50.82	25.82	229.20
0	0		0	0.00	–	0.00	–
113	322	90.69	1	578.94	–52.95	522.38	–38.36
0	0		0	0.00	–	0.00	–
4	161	112.51	1	150.59	3.71	44.52	261.64
10	40	114.85	0	24.57	17.95	12.99	207.93
0	0		0	0.00	–	0.00	–
0	0		0	0.00	–	0.00	–
0	0		0	0.00	–	0.00	–
621	3185	52.97	1	7845.40	–30.03	3042.69	4.69
0	44	529.54	0	34.97	–76.05	70.05	–36.69
0	0	0.00	0	0.00	–	0.00	–
0	0	0.00	0	0.28	430.81	0.00	–
99	1127	31.74	0	900.34	294.36	939.73	19.92
78	679	26.25	0	693.79	272.77	552.93	22.76
0	0	–	0	0.51	–100.00	1.55	–100.00
21	448	46.47	1	206.56	366.89	386.79	15.87
0	0	–	0	0.00	–	0.00	–
0	0	–	0	0.00	–	0.00	–
0	0	0.00	0	(0.01)	–56909.62	0.00	–
0	0	–	0	0.00	–	0.00	–
136	597	838.83	0	505.87	–85.94	137.42	334.11
0	0	–	0	0.00	–	0.00	–
2	57	171.47	0	50.25	–34.28	25.65	120.81
0	0	–	0	0.00	–	0.00	–
0	0	–	0	0.00	–	0.00	–
0	0	–	0	0.00	–	0.00	–
0	0	–	0	0.00	–	0.00	–
237	1824	49.67	0	1491.70	146.24	1172.84	55.56

续表4

公司名称	业务类别	承保数量		承保金额		保费收入	
		当期	累计	当期	累计	当期	累计
永诚财险	企业财产险	0	6	0	44307	0	17
	家庭财产险	0	0	0	0	0	0
	工程险	0	0	0	0	0	0
	总车辆	228	1800	12217	89827	46	372
	商业车辆险	117	870	10863	78481	37	277
	电销渠道（商业险）	1	306	64	23468	0	70
	交强险（汽车）	111	930	1354	11346	10	95
	交强险（摩托车）	0	0	0	0	0	0
	交强险（拖拉机）	0	0	0	0	0	0
	运输险	58	742	58070	216850	6	25
	船舶险	0	0	0	0	0	0
	责任险	6	233	5035	2234886	1	71
	保证险	0	0	0	0	0	0
	人意险	2	138	1757	7607	0	5
	健康险	0	3	0	4316	0	0
	信用险	0	0	0	0	0	0
	农险	0	0	0	0	0	0
	其他险	0	0	0	0	0	0
	合计	294	2922	77079	2597794	52.82	489.36
浙商财险	企业财产险	0	16	0	53149	0	106
	家庭财产险	0	0	0	0	0	0
	工程险	0	0	0	0	0	0
	总车辆	498	4256	25309	206665	234	1881
	商业车辆险	242	2072	22211	180184	186	1467
	电销渠道（商业险）	0	27	0	1962	0	8
	交强险（汽车）	256	2184	3099	26481	48	413
	交强险（摩托车）	0	0	0	0	0	0
	交强险（拖拉机）	0	0	0	0	0	0
	运输险	0	0	0	0	0	0
	船舶险	0	0	0	0	0	0
	责任险	2	48	1055	31374	1	69
	保证险	0	0	0	0	0	0
	人意险	0	10	0	16771	0	17
	健康险	0	0	0	0	0	0
	信用险	0	0	0	0	0	0
	农险	0	0	0	0	0	0
	其他险	0	0	0	0	0	0
	合计	500	4330	26364	307958	235	2073

赔付金额		赔付率	市场份额	上年同期保费	同比增长率	上年同期赔付	同比增长率
当期	累计						
1	1	4.10	0	35.98	-51.92	4.78	-85.15
0	0	–	0	0.08	-100.00	0.01	-100.00
0	0	–	0	0.88	-100.00	0.00	–
152	2240	602.68	0	4294.07	-91.35	1713.38	30.72
70	1510	545.20	0	3023.13	-90.84	1032.99	46.17
7	42	59.86	0	158.80	-56.20	159.21	-73.85
82	730	770.82	0	1270.94	-92.55	680.39	7.26
0	0	–	0	0.00	–	0.00	–
0	0	–	0	0.00	–	0.00	–
0	0	0.00	0	7.64	224.48	0.00	–
0	0	–	0	18.29	-100.00	0.00	–
1	6	8.07	0	137.76	-48.48	31.48	-81.80
0	0	–	0	0.00	–	0.00	–
0	6	131.58	0	15.18	-69.96	34.80	-82.76
0	0	0.00	0	1.13	-89.38	0.00	–
0	0	–	0	0.00	–	0.00	–
0	0	–	0	0.00	–	0.00	–
0	0	–	0	0.00	–	0.00	–
154	2252	460.22	0	4511.01	-89.15	1784.45	26.21
44	49	46.03	0	74.76	41.81	1.66	2839.76
0	0	–	0	0.00	–	0.00	–
0	0	–	0	0.00	–	0.00	–
89	497	26.45	0	547.47	243.49	716.11	-30.53
59	253	17.23	0	414.90	253.63	462.49	-45.35
0	11	149.07	0	21.32	-64.54	1.59	608.81
29	245	59.21	0	132.57	211.77	253.62	-3.51
0	0	–	0	0.00	–	0.00	–
0	0	–	0	0.00	–	0.00	–
0	0	–	0	0.00	–	0.00	–
0	0	–	0	0.00	–	0.00	–
7	14	20.92	0	50.24	37.84	1.02	1320.59
0	0	–	0	0.00	–	0.00	–
0	2	13.78	0	11.51	46.92	1.74	33.91
0	0	–	0	0.00	–	0.00	–
0	0	–	0	0.00	–	0.00	–
0	0	–	0	0.00	–	0.00	–
0	0	–	0	0.00	–	0.00	–
139	563	27.17	0	683.98	203.04	720.53	-21.85

续表4

公司名称	业务类别	承保数量		承保金额		保费收入	
		当期	累计	当期	累计	当期	累计
安信农险	企业财产险	0	1	0	1000	0	1
	家庭财产险	0	0	0	0	0	0
	工程险	0	0	0	0	0	0
	总车辆	0	0	0	0	0	0
	商业车辆险	0	0	0	0	0	0
	电销渠道（商业险）						
	交强险（汽车）	0	0	0	0	0	0
	交强险（摩托车）	0	0	0	0	0	0
	交强险（拖拉机）	0	0	0	0	0	0
	运输险	0	0	0	0	0	0
	船舶险	0	0	0	0	0	0
	责任险	0	35	0	6355	0	26
	保证险	0	0	0	0	0	0
	人意险	0	0	0	0	0	0
	健康险	0	0	0	0	0	0
	信用险	0	0	0	0	0	0
	农险	0	2	0	68	0	6
	其他险	0	0	0	0	0	0
	合计	0	38	0	7423	0.32	32.96
泰山财产	企业财产险	0	3	0	16077	0	17
	家庭财产险	0	81	0	41098	0	1
	工程险						
	总车辆	25	298	1494	20497	12	178
	商业车辆险	13	170	1348	18850	10	149
	电销渠道（商业险）	1	2	106	220	0	1
	交强险（汽车）	12	128	146	1647	2	29
	交强险（摩托车）						
	交强险（拖拉机）						
	运输险						
	船舶险						
	责任险	0	23	0	16825	0	39
	保证险						
	人意险	0	2		568	0	0
	健康险						
	信用险						
	农险						
	其他险						
	合计	26	432	1600	94717	12.12	234.75

赔付金额		赔付率	市场份额	上年同期保费	同比增长率	上年同期赔付	同比增长率
当期	累计						
0	0	0.00	0	1.03	0.00	0.00	–
0	0	–	0	0.00	–	0.00	–
0	0	–	0	0.00	–	0.00	–
56	272	–	0	756.67	–100.00	588.12	–53.72
33	170	–	0	617.22	–100.00	410.79	–58.65
		–	0		–		–
23	102	–	0	139.45	–100.00	177.33	–42.30
0	0	–	0	0.00	–	0.00	–
0	0	–	0	0.00	–	0.00	–
0	0	–	0	0.00	–	0.00	–
0	0	–	0	0.00	–	0.00	–
0	165	628.54	0	139.42	–81.16	347.63	–52.51
0	0	–	0	0.00	–	0.00	–
0	0	–	0	0.00	–	0.00	–
0	0	–	0	0.00	–	0.00	–
0	0	–	0	0.00	–	0.00	–
0	7	130.95	0	0.00	–	0.00	–
0	0	–	0	0.00	–	0.00	–
56	445	1349.06	0	897.12	–96.33	935.75	–52.48
0	0	0.00	0	14.79	13.66	0.00	–
		0.00	–		–		–
		–	–		–		–
0	63	35.43	–	308.71	–42.37	56.07	12.84
0	41	27.40	–	230.60	–35.50	37.25	9.42
0	0	0.00	–		–		–
0	23	77.17	–	78.11	–62.66	18.82	19.61
		–	–		–		–
		–	–		–		–
		–	–		–		–
		–	–		–		–
0	0	0.00	–	0.10	38970.00	0.00	–
		–	–		–		–
0	0	0.00	–		–		–
		–	–		–		–
		–	–		–		–
		–	–		–		–
		–	–		–		–
0	63	26.88	–	323.60	–27.46	56.07	12.84

续表4

公司名称	业务类别	承保数量		承保金额		保费收入	
		当 期	累 计	当 期	累 计	当 期	累 计
合计	企业财产险	1747	22868	5185437	120798802	2743	54491
	家庭财产险	3090	69383	430377	16016323	143	4873
	工 程 险	84	620	269716	3521690	100	4918
	总 车 辆	356503	3129116	14982892	125079115	79534	711212
	商业车辆险	171916	1493545	13372472	110183901	64170	570774
	电销渠道（商业险）	49237	680007	2666544	41761499	13651	196132
	交强险（汽车）	180239	1561631	1561949	14138155	15260	138596
	交强险（摩托车）	3911	61869	43493	624385	61	968
	交强险（拖拉机）	437	12071	4978	132673	44	873
	运 输 险	19142	173713	2833032	29631827	855	8706
	船 舶 险	139	1900	81425	4057469	231	3919
	责 任 险	6412	65279	5920500	214962195	2108	37355
	保 证 险	137	1800	162181	1556578	225	6002
	人 意 险	58110	1183268	3689587	62653656	775	13893
	健 康 险	55921	1016532	387028	10260794	–463	9569
	信 用 险	42	449	54135	923014	496	2332
	农 险	659	3754	47863	113676	501	2493
	其 他 险	3	24	338	441539	2	304
	合 计	501989	5668706	34044512	590016677	87251	860068.17

表5 保险行业协会

公司名称	地区	保费收入						
		合 计	同比%	其 中				
				企财险	家财险	工程险	车辆险	运输险
人保财险	市区	151099.97	9	14766.27	744.36	442.76	115943.19	1107.88
	锡山	16078.63	19	775.18	203.70	12.66	13903.93	162.70
	惠山	10521.44	19	540.66	191.70	77.36	8226.30	127.46
	滨湖	8801.76	9	369.74	25.12	0.22	7620.75	63.61
	江阴	66376.07	7	5871.15	662.84	26.35	51512.23	918.17
	宜兴	43287.84	7	1995.36	1016.11	91.13	35250.85	278.76
	合计	296165.71	9	24318.36	2843.83	650.48	232457.25	2658.58

赔付金额		赔付率	市场份额	上年同期保费	同比增长率	上年同期赔付	同比增长率
当期	累计						
5290	24282	–	6	59275.92	–8.07	227888.27	–89.34
421	6677	137.00	1	3447.09	41.38	2788.74	139.41
19	555	11.28	1	2858.28	72.05	715.28	–22.43
39139	412375	57.98	83	662769.92	7.31	383748.78	7.46
26983	297060	52.05	66	528773.48	7.94	276920.38	7.27
10807	134295	68.47	23	229861.50	–14.67	121891.03	10.18
11892	112937	81.49	16	132064.67	4.95	104614.21	7.96
132	1249	129.05	0	1041.84	–7.07	1090.51	14.58
132	1128	129.20	0	890.18	–1.88	1123.34	0.45
257	3069	35.26	1	9138.37	–4.73	3416.20	–10.15
54	585	14.93	0	4646.75	–15.65	1619.70	–63.87
2870	19173	51.33	4	36168.11	3.28	17796.09	7.74
99	1739	28.97	1	4196.48	43.02	967.30	79.76
600	5986	43.09	2	15159.95	–8.35	6877.30	–12.96
590	6301	65.84	1	7815.80	22.43	4719.24	33.51
50	2259	96.87	0	2336.25	–0.17	0.00	–
900	3329	133.52	0	2630.49	–5.22	1640.93	102.85
12	99	32.71	0	648.65	–53.16	138.64	–28.31
50300	486428.48	56.56	100	811092.05	6.04	652316.46	–25.43

（无锡市保险行业协会）

财产险公司业务数据资料

单位：万元

保费收入							赔款支出		
其中							合计	简单赔付率(%)	综合赔付率(%)
责任险	保证险	人意险	健康险	船舶险	农险	其他险			
7558.35	5304.43	667.19	3562.16	821.81	58.20	123.37	79957.06	52.92	
502.29	39.08	170.36	62.36		246.37		9922.55	61.71	
793.56	80.70	190.07	160.88	57.42	75.33		7135.56	67.82	
479.48	138.48	63.25	19.63	1.09	20.39		5329.35	60.55	
3947.07	144.31	1393.32	270.84	693.61	825.36	110.82	41264.54	62.17	
1414.14	292.21	1127.31	488.99	102.84	1230.14		31481.24	72.73	
14694.89	5999.21	3611.50	4564.86	1676.77	2455.79	234.19	175090.30	59.12	

续表5

公司名称	地区	保费收入						
		合 计	同比%	其 中				
				企财险	家财险	工程险	车辆险	运输险
太保财险	市区	64560.27	7	3533.31	130.95	1844.27	53282.30	577.88
	锡山	6663.46	–7	1548.32	103.84	43.83	4138.51	121.06
	惠山	5677.99	–14	356.49	24.68	2.62	4838.69	28.30
	滨湖	5545.97	22	340.07	10.73	226.88	4382.44	137.42
	江阴	55329.52	2	3428.82	105.80	31.05	47301.00	951.70
	宜兴	20181.86	2	846.84	40.80	9.21	17895.15	89.50
	合计	157959.07	3	10053.85	416.80	2157.86	131838.09	1905.86
平安财险	市区	108402	12	2712.92	383.23	371.81	99804.80	537.28
	锡山							
	惠山							
	滨湖							
	江阴	42780	8	1765.83	87.96	3.44	39451.36	285.33
	宜兴	25873	9	606.86	17.65	7.29	24488.01	140.37
	合计	177056	11	5085.60	488.84	382.54	163744.17	962.98
天安财险	市区	6472.01	42	670.14	336.73	890.64	3930.05	152.81
	锡山	1591.45	–1	84.36	1.42	5.09	1399.94	33.33
	惠山		–	0.00	0.00	0.00	0.00	0.00
	滨湖	2693.56	–1	179.31	8.00	2.53	2220.29	52.90
	江阴	1203.86	–22	265.25	20.36	0.00	754.98	0.57
	宜兴	1259.19	–7	99.61	10.03	17.83	959.38	5.11
	合计	13220.07	12	1298.66	376.54	916.08	9264.63	244.72
中华联合	市区	9622.66	–19	519.59	8.20	208.23	6751.69	147.13
	锡山	4179.13	7	334.21	2.24	0.00	3704.00	0.66
	惠山	4775.20	–8	142.23	(0.21)	0.00	4476.74	0.46
	滨湖	3355.04	–32	234.25	(0.50)	0.00	2824.84	166.24
	江阴	2720.99	–31	161.19	1.55	0.00	2295.90	76.44
	宜兴	3008.17	–22	144.97	(1.83)	0.00	2809.10	0.00
	合计	27661.19	–18	1536.44	9.45	208.23	22862.28	390.93
大地保险	市区	7165.85		839.34	9.84	179.52	5448.59	38.49
	锡山							
	惠山							
	滨湖							
	江阴	1511.20		0.12	3.97	0.00	1383.27	0.97
	宜兴	1503.45		6.32	3.27	0.00	1469.77	0.99
	合计	10180.49		845.78	17.08	179.52	8301.63	40.45

保费收入							赔款支出		
其 中							合 计	简 单 赔付率(%)	综 合 赔付率(%)
责任险	保证险	人意险	健康险	船舶险	农 险	其他险			
2685.51	14.55	1512.81	446.19	519.64	0.00	12.87	33661.45	52.14	
355.50	(2.00)	90.54	35.33	220.70	0.00	7.83	3696.52	55.47	
238.79	0.00	46.19	22.38	119.85	0.00	0.00	3586.16	63.16	
164.19	0.20	60.79	65.40	157.85	0.00	0.00	2714.61	48.95	
2025.08	0.71	862.62	285.66	329.23	0.00	7.85	33338.54	60.25	
270.24	(0.02)	525.51	197.41	307.22	0.00	0.00	13877.50	68.76	
5739.31	13.44	3098.46	1052.37	1654.49	0.00	28.55	90874.77	57.53	
2132.42	90.07	1606.81	751.37	11.65			53740.02	49.57	
598.38	0.00	465.70	62.43	62.52		–2.94	23366.72	54.62	
251.99	0.00	313.28	46.81	1.05			14119.80	54.57	
2982.79	90.07	2385.78	860.61	75.21		–2.94	91226.54	51.52	
196.55	0.04	210.23	84.83	0.00			2002.43	30.94	
39.57	0.08	21.32	6.35	0.00			858.30	53.93	
0.00	0.00	0.00	0.00	0.00					
156.99	1.11	37.69	34.75	0.00			1217.44	45.20	
141.07	0.00	10.38	6.96	4.29			623.29	51.77	
53.54	0.00	30.16	30.26	53.28			852.85	67.73	
587.72	1.22	309.77	163.15	57.57	0.00	0.00	5554.31	42.01	
319.43	8.41	177.94	1436.92	33.64	11.49	0.00	6325.17	65.73	
87.12	1.94	28.44	18.90	1.62	0.00	0.00	2500.35	59.83	
78.61	0.00	59.60	16.61	1.16	0.00	0.00	3330.74	69.75	
25.36	0.00	27.05	5.62	72.18	0.00	0.00	2540.03	75.71	
56.09	0.00	112.59	16.90	0.33	0.00	0.00	2320.97	85.30	
24.08	0.00	26.16	5.69	0.00	0.00	0.00	2220.79	73.83	
590.68	10.35	431.79	1500.63	108.93	11.49	0.00	19238.03	69.55	100.15
169.99	0.05	419.19	2.17	28.65	0.00	30.00	3164.46	44.16	
17.75	0.00	99.36	0.03	5.74	0.00	0.00	585.80	38.76	
0.56	0.00	22.54	0.00	0.00	0.00	0.00	819.58	54.51	
188.30	0.05	541.09	2.20	34.40	0.00	30.00	4569.84	44.89	

续表5

公司名称	地区	保费收入						
		合 计	同比%	其 中				
				企财险	家财险	工程险	车辆险	运输险
永安财险	市区	1331.84	-65	14.60	(3.46)	0.00	1176.38	0.00
	锡山	1126.23	1605	27.92	1.16	3.27	976.27	0.04
	惠山	172.29	-14	2.83	(0.44)		166.07	
	滨湖	0.00	–					
	江阴	579.86	2263	70.76	0.04		322.85	2.57
	宜兴	1979.51	60	7.05			1948.99	0.17
	合计	5189.73	-2	123.16	(2.70)	3.27	4590.56	2.78
华安财险	市区	2931.80		1.08	(0.48)		2893.86	0.48
	锡山	0.00						
	惠山							
	滨湖	0.00						
	江阴	2028.54		42.61	1.42	(3.17)	1863.58	0.00
	宜兴	1969.64		0.58	1.40	0.00	1939.29	0.00
	合计	6929.98		44.27	2.34	(3.17)	6696.73	0.48
安邦财险	市区	1306.97		22.11	0.04		1219.66	0.00
	锡山	21.37					21.37	
	惠山	0.00					0.00	
	滨湖	57.68					57.68	
	江阴	117.84					117.84	
	宜兴	59.67					59.67	
	合计	1563.53		22.11	0.04	0.00	1476.22	0.00
阳光财险	市区	8537.51	42	553.24	3.52	88.31	4453.70	33.87
	锡山	1918.55	28	286.50	2.10	0.36	1298.86	44.82
	惠山							
	滨湖							
	江阴	2220.88	-7	337.98	3.56	0.00	1290.59	32.24
	宜兴	1728.41	-10	145.75	2.68	0.00	1433.62	3.21
	合计	14405.35	-27	1323.47	11.86	88.67	8476.77	114.14
华泰财险	市区	2043.62	82	75.97	0.43	-4.16	525.90	3.50
	锡山							
	惠山							
	滨湖							
	江阴							
	宜兴	2095.39	27	6.72	0.17		2048.76	
	合计	4139.01	49	82.69	0.60	-4.16	2574.66	3.50

保费收入							赔款支出		
其中							合计	简单赔付率(%)	综合赔付率(%)
责任险	保证险	人意险	健康险	船舶险	农险	其他险			
121.88	0.00	22.44	0.00	0.00	0.00	0.00	3458.44	259.67	
100.98		16.59						0.00	
2.12		1.71						0.00	
								–	
134.42		49.22						0.00	
1.92		21.38						0.00	
361.32	0.00	111.34	0.00	0.00	0.00	0.00	3458.44	66.64	0.85
6.69	0.00	30.17					1540.11	52.53	
109.87	0.00	14.23					976.93	48.16	
8.87	0.19	19.31					909.43	46.17	
125.43	0.19	63.71					3426.47	49.44	
14.74	0.31	8.99	0.00	0.00	0.00	41.12	478.64	36.62	
							61.15	286.15	
							18.47	32.02	
							330.69	280.63	
							469.17	786.27	
14.74	0.31	8.99	0.00	0.00	0.00	41.12	1358.12	86.86	
2559.04	673.25	168.43	0.00	4.15	0.00	0.00	3051.40		
181.97	0.00	103.94	0	0.00	0.00	0.00	622.24		
330.99	1.50	218.44	0	5.58	0.00	0.00	1088.55		
61.12	0.00	82.03	0	0.00	0.00	0.00	852.89		
3133.12	674.75	572.83	0	9.73	0.00	0.00	5615.09		
1385.01	0.00	56.97	0.00	0.00	0.00	0.00	615.93	30.14	
11.6		28.14					1101.65	52.57	
1396.61	0.00	85.11	0.00	0.00	0.00	0.00	1717.58	41.50	

续表5

公司名称	地区	保费收入						
		合计	同比%	其中				
				企财险	家财险	工程险	车辆险	运输险
太平保险	市区	3014.44	28	72.17	6.77	1.56	2078.35	41.06
	锡山	722.52	3	38.54	0.18	5.01	628.95	17.78
	惠山	2203.85	19	65.03	0.00	0.00	2046.88	84.23
	滨湖	3618.87	35	1.56	0.00	0.00	3614.93	0.00
	江阴	5691.23	1	116.17	6.72	0.33	4955.08	340.61
	宜兴	3042.55	1	294.09	3.62	0.00	2413.52	21.70
	合计	18293.46	13	587.56	17.30	6.90	15737.72	505.37
都邦财险	市区	3449.03	-7	300.87	0.97	0.16	2705.59	9.68
	锡山							
	惠山							
	滨湖							
	江阴	1200.84	-17	97.21	0.48	0.00	978.44	26.75
	宜兴	376.11	-31	0.00	0.31	0.00	372.33	0.00
	合计	5025.98	-12	398.08	1.76	0.16	4056.36	36.43
渤海财险	市区	919.31		0.00	0.09	0.00	931.62	5.00
	锡山	0.00		0.00	0.00	0.00	0.00	0.00
	惠山	0.00		0.00	0.00	0.00	0.00	0.00
	滨湖	0.00		0.00	0.00	0.00	0.00	0.00
	江阴	0.00		0.00	0.00	0.00	0.00	0.00
	宜兴	509.78		0.00	0.00	0.00	381.31	0.00
	合计	1429.09		0.00	0.09	0.00	1312.93	5.00
亚太财险	市区	2418.47	29	6.47	(0.19)	0.00	2363.77	5.00
	锡山	0.00						
	惠山	0.00						
	滨湖	0.00						
	江阴	177.02	-78	0.00			154.62	0.01
	宜兴	98.52	-64	0.00			97.30	
	合计	2694.01	-8	6.47	(0.19)		2615.69	5.01
国寿财险	市区	16982.09	-6	490.34	41.45	218.00	15745.22	15.61
	锡山	3920.72	2	205.41	9.71	3.81	3556.39	4.12
	惠山	3917.33	36	103.43	9.98	0.21	3561.44	4.00
	滨湖	3771.97	-11	247.22	18.79	3.45	3082.64	15.13
	江阴	16796.18	5	939.21	142.03	0.36	14194.52	76.45
	宜兴	7889.24	10	577.97	19.48	8.11	6809.64	26.63
	合计	53277.54	3	2563.59	241.44	233.94	46949.86	141.94

保费收入							赔款支出		
其中							合计	简单赔付率(%)	综合赔付率(%)
责任险	保证险	人意险	健康险	船舶险	农险	其他险			
144.76	0.00	669.40	0.36	0.00	0.00	0.00	1086.41	36.04	63.44
16.21	0.00	15.51	0.34	0.00	0.00	0.00	433.04	59.93	73.80
5.94	0.00	1.77	0.00	0.00	0.00	0.00	878.29	39.85	47.67
0.00	0.00	2.38	0.00	0.00	0.00	0.00	1599.61	43.37	67.96
120.84	20.19	110.50	0.37	20.41	0.00	0.00	3270.51	53.72	83.51
201.79	0.00	104.28	3.55	0.00	0.00	0.00	1515.59	49.81	54.40
489.54	20.19	903.85	4.62	20.41	0.00	0.00	8783.46	48.01	64.42
366.48	0.00	65.28	0.00	0.00	0.00	0.00	2308.17	66.92	83.55
72.63	0.24	25.09	0.00	0.00	0.00	0.00	1018.21	84.79	53.00
0.00	0.00	3.47	0.00	0.00	0.00	0.00	242.79	64.55	57.75
439.11	0.24	93.84	0.00	0.00	0.00	0.00	3569.17	71.01	73.83
0.00	0.00	10.35	0.00	0.00	0.00	0.00	638.92	69.49	95.81
0.00	0.00	0.00	0.00	0.00	0.00	0.00	0.00	–	0.00
0.00	0.00	0.00	0.00	0.00	0.00	0.00	0.00	–	0.00
0.00	0.00	0.00	0.00	0.00	0.00	0.00	0.00	–	0.00
0.00	0.00	0.00	0.00	0.00	0.00	0.00	205.36	–	0.00
12.23	0.00	88.49	0.00	0	0.00	0.00	531.16	104.19	102.37
12.23	0	98.84	0	0	0	0	1375.44		109.33
36.19	0.00	7.23	0.00	0.00	0.00	0.00	1479.35	61.17	
6.28		16.11					347.68	196.41	
0.00		1.22					220.47	223.78	
42.47		24.56	0.00	0.00	0.00	0.00	2047.50	76.00	
317.55	0.00	150.32	0.00	0.00	2.75	0.85	11503.02	67.74	90.54
116.34	0.00	24.62	0.00	0.00	0.32	0.00	2510.26	64.03	68.43
228.79	0.00	8.48	0.00	0.00	1.00	0.00	1584.31	40.44	71.43
365.85	0.00	30.77	0.00	2.20	4.44	1.47	3534.15	93.69	59.63
1187.17	0.00	73.22	0.00	176.28	6.94	0.00	9657.84	57.50	69.51
405.12	0.00	36.61	0.00	0.54	4.67	0.47	4344.94	55.07	67.32
2620.83	0.00	324.02	0.00	179.02	20.11	2.80	33134.53	62.19	73.93

续表5

公司名称	地区	保费收入						
		合 计	同比%	其 中				
				企财险	家财险	工程险	车辆险	运输险
安盛天平	市区	13148.50	11				13069.94	
	锡山							
	惠山							
	滨湖							
	江阴	3965.39	257				3936.89	
	宜兴							
	合计	17113.89					17006.84	
中银保险	市区	3512.46	2	728.46	91.95	0.40	1249.48	26.25
	锡山							
	惠山							
	滨湖							
	江阴							
	宜兴							
	合计	3512.46	2	728.46	91.95	0.40	1249.48	26.25
安诚财险	市区	745.22	–54	5.18	0.04	0.00	700.74	0.00
	锡山	0.00		0.00	0.00	0.00	0.00	0.00
	惠山	0.00		0.00	0.00	0.00	0.00	0.00
	滨湖	0.00		0.00	0.00	0.00	0.00	0.00
	江阴	1303.36	2	20.71	0.03	0.00	1180.32	0.20
	宜兴	2816.77	26	18.73	0.01	0.00	2620.94	0.00
	合计	4865.35	10	44.62	0.08	0.00	4502.00	0.20
长安责任	市区	6689.87	18	55.14	0.02	47.17	5188.24	0.00
	锡山							
	惠山							
	滨湖							
	江阴	154.36	–40	16.51	0.00	0.00	86.37	0.00
	宜兴	576.89	–25	4.68	0.94	0.00	540.73	0.00
	合计	7421.12	11	76.33	0.96	47.17	5815.34	0.00
紫金保险	市区	6499.98	–7	278.14	343.17	0.00	4768.26	22.70
	锡山	857.36	72	119.63	0.00	0.00	640.18	0.42
	惠山							
	滨湖							
	江阴	3616.42	24	208.98	0.16	0.29	2292.28	117.61
	宜兴	1526.88	–15	19.91	2.68	0.00	1402.57	3.27
	合计	12500.64	3	626.66	346.01	0.29	9103.29	144.00

保费收入							赔款支出		
其中							合计	简单赔付率(%)	综合赔付率(%)
责任险	保证险	人意险	健康险	船舶险	农险	其他险			
		78.56					7574.64	57.61	57.61
		28.49					1307.93	32.98	32.98
		107.05					8882.57	51.90	51.90
774.44	60.43	60.97	358.05	37.44		124.59	1456.75	41.47	51.38
774.44	60.43	60.97	358.05	37.44	0.00	124.59	1456.75	41.47	51.38
31.42	0.00	7.84	0.00	0.00	0.00	0.00	853.14	114.48	
0.00	0.00	0.00	0.00	0.00	0.00	0.00		–	
0.00	0.00	0.00	0.00	0.00	0.00	0.00		–	
0.00	0.00	0.00	0.00	0.00	0.00	0.00		–	
84.88	0.00	17.22	0.00	0.00	0.00	0.00	708.65	54.37	
132.16	0.00	44.93	0.00	0.00	0.00	0.00	1423.07	50.52	
248.46	0.00	69.99	0.00	0.00	0.00	0.00	2984.86	61.35	
865.47	0.00	157.71	376.12	0.00	0.00	0.00	2077.02		
35.06	0.28	6.51	9.63	0.00	0.00	0.00	169.30		
0.69	0.00	3.77	26.08	0.00	0.00	0.00	680.78		
901.22	0.28	167.99	411.83	0.00	0.00	0.00	2927.10	0.00	0.00
254.31	1.81	276.42	499.99	55.18	0.00	0.00	3803.48	58.52	
30.31	0.00	50.94	15.88	0.00	0.00	0.00	353.67	41.25	
752.21	0.60	144.46	88.01	11.82	0.00	0.00	1847.14	51.08	
31.17	0.19	49.24	17.85	0.00	0.00	0.00	1168.25	76.51	
1068.00	2.60	521.06	621.73	67.00	0.00	0.00	7172.54	57.38	61.00

续表5

公司名称	地区	保费收入						
		合 计	同比%	其 中				
				企财险	家财险	工程险	车辆险	运输险
三井住友	市区	7472.23	4	4192.19	0.37	42.30	32.75	1428.66
	锡山							
	惠山							
	滨湖							
	江阴							
	宜兴							
	合计	7472.23	4	4192.19	0.37	42.30	32.75	1428.66
英大财险	市区	2224.24	–54	169.84	0.21	4.00	1924.06	31.60
	锡山	262.47		18.53	0.00	0.00	234.91	0.30
	惠山	0.00		0.00	0.00	0.00	0.00	0.00
	滨湖	0.00		0.00	0.00	0.00	0.00	0.00
	江阴	1079.90	9	174.10	0.00	0.00	729.10	9.51
	宜兴	1923.10	22	18.53	5.07	0.00	1695.35	16.93
	合计	5489.71	–25	380.88	5.28	4.00	4583.42	58.34
信达财险	市区	2918.32	440.15	6.64	1.77	1.48	2883.01	0.00
	锡山	0.00	0.00	0.00	0.00	0.00	0.00	0.00
	惠山	0.00	0.00	0.00	0.00	0.00	0.00	0.00
	滨湖	0.00	0.00	0.00	0.00	0.00	0.00	0.00
	江阴	318.53	–57.32	0.14	1.05	0.00	241.49	0.00
	宜兴	436.28	112.76	1.59	0.00	0.00	426.12	5.68
	合计	3673.12	146.24	8.38	2.82	1.48	3550.63	5.68
永诚财险	市区							
	锡山							
	惠山							
	滨湖	489.36		17.30	0.00	0.00	371.62	24.79
	江阴							
	宜兴							
	合计	489.36		17.30	0.00	0.00	371.62	24.79
浙商财险	市区	2072.70		106.02			1880.52	
	锡山							
	惠山							
	滨湖							
	江阴							
	宜兴							
	合计	2072.70		106.02			1880.52	

保费收入							赔款支出		
其中							合计	简单赔付率(%)	综合赔付率(%)
责任险	保证险	人意险	健康险	船舶险	农险	其他险			
1032.78	654.70	88.48	0.00	0.00	0.00	0.00	2592.17	34.69	42.59
1032.78	654.70	88.48	0.00	0.00	0.00	0.00	2592.17	34.69	42.59
77.40	0.00	17.13	0.00	0.00	0.00	0.00	1194.27	48.93	
7.35	0.00	1.38	0.00	0.00	0.00	0.00	28.55		
0.00	0.00	0.00	0.00	0.00	0.00	0.00	0.00		
0.00	0.00	0.00	0.00	0.00	0.00	0.00	0.00		
98.32	0.24	56.74	11.89	0.00	0.00	0.00	602.07	56.90	
89.33	0.00	80.92	17.09	0.00	0.00	0.00	1360.60	61.70	
272.40	0.24	156.17	28.98	0.00	0.00	0.00	3185.49	52.97	
0.64	0.00	24.77	0.00	0.00	0.00	0.00	690.54	23.66	62.84
0.00	0.00	0.00	0.00	0.00	0.00	0.00	0.00	–	0.00
0.00	0.00	0.00	0.00	0.00	0.00	0.00	0.00	–	0.00
0.00	0.00	0.00	0.00	0.00	0.00	0.00	0.00	–	0.00
70.47	0.00	5.38	0.00	0.00	0.00	0.00	1010.14	317.13	274.48
0.00	0.00	2.88	0.00	0.00	0.00	0.00	123.78	28.37	46.21
71.12	0.00	33.02	0.00	0.00	0.00	0.00	1824.46	49.67	97.05
70.97	0.00	4.56	0.12	0.00	0.00	0.00	2252.12	460.22	
70.97	0.00	4.56	0.12	0.00	0.00	0.00	2252.12	460.22	
69.25		16.91					563.09	27.17	
69.25		16.91					563.09	27.17	

续表5

公司名称	地区	保费收入						
		合 计	同比%	其 中				
				企财险	家财险	工程险	车辆险	运输险
安信农险	市区	32.96		1.03				
	锡山							
	惠山							
	滨湖							
	江阴							
	宜兴							
	合计	32.96		1.03				
泰山财产	市区	234.75		16.81	0.93		177.91	
	锡山							
	惠山							
	滨湖							
	江阴							
	宜兴							
	合计	234.75		16.81	0.93	0.00	177.91	0.00
合计	市区	435809.42	–	30137.86	2100.91	4336.45	351129.59	4184.89
	锡山	37341.90	–	3438.60	324.35	74.03	30503.31	385.22
	惠山	27268.10	–	1210.67	225.72	80.19	23316.12	244.45
	滨湖	28334.21	–	1389.46	62.14	233.08	24175.19	460.09
	江阴	209171.99	–	13516.73	1037.97	58.65	175042.72	2839.14
	宜兴	122142.54	–	4795.55	1122.39	133.57	107062.42	592.31
	合计	860068.16	–	54488.76	4873.46	4915.97	711229.35	8706.10

保费收入							赔款支出		
其中							合计	简单赔付率(%)	综合赔付率(%)
责任险	保证险	人意险	健康险	船舶险	农险	其他险			
26.27					5.67		444.70		
26.27					5.67		444.70		
39.07		0.03					62.82	28.14	
39.07	0.00	0.03	0.00	0.00	0.00	0.00	62.82	28.14	
21185.64	6808.04	6512.57	7518.16	1512.16	78.11	332.80	226323.58	51.93	
1437.65	39.10	523.64	139.16	222.32	246.69	7.83	20986.64	56.20	
1347.80	80.70	307.82	199.87	178.43	76.33	0.00	16515.05	60.57	
1262.84	139.79	226.49	125.52	233.33	24.83	1.47	19205.78	67.78	
9788.58	168.07	3709.57	752.70	1309.82	832.30	115.73	124040.87	59.30	
2970.55	292.57	2611.62	833.73	464.92	1234.81	0.47	78316.33	64.12	
37993.06	7528.26	13891.71	9569.14	3920.98	2493.06	458.31	485388.25	56.44	

（无锡市保险行业协会）

表6 各产险公司

序号	公 司	签单保费	签单保费占比(%)	实收保费
1	人保财险	296165.71	34.44	293440.81
2	太保财险	157959.07	18.37	163177.82
3	平安财险	177055.65	20.59	174396.23
4	天安财险	13220.07	1.54	12545.25
5	中华联合	27661.19	3.22	26632.05
6	大地保险	10180.49	1.18	9898.60
7	永安财险	5189.73	0.60	5146.77
8	华安财险	6929.98	0.81	6886.00
9	安邦财险	1563.53	0.18	1563.53
10	阳光财险	14405.35	1.67	11339.89
11	华泰财险	4139.01	0.48	4139.01
12	太平财险	18293.46	2.13	18329.71
13	都邦财险	5025.98	0.58	4867.03
14	渤海财险	1429.09	0.17	1282.35
15	亚太财险	2694.01	0.31	2694.01
16	国寿财险	53277.54	6.19	52923.90
17	安盛天平	17113.89	1.99	17113.89
18	中银保险	3512.46	0.41	3460.50
19	安诚财险	4865.35	0.57	4871.04
20	长安责任	7421.1	0.86	7421.123
21	紫金财险	12500.64	1.45	12179.90
22	三井住友	7472.23	0.87	6470.51
23	英大财险	5489.71	0.64	5687.13
24	信达财险	3673.12	0.43	3785.68
25	永诚财险	489.36	0.06	489.36
26	浙商财险	2072.70	0.24	2072.70
27	安信农险	33.0	0.00	32.96
28	泰山财险	234.8	0.03	234.75
合计		860068.16	100.00	853082.50

保费收入数据资料

单位：万元

签单保费占比(%)	保费到位率(%)	应收保费	应收保费率(%)
34.40	99	5954.05	2.01
19.13	103	4285.60	2.71
20.44	98	2659.42	1.50
1.47	95	1941.16	14.68
3.12	96	1029.14	3.72
1.16	97	281.89	2.77
0.60	99	35.88	0.69
0.81	99	43.98	0.63
0.18	100	0.00	0.00
1.33	79	327.60	2.27
0.49	100	0.00	0.00
2.15	100	(36.25)	-0.20
0.57	97	(8.80)	-0.18
0.15	90	0.00	0.00
0.32	100	0.00	0.00
6.20	99	353.64	0.66
2.01	100	0.00	0.00
0.41	99	51.96	1.48
0.57	100	0.00	0.00
0.87	100	0.00	0.00
1.43	97	321.88	2.57
0.76	87	1001.72	13.41
0.67	104	5.25	0.10
0.44	103	(112.56)	-3.06
0.06	100	0.00	0.00
0.24	100	0.00	0.00
0.00	100	0.00	0.00
0.03	100	0.00	0.00
100.00	99	18135.58	2.11

（无锡市保险行业协会）

表7 各财产险公司

公司名称	业务类别			承保数量		承保金额	
				当期	累计	当期	累计
人保财险	车险（不含摩托车、拖拉机）	按业务渠道分	车商	24855.00	116845.00	1353024.00	8522782.00
			电销	15794.00	116508.00	563961.26	6744106.26
			网销	5992.00	320610.00	538921.94	14407220.00
			其他	63189.00	277756.00	3299228.08	20127435.32
			合计	109830.00	831719.00	5755135.28	49801543.58
	政府推动业务		农险	659.00	3763.00	47863.43	94004.74
			安全生产责任	115.00	4754.00	23169.88	508215.04
			环境责任	356.00	950.00	19454.02	62028.35
			校园方责任	0.00	115.00	(6.11)	20435127.62
			医疗责任	0.00	26.00	(47.35)	2054.39
			火灾公众责任	2.00	4.00	150.00	2620.00
			合计	1132.00	9612.00	90583.87	21104050.14
	银保业务		财险	834.00	4751.00	625781.34	7667271.58
太保财险	车险（不含摩托车、拖拉机）	按业务渠道分	车商	11845.00	66525.00	691250.73	4566090.69
			电销	12745.00	226557.00	775492.28	10976289.49
			网销	469.00	2131.00	21972.61	1077773.89
			其他	35932.00	227416.00	1643740.35	13098841.00
			合计	60991.00	522629.00	3132455.97	29718995.08
	政府推动业务		农险	0.00	905130.00	0.00	0.00
			安全生产责任	744.00	10023.00	26693.40	363235.67
			环境责任	97.00	779.00	1127.50	9330.00
			校园方责任	1.00	6.00	80.00	1540.00
			医疗责任	3.00	56.00	90.00	7641.75
			火灾公众责任	0.00	6.00	0.00	7700.00
			合计	845.00	916000.00	27990.90	389447.42
	银保业务		财险	173.00	2744.00	242263.87	2405450.34
平安财险	车险（不含摩托车、拖拉机）	按业务渠道分	车商	19349.00	81752.00	151934.04	1071615.37
			电销	44854.00	142001.00	128955.73	759582.59
			网销	2533.00	326755.00	5649.09	521379.66
			其他	32667.00	142004.00	145060.61	1035905.95
			合计	99403.00	692512.00	431599.46	3388483.57
	政府推动业务		农险				
			安全生产责任	2.00	32.00	6396.10	103410.95
			环境责任	0.00	5.00	0.00	239.50
			校园方责任				
			医疗责任	0.00	29.00	0.00	386.40
			火灾公众责任				
			合计	2.00	66.00	6396.10	104036.85
	银保业务		财险	245.00	2118.00	412010.61	3236502.20

保费分类统计资料

单位：万元

保费收入		赔款支出			简 单	综 合	市 场	上年同	同 比
当 期	累 计	当期赔款	累计案件	累计赔款	赔付率(%)	赔付率(%)	份额(%)	期保费	增长率(%)
6815.00	46431.34	2205.67	36643.00	21721.21	46.78		33.44	38694.18	20.00
2844.29	25363.65	848.37	32882.00	14547.48	57.36		16.02	22752.67	11.48
1167.26	53367.56	4275.73	92141.00	45243.76	84.78		59.02	67478.60	–20.91
15216.01	106066.10	6513.03	114885.00	51332.15	48.40		32.97	81283.39	30.49
26042.56	231228.65	13842.80	276551.00	132844.60	57.45		32.60	210208.84	10.00
501.03	2455.79	891.85	8221.00	3217.40	131.01		98.73	2121.87	15.74
28.75	657.43	22.35	229.00	174.15	26.49		57.51	571.12	15.11
261.47	819.51	27.98	12.00	71.65	8.74		77.59	815.12	0.54
0.00	114.34	6.11	80.00	46.78	40.91		99.07	104.03	9.91
0.00	868.30	47.36	81.00	411.54	47.40		46.63	976.21	–11.05
1.88	9.29	0.00			0.00		51.45	2.71	242.80
793.13	4924.66	995.65	8623.00	3921.52	79.63		73.70	4591.06	7.27
598.16	6936.71	584.94	624.00	3389.75	48.87		47.11	5658.75	22.58
3247.41	23434.69	948.58	21032.00	11118.79	47.45		16.88	20547.74	14.05
2200.79	39235.13	2200.43	69432.00	29949.97	76.33		24.78	49240.28	–20.32
85.58	4058.01	605.70	3029.00	2808.72	69.21		4.49	378.08	973.32
7968.19	64984.43	2717.30	80045.00	34834.31	53.60		20.20	54559.97	19.11
13501.96	131712.25	6472.01	173538.00	78711.79	59.76		18.57	124726.07	5.60
0.00	0.00	0.00	29.00	85.02	–		0.00	453.85	–100.00
22.17	242.82	5.33	320.00	128.79	53.04		21.24	370.35	–34.44
13.97	132.61	0.00	15.00	9.03	6.81		12.56	57.15	132.05
0.24	0.77	0.00	6.00	0.32	42.05		0.67	1.48	–47.95
5.46	654.34	0.00	148.00	516.51	78.94		35.14	657.76	–0.52
0.00	8.11	0.00	0.00	0.00	0.00		44.90	6.12	32.48
41.84	1038.65	5.33	518.00	739.67	71.21		15.54	1546.71	–32.85
104.03	1536.97	7.62	143.00	308.44	20.07		10.44	2046.67	–24.90
5632.46	38451.36	1466.13	28138.00	16378.73	42.60		27.69	28513.42	34.85
7546.10	53015.36	2228.46	48873.00	22047.24	41.59		33.48	23896.95	121.85
321.03	26335.82	2066.07	66893.00	28164.64	106.94		29.13	60020.27	–56.12
6703.21	45688.04	1895.19	36277.00	19870.58	43.49		14.20	34428.28	32.70
20202.80	163490.59	7655.84	180181.00	86461.20	52.88		23.05	146858.92	11.32
							0.00		–
8.01	126.30	0.00	90.00	32.30	25.58		11.05	233.29	–45.86
0.00	3.79	0.00	11.00	10.61	280.25		0.36	79.98	–95.27
							0.00		–
0.00	58.91	0.00	122.00	50.67	86.01		3.16	55.91	5.37
							0.00		–
8.01	189.00	0.00	223.00	93.58	49.52		2.83	369.17	–48.80
139.90	1348.81	22.61	549.00	157.06	11.64		9.16	1150.63	17.22

续表7

公司名称	业务类别			承保数量 当期	承保数量 累计	承保金额 当期	承保金额 累计
天安财险	车险（不含摩托车、拖拉机）	按业务渠道分	车商				
			电销	0.00	7188.00	(226.02)	230651.63
			网销				
			其他	5058.00	22705.00	248422.07	1399674.22
			合计	5058.00	29893.00	248196.05	1630325.85
	政府推动业务	农险					
		安全生产责任		1.00	14.00	156.00	2238.00
		环境责任					
		校园方责任					
		医疗责任					
		火灾公众责任					
		合计		1.00	14.00	156.00	2238.00
	银保业务	财险					
中华联合	车险（不含摩托车、拖拉机）	按业务渠道分	车商	1641.00	15778.00	383058.42	2036968.06
			电销	22.00	61237.00	2878.31	581092.85
			网销	32.00	13694.00	5981.65	624909.31
			其他	7665.00	39614.00	1448397.36	6612612.66
			合计	9360.00	130323.00	1840315.74	9855582.88
	政府推动业务	农险		0.00	9.00	0.00	1905.30
		安全生产责任		0.00	18.00	200.00	2750.00
		环境责任		0.00	3.00	0.00	0.00
		校园方责任		0.00	2222.00	0.00	1202.00
		医疗责任		0.00	0.00	0.00	0.00
		火灾公众责任		0.00	0.00	0.00	0.00
		合计		0.00	2252.00	200.00	5857.30
	银保业务	财险		438.00	1103.00	209230.88	2240900.19
大地保险	车险（不含摩托车、拖拉机）	按业务渠道分	车商	909.00	796.00	45390.27	273255.43
			电销	2895.00	15680.00	143881.67	1037857.86
			网销	61.00		2514.18	109885.82
			其他	592.00	11074.00	27127.71	628665.43
			合计	4457.00	27550.00	218913.83	2049664.54
	政府推动业务	农险					
		安全生产责任					
		环境责任					
		校园方责任					
		医疗责任					
		火灾公众责任					
		合计					
	银保业务	财险					

保费收入		赔款支出			简单	综合	市场	上年同	同比
当期	累计	当期赔款	累计案件	累计赔款	赔付率(%)	赔付率(%)	份额(%)	期保费	增长率(%)
							0.00		–
(0.04)	865.09	55.16	2292.00	846.79	97.88		0.55	1378.77	–37.26
							0.00		–
1310.85	8367.64	491.51	6339.00	4265.36	50.97		2.60	6935.45	20.65
1310.81	9232.73	546.68	8631.00	5112.14	55.37		1.30	8314.22	11.05
							0.00		–
0.59	7.44	0.14	28.00	3.22	43.28		0.65	29.09	–74.42
							0.00		–
							0.00		–
							0.00		–
							0.00		–
0.59	7.44	0.14	28.00	3.22	43.28		0.11	29.09	–74.42
							0.00		–
484.43	4438.92	270.78	5024.00	2461.08	55.44		3.20	4510.03	–1.58
0.22	4426.80	533.26	14631.00	6638.23	149.96		2.80	11423.67	–61.25
5.25	2326.36	152.12	5405.00	1705.36	73.31		2.57	2631.46	–11.59
1500.05	11667.60	816.87	9963.00	6579.25	56.39		3.63	10267.31	13.64
1989.95	22859.67	1773.03	35023.00	17383.92	76.05		3.22	28832.47	–20.72
0.00	11.49	0.00	0.00	0.00	0.00		0.46	0.25	4495.18
0.00	6.25	0.00	0.00	0.00	0.00		0.55	0.95	557.89
0.00	0.00	0.00	0.00	0.00	0.00		0.00	1176.66	–100.00
0.00	0.30	0.00	0.00	0.00	0.00		0.26	203.40	–99.85
0.00	0.00	0.00	0.00	0.00	0.00		0.00	0.00	–
0.00	0.00	0.00	0.00	0.00	0.00		0.00	0.00	–
0.00	18.04	0.00	0.00	0.00	0.00		0.27	1381.25	–98.69
124.86	1164.78	0.50	31.00	293.93	25.23		7.91	940.42	23.86
254.71	1746.54	92.14	1342.00	588.94	33.72		1.26	361.00	383.81
404.23	4169.27	345.27	3658.00	1758.54	42.18		2.63	2671.00	56.09
8.43	225.18	8.67	490.00	202.59	89.96		0.25		–
122.99	2160.65	237.32	1886.00	1612.92	74.65		0.67	2731.00	–20.88
790.37	8301.63	683.40	7376.00	4162.98	50.15		1.17	5763.00	44.05
							0.00		–
							0.00		–
							0.00		–
							0.00		–
							0.00		–
							0.00		–
							0.00		–
							0.00		–

续表7

公司名称	业务类别			承保数量		承保金额	
				当期	累计	当期	累计
永安财险	车险（不含摩托车、拖拉机）	按业务渠道分	车商	89.00	3264.00		
			电销				
			网销				
			其他	634.00	12888.00	37314.54	784610.33
			合计	723.00	16152.00	37314.54	784610.33
	政府推动业务		农险				
			安全生产责任		1.00		
			环境责任				
			校园方责任				
			医疗责任				
			火灾公众责任				
			合计		1.00		
	银保业务		财险				
华安财险	车险（不含摩托车、拖拉机）	按业务渠道分	车商				
			电销		2428.00		186888.05
			网销				
			其他		20089.00		895587.95
			合计		22517.00		1082476.00
	政府推动业务		农险				
			安全生产责任				
			环境责任				
			校园方责任				
			医疗责任				
			火灾公众责任				
			合计				
	银保业务		财险				
安邦财险	车险（不含摩托车、拖拉机）	按业务渠道分	车商		8384.00		283299.30
			电销		1075.00		35423.70
			网销				
			其他				
			合计		9459.00		318723.00
	政府推动业务		农险				
			安全生产责任				
			环境责任				
			校园方责任				
			医疗责任				
			火灾公众责任				
			合计				
	银保业务		财险				

保费收入		赔款支出			简单赔付率(%)	综合赔付率(%)	市场份额(%)	上年同期保费	同比增长率(%)
当期	累计	当期赔款	累计案件	累计赔款					
27.63	1701.85						1.23	1679.99	1.30
							0.00		–
							0.00		–
114.71	2888.71	211.30	3927.00	3078.87	106.58	7.23	0.90	3255.44	–11.27
142.34	4590.56	211.30	3927.00	3078.87	67.07	7.23	0.65	4935.43	–6.99
							0.00		–
							0.00	0.30	–100.00
							0.00		–
							0.00		–
							0.00		–
							0.00		–
							0.00	0.30	–100.00
							0.00		–
							0.00		–
	566.82		1033.00	384.76	67.88		0.36	670.93	–15.52
							0.00		–
	6129.91		4042.00	2925.57	47.73		1.91	5316.74	15.29
	6696.73		5075.00	3310.33	49.43		0.94	5987.67	11.84
							0.00		–
							0.00		–
							0.00		–
							0.00		–
							0.00		–
							0.00		–
							0.00		–
							0.00		–
	1342.03		2520.00	1097.25			0.97	1803.43	–25.58
	133.27		296.00	243.06			0.08	332.81	–59.96
							0.00		–
							0.00		–
	1475.30		2816.00	1340.31			0.21	2136.24	–30.94
							0.00		–
							0.00		–
							0.00		–
							0.00		–
							0.00		–
							0.00		–
							0.00		–
							0.00		–

续表7

公司名称	业务类别			承保数量		承保金额	
				当期	累计	当期	累计
阳光财险	车险（不含摩托车、拖拉机）	按业务渠道分	车商	1652.00	10166.00	79616.63	486925.12
			电销	2304.00	19021.00	116877.56	1039780.72
			网销	240.00	9295.00	11219.37	98588.40
			其他	717.00	4523.00	29847.48	290329.76
			合计	4913.00	43005.00	237561.04	1915623.99
	政府推动业务		农险				
			安全生产责任	33.00	5320.00	380.48	40129.80
			环境责任	0.00	937.00	0.00	7104.50
			校园方责任				
			医疗责任	8.00	98.00	480.00	2323.10
			火灾公众责任				
			合计	41.00	6355.00	860.48	49557.40
	银保业务		财险	12.00	258.00	11147.36	496147.56
华泰财险	车险（不含摩托车、拖拉机）	按业务渠道分	车商				
			电销		101.00		
			网销				
			其他	2110.00	8018.00	10985.00	133501.00
			合计	2110.00	8119.00	10985.00	133501.00
	政府推动业务		农险				
			安全生产责任				
			环境责任				
			校园方责任				
			医疗责任				
			火灾公众责任				
			合计				
	银保业务		财险		30.00		
太平财险	车险（不含摩托车、拖拉机）	按业务渠道分	车商	923.00	5882.00	48566.85	425027.48
			电销	508.00	9483.00	27656.23	145842.07
			网销	34.00	667.00	1555.09	210277.20
			其他	4138.00	28487.00	232021.02	1867111.73
			合计	5603.00	44519.00	309799.19	2648258.48
	政府推动业务		农险				
			安全生产责任				
			环境责任				
			校园方责任				
			医疗责任				
			火灾公众责任				
			合计				
	银保业务		财险				

保费收入		赔款支出			简单	综合	市场	上年同	同比
当期	累计	当期赔款	累计案件	累计赔款	赔付率(%)	赔付率(%)	份额(%)	期保费	增长率(%)
429.58	2586.04	116.18	3055.00	1123.41	43.44		1.86	2450.28	5.54
420.06	3780.65	185.75	5667.00	2193.88	58.03		2.39	3361.06	12.48
41.75	377.32	12.78	1273.00	609.95	161.65		0.42	1709.39	−77.93
183.87	1732.32	30.49	996.00	465.73	26.88		0.54	1418.92	22.09
1075.27	8476.34	345.20	10991.00	4392.98	51.83		1.19	8939.65	−5.18
					40.11		0.00		–
0.46	53.42	3.11	115.00	21.42	10.36		4.67	100.60	−46.90
0.00	100.25	0.82	12.00	10.39	10.36		9.49	130.67	−23.28
		0.00		0.00	–		0.00		–
45.01	280.07	17.78	121.00	204.25	8.79		15.04	354.90	−21.08
		0.00			–		0.00		–
45.47	433.74	21.71	248.00	236.06	54.42		6.49	586.17	−26.00
7.94	176.67	3.79	47.00	72.24	40.89		1.20	165.94	6.46
							0.00		–
							0.00	19.87	−100.00
							0.00		–
470.95	2574.65	88.85	1227.00	1311.69	50.95		0.80	1939.13	32.77
470.95	2574.65	88.85	1227.00	1311.69	50.95		0.36	1959.00	31.43
							0.00		–
							0.00		–
							0.00		–
							0.00		–
							0.00		–
							0.00		–
							0.00		–
							0.00	27.73	−100.00
236.72	2173.03	66.03	2390.00	956.78	44.03	71.66	1.56	1551.27	40.08
89.35	496.01	23.86	2165.00	861.63	173.71	75.38	0.31	1823.56	−72.80
5.95	769.55	44.83	902.00	334.19	43.43	67.93	0.85	127.52	503.47
1328.01	12298.39	532.00	9928.00	5847.72	47.55	68.22	3.82	10523.12	16.87
1660.03	15736.98	666.72	15385.00	8000.32	50.84	69.32	2.22	14025.47	12.20
							0.00		–
							0.00		–
							0.00		–
							0.00		–
							0.00		–
							0.00		–
							0.00		–
							0.00		–

续表7

公司名称	业务类别			承保数量		承保金额	
				当期	累计	当期	累计
都邦财险	车险（不含摩托车、拖拉机）	按业务渠道分	车商	0.00	2519.00	0.00	147755.17
			电销	(2.00)	934.00	(151.74)	51556.90
			网销				
			其他	640.00	11481.00	30185.60	352650.10
			合计	638.00	14934.00	30033.86	551962.17
	政府推动业务		农险				
			安全生产责任				
			环境责任				
			校园方责任				
			医疗责任				
			火灾公众责任				
			合计				
	银保业务		财险	8.00	150.00	82126.46	259977.46
渤海财险	车险（不含摩托车、拖拉机）	按业务渠道分	车商	0.00		0.00	0.00
			电销	13.00	200.00	1377.22	11442.31
			网销	0.00		0.00	0.00
			其他	1769.00	3353.00	81041.05	183476.63
			合计	1782.00	3553.00	82418.27	194918.94
	政府推动业务		农险				
			安全生产责任				
			环境责任				
			校园方责任				
			医疗责任				
			火灾公众责任				
			合计				
	银保业务		财险				
亚太财险	车险（不含摩托车、拖拉机）	按业务渠道分	车商				
			电销		8.00		
			网销	0.00	443.00	0.00	15349.60
			其他	71.00	6376.00	3388.41	289268.41
			合计	74.00	6827.00	3388.41	304618.01
	政府推动业务		农险				
			安全生产责任				
			环境责任				
			校园方责任				
			医疗责任				
			火灾公众责任				
			合计				
	银保业务		财险				

保费收入		赔款支出			简单赔付率(%)	综合赔付率(%)	市场份额(%)	上年同期保费	同比增长率(%)
当期	累计	当期赔款	累计案件	累计赔款					
0.00	1263.08						0.91	1157.44	9.13
(0.17)	180.00	5.98	444.00	114.43	63.57		0.11	181.28	–0.71
							0.00		–
192.58	2613.19	202.40	0.00	3189.66			0.81	3327.76	–21.47
192.41	4056.27	208.38	444.00	3304.09	81.46		0.57	4666.48	–13.08
							0.00		–
							0.00		–
							0.00		–
							0.00		–
							0.00		–
							0.00		–
							0.00		–
58.63	158.43						1.08	313.62	–49.48
0.00	0.00	0.00	0.00	0.00	0.00	0.00	0.00		–
4.66	37.35	8.78	15.00	45.13	120.83	93.11	0.02	61.00	–38.77
0.00	0.00	0.00	0.00	0.00	0.00	0.00	0.00		–
467.24	1088.68	96.45	1382.00	710.99	104.46	119.61	0.34	746.88	45.76
471.90	1126.03	105.23	1397.00	756.12	114.84	109.33	0.16	807.88	39.38
							0.00		–
							0.00		–
							0.00		–
							0.00		–
							0.00		–
							0.00		–
							0.00		–
							0.00		–
							0.00		–
		0.00	2.00	13.38	–		0.00	1.53	–100.00
0.00	56.46	2.02	101.00	19.28	34.15		0.06	79.04	–28.57
17.46	2559.20	197.52	2380.00	2008.72	78.49		0.80	2783.53	–8.06
17.46	2615.66	199.54	2483.00	2041.38	78.04		0.37	2864.10	–8.67
							0.00		–
							0.00		–
							0.00		–
							0.00		–
							0.00		–
							0.00		–
							0.00		–
							0.00		–

续表7

公司名称	业务类别			承保数量		承保金额	
				当期	累计	当期	累计
国寿财险	车险（不含摩托车、拖拉机）	按业务渠道分	车商	2860.00	13985.00	146517.15	873537.19
国寿财险	车险（不含摩托车、拖拉机）	按业务渠道分	电销	7820.00	83412.00	422812.59	3123526.55
国寿财险	车险（不含摩托车、拖拉机）	按业务渠道分	网销	21.00	2780.00	694.89	1180.19
国寿财险	车险（不含摩托车、拖拉机）	按业务渠道分	其他	10283.00	55362.00	525221.33	5477615.38
国寿财险	车险（不含摩托车、拖拉机）	按业务渠道分	合计	20984.00	155539.00	1095245.96	9475859.32
国寿财险	政府推动业务		农险	0.00		0.00	17698.26
国寿财险	政府推动业务		安全生产责任	1.00	12.00	2459.10	38259.92
国寿财险	政府推动业务		环境责任	0.00		0.00	0.00
国寿财险	政府推动业务		校园方责任	0.00		0.00	0.00
国寿财险	政府推动业务		医疗责任	0.00		0.00	20.00
国寿财险	政府推动业务		火灾公众责任	0.00		0.00	300.00
国寿财险	政府推动业务		合计	1.00	12.00	2459.10	56278.18
国寿财险	银保业务		财险	494.00	4892.00	134641.56	2470814.71
安盛天平	车险（不含摩托车、拖拉机）	按业务渠道分	车商	967.00	0.00	48728.51	158190.59
安盛天平	车险（不含摩托车、拖拉机）	按业务渠道分	电销	11363.00	48291.00	718749.91	4156853.64
安盛天平	车险（不含摩托车、拖拉机）	按业务渠道分	网销	1364.00	21204.00	82080.34	541205.43
安盛天平	车险（不含摩托车、拖拉机）	按业务渠道分	其他	618.00	4527.00	36413.45	232327.63
安盛天平	车险（不含摩托车、拖拉机）	按业务渠道分	合计	14312.00	74022.00	885972.22	5088577.30
安盛天平	政府推动业务		农险				
安盛天平	政府推动业务		安全生产责任				
安盛天平	政府推动业务		环境责任				
安盛天平	政府推动业务		校园方责任				
安盛天平	政府推动业务		医疗责任				
安盛天平	政府推动业务		火灾公众责任				
安盛天平	政府推动业务		合计				
安盛天平	银保业务		财险				
中银保险	车险（不含摩托车、拖拉机）	按业务渠道分	车商				
中银保险	车险（不含摩托车、拖拉机）	按业务渠道分	电销				
中银保险	车险（不含摩托车、拖拉机）	按业务渠道分	网销				
中银保险	车险（不含摩托车、拖拉机）	按业务渠道分	其他	735.00	5443.00	32511.90	261584.25
中银保险	车险（不含摩托车、拖拉机）	按业务渠道分	合计	735.00	5443.00	32511.90	261584.25
中银保险	政府推动业务		农险				
中银保险	政府推动业务		安全生产责任				
中银保险	政府推动业务		环境责任				
中银保险	政府推动业务		校园方责任				
中银保险	政府推动业务		医疗责任				
中银保险	政府推动业务		火灾公众责任				
中银保险	政府推动业务		合计				
中银保险	银保业务		财险	55.00	1086.00	391030.98	1644706.82

保费收入		赔款支出			简单赔付率(%)	综合赔付率(%)	市场份额(%)	上年同期保费	同比增长率(%)
当期	累计	当期赔款	累计案件	累计赔款					
763.30	5034.31	257.38	4405.00	3342.39	66.39		3.63	6070.27	–17.07
1483.47	11487.37	1359.03	25247.00	10991.76	95.69		7.25	16719.27	–31.29
2.66	9.63	1.86	649.00	268.90	2793.03		0.01	574.80	–98.33
2973.08	30411.70	1523.82	18774.00	15768.07	51.85		9.45	22096.35	37.63
5222.51	46943.01	3142.10	49075.00	30371.11	64.70		6.62	45460.68	3.26
0.00	20.11	7.75	11.00	10.59	52.65		0.81		–
3.15	49.57	3.06	88.00	15.51	31.29		4.34	74.59	–33.54
0.00	0.00	0.00	0.00	0.00			0.00		–
0.00	0.00	0.00	0.00	0.00			0.00		–
0.00	0.45	0.00	0.00	0.00	0.00		0.02		–
0.00	0.66	0.00	0.00	0.00	0.00		3.65		–
3.15	70.80	10.81	99.00	26.10	36.86		1.06	74.59	–5.08
88.35	1393.55	19.88	198.00	324.03	23.25		9.46	1837.21	–24.15
297.28	943.50	23.70	474.00	82.33	8.73	8.73	0.68	0.00	–
2100.57	13236.89	669.84	24201.00	6284.28	47.48	47.48	8.36	8549.96	54.82
285.06	1794.68	116.27	7698.00	2071.20	115.41	115.41	1.98	3396.13	–47.16
157.77	1031.76	56.28	1228.00	434.44	42.11	42.11	0.32	928.76	11.09
2840.69	17006.84	866.09	33601.00	8872.25	52.17	52.17	2.40	12874.85	32.09
							0.00		–
							0.00		–
							0.00		–
							0.00		–
							0.00		–
							0.00		–
							0.00		–
							0.00		–
							0.00		–
							0.00		–
							0.00		–
156.33	1249.48	66.71	861.00	643.23	51.48		0.39	1175.38	6.30
156.33	1249.48	66.71	861.00	643.23	51.48		0.18	1175.38	6.30
							0.00		–
					–		0.00		–
							0.00		–
							0.00		–
							0.00		–
							0.00		–
					–		0.00		–
484.42	1808.31	22.40	296.00	319.53	17.67		12.28	1934.25	–6.51

续表7

公司名称	业务类别			承保数量		承保金额	
				当 期	累 计	当 期	累 计
安诚财险	车险（不含摩托车、拖拉机）	按业务渠道分	车 商	794.00	4123.00	46992.51	308982.03
			电 销	0.00	91.00	0.00	7041.81
			网 销				
			其 他	709.00	8270.00	39002.94	416281.43
			合 计	1503.00	12484.00	85995.45	732305.27
	政府推动业务	农 险					
		安全生产责任					
		环境责任					
		校园方责任					
		医疗责任					
		火灾公众责任					
		合 计					
	银保业务	财 险					
长安责任	车险（不含摩托车、拖拉机）	按业务渠道分	车 商	1058.00	11463.00	53762.71	583596.65
			电 销	0.00	3315.00	0.00	125082.58
			网 销	0.00	15.00	0.00	3362.58
			其 他	503.00	452.00	25979.49	108483.70
			合 计	1561.00	15245.00	79742.20	820525.51
	政府推动业务	农 险					
		安全生产责任					
		环境责任					
		校园方责任					
		医疗责任					
		火灾公众责任					
		合 计					
	银保业务	财 险					
紫金财险	车险（不含摩托车、拖拉机）	按业务渠道分	车 商				
			电 销	(6.00)	8620.00	(538.74)	241935.09
			网 销				
			其 他	4768.00	29038.00	236244.37	1603066.00
			合 计	4762.00	37658.00	235705.63	1845001.09
	政府推动业务	农 险		0.00	27.00	0.00	0.00
		安全生产责任					
		环境责任					
		校园方责任					
		医疗责任					
		火灾公众责任					
		合 计			27.00		
	银保业务	财 险					

保费收入		赔款支出			简单	综合	市场	上年同	同比
当期	累计	当期赔款	累计案件	累计赔款	赔付率(%)	赔付率(%)	份额(%)	期保费	增长率(%)
274.32	2150.64	174.77	2014.00	1316.30	61.21		1.55	1902.81	13.02
0.00	19.39	1.35	49.00	9.59	49.46		0.01	27.00	−28.19
					–		0.00		–
178.44	2314.41	169.92	1863.00	1858.32	98.77		0.72	2974.19	−22.18
452.76	4484.44	346.04	3926.00	3184.21	71.01		0.63	4904.00	−8.56
							0.00		–
							0.00		–
							0.00		–
							0.00		–
							0.00		–
							0.00		–
							0.00		–
							0.00		–
518.11	4816.21	136.55	2305.00	2032.69			3.47	4305.03	11.87
(0.22)	406.43	20.96	820.00	497.09			0.26	619.87	−34.43
	12.38	0.00	14.00	1.95			0.01	2.80	342.14
160.84	580.32	13.69	148.00	133.39			0.18	84.20	589.22
678.73	5815.34	171.20	3287.00	2665.12			0.82	5011.90	16.03
							0.00		–
							0.00		–
							0.00		–
							0.00		–
							0.00		–
							0.00		–
							0.00		–
							0.00		–
							0.00		–
(0.57)	715.00	67.88	1632.00	791.00	110.63		0.45	1503.61	−52.45
							0.00		–
1089.79	8385.67	539.10	3666.73	4507.73	−9.42		2.61	7694.84	8.98
1089.22	9100.67	606.98	5298.73	5298.73	0.01		1.28	9198.45	−1.06
0.00	0.00	0.00	13.00	8.00			0.00	54.52	−100.00
							0.00		–
							0.00		–
							0.00		–
							0.00		–
							0.00		–
			13.00	8.00			0.00	54.52	−100.00
							0.00		–

续表7

公司名称	业务类别			承保数量		承保金额	
				当期	累计	当期	累计
三井住友	车险（不含摩托车、拖拉机）	按业务渠道分	车商				
			电销				
			网销				
			其他	23.00	100.00	1555.84	9447.04
			合计	23.00	100.00	1555.84	9447.04
	政府推动业务		农险				
			安全生产责任				
			环境责任				
			校园方责任				
			医疗责任				
			火灾公众责任				
			合计				
	银保业务		财险				
英大财险	车险（不含摩托车、拖拉机）	按业务渠道分	车商				
			电销	(1.00)	6945.00	(39.97)	33861.23
			网销	359.00	385.00	16050.34	244711.41
			其他	1364.00	8597.00	80929.63	627505.36
			合计	1722.00	15927.00	96940.00	906078.00
	政府推动业务		农险	0.00	0.00	0.00	0.00
			安全生产责任	0.00	0.00	0.00	0.00
			环境责任	0.00	0.00	0.00	0.00
			校园方责任	0.00	0.00	0.00	0.00
			医疗责任	0.00	0.00	0.00	0.00
			火灾公众责任	0.00	0.00	0.00	0.00
			合计	0.00	0.00	0.00	0.00
	银保业务		财险	7.00	269.00	3054.15	326680.85
信达财险	车险（不含摩托车、拖拉机）	按业务渠道分	车商				
			电销				
			网销		2.00		
			其他	860.00	3052.00	43615.26	486401.55
			合计	860.00	3054.00	43615.26	486401.55
	政府推动业务		农险	0.00		0.00	0.00
			安全生产责任	0.00		0.00	0.00
			环境责任	0.00		0.00	0.00
			校园方责任	0.00		0.00	0.00
			医疗责任	0.00		0.00	0.00
			火灾公众责任	0.00		0.00	0.00
			合计	0.00		0.00	0.00
	银保业务		财险	0.00		0.00	3114.47

保费收入		赔款支出			简单	综合	市场	上年同	同比
当期	累计	当期赔款	累计案件	累计赔款	赔付率(%)	赔付率(%)	份额(%)	期保费	增长率(%)
							0.00		–
							0.00		–
							0.00		–
4.51	32.75	3.21	0.00	14.25	43.50	128.03	0.01	27.00	21.30
4.51	32.75	3.21	0.00	14.25	43.50	128.03	0.00	27.00	21.30
							0.00		–
							0.00		–
							0.00		–
							0.00		–
							0.00		–
							0.00		–
							0.00		–
							0.00		–
							0.00		–
(0.08)	142.54	88.78	1498.00	632.83	343.75		0.09	1372.68	−89.62
68.91	1085.24	42.33	826.00	255.06	18.64		1.20	68.97	1473.50
444.17	3355.64	344.89	2172.00	1647.60	46.47		1.04	2911.67	15.25
513.00	4583.42	476.00	4496.00	2535.49	50.74		0.65	4353.32	5.29
0.00	0.00	0.00	0.00	0.00			0.00	0.00	–
0.00	0.00	0.00	0.00	0.00			0.00	0.00	–
0.00	0.00	0.00	0.00	0.00			0.00	0.00	–
0.00	0.00	0.00	0.00	0.00			0.00	0.00	–
0.00	0.00	0.00	0.00	0.00			0.00	0.00	–
0.00	0.00	0.00	0.00	0.00			0.00	0.00	–
0.00	0.00	0.00	0.00	0.00			0.00	0.00	–
2.27	183.62	0.00	0.00	0.00			1.25	133.20	37.85
							0.00		–
							0.00		–
							0.00	0.51	−100.00
311.54	3550.63	99.37	1755.00	1126.94	31.74	81.00	1.10	899.84	294.59
311.54	3550.63	99.37	1755.00	1126.94	31.74	81.00	0.50	900.34	294.36
0.00	0.00	0.00	0.00	0.00	–	0.00	0.00		–
0.00	0.00	0.00	0.00	0.00	–	0.00	0.00		–
0.00	0.00	0.00	0.00	0.00	–	0.00	0.00		–
0.00	0.00	0.00	0.00	0.00	–	0.00	0.00		–
0.00	0.00	0.00	0.00	0.00	–	0.00	0.00		–
0.00	0.00	0.00	0.00	0.00	–	0.00	0.00		–
0.00	0.00	0.00	0.00	0.00	–	0.00	0.00		–
0.00	1.76	0.00	0.00	0.00	0.00	0.00	0.01		–

续表7

公司名称	业务类别			承保数量		承保金额	
				当期	累计	当期	累计
永诚财险	车险（不含摩托车、拖拉机）	按业务渠道分	车商	227.00	7131.00	12152.56	66359.33
			电销	1.00	455.00	64.47	23468.04
			网销				
			其他				
			合计	228.00	7586.00	12217.03	89827.37
	政府推动业务		农险				
			安全生产责任				
			环境责任				
			校园方责任				
			医疗责任				
			火灾公众责任				
			合计				
	银保业务		财险				
浙商财险	车险（不含摩托车、拖拉机）	按业务渠道分	车商	498.00	1700.00	25309.40	204702.25
			电销	0.00	78.00	0.00	1962.41
			网销				
			其他				
			合计	498.00	1778.00	25309.40	206664.66
	政府推动业务		农险				
			安全生产责任				
			环境责任				
			校园方责任				
			医疗责任				
			火灾公众责任				
			合计				
	银保业务		财险				
安信农险	车险（不含摩托车、拖拉机）	按业务渠道分	车商		3075.00		
			电销				
			网销				
			其他				
			合计		3075.00		
	政府推动业务		农险				
			安全生产责任				
			环境责任				
			校园方责任				
			医疗责任				
			火灾公众责任				
			合计				
	银保业务		财险				

保费收入		赔款支出			简单	综合	市场	上年同	同比
当期	累计	当期赔款	累计案件	累计赔款	赔付率(%)	赔付率(%)	份额(%)	期保费	增长率(%)
46.32	302.07	145.19	1139.00	2198.05	727.66	72766.25	0.22	4135.27	−92.70
(0.08)	69.55	7.17	107.00	41.63	59.86	5985.62	0.04	158.80	−56.20
							0.00		–
							0.00		–
46.24	371.62	152.36	1246.00	2239.68	602.68	78751.87	0.05	4294.07	−91.35
							0.00		–
							0.00		–
							0.00		–
							0.00		–
							0.00		–
							0.00		–
							0.00		–
							0.00		–
234.43	1872.96	88.76	533.00	486.20	25.96		1.35	526.15	255.97
0.00	7.56	0.00	6.00	11.27	149.07		0.00	21.32	−64.54
							0.00		–
							0.00		–
234.43	1880.52	88.76	539.00	497.47	26.45		0.27	547.47	243.49
							0.00		–
							0.00		–
							0.00		–
							0.00		–
							0.00		–
							0.00		–
							0.00		–
							0.00		–
		56.27		272.19	483.72		0.00	756.67	−100.00
							0.00		–
							0.00		–
							0.00		–
		56.27		272.19	483.72		0.00	756.67	−100.00
							0.00		–
							0.00		–
							0.00		–
							0.00		–
							0.00		–
							0.00		–
							0.00		–
							0.00		–

续表7

公司名称	业务类别			承保数量		承保金额	
				当期	累计	当期	累计
泰山财险	车险（不含摩托车、拖拉机）	按业务渠道分	车商	25.00	965.00	1494.00	20497.13
			电销	0.00	0.00	0.00	0.00
			网销	0.00	0.00	0.00	0.00
			其他	0.00	0.00	0.00	0.00
			合计	25.00	965.00	1494.00	20497.13
	政府推动业务		农险				
			安全生产责任				
			环境责任				
			校园方责任				
			医疗责任				
			火灾公众责任				
			合计				
	银保业务		财险	0.00		0.00	14812.22
合计	车险（不含摩托车、拖拉机）	按业务渠道分	车商	67692.00	354353.00	3087797.77	20029583.80
			电销	98310.00	753628.00	2901750.78	29514245.79
			网销	11105.00	697981.00	686639.50	17855843.49
			其他	175048.00	930625.00	8258233.48	56922382.83
			合计	352155.00	2736587.00	14934421.53	124322055.90
	政府推动业务		农险	659.00	908929.00	47863.43	113608.30
			安全生产责任	896.00	20174.00	59454.96	1058239.38
			环境责任	453.00	2674.00	20581.52	78702.35
			校园方责任	1.00	2343.00	73.89	20437869.62
			医疗责任	11.00	209.00	522.65	12425.64
			火灾公众责任	2.00	10.00	150.00	10620.00
			合计	2022.00	934339.00	128646.45	21711465.29
	银保业务		财险	2266.00	17401.00	2111287.21	20766378.39

保费收入		赔款支出			简单	综合	市场	上年同	同比
当期	累计	当期赔款	累计案件	累计赔款	赔付率(%)	赔付率(%)	份额(%)	期保费	增长率(%)
11.73	177.91	0.45	121.00	63.27	35.43			308.71	
0.00	0.00	0.00	0.00	0.00				0.00	
0.00	0.00	0.00	0.00	0.00				0.00	
0.00	0.00	0.00	0.00	0.00				0.00	
11.73	177.91	0.45	121.00	63.27	35.43			308.71	
0.00	14.81	0.00	0.00	0.00	0.00				
19273.42	138866.48	6048.58	111135.00	65239.61	46.98		100.00	119273.69	16.43
17092.59	158354.13	8650.33	234950.00	98903.96	62.46		100.00	146787.89	7.88
1991.89	90418.19	7328.38	179421.00	81685.59	90.34		100.00	136467.57	−33.74
41072.60	321731.86	16847.23	303744.73	164167.49	51.03		100.00	258309.14	24.55
79430.49	709370.66	38874.52	829250.73	409996.66	57.80		100.00	660838.29	7.34
501.03	2487.39	899.60	8274.00	3321.01	133.51		100.00	2630.49	−5.44
63.14	1143.24	33.99	870.00	375.39	32.84		100.00	1380.29	−17.17
275.44	1056.16	28.80	50.00	101.68	9.63		100.00	2259.57	−53.26
0.24	115.41	6.11	86.00	47.10	40.81		100.00	308.91	−62.64
50.47	1862.07	65.14	472.00	1182.97	63.53		100.00	2044.78	−8.94
1.88	18.06	0.00	0.00	0.00	0.00		100.00	8.83	104.50
892.20	6682.33	1033.63	9752.00	5028.15	75.25		100.00	8632.86	−22.59
1608.56	14724.42	661.75	1888.00	4864.98	33.04		100.00	14208.43	3.63

（无锡市保险行业协会）

表8 保险行业协会

公司名称	业务类别		保费收入当月				保费收入累计			
			首 年	其中:期缴	续 期	小 计	首 年	其中:期缴	续 期	小 计
中国人寿	营销业务	健康险	381.03	0.00	0.00	381.03	2974.81	0.00	0.00	2974.81
		意外险	625.44	0.00	0.00	625.44	6762.37	0.00	0.00	6762.37
		一般寿险	2103.62	2103.62	8876.67	10980.29	61887.54	61882.14	104357.03	166244.57
		分红类保险	555.49	555.49	7694.93	8250.42	30376.46	30329.49	169146.97	199523.43
		万能寿险	0.00	0.00	0.00	0.00	0.00	0.00	0.00	0.00
		投连险	0.00	0.00	0.00	0.00	0.00	0.00	0.00	0.00
		小 计	3665.58	2659.11	16571.60	20237.18	102001.18	92211.63	273504.00	375505.18
	直销业务	健康险	1785.66	0.00	0.00	1785.66	11061.47	0.00	0.00	11061.47
		意外险	1118.30	0.00	0.00	1118.30	13750.15	0.00	0.00	13750.15
		一般寿险	11.63	11.64	66.44	78.07	364.84	240.21	285.56	650.40
		分红类保险	442.33	0.57	11.17	453.50	1154.14	48.94	301.81	1455.95
		万能寿险	0.00	0.00	0.00	0.00	0.00	0.00	0.00	0.00
		投连险	0.00	0.00	0.00	0.00	0.00	0.00	0.00	0.00
		小 计	3357.92	12.21	77.61	3435.53	26330.60	289.15	587.37	26917.97
	银代业务	健康险	42.92	0.00	0.00	42.92	163.89	0.00	0.00	163.89
		意外险	32.08	0.00	0.00	32.08	304.13	0.00	0.00	304.13
		一般寿险	838.12	767.42	478.48	1316.60	70964.51	14372.59	11414.08	82378.59
		分红类保险	186.21	186.31	524.10	710.31	6940.25	6838.55	10466.83	17407.08
		万能寿险	0.00	0.00	0.00	0.00	0.00	0.00	0.00	0.00
		投连险	0.00	0.00	0.00	0.00	0.00	0.00	0.00	0.00
		小 计	1099.33	953.73	1002.58	2101.91	78372.78	21211.14	21880.91	100253.69
	合 计		8122.83	3625.05	17651.79	25774.62	206704.56	113711.92	295972.28	502676.84
太保人寿	营销业务	健康险	70.49			70.49	1241.16	0.00	0.00	1241.16
		意外险	60.83			60.83	1067.47	0.00	0.00	1067.47
		一般寿险	871.43	863.69	1765.38	2636.81	35725.97	35692.20	24191.84	59917.81
		分红类保险	770.96	767.60	4860.37	5631.33	39091.38	38045.75	107911.04	147002.42
		万能寿险	0.00	0.00	1.74	1.74	0.00	0.00	12.32	12.32
		投连险				0.00				0.00
		小 计	1773.70	1631.29	6627.50	8401.20	77125.99	73737.95	132115.20	209241.19
	直销业务	健康险	43.90			43.90	5759.17	0.00	0.00	5759.17
		意外险	297.71			297.71	8938.57	0.00	0.00	8938.57
		一般寿险	21.39	3.75	134.90	156.29	711.36	152.81	1770.36	2481.72
		分红类保险	0.00	0.00	56.89	56.89	0.00	0.00	869.15	869.15
		万能寿险				0.00				0.00
		投连险				0.00				0.00
		小 计	362.99	3.75	191.79	554.78	15409.10	152.81	2639.51	18048.61
	银代业务	健康险	1.23			1.23	101.49	0.00	0.00	101.49
		意外险	12.48			12.48	721.71	0.00	0.00	721.71
		一般寿险	0.80	0.67	27.46	28.26	61.09	36.81	617.71	678.79
		分红类保险	0.00	0.00	408.76	408.76	4035.01	386.57	10256.53	14291.54
		万能寿险	0.00	0.00	0.19	0.19	0.00	0.00	2.43	2.43
		投连险				0.00				0.00
		小 计	14.52	0.67	436.41	450.93	4919.29	423.39	10876.67	15795.96
	合 计		2151.22	1635.71	7255.69	9406.91	97454.38	74314.14	145631.38	243085.76

各寿险公司业务数据资料

单位：万元，%

理赔给付			其他给付		退 保		市场份额	上年同期保费	同比增长率
当 期	累 计	短险赔付率	当 期	累 计	当 期	累 计			
135.24	1450.92	48.77	0.00	0.00	0.00	0.00	9.73	2238.78	32.88
220.75	2686.90	39.73	0.00	0.00	0.00	0.00	37.83	5524.99	22.40
448.93	5393.76		727.81	16086.98	256.71	3159.59	44.11	108319.86	53.48
206.08	2552.76		834.99	16648.34	1132.08	13396.45	32.26	174420.03	14.39
2.56	12.28		0.00	0.00	37.03	573.62	0.00	0.00	–
0.00	0.00		0.00	0.00	0.00	0.00	0.00	0.00	–
1013.56	12096.62	42.50	1562.80	32735.32	1425.82	17129.66	35.52	290503.66	29.26
744.80	7382.99	66.75		0.00	0.00	0.00	48.38	6930.29	59.61
524.86	7242.63	52.67	0.00	0.00	0.00	0.00	49.20	12532.53	9.72
938.78	5296.20		24.13	371.87	2.44	181.00	1.94	292.11	122.66
0.00	90.28		506.80	3526.31	1.48	444.35	14.08	684.80	112.61
0.00	0.00		0.00	0.00	0.03	3.74	0.00	0.00	–
0.00	0.00		0.00	0.00	0.00	0.00	0.00	0.00	–
2208.44	20012.10	58.95	530.93	3898.18	3.95	629.09	28.40	20439.73	31.69
4.55	54.72	33.39	0.00	0.00	0.00	0.00	13.93	68.92	137.80
2.94	74.15	24.38	0.00	0.00	0.00	0.00	12.05	167.65	81.41
6.36	106.81		177.14	1483.18	2905.49	36538.66	11.25	85045.12	–3.14
37.21	375.49		2296.37	58100.61	627.76	13463.15	18.20	18255.99	–4.65
0.00	0.41		0.00	0.00	4.46	51.48	0.00	0.00	–
0.00	0.00		0.00	0.00	0.00	0.00	0.00	0.00	–
51.06	611.58	27.54	2473.51	59583.79	3537.71	50053.29	8.68	103537.68	–3.17
3273.06	32720.30	53.95	4567.24	96217.29	4967.48	67812.04	21.79	414481.07	21.28
37.54	309.52	24.94					4.06	610.68	103.24
28.66	273.71	25.64					5.97	816.71	30.70
321.31	3327.09		1243.35	10072.58	273.26	2206.06	15.90	26550.80	125.67
62.97	690.08		390.68	6662.84	299.08	2592.63	23.77	116373.17	26.32
0.15	10.23		0.00		0.00	0.14	0.09	13.00	–5.21
0.00			0.00				0.00	0.00	–
450.63	4610.63	25.26	1634.03	16735.42	572.34	4798.84	19.79	144364.36	44.94
473.84	4079.96	70.84					25.19	5211.41	10.51
830.73	3620.05	40.50					31.98	7949.38	12.44
17.60	200.53		99.94	1158.21	12.08	144.50	7.39	2799.94	–11.37
0.00	15.62		0.61	12.80	6.52	85.77	8.41	906.31	–4.10
0.00	0.00		0.06	0.66	0.00		0.00	0.00	–
0.00			0.00		0.00		0.00	0.00	–
1322.17	7916.16	52.39	100.61	1171.67	18.61	230.27	19.04	16867.04	7.01
7.93	38.15	37.59					8.63	39.56	156.54
3.49	14.38	1.99					28.60	353.00	104.45
10.00	30.66		0.04	4.70	0.21	53.11	0.09	658.33	3.11
52.37	442.86		743.97	12014.33	649.63	13496.24	14.94	21669.77	–34.05
0.00			0.00		0.00		0.00	2.91	–16.43
0.00			0.00		0.00		0.00	0.00	–
73.79	526.05	6.38	744.01	12019.04	649.84	13549.35	1.37	22723.56	–30.49
1846.59	13052.85	46.75	2478.66	29926.12	1240.78	18578.46	10.54	183954.96	32.14

续表8

公司名称	业务类别		保费收入当月				保费收入累计			
			首 年	其中:期缴	续 期	小 计	首 年	其中:期缴	续 期	小 计
平安人寿	营销业务	健康险	25.33	0.00	0.00	25.33	316.91			316.91
		意外险	537.12	0.00	0.00	537.12	6459.94			6459.94
		一般寿险	3158.45	3083.20	2420.88	5579.34	37766.22	36507.06	28054.53	65820.75
		分红类保险	1825.74	1825.71	5627.27	7453.01	29533.01	29530.65	71822.21	101355.21
		万能寿险	12.89	12.89	406.20	419.10	258.84	258.83	5366.47	5625.31
		投连险	0.00	0.00	10.19	10.19	0.03	0.03	210.98	211.01
		小 计	5559.54	4921.81	8464.55	14024.08	74334.95	66296.56	105454.18	179789.13
	直销业务	健康险	–0.11	0.00	0.00	–0.11	0.30			0.30
		意外险	90.95	0.00	0.00	90.95	1046.21			1046.21
		一般寿险	521.73	521.73	1100.91	1622.64	6343.30	6341.38	11857.51	18200.82
		分红类保险	32.06	32.06	77.74	109.79	375.18	375.18	883.72	1258.90
		万能寿险	0.02	0.00	0.00	0.02	0.02	0.00	0.00	0.02
		投连险	0.00	0.00	0.00	0.00	0.00	0.00	0.00	0.00
		小 计	644.64	553.79	1178.65	1823.29	7765.02	6716.56	12741.24	20506.25
	银代业务	健康险	0.00	0.00	0.00	0.00	109.21			109.21
		意外险	10.35	0.00	0.00	10.35	408.35			408.35
		一般寿险	63.07	63.07	69.26	132.33	2732.45	877.50	952.78	3685.24
		分红类保险	16.82	16.82	213.44	230.26	455.40	455.40	2322.57	2777.97
		万能寿险	2.99	0.05	0.12	3.11	35.99	–0.17	1.46	37.44
		投连险	0.01	0.00	0.00	0.01	0.11	0.00	0.00	0.11
		小 计	93.23	79.94	282.82	376.05	3741.51	1332.74	3276.81	7018.32
	合 计		6297.41	5555.53	9926.02	16223.43	85841.47	74345.86	121472.23	207313.70
新华人寿	营销业务	健康险	216.36	210.48	531.76	748.11	3060.22	2973.83	4861.28	7921.50
		意外险	0.52	0.00	1.32	1.84	9.08	0.00	14.05	23.13
		一般寿险	56.08	49.73	101.55	157.63	1202.58	917.00	2502.80	3705.38
		分红类保险	102.31	82.76	577.90	680.21	4099.64	4043.96	7162.65	11262.28
		万能寿险	11.00	11.00	160.23	171.23	709.30	81.50	3041.62	3750.92
		投连险				0.00				0.00
		小 计	386.26	353.98	1372.76	1759.02	9080.82	8016.29	17582.40	26663.22
	直销业务	健康险	8.67	2.96	9.09	17.76	269.15	44.04	128.45	397.60
		意外险	10.80	0.00	0.00	10.80	274.09	4.76	1.34	275.43
		一般寿险	0.02	0.00	0.00	0.02	11.31	0.56	0.51	11.81
		分红类保险	0.00	0.00	0.00	0.00	0.00	0.00	0.00	0.00
		万能寿险	0.00	0.00	0.00	0.00	0.00	0.00	0.00	0.00
		投连险	0.00	0.00	0.00	0.00	0.00	0.00	0.00	0.00
		小 计	19.49	2.97	9.09	28.58	554.55	49.36	130.30	684.84
	银代业务	健康险	1.97	1.97	7.19	9.15	31.13	31.10	66.61	97.75
		意外险	0.00	0.00	0.00	0.00	0.00	0.00	0.00	0.00
		一般寿险	–1.00	–1.00	13.14	12.14	8454.70	467.51	546.71	9001.40
		分红类保险	0.00	0.00	101.03	101.03	66.59	66.59	4288.43	4355.02
		万能寿险	0.00	0.00	0.60	0.60	0.00	0.00	43.95	43.95
		投连险	0.00	0.00	0.00	0.00	0.00	0.00	0.00	0.00
		小 计	0.97	0.97	121.95	122.92	8552.42	565.20	4945.70	13498.13
	合 计		406.72	357.91	1503.80	1910.52	18187.79	8630.85	22658.40	40846.19

理赔给付			其他给付		退保		市场份额	上年同期保费	同比增长率
当期	累计	短险赔付率	当期	累计	当期	累计			
16.78	163.19	51.49					1.04	331.71	–4.46
79.01	458.75	7.10					36.14	3581.04	80.39
809.78	7072.84		310.76	3333.85	80.71	1096.37	17.46	36943.00	78.17
93.91	607.98		926.60	11029.37	391.43	5660.28	16.39	83420.02	21.50
91.87	557.91		33.53	677.44	0.19	1.79	43.04	5019.20	12.08
0.00	2.24		89.79	766.03	0.00	0.01	81.86	283.49	–25.57
1091.34	8862.91	9.18	1360.68	15806.68	472.32	6758.44	17.01	129578.46	38.75
14.74	203.36	66773.01					0.00	0.46	–33.79
32.34	277.20	26.50					3.74	771.70	35.57
28.40	79.05		13.42	177.79	170.07	1464.67	54.21	12854.89	41.59
0.00	0.71		0.00	0.00	3.13	37.71	12.18	983.70	27.98
	0.00		0.00	0.00	0.00	0.00	0.05	0.00	–
0.00	0.00		0.00	0.00	0.00	0.00	0.00	0.05	–100.00
75.48	560.32	45.92	13.42	177.79	173.20	1502.39	21.64	14610.80	40.35
0.00	0.00	0.00					9.28	272.37	–59.90
0.00	0.00	0.00					16.18	899.55	–54.61
0.15	61.54		1.11	1.11	26.73	740.54	0.50	2219.40	66.05
0.21	137.50		549.84	3203.63	437.83	2856.63	2.90	2987.59	–7.02
0.00	0.23		0.00	0.00	0.02	0.18	0.01	47.79	–21.65
0.00	0.00		0.00	0.00	0.00	0.00	0.07	0.14	–22.73
0.35	199.27	0.00	550.94	3204.74	464.59	3597.35	0.61	6426.84	9.20
1167.17	9622.50	13.22	1925.04	19189.21	1110.11	11858.18	8.99	150616.10	37.64
77.66	414.15	5.23	0.00	0.00	34.20	192.30	25.90	6085.70	30.17
0.00	0.00	0.00	0.00	0.00	0.00	0.00	0.13	19.85	16.54
0.00	4.19	0.11	11.01	376.53	5.34	88.41	0.98	3140.23	18.00
6.35	66.80	0.59	36.57	1199.38	41.98	493.35	1.82	7603.47	48.12
0.00	16.18	0.43	0.00	0.00	0.00	0.00	28.70	3685.59	1.77
		–					0.00	0.00	–
84.00	501.33	1.88	47.59	1575.91	81.52	774.06	2.52	20534.84	29.84
17.88	204.31	51.38	0.00	0.00	0.00	0.00	1.74	115.63	243.86
0.09	17.57	6.38	0.00	0.00	0.00	0.00	0.99	80.96	240.21
0.00	0.00	0.00	0.00	0.00	0.00	0.00	0.04	0.82	1348.93
0.00	0.00	–	5.56	9.46	0.00	0.00	0.00	0.00	–
0.00	0.00	–	0.00	0.00	0.00	0.00	0.00	0.00	–
0.00	0.00	–	0.00	0.00	0.00	0.00	0.00	0.00	–
17.97	221.87	32.40	5.56	9.46	0.00	0.00	0.72	197.40	246.93
0.00	20.00	20.46	0.00	0.00	0.28	3.24	8.31	69.92	39.80
0.00	0.00	0.00	0.00	0.00	0.00	0.00	0.00	0.01	–45.06
10.00	10.00	0.11	0.60	44.50	2.90	1933.74	1.23	3208.24	180.57
19.53	386.00	8.86	1153.21	23122.61	713.24	11201.95	4.55	8620.69	–49.48
0.00	0.00	0.00	0.00	23.66	0.00	0.00	0.01	45.70	–3.83
0.00	0.00	–	0.00	0.00	0.00	0.00	0.00	0.00	–
29.53	416.00	3.08	1153.81	23190.77	716.42	13138.94	1.17	11944.54	13.01
131.50	1139.20	7.38	1206.96	24776.14	797.93	13913.00	1.77	32676.79	25.00

续表8

公司名称	业务类别		保费收入当月				保费收入累计			
			首 年	其中:期缴	续 期	小 计	首 年	其中:期缴	续 期	小 计
泰康人寿	营销业务	健康险	0.00	0.00	0.00	0.00	2.30	2.30	0.00	2.30
		意外险	0.00	0.00	0.00	0.00	2.24	2.24	0.00	2.24
		一般寿险	3.30	2.70	425.20	428.50	2178.59	1897.47	5768.98	7947.57
		分红类保险	10.50	8.95	2326.85	2337.35	13142.50	11842.61	33640.96	46783.46
		万能寿险	0.00	0.00	0.00	0.00	0.00	0.00	0.00	0.00
		投连险				0.00				0.00
		小 计	13.80	11.65	2752.05	2765.85	15325.63	13744.62	39409.94	54735.57
	直销业务	健康险	1.10	0.00	0.00	1.10	639.85	0.00	0.00	639.85
		意外险	16.69	0.00	0.00	16.69	455.31	0.00	0.00	455.31
		一般寿险								
		分红类保险	0.00			0.00	0.00			0.00
		万能寿险								
		投连险								
		小 计	17.79	0.00	0.00	17.79	1095.16	0.00	0.00	1095.16
	银代业务	健康险	26.36	26.36		26.36	312.36	312.36		312.36
		意外险	1.52	1.52		1.52	37.61	37.61		37.61
		一般寿险	155.00	0.00		155.00	4260.70	356.60		4260.70
		分红类保险	16.00	16.00	0.00	16.00	728.75	661.35	0.00	728.75
		万能寿险	0.00	0.00	0.00	0.00	74.20	74.20	0.00	74.20
		投连险			0.00				0.00	
		小 计	198.88	43.88	0.00	198.88	5413.62	1442.12	0.00	5413.62
	合 计		230.47	55.53	2752.05	2982.52	21834.41	15186.74	39409.94	61244.35
太平人寿	营销业务	健康险	41.99	0.00	0.00	41.99	421.03	0.00	0.00	421.03
		意外险	37.85	0.00	0.00	37.85	580.51	0.00	0.00	580.51
		一般寿险	260.51	257.23	178.79	439.30	4954.36	4884.49	4281.34	9235.70
		分红类保险	135.60	133.25	3361.77	3497.37	9110.04	9104.21	22513.00	31623.05
		万能寿险	0.00	0.00	0.00	0.00	0.00	0.00	0.00	0.00
		投连险	0.06	0.00	0.00	0.06	0.64	0.00	0.00	0.64
		小 计	476.02	390.47	3540.57	4016.58	15066.59	13988.70	26794.34	41860.93
	直销业务	健康险	1.45	0.00	0.00	1.45	11.12	0.00	0.00	11.12
		意外险	24.41	0.00	0.00	24.41	230.30	0.00	0.00	230.30
		一般寿险	3.61	3.47	72.15	75.76	214.88	208.12	666.48	881.36
		分红类保险	0.00	0.00	−4.62	−4.62	220.10	220.10	202.23	422.33
		万能寿险	0.00	0.00	0.00	0.00	0.00	0.00	0.00	0.00
		投连险	0.00	0.00	0.00	0.00	0.00	0.00	0.00	0.00
		小 计	29.47	3.47	67.53	97.00	676.40	428.22	868.71	1545.11
	银代业务	健康险	0.09	0.00	0.00	0.09	2.24	0.00	0.00	2.24
		意外险	0.03	0.00	0.00	0.03	0.23	0.00	0.00	0.23
		一般寿险	229.91	0.41	1.07	230.98	25927.88	458.48	45.29	25973.17
		分红类保险	0.32	0.32	620.28	620.60	2383.84	1983.84	12391.97	14775.81
		万能寿险	0.00	0.00	0.00	0.00	0.00	0.00	0.00	0.00
		投连险	0.00	0.00	0.00	0.00	0.00	0.00	0.00	0.00
		小 计	230.35	0.73	621.35	851.70	28314.19	2442.32	12437.25	40751.45
	合 计		735.84	394.67	4229.44	4965.28	44057.18	16859.24	40100.31	84157.49

理赔给付			其他给付		退保		市场份额	上年同期保费	同比增长率
当期	累计	短险赔付率	当期	累计	当期	累计			
20.64	242.08	10525.22	0.00	0.00	0.00	0.00	0.01	2.00	15.00
17.00	44.81	2000.45	0.00	0.00	0.00	0.00	0.01	1.94	15.46
13.12	322.81		0.00	0.00	0.00	0.00	2.11	5909.63	34.49
0.00	0.00		4.26	76.85	3.26	59.38	7.56	35601.16	31.41
0.00	0.00		0.00	0.00	7.68	127.21	0.00	0.00	–
			0.00	0.00	0.00	0.00	0.00	0.00	–
50.76	609.70	6319.16	4.26	76.85	10.94	186.59	5.18	41514.73	31.85
							2.80	192.16	232.98
6.20	62.74	13.78					1.63	484.76	−6.08
							0.00		–
							0.00	0.00	–
							0.00		–
							0.00		–
6.20	62.74	5.73	0.00	0.00	0.00	0.00	1.16	676.92	61.79
							26.56	109.87	184.30
							1.49	9.92	279.13
0.00	71.93		0.00	0.00			0.58	238.23	1688.48
0.00	0.00		0.00	0.00	7.60	125.49	0.76	163.50	345.72
					18.37	269.03	0.02	4.00	1755.00
			0.00	0.00	12.49	153.22	0.00		–
0.00	71.93	1.33	0.00	0.00	38.46	547.74	0.47	525.52	930.15
56.96	744.37	1.22	4.26	76.85	49.40	734.33	2.66	42717.17	43.37
15.15	132.94	31.57	0.00	0.00	1.74	17.24	1.38	279.17	50.81
0.00	20.44	3.52	0.00	0.00	0.12	1.08	3.25	375.64	54.54
117.70	471.51	5.11	0.00	0.00	0.32	11.91	2.45	4636.71	99.19
19.82	179.62	0.57	376.85	9299.65	63.21	788.93	5.11	25472.29	24.15
0.00	0.00	–	0.00	0.00	0.00	0.00	0.00	−0.02	−100.00
0.00	0.00	0.00	0.00	0.00	0.00	0.00	0.25	0.67	−3.96
152.67	804.51	15.31	376.85	9299.65	65.39	819.15	3.96	30764.47	36.07
0.00	0.00	0.00	0.00	0.00	4.14	124.65	0.05	1.81	514.89
0.00	0.00	0.00	0.00	0.00	0.08	0.84	0.82	50.78	353.52
0.00	11.00	1.25	0.00	0.00	3.58	30.61	2.62	336.68	161.78
0.00	0.00	–	0.00	0.00	0.00	0.00	4.08	197.20	114.17
0.00	0.00	–	0.00	0.00	0.00	0.00	0.00	0.00	–
0.00	0.00	–	0.00	0.00	0.00	0.00	0.00	0.00	–
0.00	11.00	0.00	0.00	0.00	7.79	156.10	1.63	586.46	163.46
0.00	0.00	0.00	0.00	0.00	0.02	16.95	0.19	6.64	−66.25
0.00	0.00	–	0.00	0.00	0.00	0.00	0.01	0.28	−16.94
0.00	0.00	0.00	0.00	0.00	56.64	21597.00	3.55	21526.43	20.66
0.00	0.00	0.00	0.00	0.00	189.87	1276.27	15.45	14082.88	4.92
0.00	0.00	–	0.00	0.00	0.00	0.00	0.00	0.00	–
0.00	0.00	–	0.00	0.00	0.00	0.00	0.00	0.00	–
0.00	0.00	0.00	0.00	0.00	246.53	22890.23	3.53	35616.22	14.42
152.67	815.52	12.32	376.85	9299.65	319.72	23865.48	3.65	66967.16	25.67

续表8

公司名称	业务类别		保费收入当月				保费收入累计			
			首年	其中:期缴	续期	小计	首年	其中:期缴	续期	小计
民生人寿	营销业务	健康险	2.44	0.00	0.00	2.44	46.80	0.00	0.00	46.80
		意外险	0.31	0.18	0.42	0.73	6.66	4.31	3.65	10.31
		一般寿险	50.25	47.48	73.37	123.62	1342.18	1124.96	1118.29	2460.47
		分红类保险	1.80	1.56	292.63	294.43	42.31	39.31	5942.55	5984.86
		万能寿险	0.00	0.00	0.00	0.00	0.00	0.00	0.00	0.00
		投连险	0.00	0.00	0.00	0.00	0.00	0.00	0.00	0.00
		小计	54.80	49.22	366.42	421.22	1437.95	1168.58	7064.49	8502.44
	直销业务	健康险	0.13	0.00	0.00	0.13	2.90	0.00	0.00	2.90
		意外险	0.02	0.00	0.00	0.02	0.51	0.00	0.00	0.51
		一般寿险	0.07	0.00	0.00	0.07	1.53	0.00	0.00	1.53
		分红类保险	0.00	0.00	0.00	0.00	0.00	0.00	0.00	0.00
		万能寿险	0.00	0.00	0.00	0.00	0.00	0.00	0.00	0.00
		投连险	0.00	0.00	0.00	0.00	0.00	0.00	0.00	0.00
		小计	0.22	0.00	0.00	0.22	4.94	0.00	0.00	4.94
	银代业务	健康险	0.00	0.00	0.00	0.00	0.00	0.00	0.00	0.00
		意外险	0.00	0.00	0.00	0.00	0.00	0.00	0.00	0.00
		一般寿险	0.00	0.00	0.00	0.00	0.00	0.00	1.85	1.85
		分红类保险	0.00	0.00	0.00	0.00	0.00	0.00	22.70	22.70
		万能寿险	0.00	0.00	0.00	0.00	0.00	0.00	0.00	0.00
		投连险	0.00	0.00	0.00	0.00	0.00	0.00	0.00	0.00
		小计	0.00	0.00	0.00	0.00	0.00	0.00	24.55	24.55
	合计		55.02	49.22	366.42	421.44	1442.89	1168.58	7089.04	8531.93
富德生命	营销业务	健康险	7.91	7.91	0.00	7.91	49.21	49.21	0.00	49.21
		意外险	0.17	0.17	0.00	0.17	2.73	2.73	0.00	2.73
		一般寿险	294.97	294.97	30.92	325.89	538.59	538.59	360.98	899.57
		分红类保险	48.55	48.55	365.18	413.73	1019.08	999.08	3236.14	4255.22
		万能寿险	0.01	0.01	0.28	0.29	0.08	0.08	3.49	3.57
		投连险	0.00	0.00	0.00	0.00	0.00	0.00	0.00	0.00
		小计	351.60	351.60	396.38	747.98	1609.68	1589.68	3600.61	5210.29
	直销业务	健康险	0.44	0.44	0.00	0.44	0.51	0.51	0.00	0.51
		意外险	1.88	1.88	0.00	1.88	2.67	2.67	0.00	2.67
		一般寿险	0.00	0.00	0.00	0.00	0.00	0.00	0.00	0.00
		分红类保险	0.00	0.00	0.00	0.00	0.00	0.00	0.00	0.00
		力能寿险	0.00	0.00	0.00	0.00	0.00	0.00	0.00	0.00
		投连险	0.00	0.00	0.00	0.00	0.00	0.00	0.00	0.00
		小计	2.31	2.31	0.00	2.31	3.18	3.18	0.00	3.18
	银代业务	健康险	0.00	0.00	0.00	0.00	0.00	0.00	0.00	0.00
		意外险	0.00	0.00	0.00	0.00	0.00	0.00	0.00	0.00
		一般寿险	20.30	6.30	33.02	53.32	31896.25	20606.15	517.87	32414.12
		分红类保险	0.00	0.00	15.50	15.50	3.00	3.00	698.60	701.60
		万能寿险	0.01	0.01	0.00	0.01	0.17	0.17	0.00	0.17
		投连险	0.03	0.03	0.00	0.03	0.39	0.39	0.00	0.39
		小计	20.35	6.35	48.52	68.87	31899.81	20609.71	1216.47	33116.28
	合计		374.26	360.26	444.90	819.16	33512.67	22202.57	4817.08	38329.75

理赔给付			其他给付		退 保		市场份额	上年同期保费	同比增长率
当 期	累 计	短险赔付率	当 期	累 计	当 期	累 计			
4.40	47.51	101.52	0.00	0.00	0.00	0.00	0.15	50.82	-7.91
0.00	0.00	0.00	0.00	0.00	0.00	0.00	0.06	7.22	42.78
17.01	67.23		4.19	313.07	6.63	37.32	0.65	1258.54	95.50
2.10	122.01		41.97	375.68	24.88	417.97	0.97	6141.22	-2.55
0.00	0.00		0.00	0.00	0.00	0.00	0.00	0.00	-
0.00	0.00		0.00	0.00	0.00	0.00	0.00	0.00	-
23.51	236.75	83.19	46.16	688.75	31.51	455.29	0.80	7457.80	14.01
0.00	1.86	64.14	0.00	0.00	0.00	0.00	0.01	7.05	-58.87
0.00	0.00	0.00	0.00	0.00	0.00	0.00	0.00	0.70	-27.44
0.00	0.00		0.00	0.00	0.00	0.00	0.00	4.91	-68.87
0.00	0.00		0.00	0.00	0.00	0.00	0.00	0.00	-
0.00	0.00		0.00	0.00	0.00	0.00	0.00	0.00	-
0.00	0.00		0.00	0.00	0.00	0.00	0.00	0.00	-
0.00	1.86	54.55	0.00	0.00	0.00	0.00	0.01	12.67	-61.00
0.00	0.00	0.00	0.00	0.00	0.00	0.00	0.00	0.00	-
0.00	0.00	0.00	0.00	0.00	0.00	0.00	0.00	0.00	-
0.00	0.00		0.07	1.11	0.00	0.00	0.00	1.96	-5.61
0.00	0.00		29.91	429.35	15.64	388.98	0.02	71.60	-68.30
0.00	0.00		0.00	0.00	0.00	0.00	0.00	0.00	-
0.00	0.00		0.00	0.00	0.00	0.00	0.00	0.00	-
0.00	0.00	0.00	29.98	430.46	15.64	388.98	0.00	73.56	-66.63
23.51	238.61	81.58	76.14	1119.21	47.15	844.27	0.37	7544.03	13.10
0.81	19.25	39.13	0.00	0.00	0.00	0.00	0.16	38.91	26.47
0.00	0.00	0.00	0.00	0.00	0.00	0.00	0.02	2.44	11.88
0.00	0.00	0.00	20.65	71.11	1.63	8.88	0.24	397.25	126.45
0.00	0.00	0.00	40.54	457.24	10.71	171.16	0.69	3640.83	16.87
0.00	0.00	0.00	0.00	0.00	0.00	0.00	0.03	4.10	-12.95
0.00	0.00	0.00	0.00	0.00	0.00	0.00	0.00	0.00	-
0.81	19.25	37.06	61.19	528.35	12.34	180.04	0.49	4083.53	27.59
0.00	0.00	0.00	0.00	0.00	0.00	0.00	0.00	0.00	-
0.00	0.00	0.00	0.00	0.00	0.00	0.00	0.01	1.52	75.38
0.00	0.00	0.00	0.00	0.00	0.00	0.00	0.00	0.00	-
0.00	0.00	0.00	0.00	0.00	0.00	0.00	0.00	0.00	-
0.00	0.00	0.00	0.00	0.00	0.00	0.00	0.00	0.00	-
0.00	0.00	0.00	0.00	0.00	0.00	0.00	0.00	0.00	-
0.00	0.00	0.00	0.00	0.00	0.00	0.00	0.00	1.52	108.93
0.00	0.00	0.00	0.00	0.00	0.00	0.00	0.00	0.00	-
0.00	0.00	0.00	0.00	0.00	0.00	0.00	0.00	0.00	-
0.00	0.00	0.00	3.05	68.32	816.09	8000.17	4.43	3720.47	771.24
0.00	0.00	0.00	67.66	2633.14	43.94	545.84	0.73	1202.20	-41.64
0.00	0.00	0.00	0.00	0.00	0.00	0.00	0.00	26664.98	-100.00
0.00	0.00	0.00	0.00	0.00	0.00	0.00	0.27	0.50	-20.84
0.00	0.00	0.00	70.72	2701.46	860.03	8546.01	2.87	31588.15	4.84
0.81	19.25	34.93	131.91	3229.81	872.36	8726.06	1.66	35673.20	7.45

续表8

公司名称	业务类别		保费收入当月				保费收入累计			
			首 年	其中:期缴	续 期	小 计	首 年	其中:期缴	续 期	小 计
同方全球	营销业务	健康险	3.42	3.42	18.06	21.48	74.07	74.07	225.65	299.72
		意外险	1.69	1.69	7.66	9.35	28.94	28.94	93.58	122.52
		一般寿险	81.32	81.32	149.94	231.26	1863.74	1863.74	2554.60	4418.34
		分红类保险	1.18	1.18	117.32	118.50	585.24	579.79	1630.68	2215.92
		万能寿险	10.60	10.60	0.00	10.60	123.93	123.93	0.00	123.93
		投连险	0.42	0.42	0.00	0.42	5.04	5.04	0.00	5.04
		小 计	98.63	98.63	292.98	391.61	2680.96	2675.51	4504.51	7185.47
	直销业务	健康险	0.23	0.23	0.23	0.46	0.95	0.95	10.99	11.94
		意外险	0.86	0.86	0.48	1.34	3.62	3.62	23.29	26.91
		一般寿险	2.74	2.74	7.63	10.37	12.39	12.39	87.59	99.98
		分红类保险	0.00	0.00	0.00	0.00	0.00	0.00	0.00	0.00
		万能寿险	0.00	0.00	0.00	0.00	0.00	0.00	0.00	0.00
		投连险	0.00	0.00	0.00	0.00	0.00	0.00	0.00	0.00
		小 计	3.83	3.83	8.34	12.17	16.96	16.96	121.87	138.83
	银代业务	健康险	0.00	0.00	0.00	0.00	0.00	0.00	0.12	0.12
		意外险	0.00	0.00	0.00	0.00	0.00	0.00	0.21	0.21
		一般寿险	16.13	12.31	17.49	33.62	342.17	330.63	151.22	493.39
		分红类保险	8.90	8.90	8.40	17.30	152.50	152.50	433.97	586.47
		万能寿险	0.00	0.00	0.00	0.00	0.00	0.00	0.00	0.00
		投连险	0.00	0.00	0.00	0.00	0.00	0.00	0.00	0.00
		小 计	25.03	21.21	25.89	50.92	494.67	483.13	585.52	1080.19
	合 计		127.49	123.67	327.21	454.70	3192.59	3175.60	5211.90	8404.49
信诚人寿	营销业务	健康险	5.86	5.86	0.00	5.86	41.78	41.78	0.00	41.78
		意外险	1.22	1.22	0.00	1.22	19.44	19.44	0.00	19.44
		一般寿险	5.52	5.52	31.45	36.98	124.62	124.62	291.53	416.16
		分红类保险	1.58	−29.44	48.75	50.32	104.52	43.50	925.95	1030.47
		万能寿险	0.00	0.00	0.24	0.24	0.05	0.05	2.93	2.99
		投连险	0.00	0.00	0.87	0.87	0.01	0.01	10.43	10.44
		小 计	14.18	−16.83	81.31	95.49	290.42	229.40	1230.85	1521.27
	直销业务	健康险	0.01	0.01	0.00	0.01	92.99	92.99	0.00	92.99
		意外险	0.00	0.00	0.00	0.00	3.97	3.97	0.00	3.97
		一般寿险	1.46	1.46	0.39	1.85	112.06	112.06	2.88	114.94
		分红类保险	0.00	0.00	0.00	0.00	0.00	0.00	0.00	0.00
		力能寿险	0.00	0.00	0.00	0.00	0.00	0.00	0.00	0.00
		投连险	0.00	0.00	0.00	0.00	0.00	0.00	0.00	0.00
		小 计	1.47	1.47	0.39	1.86	209.03	209.03	2.88	211.90
	银代业务	健康险	−0.03	−0.03	0.00	−0.03	3.41	3.41	0.00	3.41
		意外险	0.08	0.08	0.00	0.08	11.36	11.36	0.00	11.36
		一般寿险	2.46	2.46	6.79	9.25	16.20	14.44	108.26	124.46
		分红类保险	3.38	3.38	4.47	7.85	50.43	50.43	920.89	971.32
		万能寿险	0.00	0.00	0.00	0.00	0.00	0.00	0.00	0.00
		投连险	0.00	0.00	2.20	2.20	0.04	0.04	25.62	25.66
		小 计	5.89	5.89	13.46	19.35	81.44	79.68	1054.77	1136.21
	合 计		21.55	−9.46	95.16	116.71	580.89	518.11	2288.50	2869.39

理赔给付			其他给付		退保		市场份额	上年同期保费	同比增长率
当期	累计	短险赔付率	当期	累计	当期	累计			
15.55	120.84	40.32	0.00	0.00	0.00	0.03	0.98	2023.98	–85.19
5.00	5.00	4.08	0.00	0.00	–0.12	0.33	0.69	108.83	12.58
70.36	198.27	4.49	2.69	19.54	3.33	54.53	1.17	917.30	381.67
0.00	0.00	0.00	16.99	203.90	4.59	146.92	0.36	1839.40	20.47
0.00	0.00	0.00	0.00	0.00	0.00	0.00	0.95	120.41	2.92
0.00	0.00	0.00	0.00	0.00	0.00	0.00	1.96	5.13	–1.75
90.91	324.11	4.51	19.68	223.44	7.80	201.81	0.68	5015.05	43.28
0.00	3.18	26.63	0.00	0.00	0.00	0.00	0.05	20.66	–42.21
0.00	0.00	0.00	0.00	0.00	0.00	0.00	0.10	27.63	–2.61
0.00	0.00	0.00	0.00	0.00	0.00	6.34	0.30	82.90	20.60
0.00	0.00		0.00	0.00	0.00	0.00	0.00	0.00	–
0.00	0.00		0.00	0.00	0.00	0.00	0.00	0.00	–
0.00	0.00		0.00	0.00	0.00	0.00	0.00	0.00	–
0.00	3.18	2.29	0.00	0.00	0.00	6.34	0.15	131.19	5.82
0.00	0.00	0.00	0.00	0.00	0.00	0.00	0.01	77.72	–99.85
0.00	0.00	0.00	0.00	0.00	0.00	0.00	0.01	0.39	–46.15
0.00	10.66	2.16	15.77	201.09	0.00	5.24	0.07	98.19	402.48
0.00	0.00	0.00	23.43	186.67	8.83	179.46	0.61	694.89	–15.60
0.00	0.00		0.00	0.00	0.50	0.50	0.00	0.00	–
0.00	0.00		0.00	0.00	0.00	0.00	0.00	0.00	–
0.00	10.66	0.99	39.20	387.76	9.33	185.20	0.09	871.19	23.99
90.91	337.95	4.02	58.88	611.20	17.13	393.35	0.36	6017.43	39.67
3.82	18.53	0.44	0.00	0.00	0.00	0.00	44.36	37.79	10.56
0.00	0.00	0.00	0.00	0.00	0.00	0.00	0.00	11.67	66.56
2.44	53.99	0.00	0.00	0.00	0.14	4.09	0.00	310.09	34.21
0.00	2.70	0.00	5.51	70.30	2.54	23.47	0.00	1013.63	1.66
0.00	0.00	0.00	0.00	0.00	0.00	0.00	0.00	3.01	–0.71
0.00	0.00	0.00	0.00	0.00	0.00	0.00	0.00	10.98	–4.97
6.27	75.22		5.51	70.30	2.68	27.56		1387.16	9.67
0.02	49.31	0.53	0.00	0.00	0.00	0.00	53.03	81.12	14.63
0.00	0.00	0.00	0.00	0.00	0.00	0.00	0.00	7.80	–49.09
0.00	123.94	0.00	0.00	0.00	0.00	0.00	0.00	124.83	–7.92
0.00	0.00	0.00	0.00	0.00	0.00	0.00	0.00	0.00	–
0.00	0.00	0.00	0.00	0.00	0.00	0.00	0.00	0.00	–
0.00	0.00	0.00	0.00	0.00	0.00	0.00	0.00	0.00	–
0.02	173.25		0.00	0.00	0.00	0.00		213.74	–0.86
0.19	1.25	0.37	0.00	0.00	0.00	0.00	36.63	5.59	–38.99
2.00	6.00	0.53	0.00	0.00	0.00	0.00	52.83	124.82	–90.90
0.00	0.00	0.00	0.00	0.00	0.72	4.82	0.00	130.32	–4.49
0.00	0.00	0.00	70.21	787.42	0.89	315.53	0.00	1432.55	–32.20
0.00	0.00	0.00	0.00	0.00	0.00	0.00	0.00	0.00	–
0.00	0.00	0.00	0.00	0.00	0.00	0.00	0.00	25.11	2.18
2.19	7.25		70.21	787.42	1.62	320.35		1718.40	–33.88
8.48	255.72		75.72	857.72	4.29	347.91		3319.31	–13.55

续表8

公司名称	业务类别		保费收入当月				保费收入累计			
			首年	其中:期缴	续期	小计	首年	其中:期缴	续期	小计
中宏人寿	营销业务	健康险	121.67	121.67	467.75	589.42	3199.70	3199.70	4568.79	7768.49
		意外险	14.49	14.49	0.12	14.61	157.05	157.05	0.28	157.33
		一般寿险	105.23	64.44	91.99	197.22	1270.14	1058.77	764.25	2034.38
		分红类保险	207.05	207.05	1095.40	1302.45	2189.62	2155.47	11956.99	14146.61
		万能寿险	0.00	0.00	0.00	0.00	0.00	0.00	0.00	0.00
		投连险	0.00	0.00	0.00	0.00	0.00	0.00	0.00	0.00
		小计	448.44	407.65	1655.26	2103.70	6816.50	6570.99	17290.32	24106.82
	直销业务	健康险	64.00	34.58	0.00	64.00	431.94	402.52	0.00	431.94
		意外险	12.33	12.33	0.22	12.55	257.48	257.48	1.95	259.43
		一般寿险	2.63	2.63	2.87	5.50	27.54	27.54	25.30	52.84
		分红类保险								
		万能寿险	0.00	0.00	0.00	0.00	0.00	0.00	0.00	0.00
		投连险								
		小计	78.96	49.54	3.09	82.05	716.97	687.55	27.25	744.21
	银代业务	健康险	0.35	0.35	0.17	0.51	3.10	3.10	1.15	4.25
		意外险	1.37	1.37	0.53	1.89	9.39	9.39	6.90	16.29
		一般寿险	23.00	23.00	8.58	31.58	159.64	159.64	105.50	265.14
		分红类保险	0.00	0.00	2.03	2.03	−22.00	−22.00	39.87	17.87
		万能寿险	0.00	0.00	0.00	0.00	0.00	0.00	0.00	0.00
		投连险	0.00	0.00	0.00	0.00	0.00	0.00	0.00	0.00
		小计	24.71	24.71	11.30	36.01	150.13	150.13	153.42	303.56
	合计		552.11	481.90	1669.66	2221.76	7683.60	7408.67	17470.99	25154.59
合众人寿	营销业务	健康险	32.81	32.81	23.78	56.59	281.82	281.82	180.48	462.30
		意外险	0.68	0.68	0.46	1.14	4.82	4.82	8.21	13.03
		一般寿险	82.93	82.93	17.53	100.46	300.87	300.87	316.51	617.38
		分红类保险	4.88	4.88	74.48	79.36	1107.83	1107.83	1722.13	2829.96
		万能寿险	45.18	45.18	24.20	69.38	587.89	587.89	436.70	1024.59
		投连险							0.00	0.00
		小计	166.48	166.48	140.45	306.93	2283.23	2283.23	2664.03	4947.26
	直销业务	健康险								
		意外险			0.00	0.00			0.00	0.00
		一般寿险								
		分红类保险								
		万能寿险								
		投连险								
		小计	0.00	0.00	0.00	0.00	0.00	0.00	0.00	0.00
	银代业务	健康险			0.00	0.00			2.95	2.95
		意外险			0.00	0.00			0.00	0.00
		一般寿险			0.00	0.00			0.00	0.00
		分红类保险			6.60	6.60			179.20	179.20
		万能寿险			0.00	0.00			0.00	0.00
		投连险							0.00	0.00
		小计	0.00	0.00	6.60	6.60	0.00	0.00	182.15	182.15
	合计		166.48	166.48	147.05	313.53	2283.23	2283.23	2846.18	5129.41

理赔给付			其他给付		退保		市场份额	上年同期保费	同比增长率
当期	累计	短险赔付率	当期	累计	当期	累计			
112.66	788.44		0.00	0.00	6.97	32.14	25.40	4738.66	63.94
0.00	14.28		0.00	0.00	0.00	0.00	0.88	138.60	13.51
0.00	0.00		7.43	70.12	1.36	10.77	0.54	992.21	105.04
17.96	66.49		58.71	551.69	46.61	308.85	2.29	12253.45	15.45
0.00	0.00		0.00	0.00	0.00	0.00	0.00	0.00	–
0.00	0.00		0.00	0.00	0.00	0.00	0.00	0.00	–
130.63	869.20		66.14	621.81	54.94	351.76	2.28	18122.92	33.02
8.25	77.56		0.00	0.00	0.00	0.00	1.89	208.83	106.84
0.00	49.50		0.00	0.00	0.00	0.00	0.93	159.44	62.71
0.00	17.00		0.00	0.00	0.27	0.95	0.16	40.68	29.90
							0.00		–
0.00	0.00		0.00	0.00	0.00	0.00	0.00	0.00	–
							0.00		–
8.25	144.06		0.00	0.00	0.27	0.96	0.79	408.95	81.98
0.00	0.00		0.00	0.00	0.00	0.07	0.36	1.42	199.80
0.00	0.00		0.00	0.00	0.00	0.00	0.65	10.07	61.80
0.00	0.00		0.00	0.00	1.60	18.84	0.04	140.74	88.38
0.00	0.00		0.45	3.60	1.40	10.14	0.02	62.85	–71.56
0.00	0.00		0.00	0.00	0.00	0.00	0.00	0.00	–
0.00	0.00		0.00	0.00	0.00	0.00	0.00	0.00	–
0.00	0.00		0.45	3.60	3.00	29.05	0.03	215.08	41.14
138.88	1013.26	10.76	66.59	625.41	58.21	381.77	1.09	18746.94	34.18
18.52	64.90	14.04	0.00	0.24	1.89	8.75	1.51	214.05	115.98
0.00	3.28	25.17	0.00	0.00	0.00	0.00	0.07	11.02	18.24
0.00	0.34		0.00	1.18	1.88	7.45	0.16	422.79	46.03
0.00	12.27		0.84	527.17	1.94	95.26	0.46	1934.14	46.32
0.00	8.91		49.08	324.00	42.70	446.09	7.84	758.37	35.10
	0.00		0.00	0.00	0.00	0.00	0.00		–
18.52	78.03	14.34	49.92	852.59	48.41	557.16	0.47	3340.37	48.11
0.17	0.34		0.00	0.00		0.00	0.00		–
0.00	3.06	–	0.00	0.00		0.00	0.00	1.37	–100.00
	0.00		0.00	0.00		0.00	0.00		–
	0.00		0.00	0.00		0.00	0.00		–
	0.00	0.00	0.00	0.00		0.00	0.00		–
	0.00		0.00	0.00		0.00	0.00		–
0.17	3.40	–	0.00	0.00		0.00	0.00	1.37	–100.00
	0.00		0.00	0.00	0.00	0.00	0.25	0.00	–
	0.00		0.00	0.00	0.00	0.00	0.00	0.00	–
	0.00		0.00	0.00	0.00	0.00	0.00	0.00	–
0.00	8.70	4.85	17.98	895.26	54.81	341.44	0.19	5283.32	–96.61
	0.00	–	0.00	0.00	0.00	1.96	0.00	0.00	–
	0.00		0.00	0.00	0.00	0.00	0.00	0.00	–
0.00	8.70	4.78	17.98	895.26	54.81	343.40	0.02	5283.32	–96.55
18.69	90.13	–	67.90	1747.85	103.22	900.56	0.22	8625.06	–40.53

续表8

公司名称	业务类别		保费收入当月				保费收入累计			
			首 年	其中:期缴	续 期	小 计	首 年	其中:期缴	续 期	小 计
中意人寿	营销业务	健康险	292.04	292.04	131.61	423.65	1962.72	1962.72	1183.92	3146.64
		意外险	11.29	11.29	11.81	23.10	89.97	89.97	124.88	214.85
		一般寿险	571.83	571.83	340.88	912.71	4244.19	4244.19	2600.23	6844.42
		分红类保险	383.76	383.53	288.35	672.11	5615.99	5609.92	5038.30	10654.29
		万能寿险	0.00	0.00	0.00	0.00	0.00	0.00	0.00	0.00
		投连险	1.09	1.09	0.00	1.09	13.23	13.23	0.00	13.23
		小 计	1260.01	1259.78	772.65	2032.66	11926.11	11920.04	8947.32	20873.44
	直销业务	健康险	15.69	15.69	0.29	15.98	294.80	294.80	0.99	295.79
		意外险	19.22	19.22	0.01	19.23	109.09	109.09	0.03	109.12
		一般寿险	0.57	0.57	0.85	1.42	30.20	30.20	2.13	32.33
		分红类保险	0.00	0.00	0.00	0.00	5.93	5.93	0.00	5.93
		万能寿险	0.00	0.00	0.00	0.00	0.00	0.00	0.00	0.00
		投连险	0.00	0.00	0.00	0.00	0.00	0.00	0.00	0.00
		小 计	35.48	35.48	1.15	36.63	440.01	440.01	3.16	443.17
	银代业务	健康险	0.18	0.18	1.69	1.86	21.50	21.50	13.97	35.47
		意外险	0.39	0.39	1.79	2.18	9.36	9.36	49.07	58.43
		一般寿险	−200.06	−200.06	4.88	−195.18	15168.66	1193.75	162.76	15331.42
		分红类保险	0.00	0.00	9.40	9.40	26.13	26.13	445.60	471.73
		万能寿险	0.05	0.05	0.00	0.05	0.66	0.66	0.00	0.66
		投连险	0.11	0.11	0.00	0.11	1.33	1.33	0.00	1.33
		小 计	−199.34	−199.34	17.76	−181.58	15227.64	1252.73	671.41	15899.05
	合 计		1096.15	1095.93	791.56	1887.71	27593.76	13612.78	9621.89	37215.65
陆家嘴国泰	营销业务	健康险	1.70	1.70	0.00	1.70	4.93	2.06	0.00	4.93
		意外险	0.17	0.11	0.17	0.34	1.45	0.35	5.74	7.19
		一般寿险	150.44	150.44	25.80	176.25	406.84	406.84	338.94	745.78
		分红类保险	0.06	0.06	39.52	39.59	82.35	82.35	508.80	591.15
		万能寿险	0.00	0.00	0.00	0.00	0.00	0.00	0.00	0.00
		投连险	0.00	0.00	0.00	0.00	0.00	0.00	0.00	0.00
		小 计	152.39	152.32	65.50	217.88	495.58	491.60	853.48	1349.05
	直销业务	健康险	4.74	4.74	0.00	4.74	40.12	40.12	0.00	40.12
		意外险	16.26	16.26	0.00	16.26	104.74	104.74	0.00	104.74
		一般寿险	0.00	0.00	0.00	0.00	0.00	0.00	0.00	0.00
		分红类保险	0.00	0.00	0.00	0.00	0.00	0.00	0.00	0.00
		万能寿险	0.00	0.00	0.00	0.00	0.00	0.00	0.00	0.00
		投连险	0.00	0.00	0.00	0.00	0.00	0.00	0.00	0.00
		小 计	20.99	20.99	0.00	20.99	144.86	144.86	0.00	144.86
	银代业务	健康险	0.00	0.00	0.00	0.00	0.00	0.00	0.00	0.00
		意外险	0.00	0.00	0.00	0.00	0.00	0.00	0.01	0.01
		一般寿险	0.00	0.00	0.17	0.17	0.00	0.00	2.17	2.17
		分红类保险	0.00	0.00	1.13	1.13	0.00	0.00	150.48	150.48
		万能寿险	0.00	0.00	0.00	0.00	0.00	0.00	0.00	0.00
		投连险	0.00	0.00	0.00	0.00	0.00	0.00	0.01	0.01
		小 计	0.00	0.00	1.30	1.30	0.00	0.00	152.67	152.67
	合 计		173.38	173.31	66.80	240.18	640.43	636.45	1006.15	1646.58

理赔给付			其他给付		退保		市场份额	上年同期保费	同比增长率
当期	累计	短险赔付率	当期	累计	当期	累计			
3.39	34.81	1.11	29.95	405.64	2.31	15.87	10.29	1340.24	134.78
0.78	18.34	8.54	0.00	0.00	0.00	0.00	1.20	152.79	40.62
0.00	0.00		0.00	121.60	2.76	19.04	1.82	2904.67	135.64
0.00	0.00		25.91	339.39	67.53	278.25	1.72	5855.66	81.95
0.00	0.00		0.00	0.01	0.00	0.00	0.00	0.00	–
0.00	0.00		0.00	0.00	0.00	0.00	5.13	14.21	–6.88
4.17	53.16	1.58	55.86	866.63	72.61	313.16	1.97	10267.58	103.29
28.42	222.00	75.06	0.00	0.00	0.00	0.00	1.29	387.42	–23.65
0.00	5.08	4.66	0.00	0.00	0.00	0.00	0.39	83.55	30.61
0.00	0.00		0.00	20.00	0.00	0.00	0.10	36.83	–12.22
0.00	0.00		0.00	0.00	0.00	0.00	0.06	0.00	–
0.00	0.00		0.00	0.00	0.00	0.00	0.00	0.00	–
0.00	0.00		0.00	0.00	0.00	0.00	0.00	0.00	–
28.42	227.08	56.08	0.00	20.00	0.00	0.00	0.47	507.79	–12.73
0.00	0.00	0.00	4.00	5.00	0.01	0.02	3.02	12.78	177.46
2.00	2.00	3.42	0.00	0.00	0.00	0.00	2.32	50.98	14.61
0.00	0.00		6.94	225.32	84.70	2709.05	2.09	25498.00	–39.87
0.00	0.00		0.96	160.37	3.00	45.32	0.49	597.30	–21.02
0.00	0.00		0.00	0.00	0.00	0.00	0.00	1.04	–36.35
0.00	0.00		0.00	0.00	0.00	0.00	0.90	1.63	–18.26
2.00	2.00	2.13	11.90	390.70	87.71	2754.40	1.38	26161.73	–39.23
34.59	282.24	1689.82	67.76	1277.33	160.33	3067.56	1.61	36937.10	0.75
0.00	0.11	2.19	0.00	0.00	0.00	0.00	0.02	0.06	8300.03
0.00	0.11	1.50	0.00	0.00	0.00	0.00	0.04	7.51	–4.27
6.45	64.87		2.22	17.77	0.03	5.03	0.20	362.36	105.81
0.00	0.00		12.59	100.87	0.97	15.21	0.10	591.78	–0.11
0.00	0.00		0.00	0.00	0.00	0.00	0.00	0.00	–
0.00	0.00		0.00	0.00	0.00	0.00	0.00	0.00	–
6.45	65.09	1.78	14.81	118.64	0.99	20.24	0.13	961.71	40.28
5.70	42.09	104.92	0.00	0.00	0.00	0.00	0.18	55.87	–28.19
8.00	85.50	81.63	0.00	0.00	0.00	0.00	0.37	129.04	–18.83
0.00	0.00		0.00	0.00	0.00	0.00	0.00	69.42	–100.00
0.00	0.00		0.00	0.00	0.00	0.00	0.00	5.80	–100.00
0.00	0.00		0.00	0.00	0.00	0.00	0.00	0.00	–
0.00	0.00		0.00	0.00	0.00	0.00	0.00	0.00	–
13.70	127.59	88.08	0.00	0.00	0.00	0.00	0.15	260.13	–44.31
0.00	0.00	0.00	0.00	0.00	0.00	0.00	0.00	0.00	–
0.00	0.00	0.00	0.00	0.00	0.00	0.00	0.00	0.00	–
0.00	0.00		0.00	0.00	0.00	0.00	0.00	0.00	–
0.00	0.00		4.82	78.95	0.00	17.00	0.16	188.88	–20.33
0.00	0.00		0.00	0.00	0.00	0.00	0.00	0.00	–
0.00	0.00		0.00	0.00	0.00	0.00	0.01	0.04	–81.95
0.00	0.00	0.00	4.82	78.95	0.00	17.00	0.01	188.93	–19.19
20.15	192.68	81.41	19.63	197.59	0.99	37.24	0.07	1410.76	16.72

续表8

公司名称	业务类别		保费收入当月				保费收入累计			
			首 年	其中:期缴	续 期	小 计	首 年	其中:期缴	续 期	小 计
农银人寿	营销业务	健康险	0.00	0.00	0.00	0.00	0.00	0.00	0.00	0.00
		意外险	0.00	0.00	0.00	0.00	0.00	0.00	0.00	0.00
		一般寿险	0.19	0.19	0.00	0.19	5.47	4.51	0.00	5.47
		分红类保险	39.10	39.10	42.00	81.10	70.70	70.46	1447.86	1518.56
		万能寿险	4.90	4.90	0.00	4.90	110.59	110.59	0.00	110.59
		投连险	0.00	0.00	0.00	0.00	0.00	0.00	0.00	0.00
		小 计	44.19	44.19	42.00	86.19	186.76	185.56	1447.86	1634.62
	直销业务	健康险	0.00	0.00	0.00	0.00	0.00	0.00	0.00	0.00
		意外险	0.00	0.00	0.00	0.00		0.00	0.00	0.00
		一般寿险	16.00	0.00	0.00	16.00	341.00	0.00	0.00	341.00
		分红类保险	0.00	0.00	0.00	0.00	0.00	0.00	0.00	0.00
		万能寿险	0.00	0.00	0.00	0.00	0.00	0.00	0.00	0.00
		投连险	0.00	0.00	0.00	0.00	0.00	0.00	0.00	0.00
		小 计	16.00	0.00	0.00	16.00	341.00	0.00	0.00	341.00
	银代业务	健康险	0.00	0.00	0.00	0.00	0.00	0.00	0.00	0.00
		意外险	0.00	0.00	0.00	0.00	0.00	0.00	0.00	0.00
		一般寿险	2.10	2.10	0.00	2.10	1334.53	11.00	0.00	1334.53
		分红类保险	39.10	39.10	53.00	92.10	170.75	170.75	644.00	814.75
		万能寿险	4.90	4.90	0.00	4.90	172.25	172.25	0.00	172.25
		投连险	0.00	0.00	0.00	0.00	0.00	0.00	0.00	0.00
		小 计	7.00	7.00	53.00	99.10	1677.53	354.00	644.00	2321.53
	合 计		67.19	51.19	95.00	201.29	2205.29	539.56	2091.86	4297.15
北大方正	营销业务	健康险	1.82	–0.43	53.15	54.97	288.25	288.25	490.24	778.50
		意外险	0.09	2.34	1.49	1.58	14.26	14.26	17.79	32.05
		一般寿险	1.79	1.79	39.35	41.13	206.81	206.81	304.21	511.01
		分红类保险	0.00	0.00	60.10	60.10	501.66	334.89	1029.99	1531.65
		万能寿险	0.00	0.00	0.52	0.52	0.18	0.18	6.11	6.30
		投连险	0.00	0.00	0.00	0.00			0.03	0.03
		小 计	3.70	3.70	154.62	158.32	1011.17	844.40	1848.38	2859.55
	直销业务	健康险	0.94	0.94	1.96	2.89	12.57	12.57	35.37	47.94
		意外险	0.00	0.00	0.15	0.15	–0.26	–0.26	2.32	2.06
		一般寿险	7.11	7.11	7.37	14.48	27.84	27.84	108.41	136.25
		分红类保险	0.32	0.32	7.17	7.49	3.90	3.90	124.78	128.69
		万能寿险	0.00	0.00	0.00	0.00				
		投连险	0.00	0.00	0.00	0.00				
		小 计	8.36	8.36	16.65	25.01	44.05	44.05	270.89	314.94
	银代业务	健康险	0.00	0.00	0.00	0.00	4.30	4.30	4.91	9.21
		意外险	0.00	0.00	0.00	0.00				0.00
		一般寿险	0.00	0.00	0.00	0.00	5.40	5.40	6.09	11.49
		分红类保险	0.00	0.00	0.00	0.00				0.00
		万能寿险	0.00	0.00	0.00	0.00				0.00
		投连险	0.00	0.00	0.00	0.00				0.00
		小 计	0.00	0.00	0.00	0.00	9.70	9.70	11.00	20.70
	合 计		12.06	12.06	171.27	183.33	1064.92	898.15	2130.27	3195.19

理赔给付			其他给付		退保		市场份额	上年同期保费	同比增长率
当期	累计	短险赔付率	当期	累计	当期	累计			
0.00	0.00				0.00	0.00	0.00	0.00	–
					0.00	0.00	0.00	0.00	–
							0.00	6.55	–16.49
0.00	0.31		11.40	83.15	26.09	119.48	0.25	397.40	282.12
					0.00	0.00	0.85	0.00	–
							0.00	0.00	–
0.00	0.31	0.00	11.40	83.15	26.09	119.48	0.15	403.95	304.66
0.00	0.00						0.00	0.00	–
	0.00						0.00	0.00	–
							1.02	162.50	109.85
3.90	6.96						0.00	0.00	–
							0.00	0.00	–
							0.00	0.00	–
3.90	6.96	0.00	0.00	0.00	0.00	0.00	0.36	162.50	109.85
							0.00	0.00	–
							0.00	0.00	–
					0.00	0.00	0.18	7.35	18056.87
0.00	4.02		0.00	38.74	33.05	6741.94	0.85	6186.92	–86.83
							0.05	1.72	9914.53
0.00	0.00						0.00	0.00	–
0.00	4.02	0.17	0.00	38.74	33.05	6741.94	0.20	6195.99	–62.53
3.90	11.29	0.26	11.40	121.89	59.14	6861.42	0.19	6762.44	–36.46
2.64	69.91	8.98	0.00		2.58	23.81	2.55	589.49	32.06
0.00	23.00	71.76					0.18	36.54	–12.29
0.00	28.82	5.64	0.00	0.30	1.56	18.97	0.14	384.99	32.73
0.00		0.00	0.93	39.86	1.52	124.57	0.25	1563.76	–2.05
0.00	12.00	190.55					0.05	6.37	–1.08
		0.00					0.01	0.03	10.69
2.64	133.72	4.68	0.93	40.16	5.66	167.35	0.27	2581.19	10.78
0.00	0.26	0.55	0.00		0.34	3.06	0.21	35.57	34.76
		0.00					0.01	2.56	–19.56
0.00		0.00			1.89	1.49	0.41	107.73	26.47
		0.00	0.00	1.50	1.96	20.55	1.24	132.18	–2.64
		–					0.00		–
		–					0.00		–
0.00	0.26	0.08	0.00	1.50	4.19	25.10	0.33	278.05	13.27
		0.00			0.08	0.08	0.78	5.35	72.13
		–					0.00	0.00	–
0.00	1.00	8.70			0.10	0.10	0.00	6.65	72.80
		–					0.00	0.00	–
0.00	1.09	–					0.00	0.00	–
		–					0.00	0.00	–
0.00	2.09	10.12	0.00	0.00	0.00	0.18	0.00	12.00	72.50
2.64	136.08	4.26	0.93	41.66	9.86	192.63	0.14	2871.24	11.28

续表8

公司名称	业务类别		保费收入当月				保费收入累计			
			首 年	其中:期缴	续 期	小 计	首 年	其中:期缴	续 期	小 计
恒安标准	营销业务	健康险	0.28	0.00	0.00	0.28	5.26	0.00	0.00	5.26
		意外险	0.33	0.00	0.00	0.33	8.72	0.00	0.00	8.72
		一般寿险	20.53	19.86	26.36	46.88	355.29	342.18	391.48	746.77
		分红类保险	27.40	27.40	56.52	83.92	410.99	410.99	876.18	1287.17
		万能寿险	0.00	0.00	0.00	0.00	0.00	0.00	0.00	0.00
		投连险	0.00	0.00	0.00	0.00	0.00	0.00	0.00	0.00
		小 计	48.54	47.26	82.88	131.42	780.26	753.17	1267.66	2047.92
	直销业务	健康险	0.58	0.00	0.00	0.58	31.18	0.00	0.00	31.18
		意外险	1.06	0.00	0.00	1.06	38.28	0.00	0.00	38.28
		一般寿险	0.00	0.00	0.00	0.00	1.73	0.00	0.00	1.73
		分红类保险	0.00	0.00	0.00	0.00	0.13	0.00	0.00	0.13
		万能寿险	0.00	0.00	0.00	0.00	0.00	0.00	0.00	0.00
		投连险	0.00	0.00	0.00	0.00	0.00	0.00	0.00	0.00
		小 计	1.64	0.00	0.00	1.64	71.32	0.00	0.00	71.32
	银代业务	健康险	0.00	0.00	0.00	0.00	0.00	0.00	0.00	0.00
		意外险	0.00	0.00	0.00	0.00	0.00	0.00	0.00	0.00
		一般寿险	0.00	0.00	0.02	0.02	0.00	0.00	4.35	4.35
		分红类保险	0.00	0.00	15.08	15.08	0.00	0.00	276.65	276.65
		万能寿险	0.00	0.00	0.00	0.00	0.00	0.00	0.00	0.00
		投连险	0.00	0.00	0.00	0.00	0.00	0.00	0.00	0.00
		小 计	0.00	0.00	15.10	15.10	0.00	281.00	281.00	281.00
	合 计		50.18	47.26	97.98	148.16	851.58	1034.17	1548.66	2400.24
友邦保险	营销业务	健康险	104.46	0.00	0.00	104.46	835.37	0.00	0.00	835.37
		意外险	66.55	0.00	0.00	66.55	445.89	0.00	0.00	445.89
		一般寿险	671.88	671.88	667.51	1339.39	3659.12	3659.12	4263.40	7922.52
		分红类保险	366.26	366.26	325.83	692.09	1858.11	1849.79	2406.25	4264.36
		万能寿险	0.00	0.00	0.04	0.04	0.00	0.00	0.66	0.66
		投连险	0.23	0.23	0.85	1.08	3.25	3.25	8.67	11.92
		小 计	1209.38	1038.37	994.23	2203.61	6801.74	5512.16	6678.98	13480.72
	直销业务	健康险	23.26	0.00	0.00	23.26	260.62	0.00	0.00	260.62
		意外险	8.61	0.00	0.00	8.61	186.43	0.00	0.00	186.43
		一般寿险	1.30	1.30	2.02	3.32	11.52	11.52	12.94	24.46
		分红类保险	0.00	0.00	0.00	0.00	0.00	0.00	0.00	0.00
		万能寿险	0.00	0.00	0.00	0.00	0.00	0.00	0.00	0.00
		投连险	0.00	0.00	0.00	0.00	0.00	0.00	0.00	0.00
		小 计	33.17	1.30	2.02	35.19	458.57	11.52	12.94	471.51
	银代业务	健康险	5.26	0.00	0.00	5.26	18.53	0.00	0.00	18.53
		意外险	1.68	0.00	0.00	1.68	22.08	0.00	0.00	22.08
		一般寿险	10.43	10.43	49.96	60.39	210.47	210.47	498.31	708.78
		分红类保险	240.93	240.93	54.62	295.55	2926.23	1356.08	1702.04	4628.27
		万能寿险	0.00	0.00	0.00	0.00	0.00	0.00	0.00	0.00
		投连险	0.00	0.00	0.00	0.00	0.00	0.00	0.00	0.00
		小 计	258.30	251.36	104.58	362.88	3177.31	1566.55	2200.35	5377.66
	合 计		1500.85	1291.03	1100.83	2601.68	10437.62	7090.23	8892.27	19329.89

理赔给付			其他给付		退保		市场份额	上年同期保费	同比增长率
当期	累计	短险赔付率	当期	累计	当期	累计			
0.00	1.50	28.00	0.00	0.00	0.00	0.00	0.02	5.02	4.78
0.00	0.00	0.00	0.00	0.00	0.00	0.00	0.05	8.56	1.87
0.48	43.21		0.00	0.00	0.31	5.24	0.20	421.46	77.19
0.00	5.01		6.58	104.35	0.83	18.83	0.21	930.09	38.39
0.00	0.00		0.00	0.00	0.00	0.00	0.00	0.00	–
0.00	0.00	0.00	0.00	0.00	0.00	0.00	0.00	0.00	–
0.48	49.72	11.00	6.58	104.35	1.14	24.07	0.19	1365.13	50.02
1.58	47.78	153.00	0.00	0.00	0.00	0.00	0.14	35.22	–11.47
0.00	33.60	88.00	0.00	0.00	0.00	0.00	0.14	52.18	–26.64
0.00	0.00		0.00	0.00	0.00	0.00	0.01	1.84	–5.98
0.00	0.00		0.00	0.00	0.00	0.00	0.00	0.00	–
0.00	0.00		0.00	0.00	0.00	0.00	0.00	0.00	–
0.00	0.00		0.00	0.00	0.00	0.00	0.00	0.00	–
1.58	81.38	117.00	0.00	0.00	0.00	0.00	0.08	89.24	–20.08
0.00	0.00	–	0.00	0.00	0.00	0.00	0.00	0.00	–
0.00	0.00	–	0.00	0.00	0.00	0.00	0.00	0.00	–
0.00	0.00		0.00	0.00	0.02	0.51	0.00	4.40	–1.14
0.00	0.04		–0.13	317.73	0.48	26.17	0.29	289.20	–4.34
0.00	0.00		0.00	0.00	0.00	0.00	0.00	0.00	–
0.00	0.00		0.00	0.00	0.00	0.00	0.00	0.00	–
0.00	0.04		–0.13	317.73	0.50	26.68	0.02	293.60	–4.29
2.05	131.15	99.00	6.45	422.08	1.64	50.75	0.10	1747.97	37.32
17.07	179.00	21.43	0.00	0.00	0.00	0.00	2.73	508.45	64.30
0.00	8.00	1.79	0.00	0.00	0.01	0.01	2.49	286.09	55.86
79.35	303.34	3.83	1.70	5.83	9.05	63.50	2.10	4532.02	74.81
0.00	11.90	0.28	8.42	55.38	2.29	46.00	0.69	2633.76	61.91
0.00	0.00	0.00	0.00	0.00	0.00	0.00	0.01	0.76	–13.16
0.00	0.00	0.00	0.00	0.00	0.00	0.00	4.62	9.31	28.03
96.42	502.24	3.73	10.12	61.21	11.35	109.51	1.28	7970.39	69.14
6.75	77.89	29.89	0.00	0.00	0.00	0.00	1.14	123.00	111.89
0.00	10.00	5.36	0.00	0.00	0.00	0.00	0.67	155.17	20.15
0.00	0.00	0.00	0.00	0.00	0.00	0.00	0.07	19.30	26.74
0.00	0.00		0.00	0.00	0.00	0.00	0.00	0.00	–
0.00	0.00		0.00	0.00	0.00	0.00	0.00	0.00	–
0.00	0.00		0.00	0.00	0.00	0.00	0.00	0.00	–
6.75	87.89	18.64	0.00	0.00	0.00	0.00	0.50	297.47	58.51
0.00	2.91	15.70	0.00	0.00	0.00	0.00	1.58	11.80	57.03
0.00	0.00	0.00	0.00	0.00	0.00	0.00	0.88	28.28	–21.92
0.00	50.08	7.07	0.00	0.44	2.11	36.24	0.10	618.49	14.60
0.00	0.00	0.00	0.01	443.60	2.84	101.23	4.84	1970.47	134.88
0.00	0.00		0.00	0.00	0.00	0.00	0.00	0.00	–
0.00	0.00		0.00	0.00	0.00	0.00	0.00	0.00	–
0.00	52.99	0.99	0.01	444.04	4.95	137.47	0.47	2629.04	104.55
103.17	643.12	3.33	10.13	505.25	16.30	246.98	0.84	10896.90	77.39

续表8

公司名称	业务类别		保费收入当月				保费收入累计			
			首 年	其中:期缴	续 期	小 计	首 年	其中:期缴	续 期	小 计
人保健康	营销业务	健康险	2.31			2.31	37.58			37.58
		意外险	2.93			2.93	115.29			115.29
		一般寿险	12.51	10.77	34.43	46.94	2159.39	698.27	678.72	2838.11
		分红类保险				0.00				0.00
		万能寿险			1.22	1.22			14.70	14.70
		投连险				0.00				0.00
		小 计	17.75	10.77	35.65	53.40	2312.26	698.27	693.42	3005.68
	直销业务	健康险	338.03			338.03	495.87			495.87
		意外险	15.25			15.25	229.10			229.10
		一般寿险				0.00				0.00
		分红类保险				0.00				0.00
		万能寿险				0.00				0.00
		投连险				0.00				0.00
		小 计	353.28	0.00	0.00	353.28	724.97	0.00	0.00	724.97
	银代业务	健康险				0.00	46.00			46.00
		意外险	0.13	0.05	0.51	0.64	56.05	4.32	23.95	80.00
		一般寿险	2.21	2.01	–0.32	1.89	26078.71	61.97	–26.42	26052.29
		分红类保险	0.00	0.00	32.00	32.00	12.81	12.81	529.12	541.93
		万能寿险				0.00				0.00
		投连险				0.00				0.00
		小 计	2.34	2.06	32.19	34.53	26193.57	79.10	526.65	26720.22
	合 计		373.37	12.83	67.84	441.21	29230.80	777.37	1220.07	30450.87
华泰人寿	营销业务	健康险	1.50	1.50	3.76	5.26	33.57	33.57	55.22	88.79
		意外险	0.00	0.00	0.09	0.09	0.02	0.02	2.90	2.92
		一般寿险	27.35	27.04	108.59	135.94	943.84	936.14	1749.44	2693.28
		分红类保险	87.64	87.64	353.39	441.03	3079.96	3066.27	6056.71	9136.67
		万能寿险	0.00	0.00	1.74	1.74	0.01	0.01	21.18	21.19
		投连险	0.00	0.00	0.00	0.00	0.00	0.00	0.00	0.00
		小 计	116.49	116.18	467.57	584.06	4057.39	4036.01	7885.46	11942.85
	直销业务	健康险	2.61	0.24	0.00	2.61	55.69	3.28	0.00	55.69
		意外险	9.37	2.55	–0.02	9.35	209.03	36.63	0.00	209.03
		一般寿险	0.00	0.00	0.00	0.00	0.84	0.09	0.00	0.84
		分红类保险	0.00	0.00	0.00	0.00	0.00	0.00	0.00	0.00
		万能寿险	0.00	0.00	0.00	0.00	0.00	0.00	0.00	0.00
		投连险	0.00	0.00	0.00	0.00	0.00	0.00	0.00	0.00
		小 计	11.98	2.79	–0.02	11.96	265.56	40.01	0.00	265.56
	银代业务	健康险	0.00	0.00	0.00	0.00	0.00	0.00	0.00	0.00
		意外险	0.00	0.00	0.00	0.00	0.00	0.00	0.00	0.00
		一般寿险	0.00	0.00	0.00	0.00	0.00	0.00	0.00	0.00
		分红类保险	0.00	0.00	83.80	83.80	0.00	0.00	1225.90	1225.90
		万能寿险	0.00	0.00	0.00	0.00	0.00	0.00	0.00	0.00
		投连险	0.00	0.00	0.00	0.00	0.00	0.00	0.00	0.00
		小 计	0.00	0.00	83.80	83.80	0.00	0.00	1225.90	1225.90
	合 计		128.47	118.97	551.35	679.82	4322.96	4076.02	9111.36	13434.32

理赔给付			其他给付		退 保		市场份额	上年同期保费	同比增长率
当 期	累 计	短险赔付率	当 期	累 计	当 期	累 计			
0.47	9.17	24.40	0.00	6.00			0.12	29.73	26.40
		0.00			0.04	0.99	0.64	71.61	61.00
			1.12	3.85	37.74	791.38	0.75	1390.05	104.17
							0.00	0.00	–
							0.11	14.94	−1.61
							0.00	0.00	–
0.47	9.17	0.31	1.12	9.85	37.78	792.37	0.28	1506.33	99.54
7.90	153.50	30.96					2.17	2469.27	−79.92
0.01	15.43	6.74					0.82	192.99	18.71
			122.73	674.27			0.00	0.00	–
							0.00	0.00	–
							0.00	0.00	–
							0.00	0.00	–
7.91	168.93	23.30	122.73	674.27	0.00	0.00	0.76	2662.26	−72.77
		0.00					3.91	0.00	–
		0.00	0.00	0.31	0.22	11.25	3.17	58.38	37.03
8.00	15.52		30.70	58.74	181.82	14130.33	3.56	14756.22	76.55
					8.56	141.04	0.57	675.40	−19.76
							0.00	0.81	−100.00
							0.00	0.00	–
8.00	15.52	0.00	30.70	59.05	190.60	14282.62	2.31	15490.81	72.49
16.38	193.62		154.55	743.17	228.38	15074.99	1.32	19659.40	54.89
1.81	15.35	0.00	0.00	0.00	0.00	0.00	0.29	60.57	46.61
0.00	0.00	0.00	0.00	0.00	0.00	0.00	0.02	34.04	−91.43
20.00	153.25	0.00	0.00	0.00	2.13	21.90	0.71	1822.75	47.76
0.00	20.00	0.00	27.52	703.38	21.81	217.52	1.48	6977.91	30.94
11.72	20.58	0.00	0.00	0.00	0.00	5.54	0.16	21.62	−2.01
0.00	0.00	0.00	0.00	0.00	0.00	0.00	0.00	0.00	–
33.53	209.18	16.73	27.52	703.38	23.94	244.97	1.13	8916.89	33.94
0.71	35.60	63.92	0.00	0.00	0.00	0.00	0.24	45.16	23.31
0.20	17.28	8.27	0.00	0.00	0.00	0.00	0.75	120.93	72.85
0.00	0.00		0.00	0.00	0.00	0.00	0.00	6.40	−86.82
0.00	0.00		0.00	0.00	0.00	0.00	0.00	9.56	−100.00
0.00	0.00		0.00	0.00	0.00	0.00	0.00	0.00	–
0.00	0.00		0.00	0.00	0.00	0.00	0.00	0.00	–
0.92	52.87	19.97	0.00	0.00	0.00	0.00	0.28	182.06	45.87
0.00	0.00		0.00	0.00	0.00	0.00	0.00	0.01	−66.67
0.00	0.00		0.00	0.00	0.00	0.00	0.00	0.00	–
0.00	0.00		0.00	0.00	0.00	0.00	0.00	0.00	–
0.00	29.51		230.09	5226.89	47.96	422.18	1.28	1342.20	−8.66
0.00	0.00		0.00	0.00	0.00	0.20	0.00	0.00	−100.00
0.00	0.00		0.00	0.00	0.00	0.00	0.00	0.00	–
0.00	29.51		230.09	5226.89	47.96	422.38	0.11	1342.21	−8.67
34.45	291.56	19.14	257.61	5930.27	71.90	667.34	0.58	10441.16	28.67

续表8

公司名称	业务类别		保费收入当月				保费收入累计			
			首 年	其中:期缴	续 期	小 计	首 年	其中:期缴	续 期	小 计
光大永明	营销业务	健康险	0.00	0.00	0.81	0.81	0.00	0.00	5.35	5.35
		意外险	0.03	0.03	0.13	0.15	0.87	0.87	0.77	1.65
		一般寿险	0.00	0.00	13.24	13.24	11.77	11.77	66.60	78.37
		分红类保险	0.00	0.00	12.50	12.50	4.65	4.65	163.04	167.69
		万能寿险	0.00	0.00	0.00	0.00	0.00	0.00	0.00	0.00
		投连险	0.00	0.00	0.00	0.00	0.00	0.00	0.00	0.00
		小 计	0.03	0.03	26.67	26.70	17.29	17.29	235.77	253.06
	直销业务	健康险	0.00	0.00	0.00	0.00	0.00	0.00	0.00	0.00
		意外险	9.43	0.00	0.00	9.43	9.43	0.00	0.00	9.43
		一般寿险	0.00	0.00	0.00	0.00	0.00	0.00	0.00	0.00
		分红类保险	0.00	0.00	0.00	0.00	1.05	1.05	0.00	1.05
		万能寿险	0.00	0.00	0.00	0.00	0.00	0.00	0.00	0.00
		投连险	0.00	0.00	0.00	0.00	0.00	0.00	0.00	0.00
		小 计	9.43	0.00	0.00	9.43	10.48	1.05	0.00	10.48
	银代业务	健康险	0.00	0.00	0.00	0.00	0.00	0.00	0.28	0.28
		意外险	0.00	0.00	0.00	0.00	1.38	1.38	(0.03)	1.35
		一般寿险	1241.80	0.00	0.30	1242.10	1252.57	10.77	71.40	1323.97
		分红类保险	0.00	0.00	(2.01)	(2.01)	1.06	1.06	219.68	220.75
		万能寿险	0.00	0.00	0.00	0.00	0.00	0.00	0.00	0.00
		投连险	0.00	0.00	0.00	0.00	0.00	0.00	0.00	0.00
		小 计	1241.80	0.00	(1.71)	1240.09	1255.01	13.21	291.34	1546.35
	合 计		1,251.26	0.03	24.96	1,276.22	1,282.79	31.55	527.11	1,809.89
和谐健康	营销业务	健康险	0.00			0.00	0.00			0.00
		意外险	0.00			0.00	0.00			0.00
		一般寿险	0.00	0.00	0.00	0.00	0.00	0.00	0.00	0.00
		分红类保险	0.00	0.00	0.00	0.00	0.00	0.00	0.00	0.00
		万能寿险	0.38	0.37	0.32	0.71	513.00	1.85	3.26	516.26
		投连险	0.00	0.00	0.00	0.00	0.00	0.00	0.00	0.00
		小 计	0.38	0.37	0.32	0.71	513.00	1.85	3.26	516.26
	直销业务	健康险	0.00			0.00	–0.03			–0.03
		意外险	0.00			0.00	–0.29			–0.29
		一般寿险								
		分红类保险								
		万能寿险	0.00	0.00	0.00	0.00	0.00	0.00	0.00	0.00
		投连险								
		小 计	0.00	0.00	0.00	0.00	–0.32	0.00	0.00	–0.32
	银代业务	健康险	0.00			0.00	0.00			0.00
		意外险	0.04			0.04	0.75			0.75
		一般寿险	0.00	0.00	0.00	0.00	0.00	0.00	0.00	0.00
		分红类保险	0.00	0.00	0.00	0.00	0.00	0.00	0.00	0.00
		万能寿险	433.08	0.00	0.69	433.78	234513.46	7.01	2.92	234516.39
		投连险								
		小 计	433.12	0.00	0.69	433.81	234514.21	7.01	2.92	234517.14
	合 计		433.50	0.37	1.02	434.52	235026.89	8.86	6.19	235033.08

理赔给付			其他给付		退 保		市场份额	上年同期保费	同比增长率
当 期	累 计	短险赔付率	当 期	累 计	当 期	累 计			
0.00	2.11	0.39	0.00	0.00	0.00	0.00	0.02	5.83	–8.18
0.00	0.65	0.39	0.00	0.00	0.00	0.00	0.01	1.75	–5.91
0.00	0.00	0.00	0.82	6.18	0.65	3.81	0.02	72.49	8.11
0.00	0.00	0.00	3.70	19.12	0.00	9.35	0.03	153.09	9.54
0.00	0.00		0.00	0.00	(9.21)	(8.88)	0.00	0.00	–
0.00	0.00		0.00	0.00	0.00	0.00	0.00	0.02	–100.00
0.00	2.76	0.39	4.52	25.29	(8.55)	4.28	0.02	233.18	8.52
0.00	1.20		0.00	0.00	0.00	0.00	0.00	3.35	–100.00
0.00	0.00	0.00	0.00	0.00	0.00	0.00	0.03	–1.66	–668.31
0.00	0.00		0.00	0.00	0.00	0.00	0.00	0.04	–100.00
0.00	0.00	0.00	0.00	0.00	0.00	0.00	0.01	0.00	–
0.00	0.00		0.00	0.00	0.00	0.00	0.00	0.00	–
0.00	0.00		0.00	0.00	0.00	0.00	0.00	0.00	–
0.00	1.20	0.13	0.00	0.00	0.00	0.00	0.01	1.73	506.06
0.00	0.00	0.00	0.00	0.00	0.00	0.00	0.02	4.28	–93.36
0.00	0.00	0.00	0.00	0.00	0.00	0.00	0.05	16.21	–91.65
0.00	0.00	0.00	0.04	8.47	0.00	10.05	0.18	92.67	1328.69
0.00	0.00	0.00	0.10	74.95	4.54	20.52	0.23	239.02	–7.65
0.00	0.00		0.00	18.02	0.00	0.00	0.00	0.00	–
0.00	0.00		0.00	0.00	0.00	0.00	0.00	0.00	–
0.00	0.00	0.00	0.14	101.44	4.54	30.57	0.13	352.18	339.08
0.00	3.96		4.66	126.73	–4.02	34.85	0.08	587.09	208.28
0.00	0.20	0.00	0.00	0.00	0.00	0.00	0.00	0.00	–
0.00	34.17	2847441.67	0.00	0.00	0.00	0.00	0.00	0.00	–7.69
0.00	0.00	0.00	0.00	0.00	0.00	0.21	0.00	0.00	–
0.00	0.00	0.00	0.00	0.00	0.00	0.00	0.00	0.00	–
0.00	0.00	0.00	0.00	0.00	0.00	4.71	3.95	4.40	11638.80
0.00	0.00	0.00	0.00	0.00	0.00	0.00	0.00	0.00	–
0.00	34.37	6.66	0.00	0.00	0.00	4.91	0.05	4.40	11635.36
0.00	0.00	0.00	0.00	0.00	0.00	0.00	0.00	1.11	–102.92
0.00	13.47	–4624.12	0.00	0.00	0.00	0.00	0.00	8.60	–103.39
0.00	0.00		0.00	0.00	0.00	0.00	0.00		–
0.00	0.00		0.00	0.00	0.00	0.00	0.00		–
0.00	0.00	0.00	0.00	0.00	0.00	0.00	0.00	29.95	–100.00
0.00	0.00		0.00	0.00	0.00	0.00	0.00		–
0.00	13.47	–4162.71	0.00	0.00	0.00	0.00	0.00	39.65	–100.82
0.00	0.00	0.00	0.00	0.00	0.00	0.00	0.00	0.00	–
0.00	0.39	52.52	0.00	0.00	0.00	0.00	0.03	1.68	–55.35
0.00	0.00	0.00	0.00	0.00	14.44	8444.37	0.00	0.00	–
0.00	0.00	0.00	0.00	0.00	0.00	0.00	0.00	0.00	–
79.23	135.67	0.05	0.00	3.76	3916.15	28451.30	72.63	31751.26	638.60
		0.00					0.00	0.00	–
79.23	136.06	0.05	0.00	3.76	3930.60	36895.68	20.31	31752.94	638.57
79.23	183.90	0.08	0.00	3.76	3930.60	36900.59	10.19	31796.99	639.17

续表8

公司名称	业务类别		保费收入当月				保费收入累计			
			首 年	其中:期缴	续 期	小 计	首 年	其中:期缴	续 期	小 计
工银安盛	营销业务	健康险	1.88	1.88	0.00	1.88	21.46	21.46	0.00	21.46
		意外险	0.83	0.83	0.00	0.83	9.44	9.44	0.00	9.44
		一般寿险	20.94	20.94	62.93	83.86	451.87	451.87	708.54	1160.42
		分红类保险	0.00	0.00	94.14	94.14	3.20	3.20	910.61	913.81
		万能寿险	0.00	0.00	0.00	0.00	0.00	0.00	0.00	0.00
		投连险	0.00	0.00	0.27	0.28	0.02	0.02	3.27	3.29
		小 计	23.65	23.65	157.34	180.99	485.99	485.99	1622.43	2108.42
	直销业务	健康险	1.26	1.26	0.00	1.26	124.50	124.50	0.00	124.50
		意外险	0.16	0.16	0.00	0.16	20.79	20.79	0.00	20.79
		一般寿险	0.02	0.02	0.00	0.02	10.59	10.59	0.00	10.59
		分红类保险	0.00	0.00	0.00	0.00	0.00	0.00	0.00	0.00
		万能寿险	0.00	0.00	0.00	0.00	0.00	0.00	0.00	0.00
		投连险	0.00	0.00	0.00	0.00	0.00	0.00	0.00	0.00
		小 计	1.44	1.44	0.00	1.44	155.89	155.89	0.00	155.89
	银代业务	健康险	0.02	0.02	0.00	0.02	0.45	0.45	0.00	0.45
		意外险	1.03	1.03	0.00	1.03	4.65	4.65	0.00	4.65
		一般寿险	1.44	1.44	118.17	119.60	15725.87	4068.07	1121.42	16847.29
		分红类保险	540.00	0.00	28.38	568.38	4888.20	0.00	352.72	5240.92
		万能寿险	0.00	0.00	0.00	0.00	0.00	0.00	0.00	0.00
		投连险	0.00	0.00	0.00	0.00	0.00	0.00	0.00	0.00
		小 计	542.49	2.49	146.55	689.04	20619.17	4073.17	1474.14	22093.31
	合 计		567.58	27.58	303.89	871.47	21261.05	4715.05	3096.57	24357.62
英大人寿	营销业务	健康险	0.56	0.39		0.56	10.48	0.69		10.48
		意外险	0.55	0.53		0.55	8.77	0.75		8.77
		一般寿险	18.01	13.01	7.26	25.27	131.34	105.37	112.72	244.05
		分红类保险	2.25	2.25	9.55	11.80	241.13	181.13	307.14	548.27
		万能寿险	0.08	0.08	0.60	0.68	6.54	0.26	1.81	8.35
		投连险								
		小 计	21.45	16.26	17.41	38.86	398.26	288.20	421.67	819.93
	直销业务	健康险								
		意外险								
		一般寿险								
		分红类保险								
		万能寿险								
		投连险								
		小 计	0.00	0.00	0.00	0.00	0.00	0.00	0.00	0.00
	银代业务	健康险								
		意外险								
		一般寿险							0.21	0.21
		分红类保险			0.50	0.50			0.58	0.58
		万能寿险								
		投连险								
		小 计	0.00	0.00	0.50	0.50	0.00	0.00	0.79	0.79
	合 计		21.45	16.26	17.91	39.36	398.26	288.20	422.46	820.72

理赔给付			其他给付		退 保		市场份额	上年同期保费	同比增长率
当 期	累 计	短险赔付率	当 期	累 计	当 期	累 计			
0.48	23.34	108.77	0.00	0.00	0.00	0.33	0.07	16.75	28.16
0.00	0.00	0.00	0.00	0.00	0.00	0.00	0.05	10.28	-8.12
0.00	0.00		0.00	0.00	(3.67)	23.88	0.31	748.33	55.07
0.00	0.67		20.71	219.73	88.73	1303.99	0.15	2177.10	-58.03
0.00	0.00		0.00	0.00	0.00	0.00	0.00	0.00	–
0.00	0.00		0.00	0.00	0.00	0.00	1.27	3.54	-7.15
0.48	24.02	75.54	20.71	219.73	85.06	1328.20	0.20	2955.99	-28.67
8.92	97.26	0.78	0.00	0.00	0.00	0.00	0.54	152.10	-18.14
0.00	0	0.00	0.00	0.00	0.00	0.00	0.07	36.19	-42.56
0.00	0.00		0.00	0.00	0.00	0.00	0.03	10.74	-1.40
0.00	0.00		0.00	0.00	0.00	800.00	0.00	800.00	-100.00
0.00	0.00		0.00	0.00	0.00	0.00	0.00	0.00	–
0.00	0.00		0.00	0.00	0.00	0.00	0.00	0.00	–
8.92	97.259041	66.94	0.00	0.00	0.00	800.00	0.16	999.04	-84.40
0.00	20.00	44.12	0.00	0.00	0.00	0.00	0.04	12.32	-96.32
0.00	0.00	0.00	0.00	0.00	0.00	0.00	0.18	8.34	-44.26
0.00	36.00		0.00	0.00	0.28	65.43	2.30	1203.21	1300.20
5.63	5.63		133.96	1141.75	119.01	2722.62	5.48	12782.44	-59.00
0.00	0.00		0.00	0.00	0.00	0.00	0.00	0.00	–
0.00	0.00		0.00	0.00	0.00	0.00	0.00	0.00	–
5.63	61.63	3.92	133.96	1141.75	119.29	2788.05	1.91	14006.31	57.74
15.02	182.90		154.67	1361.48	204.35	4916.25	1.06	17961.34	35.61
	0.28	2.67					0.03	17.54	-40.26
		0.00					0.05	34.18	-74.34
					0.69	2.42	0.06	11.62	2000.43
			1.43	48.26	1.92	7.97	0.09	296.84	84.70
	12.00						0.06	8.05	3.74
							0.00	0.00	–
0.00	12.28	1.45	1.43	48.26	2.61	10.39	0.08	368.23	122.67
							0.00	0.00	–
							0.00	0.00	–
							0.00	0.00	–
							0.00	0.00	–
							0.00	0.00	–
							0.00	0.00	–
0.00	0.00		0.00	0.00	0.00	0.00	0.00	0.00	–
							0.00	0.00	–
							0.00	0.00	–
							0.00	0.00	–
			0.03	3.33		47.30	0.00	17.80	-96.74
							0.00	0.00	–
							0.00	0.00	–
0.00	0.00		0.03	3.33	0.00	47.30	0.00	17.80	-95.55
0.00	12.28	1.45	1.46	51.60	2.61	57.69	0.04	386.03	112.60

续表8

公司名称	业务类别		保费收入当月				保费收入累计			
			首 年	其中:期缴	续 期	小 计	首 年	其中:期缴	续 期	小 计
联泰大都会	营销业务	健康险	8.78	8.78	0.00	8.78	105.39	105.39	0.00	105.39
		意外险	9.09	9.09	0.00	9.09	102.68	102.68	0.00	102.68
		一般寿险	92.32	92.32	129.78	222.09	1309.64	1295.33	1469.03	2778.68
		分红类保险	172.53	79.96	287.11	459.64	1733.85	1410.99	1984.90	3718.75
		万能寿险	0.00	0.00	0.00	0.00	0.00	0.00	0.00	0.00
		投连险	0.00	0.00	0.20	0.20	0.00	0.00	2.17	2.17
		小 计	282.71	190.14	417.09	699.80	3251.56	2914.39	3456.11	6707.67
	直销业务	健康险	5.61	5.61	0.00	5.61	52.87	52.85	0.00	52.87
		意外险	19.13	19.12	0.00	19.13	183.24	183.22	0.00	183.24
		一般寿险	0.00	1255.00	76.15	76.15	44.48	44.48	748.36	792.83
		分红类保险	0.00	0.00	0.09	0.09	0.00	0.00	0.57	0.57
		万能寿险	0.00	0.00	0.00	0.00	0.00	0.00	0.00	0.00
		投连险	0.00	0.00	0.00	0.00	0.00	0.00	0.00	0.00
		小 计	24.74	24.74	76.24	100.98	280.59	280.55	748.92	1029.52
	银代业务	健康险	0.07	0.07	0.00	0.07	2.71	2.71	0.00	2.71
		意外险	0.04	0.04	0.00	0.04	1.51	1.51	0.00	1.51
		一般寿险	0.05	0.05	-12.03	-11.98	2.23	2.23	51.08	53.30
		分红类保险	0.94	0.94	119.26	120.20	9.91	9.91	1344.07	1353.97
		万能寿险	0.00	0.00	0.00	0.00	0.00	0.00	0.00	0.00
		投连险	0.00	0.00	0.00	0.00	0.00	0.00	0.00	0.00
		小 计	1.09	1.09	107.23	108.32	16.35	16.35	1395.14	1411.50
	合 计		308.54	215.97	600.56	909.11	3548.51	3211.30	5600.18	9148.68
瑞泰人寿	营销业务	健康险				0.00				0.00
		意外险				0.00				0.00
		一般寿险				0.00				0.00
		分红类保险				0.00				0.00
		万能寿险				0.00				0.00
		投连险				0.00				0.00
		小 计	0.00	0.00	0.00	0.00	0.00	0.00	0.00	0.00
	直销业务	健康险	0.03	0.00	0.51	0.54	4.67	3.54	0.82	5.49
		意外险	0.00	0.00	0.00	0.00	0.03	0.00	0.01	0.04
		一般寿险	2.19	2.19	0.52	2.70	16.20	16.20	1.90	18.09
		分红类保险	0.00	0.00	0.00	0.00	0.00	0.00	0.00	0.00
		万能寿险	0.00	0.00	0.00	0.00	0.00	0.00	0.00	0.00
		投连险	0.00	0.00	0.00	0.00	0.00	0.00	0.00	0.00
		小 计	2.22	2.19	1.03	3.25	20.89	19.79	2.73	23.62
	银代业务	健康险	0.06	0.00	0.00	0.06	0.40	0.00	0.00	0.40
		意外险	0.00	0.00	0.00	0.00	0.00	0.00	0.00	0.00
		一般寿险	0.30	0.30	0.00	0.30	21.12	21.12	1.02	22.14
		分红类保险	0.00	0.00	0.00	0.00	0.00	0.00	4.50	4.50
		万能寿险	0.00	0.00	0.00	0.00	0.00	0.00	0.00	0.00
		投连险	0.00	0.00	0.00	0.00	0.00	0.00	0.00	0.00
		小 计	0.36	0.30	0.00	0.36	21.51	21.12	5.52	27.03
	合 计		2.58	2.49	1.03	3.61	42.41	40.91	8.25	50.66

理赔给付			其他给付		退保		市场份额	上年同期保费	同比增长率
当期	累计	短险赔付率	当期	累计	当期	累计			
0.87	5.38	5.10	0.00	0.00	0.00	0.00	0.34	60.04	75.53
0.00	0.00	0.00	0.00	0.00	0.00	0.02	0.57	61.89	65.90
11.03	54.52		0.00	0.00	8.43	68.66	0.74	1657.18	67.67
0.00	0.00		7.61	26.39	7.50	76.69	0.60	2143.05	73.53
0.00	0.00		0.00	0.00	0.00	0.00	0.00	0.00	–
0.00	0.00		0.00	0.00	0.00	0.00	0.84	2.89	–24.91
11.90	59.90	2.59	7.61	26.39	15.93	145.38	0.63	3925.05	70.89
0.32	3.02	5.72	0.00	0.00	0.00	0.00	0.23	82.13	–35.62
0.00	12.00	6.55	0.00	0.00	0.64	2.54	0.66	274.59	–33.27
0.00	10.11		2.21	29.80	14.87	125.28	2.36	985.47	–19.55
0.00	0.00		0.00	0.00	0.00	0.00	0.01	0.57	0.00
0.00	0.00		0.00	0.00	0.00	0.00	0.00	0.00	–
0.00	0.00		0.00	0.00	0.00	0.00	0.00	0.00	–
0.32	25.13	6.36	2.21	29.80	15.51	127.82	1.09	1342.75	–23.33
0.30	0.32	11.80	0.00	0.00	0.00	0.00	0.23	3.59	–24.34
0.00	0.00	0.00	0.00	0.00	0.00	0.00	0.06	7.53	–79.93
0	100.94		0.00	0.00	14.40	16.27	0.01	73.67	–27.65
0.00	0.00		10.54	98.02	19.41	310.50	1.42	1763.21	–23.21
0.00	0.00		0.00	0.00	0.00	0.00	0.00	0.00	–
0.00	0.00		0.00	0.00	0.00	0.00	0.00	0.00	–
0.30	101.26	7.58	10.54	98.02	33.81	326.77	0.12	1848.00	–23.62
12.52	186.28	2.68	20.36	154.21	65.25	599.97	0.40	7115.80	28.57
							0.00	0.00	–
							0.00	0.00	–
							0.00	0.00	–
							0.00	0.00	–
							0.00	0.00	–
							0.00	0.00	–
0.00	0.00		0.00	0.00	0.00	0.00	0.00	0.00	–
0.00	0.00		0.00	0.00	0.00	0.00	0.02	1.25	339.47
0.00	0.00		0.00	0.00	0.00	0.00	0.00	2.46	–98.42
0.00	0.00		0.00	0.00	0.00	0.00	0.05	0.00	–
0.00	0.00		0.00	0.00	0.00	0.00	0.00	0.00	–
0.00	0.00		0.00	0.00	0.00	0.00	0.00	20.52	–100.00
0.00	0.00		0.00	0.00	0.00	0.00	100.00	0.00	–
0.00	0.00		0.00	0.00	0.00	0.00	0.02	24.23	–2.51
0.00	0.00		0.00	0.00	0.00	0.00	0.03	0.15	165.33
0.00	0.00		0.00	0.00	0.00	0.00	0.00	0.06	–100.00
0.00	0.00		0.00	0.00	0.00	0.00	0.00	0.00	–
0.00	0.00		0.00	0.00	0.00	0.00	0.00	0.00	–
0.00	0.00		0.00	0.00	0.00	0.00	0.00	4840.65	–100.00
0.00	0.00		0.00	0.00	0.00	0.00	0.00	0.00	–
0.00	0.00		0.00	0.00	0.00	0.00	0.00	4840.86	–99.44
0.00	0.00		0.00	0.00	0.00	0.00	0.00	4865.09	–98.96

续表8

公司名称	业务类别		保费收入当月				保费收入累计			
			首 年	其中:期缴	续 期	小 计	首 年	其中:期缴	续 期	小 计
长城人寿	营销业务	健康险	0.04	0.00	0.00	0.04	1.71	0.00	0.00	1.71
		意外险	0.17	0.00	0.00	0.17	7.17	0.00	0.00	7.17
		一般寿险	1.10	0.56	11.92	13.02	98.10	85.13	169.24	267.34
		分红类保险	0.48	0.48	32.47	32.95	17.82	17.82	753.51	771.34
		万能寿险								
		投连险								
		小 计	1.79	1.03	44.40	46.18	124.80	102.96	922.76	1047.56
	直销业务	健康险				0.00				0.00
		意外险				0.00				0.00
		一般寿险				0.00				0.00
		分红类保险				0.00				0.00
		万能寿险				0.00				0.00
		投连险				0.00				0.00
		小 计	0.00	0.00	0.00	0.00	0.00	0.00	0.00	0.00
	银代业务	健康险				0.00				0.00
		意外险				0.00				0.00
		一般寿险	7.11	7.11	1.55	8.66	34192.08	468.28	224.24	34416.31
		分红类保险	0.00	0.00	65.92	65.92	–0.50	(0.50)	1443.84	1443.34
		万能寿险				0.00				0.00
		投连险				0.00				0.00
		小 计	7.11	7.11	67.47	74.58	34191.58	467.78	1668.08	35859.65
	合 计		8.90	8.14	111.87	120.77	34316.38	570.74	2590.83	36907.21
华夏人寿	营销业务	健康险	9.04	0.00	0.00	9.04	24.27	0.00	0.00	24.27
		意外险	2.14	0.00	0.00	2.14	13.85	0.00	0.03	13.87
		一般寿险	482.78	473.74	181.06	663.84	11400.24	11132.72	2766.21	14166.45
		分红类保险	0.00	0.00	54.50	54.50	0.00	0.00	289.40	289.40
		万能寿险	0.00	0.00	0.57	0.57	0.00	0.00	6.71	6.71
		投连险	0.00	0.00	0.00	0.00	0.00	0.00	0.00	0.00
		小 计	493.95	473.74	236.13	730.08	11438.36	11132.72	3062.35	14500.71
	直销业务	健康险	4.21	0.00	0.00	4.21	836.82	0.00	0.00	836.82
		意外险	15.86	0.00	0.00	15.86	164.95	0.00	0.00	164.95
		一般寿险	0.03	0.00	0.00	0.03	5.90	0.00	0.00	5.90
		分红类保险	0.00	0.00	0.00	0.00	0.00	0.00	0.00	0.00
		万能寿险	0.00	0.00	0.00	0.00	0.00	0.00	0.00	0.00
		投连险	0.00	0.00	0.00	0.00	0.00	0.00	0.00	0.00
		小 计	20.09	0.00	0.00	20.09	1007.67	0.00	0.00	1007.67
	银代业务	健康险	0.00	0.00	0.00	0.00	0.01	0.00	0.00	0.01
		意外险	0.00	0.00	0.00	0.00	0.00	0.00	0.00	0.00
		一般寿险	1482.62	1357.92	332.07	1814.69	50635.70	12405.86	1020.36	51656.06
		分红类保险	0.00	0.00	2.00	2.00	0.00	0.00	173.30	173.30
		万能寿险	0.00	0.00	0.00	0.00	0.00	0.00	0.00	0.00
		投连险	0.00	0.00	0.00	0.00	0.00	0.00	0.00	0.00
		小 计	1482.62	1357.92	334.07	1816.69	50635.71	12405.86	1193.66	51829.37
	合 计		1996.66	1831.66	570.20	2566.86	63081.74	23538.58	4256.01	67337.75

理赔给付			其他给付		退保		市场份额	上年同期保费	同比增长率
当期	累计	短险赔付率	当期	累计	当期	累计			
0.66	1.10	64.65	0.00	0.00	0.00	0.00	0.01	1.54	10.81
0.00	0.06	0.89	0.00	0.00	0.00	0.00	0.04	7.78	–7.79
7.88	11.84		2.24	50.86	0.79	13.70	0.07	196.74	35.89
0.00	10.64		4.06	264.15	5.97	176.33	0.12	1762.29	–56.23
0.00	–0.12		0.00	0.00	0.00	0.00	0.00	0.00	–
							0.00	0.00	–
8.54	23.51	13.14	6.30	315.01	6.77	190.03	0.10	1968.35	–46.78
							0.00	0.00	–
							0.00	0.00	–
							0.00	0.00	–
							0.00	0.00	–
							0.00	0.00	–
							0.00	0.00	–
0.00	0.00		0.00	0.00	0.00	0.00	0.00	0.00	–
							0.00	0.00	–
							0.00	0.00	–
0.00	1.00		23.55	81.44	6.46	117.54	4.70	346.95	9819.69
0.00	5.67		70.25	3209.85	38.43	461.24	1.51	1726.95	–16.42
0.33	2.71			0.00		0.00	0.00	0.00	–
							0.00	0.00	–
0.33	9.38		93.80	3291.29	44.90	578.79	3.11	2073.90	1629.09
8.87	32.89	13.14	100.10	3606.30	51.66	768.82	1.60	4042.24	813.04
0.36	3.83	0.16	0.00	0.00	0.00	0.00	0.08	2.90	736.25
0.00	0.00	0.00	0.00	0.00	0.00	0.00	0.08	0.23	5873.72
0.00	0.00	0.00	85.72	2400.15	6.09	33.34	3.76	2929.97	383.50
0.00	0.00	0.00	16.25	35.91	6.34	13.41	0.05	309.72	–6.56
0.00	0.00	0.00	0.00	0.00	0.00	0.00	0.05	7.48	–10.28
0.00	0.00	–	0.00	0.00	0.00	0.00	0.00	0.00	–
0.36	3.83	0.00	101.97	2436.06	12.42	46.75	1.37	3250.30	346.13
7.35	818.15	0.98	0.00	0.00	0.00	0.00	3.66	45.18	1752.21
4.00	24.00	0.15	0.00	0.00	0.00	0.00	0.59	178.39	–7.54
0.00	0.00	0.00	0.00	0.00	0.01	0.05	0.02	6.63	–10.90
0.00	0.00	–	0.00	0.00	0.00	0.00	0.00	0.00	–
0.00	0.00	–	0.00	0.00	0.00	0.00	0.00	0.00	–
0.00	0.00	–	0.00	0.00	0.00	0.00	0.00	0.00	–
11.35	842.15	0.84	0.00	0.00	0.01	0.05	1.06	230.20	337.74
0.00	0.00	0.00	0.00	0.00	0.00	0.00	0.00	0.01	0.00
0.00	0.00	–	0.00	0.00	0.00	0.00	0.00	0.00	–
0.00	0.00	0.00	15.31	288.78	1265.49	1309.92	7.05	1040.31	4865.47
0.00	0.00	0.00	170.07	3047.02	12.52	204.45	0.18	208.68	–16.95
0.00	0.00	–	3.30	17.95	0.00	0.00	0.00	0.00	–
0.00	0.00	–	0.00	0.00	0.00	0.00	0.00	0.00	–
0.00	0.00	0.00	188.68	3353.75	1278.02	1514.37	4.49	1249.00	4049.69
11.71	845.97	0.01	290.65	5789.81	1290.45	1561.18	2.92	4729.50	1323.78

续表8

公司名称	业务类别		保费收入当月				保费收入累计			
			首年	其中:期缴	续期	小计	首年	其中:期缴	续期	小计
人民人寿	营销业务	健康险	1.20	0.00	0.24	1.44	6.37	0.00	1.96	8.33
		意外险	0.89	0.50	2.41	3.29	15.18	11.05	54.73	69.91
		一般寿险	56.86	56.86	17.07	73.93	4479.66	439.50	492.82	4972.48
		分红类保险	20.28	20.28	27.96	48.24	579.29	525.64	504.53	1083.82
		万能寿险	0.37	0.00	0.00	0.37	4.44	0.00	0.00	4.44
		投连险				0.00	0.00	0.00	0.00	0.00
		小计	79.61	77.64	47.68	127.28	5084.91	976.20	1054.05	6138.98
	直销业务	健康险	21.96	0.00	0.00	21.96	150.71	0.00	0.00	150.71
		意外险	12.94	0.11	0	12.94	156.04	1.97	1.65	157.70
		一般寿险	36.90	4.58	0.70	37.60	2521.40	36.30	40.07	2561.47
		分红类保险	0.24	0.24	0.00	0.24	479.91	43.52	21.00	500.91
		万能寿险	0.00	0.00	0.00	0.00	0.00	0.00	0.00	0.00
		投连险				0.00	0.00	0.00	0.00	0.00
		小计	72.04	4.94	0.70	72.74	3308.06	81.80	62.73	3370.79
	银代业务	健康险	0.03	0.00	0.16	0.19	2.06	0.00	0.27	2.33
		意外险	12.01	0.48	6.35	18.36	96.88	9.62	59.31	156.20
		一般寿险	766.23	37.53	34.27	800.50	38854.78	1348.77	392.28	39247.06
		分红类保险	1.78	1.78	102.79	104.57	504.32	504.32	1877.70	2382.02
		万能寿险	0.00	0.00	0.00	0.00	0.00	0.00	0.00	0.00
		投连险				0.00	0.00	0.00	0.00	0.00
		小计	780.05	39.78	143.57	923.62	39458.04	1862.71	2329.56	41787.60
	合计		931.70	122.36	191.94	1123.64	47851.01	2920.71	3446.33	51297.38
信泰人寿	营销业务	健康险	0.81	0.81	10.52	11.33	27.22	26.34	103.32	130.54
		意外险	0.05	0.05	1.94	1.99	0.97	0.95	56.99	57.96
		一般寿险	0.19	0.19	41.75	41.94	86.28	86.28	173.14	259.42
		分红类保险	0.00	0.00	118.80	118.80	12.75	12.75	1945.74	1958.49
		万能寿险	0.00	0.00	0.00	0.00	0.00	0.00	0.00	0.00
		投连险	0.00	0.00	0.00	0.00	0.00	0.00	0.00	0.00
		小计	1.05	1.05	173.01	174.06	127.22	126.32	2279.19	2406.41
	直销业务	健康险	0.00	0.00		0.00	0.00	0.00	0.00	0.00
		意外险	0.00	0.00	0.00	0.00	0.00	0.00	0.00	0.00
		一般寿险	0.00	0.00	0.00	0.00	0.00	0.00	0.00	0.00
		分红类保险	0.00	0.00	0.00	0.00	0.00	0.00	0.00	0.00
		万能寿险	0.00	0.00	0.00	0.00	0.00	0.00	0.00	0.00
		投连险	0.00	0.00	0.00	0.00	0.00	0.00	0.00	0.00
		小计	0.00	0.00	0.00	0.00	0.00	0.00	0.00	0.00
	银代业务	健康险	0.00	0.00	0.01	0.01	2.02	2.02	0.92	2.94
		意外险	0.00	0.00	3.25	3.25	41.33	41.33	66.76	108.09
		一般寿险	41.00	41.00	10.95	51.95	773.41	322.21	106.88	880.29
		分红类保险	0.00	0.00	17.00	17.00	0.00	0.00	577.20	577.20
		万能寿险	0.00	0.00	0.01	0.01	49531.20	27.80	0.11	49531.31
		投连险	0.00	0.00	0.00	0.00	0.00	0.00	0.00	0.00
		小计	41.00	41.00	31.22	72.22	50347.96	393.36	751.87	51099.83
	合计		42.05	42.05	204.23	246.28	50475.18	519.68	3031.06	53506.24

理赔给付			其他给付		退保		市场份额	上年同期保费	同比增长率
当期	累计	短险赔付率	当期	累计	当期	累计			
0.48	12.69	152.24	0.00	0.00	0.00	0.00	0.03	44.25	–81.17
0.60	18.62	26.64	0.00	0.00	0.06	0.15	0.39	80.13	–12.76
0.00	3.76		0.24	42.67	832.60	6124.53	1.32	7521.16	–33.89
0.00	29.43		28.95	2921.55	3.13	133.78	0.18	629.98	72.04
0.00	0.00		0.00	0.00	0.00	0.00	0.03	4.89	–9.12
							0.00	0.00	–
1.08	64.50	40.01	29.19	2964.21	835.79	6258.46	0.58	8280.41	–25.86
20.68	155.68	103.29	0.00	0.00	0.00	0.00	0.66	406.50	–62.92
3.30	123.77	78.48	0.00	0.00	0.00	0.00	0.56	403.60	–60.93
51.76	396.75		0.00	22.90	2.57	2170.16	7.63	2265.93	13.04
0.00	0.00		10.93	212.89	0.33	82.60	4.84	382.95	30.80
0.00	0.00		0.00	0.00	0.00	0.00	0.00	0.00	–
							0.00	0.00	–
75.74	676.20	90.61	10.93	235.79	2.90	2252.76	3.56	3458.98	–2.55
0.24	1.28	54.89	0.00	0.00	0.00	0.00	0.20	0.90	158.43
0.00	2.01	1.28	0.00	0.00	0.12	0.54	6.19	92.68	68.53
1.00	71.56		62.54	2236.67	131.57	3876.52	5.36	15409.43	154.70
10.95	179.23		2153.04	24494.11	1494.99	5691.85	2.49	3672.37	–35.14
0.01	0.01		0.00	0.00	0.00	0.00	0.00	0.03	–100.00
							0.00	0.00	–
12.21	254.09	2.07	2215.58	26730.78	1626.68	9568.91	3.62	19175.41	117.92
89.02	994.78	57.60	2255.69	29930.78	2465.37	18080.13	2.22	30914.80	65.93
0.90	1.35		5.50	18.20	0.53	1.55	0.43	115.88	12.65
0.00	0.99		0.00	0.00	0.00	0.46	0.32	16.98	241.34
0.00	0.00		6.39	11.05	0.12	1.25	0.07	108.65	138.77
0.00	0.00		8.23	310.54	15.15	78.93	0.32	2067.33	–5.26
0.00	0.00		0.00	0.00	0.00	0.00	0.00		–
0.00	0.00		0.00	0.00	0.00	0.00	0.00		–
0.90	2.34	0.00	20.12	339.79	15.80	82.19	0.23	2308.84	4.23
0.00	0.00	0.00	0.00	0.00	0.00	0.00	0.00		–
0.00	0.00	0.00	0.00	0.00	0.00	0.00	0.00	0.00	–
0.00	0.00	0.00	0.00	0.00	0.00	0.00	0.00		–
0.00	0.00	0.00	0.00	0.00	0.00	0.00	0.00		–
0.00	0.00	0.00	0.00	0.00	0.00	0.00	0.00		–
0.00	0.00	0.00	0.00	0.00	0.00	0.00	0.00		–
0.00	0.00	0.00	0.00	0.00	0.00	0.00	0.00	0.00	–
0.00	0.00		0.00	100.00	0.00	0.00	0.25	1.07	174.77
0.00	0.00		0.00	100.00	0.00	0.62	4.28	46.48	132.55
0.00	0.00		5.64	25.81	32.38	54.31	0.12	147.57	496.52
0.00	0.00		204.63	3566.44	81.80	703.54	0.60	1106.03	–47.81
0.00	2.38		1.04	1.04	0.00	0.00	15.34	6.00	825421.83
0.00	0.00		0.00	0.00	0.00	0.00	0.00		–
0.00	2.38		211.31	3793.29	114.18	758.47	4.43	1307.15	3809.26
0.90	4.72	0.00	231.43	4133.08	129.98	840.66	2.32	3615.99	1379.71

续表8

公司名称	业务类别		保费收入当月				保费收入累计			
			首 年	其中:期缴	续 期	小 计	首 年	其中:期缴	续 期	小 计
君康人寿	营销业务	健康险			0.01	0.01	0.00	0.00	1.23	1.23
		意外险				0.00	0.00			0.00
		一般寿险				0.00	0.00	0.00		0.00
		分红类保险				0.00	0.00		17.39	17.39
		万能寿险				0.00	0.00	0.00		0.00
		投连险				0.00	0.00	0.00		0.00
		小 计	0.00	0.00		0.00	0.00	0.00	18.62	18.62
	直销业务	健康险				0.00	0.08	0.00	0.00	0.08
		意外险				0.00	0.16	0.00	0.00	0.16
		一般寿险				0.00	0.00	0.00	0.00	0.00
		分红类保险				0.00	0.00	0.00	0.00	0.00
		万能寿险				0.00	0.00	0.00	0.00	0.00
		投连险				0.00	0.00	0.00	0.00	0.00
		小 计	0.00	0.00	0.00	0.00	0.24	0.00	0.00	0.24
	银代业务	健康险	0.93	0.93		0.93	13.72	13.72	0.00	13.72
		意外险				0.00	0.00	0.00	0.00	0.00
		一般寿险	29.44	12.44		29.44	2897.44	65.24		2897.44
		分红类保险				0.00	0.00	0.00	5.50	5.50
		万能寿险				0.00	0.00	0.00	0.00	0.00
		投连险				0.00	0.00	0.00	0.00	0.00
		小 计	30.37	13.37	0.00	30.37	2911.16	78.96	5.50	2916.66
	合 计		30.37	13.37	0.00	30.37	2911.40	78.96	24.12	2935.52
阳光人寿	营销业务	健康险	3.27	3.06	0.03	3.30	33.57	30.73	0.15	33.72
		意外险	6.29	2.04	2.31	8.61	78.45	30.34	19.44	97.89
		一般寿险	34.43	32.70	55.22	89.65	857.54	834.53	747.70	1605.25
		分红类保险	3.30	2.52	588.45	591.75	762.72	754.48	2668.65	3431.37
		万能寿险	19.52	26.50	130.50	150.02	653.46	735.66	1179.66	1833.12
		投连险	0.00	0.00	0.00	0.00	0.00	0.00	0.00	0.00
		小 计	66.82	66.82	776.51	843.33	2385.74	2385.74	4615.61	7001.35
	直销业务	健康险	10.35	9.82	38.27	48.62	363.70	139.82	408.94	772.64
		意外险	20.89	17.58	3.60	24.50	254.11	151.57	9.60	263.71
		一般寿险	108.06	109.24	317.08	425.13	1250.73	1270.15	3321.45	4572.18
		分红类保险	0.71	0.71	114.74	115.46	27.27	26.72	980.90	1008.16
		万能寿险	0.00	0.00	0.00	0.00	40.25	0.00	0.00	40.25
		投连险	0.00	0.00	0.00	0.00	0.00	0.00	0.00	0.00
		小 计	140.01	137.36	473.69	613.70	1936.05	1588.26	4720.88	6656.93
	银代业务	健康险	0.00	0.00	0.00	0.00	0.00	0.00	0.00	0.00
		意外险	0.00	0.00	0.00	0.00	0.00	0.00	0.79	0.79
		一般寿险	3385.25	0.15	2.87	3388.12	14033.90	2631.20	130.51	14164.41
		分红类保险	4.32	2.60	3.61	7.93	33.06	15.60	167.30	200.36
		万能寿险	3263.08	0.00	0.00	3263.08	35735.16	0.00	0.00	35735.16
		投连险	0.00	0.00	0.00	0.00	116.69	0.00	0.00	116.69
		小 计	6652.65	2.75	6.48	6659.13	49918.81	2646.81	298.59	50217.41
	合 计		6859.48	206.92	1256.68	8116.16	54240.61	6620.81	9635.08	63875.69

理赔给付			其他给付		退保		市场份额	上年同期保费	同比增长率
当期	累计	短险赔付率	当期	累计	当期	累计			
							0.00	1.23	0.00
							0.00	0.00	–
							0.00	0.00	–
				2.80		1.87	0.00	18.16	−4.24
							0.00	0.00	–
							0.00	0.00	–
0.00	0.00		0.00	2.80	0.00	1.87	0.00	19.39	−3.97
							0.00	0.24	−66.67
							0.00	0.71	−77.46
							0.00	0.00	–
							0.00	0.00	–
							0.00	0.00	–
							0.00	0.00	–
0.00	0.00		0.00	0.00	0.00	0.00	0.00	0.95	−74.74
							1.17	0.00	–
							0.00	0.00	–
					6.16	3280.84	0.40	3795.00	−23.65
				748.50		1.09	0.01	30.60	−82.03
							0.00	0.00	–
							0.00	0.00	–
0.00	0.00		0.00	748.50	6.16	3281.93	0.25	3825.60	−23.76
0.00	0.00		0.00	751.30	6.16	3283.80	0.13	3845.94	−23.67
1.68	14.84		0.00	0.00	0.00	0.00	0.11	471.24	−92.84
0.00	0.02		0.00	0.00	1.27	16.87	0.55	62.39	56.90
1.63	66.33		3.37	62.17	0.76	8.71	0.43	4502.42	−64.35
0.00	2.00		26.58	330.04	8.78	63.81	0.55	4109.99	−16.51
0.00	11.43		0.00	0.00	0.00	0.62	14.03	1537.74	19.21
0.00	0.00		0.00	0.00	0.00	0.00	0.00	0.00	–
3.32	94.62		29.95	392.22	10.81	90.01	0.66	10683.78	−34.47
21.21	189.50		0.00	0.00	0.00	0.00	3.38	247.36	212.35
0.95	5.44		0.00	0.00	0.00	0.00	0.94	102.06	158.37
0.39	106.34		26.29	142.50	31.70	463.72	13.62	20.22	22517.45
0.00	0.00		0.00	0.00	0.00	0.00	9.75	0.00	–
0.00	0.00		0.00	0.00	0.00	0.00	99.95	8.00	403.13
0.00	0.00		0.00	0.00	0.00	0.00	0.00	0.00	–
22.56	301.29		26.29	142.50	31.70	463.72	7.02	377.64	1662.75
0.00	0.00		0.00	0.00	0.00	0.00	0.00	0.00	–
0.00	0.00		0.00	0.00	0.00	0.01	0.03	0.97	−18.55
0.00	5.63		0.58	18.86	37.66	25175.68	1.93	29503.48	−51.99
0.00	0.00		99.14	475.41	2.20	135.85	0.21	228.43	−12.29
0.00	0.00		0.00	0.00	0.00	0.00	11.07	3744.16	854.42
0.00	0.00		0.00	0.00	0.00	0.00	78.37	73.50	58.76
0.00	5.63		99.72	494.27	39.86	25311.55	4.35	33550.54	49.68
25.88	401.54		155.96	1028.99	82.37	25865.27	2.77	44611.97	43.18

续表8

公司名称	业务类别		保费收入当月				保费收入累计			
			首年	其中:期缴	续期	小计	首年	其中:期缴	续期	小计
国华人寿	营销业务	健康险					0.04			0.04
		意外险								
		一般寿险							9.25	9.25
		分红类保险			1.20	1.20			7.20	7.20
		万能寿险								
		投连险								
		小计			1.20	1.20	0.04		16.45	16.49
	直销业务	健康险								
		意外险								
		一般寿险								
		分红类保险								
		万能寿险								
		投连险								
		小计								
	银代业务	健康险								
		意外险								
		一般寿险	375.00			375.00	1583.80			1583.80
		分红类保险							21.40	21.40
		万能寿险								
		投连险								
		小计	375.00			375.00			21.40	1605.20
	合计		375.00		1.20	376.20	0.04		37.85	1621.69
中英人寿	营销业务	健康险	25.72	25.72	14.33	40.05	345.97	345.30	220.52	566.49
		意外险	0.49	0.49	0.16	0.65	7.61	7.61	3.85	11.46
		一般寿险	0.27	0.27	0.64	0.91	153.08	153.08	42.23	195.31
		分红类保险	18.84	18.84	3.90	22.74	109.84	109.84	57.04	166.88
		万能寿险				0.00				0.00
		投连险				0.00				0.00
		小计	45.32	45.32	19.03	64.35	616.50	615.83	323.64	940.14
	直销业务	健康险	1.54		0.07	1.61	15.89		1.08	16.97
		意外险	1.73		0.02	1.75	30.56		0.36	30.92
		一般寿险	0.05		0.76	0.81	0.17		9.45	9.62
		分红类保险				0.00				0.00
		万能寿险				0.00				0.00
		投连险				0.00				0.00
		小计	3.32	0.00	0.85	4.17	46.62	0.00	10.89	57.51
	银代业务	健康险	0.79	0.79	0.00	0.79	16.66	16.66	6.92	23.58
		意外险	0.00	0.00	0.00	0.00	0.40	0.40	0.12	0.52
		一般寿险	0.00	0.00	26.26	26.26	83.80	13.80	41.04	124.84
		分红类保险	0.00	0.00	0.00	0.00	1.90	1.90	71.86	73.76
		万能寿险				0.00				0.00
		投连险				0.00				0.00
		小计	0.79	0.79	26.26	27.05	102.76	32.76	119.94	222.70
	合计		49.43	46.11	46.14	95.57	765.88	648.59	454.47	1220.35

理赔给付			其他给付		退保		市场份额	上年同期保费	同比增长率
当期	累计	短险赔付率	当期	累计	当期	累计			
							0.00		–
							0.00		–
				2.05		0.13	0.00	10.18	–9.14
			0.04	0.19	1.23	2.97	0.00	8.20	–12.20
							0.00		–
							0.00		–
			0.04	2.24	1.23	3.10	0.00	18.38	–10.28
							0.00		–
							0.00		–
							0.00		–
							0.00		–
							0.00		–
							0.00		–
							0.00		–
							0.00		–
							0.00		–
			0.83	43.93	0.77	8.80	0.22		–
	10.12		121.49	476.10	7.66	27.61	0.02	40.20	–46.77
20.55	190.60				286.60	6037.98	0.00		–
							0.00		–
20.55	200.72		122.32	520.03	295.03	6074.39	0.14	40.20	3893.03
20.55	200.72		122.36	522.27	296.26	6077.49	0.07	58.58	2668.33
	18.43				0.20	4.63	1.85	264.53	114.15
							0.06	5.92	93.58
					0.95	1.48	0.05	48.46	303.03
			0.96	1.23	0.00	4.38	0.03	73.19	128.01
							0.00	0.00	–
							0.00	0.00	–
0.00	18.43		0.96	1.23	1.15	10.49	0.09	392.10	139.77
0.63	4.15						0.07	2.41	604.15
							0.11	3.67	742.51
						0.50	0.03	10.45	–7.94
							0.00	0.00	–
							0.00	0.00	–
							0.00	0.00	–
0.63	4.15		0.00	0.00	0.00	0.50	0.06	16.53	247.91
							2.00	7.14	230.25
							0.02	0.12	333.33
							0.02	41.04	204.19
			0.00	222.15	0.00	8.91	0.08	123.46	–40.26
							0.00	0.00	–
							0.00	0.00	–
0.00	0.00		0.00	222.15	0.00	8.91	0.02	171.76	29.66
0.63	22.58		0.96	223.38	1.15	19.90	0.05	580.39	110.26

续表8

公司名称	业务类别		保费收入当月				保费收入累计			
			首 年	其中:期缴	续 期	小 计	首 年	其中:期缴	续 期	小 计
幸福人寿	营销业务	健康险	0.00	0.00	0.00	0.00	0.05	0.00	0.00	0.05
		意外险	0.02	0.00	0.00	0.02	0.22	0.00	0.00	0.22
		一般寿险	0.00	0.00	−0.48	−0.48	80.21	80.21	7.07	87.29
		分红类保险	0.00	0.00	0.50	0.50	11.00	11.00	40.87	51.88
		万能寿险	0.00	0.00	0.02	0.02	0.00	0.00	0.30	0.30
		投连险	0.00	0.00	0.00	0.00	0.00	0.00	0.00	0.00
		小 计	0.02	0.00	0.04	0.06	91.49	91.22	48.25	139.74
	直销业务	健康险	0.00	0.00	0.00	0.00	0.80	0.00	0.00	0.80
		意外险	0.00	0.00	0.00	0.00	4.44	0.00	0.00	4.44
		一般寿险	0.00	0.00	0.00	0.00	0.00	0.00	0.00	0.00
		分红类保险	0.00	0.00	0.00	0.00	0.00	0.00	0.00	0.00
		万能寿险	0.00	0.00	0.00	0.00	0.00	0.00	0.00	0.00
		投连险	0.00	0.00	0.00	0.00	0.00	0.00	0.00	0.00
		小 计	0.00	0.00	0.00	0.00	5.24	0.00	0.00	5.24
	银代业务	健康险	0.00	0.00	0.00	0.00	0.00	0.00	0.00	0.00
		意外险	0.00	0.00	0.00	0.00	0.00	0.00	0.00	0.00
		一般寿险	0.00	0.00	−1.20	−1.20	32705.40	0.20	0.50	32705.90
		分红类保险	0.00	0.00	4.50	4.50	8.00	8.00	173.28	181.28
		万能寿险	0.02	0.00	0.00	0.02	0.11	0.00	0.00	0.11
		投连险	0.00	0.00	0.00	0.00	0.00	0.00	0.00	0.00
		小 计	0.02	0.00	3.30	3.32	32713.51	8.20	173.78	32887.29
	合 计		0.03	0.00	3.34	3.38	32810.24	99.42	222.03	33032.27
中德安联	营销业务	健康险	0.21	0.21	0.14	0.34	2.06	2.06	0.91	2.97
		意外险	0.41	0.41	0.32	0.73	4.94	4.94	3.50	8.44
		一般寿险	7.50	7.50	10.52	18.02	76.73	76.73	87.26	163.99
		分红类保险	3.16	3.10	13.87	17.03	99.13	67.64	188.55	287.67
		万能寿险	0.00	0.00	0.00	0.00	0.00	0.00	0.00	0.00
		投连险	0.00	0.00	0.00	0.00	0.00	0.00	0.00	0.00
		小 计	11.27	11.21	24.85	36.12	182.86	151.37	280.21	463.07
	直销业务	健康险	0.00	0.00	0.00	0.00	0.00	0.00	0.00	0.00
		意外险	0.00	0.00	0.00	0.00	0.00	0.00	0.00	0.00
		一般寿险	0.00	0.00	0.00	0.00	0.00	0.00	0.79	0.79
		分红类保险	0.00	0.00	0.00	0.00	0.00	0.00	0.00	0.00
		万能寿险	0.00	0.00	0.00	0.00	0.00	0.00	0.00	0.00
		投连险	0.00	0.00	0.00	0.00	0.00	0.00	0.00	0.00
		小 计	0.00	0.00	0.00	0.00	0.00	0.00	0.79	0.79
	银代业务	健康险	0.00	0.00	0.00	0.00	0.00	0.00	0.00	0.00
		意外险	0.00	0.00	0.00	0.00	0.00	0.00	0.00	0.00
		一般寿险	0.00	0.00	0.00	0.00	0.00	0.00	0.00	0.00
		分红类保险	0.00	0.00	0.00	0.00	0.00	0.00	0.00	0.00
		万能寿险	0.00	0.00	0.00	0.00	0.00	0.00	0.00	0.00
		投连险	0.00	0.00	0.00	0.00	0.00	0.00	0.00	0.00
		小 计	0.00	0.00	0.00	0.00	0.00	0.00	0.00	0.00
	合 计		11.27	11.21	24.85	36.12	182.86	151.37	281.00	463.85

理赔给付			其他给付		退保		市场份额	上年同期保费	同比增长率
当期	累计	短险赔付率	当期	累计	当期	累计			
0.00	0.00	0.00	0.00	0.00	0.00	0.00	0.00	0.24	−79.69
0.00	0.00	0.00	0.00	0.00	0.00	0.00	0.00	0.42	−47.42
0.00	0.00	0.00	0.00	9.00	0.01	0.18	0.02	12.46	600.74
0.00	0.00	0.00	0.20	4.23	0.51	3.70	0.01	62.14	−16.52
0.00	0.00	0.00	0.00	0.00	0.00	0.00	0.00	0.29	5.46
0.00	0.00	–	0.00	0.00	0.00	0.00	0.00	0.00	–
0.00	0.00	0.00	0.20	13.23	0.52	3.88	0.01	75.55	84.97
0.66	0.66	82.44	0.00	0.00	0.00	0.00	0.00	0.00	–
0.00	0.00	0.00	0.00	0.00	0.00	0.00	0.02	0.00	–
0.00	0.00	–	0.00	0.00	0.00	0.00	0.00	0.00	–
0.00	0.00	–	0.00	0.00	0.00	0.00	0.00	0.00	–
0.00	0.00	–	0.00	0.00	0.00	0.00	0.00	0.00	–
0.00	0.00	–	0.00	0.00	0.00	0.00	0.00	0.00	–
0.66	0.66	12.61	0.00	0.00	0.00	0.00	0.01	0.00	–
0.00	0.00	–	0.00	0.00	0.00	0.00	0.00	0.00	–
0.00	0.00	–	0.00	0.00	0.00	0.00	0.00	0.00	–
0.00	0.00	0.00	3.53	6.96	846.78	7731.49	4.47	17251.30	89.59
0.00	0.00	0.00	2.16	192.61	1.39	61.60	0.19	231.48	−21.69
0.00	0.00	0.00	0.00	0.42	0.00	0.00	0.00	0.00	–
0.00	0.00	–	0.00	0.00	0.00	0.00	0.00	0.00	–
0.00	0.00	–	5.69	199.99	848.17	7793.09	2.85	17482.78	88.11
0.66	0.66	11.99	5.89	213.22	848.69	7796.97	1.43	17558.33	88.13
0.00	0.20	6.66	0.00	0.00	0.00	0.00	0.01	1.39	113.94
0.00	0.10	1.14	0.00	0.00	0.00	0.00	0.05	4.71	78.99
0.37	9.21		0.00	0.00	0.01	6.24	0.04	94.78	73.02
0.00	1.25		0.23	3.13	0.30	7.23	0.05	210.51	36.66
0.00	0.00		0.00	0.00	0.00	0.00	0.00	0.00	–
0.00	0.00		0.00	0.00	0.00	0.00	0.00	0.00	–
0.37	10.76	2.57	0.23	3.13	0.31	13.47	0.04	311.39	48.71
0.00	0.00		0.00	0.00	0.00	0.00	0.00	0.00	–
0.00	0.00		0.00	0.00	0.00	0.00	0.00	0.00	–
0.00	0.00		0.00	0.00	0.00	0.00	0.00	0.79	0.00
0.00	0.00		0.00	0.00	0.00	0.00	0.00	0.00	–
0.00	0.00		0.00	0.00	0.00	0.00	0.00	0.00	–
0.00	0.00		0.00	0.00	0.00	0.00	0.00	0.00	–
0.00	0.00		0.00	0.00	0.00	0.00	0.00	0.79	0.00
0.00	0.00		0.00	0.00	0.00	0.00	0.00	0.00	–
0.00	0.00		0.00	0.00	0.00	0.00	0.00	0.00	–
0.00	0.00		0.00	0.00	0.00	0.00	0.00	0.00	–
0.00	0.00		0.00	0.00	0.00	0.00	0.00	0.00	–
0.00	0.00		0.00	0.00	0.00	0.00	0.00	0.00	–
0.00	0.00		0.00	0.00	0.00	0.00	0.00	0.00	–
0.37	10.76	2.57	0.23	3.13	0.31	13.47	0.02	312.18	48.59

续表8

公司名称	业务类别		保费收入当月				保费收入累计			
			首 年	其中:期缴	续 期	小 计	首 年	其中:期缴	续 期	小 计
利安人寿	营销业务	健康险								
		意外险	0.00			0.00	13.40	0.00	0.00	13.40
		一般寿险	6.29	6.29		6.29	160.54	160.54	144.70	305.24
		分红类保险	11.95	11.95	188.17	200.12	3069.21	3085.74	2809.66	5878.87
		万能寿险								
		投连险								
		小 计	18.23	18.24	188.17	206.40	3243.14	3246.28	2954.36	6197.50
	直销业务	健康险								
		意外险								
		一般寿险								
		分红类保险								
		万能寿险								
		投连险								
		小 计								0.00
	银代业务	健康险								
		意外险					0.04			0.04
		一般寿险	6193.58	2.00	3.36	6198.94	69666.04	2.00	3.36	69669.40
		分红类保险	14.00	14.00	31.83	59.83	14.00	14.00	731.23	745.23
		万能寿险					2794.80			2794.80
		投连险								
		小 计	6207.58	16.00	35.19	6258.77	72474.88	16.00	734.59	73209.47
	合 计		6225.81	34.24	223.36	6465.17	75718.02	3262.28	3688.95	79406.97
招商信诺	营销业务	健康险								
		意外险								
		一般寿险								
		分红类保险								
		万能寿险								
		投连险								
		小 计								
	直销业务	健康险	8.36	8.36	14.07	22.44	87.07	87.07	156.74	243.81
		意外险	11.74	11.74	10.00	21.74	101.41	101.41	100.31	201.72
		一般寿险	89.51	89.51	155.94	245.44	1030.61	1030.61	1487.02	2517.63
		分红类保险	6.88	6.88	1.59	8.47	36.95	36.95	19.58	56.53
		万能寿险								
		投连险	0.00	0.00	0.00	0.00	0.00	0.00	0.00	0.00
		小 计	116.49	116.49	181.60	298.09	1256.04	1256.04	1763.65	3019.69
	银代业务	健康险	0.00	0.00	0.00	0.00	0.00	0.00	1.19	1.19
		意外险	0.00	0.00	0.03	0.03	0.00	0.00	0.78	0.78
		一般寿险	143.38	143.38	41.82	185.20	873.77	873.77	521.34	1395.11
		分红类保险	40.04	40.04	58.38	98.42	8996.55	1348.55	989.48	9986.03
		万能寿险	0.00	0.00	0.00	0.00	0.00	0.00	0.00	0.00
		投连险	0.38	0.00	0.00	0.38	4.70	0.00	0.00	4.70
		小 计	183.80	183.42	100.23	284.03	9875.02	2222.32	1512.79	11387.81
	合 计		300.29	299.91	281.83	582.12	11131.06	3478.36	3276.44	14407.50

理赔给付			其他给付		退保		市场份额	上年同期保费	同比增长率
当期	累计	短险赔付率	当期	累计	当期	累计			
0.65	5.72						0.00	0.00	–
	2.29						0.07	24.08	–44.37
	20.00						0.08	98.34	210.39
			1.87	22.23	11.07	110.14	0.95	2593.07	126.71
							0.00	0.00	–
							0.00	0.00	–
0.65	28.01		1.87	22.23	11.07	110.14	0.59	2715.49	128.23
							0.00	0.00	–
							0.00	0.00	–
							0.00	0.00	–
							0.00	0.00	–
							0.00	0.00	–
							0.00	0.00	–
					0.00	0.00	0.00	0.00	–
							0.00	0.00	–
							0.00	0.00	–
	6.24			24.75	24.75	55104.53	9.51	39869.49	74.74
3.36	8.70		45.28	57.56	83.60	330.77	0.78	728.26	2.33
			0.00	0.00	0.00	2648.42	0.87	10795.04	–74.11
							0.00	0.00	–
3.36	14.95		45.28	82.31	108.35	58083.72	6.34	51392.79	42.45
4.01	42.96		47.15	104.54	119.42	58193.86	3.44	54108.28	46.76
							0.00		–
							0.00		–
							0.00		–
							0.00		–
							0.00		–
							0.00		–
							0.00		–
5.03	55.20						1.07	264.64	–7.87
0.00	3.00				0.09	0.29	0.72	155.17	30.00
8.38	83.10		2.44	45.27	8.32	153.21	7.50	1833.87	37.29
			0.00	0.00	0.00	1.92	0.55	22.32	153.27
							0.00		–
0.00	0.00		0.00	0.00			0.00		–
13.41	141.30		2.44	45.27	8.41	155.42	3.19	2276.00	32.68
0.93	1.97						0.10	2.33	–48.93
							0.03	0.82	–4.88
			0.18	41.48	0.05	6.03	0.19	603.62	131.12
			0.00	4.14	–0.33	562.23	10.44	5411.36	84.54
			0.00	0.00	0.00	0.00	0.00		–
0.00	0.00		0.00	0.00	0.00	0.00	3.16	4.91	–4.28
0.93	1.97		0.18	45.62	–0.28	568.26	0.99	6023.04	89.07
14.34	143.27		2.62	90.89	8.13	723.68	0.62	8299.04	73.60

续表8

公司名称	业务类别		保费收入当月				保费收入累计			
			首 年	其中:期缴	续 期	小 计	首 年	其中:期缴	续 期	小 计
交银康联	营销业务	健康险	0.05	0.00	0.21	0.27	85.23	0.00	0.52	85.75
		意外险	0.04	0.00	0.59	0.62	77.61	0.00	2.61	80.22
		一般寿险	1.22	0.00	2.60	3.81	42.39	(0.00)	40.43	82.82
		分红类保险	0.00	0.00	0.00	0.00	3.73	0.00	152.92	156.65
		万能寿险	0.00	0.00	0.00	0.00	0.00	0.00	0.00	0.00
		投连险	0.00	0.00	0.00	0.00	0.00	0.00	0.00	0.00
		小 计	1.31	0.00	3.40	4.71	208.96	(0.00)	196.48	405.44
	直销业务	健康险	0.00	0.00	0.00	0.00	0.00	0.00	0.00	0.00
		意外险	0.00	0.00	0.00	0.00	0.00	0.00	0.00	0.00
		一般寿险	0.00	0.00	0.00	0.00	0.00	0.00	0.00	0.00
		分红类保险	0.00	0.00	0.00	0.00	0.00	0.00	0.00	0.00
		万能寿险	0.00	0.00	0.00	0.00	0.00	0.00	0.00	0.00
		投连险	0.00	0.00	0.00	0.00	0.00	0.00	0.00	0.00
		小 计	0.00	0.00	0.00	0.00	0.00	0.00	0.00	0.00
	银代业务	健康险	4.09	0.00	0.00	4.09	186.01	0.00	0.00	186.01
		意外险	11.70	-0.03	1.97	13.67	530.82	4.93	39.03	569.85
		一般寿险	4.66	4.66	18.02	22.69	3184.62	1381.57	383.08	3567.70
		分红类保险	3.54	3.54	311.55	315.09	1638.94	1638.94	2991.88	4630.83
		万能寿险	0.00	0.00	0.00	0.00	0.00	0.00	0.00	0.00
		投连险	0.00	0.00	0.00	0.00	0.00	0.00	0.00	0.00
		小 计	23.99	8.18	331.54	355.53	5540.40	3025.44	3413.99	8954.39
	合 计		25.30	8.18	334.93	360.24	5749.36	3025.44	3610.47	9359.83
东吴人寿	营销业务	健康险	0.66	0.00	0.00	0.66	13.36	0.05	0.00	13.36
		意外险	0.64	0.04	0.00	0.65	17.18	4.97	10.06	27.24
		一般寿险	9.40	9.40	2.99	12.39	174.27	174.27	117.45	291.72
		分红类保险	1.53	1.53	13.14	14.67	27.60	27.60	254.84	282.44
		万能寿险	0.29	0.29	0.00	0.29	3.43	3.43	0.00	3.43
		投连险	0.00	0.00	0.00	0.00	0.00	0.00	0.00	0.00
		小 计	12.53	11.26	16.14	28.67	235.84	210.33	382.34	618.19
	直销业务	健康险	0.00	0.00	0.00	0.00	0.00	0.00	0.00	0.00
		意外险	0.00	0.00	0.00	0.00	1.10	0.00	0.00	1.10
		一般寿险	0.00	0.00	0.00	0.00	0.00	0.00	0.00	0.00
		分红类保险	0.00	0.00	0.00	0.00	0.00	0.00	0.00	0.00
		万能寿险	0.00	0.00	0.00	0.00	0.00	0.00	0.00	0.00
		投连险	0.00	0.00	0.00	0.00	0.00	0.00	0.00	0.00
		小 计	0.00	0.00	0.00	0.00	1.10	0.00	0.00	1.10
	银代业务	健康险	0.07	0.07	0.00	0.07	8.54	8.54	3.58	12.11
		意外险	-0.15	-0.15	0.00	-0.15	4.90	4.90	2.59	7.50
		一般寿险	5350.10	0.00	0.00	5350.10	30598.14	14.94	6.32	30604.46
		分红类保险	7.00	7.00	10.10	17.10	67.00	67.00	322.00	389.00
		万能寿险	0.17	0.00	0.00	0.17	0.46	0.00	0.00	0.46
		投连险	0.00	0.00	0.00	0.00	0.00	0.00	0.00	0.00
		小 计	5357.18	6.91	10.10	5367.28	30679.04	95.38	334.49	31013.53
	合 计		5369.71	18.18	26.24	5395.95	30915.98	305.70	716.84	31632.81

理赔给付			其他给付		退保		市场份额	上年同期保费	同比增长率
当期	累计	短险赔付率	当期	累计	当期	累计			
2.77	189.04	220.46	0.00	0.00	0.00	0.00	0.28	7.19	1092.60
0.00	0.00	0.00	0.00	0.00	0.00	0.00	0.45	10.70	649.70
0.00	30.13	36.38	0.00	0.00	0.00	2.73	0.02	42.76	93.69
0.00	0.00	0.00	0.00	0.80	0.00	7.82	0.03	15.45	913.93
0.00	0.00	–	0.00	0.00	0.00	0.00	0.00	0.00	–
0.00	0.00	–	0.00	0.00	0.00	0.00	0.00	0.00	–
2.77	219.17	54.06	0.00	0.80	0.00	10.56	0.04	76.10	432.77
0.00	0.00	–	0.00	0.00	0.00	0.00	0.00	0.00	–
0.00	0.00	–	0.00	0.00	0.00	0.00	0.00	0.00	–
0.00	0.00	–	0.00	0.00	0.00	0.00	0.00	0.00	–
0.00	0.00	–	0.00	0.00	0.00	0.00	0.00	0.00	–
0.00	0.00	–	0.00	0.00	0.00	0.00	0.00	0.00	–
0.00	0.00	–	0.00	0.00	0.00	0.00	0.00	0.00	–
0.00	0.00	–	0.00	0.00	0.00	0.00	0.00	0.00	–
1.26	26.73	14.37	0.00	0.00	0.00	0.00	15.81	116.75	59.33
0.00	20.00	3.51	0.00	0.00	0.00	0.03	22.59	589.09	–3.27
0.00	43.75	1.23	0.00	0.00	213.41	8719.20	0.49	8875.43	–59.80
0.00	30.00	0.65	0.00	13.25	7.62	565.09	4.84	3390.54	36.58
0.00	0.00	–	0.00	0.00	0.00	0.00	0.00	0.00	–
0.00	0.00	–	0.00	0.00	0.00	0.00	0.00	0.00	–
1.26	120.48	1.35	0.00	13.25	221.04	9284.32	0.78	12971.81	–30.97
4.03	339.65	3.63	0.00	14.05	221.04	9294.88	0.41	13047.91	–28.27
0.12	1.22	9.15	0.00	0.00	0.00	0.00	0.04	0.73	1737.62
0.00	0.00	0.00	0.00	0.00	–0.22	0.00	0.15	13.72	98.49
0.69	31.96	0.00	0.00	0.60	0.13	4.01	0.08	158.25	84.34
0.00	10.00	0.00	1.72	35.98	0.00	2.85	0.05	288.61	–2.14
0.00	12.00	0.00	0.00	0.00	0.00	0.00	0.03	3.92	–12.64
0.00	0.00	0.00	0.00	0.00	0.00	0.00	0.00	0.00	–
0.81	55.19	3.01	1.72	36.58	–0.09	6.86	0.06	465.24	32.88
0.00	7.28	–	0.00	0.00	0.00	0.00	0.00	7.52	–100.00
0.00	10.10	0.00	0.00	0.00	0.00	0.00	0.00	11.56	–90.52
0.00	0.00	0.00	0.00	0.00	0.00	0.00	0.00	0.00	–
0.00	0.00	0.00	0.00	0.00	0.00	0.00	0.00	0.00	–
0.00	0.00	0.00	0.00	0.00	0.00	0.00	0.00	0.00	–
0.00	0.00	0.00	0.00	0.00	0.00	0.00	0.00	0.00	–
0.00	17.38	1586.67	0.00	0.00	0.00	0.00	0.00	19.08	–94.26
0.00	0.00	0.00	0.00	0.00	0.00	0.00	1.03	0.00	–
0.00	0.00	0.00	0.00	0.00	0.00	0.00	0.30	0.07	9951.19
0.00	0.00	0.00	0.00	0.00	0.00	0.00	4.18	1.95	1572498.06
0.00	0.00	0.00	0.00	0.00	2.97	306.89	0.41	629.00	–38.16
0.14	1.93	0.00	0.00	0.00	0.00	0.00	0.00	0.00	–
0.00	0.00	0.00	0.00	0.00	0.00	0.00	0.00	0.00	–
0.14	1.93	0.00	0.00	0.00	2.97	306.89	2.69	631.02	4814.82
0.95	74.50	30.35	1.72	36.58	2.88	313.75	1.37	1115.33	2736.17

续表8

公司名称	业务类别		保费收入当月				保费收入累计			
			首 年	其中:期缴	续 期	小 计	首 年	其中:期缴	续 期	小 计
建信人寿	营销业务	健康险	2.02	2.02	0.00	2.02	90.26	90.26	0.48	90.74
		意外险	10.70	10.70	0.00	10.70	693.54	693.54	0.00	693.54
		一般寿险	1.05	1.05	0.00	1.05	64.05	64.05	0.00	64.05
		分红类保险	0.00	0.00	0.00	0.00	0.00	0.00	0.00	0.00
		万能寿险	0.00	0.00	0.00	0.00	0.00	0.00	0.00	0.00
		投连险	0.00	0.00	0.00	0.00	0.00	0.00	0.00	0.00
		小 计	13.77	13.77	0.00	13.77	847.85	847.85	0.48	848.33
	直销业务	健康险								
		意外险								
		一般寿险								
		分红类保险								
		万能寿险								
		投连险								
		小 计	0.00	0.00	0.00	0.00	0.00	0.00	0.00	0.00
	银代业务	健康险	0.10	0.10	0.00	0.10	0.20	0.20	0.27	0.47
		意外险	0.26	0.26	0.00	0.26	1.50	1.50	0.00	1.50
		一般寿险	−40.55	−40.55	−7.25	−47.80	23337.11	2040.45	93.03	23430.14
		分红类保险	0.00	0.00	−4.90	−4.90	2863.50	0.00	222.31	3085.81
		万能寿险	0.00	0.00	0.00	0.00	0.00	0.00	0.00	0.00
		投连险	0.00	0.00	0.00	0.00	0.00	0.00	0.00	0.00
		小 计	−40.19	−40.19	−12.15	−52.34	26202.31	2042.15	315.61	26517.92
	合 计		−26.42	−26.42	−12.15	−38.57	27050.16	2890.00	316.09	27366.25
国联人寿	营销业务	健康险	1.56			1.56	14.02	0.04	2.55	16.57
		意外险	1.20			1.20	3.84			3.84
		一般寿险	122.69	122.69	146.58	269.28	2966.87	2966.87	325.91	3292.78
		分红类保险	132.78	132.78	116.62	249.40	924.97	924.97	873.98	1798.95
		万能寿险				0.00				0.00
		投连险				0.00				0.00
		小 计	258.23	255.47	263.21	521.43	3909.69	3891.88	1202.45	5112.14
	直销业务	健康险	454.84			454.84	1024.35			1024.35
		意外险	25.33			25.33	1043.82			1043.82
		一般寿险	0.26			0.26	54.95			54.95
		分红类保险	463.42			463.42	4631.05			4631.05
		万能寿险				0.00				0.00
		投连险				0.00				0.00
		小 计	943.85	0.00	0.00	943.85	6754.17	0.00	0.00	6754.17
	银代业务	健康险	7.54	4.45		7.54	23.16	19.21		23.16
		意外险	2.70	2.70		2.70	9.17	9.17		9.17
		一般寿险	1866.90	52.70		1866.90	80756.90	1584.00		80756.90
		分红类保险				0.00				0.00
		万能寿险				0.00				0.00
		投连险				0.00				0.00
		小 计	1877.14	59.85	0.00	1877.14	80789.23	1612.38	0.00	80789.23
	合 计		3079.21	315.32	263.21	3342.42	91453.09	5504.27	1202.45	92655.54

理赔给付			其他给付		退保		市场份额	上年同期保费	同比增长率
当 期	累 计	短险赔付率	当 期	累 计	当 期	累 计			
0.32	14.41	0.00	0.00	0.00	0.00	0.00	0.30	66.44	36.57
0.00	49.05	0.00	0.00	0.00	0.00	0.00	3.88	658.92	5.25
0.00	0.00	0.00	0.00	0.00	0.00	0.00	0.02	78.73	–18.65
0.00	0.00	0.00	0.00	0.00	0.00	0.00	0.00	0.00	–
0.00	0.00	0.00	0.00	0.00	0.00	0.00	0.00	0.00	–
0.00	0.00	0.00	0.00	0.00	0.00	0.00	0.00	0.00	–
0.32	63.46	0.00	0.00	0.00	0.00	0.00	0.08	804.09	5.50
							0.00		–
							0.00		–
							0.00		–
							0.00		–
							0.00		–
							0.00		–
0.00	0.00		0.00	0.00	0.00	0.00	0.00	0.00	–
0.00	0.25	0.00	0.00	0.00	0.00	0.00	0.04	0.17	176.47
0.00	0.00	0.00	0.00	0.00	0.00	0.00	0.06	–0.20	–850.00
0.00	0.00	0.00	4.72	2198.89	10.28	15943.77	3.20	18154.76	29.06
11.26	11.26	0.00	2.67	22.35	96.74	2551.37	3.23	2279.02	35.40
0.00	0.62	0.00	0.00	0.00	0.00	0.00	0.00	0.00	–
0.00	0.00	0.00	0.00	0.00	0.00	0.00	0.00	0.00	–
11.26	12.13	0.00	7.39	2221.24	107.02	18495.14	2.30	20443.75	29.71
11.58	75.59	0.00	7.39	2221.24	107.02	18495.14	1.19	21247.84	28.80
15.16	24.80			0.00	0.04	0.13	0.05	106.18	–84.40
0.01	0.05			0.00	0.20	1.11	0.02	0.11	3390.91
	0.00		16.30	22.32	1.19	1.22	0.87	289.23	1038.45
	0.00		2.50	4.70	0.65	10.36	0.29	989.89	81.73
	0.00			0.55		0.00	0.00	0.00	–
	0.00			0.00		0.00	0.00	0.00	–
15.17	24.85		18.80	27.57	2.08	12.82	0.48	1385.42	269.00
40.79	251.28		0.02	5.95		0.03	4.48	178.41	474.16
56.53	162.86		0.07	10.02		0.59	3.73	254.78	309.70
0.50	2.50			0.57		0.00	0.16	14.67	274.45
	0.00		27.94	1982.28		0.00	44.79	18873.18	–75.46
	0.00			0.00		0.00	0.00	0.00	–
	0.00			0.00		0.00	0.00	0.00	–
97.82	416.64		28.03	1998.82	0.00	0.62	7.13	19321.04	–65.04
	0.00			0.00		0.00	1.97	1.18	1869.80
	0.00			0.00		0.00	0.36	0.00	–
	4.20			131.00		83.06	11.03	28.65	281774.00
	0.00			0.00	0.52	86.10	0.00	343.50	–100.00
	6.29			0.00	25.66	964.85	0.00	23161.81	–100.00
	0.00			0.00		0.00	0.00	0.00	–
0.00	10.49		0.00	131.00	26.18	1134.01	7.00	23535.14	243.27
112.99	451.98		46.83	2157.39	28.26	1147.45	4.02	44241.60	109.43

续表8

公司名称	业务类别		保费收入当月				保费收入累计			
			首 年	其中:期缴	续 期	小 计	首 年	其中:期缴	续 期	小 计
安邦人寿	营销业务	健康险				0.00				0.00
		意外险				0.00				0.00
		一般寿险				0.00				0.00
		分红类保险				0.00				0.00
		万能寿险				0.00				0.00
		投连险				0.00				0.00
		小 计	0.00	0.00	0.00	0.00	0.00	0.00	0.00	0.00
	直销业务	健康险				0.00				0.00
		意外险				0.00				0.00
		一般寿险				0.00				0.00
		分红类保险				0.00				0.00
		万能寿险				0.00				0.00
		投连险				0.00				0.00
		小 计	0.00	0.00	0.00	0.00	0.00	0.00	0.00	0.00
	银代业务	健康险				0.00				0.00
		意外险				0.00				0.00
		一般寿险	5992.90			5992.90	124231.90			124231.90
		分红类保险				0.00				0.00
		万能寿险				0.00				0.00
		投连险				0.00				
		小 计	7208.50	0.00	0.00	5992.90	124231.90	0.00	0.00	124231.90
	合 计		7208.50	0.00	0.00	5992.90	124231.90	0.00	0.00	124231.90
太平养老	营销业务	健康险	69.76	0.00	0.00	69.76	3021.69	0.00	0.00	3021.69
		意外险	16.59	0.00	0.00	16.59	619.46	0.00	0.00	619.46
		一般寿险	116.69	37.62	17.98	134.67	811.75	295.05	37.62	849.37
		分红类保险	0.00	0.00	0.00	0.00	0.00	0.00	0.00	0.00
		万能寿险	0.00	0.00	0.00	0.00	0.00	0.00	0.00	0.00
		投连险	0.00	0.00	0.00	0.00	0.00	0.00	0.00	0.00
		小 计	203.04	37.62	17.98	221.02	4452.90	295.05	37.62	4490.52
	直销业务	健康险								
		意外险								
		一般寿险								
		分红类保险								
		万能寿险								
		投连险								
		小 计								
	银代业务	健康险								
		意外险								
		一般寿险								
		分红类保险								
		万能寿险								
		投连险								
		小 计								
	合 计		203.04	37.62	17.98	221.02	4452.90	295.05	37.62	4490.52

理赔给付			其他给付		退保		市场份额	上年同期保费	同比增长率
当 期	累 计	短险赔付率	当 期	累 计	当 期	累 计			
		0.00					0.00		–
		0.00					0.00		–
		0.00					0.00		–
		0.00					0.00		–
		0.00					0.00		–
		0.00					0.00		–
0.00	0.00	0.00	0.00	0.00	0.00	0.00	0.00		–
		0.00					0.00		–
		0.00					0.00		–
		0.00					0.00		–
		0.00					0.00		–
		0.00					0.00		–
		0.00					0.00		–
0.00	0.00	0.00	0.00	0.00	0.00	0.00	0.00		–
		0.00					0.00		–
		0.00					0.00		–
		0.00	8.12	51.34	221.07	648.30	16.96	28349.40	338.22
		0.00					0.00	48.00	–100.00
		0.00					0.00		–
		0.00					0.00		–
0.00	0.00	0.00	8.12	51.34	221.07	648.30	10.76	28397.40	337.48
0.00	0.00	0.00	8.12	51.34	221.07	648.30	5.39	28397.40	337.48
205.42	851.03	28.16	0.00	0.00	0.00	0.00	9.88	261.40	1055.96
0.00	10.78	1.74	0.00	0.00	0.00	0.00	3.47	197.60	213.49
63.30	83.41	9.82	0.00	0.00	0.60	16.50	0.23	62.30	1263.36
0.00	0.00	0.00	0.00	0.00	0.00	0.00	0.00	0.00	–
0.00	0.00	0.00	0.00	0.00	0.00	0.00	0.00	0.00	–
0.00	0.00	0.00	0.00	0.00	0.00	0.00	0.00	0.00	–
268.72	945.22	21.05	0.00	0.00	0.60	16.50	0.42	521.30	761.41
							0.00		–
							0.00		–
							0.00		–
							0.00		–
							0.00		–
							0.00		–
							0.00		–
							0.00		–
							0.00		–
							0.00		–
							0.00		–
							0.00		–
							0.00		–
							0.00		–
268.72	945.22	21.05	0.00	0.00	0.60	16.50	0.19	521.30	761.41

续表8

公司名称	业务类别		保费收入当月				保费收入累计			
			首 年	其中:期缴	续 期	小 计	首 年	其中:期缴	续 期	小 计
合计	营销业务	健康险	1438.97	719.83	1256.16	2695.13	18680.63	9531.64	11902.58	30583.21
		意外险	1411.82	56.87	31.40	1443.22	17452.04	1191.28	423.07	17875.12
		一般寿险	9501.86	9265.77	16107.65	25609.50	184492.69	175703.29	192407.02	376899.71
		分红类保险	4936.94	4785.22	29171.47	34108.41	149622.29	146383.78	468905.35	618527.64
		万能寿险	105.24	111.83	728.43	833.66	2971.74	1904.26	10097.94	13069.68
		投连险	1.81	1.75	12.39	14.20	22.21	21.57	235.55	257.77
		小 计	17396.63	14941.27	47307.48	64704.12	373241.58	334735.82	683971.52	1057213.12
	直销业务	健康险	2799.47	84.87	64.49	2863.97	22122.66	1299.56	743.38	22866.04
		意外险	1760.92	101.82	14.47	1775.39	27809.05	981.67	140.87	27949.92
		一般寿险	827.27	2016.95	1946.67	2773.93	13147.38	9573.05	20428.70	33576.08
		分红类保险	945.96	40.78	264.77	1210.73	6935.60	762.29	3403.75	10339.35
		万能寿险	0.02	0.00	0.00	0.02	40.27	0.00	0.00	40.27
		投连险	0.00	0.00	0.00	0.00	0.00	0.00	0.00	0.00
		小 计	6333.64	989.42	2290.40	8624.04	70054.95	12616.64	24716.70	94771.65
	银代业务	健康险	92.02	35.25	9.21	101.23	1073.11	439.28	103.15	1176.27
		意外险	87.73	7.72	14.42	102.15	2273.60	151.43	249.50	2523.10
		一般寿险	28003.68	2309.24	1279.16	29284.84	713023.93	66417.42	19276.59	732300.52
		分红类保险	1123.28	581.65	2902.54	4039.82	36955.63	15750.79	58685.19	95640.82
		万能寿险	3704.30	5.01	1.61	3705.91	322858.46	281.92	50.87	322909.33
		投连险	0.53	0.14	2.20	2.73	123.27	1.77	25.63	148.89
		小 计	34188.04	2899.92	4209.15	37236.68	1074724.20	83323.61	78390.93	1154698.93
		合 计	57918.30	18830.61	53807.03	110564.84	1518020.73	430676.06	787079.13	2306683.70

说明：以上数据均来源于各会员公司，仅供参考。所有保费与赔款以及其他数据以江苏保监局外网公布数据为准。

表9　保险行业协会寿险公司

公司名称	地区	保费收入								
		寿险					意外险		健康险	
		保 费	同 比	投连，万能分红保费	新单保费	同 比	保 费	同 比	保 费	同 比
中国人寿	市区	91396.13	13.46	109625.80	35713.29	30.70	4212.94	22.63	3834.79	36.87
	锡山	47500.08	43.50		16488.28	22.31	3738.54	75.45	2082.82	99.65
	惠山	49428.48	25.17		19148.70	21.41	2117.28	-8.92	1766.65	9.72
	滨湖	49619.75	23.35		19356.46	16.71	2029.44	-14.24	2197.34	84.49
	江阴	152940.08	22.70	74473.58	53019.71	17.33	5820.96	7.61	1622.44	18.96
	宜兴	76775.50	11.26	34287.08	27963.30	-6.16	2897.49	13.26	2696.13	119.57
	全辖	467660.02	20.84	218386.46	171689.74	15.89	20816.65	14.22	14200.17	53.71

理赔给付			其他给付		退保		市场份额	上年同期保费	同比增长率
当期	累计	短险赔付率	当期	累计	当期	累计			
714.01	5252.08	17.17	35.45	430.08	50.47	296.77	100.00	20631.10	48.24
351.81	3673.39	20.55	0.00	0.00	1.35	21.02	100.00	12388.89	44.28
1991.84	17816.68		2448.00	33101.37	1534.23	13923.45	100.00	220267.33	71.11
409.19	4391.93		2952.92	52779.75	2294.63	26990.09	100.00	506571.77	22.10
106.30	673.40		82.61	1001.99	78.39	1150.84	100.00	11214.12	16.55
0.00	2.24		89.79	766.03	0.00	0.01	100.00	330.27	–21.95
3573.16	31798.05	18.42	5608.77	88079.21	3959.08	42381.79	100.00	771403.49	37.05
1416.36	14165.39	61.95	0.02	5.95	4.48	127.75	100.00	17313.14	32.07
1467.20	11794.28	42.20	0.07	10.02	0.81	4.27	100.00	24235.11	15.33
1045.81	6326.52		291.17	2643.19	247.79	4742.49	100.00	22090.58	51.99
3.90	113.57		551.84	5745.24	13.42	1472.91	100.00	22998.57	–55.04
0.00	0.00		0.06	0.66	0.03	3.74	100.00	58.47	–31.12
0.00	0.00		0.00	0.00	0.00	0.00	100.00	0.05	–100.20
3933.28	32399.77	51.09	843.15	8405.05	266.53	6351.15	100.00	86695.91	9.32
15.40	167.58	14.25	4.00	105.00	0.39	20.37	100.00	831.84	41.41
10.43	118.93	4.71	0.00	100.31	0.34	12.45	100.00	2467.17	2.27
35.51	627.52		360.46	7246.88	6905.10	216364.49	100.00	322666.46	126.95
140.52	1634.74		8202.15	145490.47	4820.41	66495.53	100.00	120778.54	–20.81
100.25	341.94		4.34	64.85	4251.76	38425.90	100.00	101067.90	219.50
0.00	0.00		0.00	0.00	12.49	153.22	100.00	105.84	40.68
302.11	2890.70	7.74	8570.95	153007.51	15990.31	321471.96	100.00	547927.74	110.74
7808.54	67088.54	34.16	15022.87	249491.78	20215.92	370204.89	100.00	1406027.14	64.06

（无锡市保险行业协会）

业务数据资料

单位：万元、%

销售方式						支出			
其中：直销		其中：营销		银行代理		赔款	满期给付	年金给付	退保金
保费	同比	保费	同比	保费	同比				
6134.45	29.03	77382.47	26.78	15926.94	(0.24)	14313.58	23750.74	11364.23	23576.04
5003.53	96.20	32992.03	36.96	15325.88	59.05	3497.48	5558.58	83.84	2520.30
2815.86	–6.71	39913.73	34.57	10582.82	–1.50	2277.87	3102.32	4.32	3395.00
3320.22	19.90	35428.66	26.96	15097.65	15.16	2520.43	5665.10	65.38	2840.10
5662.67	13.53	128952.35	29.13	25768.46	–2.99	6342.12	17144.87	7157.44	21567.81
3981.24	68.70	60835.94	26.88	17551.94	–21.94	3768.82	19572.18	2748.29	13912.78
26917.97	31.69	375505.18	29.26	100253.69	–3.17	32720.30	74793.79	21423.50	67812.03

续表9

公司名称	地区	保费收入								
		寿险					意外险		健康险	
		保费	同比	投连，万能分红保费	新单保费	同比	保费	同比	保费	同比
太保人寿	市区	74176.46	33.03	52347.46	26620.18	60.26	4371.88	55.14	1721.12	117.58
	锡山	23269.71	27.37	16679.24	6228.04	30.04	1981.51	3.35	353.28	34.79
	惠山	932.87	90.98	421.85	932.87	90.98	404.52	–42.85	145.91	–29.08
	滨湖	1008.47	28.90	433.76	1008.47	28.90	87.72	–19.05	43.15	3.48
	江阴	72166.98	34.91	53099.52	27142.30	46.24	2778.62	8.57	4313.83	1.14
	宜兴	53701.70	33.65	39196.03	17692.95	44.11	1103.50	9.43	524.53	77.27
	全辖	225256.18	33.31	162177.86	79624.80	48.81	10727.75	17.64	7101.83	21.16
平安人寿	市区	159276.88	51.66	76925.06	47624.82	78.42	7362.41	53.89	–384.99	313.26
	锡山									
	惠山									
	滨湖									
	江阴	24178.82	–2.58	20815.52	15899.88	68.37	342.95	13.13	528.09	10.48
	宜兴	15517.07	4.01	13525.39	13975.85	75.77	209.13	26.69	283.34	28.96
	全辖	198972.77	37.45	111265.97	77500.55	75.79	7914.49	50.69	426.43	–29.46
新华人寿	市区	26578.42	15.81	17703.75	10029.19	166.71	238.36	602.89	6466.15	31.22
	锡山									
	惠山	703.96	5.37	468.28	300.26	–11.93	38.03	–25.89	678.13	–16.53
	滨湖									
	江阴	1444.04	–26.49	1141.84	853.63	–29.36	9.28	107.24	895.28	163.48
	宜兴	3404.35	371.17	98.31	3361.03	362.44	12.90	85.77	377.29	97.06
	全辖	32130.77	22.15	19412.18	14544.11	140.94	298.57	196.15	8416.85	34.21
泰康人寿	市区	8969.20	42.65	7137.96	1630.78	95.38	297.10	–0.29	572.71	213.95
	锡山									
	惠山									
	滨湖									
	江阴	2989.73	42.65	2379.32	407.69	95.38	99.03	–0.29	190.90	213.95
	宜兴	47835.74	42.65	38069.13	18346.27	95.38	99.03	–0.29	190.90	213.95
	全辖	59794.68	42.65	47586.41	20384.74	95.38	495.16	–0.29	954.51	213.95
太平人寿	市区	78451.53		46825.43	40628.37		811.04		4894.92	
	锡山									
	惠山									
	滨湖									
	江阴									
	宜兴									
	全辖	78451.53		46825.43	40628.37		811.04		4894.92	

销售方式						支出			
其中：直销		其中：营销		银行代理		赔 款	满期给付	年金给付	退保金
保 费	同 比	保 费	同 比	保 费	同 比				
7693.60	28.65	66929.33	52.49	5646.52	-40.56	5179.95	3947.09	6482.27	7528.64
2248.18	-1.76	22577.82	30.94	778.50	-15.12	1759.69	1202.16	1923.50	1042.91
576.28	-37.76	906.97	91.92	0.05	-98.58	321.61	875.19	37.12	233.25
93.32	-26.67	1046.01	29.91	0.00	–	82.35	396.41	332.56	297.24
6539.28	-0.44	65080.56	47.53	7639.59	-20.70	4382.55	958.65	4747.28	7332.11
897.94	-8.06	52700.50	39.28	1731.29	-35.16	1326.69	4468.72	4555.18	2144.30
18048.61	7.01	209241.19	44.94	15795.96	-30.49	13052.85	11848.21	18077.91	18578.46
13735.16	40.35	102767.67	36.83	7018.32	9.20	7702.77	12790.93	2569.96	9492.42
0.00									
0.00									
3569.74	40.35	48122.73	33.65	0.00		1169.31	1941.71	390.13	1440.99
3201.36	40.35	28898.73	56.51	0.00		750.42	1246.12	250.37	924.77
20506.25	40.35	179789.13	38.75	7018.32	9.20	9622.50	15978.76	3210.46	11858.18
631.04	343.52	22432.47	28.92	10219.43	-1.44	1039.76	18499.65	2996.56	9792.18
32.88	-28.04	1387.24	-6.65	0.00	–	41.27	0.00	79.61	67.59
8.03	115.85	2332.54	74.18	8.03	-99.17	22.88	1611.67	231.92	2400.45
12.90	125.75	510.98	65.40	3270.67	439.45	35.30	1264.25	92.49	1652.78
684.84	246.93	26663.22	29.84	13498.13	13.01	1139.20	21375.56	3400.58	13913.00
109.52	61.79	32841.34	31.85	541.36	930.15	446.62	23.06	0.00	220.30
547.58	0.00	5473.56	31.85		–	74.44	7.69	0.00	73.43
438.06	61.79	16420.67	31.85	4872.26	930.15	223.31	46.11	0.00	440.60
1095.16	61.79	54735.57	31.85	5413.62	930.15	744.37	76.85	0.00	734.33
1545.11		41860.93		40751.45		815.52	1680.70	7618.95	23865.48
1545.11		41860.93		40751.45		815.52	1680.70	7618.95	23865.48

续表9

公司名称	地区	保费收入								
		寿险					意外险		健康险	
		保费	同比	投连，万能分红保费	新单保费	同比	保费	同比	保费	同比
民生人寿	市区	8471.41		6007.56	2463.85		10.82		49.7	
	锡山									
	惠山	0		0	0		0		0	
	滨湖									
	江阴	0		0	0		0		0	
	宜兴	0		0	0		0		0	
	全辖	8471.41		6007.56	2463.85		10.82		49.7	
富德生命	市区	30182.01	577.62	4055.30	26472.85	988.82	5.40	36.36	49.72	27.78
	锡山	0.00	0.00	0.00	0.00	0.00	0.00	0.00	0.00	0.00
	惠山	0.00	0.00	0.00	0.00	0.00	0.00	0.00	0.00	0.00
	滨湖	0.00	0.00	0.00	0.00	0.00	0.00	0.00	0.00	0.00
	江阴	3923.42	16.66	511.89	3574.60	68.96	0.00	0.00	0.00	0.00
	宜兴	4169.20	263.02	393.76	3465.21	403.33	0.00	0.00	0.00	0.00
	全辖	38274.63	326.91	4960.95	33512.66	540.11	5.40	36.36	49.72	27.78
同方全球	市区	6617.81	41.23	2402.10	2552.07	72.88	128.30	8.30	257.05	21.45
	锡山									
	惠山									
	滨湖									
	江阴	1289.74	38.53	521.50	505.56	53.72	20.87	14.80	53.67	21.70
	宜兴	35.52	396.09	7.76	27.38		0.47	135.00	1.06	26.19
	全辖	7943.07	41.24	2931.36	3085.01	70.87	149.64	9.35	311.78	21.51
信诚人寿	市区	2696.43	−8	2040.88	310.90	−18	34.77	−76	138.18	11
	锡山									
	惠山									
	滨湖									
	江阴									
	宜兴									
	全辖	2696.43	−8	2040.88	310.90	−18	34.77	−76	138.18	11
中宏人寿	市区	16516.85	24.57	14164.49	3624.94	81.97	433.05	40.55	8204.69	65.84
	锡山									
	惠山									
	滨湖									
	江阴									
	宜兴									
	全辖	16516.85	24.57	14164.49	3624.94	81.97	433.05	40.55	8204.69	65.84

销售方式						支出			
其中：直销		其中：营销		银行代理		赔 款	满期给付	年金给付	退保金
保 费	同 比	保 费	同 比	保 费	同 比				
4.94		8502.44		24.55		238.61	1119.21		844.27
0.00		0		0		0.00	0		0.00
0.00		0		0		0.00	0		0.00
0.00		0		0		0.00	0		0.00
4.94		8502.44		24.6		238.61	1119.21		844.27
3.18	109.21	4382.29	24.59	25851.80	1066.08	19.25	1090.21		3055.14
0.00	0.00	0.00	0.00	0.00	0.00	0.00	0.00		0.00
0.00	0.00	0.00	0.00	0.00	0.00	0.00	0.00		0.00
0.00	0.00	0.00	0.00	0.00	0.00	0.00	0.00		0.00
0.00	0.00	468.00	46.21	3455.34	69.98	0.00	1060.27		3289.21
0.00	0.00	360.00	46.21	3809.14	465.56	0.00	1079.33		2381.71
3.18	109.21	5210.29	27.59	33116.28	572.64	19.25	3229.81		8726.06
138.83	5.28	5784.14	44.11	1080.19	23.99	314.33		567.61	326.13
0.00		1364.28	37.35	0.00		23.24		43.01	66.63
0.00		37.05		0.00		0.38		0.58	0.59
138.83	5.28	7185.47	43.51	1080.19	23.99	337.95		611.20	393.35
211.90	10	1521.27	99	1136.21	–34	255.72	835.914	21.81	347.91
211.90	10	1521.27	99	1136.21	–34	255.72	835.91	21.81	347.91
744.21	95.92	24106.82	33.02	303.56	41.14	1013.26	0.00	625.41	381.77
744.21	95.92	24106.82	33.02	303.56	41.14	1013.26	0.00	625.41	381.77

续表9

公司名称	地区	保费收入								
		寿险					意外险		健康险	
		保费	同比	投连，万能分红保费	新单保费	同比	保费	同比	保费	同比
合众人寿	市区	4339.72	0.00	3748.02	1680.33	0.00	12.57	0.00	433.78	0.00
	锡山	1.23	0.00	1.23	0.00	0.00	0.00	0.00	0.00	0.00
	惠山									
	滨湖									
	江阴	0.73	0.00	0.61	0.00	0.00	0.00	0.00	0.11	0.00
	宜兴	309.45	0.00	283.89	316.26	0.00	0.46	0.00	31.36	0.00
	全辖	4651.13	0.00	4033.75	1996.59	0.00	13.03	0.00	465.25	0.00
中意人寿	市区	33355.35		11147.17	25106.33		382.40		3477.90	
	锡山									
	惠山									
	滨湖									
	江阴									
	宜兴									
	全辖	33355.35		11147.17	25106.33		382.40		3477.90	
陆家嘴国泰	市区	1489.60	11.42	741.64	489.19	−63.41	111.94	−17.56	45.05	−19.42
	锡山									
	惠山									
	滨湖									
	江阴									
	宜兴									
	全辖	1489.60	11.42	741.64	489.19	−63.41	111.94	−17.56	45.05	−19.42
农银人寿	市区	4297.15	0.00	2616.15	2205.29	0.00	0.00	0.00	0.00	0.00
	锡山									
	惠山									
	滨湖									
	江阴									
	宜兴									
	全辖	4297.15	0.00	2616.15	2205.29	0.00	0.00	0.00	0.00	0.00
北大方正	市区	2325.43	5.62	1666.67	740.40	−21.19	34.12	−12.76	835.64	32.55
	锡山									
	惠山									
	滨湖									
	江阴									
	宜兴									
	全辖	2325.43	5.62	1666.67	740.40	−21.19	34.12	−12.76	835.64	32.55

销售方式						支出			
其中：直销		其中：营销		银行代理		赔 款	满期给付	年金给付	退保金
保 费	同 比	保 费	同 比	保 费	同 比				
0.00	0.00	4334.27	0.00	182.15	0.00	84.98	1252.74	400.76	791.01
		1.23	0.00						
		0.00	0.00						
		611.76	0.00			5.15	67.05	27.30	109.55
0.00	0.00	4947.26	0.00	182.15	0.00	90.13	1319.79	428.06	900.56
443.17	−12.73	20873.44	103.29	15899.05	−39.23	282.24		1277.33	3067.56
443.17	−12.73	20873.44	103.29	15899.05	−39.23	282.24		1277.33	3067.56
144.86	−21.32	1349.05	40.28	152.67	−20.11	192.68	0.00	197.59	37.24
144.86	−21.32	1349.05	40.28	152.67	−20.11	192.68	0.00	197.59	37.24
341.00	0.00	1634.62	0.00	2321.53	0.00	11.29	121.89	0.00	6861.42
341.00	0.00	1634.62	0.00	2321.53	0.00	11.29	121.89	0.00	6861.42
314.94	13.27	2859.55	10.78	20.70	72.50	136.08	0.00	41.66	192.63
314.94	13.27	2859.55	10.78	20.70	72.50	136.08	0.00	41.66	192.63

续表9

公司名称	地区	保费收入								
		寿险					意外险		健康险	
		保费	同比	投连，万能分红保费	新单保费	同比	保费	同比	保费	同比
恒安标准	市区	2316.80	140.67	1563.95	851.58	31.58	47.00	77.38	36.44	90.56
	锡山									
	惠山									
	滨湖									
	江阴									
	宜兴									
	全辖	2316.80	140.67	1563.95	851.58	31.58	47.00	77.38	36.44	90.56
友邦保险	市区	12388.16	88.37	6947.34	6528.97	124.86	449.56	48.98	622.69	92.11
	锡山	0.00	0.00	0.00		0.00		0.00		0.00
	惠山									
	滨湖	0.00	0.00	0.00		0.00		0.00		0.00
	江阴	4155.94	58.75	1716.30	1671.31	22.32	151.89	16.52	304.35	53.36
	宜兴	1016.87	72.48	241.57	468.42	53.53	52.95	41.43	187.48	55.39
	全辖	17560.97	79.48	8905.21	8668.70	89.48	654.40	39.37	1114.52	73.26
人保健康	市区	29447.03		556.63	28238.10		424.39		579.45	
	锡山									
	惠山									
	滨湖									
	江阴									
	宜兴									
	全辖	29447.03		556.63	28238.10		424.39		579.45	
华泰人寿	市区	13077.88		10383.76	4023.81		211.94		144.49	
	锡山									
	惠山									
	滨湖									
	江阴									
	宜兴									
	全辖	13077.88		10383.76	4023.81		211.94		144.49	
光大永明	市区	1791.82	(0.30)	389.49	29.30	(0.61)	12.43	3.35	5.64	0.47
	锡山									
	惠山									
	滨湖									
	江阴									
	宜兴									
	全辖	1791.82	(0.30)	389.49	29.30	(0.61)	12.43	3.35	5.64	0.47

销售方式						支出			
其中：直销		其中：营销		银行代理		赔款	满期给付	年金给付	退保金
保费	同比	保费	同比	保费	同比				
71.32	79.92	2047.92	150.02	281.00	95.71	131.15	0.00	422.08	50.75
71.32	79.92	2047.92	150.02	281.00	95.71	131.15	0.00	422.08	50.75
386.57	57.69	7696.18	77.81	5377.66	104.55	351.02	394.92	71.73	197.70
	0.00		0.00		0.00				
	0.00		0.00		0.00				
56.32	14.19	4555.86	57.24	0.00	0.00	175.89	0.00	33.70	35.11
28.62	0.00	1228.68	65.00	0.00	0.00	116.21	0.00	4.90	14.17
471.51	58.51	13480.72	69.14	5377.66	104.55	643.12	394.92	110.33	246.98
724.97		3005.68		26720.22		193.62	743.17		15074.99
724.97		3005.68		26720.22		193.62	743.17		15074.99
265.56		11942.85		1225.90		291.56		5930.27	667.34
265.56		11942.85		1225.90		291.56		5930.27	667.34
10.48	4.87	253.06	0.16	1546.35	(0.95)	3.96	126.73	0.00	34.85
10.48	4.87	253.06	0.16	1546.35	(0.95)	3.96	126.73	0.00	34.85

续表9

公司名称	地区	保费收入								
		寿险					意外险		健康险	
		保费	同比	投连，万能分红保费	新单保费	同比	保费	同比	保费	同比
和谐健康	市区	235032.65	–94.14	0.00	0.00	0.00	0.46	–94.14	–0.03	–50.00
	锡山									
	惠山									
	滨湖									
	江阴									
	宜兴									
	全辖	235032.65	–94.14	0.00	0.00	0.00	0.46	–94.14	–0.03	–50.00
工银安盛	市区	24176.32	0.00	5495.22	20517.35	0.00	34.88	0.00	146.42	0.00
	锡山	0.00	0.00	0.00	0.00	0.00	0.00	0.00	0.00	0.00
	惠山	0.00	0.00	0.00	0.00	0.00	0.00	0.00	0.00	0.00
	滨湖	0.00	0.00	0.00	0.00	0.00	0.00	0.00	0.00	0.00
	江阴	0.00	0.00	0.00	0.00	0.00	0.00	0.00	0.00	0.00
	宜兴	0.00	0.00	0.00	0.00	0.00	0.00	0.00	0.00	0.00
	全辖	24176.32	0.00	5495.22	20517.35	0.00	34.88	0.00	146.42	0.00
英大人寿	市区	801.47	239.74	8.35	398.26	830.07	8.77	25.66	10.48	59.74
	锡山	0.00		0.00	0.00		0.00		0.00	
	惠山									
	滨湖	0.00		0.00	0.00		0.00		0.00	
	江阴	0.00		0.00	0.00		0.00		0.00	
	宜兴	0.00		0.00	0.00		0.00		0.00	
	全辖	801.47	239.74	8.35	398.26	830.07	8.77	25.66	10.48	59.74
联泰大都会	市区	8700.23		5075.46	3116.45		287.44		160.97	
	锡山									
	惠山									
	滨湖									
	江阴									
	宜兴									
	全辖	8700.23		5075.46	3116.45		287.44		160.97	
瑞泰人寿	市区	44.73	0.00	0.00	3.61	0.00	0.04	0.00	5.89	0.00
	锡山									
	惠山									
	滨湖									
	江阴									
	宜兴									
	全辖	44.73	0.00	0.00	3.61	0.00	0.04	0.00	5.89	0.00

销售方式						支出			
其中：直销		其中：营销		银行代理		赔款	满期给付	年金给付	退保金
保费	同比	保费	同比	保费	同比				
(0.32)	110.14	516.26	-99.00	234517.14	-94.14	183.90	0.00	3.76	36900.59
(0.32)	110.14	516.26	-99.00	234517.14	-94.14	183.90	0.00	3.76	36900.59
155.89	0.00	2108.42	0.00	22093.31	0.00	182.90	0.00	1361.48	4916.25
0.00	0.00	0.00	0.00	0.00	0.00	0.00	0.00	0.00	0.00
0.00	0.00	0.00	0.00	0.00	0.00	0.00	0.00	0.00	0.00
0.00	0.00	0.00	0.00	0.00	0.00	0.00	0.00	0.00	0.00
0.00	0.00	0.00	0.00	0.00	0.00	0.00	0.00	0.00	0.00
0.00	0.00	0.00	0.00	0.00	0.00	0.00	0.00	0.00	0.00
155.89	0.00	2108.42	0.00	22093.31	0.00	182.90	0.00	1361.48	4916.25
0.00		819.93	222.67	0.79	4.45	12.28	3.18	48.42	57.69
0.00		0.00		0.00		0.00	0.00	0.00	0.00
0.00		0.00		0.00		0.00	0.00	0.00	0.00
0.00		0.00		0.00		0.00	0.00	0.00	0.00
0.00		0.00		0.00		0.00	0.00	0.00	0.00
0.00	0.00	819.93	222.67	0.79	4.45	12.28	3.18	48.42	57.69
1029.52		6707.62		1411.50		186.28	63.90	90.31	599.97
1029.52		6707.62		1411.50		186.28	63.90	90.31	599.97
23.62	0.00	0.00	0.00	27.03	0.00	0.00	0.00	0.00	0.00
23.62	0.00	0.00	0.00	27.03	0.00	0.00	0.00	0.00	0.00

续表9

公司名称	地区	保费收入								
		寿险					意外险		健康险	
		保费	同比	投连，万能分红保费	新单保费	同比	保费	同比	保费	同比
长城人寿	市区	36604.19			34264.21		4.61		1.71	
	锡山									
	惠山									
	滨湖									
	江阴	1.65			0.00		0.00		0.00	
	宜兴	292.49			34.62		2.56		0.00	
	全辖	36898.33		0.00	34307.50		7.17		1.71	
华夏人寿	市区	66297.84		469.42	86620.32		178.82		861.10	
	锡山									
	惠山									
	滨湖									
	江阴									
	宜兴									
	全辖	66297.84		469.42	86620.32		178.82		861.10	
人保寿险	市区	50752.21	69.82	3971.19	1567.96	17.69	383.80	-33.42	161.37	-64.27
	锡山									
	惠山									
	滨湖									
	江阴									
	宜兴									
	全辖	50752.21	69.82	3971.19	1567.96	17.69	383.80	-33.42	161.37	-64.27
信泰人寿	市区	53206.71		49531.31	60.00		166.05		133.48	
	锡山									
	惠山									
	滨湖									
	江阴									
	宜兴									
	全辖	53206.71		49531.31	60.00		166.05		133.48	
君康人寿	市区	2920.33		22.89	2897.44		0.16		15.03	
	锡山									
	惠山									
	滨湖									
	江阴									
	宜兴									
	全辖	2920.33		22.89	2897.44		0.16		15.03	

销售方式						支出			
其中：直销		其中：营销		银行代理		赔 款	满期给付	年金给付	退保金
保 费	同 比	保 费	同 比	保 费	同 比				
0.00		679.10		35859.65		32.89	3208.54	397.76	768.82
0.00		1.65		0.00		0.00	0.00	0.00	0.00
0.00		366.80		0.00		0.00	0.00	0.00	0.00
0.00		1047.56		35859.65		32.89	3208.54	397.76	768.82
1007.67		14500.71		51829.37		845.97	0.00	5789.81	1561.18
1007.67		14500.71		51829.37		845.97	0.00	5789.81	1561.18
3370.79	–2.55	6138.98	–25.86	41787.60	117.92	994.78	–751100.95	781031.73	18080.13
3370.79	–2.55	6138.98	–25.86	41787.60	117.92	994.78	–751100.95	781031.73	18080.13
0.00		2406.41		51099.83		4.72		4133.08	840.66
0.00		2406.41		51099.83		4.72		4133.08	840.66
0.24		18.62		2916.66		0.00	751.30		3283.80
0.24		18.62		2916.66		0.00	751.30		3283.80

续表9

公司名称	地区	保费收入								
		寿险					意外险		健康险	
		保费	同比	投连，万能分红保费	新单保费	同比	保费	同比	保费	同比
阳光人寿	市区	62706.95		42365.11			362.38		806.36	
	锡山									
	惠山									
	滨湖									
	江阴									
	宜兴									
	全辖	62706.95		42365.11			362.38		806.36	
国华人寿	市区	1621.65		28.60	376.20				0.04	
	锡山									
	惠山									
	滨湖									
	江阴									
	宜兴									
	全辖	1621.65		28.60	376.20				0.04	
中英人寿	市区	570.41		240.64	329.77		42.90		607.04	
	锡山									
	惠山									
	滨湖									
	江阴									
	宜兴									
	全辖	570.41		240.64	329.77		42.90		607.04	
幸福人寿	市区	33032.27	–	0.00	32810.24	–	0.00	–	0.00	–
	锡山									
	惠山									
	滨湖									
	江阴									
	宜兴									
	全辖	33032.27	–	0.00	32810.24	–	0.00	–	0.00	–
中德安联	市区	452.45	47.98	287.67	175.85	65.56	8.44	67.34	2.97	113.18
	锡山									
	惠山									
	滨湖									
	江阴									
	宜兴									
	全辖	452.45	47.98	287.67	175.85	65.56	8.44	67.34	2.97	113.18

销售方式						支 出			
其中：直销		其中：营销		银行代理		赔 款	满期给付	年金给付	退保金
保 费	同 比	保 费	同 比	保 费	同 比				
6656.93		7001.35		50217.41		401.54	1028.99		25865.27
6656.93		7001.35		50217.41		401.54	1028.99		25865.27
		16.49		1605.20		200.72	522.27		6077.49
		16.49		1605.20		200.72	522.27		6077.49
57.51		940.14		222.70		22.58	223.38		19.90
57.51		940.14		222.70		22.58	223.38		19.90
5.24	_	139.74	_	32887.29	_	0.66	0.00	213.22	7796.97
5.24	_	139.74	_	32887.29	_	0.66	0.00	213.22	7796.97
0.79	48.71	463.07		0.00		10.76	1.68	1.44	13.47
0.79	48.71	463.07		0.00		10.76	1.68	1.44	13.47

续表9

公司名称	地区	保费收入								
		寿险					意外险		健康险	
		保费	同比	投连，万能分红保费	新单保费	同比	保费	同比	保费	同比
利安人寿	市区	20031.34					12.45			
	锡山	2622.98					0.95			
	惠山									
	滨湖									
	江阴	37304.65								
	宜兴	19434.60								
	全辖	79393.57					13.40		0.00	
招商信诺	市区	13960.00	77.25	10047.26	10942.58	77.37	202.50	29.82	245.00	−8.23
	锡山									
	惠山									
	滨湖									
	江阴									
	宜兴									
	全辖	13960.00	77.25	10047.26	10942.58	77.37	202.50	29.82	245.00	−8.23
交银康联	市区	8438.00		4787.48	4869.69		650.07		271.76	
	锡山									
	惠山									
	滨湖									
	江阴									
	宜兴									
	全辖	8438.00		4787.48	4869.69		650.07		271.76	
东吴人寿	市区	31571.51	0.00	7.07	1.61	0.00	35.84	0.00	25.47	0.00
	锡山	0.00		0.00	0.00		0.00		0.00	
	惠山	0.00		0.00	0.00		0.00		0.00	
	滨湖	0.00		0.00	0.00		0.00		0.00	
	江阴	0.00		0.00	0.00		0.00		0.00	
	宜兴	0.00		0.00	0.00		0.00		0.00	
	全辖	31571.51		7.07	1.61		35.84		25.47	
建信人寿	市区	26580.00					695.04		91.21	
	锡山									
	惠山									
	滨湖									
	江阴									
	宜兴									
	全辖	26580.00					695.04		91.21	

销售方式						支出			
其中：直销		其中：营销		银行代理		赔 款	满期给付	年金给付	退保金
保 费	同 比	保 费	同 比	保 费	同 比				
		1356.65		21576.99		12.47	24.75	14.45	15955.26
		2051.21		916.60		15.30	12.28	47.41	25703.31
		1761.01		34567.81		7.60		2.05	10391.27
		1028.63		16148.07		7.59		3.60	6144.02
0.00		6197.50		73209.47		42.96	37.03	67.51	58193.86
3019.69	32.68			11387.81	89.07	230.02		4.14	723.68
3019.69	32.68			11387.81	89.07	230.02		4.14	723.68
		405.44		8954.39		339.65	14.05		9294.88
		405.44		8954.39		339.65	14.05		9294.88
1.10	0.00	618.19	0.00	31013.53	0.00	74.50	0.00	36.58	313.75
0.00		0.00		0.00		0.00	0.00	0.00	0.00
0.00		0.00		0.00		0.00	0.00	0.00	0.00
0.00		0.00		0.00		0.00	0.00	0.00	0.00
0.00		0.00		0.00		0.00	0.00	0.00	0.00
0.00		0.00		0.00		0.00	0.00	0.00	0.00
1.10		618.19		31013.53		74.50	0.00	36.58	313.75
0.00		848.33		26517.92		75.59	2221.24		18495.14
0.00		848.33		26517.92		75.59	2221.24		18495.14

续表9

公司名称	地区	保费收入								
		寿险					意外险		健康险	
		保费	同比	投连，万能分红保费	新单保费	同比	保费	同比	保费	同比
国联人寿	市区	90534.63		6430.00	84104.63		1056.83		1064.08	
	锡山									
	惠山									
	滨湖									
	江阴									
	宜兴									
	全辖	90534.63		6430.00	84104.63		1056.83		1064.08	
安邦人寿	市区	124231.90			124231.90		0.00		0.00	
	锡山									
	惠山									
	滨湖									
	江阴									
	宜兴									
	全辖	124231.90			124231.90		0.00		0.00	
太平养老	市区	849.37					619.46		3021.69	
	锡山									
	惠山									
	滨湖									
	江阴									
	宜兴									
	全辖	849.37					619.46		3021.69	
合计	市区	1501279.22	97.19	507764.29	674852.60	124.04	24343.36	44.47	39617.14	48.02
	锡山	73394.00	17.13	16680.47	22716.32	24.34	5721.00	41.11	2436.10	86.63
	惠山	51065.31	25.64	890.13	20381.83	22.77	2559.83	−16.99	2590.69	−1.43
	滨湖	50628.22	23.45	433.76	20364.93	17.26	2117.16	−14.45	2240.49	81.75
	江阴	300395.80	25.00	154660.08	103074.69	14.94	9223.61	8.14	7908.68	12.01
	宜兴	222492.49	50.38	126102.92	85651.27	52.31	4378.50	7.31	4292.08	91.36
	全辖	2199255.03	69.97	806531.65	927050.32	85.64	48343.44	23.73	59085.19	43.29

销售方式						支出			
其中：直销		其中：营销		银行代理		赔款	满期给付	年金给付	退保金
保费	同比	保费	同比	保费	同比				
6754.17		5112.14		80789.23		451.98		2157.39	1147.45
6754.17		5112.14		80789.23		451.98		2157.39	1147.45
0.00		0.00		124231.90				51.34	648.30
0.00		0.00		124231.90				51.34	648.30
0.00		4490.52		0.00		945.22			16.50
0.00		4490.52		0.00		945.22			16.50
55737.64	1.81	499795.90	44.23	993174.83	178.20	38227.38	(676660.72)	835923.14	259782.91
7251.71	49.87	57622.29	37.21	17020.98	–4.11	5272.47	6773.02	2054.75	29266.52
3425.02	–14.16	42207.93	33.49	10582.87	–1.53	2640.75	3977.51	121.05	3695.84
3413.54	17.86	36474.67	27.04	15097.65	15.16	2602.78	6061.51	397.94	3137.34
16383.62	13.06	258112.54	35.04	71439.23	2.04	12198.02	22724.85	12605.53	46597.00
8560.12	50.34	162999.74	24.04	47383.37	–0.37	6233.87	27743.75	7682.70	27725.27
94771.66	9.37	1057213.07	37.05	1154698.93	123.70	67175.28	(609380.07)	858785.11	370204.89

文件选编

关于“2016年度无锡保险应用课题立项”申报工作的通知

锡保学 [2016]02号

各会员单位：

为进一步做好保险研究工作，促进无锡保险业实习“十三五”良好开局，无锡市保险学会2016年度无锡保险应用课题立项工作已经开启，现将相关事项通知如下：

2016年研究课题共有6个研究方向（见附件），各会员单位应在研究方向下，选择所属重点研究内容并确定具体课题名称，课题应以无锡保险业发展中面临的理论问题、政策问题、实务问题为研究重点。各会员单位也可根据工作中遇到的实际问题，进行应用课题立项。

2016年，学会也将安排理论研究的培训，如个别单位在课题研究立项上有疑难，可向学会提出，学会将予以辅导和帮助。

望各单位能够重视“保险应用课题立项”，组织单位理论骨干撰写课题，以充实无锡保险理论研究成果。

无锡市保险学会

二〇一六年二月十七日

2016年无锡保险学会应用课题选题方向参考

1."十三五"开局之年保险业发展的相关问题研究

重点研究:

1-A "十三五"背景下保险业服务江苏实体经济研究

1-B 保险业在巨灾、重大安全事故等方面的作用研究

1-C "政产学研用"保险理论研究模式的创新发展研究

1-D 保险教育和保险知识普及新途径

1-E 江苏健康保险市场调查

1-F 江苏保险发展历史与趋势研究

2.保险公司经营管理相关问题研究

重点研究:

2-A 后资格认证时代保险从业人员品质保障体系研究

2-B 江苏县域保险业务发展的瓶颈与解决对策

2-C 江苏保险合同纠纷类案研究

2-D 保险独立代理人制度研究

2-E 团体人身保险之雇主可受益性研究

2-F "互联网+"时代保险产品和服务创新研究

2-G 责任保险研究

3.保险监管相关问题研究

重点研究:

3-A 保险监管政策改革与监管模式研究

3-B 互联网保险监管研究

3-C 消费者利益合理保护研究

4.健康与养老保险相关问题研究

重点研究:

4-A 健康保险的过度消费行为管控研究

4-B 医疗制度改革研究与江苏医疗改革试点调研

4-C 延迟退休政策背景下的个人税收递延型商业养老保险发展对策

4-D 老年人住房反向抵押养老保险发展研究

4-E 保险资金投资养老产业相关问题研究

4-F 企(职)业年金相关问题研究

5.车险研究

重点研究:

5-A 区域交强险费率改革研究

5-B UBI车险发展的契机与风险分析

5-C 车险费率改革背景下消费者行为与权益相关问题研究

6.农村保险研究

重点研究:

6-A 江苏特色农村保险发创新研究

6-B 农村基层营销和服务体系建设研究

6-C 农村保险消费需求调查研究

关于无锡市保险行业2016年度先进个人的表彰决定

各商业保险公司、专业中介机构：

2016年，在市委、市政府的正确领导下，无锡保险业认真贯彻落实新“国十条”、“省八条”、“市八条”文件精神，主动适应经济发展新常态，在保障社会民生，服务社会经济发展方面取得了较好的业绩，为更好地总结经验，树立典型，促进保险业更快更好地健康发展，现依据无锡市人民政府金融工作办公室和无锡市保险行业协会联合制订的无锡市保险行业年度先进评选办法，经各单位推荐，评审领导小组审核，经研究决定对潘卉等110位同志进行表彰（名单请见附件）。

希望受表彰的同志能够再接再励，为无锡保险业的发展做出更大的贡献。全市保险行业要以先进为榜样，继续奋发努力，促进行业持续、健康发展！

附：2016年度无锡市保险行业先进个人获奖名单

无锡市人民政府金融工作办公室
无锡市保险行业协会

附件：

2016年度无锡市保险行业先进个人获奖名单

1、服务明星

中国人民财产保险股份有限公司无锡市分公司	潘　卉	潘　坛
中国太平洋财产保险股份有限公司无锡分公司	刘伟强	俞　炜
中国平安财产保险股份有限公司无锡分公司	陈红炜	余鹏宇
天安财产保险股份有限公司无锡中心支公司	黄江峰	
中华联合财产保险股份有限公司无锡中心支公司	沈海华	
永安财产保险股份有限公司无锡中心支公司	胡晴佳	
太平财产保险有限公司无锡中心支公司	郑英杰	
都邦财产保险股份有限公司无锡中心支公司	张宁宁	
中国人寿财产保险股份有限公司无锡市中心支公司	陶　磊	徐志勇
渤海财产保险股份有限公司无锡中心支公司	鲍长春	
中银保险有限公司无锡中心支公司	倪晶晶	
安盛天平财产保险股份有限公司无锡中心支公司	欧志兵	
安诚财产保险股份有限公司无锡中心支公司	嵇　华	

长安责任保险股份有限公司无锡市中心支公司	陈 凉
紫金财产保险股份有限公司无锡分公司	李 俊
英大泰和财产保险股份有限公司无锡中心支公司	施静娜
信达财产保险股份有限公司无锡中心支公司	王栋莉
浙商财产保险股份有限公司无锡中心支公司	戴春元
永诚财产保险股份有限公司无锡中心支公司	顾金珠
泰山财产保险股份有限公司无锡中心支公司	钱 莺
中国人寿保险股份有限公司无锡市分公司	范 利
中国太平洋人寿保险股份有限公司无锡分公司	许华兰
中国平安人寿保险股份有限公司无锡中心支公司	朱颖媛 杨 丽
新华人寿保险股份有限公司无锡中心支公司	项 英
泰康人寿保险股份有限公司无锡中心支公司	周 敏
太平人寿保险有限公司无锡中心支公司	周 伟
民生人寿保险股份有限公司无锡中心支公司	陆 晶
富德生命人寿保险股份有限公司无锡中心支公司	刘森媛
同方全球人寿保险有限公司江苏分公司无锡中心支公司	尤弘峰
合众人寿保险股份有限公司无锡中心支公司	罗梦虎
农银人寿保险股份有限公司无锡中心支公司	蒋阳晨
光大永明人寿保险有限公司江苏分公司无锡中心支公司	杨 雪
平安养老保险股份有限公司无锡中心支公司	李金艳
和谐健康保险股份有限公司无锡中心支公司	李沁原
华夏人寿保险股份有限公司无锡分公司	范芳蕾
中国人民人寿保险股份有限公司无锡中心支公司	马金海
幸福人寿保险股份有限公司无锡中心支公司	陈 忠
中德安联人寿保险有限公司江苏分公司无锡营销服务部	俞 强
信泰人寿保险股份有限公司无锡中心支公司	缪卫红
国华人寿保险股份有限公司无锡中心支公司	单 艳
利安人寿保险股份有限公司无锡分公司	华 东 卢昕瑜
招商信诺人寿保险有限公司江苏分公司无锡营销服务部	王正丹
国联人寿保险股份有限公司无锡分公司	周 漪
安邦人寿保险股份有限公司无锡中心支公司	张金水
江苏华美保险代理有限公司	朱玲媛
无锡市保险行业协会	殷丽华

2、展业明星

中国人民财产保险股份有限公司无锡市分公司	杨月姣 赵杏花 吴 艳

中国太平洋财产保险股份有限公司无锡分公司	陆　奇　王虹婷　吴珊珊
中国平安财产保险股份有限公司无锡分公司	孙　珏　雷　鸣　杨　晓
中华联合财产保险股份有限公司无锡中心支公司	赵　铭
中国大地财产保险股份有限公司无锡中心支公司	冯士俊
安邦财产保险股份有限公司无锡中心支公司	赵　勇
阳光财产保险股份有限公司无锡中心支公司	戈志才
华泰财产保险有限公司无锡中心支公司	杨志军
中国人寿财产保险股份有限公司无锡市中心支公司	倪玉珍　朱燕洁
三井住友海上火灾保险（中国）有限公司江苏分公司	山中俊典
中国人寿保险股份有限公司无锡市分公司	秦生宝　许　庆　张申娟　周　岚
中国太平洋人寿保险股份有限公司无锡分公司	桂　君　梁红燕　柳惠芳　任晓群
中国平安人寿保险股份有限公司无锡中心支公司	钱燕芳　王　勤　李琴珍
新华人寿保险股份有限公司无锡中心支公司	柳文伟
泰康人寿保险股份有限公司无锡中心支公司	瞿承霞
太平人寿保险有限公司无锡中心支公司	陆和娣 张荣华
富德生命人寿保险股份有限公司无锡中心支公司	刘　杰
信诚人寿保险有限公司无锡中心支公司	张旻雯
中宏人寿保险有限公司江苏分公司无锡中心支公司	马雪娟
北大方正人寿保险有限公司江苏分公司无锡中心支公司	张龄月
中意人寿保险有限公司江苏省分公司无锡中心支公司	刘　萍　孙维懿
陆家嘴国泰人寿保险有限责任公司江苏分公司无锡营销服务部	钟美如
恒安标准人寿保险有限公司江苏分公司无锡营销服务部	王月琴
友邦保险有限公司江苏分公司无锡中心支公司	周　静
瑞泰人寿保险有限公司江苏分公司无锡营销服务部	游文艳
中国人民健康保险股份有限公司无锡中心支公司	丁秀平
华泰人寿保险股份有限公司无锡中心支公司	杨謦蔚
工银安盛人寿保险有限公司江苏分公司无锡营销服务部	曹建萍
中美联泰大都会人寿保险有限公司江苏分公司无锡营销服务部	徐锡芳
阳光人寿保险股份有限公司无锡中心支公司	陈茵颖
君康人寿保险股份有限公司无锡中心支公司	陈　静
中国人民人寿保险股份有限公司无锡中心支公司	于海英
中英人寿保险有限公司江苏分公司无锡营销服务部	秦志芳
利安人寿保险股份有限公司无锡分公司	钟久明
交银康联人寿保险有限公司无锡市中心支公司	王　一

东吴人寿保险股份有限公司无锡分公司	吴云霞
建信人寿保险有限公司无锡中心支公司	盛于兰
国联人寿保险股份有限公司无锡分公司	陶娟芝
太平养老保险股份有限公司无锡中心支公司	浦小凤
前海人寿保险股份有限公司无锡分公司	徐　萍
江苏统一保险代理有限公司	吴益新

论文选编

供给侧改革背景下民生保险发展研究

袁春兰[1]　华晓[2]　吴园一[1]　王锡兴[2]
（江南大学 商学院，江苏无锡 214122　2.无锡市保险学会，江苏无锡214022）

摘要：习近平总书记指出，做好经济社会发展工作，民生是“指南针”，抓民生也是抓发展。在加强供给侧改革的宏观背景下，发展以改善民生为重点的民生保险，是经济和社会发展的根本目的之一，也是促进保险业转变发展方式，更加注重社会效益和经济效益匹配的重要途径之一。2016年是“十三五”规划和全面建成小康社会决胜阶段的开局之年,紧紧围绕供给侧结构性改革这条主线，以服务民生为重点来提高保险供给质量，是保险业供给侧改革的基本要求。发展民生保险能使民众生活安定，社会稳定，为保险公司创新带来机遇，政府职能转变有了依托。本文首先分析了保险业供给侧改革背景，提出在供给侧改革背景下发展民生保险的意义，然后对民生保险发展现状从理论上进行分析，指出民生保险发展中存在有效需求不足和供给有限的现实问题，本文最后从供给角度提出增强民生保险有效需求，增加保险供给主体、保险产品、加大保险人才供给等措施促进民生保险进一步发展。

关键词：供给侧改革；民生保险；有效需求；供给有限；

1、引言

近年来，我国经济和社会发展进入新常态，在外部经济环境不断恶化的情况下，宏观经济出现新失衡状况，经济下行压力增大，经济增长速度相对放缓，从2011年的9.3%，下降到2014年的7.4%。其直接的宏观层面原因在于需求不足，但更深层次的原因在于产业结构升级动力不足和产业劳动生产率结构性失衡形成的供给侧结构性失衡。要扼制经济增长下行趋势，从根本上来说，需要从供给侧入手。

政府对民生问题的关注为保险业发展提供广阔的空间，解决好民生问题、让有保障的民生能够得以不断改善是民众和政府持续关注的重大议题。保险作为基本的市场化风险管理手段，对民生与社会和谐具有重要作用，2014年12月29日，《国务院关于加快发展现代保险服务业的若干意见》（被称为保险“新国十条”）正式发布。《意见》提出要构筑保险民生保障网，完善多层次社会保障体系。高度关注民生成为该意见的最大亮点。随着文件的落实，保险业将会越来越与民生领域紧密相连，并影响每一位普通百姓的生活。

保险业与民生紧密结合将会创造一个双赢局面，保险业能从民生保障中获得发展机会，而民生则可以从保险业获得更多保障。民生保险的供给是影响其发展的关键所在，保险业应该从多方位来发展民生保险，扩大其覆盖面和保障程度，充分发挥保险业服务民生的功能。

2、保险业供给侧改革的背景

为了应对我国目前的经济变化，习近平总书记在2015年11月10日召开的中央财经领导小组第11次会议上，首次提出了要加强供给侧结构性改革，李克强总理也在“十三五”《规划纲要》编制工作会议上称“要在供给侧和需求侧两端发力促进产业迈向中高端”。需求侧仅仅决定了我国的短期经济增长率，供给侧各个要素如果可以实现最优配置，将可以决定我国的中长期经济增长率，因此，结构性改革的重点就是调整经济结构，通过改革和科技进步来提高潜在的经济增长率。

推进供给侧结构性改革是引领经济发展新常态的重大举措，也是我国适应经济发展新常态的必经之路。保险业供给侧改革是促进民生发展的重要举措之一，改革应从“融入公共安全、强化防灾防损、防范系统风险”入手，安全需求是民众最基本,也是迫切的需求,保险业要积极融入构建民生安全网。2016年是“十三五”规划和全面建成小康社会决胜阶段的开局之年,紧紧围绕供给侧结构性改革这条主线，以服务民生为重点来提高保险供给质量，是保险业供给侧改革的基本要求。

随着经济发展，2015年我国人均GDP已经超过8000美元，伴随人均收入的不断提升，我国消费者对保险的需求已经进入了全面升级的阶段。从保险需求意愿看，保险已经成为家庭投资的第一选择。2015年我国保险业保费收入已达到2.4万亿元，同比增长20%，人均保费支出为1766.49元，创历史新高。保险消费者的现实保险需求水平在逐渐提升，而且保险需求的结构不断优化，除了传统保险需求外，对民生保险的需求明显增加。保险需求的升级反映出消费者对保险的认同和信任，也预示着我国保险业未来的发展空间广阔。从现实来看，我国保险业在供给侧方面还存在着明显的不足，不能满足消费者的需求。低收入者由于无法负担高额的保费或无合适的保险产品可供选择，弃保成为其选择，一些中高收入消费者对保险服务或保险产品不满意时，到境外购买符合自己需求的保险产品，造成我国居民保险需求不断高涨的背景下，保险业供需结构性矛盾日渐凸显，迫切需要我们加快推进保险业供给侧的改革。

3、供给侧改革背景下发展民生保险的意义

3.1保证社会安定，生产稳定。

生活中的风险给民众的日常生活带来诸多不确定性，一旦风险事故发生，对其生活造成难以弥补的经济损失，更为严重的是没有经济来源，生活无以为继，陷入贫困境地，尤其是低收入者，更加无法自行恢复经济状况。民生保险中涉及生活类的保险，以低廉的价格令所有民众都能参与，为其提供风险保障，可以及时弥补保险事故造成的损失，保护民众的合法利益，保证正常的生活秩序。

对于涉及生产部门的民生保险，如食品安全责任保险、环境污染责任保险、农业保险等，保险公司在承保过程中会对生产者的个人状况，经营安全状况及其相关风险状况进行了解和评估，促使企业增强安全意识，防患于未然。企业如果没有风险保障，当风险事故发生后，往往会因为承受巨额的经济损失而导致经营困难，甚至破产倒闭，各类民生保险能为企业分担这些风险，从而可以保障企业以及产业链相关企业不受风险事故影响或者将影响降到最低，使其正常有序地稳定发展。

3.2为民生保险创新带来新的机遇。

供给侧改革促进保险业利用新科技、新技术改变行业发展模式，民生保险也得到快速发展。伴随而来的新风险、新保险需求不断涌现，这就要求保险公司以新科技与新技术为先导，以保险创新发展为核心，将民生保险的产品及服务从单一层面向复合系统延伸，探索保险与民生的深度融合和协同创新，打造“保险 + 民生”的新型保险服务模式，带动整个民生保险发展，提升民生保险创新能力，加快民生保险服务民众生活改善，民生产业替代升级，创新发展，实现民生保险融入社会、经济建设中，全面助推产业结构升级、促进经济提质增效，社会安定。

3.3政府转变职能

民生涉及的内容广泛，既有与生活有关的民生事项，如人们的身体健康、居民的财产安全等，也有生产方面的内容，如安全生产、环境清洁、农业发展等。一旦因为风险事故造成损失，不论是人身伤害还是财产损失，目前情况下，大部分由政府财政负担经济补助，政府作为管理者，生产、生活都要抓，造成政府财力紧张，进一步来说，如果处理损失不当，还可能造成社会不稳定现象。发展民生系列保险是将政府的部分职能转移给保险公司承担，政府只担负起管理职能，赔偿事项交由保险公司处理，既可以减轻财政压力，还能对民众的损失进行相应的补偿，更好地服务大众。

4、民生保险发展现状及存在的问题

4.1民生保险发展现状的理论分析

民生保险缺乏有效需求和有效供给，在竞争性市场条件下进行保险交易会出现需求与供给难以匹配的局面。

4.1.1民生保险市场均衡分析。民生保险市场的均衡状况，可以借助供求理论加以说明。如图1所示。D为需求曲线，S为保险公司供给曲线。在民众自愿购买民生保险的情况下，既受制于其支付能力的限制，又受风险给民众带来的损失本身不确定和购买民生保险预期收益不稳定的约束，民众一般是风险厌恶型，在这样的条件下，两条曲线只能相交于A点，因此保险公司和农户的供需量(Q0)较低。当政府为民众分担一定的交易费用而间接降低民众的实际支付保费时，需求曲线D将向右上方移动到D1，此时需求曲线D1和供给曲线S会相交与B点，成交量扩大为Q1，此时Q1>Q0；如果政府对保险公司进行补贴，比如，为其提供相应的政策和资金，则供给曲线S将向右下方平行移动到S1，此时供、需曲线D1、S1相交于C点，成交量进一步扩大到Q2，显然Q2>Q1>Q0。由于我国民生保险发展缓慢，其供需仅停留在Q0这一水平上。

如果让民生保险的需求曲线和供给曲线在高水平下实现均衡，通过以下两种途径来实现：一是使需求曲线上移，这需要政府为民众提供保费补贴。二是使供给曲线下移，政府需要给保险公司经营民生保险的经营补贴、减免相关税赋，减低保险公司经营民生保险成本，激发保险公司经营积极性。

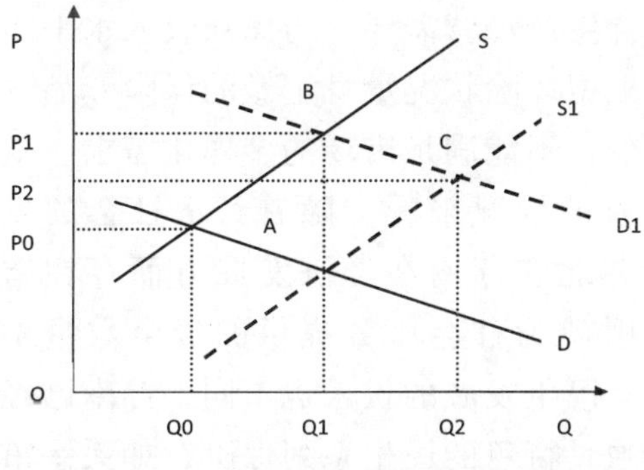

图1 民生保险市场供求变化

4.1.2民生保险消费的“有效需求不足”。民生保险消费“有效需求不足”是由于民生保险“消费”的正外部性引起的利益外溢。即民众投保后，民生保险为投保人提供的保险利益只有一部分被投保人享有，如保证农户自身的财产或人身利益。另一部分利益则由投保人以外的全体社会成员享有，如自然灾害意外险使投保居民生活的风险成本降低，解决生活的后顾之忧，鼓励居民扩大生产规模，社会生产率得以提高。利益外溢使私人的边际收益小于社会边际收益，从而产生外部性(见图2)。假定民众进行民生保险消费的私人边际收益为MPR，整个社会从投保人的民生保险消费中所得的社会边际收益为MSR，利益外溢使社会边际收益大于私人边际收益。但如果政府对民众购买民生保险的行为不进行补贴，投保成本将由农户全部承担，私人边际成本MPC大于社会边际成本MSC。此时，投保人和社会分别按照边际成本等于边际收益的原则确定民生保险的最佳均衡量Q1和Q0，私人的最佳“消费量”Q1小于社会最佳规模Q0，出现民生保险“有效需求不足”的现象

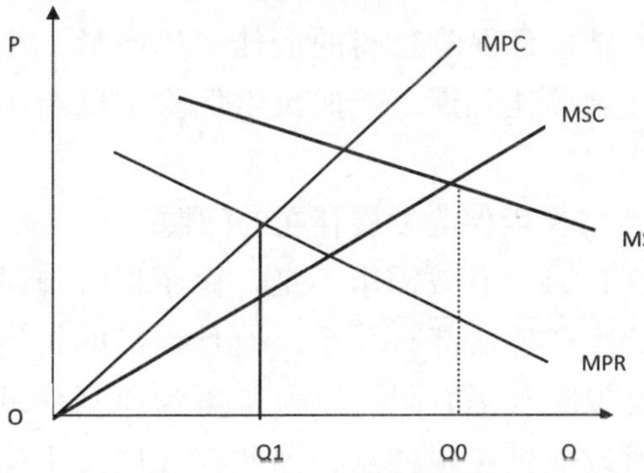

图2 民生保险有效需求不足

4.1.3民生保险生产的“有效供给不足”。民生保险“生产”的成本体现在保险的赔付率和日常经营成本较高，目前保

险公司经营民生保险造成亏损严重，私人边际成本高于社会边际成本。民生保险的承保对象范围广泛，有人的生命、身体，还有各种责任损害，财产损失等，面临的风险种类繁多，各种自然灾害、疫病及火灾等意外事故，乃至偷盗等社会危险的发生都会导致损失。尤其自然灾害，使民生保险面临其他险种鲜有的风险，即遇到规模较大的自然灾害时，所有投保农户在同一时间遭受损失，例如，农业保险具有此特点。因此，民生保险承保的标的风险不仅发生概率高，而且损失集中，覆盖面大，赔付率远高于一般保险。保险公司鉴于成本收益考虑，在没有政府补贴的情况下，无力自行承担民生保险的经营成本，会减少民生保险的供给。如果政府对保险公司经营民生保险不提供补贴，由于保险公司的私人边际成本远高于社会边际成本，而私人边际收益来讲却是远小于社会边际收益，造成保险公司“大干大赔，小干小赔，不干不赔”，于是，保险公司以利润最大化为目标，按照边际成本等于边际收益的原则确定民生保险的均衡供给量，结果是保险公司的最佳“生产量”小于社会最佳规模，造成民生保险“供给不足”。

4.2民生保险发展存在的问题

4.2.1、有效需求不足。民生保险与民众的生产生活都有关系，而且当前的民生保险保障水平有限，以保基本为原则，政府财政提供保费补贴，因此，开展民生保险成为政府解决民生问题的方式之一。但是，从一些地区或某类险种来看，民生保险参保率仍然不高，民生保险覆盖率提升迟缓，一方面是保险公司宣传需要加强，另一方面是民众对民生保险理解有误。如某民生系列保险，在该市开展时，虽然保险公司做了大量的宣传工作，但是，因为民众对媒体的关注度不同，个别群体还是没有看到相关信息，对这类保险了解很少，不完全清楚此保险的性质、内容、投保程序等。同时，投保人对民生保险的理解也存在偏差。对于高收入群体来说，过低的保障无法吸引其关注此类保险。而中低收入者认为，民生保险应该由政府全部出资，虽然目前个别地方政府已经对部分民生保险保费全部由财政出资，鉴于各种原因，部分险种需要投保人自负20%的保费，实际上，政府已经为民众投保减轻了保费负担，但有些民众还认为自身承担保费的 20%应由财政承担。此外，一些参保人没有达到保险合同的理赔标准在被保险公司合理拒赔后，对民生保险产生了错误的不信任感，也在一定程度上影响了民生保险需求的发展。

4.2.2、有效供给有限。(1)、与实际需求相符的特色险种供给不充分。近年来，民生类保险在政府发展民生的大背景下得到发展，但是能与民众日常生活结合，又能符合生产经营需要、与民众收入水平匹配、根据风险状况量身定做的保险产品少之又少，不能满足市场的多样化需求。就江苏省的情况来看，随着经济社会的发展，苏北和苏南在经济发展方面存在差异，财政为社会服务提供的资金数量不同，对民生发展的投入也不同。苏南已经形成独具特色的民生系列保险，如无锡市已经开展的“慈福民生系列保险”对户籍居民形成了基本的风险保障网，但是也只有六类险种，远远不能满足民众的保险需求。另外，因为这些险种只针对户籍居民，非户籍居民的风险还无法得到有效分散。苏北的民生保险发展虽然已经起步，但是受到财力限制，险种开发供给也存在问题，远不能满足当地民众的民生风险保障需求。

(2)、保险供给主体不足，缺少参保选择。保险公司对承办民生保险存在认识上的偏差，民生保险业务具有政策性，保险公司承办此类业务基本上是亏损运行，与保险公司的盈利性目标产生冲突，主观上，保险公司没有动力参与民生保险业务。即使现在已经开展的民生保险业务，其损失的不可预见性、巨灾性、普遍性特点对保险公司的正常经营带来无法弥补的损失，在没有政府扶持下，保险公司都不愿涉足。由于道德风险和逆选择对民众投保产生影响，实际承保中，高风险项目较多，低风险项目逐年降低，保险公司为识别投保人风险状况，成本会增加，从而减少保险供给。民生保险实践中多是采用共保体形式，联合几家实力较强的业内保险公司共保，增加供给能力，但是仅有的三到五家公司共保，投保人缺少选择保险服务的余地，参保也存在诸多不便。

（3）、专业人才供给不足，制约民生保险发展。民生保险业务专业性强，技术要求高，涵盖面较广，既涉及保险业务，又涉及人身、经济生产等，而目前我国的保险从业人员大多没有受过专门的保险教育，专业素质相对不高。同时，民生保险的险种多样，涉及内容广泛，查勘定额、赔付兑现工作量较其他险种大。有些险种的标的物所在地处于交通不便的地区，工作环境差，很多保险从业人员不愿意跟进，制约了民生保险发展。

5、供给侧改革背景下发展民生保险的相关建议

5.1合理引导，增加民生保险的消费需求

开展民生保险为民众带来切身利益的同时将政府的部分民生保障职能转移给保险公司承担，是政府职能转变，适应供给侧改革的体现。宣传民生保险保障功能，提高民众对民生保险的认识，要在政府主导下，由保险公司具体推进，发动社会各方协同参与民生保险宣传教育工作，不但能改变民众对民生保险的认识，增加民生保险有效需求，还能增强投保人的防灾防损意识，引导民众主动参与民生保险建设中来。具体措施是要充分利用电视、广播、报纸等传统媒体和手机、微信等新型媒介工具的作用，加强民生保险有关方针、政策的宣传，针对不同的群体，采用不同的传播方式。对高收入者不重视保基本的民生保险的状况，主要从民生保险的普及角度进行宣传，对中低收入者宣传时重点强化民生保险保障功能，树立正确的保险思想，减少误解。印发宣传资料至每家每户，面对面宣传保费缴纳、保险理赔知识，纠正民众对民生保险的不正确认识，打消他们对保险业务的疑虑。深入社区、乡村开展民生保险知识讲座，通过分析典型案例的赔付工作，以民众实际获得的保障来宣传民生保险的风险保障作用，提高民众对民生保险的认同度。

5.2 丰富民生保险产品类型

虽然近年民生保险得到发展，保险品种不断增加，但是面对民众不断变化的保险需求，依然存在保险品种少、额度小、范围窄等等问题，难以适应经济和社会发展的实际需要。应加大保险产品创新力度，扩大保险产品的覆盖力。保险公司提供的民生保险产品，应该是在考虑不同客户群体的不同消费理念、购买力、购买偏好的基础上，开发设计出来的，满足不同群体消费需求的多层次、多样化的产品。要适当拓宽保险承保的风险范围，不仅要承保低风险的项目，还要承保部分风险较高的项目，切实体现民生保险为民生提供保障的特点。扩大民生保险受益面，政府不仅将户籍人口纳入民生保险保障范围，今后应该逐步将临时居住人员也包含在内，对这部分人提供保障，是社会公平的体现，也便于保险公司后续工作的统一。“民生保险”是一项“低保额、广覆盖”的保险，具有一定的政策性和公益性。政府应该对保险公司进行适当补助，促使保险公司适当提高赔付标准，进一步扩大民生保险的受益面，既最大限度地保障参保群众的利益，促进社会稳定，又大幅提升“民生保险”的社会影响力和关注度。

5.3多方位促进保险公司开展民生保险业务

民生保险是政府解决民生问题的方式之一，民生保险离不开保险公司的参与，作为企业，保险公司以经济效益为主，而民生保险具有政策性，保险公司经营民生保险会出现亏损，与企业经营目标背离。各地政府要为民生保险发展创造良好的外部环境，出台扶持政策，引导保险公司有序开展民生保险业务。落实资金支持措施，在财力允许的范围内，给予经营民生保险的公司一定的费用补贴，解决经营成本过高的问题。通过政府推动，引导现有保险公司积极参与民生保险业务，逐步形成多渠道的民生保险体系。

保险公司也要认识到，经营民生保险是保险公司参与社会管理的体现，其社会效益要大于经济效益，但是，民生保险市场蕴藏着巨大的保险潜力和盈利空间，为保险公司调整产品结构、开发新的利润增长点提供的一个新的选择，所以保险公司要积极参与开展民生保险业务。

5.4、培养满足行业发展需要的人才

发展民生保险加大了对人才的需求量，而人才供给却存在着量的缺乏和质的错位，因此，必须重视人才培养，积极引进高素质人才。国家层面，引导高校加大保险人才培养力度，加强对在职人员管理，增加保险人才的供给。保险公司方面应该对外吸收高层次的专业人才，对内将一些技术能力强的基层员工送到高校委培，提高综合素质。日常经营中加强对在岗人员的培训和管理，提升工作人员的业务水平和操作技能，根据经济发展水平适当提高从业人员的报酬，让更多的人能安心从事民生保险事业，构建一支素质高、业务技术强的民生保险服务团体。

参考文献：

[1]康　珂,周幼曼.供给学派与中国经济转型[C].理论研究，2013（12）18--21

[2]商灏.贾康：中国新供给学派对主流经济学理论的“破”与“立”[N].华夏时报，2015-11-30（031）

[3]中国保险监督管理委员会［EB/01］.http://www.circ.gov.cn

[4]肖扬.保险业服务供给侧改革精准发力[N].金融时报，2016-6-29（12）

[5]赵立平.供给侧结构性改革是保险业“十三五”时期改革发展的主线[N].中国保险报，

2016 -8-2 (7)

[6] 高鸿业等. 西方经济学(微观部分)[M]. 中国人民大学出版社，2004:21--35

[7]张璐,王飞.“民生保险”的困境及解决办法[J]. 保险职业学院学报，2014（12）

[8] 祖兆林.一元保险编织民生“安全网”--苏州市实施民生保险纪实[N]. 中国保险报，2013-06-13(4).

[9]无锡市民政局［EB/01］.http://mzj.wuxi.gov.cn/

“互联网+”背景下江苏特色“三农”保险创新研究

袁春兰[1] 华晓[2] 吴园一[1] 胡永生[1]

（1、江南大学 商学院，江苏无锡 214122 2.无锡市保险学会，江苏无锡214022）

摘要：“互联网+”与“三农”保险结合，为农村、农业、农民带来新的契机和注入活力。江苏省“三农”发展离不开保险业的支持，保险业在服务“三农”中不断创新。本文对“互联网+”背景下“三农”保险创新的动因阐述后，对其关联机理予以分析，找出江苏省“三农”保险发展的不足之处，提出以互联网作为支撑对农业保险进行创新的思路。

关键词：“互联网+”；“三农”保险；创新

1、引言

“互联网+”是把互联网的创新成果与经济社会各领域深度融合，以“物联网、大数据、云计算、移动互联网为代表，改变消费者的行为习惯和传统商业模式，提升实体经济创新力和生产力，形成以互联网为基础设施和创新要素的经济社会发展新形态。2015 年，国务院发布《国务院关于积极推进“互联网+”行动的指导意见》，明确了十一项重点行动，以推动互联网与各领域的深入融合和创新发展，从而打造新的经济增长点，促进经济结构的转型升级。

“三农”问题历来是党和政府关心的头等大事，“三农”保险作为支农惠农的一种形式，对稳定农业大局起着至关重要的作用。在互联网经济日益兴起和现代农业加速转型的时代背景下，推进“互联网 + 现代农业”的跨界融合是互联网产业和农业加速发展的内在要求。而“互联网+”“三农”保险行动计划，是在“互联网+”大背景下服务“三农”的一个具体行动，是按照国家“‘互联网+’现代农业”行动计划的总体部署，通过现代信息技术和保险产品相融合，为转变农业发展方式、发展现代农业、促进农民增收和繁荣农村经济提供支持与服务。运用“互联网+”创新三农保险，对于提升保险服务“三农”的能力具有十分重要的意义。

2、“互联网+”背景下“三农”保险创新的动因分析

2.1适应“互联网+”在农村的发展

2015年12月31日，农业部发布了《关于推进农业农村大数据发展的实施意见》。“意见”指出，按照农业农村大数据发展需求，积极规范引导社会资本进入农业农村大数据领域，让农业大数据业务更加符合市场规律，在市场杠杆的调解下不断改进，做到更好的为“三农”工作服务。

2016年1月，中央“一号文件”连续第十三次聚焦“三农”，文件指出要大力推进“互联网+”现代农业，应用物联网、云计算、大数据、移动互联等现代信息技术，推动农业全产业链改造升级。为落实文件精神，农业部在推动“互联网+”现代农业发展上，从农业生产活动、信息进村入户、农业物联网示范区建立、农业电子商务、农民手机培训、农业信息化发展规划和基础支撑等六个方面作了详细部署，计划将工作推进至每村每户，具体到最基础的农民信息化培训中。这种需求使得“互联网+”时代的农业保险离不开大数据的支撑。对此，农业部和保险公司都在信息化、大数据方面着力布局，为农业保险的数据积累、调查分析提供了技术条件，来实现“三农”保险业务创新。

2.2降低保险企业经营风险，提高运营效率

在传统农业生产方式下，农业生产主体为分散的农户，缺乏农业风险分散意识。现代农业以适度规模和专业化经营为特色，以互联网技术为依托，农业发展向集约型转变，农业风险更为集中、高价值农产品生产者所承担的风险水平上升。由于农业风险关联度增强，不但包括农业生产过程中研发与生产的风险，还带来了加工、储运及服务等部门风险，最终导致整个生产链均成为风险承担主体，从而使得这种风险范围更广、规模更大、强度更强。针对农业所面临的风险，需要农业保险的介入。互联网的兴起，就为我国经营农业保险的企业降低风险成本提供了一条途径。保险公司可以依托物联网技术，通过传感器实时监测保险标的风险状况，降低保险事故发生的概率，细化防灾防损服务，降低保险业务的交易费用，这些都有助于降低企业的发展成本，提高运营效率。

2.3满足“三农”发展对保险的需求

随着信息化的发展，互联网技术正和农业农村领域实现全方位的深度融合，这将为农业现代化的进程提供更加强有力的支撑。由于互联网具有开放、平等以及去中心化等特点，农业互联网客户对个性化、碎片化的需求有增无减。农业保险经营企业要想在市场中取得更多的竞争优势，就必须设法的满足客户需求。“新国十条”支持保险公司积极运用网络、云计算、大数据、移动互联网等新技术促进保险业创新。互联网的大流量特性让保险业有能力更全面、具体地认知和评估农业风险，进而提升经营风险的能力，互联网的大数据特性将改变农业保险的定价方式和风控手段，扩大农业农村保险覆盖面，开发适应新型农业经营主体需求的保险品种，助推农业现代化发展和农民稳收增收。因此，“互联网+”时代，农业保险需要大数据信息化来“加持”，予以创新，支持“三农”发展，就成为必然了。

3、“互联网+”与“三农”保险的关联机理

“互联网+”与农业保险的关联主要从以下两个方面体现,一是农业现代化带来的风险比以往任何时候都多，二是农业保险的保障范围小、风险控制能力弱，经营成本

高，降低了农业保险的保障功能，“三农”风险没有得到很好的转移。互联网在农业领域普及，被农民广泛使用，农业保险借助互联网的信息化功能，改善经营方式，开发新的产品，降低保险交易成本，实现“互联网+”与农业、农业保险协同发展，提高保险效率。

假设“三农”保险体系中涉及的农业部门为1，保险机构为2，农业部门的产出为Q1，保险机构的产出为Q2，发展“互联网+”农业与农业保险，引进高新技术，增加农业产出，降低农业风险，提升农业保险对农业保障力度和水平。据此，可将产出函数的形式表现为：

$$Q_1=F_1(p, t)L_1^{\alpha1}K_1^{\beta1} \quad (1)$$

$$Q_2=F_2(p, t)L_2^{\alpha2}K_2^{\beta2} \quad (2)$$

公式（1）、（2）中的L1、L2分别表示农业保险发展中农业部门和保险机构各自的劳动投入量，K1、K2分别表示农业保险发展中农业部门和保险机构各自的资本投入量。互联网在农业和农业保险中的发展程度用p来表示，取值范围为：0<p<1，p值越大表示互联网的发展越健全，F（p，t）函数表示农业保险发展过程中技术进步带来的效率提高程度，反映互联网发展的外部性，即互联网通过影响其产出效率从而间接影响农业保险创新。

发展互联网可以降低交易成本，从而形成现代农业规模化和农业保险信息化，有利于保险业更有效利用现有技术形态进行产品开发，改进服务以提高农业经济运行效率。假设农业保险发展过程中技术进步效率函数F（p，t）是互联网发展的多元组合，则可将其表示为：

$$F_1(p, t)=F_{1,0}e^{\lambda 1 t}p^{d1} \quad (3)$$

$$F_2(p, t)=F_{2,0}e^{\lambda 2 t}p^{d2} \quad (4)$$

式中F1，0 、F2，0 分别表示农业部门的初始生产效率和保险机构的经营水平，λ1、λ2分别表示农业部门和保险机构外生的生产率提高水平，d1、d2分别表示互联网发展对农业部门和保险机构的产能提高和技术进步的影响参数。

将公式（3）和（4）分别代入公式（1）和（2）得：

$$Q_1=F_{1,0}e^{\lambda1 t}p^{d1}L_1^{\alpha1}K_1\beta^1 \quad (5)$$

$$Q_2=F_{2,0}e^{\lambda2 t}p^{d2}L_2^{\alpha2}K_2\beta^2 \quad (6)$$

假设农业部门和保险机构在服务与被服务过程中提供的劳动力人口基数恒定，劳动力总人数为1，即：L1t+L2t=1；将“三农”发展保险发展程度定义为：ψt=L2t/（L1t +L2t）。同时假设：劳动力在农业部门和保险机构中各自风险水平保持不变，在产品结构方面，保险机构的产品供给与农业部门的需求基本保持一致。基于上述假设，可求得均衡的“三农”发展保险发展进程水平约束条件为：

$$W_t=\alpha_1F_{1,0}e^{\lambda1 t}p^{d1}L_1^{\alpha1-1}K_1^{\beta1} =\alpha_{2\,2,0}e^{\lambda2 t}p^{d2}L_2^{\alpha2-1}K_2^{\beta2} \quad (7)$$

$$L_{1t}+L_{2t}=F_{1,0}e\lambda^{1t}p^{d1}L_1^{\alpha1}K_1^{\beta1} \quad (8)$$

将公式（8）代入公式（7）求解得：

$$\psi_t=[(L_{2t}=\alpha_2F_{2,0}^{e\lambda2 t}p^{d2}L_2^{\alpha 2}K_2^{\beta2})/\alpha_1](1-\alpha_2)^{-1} \quad (9)$$

对公式（9）求互联网发展水平p的偏导数，p的偏导数的值表示互联网发展对加快农业部门和保险机构的产能提高和技术进步的影响。具体的运作机理是：互联网有利于技术进步，从而提高了农业部门劳动力的边际产出，促进保险业的发展；同时，互联网发展，推动保险机构的业务创新，提高经营水平，促进了保险机构对农业部门中“风险”转移速度，从而提高农业保险保障力度。当前，我国互联网体系在支持农业保险发展、技术创新和农业经济发展等方面存在很大的提升空间。为充分发挥互联网对农业保险发展的推动作用，应积极采取深化互联网发展、调整互联网体系结构，并使互联网与农业、保险业能够相互促进，进而实现推动我国农业保险互联网生态环境，以支持“三农”发展和经济增长的目标。

4、江苏“三农”保险存在的问题

4.1覆盖面不足，防灾减损能力有待提高。

“三农”保险覆盖面不足体现在以下方面。从农业本身来看，自然风险和市场风险并存，江苏目前实行的农业保险重点对自然风险造成的种植业、养殖业中的部分农产品的成本损失进行补偿，降低了其规避风险的能力，现代农业产业体系建设风险没有得到农业保险的全覆盖；从农民角度来讲，虽然江苏推行农民大病保险经验丰富，为农民解决了疾病风险，但农民的人身风险保障力度不足，无法避免农民由于风险事故返贫或致贫。主要是针对农业从业人员、渔民、农户的人身意外伤害保险保障力度不足；从农村范围来讲，基础设施建设、维护没有全面纳入保险计划，一旦遭受损失，全部由农民自己承担，加大农民负担。虽然江苏省在无锡和苏州开展自然灾害公众责任险，为农民的住房提供保障，但是，没有在全省推行，2016年盐城发生的自然灾害造成农房倒塌损失是农民全部承担风险。覆盖面不足使江苏“三农”保险发展广度受到限制。

农业保险目前采取“低保费、低保障、广覆盖”的原则，主要保障农作物的直接物化成本。截至2015年底，农作物保险保障程度约占直接物化成本的80% ，但仅占全部生产成本的30% 。由于保障程度偏低，遭受灾害后，对农户的保险赔款不能从根本上进行损失补偿。对于农村因土地流转形成的家庭农场、专业合作社等新型农业经营主体而言，农业投入大、农产品附加值高，风险也高，一旦遭受大灾，将面临重大损失，现有农业保险的保障水平远不能满足新型农业经营主体的风险保障需求。“三农”面临的风险往往涉及面广，危害巨大，风险一旦发生则涉及千家万户，继而引发疾病风险的发生，毁坏大量财物，也有可能威胁农民的生命安全。目前主要通过再保险和大灾风险准备金制度来转移分散原保险的风险。由于大灾风险基金使用效率低下，分散机制不健全，在一定程度上影响了农业保险风险转移和风险保障程度。一旦发生区域性或大面积巨灾，使得保险公司难以将风险有效分散，农业保险体系可能遭受毁灭性打击。

4.2保险公司经营能力不足，农民参保率低。

农业生产的分散性决定了其对农业保险信息服务能力有更高的要求，在互联网时代，保险机构服务能力和风险管控能力未能同步跟进，保险产品体系单一，无法体现差异化特点，难以满足现代农业发展过程中多层次的风险管理需求。保险产品开发的核心是保险精算，缺乏数据使得保险费率精算失去客观依据。然而，农村新型农业经营主体的出现，要求有个性化的保险产品，保险公司缺乏风险数据，无法提供适应它们的专属保险产品。保险公司已经提供的农业保险产品由于保障水平低，难以满足农村土地流转带来的规模化经营主体的保障需求。现代农业专业化和市场化程度高，农业保险不能适应现代农业高成本、高投入、高风险的生产特点。保险公司需要利用互联网技术进行风险管控，提高服务能力。

农业保险实施中以政策性为主，对农

民进行保费补贴。政府规定补贴的农业产品及补贴标准，农民只要支付极少的保费就可以享受保险保障，因为农业保险保障程度低，农民投保积极性不高，主要依靠政府推动，农民希望保费由政府全额买单，一些规模化经营的农村组织虽然有意愿投保农业保险，也希望政府能给予较高比例的财政补贴。还有部分农民将投保农业保险作为理财方式，投保是以高回报为前提，当这些要求无法得到满足时，农民就选择退保或不参加保险，反过来又加大农民生活生产风险，影响农村发展。

5、“互联网+”背景下江苏“三农”保险创新思路

2015年3月，李克强总理在《政府工作报告》中明确提出“互联网+”的概念，希望借助互联网的巨大影响来提升我国社会经济发展水平与质量。互联网在促进农村社会经济发展方面有重要影响，农业保险需要借助互联网改变其发展模式，不断创新，更好的为“三农”发展服务。

5.1借助互联网在农村普及率提高的契机，扩大“三农”保险覆盖率，提高农业保险防灾减损能力。

“互联网+”将农民、农村、农业更为便捷的联系在一起，改变了已有的生产方式，对农业生产要素优化配置，从整体上提升农业的运行效率，形成以互联网为基础设施和实现工具的“三农”发展新形态。“三农”保险作为支农惠农的一种形式，充分发挥保险机制在灾后补偿、恢复生产等方面的积极作用，对稳定农业大局来说至关重要。在“互联网+”大背景下，农业保险以信息化服务“三农”是一个业务创新，也是农业保险服务“三农”的一个积极探索。

保险公司依托“互联网+”技术，进一步完善对接“三农”领域保险新需求，以新技术整合服务“三农”的资源，形成覆盖“三农”的农业保险新局面。在农业本身来说，农业保险利用互联网提供的信息技术提高大宗粮食品种和战略性农产品的保险支持力度，发展区域集中度高、农民增收作用大和产业发展潜力好的特色优势品种的保险。此外，通过互联网大数据优势来支持渔业、森林、草原、设施农业等领域市场潜力巨大的保险品种发展。近年来自然灾害造成农村基础设施损毁的比例增加，农民对自身健康风险和意外风险关注度提升，这些使得农民希望享受保险保障的愿望更加强烈，保险成为解决农民后顾之忧的首选。随着互联网在农村普及，保险公司根据新型农民群体容易接受新事物，互联网使用比率提高的特点，可以建立互联网平台，提供时效性强的交互式途径来扩展农业保险覆盖面，构建新型“三农”保险发展模式。

互联网给保险业认知和评估农业风险提供技术支持，进而提升防范农业风险的能力，减少农业灾害损失。互联网在农业和保险业中的应用，使保险业能收集更多农业、农民的生产生活的数据信息，对保险标的风险状况及时把握。随着现代信息技术的不断进步，未来的保险公司不再仅仅是作为一个被动的赔付方，而是通过一定的运算法则将获得的数据用于预测未来事情发生的可能性，能够更加主动的去帮助客户规避风险。但现有的农业互联网系统以监测报警为主，预警功能不足，加上保险公司与农业部门信息难以共享，缺少一体化通信系统，保险公司不能将大数据合理利用，减弱了保险的防灾减损功能。目前保险公司需要利用互联网通信技术建立互联网平台，开发信息化、远程管理控制和智能化三位一体的网络平台，把“三农”

信息与保险业信息共享互换，为保险业风险管控提供支撑。具体实施时，保险公司的互联网数据中心通过对农业生产、安全管理、农产品流通等业务数据的采集，搭建一个统一调度、高度共享、快速反应、有效预控的一站式风险管理信息平台，收集“三农”信息，打造大数据分析应用平台，对巨灾风险进行预测，对灾害损失快速、准确的定损，让农民及时、全额的获得保险赔偿，提高农业保险防灾减损能力。

5.2运用互联网技术提升保险公司经营能力，增强保障力度，引导农民积极投保。

农业风险影响农业的产业化和规模化，对于农业经营主体而言，以直接物化成本为保险标的，不仅无法保障其生产成本，更难以促进其灾后损失的弥补。因此，农业保险需要结合农业现代化发展的总体格局和不同地区的地方特色，以互联网为依托，加快险种开发和服务方式的创新，建立符合农业现代化的保险产品体系。

在数据爆发式增长的时代，掌握有动态数据资源的保险公司将具有明显的竞争优势。农业保险公司为降低经营成本，提升保险公司经营能力，需要利用互联网收集“三农”信息，将这些数据建立模型分析，来处理已有保险业务和预测“三农”风险。具体而言：一是互联网保险产品创新，满足农业的多样化需求。在互联网时代，经营农业保险的公司要想在激烈的市场竞争中取得发展，就必须要重视产品创新，针对不同客户的需求，开发符合市场与客户需求的个性化产品与服务。在保证基本农业保险品种广覆盖的同时，围绕服务于现代农业产业发展的目标，通过大数据分析，研发个性化、定制化的新险种，将以前无法或难以有效管理的风险纳入保险公司保障范围，进行更精细化的产品布局，不断丰富适应农业现代化发展的保险产品体系。如开发农业产量保险、农产品质量保险、价格指数保险、农业天气指数保险等新型农业保险产品。研究针对农业生产大户、家庭农场、农业合作组织、农业龙头企业的保险产品，促进农业规模化生产。推动发展涉农信贷保证保险、农房保险、农业基础设施保险、农村小额人身保险等普惠保险业务。以农业保险为基础，提供保障适度、保费低廉、保单通俗的“三农”保险产品。二是识别和管控“三农”保险风险，引导农民理性消费。互联网在农村的发展，使保险公司利用大数据进行农业风险识别和控制成为可能。保险公司可通过实时监测和大数据分析，提前预测农业风险，协助农民开展防范工作，减少损失。还可以将互联网技术应用到农业保险索赔数据监测中，能够提高保险公司定损的精确度，及时、全额的进行保险赔偿，让农民真切感受到保险带来的益处，引导农民积极投保。

参考文献:

[1]何德旭，董捷.中国的互联网保险：模式、影响、风险与监管[J].上海金融,2015,11:64-67.

[2]王达.美国互联网金融与传统金融的融合[J].学术交流，2015，124-128

[3]曹程.“互联网+”对保险公司经营行为影响分析[J].管理观察，2015，132-136

[4]杨威.“互联网+”背景下保险业务变革探析[J].学术论坛，2015,126-129

[5]黄正军.农业保险的结构性需求与供给研究[J].湖北农业科学，2015,1235-1238

[6]李圣军.“互联网+现代农业”全产业链融合架构与模式[J].湖北经济学院学报2016,11-17

附 录

江苏保险市场

2016年江苏保险业发展概况

【**市场概况**】2016年，江苏省实现保费收入2723.52亿元，同比增长35%，保费规模位居全国第2位。其中，财产险保费收入766.71亿元，同比增长9.25%，总量继续位居全国首位，占全国财产险公司原保险保费收入比重为8.27%；人身险保费收入1956.81亿元（含财产险公司人身险业务33.27亿元），同比增长48.50%，高于全国增速（36.51%）11.99个百分点；通过保险中介渠道实现保费收入2254.28亿元，同比增长53.97%，占全省总保费收入的83.79%。其中财产险保费收入447.63亿元，占全省财产险保费的58.2%；人身险保费收入1806.65亿元，占全省人身险保费的93.92%。全年累计为江苏提供风险保障91万亿元，同比增长29%，保险业促发展、保民生的能力不断增强。

【**运行特点**】财产险保费规模继续领先，车险仍为支柱险种。2016年，江苏财产险公司保费收入总量继续位居全国首位，比位列第二的广东多22.63亿元；保费收入同比增速在东部6省市中位列第三。全省车险业务实现保费收入587.92亿元，同比增长10.69%，占财产险总保费比重为76.68%，同比提升0.99个百分点。车险业务对江苏市场保费提升的贡献度为87.43%，仍是江苏省财产险市场保费增长的主要拉动因素。

商车险改革试点有序推进，市场局面稳中向好。江苏全省稳步推进商车险改革试点工作，实现政府、社会、消费者和行业四满意的良好局面。商车改革后的7-12月，全省商业车险签单保费253.51亿元，同比增长约19.4%；单均保费3804元，同比增长3.7%；案均赔款6596元，上涨50.2%，高出全国平均水平22.7%。作为全国首个在精算基础上引入交通违法系数的省份，2016年下半年，在全国引入交通违法系数的四个省（市）中，实际平均系数值最低，也是唯一一个引入交通违法系数以后，消费者保费折扣整体获益的省（市）。

参与灾情处置，发挥社会稳定器作用。2016年6月23日，盐城地区发生特别重大龙卷风冰雹灾害，全行业共主动排查和接报案1605件，开通绿色理赔通道，与受灾群众直接相关的人身保险、家庭财产保险、农业保险赔案迅速赔付完毕，并分别向国家电网及阿特斯电力有限公司预付企业财产险损失赔款，帮助企业及时恢复生产。2016年入汛后，全省49个县（市、区）259个乡镇遭受连续暴雨灾害，受灾人口88.9万人。南京、无锡、扬州、常州等地因试点开展自然灾害民生保险，近4万户及时获得3212万元房屋损失补偿，有效缓解政府救灾压力。受低温、扬花期连续阴雨（赤霉病）及收获期局部暴风雨等灾害影响，小麦大面积受灾，灾情较为严重。截至2016年末，全省小麦赔付8.11亿元，受益农户244.84万户。水稻赔付4亿元，受益农户130.82万户。

发展重点领域险种，增强服务社会经济民生功能。责任保险延续良好发展态势，全年实现责任险保费收入33.64亿元，同比增长17.11%。江苏省内的国家层面与省级层面首台套保险试点已逐步形成“高低搭配、互为补充”的良好运行态势。其中国家层面的首台套保险为国家级144台首台（套）重大技术装备提供7.44亿元风险保障，省级层面的首台套保险试点为全省659台首台（套）重大技术装备提供15.06亿风险保障。出口信用保险加大服务江苏企业“走出去”支持力度，建立“走出去”风险管控体系，全年共支持全省外贸出口630.31亿美元，服务出口企业家数12690家，为9474家小微企业提供108.2亿美元的出口风险保障，帮助企业挽回海外损失2.52亿美元，支付赔款约9.5亿元。

人身险全年保费收入高位增长，业务质量不断提升。截至2016年末，全省人身险公司实现保费收入1923.54亿元，同比增长49.33%。与2015年相比，2016年保费收入全年保持高速增长态势。从增量上看，新单保费整体保持快速增长，全省人身险公司新单业务实现保费收入1287.20亿元，占总保费的66.92%，同比增长66.82%。其中，新单趸交保费948.53亿元，占新单保费的73.69%，同比增长64.52%，是保费收入快速增长的主要驱动；新单期缴业务亦保持较高增速，新单期缴保费338.68亿元，同比增长77.32%。全年标准保费收入516.09亿元，较上年增长50.74%，其中10年期以上标准保费193.29亿元，较上年增长30.88%。从存量上看，续期业务呈现平稳增长态势。全省续期业务保费收入636.33亿元，占总保费的比重为33.08%，较上年增长23.19%。

银邮业务重回历史高位，差异化经营日趋明显。2016年，江苏银邮代理渠道保费收入合计920.08亿元，同比增长70.38%，占比为47.83%，成为全年业务发展主渠道。个险渠道保费收入合计840.32亿元，同比增长35.99%，占比为43.69%。传统大公司加快结构调整，银保渠道持续收缩，如中国人寿、太保寿险、新华人寿等公司银邮渠道同比出现负增长，其中新华人寿银保业务同比下降35.13%，但传统大公司个险渠道均实现30%左右的增速，中国人寿、太保寿险、平安人寿个险渠道保费占比均超过80%；部分成长期中小型公司如和谐健康、安邦人寿、中邮人寿等主要依靠银邮渠道趸缴产品做大保费规模，和谐健康和安邦人寿银邮渠道保费规模位列全省前两位，公司银邮渠道保费占比分别高达99.60%和99.82%，保费增速分别高达459.85%和227.61%。

产品结构持续调整，保障型业务快速发展。行业全年产品结构持续调整，受2016年3月份《中国保监会关于规范中短存续期人身保险产品有关事项的通知》文件影响，以及中国保监会进一步强化万能险监管，普通寿险稳步发展，投资型险种增速下滑，下半年分红、投连、万能险同比增速均为负数。商业保险保障功能不断增强。全省人身保险业为4.28亿人次提供78.36万亿元风险保障，较上年（43.13万亿元）增加35.23万亿元，同比增长81.68%，高出人身险公司原保费增速32.35个百分点。全年赔付支出459.63亿元。

商业健康养老保险加快发展。健康险业务方面，2016年实现保费收入373.89亿元，同比增长123.77%，高于人身险公司原保费增速74.44个百分点，占人身险公司原保费收入的19.44%，占比较上年（12.97%）提升6.47个百分点。全省年金业务保费收入723.36亿元，同比增长80.68%，占人身险总保费37.61%，占比较上年（31.08%）提升6.53个百分点。

推进供给侧改革，服务健康江苏建设。城乡居民大病保险全面推开。2016年，保险机构承办大病保险项目73个，覆盖4756万人，实际赔付54.37万人次，赔款金额共计10.11亿元。通过大病保险参保，群众医疗费用实际报销比例提高9.3个百分点。稳步推动个人税优健康保险、南通市基本照护保险及宿迁市保险精准扶贫试点。2016年，苏州市税优健康保险累计出单13407件，实收保费3166.6万元，累计出单件数、实收保费均位居全国第一；南通市共有1474名失能人员享受照护保险待遇，其中329人实行机构护理、1145人实行居家护理；宿迁市泗洪县“扶贫100”保险为13万名低收入人群提供涵盖多重责任的精准保障，全年共计发生理赔484起，赔付479笔，赔款152万余元。参与服务综合医改试点。2016年，全省保险业共受托经办32个统筹区新农合业务，受托管理参合人数1981万人，受托管理新农合资金22.45亿元。在无锡宜兴、连云港市区等多个县（市、区）实现经办和承办管理一体化。南京浦口、连云港市三县三区及盐城、淮安部分县区陆续实现新农合省内异地结算。加强对企业、职业年金的研究推进。2016年，全省养老险公司共为1238家企业、25.39万人提供企业年金服务，累计管理企业年金资产规模360.28亿元，同比增长17.4%，其中，受托管理资产172.02亿元，同比增长35.19%，投资管理资产188.26亿元，同比增长4.73%。推进社会弱势群体保障业务发展。2016年，全省老年人意外伤害保险保费2.32亿元，参保人数757万，分别较上年增长23%、21%，参保率45.93%。

小额保险保费3.04亿元，较上年增长14.55%；计生家庭保险保费6250万元，较上年增长8.66%，其中失独家庭保险保费1082万元，为59万家庭提供290亿元身故保障；残疾人意外伤害保险1400万元，为30.5万人提供245亿元的身故保障。

中介市场主体快速增加。销售从业人员资格核准取消、中介领域行政许可重新开放和“先照后证”的施行、银行类兼业代理机构行政许可新规等一系列深化改革措施的落地，对中介市场产生了直接和持续的影响，中介市场活力迅速激发，市场主体短期内出现快速增长。一是2016年我省新增专业中介分支机构353家，较去年同期增长55.94%。省外法人进入江苏步伐加快，在我省开设分支机构的省外法人数量达到104家，同比增加62.5%。二是保险销售从业人员数量达到43.57万，同比增长46.7%。三是银行类兼业代理机构行政许可新政实施后，银邮类兼业代理机构数量小幅增长，达到10270家，同比增长7.97%。

中介渠道稳步发展。保费规模快速增长。中介渠道共实现保费收入2254.28亿元，同比增长53.97%，高于全省保费收入增速18.6个百分点，在全省总保费收入占比达83.79%，占比进一步上升。业务收入不

2016年江苏省各财产保险分公司

保险机构	保费收入											保户储金及投资款
	合计	企业财产保险	机动车辆保险	货物运输保险	责任保险	工程保险	信用保证保险	农业保险	短期健康保险	意外伤害保险	其他	
人保	30748.52	1409.20	23621.68	254.79	1504.68	170.59	500.62	1295.33	835.79	582.11	573.73	234.87
太保	11270.95	870.76	8975.96	183.32	464.73	103.29	105.67	59.39	135.10	269.66	103.08	6.44
平安	12155.02	413.69	10244.91	64.35	328.67	44.55	644.43	0.59	53.73	284.58	75.53	0.67
天安	1275.93	80.14	836.46	9.93	49.06	19.76	27.82	–	127.56	86.25	38.94	17586.40
史带	6.13	1.25	–	1.05	0.31	–0.03	–	–	0.24	3.52	–0.21	–
华泰	318.45	21.72	231.66	5.93	24.09	8.28	0.10	0.00	0.04	6.25	20.37	0.74
出口信用	1078.03	–	–	–	–	–	1078.03	–	–	–	–	–
中华联合	1536.04	77.99	1103.51	9.36	49.21	10.26	5.41	126.62	68.29	55.97	29.42	0.00
太平	1005.52	42.31	847.47	26.86	33.42	3.96	4.45	0.00	7.14	31.03	8.88	0.00
大地	1428.47	42.33	1153.35	5.18	28.60	10.04	61.22	10.04	48.79	49.31	19.61	–
华安	467.98	7.60	418.09	0.34	17.59	0.44	1.57	–	0.35	19.65	2.36	0.02
永安	734.31	38.19	583.64	7.47	49.55	7.39	10.65	0.00	2.24	30.84	4.33	0.00
安邦	770.77	0.35	748.63	0.22	13.41	1.53	0.18	–	–	6.00	0.44	–
阳光	1286.81	46.05	738.06	12.77	51.44	10.12	365.81	–	15.51	38.90	8.13	0.07
都邦	615.04	47.36	476.40	9.30	39.00	1.62	0.21	–	7.48	27.20	6.47	–
中银	439.04	86.99	152.00	5.49	69.24	5.46	46.15	–	32.52	25.07	16.11	–

断提高。2016年全省中介渠道共实现业务收入282.74亿元，同比增长56.81%，收入增速超过保费增速。省内保险专业代理法人机构近几年首次实现整体盈利，盈利58.86万元。销售从业人员人均月收入同比增长6.26%。专业中介综合实力不断增强。保险专业中介机构注册资本总额17.1亿元，同比增长27.52%，总资产20.33亿元，同比增长41.48%。

支持符合条件的中介机构登陆资本市场。加强研究夯实理论基础。对保险专业中介机构、券商开展现场调研，对保险专业中介机构资本运作的历程和现状进行梳理，对我国现有的多层次市场体系进行比较分析。鼓励符合条件的机构挂牌交易。指导保险中介行业协会对保险专业中介机构挂牌新三板市场进行专题解读和培训。加强部门联动，改进监管方式。加强与证券监管部门的沟通，就保险专业中介机构挂牌标准、监管要求和监管信息交流方面进行协调，强化对挂牌公司的协同监管。发挥社会监督力量，加强舆情监测，关注公司挂牌后出现的新风险。截至2016年末，江苏已有3家保险专业中介机构挂牌新三板。

业务统计表

单位：人民币百万元

赔付支出											赔案件数（万件）	未决赔款	保险金额
合计	企业财产保险	机动车辆保险	货物运输保险	责任保险	工程保险	信用保证保险	农业保险	短期健康保险	意外伤害保险	其他			
18641.87	1146.62	13899.12	126.07	71.77	865.36	245.05	945.42	743.48	260.07	338.91	328.43	11502.27	20972096.12
7247.00	421.61	6068.40	88.89	37.80	259.36	25.67	68.14	102.93	126.61	47.58	124.85	4603.26	11029716.17
6533.49	211.81	5629.63	24.43	26.81	129.51	381.73	–	39.98	49.13	40.47	117.22	3215.79	8039846.57
615.62	41.81	492.48	4.17	4.38	33.09	0.35	–	12.52	22.65	4.18	9.74	307.11	5447301.12
43.80	19.04	20.32	1.02	–	2.28	–	–	0.00	1.13	–	0.07	21.61	28711.24
123.44	11.28	96.39	2.25	1.34	6.65	0.00	0.00	0.01	5.25	0.27	2.01	69.40	327658.95
864.26	–	–	–	–	–	864.26	–	–	–	–	0.08	900.51	421252.56
1073.88	23.19	831.13	6.82	1.94	22.17	1.23	93.93	54.81	19.49	19.17	20.23	666.55	1888904.16
515.59	8.51	467.11	8.95	0.32	19.43	0.07	0.05	4.85	5.54	0.75	11.67	333.89	529955.75
691.84	20.37	599.24	1.78	3.52	6.29	0.16	4.48	38.51	10.06	7.42	11.14	230.39	701811.35
255.85	1.18	237.02	0.24	0.31	5.25	7.87	–	0.00	3.59	0.38	4.78	81.30	114013.11
425.62	26.20	346.30	3.68	2.97	21.29	0.21	0.00	11.52	8.63	4.82	6.99	256.35	335538.54
412.71	0.21	397.67	0.04	0.00	7.44	–	–	–	7.34	0.00	6.43	112.31	190986.87
590.32	7.89	430.58	1.84	1.12	18.03	104.68	0.05	5.49	6.84	13.79	10.50	273.81	640630.71
349.31	11.90	306.03	3.37	3.71	12.04	–	–	3.72	5.18	3.35	6.48	162.74	324150.50
215.53	16.28	102.27	4.12	3.07	2.89	52.88	–	25.08	2.90	6.03	2.95	200.08	333413.43

续表

保险机构	保费收入											保户储金及投资款
	合计	企业财产保险	机动车辆保险	货物运输保险	责任保险	工程保险	信用保证保险	农业保险	短期健康保险	意外伤害保险	其他	
安盛天平	578.64	0.15	574.35	–	0.02	0.07	–	–	0.12	3.93	0.01	–
永诚	332.03	71.41	169.38	3.61	21.52	25.79	30.57	–	0.84	5.48	3.44	0.00
亚太	196.94	4.96	164.75	2.13	7.82	1.18	1.11	0.00	0.06	14.36	0.57	0.00
国寿财险	5062.59	167.56	4511.22	11.78	182.10	31.80	9.97	15.94	4.50	83.07	44.65	5.15
渤海	201.51	0.90	182.32	0.27	0.82	0.03	0.00	0.00	0.45	15.95	0.77	0.00
安诚	471.88	5.70	431.69	0.57	19.91	3.07	0.00	0.00	0.05	10.74	0.16	0.00
华农	55.98	1.26	49.36	0.00	2.52	0.04	–	0.66	0.36	1.80	–0.02	–
长安责任	630.41	23.94	381.50	6.48	84.05	3.04	43.84	–	54.29	24.41	8.85	–
三星	126.73	68.65	38.01	9.79	1.60	0.35	0.19	–	–	8.15	–	–
紫金	1618.84	112.32	1026.48	8.95	117.86	10.13	4.64	183.99	41.07	75.09	38.32	0.00
国泰	77.02	10.27	54.55	0.73	10.72	0.51	–	–	–	–	0.24	–
日本财险	93.82	49.78	1.78	15.82	23.21	1.03	0.19	–	1.07	0.93	0.00	0.00
英大	720.51	215.56	415.47	2.63	52.64	7.08	7.45	0.00	0.27	14.52	4.88	0.00
三井住友	102.22	53.38	1.40	19.41	19.31	0.59	6.55	–	0.00	1.57	0.01	–
丘博	8.11	0.00	–	1.34	6.68	0.00	0.00	–	0.02	0.07	0.00	–
信达	234.39	8.41	210.82	1.19	5.90	0.56	–	–	3.20	3.14	1.15	–
东京海上	92.28	42.02	1.23	30.90	14.70	1.78	0.37	–	0.24	1.01	0.03	–
瑞再企商	0.06	0.00	0.00	0.02	0.00	0.00	0.00	0.00	0.00	0.04	0.00	0.00
浙商	239.95	7.06	205.67	0.71	11.47	0.12	3.51	–	0.03	10.75	0.63	–
泰山	132.39	4.49	106.91	1.13	6.73	0.00	8.23	0.00	0.92	3.26	0.71	0.00
美亚	76.01	18.21	0.00	1.20	35.59	0.00	2.97	0.00	0.84	13.47	3.72	0.00
安信农业	9.15	0.14	–0.07	0.00	0.62	0.00	0.27	1.62	0.00	6.58	0.00	0.00
乐爱金	92.26	56.84	0.00	9.12	6.72	10.76	0.09	–	4.58	4.16	0.00	0.00
富德	145.41	0.57	133.74	0.01	2.22	0.07	4.51	–	0.05	4.23	0.01	–
众安	202.93	–	–	0.11	5.93	–	13.83	–	16.44	40.10	126.52	–
中铁自保	30.40	–	–	–	–	30.25	–	–	–	0.15	–	–
泰康在线	0.28	–	–	0.12	0.01	–	–	–	0.00	0.03	0.13	0.00
阳光渝融	0.71	–	–	–	–	–	0.71	–	–	–	–	–
易安财产	0.01	0.00	0.00	0.00	0.00	0.00	0.00	0.00	0.00	0.00	0.01	0.00
安心财产	0.46	–	–	–	0.44	–	0.02	–	0.00	0.00	0.00	–
合计	76670.94	4109.50	58792.39	724.39	3364.12	525.52	2991.34	1694.17	1464.18	1863.33	1141.98	17834.37

赔付支出											赔案件数（万件）	未决赔款	保险金额
合计	企业财产保险	机动车辆保险	货物运输保险	责任保险	工程保险	信用保证保险	农业保险	短期健康保险	意外伤害保险	其他			
333.96	–	333.85	–	–	0.01	–	–	–	0.10	–	6.11	101.60	185253.47
217.60	9.45	193.21	0.73	1.33	9.40	0.44	–	0.30	2.30	0.44	2.84	142.55	321916.07
133.03	2.45	121.67	–1.11	0.87	1.81	0.00	0.00	0.06	5.91	1.37	1.71	114.15	307371.63
3206.35	67.29	2966.19	11.70	3.36	83.67	3.13	9.80	2.29	45.91	13.02	40.02	1690.53	1856423.63
134.61	0.07	132.30	0.02	0.00	0.72	0.00	0.00	0.46	1.02	0.02	1.25	42.25	38631.27
290.34	1.05	276.36	0.16	1.50	5.16	0.00	0.00	0.00	6.03	0.07	4.03	114.28	154769.84
33.17	0.20	30.40	0.01	0.00	0.05	–	1.76	0.29	0.41	0.04	0.38	16.78	17151.98
350.04	3.21	255.51	2.42	0.15	47.75	25.60	–	6.46	6.07	2.86	4.02	107.86	524509.71
40.24	4.63	31.34	1.53	–0.01	0.46	–	–	–	2.29	–	1.42	16.90	344570.06
891.88	52.66	582.64	2.06	5.15	53.13	1.27	128.76	28.72	22.84	14.64	13.51	560.36	3515096.56
88.70	12.62	68.63	0.14	0.02	7.28	–	–	–	–	0.01	2.15	13.47	42529.14
66.67	47.70	0.59	6.33	0.00	9.67	0.84	–	1.44	0.09	0.00	0.20	22.08	176270.10
357.17	42.96	236.40	1.18	0.95	61.76	0.19	0.00	0.40	12.92	0.41	4.98	89.96	645385.74
37.68	25.35	0.89	5.83	1.01	4.44	0.00	–	0.00	0.15	0.00	0.09	7.16	163108.56
1.22	0.00	–	0.93	0.00	0.03	0.00	–	0.22	0.04	–	0.01	5.38	17323.25
246.37	3.89	192.03	1.20	0.33	14.97	–	–	29.44	4.43	0.09	2.91	113.19	95634.07
17.16	8.47	0.46	6.59	0.04	1.32	–	–	0.22	0.06	–	0.10	18.52	189729.01
2.55	0.00	0.00	0.03	0.00	2.23	0.00	0.00	0.00	0.29	0.00	0.01	3.24	29.62
190.20	19.52	155.26	0.11	–	11.22	0.20	–	0.12	2.43	1.34	1.96	104.01	93156.63
108.08	0.44	97.01	1.35	0.19	8.41	0.00	0.00	0.45	1.10	–0.86	1.12	55.39	308261.82
13.12	1.23	0.00	0.42	0.00	6.48	0.72	0.00	0.76	3.31	0.19	0.26	18.17	173856.04
70.48	0.02	55.58	0.00	0.00	9.88	0.00	0.25	0.00	4.72	0.02	0.44	38.69	42447.58
27.13	12.46	0.00	4.61	0.03	4.29	0.00	–	4.45	1.29	0.00	0.51	82.42	307404.61
15.99	0.12	15.54	–	0.00	0.25	–	–	0.02	0.06	0.01	0.49	21.31	34974.45
76.53	–	–	0.00	–	0.69	–7.58	–	1.99	5.54	75.89	840.79	3.47	2436717.19
0.00	–	–	–	–	–	–	–	–	–	–	–	5.41	19237.52
0.04	–	–	0.00	–	–	–	–	–	–	0.04	0.00	0.01	2672.12
0.00	–	–	–	–	–	–	–	–	–	–	–	–	31.20
0.00	0.00	0.00	0.00	0.00	0.00	0.00	0.00	0.00	0.00	0.00	0.00	0.00	47.06
0.00	–	–	–	–	–	–	–	–	–	0.00	0.01	–	132.88
45550.40	2283.71	35669.58	323.91	173.99	1756.16	1708.97	1252.65	1120.98	663.73	596.68	1594.91	26446.49	63340629.97

2016年江苏省各人身保险分公司

保险机构	保费收入													
	合计	个人业务							团体业务					
		人寿保险					意外伤害险	健康险	人寿保险					
		小计	普通寿险	分红寿险	投资连结保险	万能保险			小计	普通寿险	分红寿险	投资连结保险	万能保险	
国寿	43519.11	36448.86	18800.40	17648.46	–	–	589.07	3314.53	166.46	126.13	40.33	–	–	
太保	14496.55	12096.81	2890.52	9202.92	–	3.37	93.10	1414.74	51.83	33.60	18.23	–	–	
平安	16354.12	12470.87	3933.35	7995.69	15.31	526.52	605.62	3199.38	73.15	73.15	–	–	–	
新华	4970.43	3630.79	1929.40	1691.34	–	10.05	77.74	1203.76	0.72	0.72	–	–	–	
泰康	4710.42	4340.85	1717.09	2582.52	0.05	41.19	19.41	348.76	0.02	0.02	–	–	–	
友邦	2212.18	801.46	237.33	559.33	2.16	2.64	69.52	1268.30	4.21	4.21	0.00	0.00	0.00	
太平	8215.43	7531.64	2743.44	4788.03	0.05	0.12	76.06	607.73	0.00	–	–	–	–	
民生	623.16	534.26	81.71	452.55	–	–	1.92	85.45	0.45	0.45	–	–	–	
富德生命	5692.72	5544.66	4780.44	763.13	0.01	1.08	2.84	143.53	0.10	0.10	–	–	–	
信诚	259.98	183.90	27.78	150.29	4.73	1.10	2.69	52.07	2.81	2.81	–	–	–	
合众	1148.55	965.44	499.74	463.10	–	2.60	25.92	155.31	0.34	0.34	–	–	–	
同方全球	409.84	230.89	105.07	123.27	0.08	2.47	5.11	172.63	0.38	0.38	0.00	0.00	0.00	
中宏	982.77	659.44	121.52	537.92	–	–	8.78	286.18	0.38	0.38	–	–	–	
陆家嘴国泰	252.17	157.73	101.97	55.76	0.00	–	4.09	49.80	0.00	0.00	0.00	0.00	–	
人保健康	2356.21	16.52	–	16.52	–	–	13.88	1668.49	0.00	–	–	–	–	
北大方正	117.60	83.59	22.79	60.52	0.00	0.28	0.72	11.27	0.07	0.07	–	–	–	
中意	1331.65	1182.91	944.81	237.75	0.34	0.01	10.90	88.77	5.42	5.42	–	–	–	
恒安标准	265.79	200.53	25.55	174.98	–	–	1.48	58.74	0.15	0.15	0.00	–	–	
光大永明	139.97	98.70	59.10	39.59	0.01	0.00	4.07	18.70	2.07	1.85	0.22	0.00	0.00	
农银	1173.33	1107.28	947.09	158.62	–	1.57	0.22	8.52	0.40	0.40	0.00	–	0.00	
和谐	16353.88	0.00	–	–	–	–	0.57	16346.28	0.00	–	–	–	–	
平安养老	671.49	0.00	–	–	–	–	–	–	1.19	1.19	–	–	–	
华泰	1006.86	777.08	64.18	709.66	–	3.24	0.47	197.14	0.40	0.22	0.18	–	0.00	
招商信诺	1064.88	827.17	255.14	571.88	0.15	–	59.78	171.50	0.02	0.02	0.00	0.00	–	
大都会	503.63	395.17	225.50	169.60	0.07	0.00	25.02	77.60	0.29	0.29	0.00	0.00	0.00	
瑞泰	133.33	5.89	5.21	0.68	0.00	–	22.50	83.58	0.78	0.78	–	–	–	
君康	963.50	958.69	950.32	8.37	–	–	0.11	3.92	0.00	0.00	0.00	–	–	
中德安联	155.28	136.87	17.72	118.79	0.33	0.03	0.95	15.81	0.12	0.12	0.00	0.00	0.00	
华夏	5238.67	4268.90	4180.78	86.05	–	2.07	0.08	378.52	1.26	1.26	–	–	–	

业务统计表

单位：人民币百万元，万件

保费收入			有效保单件数	赔款及给付									退保金	保险金额
团体业务		其中：新单保费		合计	个人业务				团体业务					
意外伤害险	健康险				赔款支出	死伤医疗给付	满期给付	年金给付	赔款支出	死伤医疗给付	满期给付	年金给付		
942.77	1308.73	18480.70	1737.17	20203.81	479.12	765.82	13058.41	1409.30	1323.33	40.48	–	1.60	6873.30	8643193.31
517.11	322.96	4415.14	2026.14	2677.68	102.15	307.80	835.64	1002.18	332.13	18.39	7.10	72.29	1324.31	3210580.90
3.84	1.26	5832.37	535.39	2548.30	68.69	720.75	1337.08	389.07	4.60	1.07	0.13	26.91	1180.65	1205845.08
30.60	26.82	2728.34	121.30	2613.29	62.06	104.34	2079.57	367.32	0.00	0.00	0.00	0.00	2354.39	357524.13
1.09	0.29	2417.50	178.59	2652.51	5.93	70.46	2216.78	352.78	5.02	0.10	–	1.44	466.25	174457.15
22.61	46.08	1087.05	41.11	192.83	27.26	53.01	74.60	15.31	21.85	0.80	0.00	0.00	31.17	138099.18
0.00	0.00	4313.79	99.24	1212.62	19.36	63.82	600.10	528.64	0.20	0.50	0.00	0.00	2226.85	208663.04
0.19	0.89	92.20	37.52	578.71	4.09	18.00	507.27	48.01	1.34	0.00	0.00	0.00	163.90	23080.24
1.01	0.58	4844.78	47.98	609.53	5.19	18.33	583.98	0.16	1.87	–	–	–	1756.18	31490.61
10.28	8.23	90.38	7.57	100.18	4.29	5.69	80.92	1.00	7.70	0.58	–	–	15.48	68664.12
0.38	1.16	719.25	22.34	449.63	2.30	12.48	389.32	44.99	0.31	0.23	–	–	306.34	24730.53
0.29	0.54	126.98	12.79	65.91	3.25	14.37	28.64	19.43	0.22	0.00	0.00	0.00	31.26	41241.14
9.53	18.46	332.27	14.19	55.70	0.93	28.04	0.20	20.80	5.56	0.17	–	–	18.35	41964.13
26.40	14.15	141.95	4.28	62.81	0.12	3.87	17.66	10.14	31.02	–	–	–	4.70	84437.28
62.91	594.41	2282.05	10.68	512.01	0.90	3.00	15.07	0.00	486.26	6.78	–	–	766.81	168668.19
16.12	5.83	44.85	7.82	20.06	0.70	2.73	–	1.70	13.14	0.70	–	1.09	10.74	10756.25
7.19	36.46	1047.13	13.66	120.95	2.28	14.70	30.32	45.52	27.34	0.79	–	–	393.49	90895.63
2.18	2.71	83.26	7.60	74.53	0.35	5.71	44.09	19.31	5.07	–	–	–	10.22	15375.25
10.75	5.68	18.26	2.61	140.42	0.41	1.86	129.44	3.33	5.15	0.09	0.14	–	24.01	17914.77
40.83	16.05	729.24	6.84	44.32	2.25	6.73	19.80	10.02	3.89	1.01	0.00	0.61	467.64	78800.88
4.00	3.03	16352.61	22.51	19.27	0.12	3.24	0.03	–	15.83	0.04	0.01	–	49.45	34970.35
227.41	442.89	671.49	40.32	271.75	–	–	–	–	271.24	0.10	–	0.41	0.04	8193178.38
23.18	8.59	357.72	45.74	290.93	4.34	15.46	208.93	48.10	14.04	0.06	0.00	0.00	48.16	62309.80
0.01	6.40	658.42	49.59	63.00	17.34	13.52	27.80	0.62	3.72	0.00	0.00	0.00	38.03	85301.53
2.27	3.28	195.14	10.13	23.70	2.52	15.21	0.00	3.74	2.23	0.00	0.00	0.00	35.05	97127.39
1.54	19.04	120.77	5.88	5.79	(0.04)	0.18	–	–	5.65	0.00	–	–	0.81	19655.76
0.56	0.22	954.37	24.08	177.40	0.00	1.30	175.72	0.00	0.38	0.00	0.00	0.00	1520.57	2665.72
0.30	1.23	50.22	1.54	14.40	0.03	2.25	5.68	5.67	0.77	0.00	0.00	0.00	8.95	4379.73
80.40	509.51	1408.78	99.03	640.40	0.11	17.12	437.18	163.88	21.90	0.21	–	–	30.83	101035.53

续表

保险机构	保费收入													
	合计	个人业务							团体业务					
		人寿保险					意外伤害险	健康险	人寿保险					
		小计	普通寿险	分红寿险	投资连结保险	万能保险			小计	普通寿险	分红寿险	投资连结保险	万能保险	
人保寿险	6213.47	5393.32	4520.23	870.12	–	2.97	35.68	178.83	163.03	107.66	55.37	–	–	
英大	344.15	282.26	31.37	249.88	0.00	1.01	2.22	37.82	0.19	0.19	0.00	0.00	0.00	
信泰	482.50	452.84	285.37	167.00	0.00	0.47	20.42	6.49	0.06	0.06	0.00	0.00	0.00	
中英	262.44	196.45	119.99	75.76	–	0.70	2.80	48.63	0.95	0.95	0.00	–	0.00	
长城	1238.15	1220.06	1020.97	199.09	–	–	1.08	16.42	0.10	0.10	0.00	–	–	
工银安盛	2636.75	2574.79	1167.40	1407.16	0.23	–	2.54	29.56	5.62	0.62	5.00	–	–	
太平养老	443.43	0.00	–	–	–	–	–	–	10.68	10.68	–	–	–	
建信	5060.22	4959.10	3929.02	1030.04	0.00	0.04	6.48	19.79	6.84	6.84	0.00	0.00	0.00	
幸福	1486.28	1446.64	1393.30	53.20	–	0.14	0.28	14.25	0.55	0.55	0.00	–	–	
阳光	3539.25	3201.15	2651.64	539.49	–	10.02	18.71	144.61	2.38	0.55	1.83	–	–	
长生	69.26	30.20	19.70	10.50	–	–	10.55	11.05	1.63	1.63	–	–	–	
国华	1028.87	934.11	927.10	6.88	0.00	0.13	0.00	0.00	0.00	–	–	–	–	
平安健康	18.73	0.00	–	–	–	–	0.05	3.34	0.00	–	–	–	–	
安邦	10299.61	10295.13	10282.85	12.28	–	–	–	–	4.45	4.42	0.03	–	0.00	
中邮	4646.28	4624.96	2874.18	1750.78	–	–	1.12	0.83	0.00	–	–	–	–	
百年	1451.54	1404.15	1361.39	42.76	–	–	6.98	31.91	1.31	1.31	–	–	–	
交银康联	992.06	909.61	742.87	166.74	–	–	20.13	62.32	0.00	–	–	–	–	
利安	8674.44	8423.80	7420.99	1002.84	–	(0.03)	2.34	0.98	89.26	80.99	8.27	–	–	
中融	0.00	0.00	–	–	–	–	–	–	0.00	–	–	–	–	
泰康养老	280.97	35.03	–	35.02	–	0.01	–	–	7.88	4.59	3.29	–	–	
东吴	2616.94	2230.83	2048.31	170.92	–	11.60	10.43	142.43	2.60	2.60	–	–	–	
新光海航	0.11	0.07	0.03	0.04	0.00	0.00	0.00	0.04	0.00	–	–	–	–	
前海	2029.21	2022.50	2022.45	0.05	0.00	0.00	0.05	2.37	0.13	0.13	0.00	0.00	0.00	
中银三星	611.46	592.28	566.47	25.81	–	–	0.00	6.00	0.02	0.02	–	–	–	
国联	1569.19	1540.31	1518.41	21.90	–	–	0.05	6.10	0.76	0.76	0.00	–	–	
弘康	63.39	60.93	60.93	–	–	0.00	–	2.46	0.00	–	–	–	–	
天安	971.63	953.93	950.04	3.89	0.00	0.00	0.02	17.68	0.00	0.00	0.00	0.00	0.00	
合计	192353.83	149441.35	91582.96	57209.47	23.52	625.40	1864.55	32214.92	611.46	478.71	132.75	0.00	0.00	

注：1.合计栏中，中国人寿总保费一项包含了中国人寿保险（集团公司）业务保费收入748.51百万元，此数值即为总保费与各分项和的差值；赔付支出一项包含了中国人寿保险（集团公司）赔付支出 3125.66 百万元，此数值即为总赔付支出与各分项之和的差值；有效保单件数一项包含了中国人寿保险（集团公司）有效保单件数 380.91 万件；退保金一项包含了中国人寿保险（集团公司）退保金 66.33 百万元；保险金额一项包含了中国人寿保险（集团公司）保险金额 63729.94 百万元。

保费收入			有效保单件数	赔款及给付									退保金	保险金额
团体业务		其中:新单保费		合计	个人业务				团体业务					
意外伤害险	健康险				赔款支出	死伤医疗给付	满期给付	年金给付	赔款支出	死伤医疗给付	满期给付	年金给付		
46.12	396.49	5553.36	70.63	4958.27	5.83	37.65	4747.59	0.39	44.93	102.80	17.34	1.74	2991.90	366321.97
16.90	4.76	115.73	13.48	36.92	1.37	3.13	8.59	12.99	10.84	0.00	0.00	0.00	36.11	462669.65
2.45	0.24	261.55	19.89	415.87	0.16	11.99	379.10	17.54	7.08	0.00	0.00	0.00	433.84	35483.67
2.66	10.95	114.49	3.75	96.56	0.59	4.90	73.85	7.30	9.73	0.19	0.00	0.00	14.20	36097.90
0.12	0.37	1016.64	7.41	229.13	0.49	5.14	192.72	30.40	0.38	0.00	–	–	58.88	6690.52
9.38	14.86	2387.97	7.94	80.89	0.33	6.84	48.38	18.56	6.78	–	–	–	528.46	23418.71
75.10	357.65	443.43	42.97	211.87	–	–	–	–	79.77	131.85	–	0.25	24.60	291175.66
58.11	9.90	4937.79	20.85	282.15	0.89	11.47	33.29	229.96	6.53	0.01	–	–	1804.18	400557.73
17.28	7.28	1424.12	5.92	107.81	0.11	1.56	72.86	9.09	24.16	0.03	–	–	443.49	150689.25
14.38	158.02	338.62	305.10	307.91	0.89	22.49	279.64	0.00	4.48	0.31	0.10	0.00	2147.22	707013.22
1.89	13.94	50.82	1.10	19.05	0.11	1.89	4.75	1.32	10.86	0.12	–	–	1.46	15187.55
9.19	85.57	1007.57	23.75	84.83	0.00	0.47	81.27	2.46	0.63	0.00	0.00	0.00	48.07	39233.87
0.67	14.67	15.34	0.61	6.40	0.69	0.00	–	–	5.48	0.23	–	–	0.00	20513.81
0.00	0.03	3139.75	30.37	8.11	0.12	6.82	1.17	–	–	–	–	–	325.53	31994.28
4.15	15.22	3796.79	63.75	1827.86	–	26.66	1790.24	2.37	8.59	–	–	–	3531.32	129777.02
4.72	2.47	1406.06	5.60	49.51	4.80	3.37	6.30	31.36	3.09	0.59	–	–	23.70	436821.06
–	–	808.88	4.60	16.41	6.23	6.40	3.76	0.02	–	–	–	–	476.61	80972.59
99.10	58.96	8164.54	78.23	460.59	1.31	11.37	177.42	203.99	65.13	0.00	–	1.37	4807.61	297216.86
–	–	–	18.48	3.59	–	3.58	–	–	0.01	–	–	–	1763.57	2826.76
26.36	211.70	252.60	5.54	32.51	–	–	–	0.10	27.81	4.55	–	0.05	1.29	134152.17
14.03	216.62	2445.72	45.45	247.76	1.95	6.14	–	18.94	219.60	1.13	–	–	23.07	325479.95
–	–	0.00	0.00	0.02	0.00	0.00	0.00	0.01	0.01	0.00	0.00	0.00	0.01	9.69
2.66	1.50	2029.14	13.91	2.53	0.00	0.24	0.00	0.13	2.16	0.00	0.00	0.00	1.62	17773.10
7.55	5.61	602.83	0.90	1.25	–	–	–	0.35	0.90	–	–	–	331.96	19489.30
15.00	6.97	1556.35	5.68	9.88	3.56	0.96	–	4.85	0.47	0.04	–	–	3.09	36692.65
–	–	63.39	0.21	0.03	–	0.03	–	–	–	–	–	–	0.00	326.73
0.00	0.00	971.63	1.33	22.84	–	–	–	22.84	–	–	–	–	0.03	2264.62
2473.57	4999.26	113502.12	6031.09	45962.99	845.48	2462.89	30805.16	5125.99	3151.18	313.95	24.82	107.76	39979.75	27307856.29

2.养老险公司企业年金受托管理业务累计到账资金 17059.18 百万元（其中：国寿养老 7749.00 百万元、平安养老 3324.76 百万元、太平养老 5084.25 百万元、泰康养老 901.17 百万元）；投资管理业务累计到账资金规模 18475.52 百万元（其中：国寿养老 6147.00 百万元、平安养老 6795.10 百万元、太平养老 2366.42 百万元、泰康养老 3167.00 百万元）；账户管理业务累计个人账户 250430 个（其中：国寿养老 55200 个、平安养老 73650 个、太平养老 101329 个、泰康养老 20251 个）。

3.表格中数字含“（）”的为负值。

南京市保险市场

南京市保险市场概述

【市场概况】截至2016年末，共有保险市场主体94家，其中，总部法人机构3家，省级分公司91家；财产险公司36家，人身险公司58家；中资保险公司67家，外资保险公司27家。

2016年，实现保费收入485.79亿元，同比增长32.72%，总保费规模位居全省第二。保险深度4.63%，保险密度5874.16元。财产险保费收入127.38亿元，同比增长11.36%，保费规模位居全省第二。财产险保险深度1.21%，保险密度1540.32元。赔付支出77.48亿元。人身险保费收入358.41亿元，同比增长42.43%，保费规模位居全省第一。人身险保险深度3.41%，保险密度4333.84元。新单保费收入达237.83亿元。赔付支出82.55亿元。全市财产险和人身险总保额规模达300170.18亿元。

【服务经济社会】2016年，南京市金融办组织召开南京市老年人住房反向抵押养老保险试点工作研究会。南京市老龄办、国土局、财政局、江苏保监局、利安人寿、弘康人寿、人民人寿江苏省分公司、幸福人寿江苏分公司相关人员参加会议。与会方一致认为，以房养老虽属小众，但通过合理引导，可以提高老年人生活水平，并有效防范非法集资。南京市房地产向下波

2016年南京市各财产保险分公司

保险机构	保费收入											保户储金及投资款
	合计	企业财产保险	机动车辆保险	货物运输保险	责任保险	工程保险	信用保证保险	农业保险	短期健康保险	意外伤害保险	其他	
人保	6019.16	227.89	4907.32	62.82	247.87	33.11	159.39	74.65	116.15	85.91	104.05	17.69
太保	961.06	129.38	699.13	16.09	33.36	23.00	17.55	–	15.82	15.68	11.04	1.09
平安	1898.07	80.59	1383.49	16.54	69.84	11.69	236.90	0.00	10.53	61.40	27.09	0.38
天安	240.44	10.11	49.48	0.28	14.96	0.50	0.09	–	104.38	48.86	11.77	2131.96
史带	5.27	0.92	–	0.87	0.02	–	–	–	0.24	3.41	–0.18	–
华泰	60.07	14.57	22.20	5.36	4.54	3.45	0.02	0.00	0.02	1.57	8.34	0.31

动的风险较小，有开展以房养老的优势。各保险公司应提高认识，做好政策解读，主动与政府沟通合作，加强产品设计和集团协作，建立应急处理机制，稳步推进试点工作。

【医保项目重点推进】2016年，在南京市人力资源和社会保障局支持下，保险业对南京医保卡项目进行重点推进：允许符合条件的市民使用医保卡余额购买商业保险，以盘活医保卡个人账户资产。1月，友邦保险江苏分公司成为南京地区首家正式上线销售医保卡项目业务的保险公司。医保卡个人账户余额超过3000元的南京主城区市民，可通过医保卡购买友邦旗下两款商业健康医疗保险，减轻参保人员医疗费用负担。

【关注弱势群体】2016年，在南京市计生协的帮助支持下，中国人寿南京市分公司继续推动“情暖计生特困家庭——生育关怀行动”，通过政企合作、政府出资，为全市计划生育失独家025庭及伤残父母购买意外伤害、重大疾病及住院护理津贴保险。并通过鼓励市、县分支机构优秀销售人员作为帮扶志愿者组织成立“暖心社”，依托“连心家园”工作平台，以“一对一”结对形式牵手帮扶，每年定期上门慰问，并以赠送生活用品、传达节日祝福、组织现场活动等形式，做好精神慰藉和生活帮扶。成立失独家庭保险专项服务团队，提供上门或指定地点定点服务，针对“失独”人员的特殊性，指派专人上门提供“一对一”承保、理赔服务。建立“政府主导、部门协同、社会参与、多方关怀”的工作模式，整合社会资源，综合运用利益导向和服务关怀等手段，建立和完善计生特困家庭长效关爱机制。2016年，南京市失独家庭综合保险参保人数6216人。

业务统计表

单位：人民币百万元

赔付支出											赔案件数（万件）	未决赔款	保险金额
合计	企业财产保险	机动车辆保险	货物运输保险	责任保险	工程保险	信用保证保险	农业保险	短期健康保险	意外伤害保险	其他			
3629.52	173.07	2899.35	27.96	148.01	16.93	132.14	52.85	64.34	34.30	80.57	67.42	2183.27	3373250.34
606.37	64.64	465.43	13.82	30.13	9.94	1.23	0.08	5.70	7.89	7.52	9.85	416.19	2854592.94
1001.07	38.77	786.78	12.38	29.94	17.63	75.96	–	9.65	11.79	18.17	22.18	498.86	3133777.22
73.42	8.50	40.14	0.19	11.20	1.72	0.35	–	3.19	6.45	1.67	1.10	21.66	4910832.26
10.68	2.28	5.46	0.23	1.92	–	–	–	0.00	0.79	–	0.04	6.13	27286.03
25.35	5.66	12.54	2.30	0.50	1.22	–0.01	0.00	0.00	2.97	0.17	0.42	15.94	169598.75

续表

保险机构	保费收入											保户储金及投资款
	合计	企业财产保险	机动车辆保险	货物运输保险	责任保险	工程保险	信用保证保险	农业保险	短期健康保险	意外伤害保险	其他	
出口信用	1078.03	–	–	–	–	–	1078.03	–	–	–	–	–
中华联合	169.01	11.15	127.02	1.77	8.63	2.14	1.35	0.00	2.36	5.55	9.03	0.00
太平	76.50	9.31	45.99	7.89	5.23	0.27	1.65	0.00	4.05	2.04	0.07	0.00
大地	194.20	8.29	152.80	0.96	2.24	1.21	15.89	–	1.75	7.43	3.63	–
华安	69.33	1.84	52.76	0.03	10.08	0.07	1.55	–	0.11	2.90	0.01	0.02
永安	77.30	14.19	43.87	3.67	7.22	3.40	0.00	0.00	0.26	4.00	0.69	0.00
安邦	39.45	0.02	28.07	0.22	7.58	0.00	0.12	–	–	3.44	0.00	–
阳光	121.74	5.13	63.85	0.86	8.46	0.76	34.57	–	2.23	4.26	1.62	0.07
都邦	100.01	5.04	68.29	5.17	10.24	0.55	0.23	–	1.68	8.42	0.39	–
中银	87.38	24.04	16.68	0.20	11.36	0.04	21.32	–	1.33	6.20	6.21	–
安盛天平	75.22	0.15	74.20	–	0.02	0.07	–	–	0.12	0.67	0.00	–
永诚	86.73	45.50	23.97	1.24	1.05	14.51	0.00	–	0.26	0.17	0.04	0.00
亚太	46.91	0.41	36.87	1.52	2.34	1.00	0.31	0.00	0.00	3.89	0.57	0.00
国寿财险	426.76	15.71	357.63	0.37	28.87	8.18	4.82	0.19	–	8.24	2.75	–
渤海	5.25	0.07	4.90	0.06	0.03	0.00	0.00	0.00	0.02	0.14	0.03	0.00
安诚	101.35	1.46	94.42	0.18	1.00	1.97	0.00	0.00	0.05	2.26	0.01	0.00
华农	5.46	0.25	4.11	0.00	0.57	0.04	–	–	0.16	0.34	–0.02	–
长安责任	56.29	4.90	23.15	1.94	9.86	0.33	0.00	–	11.70	3.87	0.53	–
紫金	361.06	31.88	215.04	3.05	29.93	0.90	1.95	43.02	6.25	11.59	17.43	0.00
国泰	35.82	2.32	30.14	0.39	2.71	0.13	–	–	–	–	0.14	–
英大	280.03	202.10	44.10	0.53	26.91	1.94	0.05	0.00	0.00	3.69	0.71	0.00
三井住友	74.72	41.92	0.33	14.29	10.33	0.42	6.55	–	0.00	0.88	0.00	–
丘博	8.11	0.00	–	1.34	6.68	0.00	0.00	–	0.02	0.07	0.00	–
信达	36.41	2.11	31.87	0.99	0.69	0.12	–	–	0.31	0.28	0.04	–
瑞再企商	0.06	0.00	0.00	0.02	0.00	0.00	0.00	0.00	0.00	0.04	0.00	0.00
浙商	44.38	0.65	35.65	0.08	3.53	–	3.51	–	0.02	0.67	0.28	–
泰山	39.08	1.85	25.46	0.28	1.29	0.00	8.23	0.00	0.20	1.61	0.17	0.00
美亚	71.39	17.97	0.00	0.99	33.10	0.00	1.72	0.00	0.77	13.16	3.69	0.00
安信农业	7.89	0.00	0.00	0.00	0.12	0.00	0.00	1.45	0.00	6.31	0.00	0.00
乐爱金	65.82	42.28	0.00	8.03	3.65	7.76	0.00	–	1.15	2.95	0.00	0.00
富德	142.68	0.57	131.01	0.01	2.22	0.07	4.51	–	0.05	4.23	0.01	–
众安	202.93	–	–	0.11	5.93	–	13.83	–	16.44	40.10	126.52	–
中铁自保	30.40	–	–	–	–	30.25	0.00	–	–	0.15	–	–

赔付支出												赔案件数（万件）	未决赔款	保险金额
合计	企业财产保险	机动车辆保险	货物运输保险	责任保险	工程保险	信用保证保险	农业保险	短期健康保险	意外伤害保险	其他			
864.26	–	–	–	–	–	864.26	–	–	–	–	0.08	900.51	421252.56
124.25	3.79	98.26	2.03	2.44	0.16	0.02	1.35	2.53	2.76	10.91	2.13	149.57	1310450.24
39.81	1.38	28.00	2.04	3.75	0.28	0.03	0.01	3.89	0.40	0.03	2.39	48.26	89600.91
83.01	3.93	68.09	0.00	0.17	1.55	0.01	0.02	3.84	1.39	4.01	1.67	25.09	88441.78
35.85	0.19	29.86	–0.08	1.10	0.17	4.51	–	0.00	0.06	0.04	0.95	11.24	17927.55
50.49	7.21	36.91	1.56	0.84	1.68	0.07	0.00	0.26	1.31	0.65	0.58	21.32	70629.01
29.65	0.00	20.69	0.04	4.56	–	–	–	–	4.36	0.00	0.39	11.35	14698.90
83.80	1.24	47.73	0.36	3.56	0.91	16.60	0.00	0.89	1.23	11.27	1.07	36.62	82543.61
57.22	3.57	46.59	1.53	2.45	0.72	–	–	0.71	1.18	0.45	1.33	20.40	90965.32
39.06	4.31	10.44	0.03	0.60	2.22	16.52	–	1.25	1.39	2.30	0.26	27.76	87335.59
47.30	–	47.30	–	0.01	–	–	–	–	–	–	0.98	10.98	22760.35
49.29	4.71	42.13	0.58	0.61	1.13	0.00	–	0.00	0.09	0.04	0.50	37.87	142365.05
41.71	0.09	39.64	–1.23	0.54	0.85	0.00	0.00	0.03	0.42	1.37	0.44	43.07	22325.72
279.67	5.54	252.38	0.26	11.83	2.21	2.78	0.52	0.02	1.90	2.23	3.96	152.54	285479.38
3.82	0.01	3.69	0.00	0.00	0.00	0.00	0.00	0.02	0.07	0.02	0.06	0.80	1773.23
78.30	0.27	76.13	0.00	0.50	1.14	0.00	0.00	0.00	0.26	0.00	0.87	24.94	22555.24
8.81	0.05	8.35	0.01	0.01	0.00	–	0.01	0.15	0.23	0.00	0.05	4.61	2381.04
27.72	0.73	16.17	0.41	5.92	0.11	0.02	–	3.51	0.71	0.15	0.66	7.41	169547.86
196.26	14.54	114.71	0.36	14.86	4.05	1.33	38.10	3.53	1.72	3.05	2.89	105.42	2647371.97
61.43	0.68	59.78	0.03	0.94	–0.01	–	–	–	–	0.01	1.64	5.94	12297.30
89.91	21.09	27.75	0.10	36.75	0.33	0.00	0.00	0.00	3.89	0.00	0.90	17.82	490619.88
27.32	19.53	0.41	3.49	2.84	1.01	0.00	–	0.00	0.03	0.00	0.05	4.50	123487.93
1.21	0.00	–	0.93	0.03	0.00	0.00	–	0.22	0.04	–	0.01	5.38	17323.25
53.73	0.30	45.58	1.07	0.86	0.33	–	–	2.65	2.92	0.01	0.53	17.82	17106.59
2.55	0.00	0.00	0.03	2.23	0.00	0.00	0.00	0.00	0.29	0.00	0.01	3.24	29.62
35.46	0.26	31.80	0.06	1.54	–	0.20	–	0.02	0.23	1.34	0.37	17.36	25042.86
48.06	0.17	44.28	1.24	1.21	0.16	0.00	0.00	0.15	0.30	0.56	0.38	27.86	273243.93
12.07	1.21	0.00	0.41	5.63	0.00	0.72	0.00	0.67	3.27	0.17	0.23	17.96	170938.82
36.67	0.00	25.45	0.00	7.40	0.00	0.00	0.00	0.00	3.82	0.00	0.17	20.56	28853.73
14.51	6.53	0.00	4.52	2.39	0.03	0.00	–	0.84	0.21	0.00	0.15	81.55	272455.84
15.94	0.12	15.48	–	0.25	0.00	–	–	0.02	0.06	0.01	0.49	21.31	34974.45
76.53	–	–	0.00	0.69	–	–7.58	–	1.99	5.54	75.88	840.79	3.47	2436717.19
0.00	–	–	–	–	–	–	–	–	–	–	–	5.41	19237.52

续表

保险机构	保费收入											保户储金及投资款
	合计	企业财产保险	机动车辆保险	货物运输保险	责任保险	工程保险	信用保证保险	农业保险	短期健康保险	意外伤害保险	其他	
泰康在线	0.28	–	–	0.12	0.01	–	–	–	0.00	0.03	0.13	0.00
阳光渝融	0.71	–	–	–	–	–	0.71	–	–	–	–	–
易安财产	0.01	0.00	0.00	0.00	0.00	0.00	0.00	0.00	0.00	0.00	0.01	0.00
安心财产	0.46	–	–	–	0.44	–	0.02	–	0.00	0.00	0.00	–
小计	13403.25	954.55	8793.79	158.27	612.92	147.91	1614.87	119.31	298.42	366.42	336.80	2151.53

南京市保险收入含苏分本级业务数据的公司有：人保 37.86 百万元、大地 0.02 百万元、华泰 37.80 百万元、永安 8.43 百万元、国寿财 1.45 百万元

南京市赔付支出含苏分本级业务数据的公司有：人保 55.61 百万元、平安 19.41 百万元、大地 4.69 百万元、华泰 13.38 百万元、永安 11.75 百万元、国寿财 23.39 百万元南京市赔案件数含苏分本级业务数据的公司有：大地 0.02

2016年南京市各人身保险分公司

保险机构	保费收入														
	合计	个人业务							团体业务						
		人寿保险					意外伤害险	健康险	人寿保险						
		小计	普通寿险	分红寿险	投资连结保险	万能保险			小计	普通寿险	分红寿险	投资连结保险	万能保险		
国寿	3917.11	3279.20	1767.52	1511.68	–	–	50.17	308.25	29.72	18.05	11.67	–	–		
太保	1123.07	918.29	265.37	652.73	–	0.19	12.90	124.94	3.01	3.01	0.00	–	–		
平安	2359.36	1712.45	524.80	1116.40	4.10	67.15	74.22	499.89	72.80	72.80	–	–	–		
新华	736.44	531.92	231.30	298.93	–	1.69	1.84	187.08	0.36	0.36	–	–	–		
泰康	695.61	602.54	130.75	469.36	0.00	2.43	6.43	85.70	0.02	0.02	–	–	–		
友邦	232.32	109.49	31.41	77.78	0.22	0.08	5.53	111.19	(0.03)	(0.03)	0.00	0.00	0.00		
太平	865.35	773.97	264.29	509.68	0.00	–	10.16	81.22	0.00	–	–	–	–		
民生	13.79	9.64	0.28	9.36	–	–	0.02	3.74	0.05	0.05	–	–	–		
富德生命	165.36	143.04	69.28	73.71	0.00	0.05	2.02	19.13	0.09	0.09	–	–	–		
信诚	67.63	51.84	10.01	39.39	2.14	0.30	0.49	12.48	0.41	0.41	–	–	–		
合众	141.11	34.11	7.50	26.51	–	0.10	23.63	81.80	0.34	0.34	–	–	–		
同方全球	268.14	158.25	86.64	70.61	0.02	0.98	3.12	105.56	0.38	0.38	0.00	0.00	0.00		
中宏	379.16	263.90	47.57	216.33	–	–	2.85	103.38	0.12	0.12	–	–	–		
陆家嘴国泰	69.76	48.43	40.28	8.15	0.00	–	2.36	9.33	0.00	0.00	0.00	0.00	–		
人保健康	616.04	6.80	–	6.80	–	–	5.45	356.72	0.00	–	–	–	–		

赔付支出											赔案件数（万件）	未决赔款	保险金额
合计	企业财产保险	机动车辆保险	货物运输保险	责任保险	工程保险	信用保证保险	农业保险	短期健康保险	意外伤害保险	其他			
0.04	–	–	0.00	–	–	–	–	–	–	0.04	0.00	0.01	2672.12
0.00	–	–	–	–	–	–	–	–	–	–	–	–	31.20
0.00	0.00	0.00	0.00	0.00	0.00	0.00	0.00	0.00	0.00	0.00	0.00	0.00	47.06
0.00	–	–	–	–	–	–	–	–	–	0.00	0.01	–	132.88
7962.11	394.37	5447.31	76.66	338.21	66.47	1109.16	92.95	110.07	104.26	222.64	968.01	5032.02	23984955.01

万件、华泰 0.21 万件、永安 0.13 万件、国寿财险 0.08 万件

南京市未决赔款和保险金额含苏分本级业务数据的公司有：大地 0.20 百万元、华泰 9.92 百万元、永安 5.70 百万元、国寿 4.15 百万元

业务统计表

单位：人民币百万元，万件

保费收入			有效保单件数	赔款及给付									退保金	保险金额
团体业务		其中：新单保费		合计	个人业务				团体业务					
意外伤害险	健康险				赔款支出	死伤医疗给付	满期给付	年金给付	赔款支出	死伤医疗给付	满期给付	年金给付		
87.43	162.34	1803.21	135.20	2123.04	51.06	77.62	1701.03	119.52	168.59	4.42	–	0.80	644.54	965694.39
43.31	20.62	333.45	138.31	215.61	4.87	22.21	66.96	59.52	18.84	8.44	2.14	32.63	107.29	337084.93
0.00	0.00	792.32	78.93	579.87	9.47	107.40	318.74	123.54	0.00	0.85	0.02	19.85	147.71	159847.85
5.47	9.77	362.23	15.93	455.70	12.67	17.26	364.04	61.73	0.00	0.00	0.00	0.00	316.71	48897.28
0.81	0.11	247.81	28.15	275.91	1.01	9.67	211.08	50.44	2.64	0.00	–	1.07	89.36	53461.33
1.28	4.86	116.85	3.32	21.54	2.27	4.24	10.80	1.52	2.71	0.00	0.00	0.00	2.83	12760.51
0.00	0.00	429.68	11.32	179.75	1.92	7.25	119.07	51.24	0.00	0.27	0.00	0.00	145.53	23215.77
0.06	0.28	0.83	1.92	19.82	0.07	1.22	16.79	1.57	0.17	0.00	0.00	0.00	20.49	1724.74
0.64	0.44	86.03	4.32	51.37	0.66	1.91	47.02	0.00	1.78	–	–	–	19.83	3007.99
0.71	1.70	20.39	2.35	37.47	0.43	2.10	33.92	0.20	0.82	0.00	–	–	2.67	10312.11
0.20	1.03	108.65	1.69	173.08	0.04	0.58	168.29	3.76	0.18	0.23	–	–	45.68	4561.23
0.29	0.54	69.65	7.69	44.71	1.74	9.47	20.85	12.43	0.22	0.00	0.00	0.00	13.92	22477.99
2.58	6.33	131.33	4.66	20.76	0.37	10.23	0.20	8.46	1.50	–	–	–	6.68	14705.19
6.04	3.60	37.38	0.68	17.40	0.01	0.22	6.76	1.80	8.61	–	–	–	2.11	27228.72
38.89	208.18	592.14	3.31	183.26	0.34	0.98	3.84	–	178.06	0.04	–	–	186.58	107941.77

续表

保险机构	保费收入												
	合计	个人业务							团体业务				
		人寿保险					意外伤害险	健康险	人寿保险				
		小计	普通寿险	分红寿险	投资连结保险	万能保险			小计	普通寿险	分红寿险	投资连结保险	万能保险
北大方正	49.32	35.86	7.91	27.86	0.00	0.09	0.21	4.38	0.07	0.07	–	–	–
中意	285.25	226.42	173.84	52.44	0.14	0.00	4.56	29.34	2.94	2.94	–	–	–
恒安标准	46.23	32.14	2.19	29.95	–	–	0.08	12.26	0.07	0.07	0.00	–	–
光大永明	41.83	30.28	25.66	4.61	0.01	0.00	1.49	4.62	0.25	0.24	0.01	0.00	0.00
农银	85.65	78.70	66.76	11.84	–	0.10	0.01	0.85	0.04	0.04	0.00	–	0.00
和谐	4727.73	0.00	–	–	–	–	0.04	4727.63	0.00	–	–	–	–
平安养老	258.27	0.00	–	–	–	–	–	–	0.50	0.50	–	–	–
华泰	89.81	61.68	5.99	55.25	–	0.44	0.10	16.62	0.15	0.11	0.04	–	0.00
招商信诺	854.19	640.60	220.05	420.46	0.09	–	57.32	149.84	0.02	0.02	0.00	0.00	–
大都会	347.48	268.58	187.20	81.34	0.04	0.00	21.42	51.65	0.29	0.29	0.00	0.00	0.00
瑞泰	132.82	5.53	4.90	0.63	0.00	–	22.50	83.42	0.78	0.78	–	–	–
君康	91.02	88.87	88.22	0.65	–	–	0.11	1.48	0.00	–	–	–	–
中德安联	54.73	47.52	7.79	39.61	0.09	0.03	0.24	5.33	0.12	0.12	0.00	0.00	0.00
华夏	558.49	453.40	429.85	23.35	–	0.20	0.01	99.08	0.23	0.23	–	–	–
人保寿险	479.63	287.49	247.88	39.43	–	0.18	3.46	6.21	5.17	2.86	2.31	–	–
英大	143.68	119.82	0.90	118.87	0.00	0.05	0.12	1.86	0.19	0.19	0.00	0.00	0.00
信泰	82.79	73.90	28.06	45.78	0.00	0.06	5.28	0.86	0.06	0.06	0.00	0.00	0.00
中英	159.92	109.49	51.59	57.20	–	0.70	2.18	34.23	0.95	0.95	0.00	–	0.00
长城	203.74	201.44	164.34	37.10	–	–	0.03	1.68	0.10	0.10	0.00	–	–
工银安盛	904.59	878.83	327.77	550.92	0.14	–	0.27	5.82	5.20	0.20	5.00	–	–
太平养老	326.89	0.00	–	–	–	–	–	–	5.46	5.46	–	–	–
建信	1105.26	1095.18	871.93	223.21	–	0.04	0.96	3.10	0.82	0.82	0.00	0.00	0.00
幸福	104.39	91.17	64.31	26.85	–	0.01	0.04	0.30	0.21	0.21	0.00	–	–
阳光	691.76	513.77	392.50	120.04	–	1.23	1.55	21.94	2.00	0.31	1.69	–	–
长生	41.54	13.65	13.30	0.35	–	–	10.13	0.30	1.63	1.63	–	–	–
国华	113.74	19.31	14.75	4.44	0.00	0.12	0.00	0.00	0.00	–	–	–	–
平安健康	18.73	0.00	–	–	–	–	0.05	3.34	0.00	–	–	–	–
安邦	2659.40	2655.77	2644.23	11.54	–	–	–	–	3.60	3.58	0.02	–	0.00
中邮	4646.28	4624.96	2874.18	1750.78	–	–	1.12	0.83	0.00	–	–	–	–
百年	173.05	158.56	153.77	4.79	–	–	5.14	4.74	0.76	0.76	–	–	–
交银康联	463.32	417.86	368.74	49.12	–	–	4.86	40.60	0.00	–	–	–	–
利安	1069.25	1024.60	880.58	144.02	–	0.00	0.27	0.09	6.59	5.34	1.25	–	–

保费收入			有效保单件数	赔款及给付									退保金	保险金额
团体业务		其中:新单保费		合计	个人业务				团体业务					
意外伤害险	健康险				赔款支出	死伤医疗给付	满期给付	年金给付	赔款支出	死伤医疗给付	满期给付	年金给付		
6.47	2.33	17.49	6.28	16.62	0.24	0.99	–	0.74	12.86	0.70	–	1.09	3.53	7496.37
3.90	18.09	195.05	4.33	42.82	0.84	5.69	13.51	9.88	12.80	0.10	–	–	80.58	35441.47
0.67	1.01	11.13	1.95	9.23	0.02	0.99	0.28	5.35	2.59	–	–	–	3.32	3371.08
2.93	2.26	5.54	0.67	34.32	0.13	0.19	31.37	0.53	2.10	–	–	–	4.99	6191.74
3.16	2.89	77.30	0.90	13.52	0.01	2.09	10.35	0.80	0.27	0.00	0.00	0.00	66.73	19806.58
0.05	0.01	4727.24	11.10	1.93	0.00	1.73	0.00	–	0.15	0.04	0.01	–	25.13	9724.07
101.39	156.38	258.26	11.56	82.78	–	–	–	–	82.52	0.09	–	0.17	0.00	2078371.57
6.25	5.01	20.84	4.52	41.62	0.58	1.36	26.95	3.78	8.95	0.00	0.00	0.00	6.34	20473.20
0.01	6.40	486.13	44.60	60.62	15.91	12.64	27.79	0.56	3.72	0.00	0.00	0.00	30.16	75919.64
2.27	3.27	133.31	7.59	17.53	2.26	11.76	0.00	1.28	2.23	0.00	0.00	0.00	23.65	83137.04
1.54	19.05	120.34	5.69	5.79	(0.04)	0.18	–	–	5.65	0.00	–	–	0.81	19376.07
0.39	0.17	90.28	4.60	104.64	–	0.30	103.98	–	0.36	–	–	–	51.21	787.60
0.29	1.23	15.48	0.53	3.18	0.01	0.78	0.17	1.44	0.78	0.00	0.00	0.00	0.98	2248.83
3.48	2.29	41.86	9.96	46.89	0.05	3.09	6.99	34.61	2.15	0.00	–	–	5.68	17095.39
11.87	165.43	442.00	7.06	422.06	1.16	2.59	364.26	0.01	7.06	40.94	5.17	0.87	192.80	95737.26
16.93	4.76	24.11	2.85	18.42	0.30	0.27	1.57	5.42	10.86	0.00	0.00	0.00	32.02	448317.38
2.45	0.24	31.16	1.88	64.02	0.02	2.83	52.10	2.01	7.06	0.00	0.00	0.00	33.20	15349.39
2.32	10.75	38.66	2.89	61.78	0.38	3.71	41.83	5.99	9.68	0.19	0.00	0.00	9.79	31651.24
0.12	0.37	164.13	1.29	73.43	0.00	1.02	69.49	2.54	0.38	0.00	–	–	18.74	1229.39
7.34	7.13	855.73	2.41	18.17	0.03	2.37	8.43	4.14	3.20	–	–	–	279.18	7580.70
35.04	286.39	326.89	17.44	188.30	–	–	–	–	57.16	130.89	–	0.25	7.76	150309.75
3.59	1.61	1090.09	2.79	61.54	0.06	0.98	16.88	42.55	1.07	–	–	–	323.13	91166.59
8.41	4.26	78.14	1.54	60.87	0.03	0.51	51.70	0.44	8.16	0.03	–	–	99.16	119584.24
4.34	148.16	166.23	14.45	73.37	0.05	2.53	69.68	0.00	0.81	0.20	0.10	0.00	135.56	41687.43
1.89	13.94	40.90	0.59	15.83	0.01	0.01	4.75	0.07	10.87	0.12	–	–	0.74	11370.13
9.19	85.24	94.21	3.53	23.77	0.00	0.18	22.09	0.87	0.63	0.00	0.00	0.00	1.93	29419.91
0.67	14.67	15.34	0.61	6.41	0.69	0.00	–	–	5.49	0.23	–	–	0.00	20513.81
0.00	0.03	1604.02	11.77	3.83	0.12	2.54	1.17	–	–	–	–	–	166.04	11682.50
4.15	15.22	3796.79	63.75	1827.86	–	26.66	1790.24	2.37	8.59	–	–	–	3531.32	129777.02
2.30	1.55	167.34	1.02	18.65	2.68	1.73	6.29	4.87	2.60	0.48	–	–	4.71	401584.93
–	–	380.22	2.88	6.83	1.24	2.18	3.40	0.01	–	–	–	–	251.05	42011.11
19.56	18.14	976.39	11.71	149.64	0.14	1.25	103.65	33.11	11.38	0.00	–	0.11	770.74	46594.56

续表

保险机构	保费收入												
	合计	个人业务							团体业务				
		人寿保险					意外伤害险	健康险	人寿保险				
		小计	普通寿险	分红寿险	投资连结保险	万能保险			小计	普通寿险	分红寿险	投资连结保险	万能保险
中融	0.00	0.00	–	–	–	–	–	–	0.00	–	–	–	–
泰康养老	280.97	35.03	–	35.02	–	0.01	–	–	7.88	4.59	3.29	–	–
东吴	330.46	318.93	313.43	5.48	–	0.02	0.27	3.07	0.39	0.39	–	–	–
新光海航	0.11	0.07	0.03	0.04	0.00	0.00	0.00	0.04	0.00	–	–	–	–
前海	265.89	262.58	262.58	0.00	0.00	0.00	0.01	0.75	0.03	0.03	0.00	0.00	0.00
中银三星	504.17	485.70	459.95	25.75	–	–	0.00	5.29	0.02	0.02	–	–	–
弘康	63.39	60.93	60.93	–	–	0.00	–	2.46	0.00	–	–	–	–
天安	971.63	953.93	950.04	3.89	0.00	0.00	0.02	17.68	0.00	0.00	0.00	0.00	0.00
小计	35077.65	25016.42	15843.15	9090.03	6.99	76.25	345.04	7432.10	153.79	128.51	25.28	0.00	0.00

注：1.合计中不含有国寿存续保费收入98.40百万元，赔付支出270.69百万元；有效保单件数25.74万件，退保金7.93百万元，保险金额7069.81百万元。

常州市保险市场

常州市保险市场概述

【市场概况】截至2016年末，共有保险市场主体69家，其中，财产险公司28家，人身险公司41家，专业保险中介机构28家，其中法人机构5家，分支机构23家；保险从业人员3.4万人。

2016年，实现保费收入227.54亿元，同比增长43.15%，总保费规模位居全省第五。保险深度3.94%，保险密度4832.79元。财产险保费收入53.76亿元，同比增长4.61%，保费规模位居全省第五。财产险保险深度0.93%，保险密度1141.90元。赔付支出34.88亿元。人身险保费收入173.78亿元，同比增长61.57%，保费规模位居全省第四。人身险保险深度3.01%，保险密度3960.89元。新单保费收入达107.34亿元。赔付支出31.98亿元。全市财产险和人身险总保额规模达60067.55亿元。

【服务支持实体经济】人保财险常州市分公司按照财政部、工业和信息化部、中国保险监督管理委员会相关规定，在国内独

保费收入			有效保单件数	赔款及给付									退保金	保险金额
团体业务		其中:新单保费		合计	个人业务				团体业务					
意外伤害险	健康险				赔款支出	死伤医疗给付	满期给付	年金给付	赔款支出	死伤医疗给付	满期给付	年金给付		
–	–	–	7.30	2.13	–	2.12	–	–	0.01	–	–	–	760.15	1195.27
26.39	211.67	252.60	5.54	32.51	–	–	–	0.10	27.81	4.55	–	0.05	1.29	134152.17
2.67	5.13	325.99	4.25	4.51	0.05	0.04	–	0.48	2.99	0.95	–	–	0.53	16873.56
–	–	–	0.00	0.02	0.00	0.00	0.00	0.01	0.01	0.00	0.00	0.00	0.01	9.69
1.57	0.95	265.82	3.58	2.20	0.00	0.00	0.00	0.05	2.15	0.00	0.00	0.00	0.58	8210.88
7.55	5.61	495.54	0.68	1.25	–	–	–	0.35	0.90	–	–	–	331.12	1100.13
–	–	63.39	0.21	0.03	–	0.03	–	–	–	–	–	–	0.00	326.73
0.00	0.00	971.63	1.33	22.84	–	–	–	22.84	–	–	–	–	0.03	2264.62
488.86	1641.44	23999.52	725.41	8041.05	113.90	367.70	5918.31	682.93	700.12	193.76	7.44	56.89	9006.62	6032062.84

2.表格中数字含“()”的为负值。

家开展首台（套）重大技术装备保险财政资金补偿机制试点工作，对用户订购和使用首台（套）重大技术装备可能出现的风险进行控制和分担上做出制度性安排，是发挥市场机制决定性作用、加快重大技术装备发展的重要举措，对于促进装备制造业高端转型、打造中国制造升级版具有重要意义。2016年承保8家企业，承保金额3.2亿元。人保财险、长安责任、中华联合、紫金保险等公司开展文化科技等领域中小微企业贷款保证保险和领军型企业、人才小额贷款保证保险项目，支持实体经济发展和人才创业需求。出口信用保险扶持政策制度化和常态化，其中常州出口信用保险公司服务支持企业1635家，全口径保额74.32亿（美元），总保费14220万元（人民币）；对企业覆盖率达32.6%，出口额渗透率32.4%；总赔付案件113起，总赔付金额13532万元（人民币）；与15家银行开展合作，拉动融资21.9亿元（人民币）。人保财险常州分公司经过财政部和保监会批准恢复开办出口信用保险，对扩大企业出口和境外经营起到扩面增量的保险保障作用。

【创新支农惠农服务】在巩固发展种植业保险的基础上，大力发展高效设施农业保险。以人保财险常州分公司为主的在常州的保险公司开展有常州地方特色的茶叶、水产养殖、水果种植等农产品保险，不断丰富农业保险风险管理工具，逐步提高农业保险覆盖面和风险保障水平。2016年农业保险的保险金额为33.98亿元，为416万亩农作物、10056万头（只）家畜提供保险保障，保费总规模13627万元，其中高效设施农业总保费为8492万元。同时开展农业扶贫项目，通过保险公司承保贷款保证保险来拓宽农业企业、农业贫困户融资渠道，降低融资成本。

【大病保险发挥作用】中国人寿、太保寿险、平安养老和中国人保财险4家在常州的分支机构不断完善大病保险运作机制，逐步提高保障水平，在2016年实现常州市大病保险全覆盖，2016年保费标准平均50.87元/人，受惠民众297.57万人，总保费规模1.51亿元，补偿总人（次）为16.76万人（次），补偿总金额为1.12亿元，平均665.33元/人（次）。2009年12月常州市政府出台《市政府关于进一步提高常州市市本级统筹区基本医疗保险保障水平的通知》的规定：对城镇职工基本医疗保险参保人员个人账户结余金额超过1500元的部分，按照个人自愿的原则，可用于购买本人的商业医疗保险。发挥地方政府的行政

2016年常州市各财产保险分公司

保险机构	保费收入											保户储金及投资款
	合计	企业财产保险	机动车辆保险	货物运输保险	责任保险	工程保险	信用保证保险	农业保险	短期健康保险	意外伤害保险	其他	
人保	1961.23	145.54	1518.28	11.71	120.35	6.87	40.17	45.82	19.16	35.31	18.01	16.36
太保	1151.15	71.38	966.62	22.43	31.29	1.79	–0.05	0.02	13.41	37.36	6.90	–0.19
平安	777.74	13.77	682.90	6.13	13.62	0.29	11.68	0.54	2.07	43.88	2.87	0.00
天安	119.62	6.39	93.39	1.02	5.81	1.36	–	–	2.57	5.25	3.82	2677.71
史带	0.00	–	–	–	–	–	–	–	–	–	–	–
华泰	4.30	0.00	4.14	0.00	0.15	0.00	0.00	0.00	0.00	0.01	0.00	0.00
中华联合	127.22	9.81	101.13	0.00	5.46	0.47	0.46	4.78	1.35	2.60	1.16	0.00
太平	35.41	1.28	29.56	0.94	2.73	0.13	0.00	0.00	0.03	0.47	0.28	0.00
大地	177.22	9.82	144.61	0.81	6.35	0.40	7.76	–	0.93	3.41	3.13	–
华安	18.24	0.47	15.75	0.00	0.38	0.00	–	–	0.16	1.44	0.04	–
永安	71.81	2.46	49.50	1.15	9.84	0.20	2.83	0.00	0.58	4.99	0.28	0.00
安邦	58.33	0.03	58.24	–	0.02	–	0.01	–	–	0.03	–	–
阳光	108.11	3.74	45.54	5.81	8.60	3.42	32.21	–	1.39	7.13	0.27	–
都邦	42.04	3.53	23.78	0.15	9.86	–	0.00	–	1.64	2.62	0.45	–
中银	22.05	6.15	7.30	0.00	1.82	0.24	0.20	–	5.47	0.62	0.26	–
安盛天平	59.05	–	58.64	–	–	–	–	–	–	0.41	–	–
永诚	18.32	0.69	15.52	0.09	0.59	0.00	0.00	–	0.00	0.92	0.51	0.00
亚太	26.87	0.79	24.31	0.09	0.90	0.00	0.00	0.00	0.02	0.77	0.00	0.00
国寿财险	373.46	11.66	336.21	0.16	7.03	0.59	0.41	2.46	–	13.70	1.24	–
渤海	84.16	0.02	83.77	0.00	0.00	0.00	0.00	0.00	0.16	0.20	0.00	0.00

组织优势和商业保险的专业管理优势，在合作共赢基础上做实医保个人账户，有效实现个人账户积累和医疗风险管理功能。

【责任保险功能显现】保险公司配合政府逐步建立政府引导、市场运作的责任保险发展模式，把与公众利益关系密切的安全生产、环境污染、食品安全、医疗责任、医疗意外、校园安全等领域作为责任保险发展重点，积极探索相关领域强制责任保险。在常州的财产保险公司为常州市1400余家/次高危企业提供安全生产责任保险保障，为常州市225家/次医院提供医疗责任保险保障。达成常州全辖（除金坛区）三级医疗机构全覆盖。为常州市201所学校提供保额为53亿元的校园方责任保险保障、为常州市39家旅行社提供保额为44亿元的旅游责任险保障。承保电梯责任险签单1713笔、提供132亿元保险保障。

业务统计表

单位：人民币百万元

赔付支出											赔案件数（万件）	未决赔款	保险金额
合计	企业财产保险	机动车辆保险	货物运输保险	责任保险	工程保险	信用保证保险	农业保险	短期健康保险	意外伤害保险	其他			
1352.97	121.36	966.53	7.06	116.44	1.29	9.44	81.02	12.05	21.87	15.92	17.84	842.05	1456948.96
763.30	57.77	623.96	21.17	24.41	1.84	–	0.00	9.69	20.98	3.48	12.31	392.03	806650.85
428.94	7.07	352.62	1.92	8.91	1.40	52.23	–	0.71	1.87	2.21	6.94	229.26	354713.39
67.76	2.95	59.02	0.10	2.69	0.14	–	–	1.03	1.42	0.40	1.23	31.47	48862.02
1.46	0.27	1.09	–	–	–	–	–	–	0.10	–	0.00	0.60	–
0.17	0.00	0.17	0.00	0.00	0.00	0.00	0.00	0.00	0.00	0.00	0.00	0.02	1073.53
93.97	4.49	72.75	0.01	2.59	0.33	0.00	7.72	1.84	4.02	0.22	1.38	38.35	63252.29
23.60	0.37	20.76	0.66	1.50	0.00	0.00	0.00	0.00	0.19	0.11	0.43	14.45	13293.51
95.68	7.61	83.97	0.51	1.33	0.02	0.01	–	0.63	0.27	1.33	1.49	31.48	78770.17
16.98	0.17	15.82	0.00	0.01	–	–	–	–	0.89	0.09	0.25	6.04	4693.41
46.59	8.14	29.31	–0.14	6.93	0.00	0.00	0.00	1.21	0.99	0.15	0.67	23.47	33576.32
33.37	–	33.37	–	–	–	–	–	–	–	–	0.63	9.47	13565.73
53.20	0.20	34.66	0.02	2.35	0.10	15.03	0.00	0.16	0.65	0.03	0.72	18.54	29463.68
21.89	0.67	14.87	–	4.77	–	–	–	0.85	0.67	0.06	0.36	10.38	22752.73
11.18	0.71	5.00	–	0.15	0.00	2.78	–	2.27	–	0.27	0.31	21.55	13960.75
41.54	–	41.54	–	–	–	–	–	–	–	–	0.60	11.29	18948.92
21.13	0.05	20.85	0.00	0.05	0.00	0.00	–	0.00	0.16	0.03	0.29	8.69	11640.62
15.65	0.94	14.32	0.12	0.16	0.00	0.00	0.00	0.04	0.07	0.00	0.21	13.90	6176.28
254.62	15.57	209.66	0.00	7.09	0.01	0.00	3.16	–	17.74	1.38	3.18	109.08	117871.63
35.85	0.00	35.00	0.00	0.10	0.00	0.00	0.00	0.15	0.60	0.00	0.35	13.89	8880.41

续表

保险机构	保费收入											保户储金及投资款
	合计	企业财产保险	机动车辆保险	货物运输保险	责任保险	工程保险	信用保证保险	农业保险	短期健康保险	意外伤害保险	其他	
安诚	53.79	0.28	49.36	0.00	3.42	0.21	0.00	0.00	0.00	0.43	0.09	0.00
华农	21.04	0.75	18.14	0.00	1.59	–	–	–	0.19	0.38	0.00	–
长安责任	51.76	0.79	29.29	0.11	7.99	–	8.22	–	3.96	1.28	0.13	–
紫金	123.17	12.08	55.57	1.09	24.17	0.20	0.69	7.36	3.18	14.71	4.13	0.00
国泰	17.80	0.08	17.50	–	0.22	–	–	–	–	–	0.00	–
英大	42.98	1.09	35.17	0.13	5.87	0.00	0.00	0.00	0.00	0.71	0.02	0.00
信达	33.70	0.75	32.35	–	0.31	–	–	–	0.07	0.05	0.16	–
浙商	16.85	0.72	15.31	–	0.66	0.00	–	–	–	0.16	–	–
泰山	15.19	0.54	12.65	0.43	0.48	0.00	0.00	0.00	0.54	0.55	0.01	0.00
安信农业	0.04	0.04	–0.01	0.00	0.01	0.00	0.00	0.00	0.00	0.00	0.00	0.00
小计	5612.64	304.65	4524.49	52.25	269.53	16.15	104.59	60.99	56.86	179.36	43.76	2693.88

2016年常州市各人身保险分公司

保险机构	保费收入												
	合计	个人业务							团体业务				
		人寿保险					意外伤害险	健康险	人寿保险				
		小计	普通寿险	分红寿险	投资连结保险	万能保险			小计	普通寿险	分红寿险	投资连结保险	万能保险
国寿	2543.33	2200.78	1267.83	932.95	–	–	27.50	175.82	3.99	3.85	0.14	–	–
太保	2269.89	1913.52	469.34	1443.57	–	0.61	10.65	205.48	13.18	3.77	9.41	–	–
平安	1403.20	1105.07	414.81	656.34	1.01	32.91	49.00	249.09	0.04	0.04	–	–	–
新华	450.96	317.79	150.66	166.46	–	0.67	0.79	127.83	0.05	0.05	–	–	–
泰康	508.27	474.19	173.37	296.32	0.00	4.50	0.96	33.01	0.00	0.00	–	–	–
友邦	36.03	15.20	3.26	11.87	0.03	0.04	1.12	18.46	0.07	0.07	0.00	0.00	0.00
太平	440.55	418.57	177.00	241.57	0.00	–	2.61	19.37	0.00	–	–	–	–
民生	14.89	12.58	0.69	11.89	–	–	0.03	2.28	0.00	0.00	–	–	–
富德生命	581.40	548.31	346.31	201.88	0.00	0.12	0.32	32.77	0.00	0.00	–	–	–
信诚	26.21	19.64	2.41	16.60	0.61	0.02	0.17	4.24	0.47	0.47	–	–	–
合众	133.11	114.71	29.37	85.15	–	0.19	0.41	17.94	0.00	0.00	–	–	–
同方全球	31.41	19.21	3.47	15.59	0.00	0.15	0.35	11.85	0.00	0.00	0.00	0.00	0.00
中宏	56.59	42.07	5.14	36.93	–	–	0.44	11.63	0.05	0.05	–	–	–

赔付支出											赔案件数（万件）	未决赔款	保险金额
合计	企业财产保险	机动车辆保险	货物运输保险	责任保险	工程保险	信用保证保险	农业保险	短期健康保险	意外伤害保险	其他			
26.84	0.11	26.06	0.00	0.10	0.12	0.00	0.00	0.00	0.44	0.01	0.47	11.31	17830.77
9.61	0.01	9.24	0.01	0.03	–	–	–	0.12	0.16	0.04	0.13	4.10	7601.14
35.56	0.08	32.48	0.02	2.18	–	0.03	–	0.42	0.32	0.02	0.51	12.30	16852.80
55.82	6.45	32.73	0.18	5.72	0.00	0.00	1.86	2.07	5.71	1.10	0.90	35.60	139927.01
3.86	0.00	3.80	–	0.06	–	–	–	–	–	–	0.22	1.30	2794.46
28.60	1.04	22.69	0.00	4.51	0.00	0.00	0.00	0.00	0.35	0.00	0.40	5.48	14174.26
30.91	0.16	30.44	–	0.09	–	–	–	0.01	0.19	0.03	0.46	11.65	7041.56
11.45	0.00	10.20	–	1.17	–	–	–	–	0.08	–	0.18	9.27	2947.48
12.01	0.00	12.03	0.06	0.06	0.00	0.00	0.00	0.11	0.01	–0.27	0.14	3.39	5837.42
6.38	0.00	6.06	0.00	0.03	0.00	0.00	0.07	0.00	0.22	0.01	0.07	2.20	20.12
3600.91	236.19	2821.01	31.70	193.44	5.28	79.52	93.83	33.35	79.97	26.62	52.68	1922.62	3320122.22

业务统计表

单位：人民币百万元，万件

保费收入			有效保单件数	赔款及给付									退保金	保险金额
团体业务		其中：新单保费		合计	个人业务				团体业务					
意外伤害险	健康险				赔款支出	死伤医疗给付	满期给付	年金给付	赔款支出	死伤医疗给付	满期给付	年金给付		
53.20	82.04	1144.24	57.01	1132.85	25.78	45.32	894.34	102.10	64.34	0.97	–	0.00	445.49	354293.21
39.57	87.49	703.84	166.85	378.88	6.96	50.32	46.84	192.17	73.83	1.56	0.24	6.96	92.54	275662.68
0.00	0.00	549.65	39.25	221.10	4.41	52.14	129.30	34.32	0.00	0.01	0.00	0.92	123.84	88791.63
2.25	2.25	216.83	9.18	219.77	4.19	9.96	158.21	47.41	0.00	0.00	0.00	0.00	314.01	53569.73
0.00	0.11	251.69	13.95	208.84	0.55	9.28	163.05	35.88	0.06	0.00	–	0.02	36.94	13228.41
0.28	0.90	19.31	0.57	9.01	0.19	1.91	6.43	0.21	0.23	0.04	0.00	0.00	0.46	2076.38
0.00	0.00	257.76	4.47	49.71	0.56	2.98	22.23	23.94	0.00	0.00	0.00	0.00	124.00	4530.75
0.00	0.00	0.44	0.79	3.28	0.02	0.40	0.45	2.41	0.00	0.00	0.00	0.00	0.86	616.48
0.00	0.00	385.32	6.08	45.57	1.61	4.12	39.73	0.11	0.00	–	–	–	250.52	5008.05
0.75	0.94	6.49	0.76	6.34	0.04	0.99	3.94	0.37	1.00	0.00	–	–	1.43	4070.81
0.04	0.01	52.94	3.05	17.50	0.19	0.84	8.37	8.10	0.00	0.00	–	–	43.12	4335.70
0.00	0.00	11.97	0.90	3.85	0.18	1.67	0.68	1.32	0.00	0.00	0.00	0.00	1.80	3478.60
1.42	0.98	14.56	0.80	3.65	–	1.89	–	1.39	0.37	–	–	–	2.52	2735.34

续表

保险机构	保费收入												
	合计	个人业务							团体业务				
		人寿保险					意外伤害险	健康险	人寿保险				
		小计	普通寿险	分红寿险	投资连结保险	万能保险			小计	普通寿险	分红寿险	投资连结保险	万能保险
陆家嘴国泰	12.79	8.81	3.88	4.93	–	–	0.10	3.58	0.00	0.00	0.00	–	–
人保健康	150.05	0.54	–	0.54	–	–	0.77	143.19	0.00	–	–	–	–
北大方正	11.50	8.75	2.37	6.32	0.00	0.06	0.17	0.94	0.00	0.00	–	–	–
中意	0.96	0.80	0.59	0.21	–	–	0.01	0.15	0.00	0.00	–	–	–
恒安标准	12.41	8.90	1.50	7.40	–	–	0.08	2.35	0.05	0.05	0.00	–	–
光大永明	10.85	9.58	7.93	1.65	–	–	0.04	0.77	0.10	0.10	0.00	–	–
农银	117.16	112.94	96.74	16.20	–	0.00	0.00	0.07	0.00	0.00	0.00	–	0.00
和谐	2999.32	0.00	–	–	–	–	0.01	2999.23	0.00	–	–	–	–
平安养老	111.31	0.00	–	–	–	–	–	–	0.61	0.61	–	–	–
华泰	211.42	168.36	14.40	153.62	–	0.34	0.06	40.44	0.03	0.01	0.02	–	0.00
招商信诺	52.26	49.80	5.39	44.40	0.01	–	0.08	2.38	0.00	0.00	0.00	0.00	–
大都会	46.61	34.89	13.40	21.48	0.01	0.00	0.61	11.10	0.00	0.00	0.00	0.00	0.00
中德安联	10.76	9.87	1.76	8.03	0.08	0.00	0.06	0.83	0.00	0.00	0.00	0.00	0.00
华夏	255.84	244.28	241.17	3.01	–	0.10	0.00	10.17	0.12	0.12	–	–	–
人保寿险	665.45	612.35	567.72	44.40	–	0.23	4.09	9.59	1.55	0.45	1.10	–	–
英大	26.94	22.60	2.50	20.10	0.00	0.00	0.11	4.23	0.00	–	–	0.00	–
信泰	29.16	27.69	13.49	14.20	0.00	0.00	1.04	0.43	0.00	0.00	0.00	0.00	0.00
长城	56.05	54.21	32.81	21.40	–	–	0.09	1.75	0.00	0.00	0.00	–	–
工银安盛	370.05	358.01	179.75	178.23	0.03	–	0.43	7.17	0.22	0.22	–	–	–
建信	604.14	597.27	485.64	111.63	–	–	0.34	1.55	0.37	0.37	0.00	–	–
幸福	99.83	99.57	99.10	0.47	–	0.00	0.00	0.19	0.00	0.00	0.00	–	–
阳光	231.77	215.16	176.47	38.17	–	0.52	1.38	11.38	0.03	0.03	0.00	–	–
长生	13.06	7.73	2.97	4.76	–	–	0.25	5.08	0.00	0.00	–	–	–
国华	8.74	8.68	8.65	0.03	0.00	0.00	0.00	0.00	0.00	–	–	–	–
安邦	1070.72	1070.31	1070.31	–	–	–	–	–	0.41	0.40	0.01	–	–
利安	951.18	923.27	749.35	173.92	–	0.00	0.64	0.29	7.52	7.49	0.03	–	–
东吴	136.45	130.47	124.89	5.57	–	0.01	0.37	5.35	0.00	0.00	–	–	–
前海	314.80	314.05	314.05	0.00	0.00	0.00	0.01	0.59	0.01	0.01	0.00	0.00	0.00
小计	17077.42	12300.53	7260.49	4997.79	1.78	40.47	105.09	4172.57	28.87	18.16	10.71	0.00	0.00

注：合计中不含有国寿存续保费收入64.16百万元，赔付支出295.66百万元；有效保单件数35.11万件，退保金4.50百万元，保险金额5996.63百万元。

保费收入			有效保单件数	赔款及给付									退保金	保险金额
团体业务		其中:新单保费		合计	个人业务				团体业务					
意外伤害险	健康险				赔款支出	死伤医疗给付	满期给付	年金给付	赔款支出	死伤医疗给付	满期给付	年金给付		
0.19	0.11	5.53	0.43	3.48	0.03	0.07	2.42	0.88	0.08	–	–	–	0.18	545.86
3.98	1.57	144.98	0.44	1.66	0.00	0.03	0.06	–	1.57	–	–	–	48.86	5422.82
1.20	0.44	3.56	0.28	0.91	0.04	0.45	–	0.42	0.00	0.00	–	0.00	4.22	429.69
0.00	0.00	0.96	0.01	0.00	–	–	–	–	–	–	–	–	–	97.24
0.40	0.63	4.41	0.65	3.93	0.00	0.22	2.02	1.22	0.47	–	–	–	1.02	1117.31
0.27	0.09	0.43	0.05	34.93	–	0.07	34.27	0.42	0.06	–	0.11	–	0.67	308.35
3.57	0.58	111.51	0.25	0.34	0.00	0.01	0.00	0.13	0.20	0.00	0.00	0.00	63.06	5289.78
0.07	0.01	2999.23	2.37	0.65	0.00	0.65	–	–	0.00	0.00	–	–	6.87	4652.55
12.32	98.38	111.31	1.94	62.45	–	–	–	–	62.27	0.01	–	0.17	0.03	1676918.52
2.09	0.44	60.57	6.01	31.86	0.43	2.98	14.78	12.64	1.03	0.00	0.00	0.00	3.16	6197.86
0.00	0.00	46.63	0.59	0.03	0.00	0.01	0.00	0.02	0.00	0.00	0.00	0.00	0.62	1166.18
0.00	0.01	24.41	0.82	1.53	0.05	1.33	0.00	0.15	0.00	0.00	0.00	0.00	1.41	4714.11
0.00	0.00	0.33	0.25	4.44	0.01	0.56	3.36	0.51	0.00	0.00	0.00	0.00	3.99	255.43
0.64	0.63	22.34	7.59	26.12	0.00	0.63	21.11	3.22	1.15	0.01	–	–	1.18	5890.11
0.84	37.03	621.66	3.42	393.00	0.04	1.49	356.27	0.38	0.39	34.14	0.28	0.01	173.99	6933.38
–	–	11.62	0.37	1.84	0.02	0.01	0.00	1.81	–	–	–	–	0.55	560.17
0.00	0.00	7.12	1.50	38.88	0.00	0.84	36.57	1.47	0.00	0.00	0.00	0.00	74.16	2999.66
0.00	0.00	34.07	0.43	7.37	0.01	0.47	2.94	3.95	0.00	0.00	–	–	1.76	407.99
0.43	3.79	319.05	1.23	25.27	0.06	1.00	18.13	5.50	0.58	–	–	–	32.22	4529.48
3.51	1.10	584.37	2.09	41.27	0.10	0.53	2.40	37.16	1.08	–	–	–	295.96	61910.03
0.06	0.01	99.33	0.22	0.16	0.00	–	0.13	0.03	0.00	–	–	–	18.28	239.33
1.40	2.42	25.43	4.71	11.63	0.03	0.98	10.57	0.00	0.05	0.00	0.00	0.00	128.15	10763.47
0.00	0.00	4.38	0.21	1.80	0.06	1.23	0.00	0.51	0.00	0.00	–	–	0.20	1373.90
0.00	0.06	8.71	3.11	4.94	0.00	0.00	4.61	0.33	0.00	0.00	0.00	0.00	0.02	1714.16
–	–	198.77	2.18	1.27	–	1.27	–	–	–	–	–	–	45.53	2582.76
16.04	3.42	884.73	8.80	47.56	0.10	1.22	4.75	34.25	7.24	0.00	–	0.00	596.44	64379.74
0.25	0.01	130.72	2.01	0.90	0.00	0.06	–	0.66	0.18	0.00	–	–	0.06	984.63
0.07	0.07	314.80	1.28	0.04	0.00	0.00	0.00	0.04	0.00	0.00	0.00	0.00	0.57	1850.11
144.84	325.52	10396.00	356.90	3048.61	45.66	197.93	1987.96	555.43	216.18	36.74	0.63	8.08	2940.69	2686632.39

苏州市保险市场

苏州市保险市场概述

【市场概况】截至2016年末，共有保险市场主体81家，其中人身保险主体46家，2016年新增人身保险主体5家。主体中，分公司或中心支公司42家，营销服务部或营业部4家。财产保险主体35家。各层级主体中，分公司或中心支公司31家，营销服务部或营业部4家；外资机构6家，外资占比17.14%。

2016年，实现保费收入524.81亿元，同比增长43.03%，总保费规模位居全省第一。财产险保费收入170.84亿元，同比增长7.07%，保费规模位居全省第一。财产险保险深度1.10%，保险密度1604.48元。赔付支出101.23亿元。人身险保费收入353.97亿

2016年苏州市各财产保险分公司

保险机构	保费收入											保户储金及投资款
	合计	企业财产保险	机动车辆保险	货物运输保险	责任保险	工程保险	信用保证保险	农业保险	短期健康保险	意外伤害保险	其他	
人保	6266.34	386.86	4793.39	63.15	511.82	52.57	69.22	170.24	81.18	112.63	25.29	71.78
太保	4517.68	388.62	3423.25	86.79	264.36	16.05	79.94	24.21	78.73	135.55	20.20	3.52
平安	3568.95	187.19	2966.67	20.77	136.32	15.63	127.48	12.23	20.81	80.04	1.81	0.04
天安	158.41	18.36	107.42	2.01	9.83	5.29	5.00	1.77	2.62	6.03	0.07	1959.12
史带	0.76	0.33	–	0.07	0.30	–0.03	–	–0.03	–	0.11	–	–
华泰	16.84	1.01	2.65	0.13	3.47	3.56	0.07	5.04	0.00	0.57	0.33	0.00
中华联合	184.85	11.83	152.18	0.69	9.03	0.99	–0.03	0.13	2.70	7.15	0.17	0.00
太平	321.14	14.29	258.49	8.65	13.34	3.11	2.28	7.00	2.08	11.86	0.03	0.00
大地	167.51	3.78	128.76	0.08	2.14	4.17	21.62	0.33	1.44	5.18	0.00	–
华安	23.94	0.73	11.91	0.04	1.05	0.04	–	0.10	0.05	10.04	–	–
永安	146.65	7.71	126.84	0.53	4.08	2.91	0.00	0.26	0.54	3.79	0.00	0.00
安邦	25.00	0.04	22.66	0.00	0.77	1.50	–	0.00	–	0.04	0.00	–

元，同比增长70.70%，保费规模位居全省第一。保险深度2.29%，保险密度3324.49元。新单保费收入达213.95亿元。赔付支出51.21亿元。全市财产险和人身险总保额规模达201454.35亿元。保险深度3.39%，保险密度4928.97元。

【服务经济社会】人保、太保、平安三家公司为主的财险公司派专人进驻交通事故综合调解处理中心，轮流值岗，及时受理事故理赔，极大方便了广大车主的事故处理，充分体现了保险公司的社会责任和服务理念的创新和提升。各寿险公司坚持以保险回归保障、回归健康的理念为导向，尤其是各种大病险、重疾险的出台，既为政府大病医疗保障政策上作了有益补充，又给因病致贫家庭提供了生活保障。另外，国寿、太保、平安、太平等寿险公司针对老年人健康保险的薄弱环节，纷纷推出老龄健康保险产品。

【创新保险产品供给】创新小微企业出口信用保险、贷款保证保险、“首台（套）重大科技装备综合保险”等新险种，为当地企业生产经营提供保障，推动科技成果转化与产业化。

【拓展民生保险】在“自然灾害民生综合保险”“老人险”社会医疗救助和大病医疗（补充）保险服务的基础上，新推出027了村级民生保险（暨重疾补助）和新市民保险。村级民生保险作为保险“精准扶贫”的一个创新举措。新市民保险则进一步扩大了民生保险的覆盖面。

业务统计表

单位：人民币百万元

赔付支出											赔案件数（万件）	未决赔款	保险金额
合计	企业财产保险	机动车辆保险	货物运输保险	责任保险	工程保险	信用保证保险	农业保险	短期健康保险	意外伤害保险	其他			
3928.55	453.99	2875.38	43.57	329.29	16.20	17.46	40.17	46.11	50.11	56.28	71.32	2993.97	6430352.56
2794.39	142.44	2293.45	30.01	128.14	6.19	16.88	46.47	55.77	58.20	16.83	61.51	1641.16	5062358.85
1939.78	113.20	1641.99	4.46	52.29	6.36	89.11	–	15.30	13.13	3.93	37.50	934.18	2105616.52
84.82	13.19	63.95	1.12	3.91	0.18	–	–	0.74	1.61	0.12	1.44	42.78	125008.81
5.30	0.40	4.34	0.15	0.28	–	–	–	–	0.13	–	0.01	4.05	1424.76
5.91	0.48	2.51	–0.04	2.08	0.00	0.00	0.00	0.00	0.83	0.05	0.10	2.62	29400.18
123.23	2.26	112.67	0.11	5.19	0.03	0.00	0.00	1.94	0.98	0.05	2.57	57.63	119494.03
142.38	2.40	129.24	2.12	6.70	0.02	0.01	0.00	0.91	0.82	0.17	3.81	100.08	213514.35
68.17	4.47	60.00	0.41	0.72	0.42	0.14	–	0.39	1.61	0.01	1.52	25.32	60040.89
12.97	0.00	9.12	0.01	1.89	–	–	–	–	1.95	0.00	0.22	4.56	14088.91
82.89	1.89	74.76	0.43	2.77	1.28	0.00	0.00	0.49	1.23	0.04	1.86	48.53	49041.72
10.27	0.00	10.24	–	0.00	0.00	–	–	–	0.02	0.00	0.29	2.48	7009.13

续表

保险机构	保费收入											保户储金及投资款
	合计	企业财产保险	机动车辆保险	货物运输保险	责任保险	工程保险	信用保证保险	农业保险	短期健康保险	意外伤害保险	其他	
阳光	214.37	10.17	57.49	1.04	7.70	1.09	126.98	0.52	1.86	7.32	0.21	–
都邦	173.29	24.48	132.74	1.41	5.71	0.67	0.00	1.69	1.87	4.71	0.01	–
中银	104.89	14.36	26.87	4.68	16.68	4.22	17.42	2.81	16.09	1.72	0.03	–
安盛天平	153.34	–	152.41	–	–	–	–	0.00	–	0.93	–	–
永诚	120.22	21.13	38.97	1.13	12.71	11.16	30.57	1.22	0.57	2.45	0.31	0.00
亚太	27.63	1.26	24.10	0.08	1.33	0.11	0.16	0.00	0.03	0.56	0.00	0.00
国寿财险	604.02	37.94	499.70	3.18	31.16	4.91	0.93	3.52	–	10.50	12.17	–
渤海	6.06	0.04	5.82	0.00	0.02	0.00	0.00	0.00	0.00	0.19	0.00	0.00
安诚	56.16	1.59	45.83	0.11	7.92	0.17	0.00	0.01	0.00	0.53	0.00	0.00
华农	0.00	–	–	–	–	–	–	–	0.00	0.00	–	–
长安责任	145.06	7.21	68.77	0.01	34.19	1.93	19.32	0.38	7.47	5.78	–	–
三星	126.73	68.65	38.01	9.79	1.60	0.35	0.19	–	–	8.15	–	–
紫金	217.90	22.72	156.91	1.12	20.30	1.61	1.06	0.33	5.93	7.88	0.04	0.00
国泰	23.39	7.87	6.92	0.34	7.79	0.38	–	0.10	–	–	–	–
日本财险	93.82	49.78	1.78	15.82	23.21	1.03	0.19	0.00	1.07	0.93	0.00	0.00
英大	54.13	3.33	43.62	0.00	1.37	0.25	5.01	0.14	0.00	0.42	0.00	0.00
三井住友	27.49	11.46	1.07	5.12	8.99	0.17	0.00	0.00	0.00	0.68	0.00	–
信达	41.46	2.48	36.04	0.09	0.49	0.07	–	0.32	0.85	0.80	0.34	–
东京海上	92.29	42.02	1.23	30.90	14.70	1.78	0.37	0.00	0.24	1.01	0.03	–
浙商	28.36	0.30	23.55	–	4.26	–	–	–	0.00	0.24	–	–
美亚	4.63	0.24	0.00	0.22	2.50	0.00	1.25	0.04	0.07	0.31	0.00	0.00
乐爱金	26.44	14.56	0.00	1.09	3.06	3.01	0.09	0.00	3.43	1.21	0.00	0.00
富德财产	2.73	–	2.73	–	–	–	–	–	–	–	–	–
小计	17742.47	1362.39	13358.74	259.06	1162.17	138.67	509.12	232.37	229.62	429.30	61.04	2034.46

赔付支出											赔案件数（万件）	未决赔款	保险金额
合计	企业财产保险	机动车辆保险	货物运输保险	责任保险	工程保险	信用保证保险	农业保险	短期健康保险	意外伤害保险	其他			
70.15	2.80	32.12	0.19	2.74	0.01	30.24	0.01	1.14	0.84	0.06	1.12	16.71	166602.46
91.64	4.13	82.55	1.37	1.72	0.02	–	–	0.52	0.79	0.56	2.09	37.01	94988.22
62.81	5.12	14.48	3.99	0.39	0.84	19.74	–	17.75	0.11	0.40	1.09	68.91	76064.56
71.40	–	71.40	–	–	–	–	–	–	–	–	1.47	21.76	50350.96
51.08	4.05	41.59	0.00	3.11	0.01	0.44	–	0.30	1.31	0.26	0.70	53.09	103923.76
19.10	0.14	18.19	0.00	0.62	0.01	0.00	0.00	0.00	0.13	0.00	0.33	11.02	8325.53
340.42	13.02	304.15	0.51	12.65	0.26	0.01	3.67	–	5.20	0.97	6.17	141.41	293431.83
9.08	0.00	9.08	0.00	0.00	0.00	0.00	0.00	0.00	0.00	0.00	0.04	2.97	1053.66
28.76	0.00	26.39	0.00	2.14	0.02	0.00	0.00	0.00	0.21	0.00	0.59	13.24	22118.26
0.69	–	0.67	–	0.00	–	–	–	0.00	0.02	–	0.00	0.40	0.71
73.20	0.08	33.19	0.00	28.72	0.03	10.12	–	0.20	0.83	0.03	0.61	14.16	35142.92
40.24	4.63	31.34	1.53	0.46	-0.01	–	–	–	2.29	–	1.42	16.90	344570.06
114.69	10.02	84.62	0.72	13.81	0.00	0.00	0.00	3.39	2.05	0.08	2.04	51.78	195018.37
23.42	11.94	5.05	0.12	6.28	0.03	–	–	–	–	0.00	0.28	6.23	27437.38
66.67	47.70	0.59	6.33	9.67	0.00	0.84	–	1.44	0.09	0.00	0.20	22.08	176270.1
21.34	1.11	17.84	0.00	2.17	0.07	0.00	0.00	0.00	0.15	0.01	0.55	4.62	22203.49
10.36	5.82	0.47	2.34	1.60	0.00	0.00	–	0.00	0.12	0.00	0.03	2.65	39620.62
80.52	2.93	43.85	0.02	7.22	0.00	–	–	25.45	1.00	0.05	0.77	34.05	15836.15
17.15	8.47	0.46	6.59	1.32	0.04	–	–	0.22	0.06	–	0.10	18.52	189729.01
40.56	0.01	32.20	0.05	8.07	–	–	–	–	0.23	–	0.29	21.04	7245.90
1.03	0.03	0.00	0.01	0.85	0.00	0.00	0.00	0.09	0.04	0.01	0.03	0.20	2917.22
12.62	5.94	0.00	0.09	1.90	0.00	0.00	–	3.61	1.08	0.00	0.36	0.87	34948.77
0.05	–	0.05	–	–	–	–	–	–	–	–	–	–	–
10445.65	862.63	8127.92	106.19	638.73	32.03	184.99	90.31	175.75	147.18	79.91	202.42	6417.00	16125150.65

2016年苏州市各人身保险分公司

保险机构	保费收入												
	合计	个人业务							团体业务				
		人寿保险					意外伤害险	健康险	人寿保险				
		小计	普通寿险	分红寿险	投资连结保险	万能保险			小计	普通寿险	分红寿险	投资连结保险	万能保险
国寿	5228.58	4441.24	2211.25	2229.99	–	–	57.30	394.37	24.12	20.14	3.98	–	–
太保	3542.15	2881.70	605.54	2275.48	–	0.68	29.64	328.20	15.82	13.55	2.27	–	–
平安	3536.24	2726.15	934.36	1703.29	3.41	85.09	155.24	654.12	0.01	0.01	–	–	–
新华	909.00	760.30	501.86	257.75	–	0.69	1.71	136.44	0.06	0.06	–	–	–
泰康	317.13	281.10	58.59	219.73	0.00	2.78	3.59	32.37	0.00	0.00	–	–	–
友邦	1475.25	491.62	167.19	320.43	1.53	2.47	48.09	881.78	3.82	3.82	0.00	0.00	0.00
太平	3666.95	3345.39	1115.30	2229.96	0.02	0.11	34.44	287.12	0.00	–	–	–	–
民生	25.12	21.31	4.26	17.05	–	–	0.10	3.70	0.00	0.00	–	–	–
富德生命	1337.40	1329.21	1291.27	37.89	0.00	0.05	0.14	7.63	0.02	0.02	–	–	–
信诚	75.33	51.74	6.48	44.15	1.02	0.09	1.19	11.57	0.93	0.93	–	–	–
中宏	168.05	106.55	26.30	80.25	–	–	2.27	52.29	0.07	0.07	–	–	–
陆家嘴国泰	115.75	64.54	43.17	21.37	0.00	–	1.35	22.92	0.00	0.00	0.00	0.00	–
人保健康	166.59	0.14	–	0.14	–	–	–	114.67	0.00	–	–	–	–
北大方正	6.47	3.77	1.85	1.89	0.00	0.03	0.05	0.89	0.00	0.00	–	–	–
中意	124.27	91.58	64.53	27.04	0.01	0.00	1.55	11.57	2.24	2.24	–	–	–
恒安标准	26.65	21.91	2.10	19.81	–	–	0.14	4.58	0.00	0.00	0.00	–	–
光大永明	34.87	19.99	4.98	15.01	0.00	0.00	2.31	6.56	0.67	0.53	0.14	0.00	0.00
农银	389.22	369.62	335.25	34.37	–	0.00	0.00	0.00	0.00	0.00	0.00	–	0.00
和谐	2942.86	0.00	–	–	–	–	0.00	2941.16	0.00	–	–	–	–
平安养老	66.82	0.00	–	–	–	–	–	–	0.00	–	–	–	–
华泰	41.08	34.74	2.57	32.06	–	0.11	0.02	5.89	0.01	0.01	0.00	–	0.00
招商信诺	14.35	11.31	4.71	6.60	0.00	–	0.35	2.69	0.00	0.00	0.00	0.00	–
大都会	6.77	6.21	1.09	5.12	0.00	0.00	0.10	0.46	0.00	0.00	0.00	0.00	0.00
瑞泰	0.01	0.01	0.01	0.00	0.00	–	0.00	0.00	0.00	0.00	–	–	–
君康	13.43	13.43	13.43	–	–	–	–	–	0.00	–	–	–	–
中德安联	67.49	61.77	4.25	57.50	0.02	0.00	0.41	5.31	0.00	0.00	0.00	0.00	0.00
华夏	1422.95	753.70	747.81	5.82	–	0.07	0.00	107.38	0.40	0.40	–	–	–
人保寿险	1065.51	948.90	706.48	242.00	–	0.42	5.90	37.98	32.76	1.73	31.03	–	–
信泰	20.94	19.31	14.56	4.75	0.00	0.00	1.35	0.28	0.00	0.00	0.00	0.00	0.00

业务统计表

单位：人民币百万元，万件

保费收入			有效保单件数	赔款及给付									退保金	保险金额
团体业务		其中：新单保费		合计	个人业务				团体业务					
意外伤害险	健康险				赔款支出	死伤医疗给付	满期给付	年金给付	赔款支出	死伤医疗给付	满期给付	年金给付		
163.30	148.25	2321.35	89.24	1512.11	40.76	66.49	989.17	193.67	213.64	8.31	–	0.07	1002.89	1002352.59
183.75	103.04	1206.90	562.09	584.89	24.84	53.24	125.61	248.00	112.96	5.09	0.75	14.40	324.73	1675622.86
0.57	0.15	1284.32	84.28	374.82	14.42	117.31	200.89	41.33	0.47	0.00	0.00	0.40	179.57	269189.72
8.92	1.57	534.29	12.82	459.92	3.65	10.53	397.22	48.52	0.00	0.00	0.00	0.00	361.42	85247.59
0.02	0.05	140.78	13.29	117.40	0.38	3.51	81.79	30.72	0.89	0.10	–	0.01	8.97	13254.95
17.10	32.84	691.81	29.18	89.61	16.27	32.85	11.18	11.44	17.10	0.77	0.00	0.00	20.16	100557.53
0.00	0.00	1971.37	35.22	443.62	5.16	21.03	174.53	242.79	0.00	0.11	0.00	0.00	959.11	63232.15
0.00	0.01	4.27	1.07	3.97	0.06	0.51	0.30	3.09	0.01	0.00	0.00	0.00	1.34	705.21
0.27	0.13	1262.93	7.02	48.43	0.13	1.20	47.06	0.00	0.04	–	–	–	577.87	5266.78
7.45	2.45	28.29	1.75	18.82	3.25	0.74	11.62	0.21	2.55	0.45	–	–	6.46	38619.88
2.29	4.58	66.02	2.49	6.94	0.25	2.35	–	2.20	2.14	–	–	–	2.84	9534.51
17.76	9.18	75.64	1.82	31.53	0.06	2.50	5.03	4.03	19.91	–	–	–	1.18	50857.09
1.22	50.56	165.24	0.26	34.00	–	0.03	0.54	–	33.43	–	–	–	76.92	3057.24
1.29	0.47	4.02	0.16	0.39	0.02	0.22	–	0.08	0.07	0.00	–	0.00	0.04	530.70
2.12	15.21	88.07	1.42	20.93	0.29	1.52	3.04	3.38	12.21	0.49	–	–	14.08	20323.54
0.01	0.01	4.51	0.47	2.27	0.00	0.06	–	2.20	0.01	–	–	–	0.74	1119.10
3.22	2.12	5.80	0.38	9.14	0.04	0.17	6.13	1.00	1.80	–	–	–	10.46	6153.21
18.56	1.04	18.56	0.61	7.01	2.00	1.00	0.00	0.30	2.09	1.01	0.00	0.61	130.09	8746.41
1.54	0.16	2942.70	2.79	13.85	0.10	0.55	–	–	13.20	0.00	–	–	8.74	6034.24
32.10	34.72	66.82	8.89	25.35	–	–	–	–	25.34	0.00	–	0.01	0.00	128103.64
0.29	0.13	16.79	1.33	6.69	0.11	0.57	3.38	2.62	0.01	0.00	0.00	0.00	1.51	1048.27
0.00	0.00	14.35	1.45	0.00	0.00	0.00	0.00	0.00	0.00	0.00	0.00	0.00	0.01	3363.39
0.00	0.00	0.95	0.11	1.09	0.00	0.37	0.00	0.72	0.00	0.00	0.00	0.00	1.95	659.28
0.00	0.00	0.01	0.00	0.00	0.00	0.00	–	–	0.00	0.00	–	–	0.00	2.79
–	–	13.43	0.05	0.00	–	–	–	–	–	–	–	–	–	19.43
0.00	0.00	24.73	0.23	3.05	0.00	0.07	0.00	2.98	0.00	0.00	0.00	0.00	2.11	987.45
67.25	494.22	789.52	13.76	74.21	0.00	1.38	35.00	32.91	4.74	0.18	–	–	3.57	39568.44
5.79	34.18	962.43	5.14	488.56	1.52	3.62	467.98	0.00	9.35	5.87	0.22	0.00	563.54	25584.41
0.00	0.00	8.46	1.97	0.97	0.01	0.26	0.00	0.70	0.00	0.00	0.00	0.00	19.23	3255.22

续表

保险机构	保费收入												
	合计	个人业务							团体业务				
		人寿保险					意外伤害险	健康险	人寿保险				
		小计	普通寿险	分红寿险	投资连结保险	万能保险			小计	普通寿险	分红寿险	投资连结保险	万能保险
长城	14.38	14.03	7.55	6.48	–	–	0.03	0.32	0.00	0.00	0.00	–	–
工银安盛	576.08	569.59	285.45	284.11	0.03	–	0.92	3.95	0.08	0.08	–	–	–
太平养老	64.99	0.00	–	–	–	–	–	–	1.35	1.35	–	–	–
建信	1004.58	978.31	746.31	232.00	–	0.00	2.27	2.65	1.03	1.03	0.00	–	0.00
幸福	411.20	391.28	372.24	19.01	–	0.03	0.22	9.93	0.27	0.27	0.00	–	–
阳光	165.17	152.72	118.39	33.96	–	0.37	2.19	8.87	0.10	0.10	0.00	–	–
长生	1.38	0.90	0.08	0.82	–	–	0.03	0.45	0.00	0.00	–	–	–
国华	158.32	158.31	158.31	0.00	0.00	0.00	0.00	0.00	0.00	–	–	–	–
安邦	2440.85	2440.85	2440.85	–	–	–	–	–	0.00	–	–	–	–
百年	321.64	316.93	312.49	4.44	–	–	0.10	4.54	0.01	0.01	–	–	–
交银康联	289.71	275.56	229.56	46.00	–	–	6.05	8.10	0.00	–	–	–	–
利安	805.96	786.64	710.25	76.40	–	(0.01)	0.12	0.02	1.65	1.46	0.19	–	–
中融	0.00	0.00	–	–	–	–	–	–	0.00	–	–	–	–
东吴	909.26	617.13	535.46	70.42	–	11.25	5.57	67.72	1.65	1.65	–	–	–
前海	640.86	640.36	640.36	0.00	0.00	0.00	0.01	0.38	0.01	0.01	0.00	0.00	0.00
国联	4.74	4.00	3.55	0.45	–	–	–	0.26	0.01	0.01	–	–	–
小计	34616.35	26203.85	15430.04	10663.54	6.04	104.23	364.75	6159.12	87.09	49.48	37.61	0.00	0.00

注：1.合计中不含有国寿存续保费收入121.87百万元，赔付支出395.42百万元；有效保单件数53.02万件，退保金9.39百万元，保险金额9288.76百万元。

南通市保险市场

南通市保险市场概述

【市场概况】截至2016年末，共有保险市场主体76家，其中，财产险公司28家，比上年同期减少1家，人身险公司48家。主体中外资机构15家，比上年同期增加2家。保险专业中介机构34家，保险销售从业人员3.23万人。

保费收入			有效保单件数	赔款及给付									退保金	保险金额
团体业务		其中:新单保费		合计	个人业务				团体业务					
意外伤害险	健康险				赔款支出	死伤医疗给付	满期给付	年金给付	赔款支出	死伤医疗给付	满期给付	年金给付		
0.00	0.00	5.92	0.28	5.35	0.00	0.02	4.37	0.96	0.00	0.00	–	–	1.42	144.99
0.38	1.16	527.68	1.34	11.77	0.02	1.04	7.87	1.70	1.14	–	–	–	102.47	4266.71
29.50	34.14	64.99	23.00	13.22	–	–	–	–	13.14	0.08	–	0.00	16.66	53467.10
16.05	4.27	970.11	5.33	37.44	0.26	3.48	–	30.86	2.83	0.01	–	–	245.81	51706.72
6.68	2.82	384.01	1.76	36.03	0.03	0.18	14.22	6.90	14.70	0.00	–	–	76.16	6352.39
0.00	1.29	24.10	3.90	50.12	0.01	1.22	48.77	0.00	0.02	0.10	0.00	0.00	8.23	3264.70
0.00	0.00	0.18	0.04	0.15	0.00	0.03	0.00	0.12	0.00	0.00	–	–	0.29	104.75
0.00	0.01	158.31	1.03	0.10	0.00	0.00	0.00	0.10	0.00	0.00	0.00	0.00	0.02	552.35
–	–	0.17	4.59	0.27	–	0.27	–	–	–	–	–	–	1.36	6121.15
0.01	0.05	314.41	0.47	6.16	0.05	0.82	–	5.25	–	0.04	–	–	6.56	1777.11
–	–	244.39	0.82	4.78	2.27	2.28	0.23	0.00	–	–	–	–	61.58	16099.47
12.74	4.79	769.26	4.32	30.77	0.02	0.73	7.22	14.92	7.84	0.00	–	0.04	286.67	12705.45
–	–	–	2.37	1.02	0.00	1.02	–	–	–	–	–	–	398.65	575.81
7.50	209.69	840.27	21.83	221.49	0.22	2.27	–	7.38	211.62	0.00	–	–	15.82	296030.89
0.04	0.06	640.86	1.83	0.00	0.00	0.00	0.00	0.00	0.00	0.00	0.00	0.00	0.10	2647.06
0.32	0.15	4.73	0.03	0.13	–	–	–	0.10	0.03	–	–	–	0.00	1470.09
608.04	1193.50	19663.75	952.23	4798.37	116.20	335.44	2643.15	941.18	723.28	22.61	0.97	15.54	5501.33	4020284.36

2.表格中数字含“（）”的为负值。

2016年，实现保费收入270.70亿元，同比增长51.27%，总保费规模位居全省第四。保险深度4.00%，保险密度3707.16元。财产险保费收入59.73亿元，同比增长9.60%，保费规模位居全省第四。财产险保险深度0.88%，保险密度818.06元。赔付支出36.12亿元。人身险保费收入210.96亿元，同比增长69.52%，保费规模位居全省第四。人身险保险深度3.12%，保险密度2889.10元。新单保费收入达127.15亿元。赔付支出72.39亿元。

全市财产险和人身险总保额规模达38887.38亿元。

【引进保险资金】2016年募集资金28亿元，资金专项用于南通江海大道东段快速化工程改造项目的建设。该项目以股权形式进行投资。该投资方式为保险资金投资政府基础设施建设提供了创新案例。

【开发农业保险贷产品】为发挥金融支持“三农”发展的作用，破解贷款难、贷款贵的问题，开发“农业保险贷产品”，与邮储银行共同开展“农业保险贷”工作。

从2016年8月起至12月底，已顺利为41家农户提供了750余万元的贷款。有效发挥了金融支持“三农”发展的积极作用。

【推进农业保险】按照“联办共保、市场运作、风险共担、保本微利”的农业保险模式，继续做好农业保险工作。实现农业保险覆盖农、牧、渔各个产业，开办区域覆盖全市（区、县）。2016年全年农业受灾赔偿达1.33亿元，有效化解了小麦、油菜、水稻受灾风险。

【照护保险“南通模式”】4月，南通市创新开展基本照护保险，将照护保险作为“第六险”纳入社会保障制度，实现我国社会保障制度的创新。照护保险采用“政

2016年南通市各财产保险分公司

保险机构	保费收入											保户储金及投资款
	合计	企业财产保险	机动车辆保险	货物运输保险	责任保险	工程保险	信用保证保险	农业保险	短期健康保险	意外伤害保险	其他	
人保	2488.54	79.02	1925.57	9.24	102.41	6.29	27.46	168.92	65.95	55.66	48.02	33.37
太保	492.11	27.55	422.88	4.17	10.53	4.42	-0.03	0.21	2.58	9.50	10.30	0.10
平安	1030.28	21.09	888.39	3.28	24.81	0.69	64.29	–	1.16	13.67	12.91	0.10
天安	135.11	14.20	91.97	0.60	4.26	0.03	8.53	–	5.70	5.05	4.76	1563.93
史带	0.10	0.00	–	0.10	–	–	–	–	–	–	0.00	–
华泰	50.62	0.10	49.78	0.00	0.06	0.45	0.00	0.00	0.00	0.23	0.01	0.00
中华联合	119.46	3.54	85.10	0.89	2.15	0.06	0.00	17.21	0.41	7.53	2.57	0.00
太平	77.77	2.72	65.91	2.67	3.68	0.13	0.00	0.00	0.00	2.51	0.14	0.00
大地	127.89	3.68	106.57	1.31	4.69	0.04	–	–	1.20	7.51	2.90	–
华安	44.77	1.76	40.34	0.08	1.59	0.05	–	–	0.00	0.89	0.06	–
永安	100.54	7.23	57.77	0.47	18.81	0.16	7.82	0.00	0.29	7.05	0.93	0.00
安邦	92.29	0.00	87.31	–	3.95	0.01	–	–	–	1.02	–	–
阳光	152.70	5.67	109.44	2.30	4.71	0.81	19.56	–	1.94	4.53	3.74	–
都邦	28.24	1.27	24.00	0.12	0.13	–	–	–	0.41	2.11	0.20	–
中银	48.00	5.77	24.64	0.03	7.93	–	1.88	–	1.52	4.25	1.98	–
安盛天平	44.68	–	44.34	–	–	–	–	–	–	0.34	–	–
永诚	49.03	0.75	44.11	0.26	2.88	0.00	0.00	–	0.00	0.49	0.54	0.00
亚太	23.42	0.14	17.78	0.16	1.56	0.01	0.00	0.00	0.00	3.76	0.00	0.00
国寿财险	667.74	22.26	612.89	2.09	17.21	0.33	0.06	0.09	–	9.42	3.37	–
渤海	7.83	0.03	7.65	0.13	0.01	0.00	0.00	0.00	0.00	0.00	0.00	0.00
安诚	55.63	0.67	50.68	0.04	0.63	0.01	0.00	0.00	0.00	3.56	0.04	0.00

府主导，市场竞争，商业保险公司承办”的运作模式和组织框架，保障范围以居家照护为主、兼顾机构照护，以生活照料为主，兼顾生活护理。截至12月末，照护保险已覆盖市区120万市民，1200多名失能者陆续享受照护保险待遇，照护保险金已筹资1.12亿元。

南通探索建立基本照护保险制度引起了国家相关部委和保险专家的关注。2016年1月，人社部在南通召开基本照护保险制度座谈会，并进行专题调研。全国人大、民政部、卫计委、人社部、老龄委，以及多个部委和省市考察南通照护保险制度的设计和实施。2016年11月7日《中国保险报》头版头条，刊登了《南通120万市民有了社保“第六险”》。

业务统计表

单位：人民币百万元

赔付支出											赔案件数（万件）	未决赔款	保险金额
合计	企业财产保险	机动车辆保险	货物运输保险	责任保险	工程保险	信用保证保险	农业保险	短期健康保险	意外伤害保险	其他			
1416.29	24.29	1126.69	2.41	46.53	0.79	4.67	119.37	48.51	32.72	10.31	26.53	781.94	907638.51
332.41	5.70	311.30	3.08	3.41	0.50	0.27	0.16	2.48	4.47	1.04	4.27	200.90	199390.58
571.74	6.79	512.02	1.40	4.72	0.01	35.60	–	1.80	3.69	5.70	8.24	230.58	429668.27
85.37	12.20	59.60	0.31	5.40	0.16	–	–	3.08	4.01	0.61	1.26	38.33	81866.70
4.39	0.82	2.85	0.64	0.08	–	–	–	–	0.00	–	0.01	2.46	0.80
8.78	0.00	8.50	0.00	0.00	0.00	0.00	0.00	0.00	0.28	0.00	0.19	7.16	14299.54
92.42	0.74	76.89	1.54	1.64	0.00	0.00	8.62	0.89	1.53	0.56	4.96	46.38	39870.58
47.85	0.37	44.49	0.79	1.82	0.01	0.00	0.00	0.00	0.35	0.01	0.93	22.74	57073.68
61.72	0.51	58.45	0.27	0.33	0.00	–	–	0.29	1.17	0.69	0.85	21.22	63900.83
27.90	0.55	26.62	–	0.60	0.00	–	–	–	0.14	0.00	0.50	8.69	14182.74
52.00	1.43	36.32	0.21	5.58	0.02	0.15	0.00	3.89	2.88	1.53	0.71	25.14	43918.07
61.97	0.00	56.83	–	2.85	–	–	–	–	2.29	–	0.98	15.96	24311.37
92.51	0.36	78.35	0.06	1.19	0.03	8.94	0.01	0.58	1.04	1.94	1.82	40.43	76721.80
19.34	0.39	17.81	0.00	0.14	–	–	–	0.31	0.62	0.07	0.32	6.60	13603.21
30.53	0.38	23.76	–	0.04	–	3.06	–	1.16	0.17	1.94	0.34	12.09	34137.15
30.32	–	30.32	–	–	–	–	–	–	–	–	0.46	10.17	14328.10
42.23	0.11	40.41	0.05	1.60	0.00	0.00	–	0.00	0.06	0.00	0.81	23.77	29385.35
13.11	0.85	9.87	0.00	0.25	0.00	0.00	0.00	0.00	2.15	0.00	0.16	9.76	193399.46
456.32	5.55	436.57	2.35	7.32	0.06	0.00	0.00	–	4.05	0.42	5.82	223.65	196095.69
4.44	0.00	4.43	0.00	0.00	0.00	0.00	0.00	0.01	0.00	0.00	0.07	2.45	3356.47
35.38	0.13	33.32	0.00	0.20	0.01	0.00	0.00	0.00	1.72	0.00	0.49	13.41	19083.01

续表

保险机构	保费收入											保户储金及投资款
	合计	企业财产保险	机动车辆保险	货物运输保险	责任保险	工程保险	信用保证保险	农业保险	短期健康保险	意外伤害保险	其他	
华农	21.45	0.07	20.05	–	0.34	–	–	–	0.01	0.98	–	–
长安责任	44.99	2.66	32.88	0.03	1.81	0.03	0.01	–	5.23	2.15	0.20	–
紫金	89.78	4.64	64.94	0.30	3.94	0.58	0.28	3.88	3.17	5.19	2.86	0.00
英大	137.69	2.81	127.33	0.95	2.23	0.08	0.39	0.00	0.00	1.17	2.74	0.00
信达	46.01	1.41	39.81	0.00	1.76	0.25	–	–	1.00	1.77	0.00	–
浙商	26.18	0.83	20.79	0.28	0.38	–	–	–	–	3.84	0.05	–
泰山	15.59	0.51	13.90	0.00	0.48	0.00	0.00	0.00	0.04	0.18	0.48	0.00
安信农业	0.01	0.00	0.00	0.00	0.00	0.00	0.00	0.00	0.00	0.01	0.00	0.00
小计	6218.48	210.39	5076.84	29.52	222.95	14.43	130.25	190.31	90.63	154.36	98.80	1597.50

2016年南通市各人身保险分公司

保险机构	保费收入												
	合计	个人业务							团体业务				
		人寿保险					意外伤害险	健康险	人寿保险				
		小计	普通寿险	分红寿险	投资连结保险	万能保险			小计	普通寿险	分红寿险	投资连结保险	万能保险
国寿	4036.41	3490.88	1763.56	1727.32	–	–	75.74	256.42	5.00	5.00	0.00	–	–
太保	526.20	433.93	90.45	343.24	–	0.24	1.27	42.31	7.40	0.84	6.56	–	–
平安	2394.86	1892.74	454.82	1345.34	2.41	90.17	73.20	426.88	0.04	0.04	–	–	–
新华	871.59	605.17	275.53	327.82	–	1.82	6.01	250.83	0.02	0.02	–	–	–
泰康	766.94	739.61	595.69	141.74	0.02	2.16	3.03	24.30	0.00	0.00	–	–	–
友邦	50.69	18.09	5.34	12.64	0.09	0.02	1.72	29.09	0.02	0.02	0.00	0.00	0.00
太平	492.10	474.47	248.86	225.60	0.01	–	1.61	16.02	0.00	–	–	–	–
民生	187.05	169.27	28.76	140.51	–	–	0.76	16.61	0.17	0.17	–	–	–
富德生命	676.76	669.44	621.09	48.21	0.00	0.14	0.05	7.27	0.00	0.00	–	–	–
信诚	14.21	9.70	2.05	7.30	0.22	0.13	0.08	3.51	0.18	0.18	–	–	–
合众	118.87	110.95	36.29	74.17	–	0.49	0.41	7.49	0.00	0.00	–	–	–
同方全球	12.63	7.10	2.38	4.66	0.00	0.06	0.05	5.48	0.00	0.00	0.00	0.00	0.00
中宏	50.81	30.78	7.96	22.82	–	–	0.55	18.06	0.01	0.01	–	–	–
陆家嘴国泰	11.08	6.70	2.05	4.65	0.00	–	0.07	2.92	0.00	0.00	0.00	0.00	–
人保健康	467.78	2.36	–	2.36	–	–	2.87	349.76	0.00	–	–	–	–

赔付支出											赔案件数（万件）	未决赔款	保险金额
合计	企业财产保险	机动车辆保险	货物运输保险	责任保险	工程保险	信用保证保险	农业保险	短期健康保险	意外伤害保险	其他			
8.78	0.13	7.48	–	0.00	–	–	1.15	0.02	0.00	–	0.14	5.95	5578.03
34.13	0.14	32.25	0.53	0.20	–	0.02	–	0.31	0.67	0.01	0.36	8.53	12317.05
64.02	4.06	48.71	0.02	1.71	0.01	0.00	3.57	3.41	1.65	0.88	0.91	30.55	56155.2
81.76	5.40	73.20	0.21	2.58	0.00	0.00	0.00	0.00	0.23	0.14	1.45	17.23	38710.46
38.53	0.05	37.41	0.00	0.59	0.00	–	–	0.12	0.35	0.00	0.51	24.67	23410.16
13.44	0.06	12.19	–	0.03	–	–	–	–	1.16	–	0.22	10.24	14698.84
13.90	0.00	13.04	0.00	0.78	0.00	0.00	0.00	0.02	0.34	–0.29	0.14	3.55	6809.89
4.64	0.00	4.55	0.00	0.06	0.00	0.00	0.00	0.00	0.03	0.00	0.04	2.30	–7.94
3746.21	71.04	3224.23	13.88	89.67	1.60	52.71	132.88	66.89	67.75	25.56	63.48	1846.84	2613903.60

业务统计表

单位：人民币百万元，万件

保费收入			有效保单件数	赔款及给付									退保金	保险金额
团体业务		其中:新单保费		合计	个人业务				团体业务					
意外伤害险	健康险				赔款支出	死伤医疗给付	满期给付	年金给付	赔款支出	死伤医疗给付	满期给付	年金给付		
77.66	130.71	1792.41	91.68	2711.46	59.04	73.86	2275.91	141.95	157.25	3.44	–	0.01	758.99	472990.52
29.34	11.95	143.10	77.03	270.00	2.73	18.33	202.83	37.94	3.98	0.28	2.58	1.33	110.77	60381.21
0.00	0.00	853.95	79.16	355.14	10.31	102.93	195.64	43.32	0.00	0.20	0.00	2.74	227.24	165587.41
4.38	5.18	416.08	21.65	573.11	19.62	22.05	460.65	70.79	0.00	0.00	0.00	0.00	347.17	38424.39
0.00	0.00	631.09	13.92	696.04	0.41	7.12	669.12	19.24	0.15	0.00	–	0.00	51.14	10804.56
0.47	1.30	28.48	1.00	36.98	1.33	1.31	33.65	0.31	0.38	0.00	0.00	0.00	1.67	2847.19
0.00	0.00	311.86	4.27	85.01	0.82	3.10	59.41	21.67	0.00	0.01	0.00	0.00	76.92	3816.68
0.05	0.19	30.64	9.78	338.20	0.98	4.75	316.43	15.66	0.38	0.00	0.00	0.00	77.13	5778.59
0.00	0.00	612.96	3.90	67.26	0.19	1.58	65.48	0.01	0.00	–	–	–	126.31	2177.23
0.21	0.53	4.13	0.46	16.74	0.08	0.53	15.26	0.00	0.87	0.00	–	–	0.73	2047.89
0.01	0.01	48.36	4.18	99.16	0.54	1.75	88.39	8.48	0.00	0.00	–	–	42.16	2975.82
0.00	0.00	5.66	0.57	3.59	0.03	0.35	2.12	1.09	0.00	0.00	0.00	0.00	4.35	2128.44
0.35	1.06	18.18	0.79	3.00	–	1.75	–	1.12	0.13	–	–	–	0.74	1947.47
0.89	0.50	3.58	0.32	4.29	0.01	0.13	2.28	0.82	1.05	–	–	–	0.33	2208.91
3.73	109.06	456.50	1.97	105.69	0.08	0.22	7.82	–	97.57	–	–	–	103.16	19203.12

续表

保险机构	保费收入												
	合计	个人业务							团体业务				
		人寿保险					意外伤害险	健康险	人寿保险				
		小计	普通寿险	分红寿险	投资连结保险	万能保险			小计	普通寿险	分红寿险	投资连结保险	万能保险
北大方正	8.53	5.18	2.51	2.67	0.00	0.00	0.06	1.22	0.00	0.00	–	–	–
中意	177.84	172.09	161.25	10.84	–	–	0.85	4.80	0.00	0.00	–	–	–
恒安标准	58.85	44.30	6.73	37.57	–	–	0.23	13.03	0.01	0.01	0.00	–	–
光大永明	14.45	11.77	5.07	6.70	0.00	–	0.12	1.61	0.25	0.21	0.04	0.00	–
农银	85.79	78.29	56.91	20.93	–	0.45	0.04	2.47	0.01	0.01	0.00	–	0.00
和谐	1507.45	0.00	–	–	–	–	0.00	1507.27	0.00	–	–	–	–
平安养老	61.01	0.00	–	–	–	–	–	–	0.00	0.00	–	–	–
华泰	9.93	8.34	0.65	7.68	–	0.01	0.01	1.39	0.02	0.02	0.00	–	0.00
大都会	11.29	10.94	0.00	10.94	0.00	0.00	0.02	0.33	0.00	0.00	0.00	0.00	0.00
君康	237.60	237.21	235.99	1.22	–	–	–	0.39	0.00	–	–	–	–
中德安联	3.13	2.79	0.63	2.11	0.05	0.00	0.02	0.32	0.00	0.00	0.00	0.00	0.00
华夏	625.64	621.48	619.42	2.02	–	0.04	0.00	4.15	0.00	0.00	–	–	–
人保寿险	1100.23	982.51	790.88	191.14	–	0.49	8.65	33.15	57.23	54.30	2.93	–	–
英大	46.46	39.10	7.33	31.59	0.00	0.18	0.34	7.02	0.00	–	–	0.00	–
信泰	42.23	40.66	31.14	9.50	0.00	0.02	0.99	0.58	0.00	0.00	0.00	0.00	0.00
中英	23.48	19.77	14.14	5.63	–	–	0.17	3.47	0.00	0.00	0.00	–	–
长城	114.66	114.27	97.75	16.52	–	–	0.04	0.35	0.00	0.00	0.00	–	–
工银安盛	296.06	287.91	90.95	196.96	0.00	–	0.45	6.19	0.01	0.01	–	–	–
太平养老	7.02	0.00	–	–	–	–	–	–	0.75	0.75	–	–	–
建信	815.71	802.74	721.37	81.37	–	–	0.38	2.86	1.10	1.10	0.00	–	–
幸福	410.64	409.24	408.62	0.57	–	0.05	0.01	0.44	0.06	0.06	0.00	–	–
阳光	406.10	386.30	305.19	79.25	–	1.86	2.25	17.14	0.03	0.03	0.00	–	–
长生	7.51	4.61	1.71	2.90	–	–	0.07	2.83	0.00	0.00	–	–	–
国华	230.15	230.00	229.63	0.36	0.00	0.01	0.00	0.00	0.00	–	–	–	–
安邦	2016.22	2016.22	2016.22	–	–	–	–	–	0.00	–	–	–	–
百年	348.38	347.03	346.00	1.03	–	–	0.07	1.23	0.00	–	–	–	–
交银康联	34.41	32.34	22.43	9.91	–	–	0.58	1.49	0.00	–	–	–	–
利安	812.62	773.21	720.82	52.39	–	0.00	0.09	0.04	10.32	9.25	1.07	–	–
中融	0.00	0.00	–	–	–	–	–	–	0.00	–	–	–	–
东吴	176.14	171.57	166.11	5.44	–	0.02	0.35	4.22	0.00	0.00	–	–	–
前海	309.68	309.22	309.22	0.00	0.00	0.00	0.01	0.37	0.00	0.00	0.00	0.00	0.00
国联	142.47	140.98	140.71	0.27	–	–	0.00	0.15	0.16	0.16	–	–	–
小计	20819.66	16961.26	11644.21	5215.89	2.80	98.36	185.22	3075.46	82.79	72.19	10.60	0.00	0.00

注：合计中不含有国寿存续保费收入31.54百万元，赔付支出274.22百万元；有效保单件数40.01万件，退保金3.43百万元，保险金额4282.60百万元。

保费收入			有效保单件数	赔款及给付									退保金	保险金额
团体业务		其中:新单保费		合计	个人业务				团体业务					
意外伤害险	健康险				赔款支出	死伤医疗给付	满期给付	年金给付	赔款支出	死伤医疗给付	满期给付	年金给付		
1.52	0.55	5.04	0.19	0.05	0.03	0.01	–	0.01	0.00	0.00	–	0.00	0.35	412.74
0.05	0.05	161.82	1.19	18.58	0.20	0.71	6.00	11.65	0.02	0.00	–	–	120.96	3796.41
0.62	0.66	21.95	1.93	31.26	0.03	1.47	25.35	3.25	1.16	–	–	–	0.83	3999.76
0.63	0.07	0.90	0.76	40.81	0.07	0.64	39.43	0.42	0.25	–	–	–	2.81	917.97
2.37	2.61	71.29	1.08	5.45	0.02	0.27	2.29	2.66	0.21	0.00	0.00	0.00	29.55	4367.89
0.17	0.01	1507.30	1.34	0.39	0.00	0.06	0.03	–	0.30	0.00	0.00	–	3.44	2375.67
23.71	37.30	61.02	2.70	28.35	–	–	–	–	28.29	–	–	0.06	0.01	344603.08
0.05	0.12	2.20	0.40	26.95	0.02	0.08	26.31	0.50	0.04	0.00	0.00	0.00	0.59	272.58
0.00	0.00	0.98	0.10	0.14	0.00	0.09	0.00	0.05	0.00	0.00	0.00	0.00	2.04	227.60
–	–	236.28	3.97	10.62	0.00	0.26	10.36	–	–	–	–	–	61.53	364.72
0.00	0.00	0.13	0.14	1.08	0.00	0.16	0.56	0.36	0.00	0.00	0.00	0.00	1.01	93.91
0.01	0.00	9.90	8.48	228.02	0.00	1.53	223.98	2.41	0.10	0.00	–	–	2.35	1727.41
8.91	9.78	943.23	14.63	994.74	1.02	9.98	971.80	0.00	5.79	2.31	3.76	0.08	451.30	35643.25
–	–	16.83	2.40	2.09	0.16	0.78	0.15	1.00	–	–	–	–	1.08	2862.02
0.00	0.00	28.82	2.93	105.74	0.05	1.74	102.98	0.97	0.00	0.00	0.00	0.00	166.27	1707.47
0.05	0.02	14.91	0.27	14.41	0.06	0.01	13.94	0.39	0.01	0.00	0.00	0.00	0.97	1032.54
0.00	0.00	96.21	0.63	35.78	0.02	0.25	34.68	0.83	0.00	0.00	–	–	4.78	354.21
0.68	0.82	244.07	1.29	5.25	0.12	0.89	0.01	3.49	0.74	–	–	–	51.00	2721.59
4.37	1.90	7.02	0.57	0.90	–	–	–	–	0.85	0.05	–	0.00	0.02	2174.14
7.66	0.97	798.17	2.69	40.44	0.05	2.49	3.79	34.09	0.02	–	–	–	254.16	26199.93
0.81	0.08	409.65	0.75	3.35	0.05	0.52	1.81	0.22	0.75	0.00	–	–	90.71	1409.16
0.09	0.29	18.76	8.48	34.95	0.16	4.01	30.77	0.00	0.01	0.00	0.00	0.00	429.84	5116.94
0.00	0.00	3.03	0.16	0.51	0.04	0.20	0.00	0.27	0.00	0.00	–	–	0.13	1292.27
0.00	0.15	230.08	4.18	43.26	0.00	0.17	42.99	0.10	0.00	0.00	0.00	0.00	0.72	1807.84
–	–	773.50	4.06	1.61	–	1.61	–	–	–	–	–	–	75.74	4109.22
0.04	0.01	348.38	0.59	4.62	0.03	0.08	–	4.51	–	–	–	–	0.10	603.42
–	–	29.54	0.00	0.01	0.00	0.01	0.00	0.00	–	–	–	–	1.73	0.00
6.08	22.88	781.39	5.41	57.85	0.22	1.37	27.61	6.50	21.89	0.00	–	0.26	257.65	27640.93
–	–	–	4.70	0.14	0.00	0.14	–	–	–	–	–	–	355.87	451.64
0.00	0.00	170.01	1.95	1.02	0.02	0.36	–	0.62	0.02	0.00	–	–	0.53	318.39
0.06	0.02	309.68	2.70	0.07	0.00	0.04	0.00	0.03	0.00	0.00	0.00	0.00	0.16	1631.83
1.04	0.14	142.47	0.22	0.18	–	–	–	0.05	0.13	–	–	–	0.05	1278.76
176.01	338.92	12801.54	391.57	7104.29	98.54	269.69	5959.83	436.78	322.34	6.29	6.34	4.48	4297.09	1274834.72

扬州市保险市场

扬州市保险市场概述

【市场概况】截至2016年末，共有保险市场主体62家，其中财产保险公司24家、寿险公司38家。保险销售从业人员2.25万人。

2016年，实现保费收入138.19亿元，同比增长24.67%，总保费规模位居全省第七。保险深度3.11%，保险密度3076.85元。财产险保费收入31.76亿元，同比增长4.41%，保费规模位居全省第八。财产险保险深度0.71%，保险密度707.19元。赔付支出19.54亿元。人身险保费收入106.43亿元，同比增长32.34%，保费规模位居全省第七。人身险保险深度2.39%，保险密度2369.66元。新单保费收入达57.94亿元。赔付支出30.32亿元。全市财产险和人身险总保额规模达34893.21亿元。

【发展民生保险】部分会员公司开发了企业年金、职业年金、长期护理保险等保险产品，目前个人医保账户余额已经可以用来购买商业健康保险产品，努力推动商业保险在社会保障体系中发挥重要作用，提

2016年扬州市各财产保险分公司

保险机构	保费收入											保户储金及投资款
	合计	企业财产保险	机动车辆保险	货物运输保险	责任保险	工程保险	信用保证保险	农业保险	短期健康保险	意外伤害保险	其他	
人保	1653.23	58.83	1218.21	16.96	76.86	7.36	36.32	134.83	34.28	31.90	34.69	12.49
太保	203.20	17.09	165.19	2.73	8.66	0.79	0.82	–	0.77	2.01	5.14	0.62
平安	482.09	6.33	431.14	2.14	6.03	1.36	19.55	–	0.95	11.71	2.88	–0.01
天安	38.98	1.89	21.59	0.07	1.37	0.10	0.00	–	5.27	5.85	2.84	1384.99
史带	0.00	–	–	–	–	–	–	–	–	–	–	–
华泰	44.75	0.79	42.61	0.10	0.35	0.00	0.01	0.00	0.00	0.69	0.20	0.01
中华联合	65.85	2.30	49.72	0.33	2.22	0.19	0.05	0.00	0.73	7.07	3.23	0.00
太平	31.15	4.25	24.39	0.21	0.39	0.00	0.31	0.00	0.04	1.20	0.37	0.00
大地	117.91	1.87	71.12	0.26	1.94	0.54	–	–	34.80	6.80	0.57	–

高商业保险在个人和家庭保障中的比重。

【拓展农险业务】开发了一批有扬州特色的农险产品，如螃蟹养殖险、农耕乐、保险贷等地方险种，提高农业保险服务水平。

【服务经济转型升级】积极推动服务经济发展的保险产品，如继续推进中小微企业贷款保证保险和信用保险，借款人意外保险、物流保险、旅游责任险、环境责任险、会展责任险、电梯责任险等等，建立风险共担机制，增强全社会抵御风险的能力。

【反保险欺诈工作】扬州保险业在反保险欺诈工作中充分发挥警保联动、密切协调的优势，不断健全完善打击保险犯罪的长效工作机制，寻求多渠道打击保险犯罪。扬州市保险行业协会与扬州公安刑侦支队、交警支队事故大队均搭建了协作平台，借助法律赋予公安部门打击犯罪的职权，联合打击。本年移交刑侦支队江都大队案件1起，移交交警支队事故大队案件2起，民警根据线索证据提前介入并开展调查，最终当事人都放弃向公司索赔，为公司有效减损30余万元。

【社会风险管理】开展高速公路轻微事故快处快赔工作，保证节假日期间道路通畅，给广大车友一个安全舒适的交通环境。交通事故理赔服务中心管理工作进一步规范。扬州市保险行业协会与交警支队事故大队共同制定了扬州地区交通事故轻微案件快速处理的系列管理办法，并联合发文，进一步规范了理赔中心的申请、日常管理及退出机制。加强警保沟通协作，实现事故处理和保险理赔工作统一规范、共建共管，不断提升事故处理工作效率和群众满意度。目前，市区共有三个理赔中心，为老百姓提供方便、快捷的服务。

业务统计表

单位：人民币百万元

赔付支出											赔案件数（万件）	未决赔款	保险金额
合计	企业财产保险	机动车辆保险	货物运输保险	责任保险	工程保险	信用保证保险	农业保险	短期健康保险	意外伤害保险	其他			
1026.20	24.08	740.66	6.93	44.62	5.52	7.15	105.85	40.36	22.23	28.80	13.98	548.48	1272559.60
146.17	12.04	112.03	0.92	11.73	0.56	6.09	–	0.66	1.31	0.84	1.57	95.00	105862.49
284.49	0.96	244.94	0.35	1.13	0.01	32.97	–	0.84	3.04	0.25	3.83	140.66	209150.09
16.48	0.13	9.86	0.11	1.26	0.05	–	–	1.48	3.50	0.09	0.20	10.77	25582.50
1.35	–	1.34	–	–	–	–	–	–	0.01	–	0.00	1.02	–
21.11	0.03	20.90	0.00	0.00	0.00	0.00	0.00	0.00	0.18	0.00	0.30	10.70	14856.95
39.39	0.43	32.77	0.12	1.67	0.35	0.00	0.00	0.90	0.68	2.47	0.41	34.26	28473.25
20.14	1.16	18.20	0.21	0.30	0.00	0.00	0.00	0.00	0.24	0.02	0.30	7.53	24816.84
71.28	0.49	44.38	0.08	0.43	–	–	–	23.72	2.11	0.08	0.87	15.25	120712.43

续表

保险机构	保费收入											保户储金及投资款
	合计	企业财产保险	机动车辆保险	货物运输保险	责任保险	工程保险	信用保证保险	农业保险	短期健康保险	意外伤害保险	其他	
华安	21.43	0.26	20.47	0.02	0.09	–	–	–	0.00	0.51	0.07	–
永安	29.42	1.11	25.44	0.07	0.71	0.18	0.00	0.00	0.11	1.66	0.14	0.00
安邦	25.47	0.04	24.66	0.00	0.61	0.02	–	–	–	0.11	0.02	–
阳光	71.44	1.42	55.22	0.06	1.19	0.27	11.20	–	0.50	1.46	0.12	–
都邦	21.39	1.25	17.17	0.14	0.20	–	–	–	0.22	1.08	1.32	–
中银	14.05	1.84	5.39	–	4.28	–	0.78	–	0.64	0.85	0.27	–
安盛天平	17.51	–	17.33	–	–	–	–	–	–	0.18	–	–
永诚	22.71	0.64	20.52	0.32	0.36	0.01	0.00	–	0.00	0.57	0.28	0.00
亚太	15.92	0.17	14.81	0.13	0.19	0.00	0.00	0.00	0.00	0.62	0.00	0.00
国寿财险	317.24	11.14	258.52	0.66	15.67	4.56	0.01	1.70	–	16.47	8.50	0.11
渤海	2.47	0.02	2.37	0.00	0.00	0.00	0.00	0.00	0.02	0.07	0.00	0.00
安诚	33.65	0.22	30.98	0.00	1.22	0.00	0.00	0.00	0.00	1.24	0.00	0.00
华农	6.64	0.19	5.68	–	0.02	–	–	0.66	0.00	0.10	–	–
长安责任	31.55	0.28	16.22	0.04	0.61	–	10.42	–	2.11	1.26	0.61	–
紫金	67.30	3.81	37.96	0.20	4.27	4.10	0.04	4.85	2.85	6.34	2.88	0.00
英大	31.23	1.66	23.51	0.22	0.76	0.26	0.00	0.00	0.00	4.23	0.57	0.00
安信农业	–0.03	0.00	–0.03	0.00	0.00	0.00	0.00	0.00	0.00	0.00	0.00	0.00
小计	3366.55	117.40	2600.20	24.67	128.00	19.75	79.51	142.03	83.29	107.00	64.70	1398.21

2016年扬州市各人身保险分公司

保险机构	保费收入												
	合计	个人业务							团体业务				
		人寿保险					意外伤害险	健康险	人寿保险				
		小计	普通寿险	分红寿险	投资连结保险	万能保险			小计	普通寿险	分红寿险	投资连结保险	万能保险
国寿	3782.51	3242.54	1647.28	1595.26	–	–	43.48	300.82	23.99	20.86	3.13	–	–
太保	637.90	532.81	123.95	408.64	–	0.22	2.42	66.48	0.56	0.56	0.00	–	–
平安	425.83	310.56	101.72	194.38	0.50	13.96	13.00	102.22	0.05	0.05	–	–	–
新华	318.96	256.66	165.42	90.61	–	0.63	0.71	61.11	0.01	0.01	–	–	–
泰康	208.92	196.19	95.67	97.75	0.00	2.77	0.27	12.74	0.00	0.00	–	–	–
友邦	58.55	13.92	3.39	10.46	0.07	0.00	2.34	40.79	0.03	0.03	0.00	0.00	0.00
太平	360.03	331.86	101.81	230.05	0.00	–	2.54	25.63	0.00	–	–	–	–

赔付支出											赔案件数（万件）	未决赔款	保险金额
合计	企业财产保险	机动车辆保险	货物运输保险	责任保险	工程保险	信用保证保险	农业保险	短期健康保险	意外伤害保险	其他			
16.13	0.00	16.06	–	–	–	–	–	–	0.06	–	0.25	4.85	5117.88
12.02	0.13	8.90	0.00	0.08	0.00	0.00	0.00	1.79	0.22	0.90	0.23	6.32	14562.39
11.86	0.00	11.86	–	0.00	0.00	–	–	–	0.00	0.00	0.16	3.85	7082.10
32.65	0.21	25.72	0.02	0.05	0.00	6.57	0.00	0.06	0.01	0.01	0.65	16.61	23370.57
11.52	0.07	10.30	–	0.00	–	–	–	0.12	0.43	0.60	0.13	9.17	8911.16
4.73	–	3.40	–	–	–	0.83	–	0.40	0.02	0.09	0.07	2.30	8914.37
11.46	–	11.46	–	–	–	–	–	–	–	–	0.20	2.94	6100.53
11.87	0.00	11.01	0.00	0.45	0.00	0.00	–	0.00	0.36	0.04	0.22	7.62	11688.53
8.70	0.04	7.66	0.00	0.12	0.00	0.00	0.00	0.00	0.88	0.00	0.11	8.36	4312.66
207.45	2.07	184.25	0.32	10.70	0.01	0.00	1.26	–	5.67	3.17	2.19	136.45	116567.77
4.12	0.00	4.10	0.00	0.00	0.00	0.00	0.00	0.01	0.00	0.00	0.03	2.08	571.53
22.50	0.00	22.11	0.00	0.13	0.00	0.00	0.00	0.00	0.26	0.00	0.31	8.07	12591.04
4.77	0.01	4.16	–	0.00	–	–	0.60	0.00	0.00	–	0.04	1.50	1396.47
31.26	0.04	18.50	0.00	0.28	0.02	10.03	–	0.27	0.73	1.39	0.22	7.44	7674.49
38.34	0.12	24.94	0.00	2.49	0.83	0.00	3.51	1.62	2.94	1.89	0.53	25.35	44803.49
16.37	0.11	10.81	0.00	0.57	0.01	0.00	0.00	0.00	4.75	0.12	0.24	6.15	14259.48
3.65	0.00	3.59	0.00	0.00	0.00	0.00	0.00	0.00	0.06	0.00	0.03	3.30	-8.73
2076.01	42.11	1603.92	9.05	76.01	7.36	63.64	111.23	72.24	49.69	40.76	27.06	1116.03	2089929.88

业务统计表

单位：人民币百万元，万件

保费收入			有效保单件数	赔款及给付									退保金	保险金额
团体业务		其中：新单保费		合计	个人业务				团体业务					
意外伤害险	健康险				赔款支出	死伤医疗给付	满期给付	年金给付	赔款支出	死伤医疗给付	满期给付	年金给付		
76.50	95.18	1574.23	88.75	1602.21	40.15	66.51	1288.01	119.63	84.44	3.47	–	0.00	541.41	1138987.4
31.87	3.76	192.68	125.28	123.37	5.45	15.91	33.77	61.73	4.92	0.01	0.29	1.29	53.55	4
0.00	0.00	119.22	20.34	89.98	1.77	21.15	44.46	22.21	0.00	0.00	0.03	0.36	47.19	85379.58
0.26	0.21	197.44	7.06	167.29	2.96	5.52	147.52	11.29	0.00	0.00	0.00	0.00	384.89	29159.77
(0.26)	(0.02)	124.50	8.37	172.59	0.35	4.11	151.39	16.28	0.46	0.00	–	0.00	20.16	6668.54
0.50	0.97	39.00	1.34	3.66	0.97	1.35	1.31	0.04	(0.01)	0.00	0.00	0.00	0.67	5749.44
0.00	0.00	143.92	6.43	103.34	1.00	4.59	68.77	28.98	0.00	0.00	0.00	0.00	194.10	3141.65

续表

保险机构	保费收入												
	合计	个人业务							团体业务				
		人寿保险					意外伤害险	健康险	人寿保险				
		小计	普通寿险	分红寿险	投资连结保险	万能保险			小计	普通寿险	分红寿险	投资连结保险	万能保险
民生	46.74	39.23	4.93	34.30	–	–	0.23	7.24	0.01	0.01	–	–	–
富德生命	359.96	352.65	321.60	31.00	0.00	0.05	0.05	7.26	0.00	0.00	–	–	–
合众	81.16	75.29	34.79	40.29	–	0.21	0.15	5.70	0.00	0.00	–	–	–
同方全球	5.11	2.52	0.38	2.12	0.00	0.02	0.03	2.56	0.00	0.00	0.00	0.00	0.00
中宏	21.40	13.54	2.71	10.83	–	–	0.15	7.28	0.00	–	–	–	–
陆家嘴国泰	10.13	6.98	2.54	4.44	–	–	0.07	2.62	0.00	0.00	0.00	–	–
人保健康	208.03	0.15	–	0.15	–	–	0.03	165.07	0.00	–	–	–	–
北大方正	9.83	6.78	1.56	5.18	0.00	0.04	0.06	1.00	0.00	0.00	–	–	–
中意	184.66	179.18	156.16	22.98	0.04	0.00	0.68	4.75	0.00	0.00	–	–	–
恒安标准	16.05	11.44	1.53	9.91	–	–	0.20	4.37	0.00	0.00	0.00	–	–
光大永明	9.48	4.41	0.63	3.78	–	–	0.03	2.48	0.51	0.51	0.00	–	–
农银	75.57	71.32	57.71	13.50	–	0.11	0.00	0.23	0.16	0.16	0.00	–	0.00
和谐	689.47	0.00	–	–	–	–	0.00	685.67	0.00	–	–	–	–
平安养老	11.32	0.00	–	–	–	–	–	–	0.00	–	–	–	–
华泰	30.91	24.86	2.40	22.26	–	0.20	0.03	5.74	0.02	0.00	0.02	–	0.00
君康	24.97	24.43	24.43	–	–	–	–	0.35	0.00	–	–	–	–
华夏	203.53	194.03	193.40	0.63	–	0.00	0.00	7.70	0.10	0.10	–	–	–
人保寿险	360.89	321.13	262.61	58.40	–	0.12	1.38	7.15	13.20	5.85	7.35	–	–
英大	25.73	21.24	4.66	16.48	0.00	0.10	0.20	4.29	0.00	–	–	0.00	–
信泰	38.85	35.93	22.00	13.80	0.00	0.13	2.02	0.90	0.00	0.00	0.00	0.00	0.00
中英	24.24	22.74	18.64	4.10	–	–	0.06	1.44	0.00	0.00	0.00	–	–
长城	50.13	49.87	45.79	4.08	–	–	0.01	0.25	0.00	0.00	0.00	–	–
工银安盛	128.19	126.55	68.88	57.67	0.00	–	0.27	1.23	0.00	–	–	–	–
建信	226.82	222.65	171.97	50.68	–	–	0.08	1.30	0.29	0.29	0.00	–	–
幸福	55.56	52.24	50.62	1.60	–	0.02	0.00	2.26	0.01	0.01	0.00	–	–
阳光	664.56	650.46	614.04	35.83	–	0.59	1.05	7.55	0.01	0.01	0.00	–	–
国华	187.72	187.65	187.55	0.10	0.00	0.00	0.00	0.00	0.00	–	–	–	–
百年	153.07	147.79	142.20	5.59	–	–	0.19	4.02	0.00	–	–	–	–
交银康联	24.73	23.55	22.34	1.21	–	–	0.45	0.73	0.00	–	–	–	–
利安	546.57	533.97	453.49	80.49	–	(0.01)	0.46	0.23	0.91	0.58	0.33	–	–
东吴	103.09	100.72	98.64	2.06	–	0.02	0.15	1.77	0.01	0.01	–	–	–
国联	18.75	18.55	18.55	–	–	–	–	–	0.00	–	–	–	–
小计	10389.92	8406.39	5225.99	3160.61	0.61	19.18	72.79	1552.93	39.87	29.04	10.83	0.00	0.00

注：1.合计中不含有国寿存续保费收入62.89百万元，赔付支出238.35百万元；有效保单件数28.74万件，退保金3.58百万元，保险金额5026.00百万元。

保费收入			有效保单件数	赔款及给付									退保金	保险金额
团体业务		其中:新单保费		合计	个人业务				团体业务					
意外伤害险	健康险				赔款支出	死伤医疗给付	满期给付	年金给付	赔款支出	死伤医疗给付	满期给付	年金给付		
0.00	0.03	5.37	2.88	7.57	0.39	0.83	2.67	3.48	0.20	0.00	0.00	0.00	5.90	1462.96
0.00	0.00	320.06	3.08	58.48	0.43	1.21	56.84	0.00	0.00	–	–	–	27.94	1647.74
0.01	0.01	45.71	1.91	12.43	0.27	1.59	6.63	3.94	0.00	0.00	–	–	14.54	1605.04
0.00	0.00	3.73	0.19	0.94	0.01	0.42	0.11	0.40	0.00	0.00	0.00	0.00	4.03	837.79
0.12	0.31	8.16	0.36	1.18	–	0.81	–	0.32	0.05	–	–	–	0.74	759.98
0.31	0.15	3.78	0.20	1.00	0.00	0.16	0.06	0.75	0.03	–	–	–	0.27	811.36
1.21	41.57	205.08	0.73	42.16	0.03	0.42	1.52	–	40.19	–	–	–	38.75	5140.50
1.46	0.53	4.09	0.21	0.30	0.06	0.21	–	0.03	0.00	0.00	–	0.00	0.66	559.42
0.03	0.02	158.55	1.20	9.66	0.13	0.20	2.45	6.87	0.01	0.00	–	–	59.82	3552.25
0.02	0.02	5.39	0.46	2.32	0.02	0.31	0.80	1.17	0.02	–	–	–	0.37	804.49
1.57	0.48	2.56	0.20	7.17	0.10	0.34	5.78	0.37	0.49	0.06	0.03	–	1.26	2277.88
1.86	2.00	72.70	0.47	2.04	0.00	0.40	1.25	0.28	0.11	0.00	0.00	0.00	31.51	6108.94
1.15	2.65	689.41	0.57	1.21	0.00	0.07	–	–	1.14	0.00	–	–	0.62	4779.02
6.90	4.42	11.32	0.90	4.64	–	–	–	–	4.64	–	–	–	–	23109.90
0.22	0.04	11.00	1.38	17.82	0.14	0.26	16.01	1.41	0.00	0.00	0.00	0.00	1.77	983.20
0.15	0.04	24.97	1.53	0.01	–	–	–	–	0.01	–	–	–	486.52	202.90
1.04	0.66	19.53	4.72	4.38	0.00	0.88	0.00	2.94	0.54	0.02	–	–	0.20	3016.55
3.27	14.76	316.65	5.20	378.96	0.11	2.43	373.11	0.00	1.59	0.12	1.60	0.00	155.57	8005.58
–	–	12.73	1.58	2.50	0.08	0.28	0.93	1.21	–	–	–	–	0.23	2000.38
0.00	0.00	20.59	1.31	22.62	0.02	0.46	20.04	2.08	0.02	0.00	0.00	0.00	4.28	1564.23
0.00	0.00	18.63	0.16	12.24	0.02	0.86	11.04	0.32	0.00	0.00	0.00	0.00	2.03	409.90
0.00	0.00	45.36	0.17	0.93	0.00	0.06	0.07	0.80	0.00	0.00	–	–	0.57	146.39
0.05	0.09	115.14	0.47	4.22	0.02	0.40	2.97	0.83	–	–	–	–	5.96	948.27
2.39	0.11	224.39	0.87	10.14	0.01	0.68	3.48	5.96	0.01	–	–	–	47.05	14076.79
0.97	0.08	52.80	0.44	2.11	0.00	0.17	0.61	0.82	0.51	0.00	–	–	24.22	3547.81
4.45	1.04	21.79	4.46	24.22	0.00	1.02	22.37	0.00	0.83	0.00	0.00	0.00	307.65	12171.70
0.00	0.07	187.68	4.08	0.15	0.00	0.00	0.00	0.15	0.00	0.00	0.00	0.00	0.13	1916.14
0.78	0.29	147.07	0.68	4.20	0.09	0.36	–	3.30	0.39	0.06	–	–	3.80	13206.39
–	–	24.73	0.00	0.00	0.00	0.00	0.00	0.00	–	–	–	–	0.00	0.00
9.52	1.48	510.02	4.62	11.08	0.32	0.61	0.00	8.71	1.33	0.00	–	0.11	302.73	8648.01
0.22	0.22	101.47	1.34	0.44	0.00	0.08	–	0.23	0.13	0.00	–	–	0.63	458.65
0.17	0.03	18.75	0.03	0.00	–	–	–	–	–	–	–	–	0.00	213.87
146.74	171.20	5800.20	303.97	2909.56	54.90	134.66	2263.97	306.53	142.05	3.74	1.95	1.76	2771.72	1399390.98

2.表格中数字含“（）”的为负值。

镇江市保险市场

镇江市保险市场概述

【市场概况】截至2016年末，共有保险市场主体58家，其中，财产险公司28家，分公司1家、中心支公司26家、市级营销服务部1家；人身险公司30家，分公司4家、中心支公司23家、市级营销服务部3家；主体中外资机构5家。保险专业中介机构3家，保险销售从业人员2万余人。

2016年，实现保费收入98.55亿元，同比增长23.55%，总保费规模位居全省第十。保险深度2.57%，保险密度3097.86元。财产险保费收入24.60亿元，同比增长10.58%，保费规模位居全省第十。财产险保险深度0.64%，保险密度773.16元。赔付支出14.84亿元。人身险保费收入73.96亿元，同比增长28.56%，保费规模位居全省第十。人身险保险深度1.93%，保险密度2324.69元。新单保费收入达38.72亿元。赔付支出19.64亿元。全市财产险和人身险总保额规模达17821.15亿元。

【服务经济社会】重保障促理赔服务。2016年全行业为全市50.1万车辆提供保险保障4254亿元；为企事业生产运营提供7249亿元财产风险保障；累计承保人次2600万，提供8.6万亿的人身保障。2016年产、寿险赔给付支出共34.53亿元，同比增长26.0%。其中，财产险赔款支出13.74亿元，同比增加2.8%；人身险给付支出20.79亿元，同比增加48.1%。

【保险保障民生】大力发展民生保障保险。与政府相关部门合作推进生育关怀系列险、关爱“失独”家庭保险、关爱残疾人保险、老年人意外伤害保险等一批关注弱势群体项目。计划生育系列保险覆盖育龄妇女、失独家庭、计生特困家庭等人群，全市累计承保56.1万人次，累计支出赔款1492.65万元；老年人意外伤害保险覆盖全市39.6万老年人口，累计支出赔款1582.6万元。

支持发展商业养老保险。大力发展个人储蓄性养老保险，落实个人税收递延型养老保险，推动保险与养老服务业融合发展，全面实施保险机构承办机关事业单位职业年金保险。2016年，已累计为全市60多家企事业单位建立企业年金计划，资产管理规模3.95亿元，服务职工人数3000多人，其中市政公司年金项目成为全省协助事业单位改制企业建立企业年金计划的第一单。

【促进健康保险发展】积极承办大病保险，深度参与社会基本医疗管理，探索大病保险新路径，形成“基本医疗经办+大病保险承办+商业补充保险+健康管理服务”四位一体经办模式，为全市73万居民医保和新农合参保人员系上了大病费用的“安全带”，共处理结案各类赔案65245件，给付大病补偿款约4.8亿元，切实缓解了群众医疗费用负担重、因病致贫、因病返贫的突出问题。充分体现出商业保险作为改革助推器、社会稳定器的积极作用。

【健全责任保险】把与公众利益关系密切的各种责任保险作为发展重点。生产领域安全责任保险、环境污染责任保险、电梯责任保险的承保面逐步扩大；医疗机构责任保险实现应保尽保；养老机构、旅行社、产品质量以及各类职业的责任保险、产品责任保险和公众责任保险取得新的进展；充分发挥了责任保险在事前风险预防、事中风险控制、事后赔付保障等方面的功能作用，用经济杠杆化解民事责任纠纷。

【发挥社会管理功能】2016年1月面对低温雨雪冰冻天气，保险业反应迅速，积极做好应急处置工作，通过短信、微信、实地走访等多种形式向客户进行灾害天气提醒，告知防范注意事项，排查风险薄弱环节，做好防灾减灾准备，配合当地政府理赔，手续简化高效。共接报案1100余件，赔款金额700余万元，社会管理功能有效发挥。

【落实支农惠农政策】积极落实支农惠农政策，构建“三农”保障体系。与政府建立“联办共保”农险经营模式。2016年农险品种达21个，基本覆盖粮油、蔬菜、畜禽、林木等主要农业生产品种，实现保费5299万元。为种养两业及特色农业、高效设施农业提供了9.69亿元风险保障，累计参保农户54万户，支付农户赔款4766.93万元。2016年全市累计建成中心乡镇营销服务部15个，乡镇三农保险服务站41个，乡村三农保险服务点433个，初步建立起以中心乡镇机构为核心，商业网对接政策网的“三农”保险服务模式。积极探索推进特种种植保险、茶叶低温气象指数保险等，累计承保茶场数10家，承保面积500亩，成功签出了水稻种植商业性补充保额保险和内塘螃蟹水文指数保险全省第一单。开办涉农贷款保证保险，共支持50多家新型农业经营主体获取贷款近5000余万元，有效促进了农村金融体系良性运作发展，有力地支持了当地助农业务的发展。

2016年镇江市各财产保险分公司

保险机构	保费收入											保户储金及投资款
	合计	企业财产保险	机动车辆保险	货物运输保险	责任保险	工程保险	信用保证保险	农业保险	短期健康保险	意外伤害保险	其他	
人保	920.54	38.44	734.89	6.61	24.95	3.05	14.77	44.83	23.49	24.61	4.88	5.35
太保	303.67	50.50	224.81	6.98	8.12	0.25	0.28	0.05	1.71	8.97	1.99	0.50
平安	417.09	18.17	334.52	1.38	9.95	0.20	42.68	0.03	0.89	7.95	1.31	0.00
天安	61.76	5.62	44.30	1.32	1.48	–	5.94	–	0.61	1.36	1.13	817.64
史带	0.00	–	–	–	–	–	–	–	–	–	–	–
华泰	29.73	0.01	29.03	0.09	0.22	0.00	0.00	0.00	0.00	0.37	0.01	0.16
中华联合	58.88	1.95	49.12	0.41	3.23	0.37	0.02	0.01	0.54	2.87	0.37	0.00
太平	54.47	3.50	49.02	0.09	0.54	0.19	0.00	0.00	0.08	0.92	0.13	0.00
大地	57.44	0.96	51.73	0.10	0.87	0.01	–	–	1.00	2.68	0.08	–
华安	19.45	0.08	17.16	0.05	1.51	–	–	–	0.03	0.44	0.19	–
永安	40.41	0.88	36.81	0.49	1.28	0.22	0.00	0.00	0.04	0.63	0.06	0.00
安邦	20.14	0.01	20.05	0.01	0.01	0.00	–	–	–	0.06	0.00	–
阳光	94.14	1.06	69.70	0.01	1.00	0.03	19.33	–	0.61	2.26	0.16	–
都邦	21.10	1.15	18.02	0.11	1.08	0.05	–	–	0.16	0.49	0.04	–
中银	31.17	8.63	14.98	0.25	2.21	0.05	0.06	–	1.22	3.46	0.30	–
安盛天平	1.91	–	1.90	–	–	–	–	–	–	0.01	–	–
永诚	8.52	0.12	7.79	0.10	0.18	0.10	0.00	–	0.00	0.07	0.16	0.00
亚太	23.87	1.92	17.60	0.10	0.32	0.01	0.64	0.00	0.00	3.28	0.00	0.00
国寿财险	224.15	10.61	198.94	0.48	9.31	0.47	–	0.00	–	1.06	3.27	0.03
渤海	2.01	0.18	1.26	0.00	0.00	0.00	0.00	0.00	0.00	0.58	0.00	0.00
安诚	27.16	0.95	24.09	0.22	0.71	0.70	0.00	0.00	0.00	0.49	0.00	0.00
长安责任	26.70	0.60	18.32	0.01	1.26	–	–	–	4.53	1.87	0.11	–
紫金	54.38	3.03	40.02	0.22	0.93	0.01	0.05	8.05	0.40	1.42	0.24	0.00
英大	27.35	0.32	22.40	0.01	1.33	0.92	1.99	0.00	0.00	0.23	0.14	0.00
信达	10.11	0.66	8.54	0.05	0.66	0.11	–	–	0.01	0.00	0.08	–
浙商	11.22	0.56	10.13	–	0.01	0.12	–	–	–	0.36	0.04	–
泰山	13.50	0.10	11.96	0.00	1.35	0.00	0.00	0.00	0.00	0.07	0.01	0.00
安信农业	0.88	0.07	–0.01	0.00	0.22	0.00	0.27	0.11	0.00	0.23	0.00	0.00
小计	2561.76	150.05	2057.06	19.10	72.76	6.88	86.03	53.09	35.33	66.77	14.70	823.68

业务统计表

单位：人民币百万元

赔付支出											赔案件数（万件）	未决赔款	保险金额
合计	企业财产保险	机动车辆保险	货物运输保险	责任保险	工程保险	信用保证保险	农业保险	短期健康保险	意外伤害保险	其他			
610.47	125.50	409.06	1.85	7.82	0.93	1.69	24.32	19.63	10.06	9.61	9.27	418.54	466629.22
202.15	18.60	175.88	−1.87	3.11	0.70	–	–	0.79	3.26	1.68	2.31	202.57	208469.14
195.25	7.24	166.02	0.14	3.72	0.09	16.34	–	0.41	0.90	0.38	2.80	120.44	163884.71
34.04	0.42	30.07	0.22	2.16	–	–	–	0.53	0.62	0.03	0.50	18.57	32845.37
1.09	–	1.09	–	–	–	–	–	–	–	–	0.00	1.40	–
15.95	0.05	15.85	0.00	0.01	0.00	0.00	0.00	0.00	0.04	0.00	0.22	6.16	9585.40
34.33	0.45	31.46	0.04	1.48	0.00	0.00	0.00	0.52	0.36	0.02	0.50	29.61	23104.93
36.94	0.53	33.94	0.00	1.56	0.00	0.00	0.00	0.03	0.85	0.02	0.69	21.73	18984.71
31.91	0.27	30.41	0.01	0.25	–	–	–	0.43	0.53	0.01	0.43	9.52	25853.50
16.98	–	16.81	–	0.08	–	–	–	0.00	0.06	0.03	0.21	3.45	5344.61
26.14	0.80	24.14	0.04	0.98	0.00	0.00	0.00	0.05	0.11	0.02	0.44	16.96	13530.11
7.77	0.00	7.76	0.00	0.00	0.00	–	–	–	0.01	0.00	0.16	2.29	5389.41
45.11	0.05	41.84	0.00	0.09	0.00	1.50	0.00	0.42	1.18	0.02	0.88	22.55	28715.42
13.40	0.84	12.00	–	0.37	–	–	–	0.11	0.08	–	0.17	5.91	11476.42
12.72	0.57	10.28	0.04	0.01	–	0.38	–	1.13	0.07	0.24	0.19	16.71	22543.79
0.47	–	0.47	–	–	–	–	–	–	–	–	0.01	0.30	688.43
6.43	0.03	6.01	0.09	0.21	0.10	0.00	–	0.00	0.00	0.00	0.11	3.60	5317.70
8.63	0.29	6.86	0.00	0.03	0.00	0.00	0.00	0.00	1.46	0.00	0.15	9.30	9073.78
126.96	2.99	119.01	0.01	4.35	0.00	–	0.00	–	0.37	0.23	1.40	75.47	112455.38
1.22	0.00	1.22	0.00	0.00	0.00	0.00	0.00	0.00	0.00	0.00	0.01	0.40	614.74
17.23	0.53	14.81	0.15	0.83	0.07	0.00	0.00	0.00	0.84	0.00	0.25	3.58	9389.69
15.14	–	14.18	–	0.32	–	–	–	0.25	0.28	0.11	0.21	5.98	8002.40
34.55	1.11	20.80	0.03	5.38	0.00	0.00	6.35	0.26	0.60	0.01	0.44	21.44	23280.95
18.91	0.08	15.79	0.00	2.46	0.00	0.19	0.00	0.00	0.32	0.07	0.20	7.55	8898.46
1.70	0.01	1.53	0.10	0.02	–	–	–	0.04	0.00	0.00	0.06	3.23	4327.98
6.56	–	6.56	–	–	–	–	–	–	0.00	–	0.12	3.91	3635.83
5.78	0.02	5.87	0.00	0.03	0.00	0.00	0.00	0.01	0.00	−0.15	0.08	1.89	8667.74
3.60	0.00	3.10	0.00	0.00	0.00	0.00	0.11	0.00	0.37	0.01	0.04	1.59	473.06
1531.46	160.37	1222.82	0.87	35.27	1.90	20.10	30.78	24.62	22.38	12.34	21.86	1034.63	1231182.88

2016年镇江市各人身保险分公司

保险机构	保费收入													
	合计	个人业务							团体业务					
		人寿保险					意外伤害险	健康险	人寿保险					
		小计	普通寿险	分红寿险	投资连结保险	万能保险			小计	普通寿险	分红寿险	投资连结保险	万能保险
国寿	2390.92	2083.28	1144.81	938.47	–	–	27.50	169.74	21.28	20.91	0.37	–	–
太保	476.98	399.28	89.77	309.16	–	0.35	0.62	51.72	2.69	2.69	0.00	–	–
平安	691.43	515.23	182.27	302.92	0.59	29.45	23.75	152.42	0.03	0.03	–	–	–
新华	232.31	158.87	70.15	88.07	–	0.65	0.37	70.15	0.05	0.05	–	–	–
泰康	326.57	303.99	100.19	198.98	0.00	4.82	0.48	21.58	0.00	0.00	–	–	–
友邦	4.46	1.70	1.19	0.51	0.00	0.00	0.14	2.59	0.00	0.00	0.00	0.00	0.00
太平	268.12	242.22	58.85	183.37	0.00	–	2.66	23.24	0.00	–	–	–	–
民生	37.99	32.46	2.04	30.42	–	–	0.05	5.42	0.02	0.02	–	–	–
富德生命	378.49	357.15	235.29	121.73	0.00	0.13	0.03	21.31	0.00	0.00	–	–	–
信诚	20.34	13.43	1.32	11.72	0.09	0.30	0.10	5.37	0.23	0.23	–	–	–
合众	5.65	4.90	0.19	4.65	–	0.06	0.01	0.73	0.00	0.00	–	–	–
同方全球	2.51	0.90	0.07	0.83	–	–	0.01	1.60	0.00	0.00	0.00	–	–
中宏	45.88	30.57	5.03	25.54	–	–	0.46	13.84	0.04	0.04	–	–	–
陆家嘴国泰	9.91	6.97	4.16	2.81	–	–	0.03	2.87	0.00	0.00	0.00	–	–
农银	107.95	104.17	89.99	14.00	–	0.18	0.03	1.08	0.00	0.00	0.00	–	0.00
平安养老	15.48	0.00	–	–	–	–	–	–	0.00	–	–	–	–
华泰	46.08	38.75	3.04	35.64	–	0.07	0.00	6.54	0.01	0.01	0.00	–	0.00
君康	31.81	31.63	31.16	0.47	–	–	–	0.18	0.00	–	–	–	–
华夏	247.38	215.67	198.40	16.60	–	0.67	0.02	29.91	0.01	0.01	–	–	–
人保寿险	297.92	277.70	234.66	43.03	–	0.01	1.22	7.81	9.44	9.34	0.10	–	–
英大	10.01	8.26	1.99	6.27	0.00	0.00	0.07	1.68	0.00	–		0.00	–
信泰	32.02	27.41	15.35	12.06	0.00	0.00	4.24	0.37	0.00	0.00	0.00	0.00	0.00
长城	25.19	23.42	10.63	12.79	–	–	0.06	1.71	0.00	0.00	0.00	–	–
建信	191.75	186.93	127.94	58.99	–	–	0.12	0.98	0.68	0.68	0.00	–	–
阳光	302.05	281.18	223.01	56.90	–	1.27	1.58	16.73	0.15	0.01	0.14	–	–
国华	124.96	124.95	124.94	0.01	0.00	0.00	0.00	0.00	0.00	–	–	–	–
百年	48.25	47.92	47.71	0.21	–	–	0.01	0.30	0.00	–	–	–	–
利安	782.80	762.76	708.71	54.05	–	0.00	0.04	0.02	16.09	15.64	0.45	–	–
东吴	111.01	103.89	94.06	9.79	–	0.04	0.49	6.58	0.00	0.00	–	–	–

业务统计表

单位：人民币百万元，万件

保费收入			有效保单件数	赔款及给付									退保金	保险金额
团体业务		其中:新单保费		合计	个人业务				团体业务					
意外伤害险	健康险				赔款支出	死伤医疗给付	满期给付	年金给付	赔款支出	死伤医疗给付	满期给付	年金给付		
49.17	39.95	1025.50	48.88	898.61	17.88	54.04	693.31	91.22	39.10	3.06	–	0.00	414.38	260642.26
20.47	2.20	121.80	129.74	91.04	3.30	15.04	22.12	43.22	3.97	0.84	0.90	1.65	33.55	47051.52
0.00	0.00	240.13	27.50	109.05	1.97	35.89	56.50	14.58	0.00	0.01	0.00	0.10	73.10	48672.55
1.40	1.47	114.52	5.45	54.74	2.36	4.69	29.94	17.75	0.00	0.00	0.00	0.00	50.76	8363.85
0.52	0.00	161.89	12.85	120.49	0.30	5.46	86.39	27.70	0.42	0.00	–	0.22	19.73	11126.92
0.00	0.03	3.10	0.08	0.24	0.05	0.19	0.00	0.00	0.00	0.00	0.00	0.00	0.00	148.16
0.00	0.00	109.14	4.11	44.61	0.54	3.40	21.27	19.40	0.00	0.00	0.00	0.00	50.81	60515.92
0.01	0.03	1.97	2.48	100.12	0.11	1.90	95.49	2.57	0.05	0.00	0.00	0.00	21.43	1466.74
0.00	0.00	257.93	3.40	42.91	0.42	2.44	40.04	0.00	0.01	–	–	–	58.36	2562.10
0.36	0.85	9.78	0.54	8.76	0.12	0.29	7.80	0.00	0.42	0.13	–	–	0.43	3339.33
0.01	0.00	0.68	0.29	5.37	0.01	0.21	4.71	0.44	0.00	0.00	–	–	0.89	297.90
0.00	0.00	1.72	0.28	2.58	0.00	0.06	1.71	0.81	0.00	0.00	0.00	0.00	1.74	876.29
0.20	0.77	12.51	0.82	3.52	–	2.48	–	0.93	0.11	–	–	–	0.81	1731.13
0.02	0.02	6.15	0.28	0.87	0.00	0.07	0.47	0.33	0.00	–	–	–	0.11	274.39
2.50	0.17	99.50	0.69	4.58	0.01	1.50	2.06	1.01	0.00	0.00	0.00	0.00	35.10	8703.98
9.14	6.34	15.48	1.97	5.35	–	–	–	–	5.35	–	–	–	0.00	33553.06
0.62	0.16	14.81	1.89	12.11	0.22	0.27	10.08	1.44	0.07	0.03	0.00	0.00	1.47	1395.72
–	–	31.27	2.27	14.20	–	0.15	14.05	–	–	–	–	–	191.93	115.07
1.19	0.58	97.40	6.15	29.80	0.01	1.36	12.36	14.78	1.29	0.00	–	–	1.75	4277.36
0.96	0.79	263.99	3.35	268.21	0.41	2.32	255.10	0.00	8.59	0.23	1.56	0.00	84.26	11127.51
–	–	7.33	0.29	0.52	0.02	0.10	0.00	0.40	–	–	–	–	0.04	412.59
0.00	0.00	14.50	1.21	32.77	0.01	0.20	31.06	1.50	0.00	0.00	0.00	0.00	19.09	1807.38
0.00	0.00	9.65	0.34	3.47	0.03	0.46	0.00	2.98	0.00	0.00	–	–	0.84	342.95
2.92	0.12	188.16	0.87	16.06	0.02	0.43	0.86	14.38	0.37	–	–	–	108.27	14026.99
1.79	0.62	21.61	6.59	31.18	0.11	2.80	27.77	0.00	0.50	0.00	0.00	0.00	199.56	19026.56
0.00	0.01	124.95	1.35	0.71	0.00	0.02	0.67	0.02	0.00	0.00	0.00	0.00	42.89	704.61
0.01	0.01	48.25	0.09	0.38	0.00	–	–	0.38	–	–	–	–	0.00	156.38
3.30	0.59	753.48	2.74	12.35	0.01	0.70	0.00	10.11	1.43	0.00	–	0.10	174.46	7747.46
0.03	0.02	100.31	1.27	2.32	1.03	0.07	–	1.18	0.04	0.00	–	–	0.12	465.62

续表

保险机构	合计	保费收入												
		个人业务							团体业务					
		人寿保险					意外伤害险	健康险	人寿保险					
		小计	普通寿险	分红寿险	投资连结保险	万能保险			小计	普通寿险	分红寿险	投资连结保险	万能保险	
国联	0.00	0.00	–	–	–	–	–	–	0.00	–	–	–	–	
小计	7266.22	6385.59	3806.92	2539.99	0.68	38.00	64.09	616.47	50.72	49.66	1.06	0.00	0.00	

注：合计中不含有国寿存续保费收入27.23百万元，赔付支出120.36百万元；有效保单件数15.79万件，退保金4.74百万元，保险金额2671.42百万元。

保费收入			有效保单件数	赔款及给付									退保金	保险金额
团体业务		其中:新单保费		合计	个人业务				团体业务					
意外伤害险	健康险				赔款支出	死伤医疗给付	满期给付	年金给付	赔款支出	死伤医疗给付	满期给付	年金给付		
–	–	–	0.00	0.00	–	–	–	–	–	–	–	–	0.00	0.00
94.62	54.73	3857.51	267.77	1916.92	28.94	136.54	1413.76	267.13	61.72	4.30	2.46	2.07	1585.88	550932.30

全国各地区原保险保费收入情况表（2016年）

2016年1~12月全国各地区原保险保费收入情况表

单位：人民币万元

地区	合计	财产保险	寿险	意外险	健康险
全国合计	309591008.90	87244981.36	174422166.77	7498892.86	40424967.91
集团、总公司本级	729146.82	704662.23	1258.96	18835.74	4389.90
北 京	18389561.55	3692494.00	11016194.18	449100.06	3231773.31
天 津	5294869.34	1275594.45	3495614.24	76701.33	446959.32
河 北	14952669.86	4421311.98	8880402.80	256235.12	1394719.96
辽 宁	8383562.02	2217634.42	4997921.92	130185.56	1037820.12
大 连	2773233.49	730593.98	1754125.39	51056.62	237457.51
上 海	15292581.04	3711507.47	9132518.21	530890.86	1917664.50
江 苏	26902476.16	7334341.31	15069642.46	613178.31	3885314.08
浙 江	15273196.37	5693471.89	7139455.84	458668.59	1981600.04
宁 波	2575601.41	1272161.82	1087445.86	62895.75	153097.98
福 建	7549960.15	2111255.53	4106707.10	202190.16	1129807.36
厦 门	1625952.96	631749.89	765224.03	54641.89	174337.14
山 东	19662875.49	5203260.77	11570083.07	376376.67	2513154.99
青 岛	3359012.89	1059642.09	1781346.39	66701.08	451323.33
广 东	29860614.42	7081263.99	16120144.76	775188.08	5884017.59
深 圳	8344460.24	2373977.27	4260961.80	355036.54	1354484.63
海 南	1332070.31	475994.96	681799.66	34387.26	139888.43
山 西	7005480.48	1741486.50	4553286.77	111709.88	598997.32
吉 林	5571189.49	1332287.09	3706149.85	74624.18	458128.38
黑龙江	6855239.02	1488955.65	4135989.82	123180.35	1107113.20
安 徽	8760966.86	3127928.63	4403568.16	166634.54	1062835.53
江 西	6087090.10	1836465.46	3479586.57	118221.76	652816.31
河 南	15551470.50	3729535.13	10033704.22	277263.67	1510967.48
湖 北	10517664.05	2632176.72	6300051.34	301321.07	1284114.93

续表　单位：人民币万元

地区	合计	财产保险	寿险	意外险	健康险
湖　南	8864614.23	2730477.74	4957606.24	222594.61	953935.64
重　庆	6016052.52	1652267.29	3352451.88	176493.55	834839.79
四　川	17120774.10	4572146.42	9913025.59	378092.74	2257509.35
贵　州	3212830.24	1531474.03	1287918.22	115040.51	278397.48
云　南	5293674.20	2244271.70	2186250.52	185123.81	678028.17
西　藏	222488.62	139034.20	38374.26	23058.54	22021.62
陕　西	7147363.35	1913831.46	4400229.05	152484.28	680818.55
甘　肃	3076564.81	1006149.84	1679007.30	100989.96	290417.71
青　海	687282.34	296418.05	288431.93	20323.25	82109.11
宁　夏	1338952.89	460887.09	682254.52	35224.51	160586.77
新　疆	4398984.18	1533806.24	2147458.78	141832.40	575886.76
内蒙古	4868744.11	1627330.42	2630028.52	92851.05	518534.13
广　西	4691738.28	1657133.65	2385946.56	169558.59	479099.48

说明：1.本表数据是保险业执行《关于印发〈保险合同相关会计处理规定〉的通知》（财会〔2009〕15号）后，各保险公司按照相关口径要求报送的数据。

2.集团、总公司本级是指集团、总公司开展的业务，不计入任何地区。

3.上述数据来源于各公司报送的保险数据，未经审计。

2016年财产保险公司原保险保费收入情况表

单位：人民币万元

资本结构	公司名称	原保险保费收入	资本结构	公司名称	原保险保费收入
中资	人保股份	31045348.12	中资	国寿财产	5973598.16
	大地财产	3195785.08		安诚	371060.66
	出口信用	1730795.26		长安责任	306926.26
	中华联合	3858724.65		国元农业	404160.70
	太 保 财	9607111.54		鼎和财产	318908.61
	平 安 财	17790765.32		中煤财产	125794.24
	华泰	701094.06		英大财产	832973.54
	天安	1387436.08		浙商财产	347971.27
	华安	1003486.71		紫金财产	494475.17
	永安	903558.62		泰山财险	134743.57
	太平保险	1818028.64		众诚保险	117799.52
	亚太财险	285484.34		锦泰财产	145304.79
	中银保险	502534.86		诚泰财产	89525.55
	安信农业	101093.36		长江财产	82464.96
	永诚	634906.94		富德财产	182646.20
	安邦	537089.68		鑫安汽车	41166.43
	信达财险	324879.85		北部湾财产	149685.12
	安华农业	440980.69		中石油专属保险	38954.76
	阳光财产	2839216.44		众安财产	340804.84
	阳光农业	303118.91		恒邦财产	46649.84
	都邦	401874.07		合众财产	5805.50
	渤海	296285.71		燕赵财产	62142.11
	华农	84021.97		华海财产	118954.93

续表

资本结构	公司名称	原保险保费收入	资本结构	公司名称	原保险保费收入
中资	中原农业	53508.60	中资	久隆财产	4119.32
	中路财产	12978.54		安心财产	7512.47
	铁路自保	54217.56		前海联合	5307.94
	阳光渝融	3003.20		珠峰财险	2459.98
	泰康在线	67489.85		海峡金桥	3230.10
	易安财产	22152.68		建信财产	27.34
	东海航运	7497.55		小计	90769642.77

资本结构	公司名称	原保险保费收入	资本结构	公司名称	原保险保费收入
外资	史带财产	18283.59	外资	苏黎世	47978.40
	美亚	137330.61		现代财产	11079.89
	东京海上	50938.58		劳合社	1214.20
	瑞再企商	12897.05		中意财产	46284.08
	安达保险	29137.61		爱和谊	5546.14
	三井住友	44858.13		国泰财产	65119.58
	三星	81764.70		日本兴亚	5700.56
	安联	82895.26		乐爱金	11191.58
	日本财产	36429.57		富邦财险	96621.58
	利宝互助	122963.03		信利保险	3221.91
	中航安盟	183452.13		小计	1892040.45
	安盛天平	797132.29	合计		92661683.21

说明：1.本表数据是保险业执行《关于印发〈保险合同相关会计处理规定〉的通知》（财会〔2009〕15号）后，各保险公司按照相关口径要求报送的数据。

2.原保险保费收入为本年累计数，数据来源于各产险公司报送保监会月报数据。

3.原保险保费收入为各产险公司内部管理报表数据，未经审计，各产险公司不对该数据的用途及由此带来的后果承担任 何法律责任。

4.由于计算的四舍五入问题，各产险公司原保险保费收入可能存在细微的误差。

2016年人身保险公司原保险保费收入情况表

单位：人民币万元

资本结构	公司名称	原保险保费收入	保户投资款新增交费	投连险独立账户新增交费
中资	国寿股份	43060677.17	16555055.76	—
	太保寿	13736233.45	1239929.85	0.10
	平安寿	27518152.18	9096061.04	208682.67
	新华	11255979.54	426829.34	118.91
	泰康	8984073.97	3015137.53	476859.91
	太平人寿	9436417.90	562690.84	7688.72
	建信人寿	4611692.35	623510.31	509348.49
	天安人寿	3352417.62	3520828.83	—
	光大永明	507208.32	469180.54	3142393.30
	民生人寿	1252075.51	517650.12	90574.95
	富德生命人寿	10217741.56	6810922.75	—
	国寿存续	1037922.34	—	—
	平安养老	1529366.80	636187.76	—
	中融人寿	24.80	234373.22	—
	合众人寿	1882927.62	493438.96	—
	太平养老	400954.52	45033.67	—
	人保健康	2374367.58	430253.90	—
	华夏人寿	4543566.46	13772439.69	—
	君康人寿	367791.31	2656671.40	—
	信泰	282126.00	994833.90	—
	农银人寿	1828941.33	759185.08	—
	长城	689869.91	341256.77	—
	昆仑健康	20897.96	421384.47	—
	和谐健康	10703132.93	4739413.21	—
	人保寿险	10505358.15	1151872.90	—
	国华	2658764.83	1602134.86	588687.52

续表

资本结构	公司名称	原保险保费收入	保户投资款新增交费	投连险独立账户新增交费
中资	国寿养老	—	—	—
	长江养老	—	—	—
	英大人寿	226569.06	657613.24	—
	泰康养老	358034.12	332833.01	—
	幸福人寿	1363265.42	1197650.64	—
	阳光人寿	4446724.30	2162817.76	5182.40
	百年人寿	1829442.15	699650.84	—
	中邮人寿	2965240.21	542.95	—
	安邦人寿	11419731.88	21628953.98	—
	利安人寿	1140276.00	143582.51	506.50
	前海人寿	2204475.50	7826557.56	—
	华汇人寿	89063.46	—	—
	东吴人寿	382064.85	404740.89	—
	珠江人寿	1510041.59	828502.20	—
	弘康人寿	111774.13	174334.50	4001265.51
	吉祥人寿	306239.73	356702.78	—
	安邦养老	25.57	1384952.90	—
	渤海人寿	674151.55	1178566.44	—
	国联人寿	156919.20	45358.88	—
	太保安联健康	4887.56		—
	上海人寿	1085955.35	1199380.90	—
	中华人寿	12527.83	112061.17	—
	新华养老	—	—	—
	小计	203046091.58	111451079.85	9031308.99
外资	中宏人寿	502231.87	9384.09	1186.90
	中德安联	316506.23	11364.43	39850.86
	工银安盛	3427111.41	6338.06	27340.05
	信诚	823105.89	230333.94	155250.40
	交银康联	970377.38	228375.25	—
	中意	971131.49	204119.01	6759.35
	友邦	1611394.07	120242.73	38542.98

续表

资本结构	公司名称	原保险保费收入	保户投资款新增交费	投连险独立账户新增交费
外资	北大方正人寿	154035.20	129742.33	178.78
	中荷人寿	289021.51	37016.48	85.28
	中英人寿	612900.83	44527.71	2.00
	同方全球人寿	179390.37	122308.94	169.30
	招商信诺	1198610.42	16.98	1718.95
	长生人寿	193187.07	111004.10	—
	恒安标准	191116.76	16914.95	214.73
	瑞泰人寿	46021.72	219344.62	1956.18
	中法人寿	6361.41	1517.60	—
	华泰人寿	340395.05	52220.89	808.30
	陆家嘴国泰	89709.38	41023.80	25.87
	中美联泰	857364.60	3119.29	18315.33
	平安健康	78838.75	10227.67	—
	中银三星	358642.11	179009.20	—
	恒大人寿	438868.91	5208663.29	—
	新光海航	10810.95	14.29	—
	汇丰人寿	85291.20	8220.37	61875.13
	君龙人寿	53610.42	945.21	—
	复星保德信	11604.52	100095.70	—
	中韩人寿	46984.16	40657.05	—
	德华安顾	17392.99	13787.45	4155.07
	小计	13882016.64	7150535.45	358435.46
合计		216928108.22	118601615.29	9389744.45

说明：1.本表数据是保险业执行《关于印发〈保险合同相关会计处理规定〉的通知》（财会〔2009〕15号）后，各保险公司按照相关口径要求报送的数据。

2.原保险保费收入为本年累计数，数据来源于各寿险公司报送保监会月报数据。

3.原保险保费收入为各寿险公司内部管理报表数据，未经审计，各寿险公司不对该数据的用途及由此带来的后果承担任 何法律责任。

4.友邦合计包括友邦上海、友邦广州、友邦深圳、友邦北京、友邦苏州、友邦东莞和友邦江门。

5.由于计算的四舍五入问题，各寿险公司原保险保费收入可能存在细微的误差。

6.本表不含中华控股寿险业务原保险保费收入。

通讯录

行业组织

机构名称	机构地址	联系电话	负责人
无锡市保险学会	无锡市中山路58号	0510-68865676	华 晓
无锡市保险行业协会	无锡市滨湖区金融一街10号国联大厦17楼1701室	0510-82759483	尤玲娜

财产保险公司

序号	机构名称	机构地址	联系电话	负责人
1	中国人民财产保险股份有限公司无锡分公司	无锡市中山路58号	0510-68865998	尤力人
2	中国太平洋财产保险股份有限公司无锡分公司	无锡市崇宁路8号	0510-81898811	鲁 强
3	中国平安财产保险股份有限公司无锡分公司	无锡市滨湖区太湖新城金融一街平安财富中心19层	0510-82831177	许 威
4	天安财产保险股份有限公司无锡中心支公司	无锡市太湖西大道258号金星睦邻中心附楼5楼	0510-66961058	徐 芳
5	中华联合财产保险股份有限公司无锡中心支公司	无锡市清扬路228号地铁控制中心配套综合楼地上8/9层	0510-82799861	徐 锋
6	永安财产保险股份有限公司无锡中心支公司	无锡市五星家园787-1号6号楼	0510-82767113	陈 祺
7	中国大地财产保险股份有限公司无锡中心支公司	无锡市清扬路137-1601（恒威大厦16楼）	0510-85119108	林 峻
8	华安财产保险股份有限公司无锡中心支公司	无锡市太湖新城金融一街1号昌兴国际金融大厦1213-1216	0510-81009186	史 辉
9	安邦财产保险股份有限公司无锡中心支公司	无锡市崇安区解放北路21号锡银大厦13楼A	0510-82830060	陈 勇
10	阳光财产保险股份有限公司无锡中心支公司	无锡市滨湖区金融一街10号楼801、802、808	0510-82733208	沈晓明
11	华泰财产保险股份有限公司无锡中心支公司	无锡新区长江北路6号百仕达大厦8楼825-827室	0510-81819601	边文斌
12	太平财产保险有限公司无锡中心支公司	无锡市建筑西路599号蠡园开发区创业园三期A栋10楼1001室	0510-82809088	周振冬
13	都邦财产保险股份有限公司无锡中心支公司	无锡市惠山区惠山大道108-4-802-2室	0510-85859989	邓永东
14	中国人寿财产保险股份有限公司无锡市中心支公司	无锡市优谷商务园2号楼、3号楼	0510-68061118	杨 伟
15	亚太财产保险有限公司无锡中心支公司	无锡市广益路188号崇安区广益街道行政办公楼13楼	0510-82798511	叶新伟
16	渤海财产保险股份有限公司无锡中心支公司	无锡市崇安区解放北路16号CEPA大厦616室	0510-85410518	冯拥军
17	中银保险有限公司无锡中心支公司	无锡市梁清路2号中行4楼	0510-85805878	华永康

序号	机构名称	机构地址	联系电话	负责人
18	安盛天平保险股份有限公司无锡中心支公司	无锡市滨湖区金融一街10号无锡国联金融大厦701	0510-82739696	曹红菊
19	安诚财产保险股份有限公司无锡中心支公司	无锡市建筑西路567号宝通大厦17楼	0510-66057886	丁　琰
20	长安责任保险股份有限公司无锡市中心支公司	无锡市清扬路333号南长创业大厦16楼	0510-66072788	陈锁君
21	紫金财产保险股份有限公司无锡中心支公司	无锡市湖滨路688号华东大厦6、7楼	0510-82710022	房　恒
22	三井住友海上火灾保险（中国）有限公司江苏分公司	无锡市新区龙山路4号旺庄科技创业中心C幢1001-1004室	0510-81122377	海司昌宏
23	英大泰和财产保险股份有限公司无锡中心支公司	无锡市建筑西路567号宝通大厦21楼	0510-66613366	郑　采
24	信达财产保险股份有限公司无锡中心支公司	无锡市隐秀路150号中南发展大厦501-503室	0510-81807666	许　俊
25	浙商财险保险股份有限公司无锡中心支公司	无锡市太湖新城金融一街1号9层918-922号	0510-85858237	丁瑞锋
26	永诚财险保险股份有限公司无锡中心支公司	无锡市滨湖区金融一街10号704单元	0510-81179827	孙长山
27	安信农业保险股份有限公司无锡中心支公司	无锡市南长区南湖大道855号扬名科技创业中心1111室	0510-85410820	王尊鹏
28	泰山财产保险股份有限公司无锡中心支公司	无锡市滨湖区观山路金融一街昌兴国际金融大厦15楼	0510-66055829	汪　健

人身保险公司

序号	机构名称	机构地址	联系电话	负责人
01	国联人寿保险股份有限公司	无锡市滨湖区金融一街8号13、16楼	0510-81186601	丁武斌
02	中国人寿保险股份有限公司无锡分公司	无锡市梁清路4号	0510-85808188	张建平
03	中国太平洋人寿保险股份有限公司无锡分公司	无锡市县前东街86号	0510-82750105	陈爱国
04	中国平安人寿保险股份有限公司无锡中心支公司	无锡市太湖新城金融一街11号6/7楼	0510-82709108	侯　勇
05	新华人寿保险股份有限公司无锡中心支公司	无锡市人民中路139号恒隆广场办公楼8层801-809室	0510-85059821	谢　丹
06	泰康人寿保险股份有限公司无锡中心支公司	无锡市梁清路58-1号华邸国际大厦10楼	0510-87926678	狄秀英
07	太平人寿保险有限公司无锡中心支公司	无锡市北大街1号华锦大厦6楼	0510-68869118	王廷宏
08	民生人寿保险股份有限公司无锡中心支公司	无锡市北塘区兴源北路600号2501	0510-82710700	陆　晶
09	富德生命人寿保险股份有限公司无锡中心支公司	无锡市健康路6号华岳大厦6楼	0510-88662596	赵鹏涛
10	同方全球人寿保险有限公司江苏分公司无锡中心支公司	无锡市永和路6号君来广场9楼905室	0510-82804868	戴安杰
11	合众人寿保险股份有限公司无锡中心支公司	无锡市兴源北路401号北创科技创业园305、306室	0510-82715658	李天明

序号	机构名称	机构地址	联系电话	负责人
12	信诚人寿保险有限公司江苏省分公司无锡营销服务部	无锡市兴源北路401号20楼	0510-82610042	徐　芳
13	中宏人寿保险有限公司江苏分公司无锡中心支公司	无锡市人民中路97号佳福国际贸易中心有限公司10楼	0510-82762109	吴公荣
14	北大方正人寿保险有限公司无锡分公司无锡中心支公司	无锡市南长区永乐路6号君来洲际酒店办公楼15楼1509-1512室	0510-85031678	殷　文
15	中意人寿保险有限公司江苏省分公司无锡中心支公司	无锡市中山路359号东方广场B座8楼	0510-80186706	张莉萍
16	陆家嘴国泰人寿保险有限责任公司江苏分公司无锡营销服务部	无锡市崇安区新生路107号新鼎球大厦5楼	0510-82326899	张海波
17	农银人寿保险股份有限公司无锡中心支公司	无锡市县前东街188号国邮大厦4楼	0510-68552080	任百川
18	恒安标准人寿保险有限公司江苏分公司无锡营销服务部	无锡市北大街1号A座华锦大厦11楼	0510-66678601	施　开
19	友邦保险有限公司江苏分公司无锡营销服务部	无锡市县前东街1号金陵大饭店25楼	0510-82327558	蔡哲惟
20	瑞泰人寿保险有限公司江苏分公司无锡营销服务部	无锡市人民中路109号苏宁广场北塔2103-2104室	0510-82747298	陈　磊
21	中国人民健康保险股份有限公司无锡中心支公司	无锡市中山路58号保险大厦12楼	0510-82728580	穆　睿
22	光大永明人寿保险有限公司江苏分公司无锡中心支公司	无锡市滨湖区金融一街10号1701单元	0510-66678999	周幼幼
23	平安养老保险股份有限公司无锡中心支公司	无锡市滨湖区金融一街11号15单元17层1704号	0510-82718688	钱平家
24	华泰人寿保险股份有限公司无锡中心支公司	无锡市滨湖区湖滨路625-6苏豪国际大厦裙楼二楼	0510-82811758	孟　军
25	和谐健康保险股份有限公司无锡中心支公司	无锡市复兴路155号机械大楼10楼	0510-80212909	符　纳
26	长城人寿保险股份有限公司无锡中心支公司	无锡市鸿桥路801号现代国际工业设计大厦1201	0510-82790592	冯伟华
27	英大泰和人寿保险股份有限公司无锡中心支公司	无锡市崇安区新生路107号新鼎球大厦9楼	0510-66076001	张　瑄
28	华夏人寿保险股份有限公司无锡中心支公司	无锡市梁溪区清扬路118号27楼	0510-68552001	汤　淏
29	工银安盛人寿江苏分公司无锡营销服务部	无锡市人民中路220号财富大厦26F	0510-82210888	杨艳华
30	中美联泰大都会人寿保险有限公司江苏分公司无锡营销服务部	无锡市中山路343号东方广场A座9楼	0510-66962399	何　斌
31	阳光人寿保险股份有限公司无锡中心支公司	无锡市北塘区兴源北路401号北创科技有20楼	0510-82718669	陈　伟
32	君康人寿保险股份有限公司无锡中心支公司	无锡市解放西路195、197号华通大厦4楼	0510-82706193	汤成伟
33	中国人民人寿保险股份有限公司无锡中心支公司	无锡市中山路58号保险大厦13楼	0510-66968001	朱　瑶
34	信泰人寿保险股份有限公司无锡中心支公司	无锡市通扬南路251号汇普金融大厦16层	0510-68000086	孙　宾
35	国华人寿保险股份有限公司无锡中心支公司	无锡市滨湖区太湖新城国联金融大厦10号楼703室	0510-85043001	袁亚芹

序号	机构名称	机构地址	联系电话	负责人
36	中英人寿保险有限公司江苏分公司无锡营销服务部	无锡市兴源北路401号北创科技园719室	0510-66613631	黄　美
37	幸福人寿保险股份有限公司无锡中心支公司	无锡市新生路107号新鼎球大厦8楼	0510-66682666	陈小松
38	中德安联人寿保险有限公司江苏分公司无锡营销服务部	无锡市南长区永乐路6号君来广场写字楼8层3、4单元	0510-81807337	丁一斐
39	利安人寿保险股份有限公司无锡分公司	无锡市太湖新城金融一街1号1209-1212单元	0510-81139600	刘　毅
40	招商信诺人寿保险有限公司江苏分公司无锡营销服务部	无锡市滨湖区梁溪路51号万达广场903室	0510-85867005	张　丽
41	交银康联人寿保险有限公司无锡市中心支公司	无锡市北塘区中山路678号8-9楼	0510-81187700	龚建伟
42	东吴人寿保险股份有限公司无锡分公司	无锡市县前东街188号国邮大厦18楼	0510-82622277	吕旭楠
43	建信人寿保险有限公司无锡中心支公司	无锡市滨湖区金融一街10号楼702	0510-85510308	邱文莲
44	国联人寿保险股份有限公司无锡分公司	无锡市崇安区中山路153号时代中心大厦1、2层	0510-81903528	周伟民
45	太平养老保险股份有限公司无锡中心支公司	无锡市中山路601-1华锦大厦6楼	0510-68869995	徐　红
46	安邦人寿保险股份有限公司无锡中心支公司	无锡市崇安区解放北路21-13A1301室	0510-82830256	何冬益
47	前海人寿保险股份有限公司无锡分公司	无锡市太湖广场钟书路99号国金中心63楼	025-86950701	康　震

中介机构

序号	机构名称	机构地址	联系电话	负责人
01	江苏统一保险代理有限公司	无锡市惠山经济开发区智慧路5号北—605室	0510-85101363	张雪燕
02	江苏首信保险代理有限公司	无锡市通扬路280-1号五星大厦1111室	0510-82833303	袁珉芝
03	江苏华美保险代理有限公司	无锡市人民东路29号1708室	0510-82827760	崔　飒
04	无锡诚安保险代理有限责任公司	无锡惠山区钱桥街道盛岸西路605号	0510-82722133	赵云峰
05	无锡新天地保险代理有限公司	无锡市清扬路27号永丰大厦1108	0510-85016553	曹　斌
06	无锡市瑞达信保险代理有限公司	无锡市解放南路758号	0510-82825100	韩志军
07	恒泰保险经纪有限公司无锡分公司	无锡市滨湖区建筑西路586号建苑大厦5楼	0510-81833899	朱国强
08	大童保险销售服务有限公司无锡营业部	无锡市崇安区中山路270号天安大厦2302	0510-82618330	徐锡林
09	江苏华邦保险代理有限公司无锡市惠山分公司	无锡市沁园新村679-6号	0510-88881919	花　燕

序号	机构名称	机构地址	联系电话	负责人
10	上海恒量保险公估有限公司无锡分公司	无锡市锡山区东亭科创中心	0510-88223619	高 鉴
11	平安保险代理有限公司紫金保险销售有限公司无锡分公司	无锡市人民中路139号恒隆广场办公楼2905单元	0510-82730568	王小斌
12	紫金保险销售有限公司无锡分公司	无锡市南长区通扬路91-99太湖明珠数码大厦4005室	0510-85803665	李 汝
13	江苏万舜保险代理股份有限公司	无锡市惠山区惠山大道108号4-901-2	0510-83505308	许振芳
14	江苏宁价保险公估有限公司无锡市分公司	无锡市梁溪区凤宾路联动U谷18栋506	0510-85555575	薛红兵
15	江苏徽商保险公估有限公司无锡分公司	无锡税山区金惠路103-21号	0510-83880600	任志新
16	江苏东沅保险代理有限公司	无锡市新区金城路290号	0510-82127326	徐 辉

索　引

说明：本索引为综合性主题索引。索引标目按汉语拼音字母顺序排列，同音字按声调顺序，同音同声者按第二字拼音字母顺序排列。标目后数字为页码，字母a为左栏，b为右栏。

Y

Z

PICC 中国人民财产保险股份有限公司 无锡市分公司
PICC Property and Casualty Company Limited Wuxi Branch

总经理尤力人

5月10日，江苏省保监局局长亓新政一行到人保财险无锡市分公司召开保险行业座谈会。

5月18日，人保财险无锡市分公司在宜兴乐祺纺织集团有限公司举行出口信用险理赔兑现会，现场支付出口信用险理赔款72万美元。

11月15日，无锡市分公司举行“激情飞歌颂人保”职工歌咏比赛。

11月24日，无锡市居家养老机构综合责任保险（试点）、市社会困境未成年人监护责任保险及医疗健康保险举行签约仪式。

12月28日，无锡市分公司召开年度保费突破30亿元发展成果报告会。

中国人寿保险股份有限公司 无锡市分公司
China Life Insurance Company Limited Wuxi Branch

总经理张建平

4月27日，江苏金融工会“五一”表彰大会隆重召开，无锡市分公司荣获江苏金融五一劳动奖状。

12月16日，无锡市委副书记、市长汪泉携市政府秘书长叶勤良一行赴中国人寿集团公司、股份公司拜访杨明生董事长、缪建民总裁等相关领导，共商无锡市和中国人寿深入推进战略合作相关事宜。

5月14日上午，由中国人寿江苏省分公司、江苏省体育总会、江苏发展体育基金会及洋河股份联合举办的“快乐迎奥运、冠军伴我行，‘牵手国寿、寻找天之蓝’万人公益健走活动”在无锡“徒步最美赛道”尚贤河湿地公园火热举行，来自全市的3000余名健走爱好者与江苏籍奥运冠军仲满一道挥洒运动激情，同享健走快乐。

5月31日，中国人寿无锡市分公司与中国老龄事业发展基金会在陕西省延安市延川县联合举办“孤老救助大行动”捐赠活动，为该县6000名孤老及贫困老人捐赠意外伤害公益保险，风险保额累计达1.8 亿元。

8月9日，中国人寿无锡市分公司召开2016年全辖季度表彰大会，全辖400多名晋升人员、300多名准主管参加会议。张建平总经理全程参会，并为获奖人员颁奖，激励参会人员再接再厉，更上一层楼。

太平洋保险 CPIC　中国太平洋财产保险股份有限公司 China Pacific Property Insurance Co.,Ltd.　无锡分公司

总经理鲁强

4月27日，太平洋产险无锡分公司组织员工300余人在无锡人民大会堂观看了话剧《生命密码》，感受最美保险人的职业素养和道德境界。

3月19日，太平洋产险无锡分公司近50名干部员工在党委书记、总经理鲁强、副总经理范帆的带领下，来到太湖孟湾开展公益植树活动，以实际行动建设绿色家园。

6月4日，太平洋产险无锡分公司在金匮公园举办“太保车险客户 优享公园寻宝”活动，感谢广大车险优质客户多年来给予的关心和支持。

7月2日，太平洋产险无锡分公司在本部7楼举办了以“健康生活，快乐工作”为主题的平板支撑大赛。

7月28日，太平洋产险无锡分公司总经理鲁强一行陪同无锡地铁集团董事会主席徐政，赴地铁施工一线开展高温慰问活动。

12月25日，太平洋产险无锡分公司在无锡市人民大会堂举办了主题为“展示员工风采，构建和谐企业”的司庆员工文艺汇演。

太平洋保险 CPIC 中国太平洋人寿保险股份有限公司 China Pacific Life Insurance Co.,Ltd. 无锡分公司

党委书记、总经理陈爱国

“3·15”期间，分公司举办“首席客户服务经理”活动，班子人员走向服务大厅，为前来办业务的客户讲解科技保险

3月，分公司举办客户服务活动，特邀请医学专家为客户开展科学就医健康专题讲座现场

4月，分公司举办健康公益跑活动

5月，分公司组织员工羽毛球比赛活动

6月1日，分公司现场向市福利院孤残儿童进行募捐

中国平安 PING AN
保险·银行·投资

中国平安人寿保险股份有限公司
PING AN LIFE INSURANCE COMPANY OF CHINA,LTD.

无锡中心支公司

总经理侯勇

狂奔主题演讲

乐跑马山

四国足球

晋升表彰

智享门店

中华联合财产保险股份有限公司 无锡中心支公司

总经理徐锋

4月，无锡中支响应总省公司“关爱贫困儿童 中华与你同行”活动主题，开展了爱心捐赠公益活动。

5月18日，中华财险无锡中支开展“接龙中华梦”司旗传递签名活动，共同祝贺中华财险成立30周年。

7月7日，中华财险无锡中支在无锡茂业百货参加了由无锡市保险行业协会统一组织的“7·8”保险公众宣传日活动。

9月7日，无锡顺建运输公司的负责人来到无锡中支客服部送上一面写有“优质服务情系客户，信守承诺一言九鼎”的锦旗，对无锡中支在处理该公司一起交通事故中快速专业的理赔服务表示谢意。

7月8日，无锡中支党委召开全体党员大会，党委书记为全体党员讲党课，深入开展“两学一做”学习教育。

7月9日，无锡中支党委组织全体党员参观了江阴要塞炮台，对全体党员进行了一次红色革命教育。

阳光保险集团 阳光财产保险股份有限公司 无锡中心支公司

Sunshine Insurance Group Sunshine Property and Casualty Insurance Co., Ltd.

总经理沈晓明

1月6日至7日，阳光产险无锡中支召开2016年度工作会议。

2月27日，阳光产险无锡中支组织28名志愿者参加无锡市太湖新城建设指挥部办公室和太湖新城发展集团有限公司主办的“起步新城、奔向未来”的“瑞景杯”新春长跑活动。无锡中支员工刘亚菊取得了女子组二等奖的佳绩。

6月7日下午，无锡行业协会商车费收验收小组赴阳光产险无锡中支进行费改验收。

7月7日晚，阳光产险无锡中支组织客服、理赔、人事行政部相关工作人员前往湖滨商业街第七届啤酒节现场开展“@保险，一切更简单”为主题的保险知识宣传活动。

7月28日，阳光产险无锡中心支公司全体员工齐聚一堂，举行特别晨会，以简洁而热烈的形式纪念阳光保险成立十一周年。

中国人寿财产保险股份有限公司 无锡市中心支公司
China Life Property and Casualty Insurance Company Limited

3月11日，国寿财无锡中支公司凤宾路客户服务中心举行“五星级服务网点”揭牌仪式，中国人寿财险总公司客户服务部总经理助理李忠琴与无锡中支公司总经理杨伟共同为该中心揭牌。

5月27日，国寿财险无锡市中心支公司举办“两学一做”专题辅导讲座，无锡市委宣传部副部长商波涛应邀作辅导报告。公司总经理室、中层管理团队及全体党员干部、入党积极分子80多人参加了此次专题辅导讲座。

9月27日，国寿财险无锡市中心支公司工会及部分员工代表来到星特赛尔特殊儿童教育中心，探访关爱自闭症儿童，并送上了专为“星星的孩子”准备的各类书籍，用自己的行动告诉自闭症儿童：“你们是被在乎的，被惦记的，你们是无比重要的”。

为庆祝中国共产党建党95周年，7月1日下午，无锡中支组织全辖党员观看了红色影片《党的女儿尹灵芝》，为全体党员干部上了一堂特殊的党课。

11月5日上午，国寿财险无锡中支市区70余名员工来到惠麓山下，举行秋季登山比赛暨决战冲刺誓师大会。

君康人寿保险股份有限公司
无锡中心支公司

总经理汤成伟

10月22日，无锡市委宣传部、团市委、市教育局主办“重走长征路、共筑中国梦”——纪念“纪念工农红军长征胜利八十周年”系列活动在崇安寺一期召开启动仪式，君康人寿保险股份有限无锡中心支公司总经理汤成伟参加活动。

君康人寿无锡中支2016年保险公众宣传日活动

9月11日，君康人寿喜迎十周年司庆携手江苏银行启动首届客户服务节。

GLJR **国联人寿保险股份有限公司**
GUOLIAN LIFE INSURANCE CO., LTD.

无锡分公司
WUXI BRANCH

总经理周伟民

1月21日，国联人寿保险股份有限公司无锡分公司为践行“国联人寿进社区”活动，参加了由汤巷社区举办的迎新春联欢会暨第二届百姓梦想舞台活动。国联人寿无锡分公司总经理周伟民出席了本次活动并为社区百姓送上新春祝福。

为了锻炼员工的坚强意志，增强员工团队凝聚力和整体向心力，于2016年4月14日至16日国联人寿无锡分公司围绕着“团队熔炼”“挑战自我”的主题展开拓展训练活动。

为更好地联系客户、服务客户、回馈客户，同时倡导绿色环保、全民健身的理念，2016年5月8日，由国联集团主办，国联人寿和国联集团其他子公司共同协办的“国联金融，与您同行”2016国联金融大型徒步活动在太湖新城尚贤河畔隆重举行。

11月28日，国联人寿无锡分公司召开“凤舞2017，冲上云霄”开门红启动大会。大会现场气氛热烈，全体将士干劲十足，纷纷宣誓必定达成标保、人力等各项目标任务，签订了“开门红”目标责任状并授战旗。